VR unipress

Kirche – Konfession – Religion

Band 76

Herausgegeben vom
Konfessionskundlichen Institut des Evangelischen Bundes
unter Mitarbeit
der Evangelischen Zentralstelle für Weltanschauungsfragen
von
Dagmar Heller
in Verbindung mit
Andreas Feldtkeller, Kai Funkschmidt, Miriam Rose und
Gury Schneider-Ludorff

Conrad Krannich

# Recht macht Religion

## Eine Untersuchung über Taufe und Asylverfahren

V&R unipress

EVANGELISCHE KIRCHE
IN MITTELDEUTSCHLAND

EVANGELISCHE
Landeskirche
Anhalts

MARTIN-LUTHER-UNIVERSITÄT
HALLE-WITTENBERG

MIX
Papier aus verantwortungsvollen Quellen
FSC www.fsc.org FSC® C083411

Bibliografische Information der Deutschen Nationalbibliothek
Die Deutsche Nationalbibliothek verzeichnet diese Publikation in der Deutschen Nationalbibliografie; detaillierte bibliografische Daten sind im Internet über https://dnb.de abrufbar.

Gedruckt mit freundlicher Unterstützung des Lothar-Kreyssig-Ökumene-Zentrums in Magdeburg, der Deutschen Gesellschaft für Missionswissenschaft, der Evangelischen Kirche in Mitteldeutschland, der Evangelischen Landeskirche Anhalts und der Martin-Luther-Universität Halle-Wittenberg.



Umschlagabbildung: Philipp W.L. Günther, machen tun machen, 2012
Druck und Bindung: CPI books GmbH, Birkstraße 10, D-25917 Leck
Printed in the EU.

**Vandenhoeck & Ruprecht Verlage | www.vandenhoeck-ruprecht-verlage.com**

ISSN 2198-1507
ISBN 978-3-8471-1181-8

# Inhalt

# A Iranische Christ·inn·en im deutschen Asylverfahren – Frage, Material und Methode der Untersuchung

## I. Beobachtungen

Es sind auch iranische Christ·inn·en, die nach Deutschland flüchten und hier Schutz vor Verfolgung zu suchen. Dass Christ·inn·en aus Iran fliehen, verwundert zunächst, garantiert die Islamischen Republik Iran doch Religionsfreiheit. Geschützt sind allerdings nur diejenigen, die einer der lange vor der sog. Islamischen Revolution 1979 im Land ansässigen Kirchen angehören. Die Zugehörigkeit zu ihnen ist genealogisch vermittelt und verbindet als bevölkerungspolitische Kategorie Ethnisches, Religionspraktisches und Jurisdiktionelles. Neben diesen rechtlich sanktionierten Kirchen – das sind v. a. die Armenische Apostolische Kirche und die Apostolische Assyrische Kirche des Ostens[1] – entsteht in Iran seit Jahrzehnten ein illegales Christentum. Besonders seit den Protesten im Umfeld der iranischen Präsidentschaftswahlen im Jahr 2009 und deren Niederschlagung sind Tausende von illegalen Hauskirchen in den größeren Städten entstanden. Menschen versammeln sich dort zum Gebet und zum Bibelstudium. Die meisten von ihnen entstammen muslimischen Familien. Ihr Christ-*Werden* fällt ins zweite oder dritte Lebensjahrzehnt und beschreibt eine lange Entfremdungsgeschichte von der schiitischen Mehrheitsgesellschaft. Ihr Christ-*Sein* artikuliert sich als iranischer Protestantismus: als zeitgemäßer Ausdruck eines eigentlichen Irans. Christlich-reformatorische Theologeme und solche der Revolutions-Schia verbinden sich zu einem Diskurs, der die derzeitige islamisch-politische Konfiguration Irans fundamental infragestellt. Im Gegensatz zu den Mitgliedern der alten Kirchen werden die Mitglieder dieser jungen Christentümer staatlich verfolgt, dem Wortlaut der Urteile nach nicht als abgefallene

1 »Je nach Betrachtungsweise begegnen uns in der Literatur über die ›Apostolische Assyrische Kirche des Ostens‹ folgende Namen: ›Kirche des Ostens‹, ›Ostsyrische Kirche‹, ›Assyrische Kirche‹, ›Persische Kirche‹, ›Nestorianische Kirche‹, ›Vorephesinische Kirche‹, ›nestorianische Kirche‹.« (Moga, *Die Orthodoxe Kirche und die Orientalisch-Orthodoxen Kirchen*, 129)

Muslim·inn·e·n, sondern als Gefahr für die nationale Sicherheit und die gesellschaftliche Integrität.

Nach der sog. Genfer Flüchtlingskonvention sowie ihrer europa- und nationalrechtlichen Kodifizierung rechtfertigt erlittene oder zu befürchtende »religiös motivierte Verfolgung« die Gewährung von Schutz in einem anderen Land. Seit ungefähr zehn Jahren finden sich unter den in Deutschland Schutzsuchenden vermehrt Iraner·innen, die als christliche Konvertiten geflohen sind und einen Asylantrag stellen. Die asylrechtliche Überprüfung ihres Schutzersuchens läuft immer wieder auf die Frage zu, ob sie wirklich konvertiert und nun tatsächlich Christen seien. Im öffentlichen Diskurs in Deutschland erscheint die Taufe dieser Christ·inn·en, unabhängig davon, ob sie erst in Deutschland stattfindet oder schon in einer iranischen Untergrundkirche vollzogen wurde, abwechselnd als aufenthaltsstrategischer Missbrauch, als Zeichen der Erweckung unter Muslim·inn·en und als Arena eines Deutungskampfes zwischen Staat und Kirche. Seit Anfang der 2000er Jahre begegnet in diesem Zusammenhang immer auch eine Figur, die Fragen aufwirft: Es handelt sich um die Figur des »unglaubwürdigen iranischen Konvertiten«. Höhepunkt der Berichterstattung war das Jahr 2016 mit durchschnittlich fünf Zeitungsbeiträgen pro Monat.[2] Anlass für die Berichterstattung waren meist größere Tauffeste, u. a. der Hamburger Pfingstkirche Alpha & Omega in einem Schwimmbad.[3] Zur medialen Ikonographie der Berichterstattung über sog. Flüchtlingstaufen gehört auch der Lutherische Berliner Pfarrer Gottfried Martens. Kein Beitrag über die Taufe von Flüchtlingen, der nicht auch ihn in Albe, grüner Kasel und Stola zeigt. Der Deutschlandfunk berichtet im Wochenendjournal vom 29. Dezember 2018 von der Berliner SELK[4]-Gemeinde,

2 Für März u. a. die folgenden auf Bundes- und regionaler Ebene: Riham Alkousaa, *Taufen für die Integration. Muslime treten zum Christentum über*, Cicero (print und online) vom 03.03. 2016; ›Taufschein in der Heimat oft ein Todesurteil‹ – Trotz, Quantara.de (Internetportal der Deutschen Welle) vom 04.04.2016; Jaquelin Dammers, *Glaube oder Trick? Wenn Flüchtlinge zum Christentum konvertieren*, Augsburger Allgemeine (print und online) vom 20.03.2016; Erol Kamisli, *Muslime auf dem Weg zur Taufe*, Lippische Landeszeitung (print und online) vom 25.03.2016; Susanne Klose, *Warum Flüchtlinge sich in Essen taufen lassen*, Der Westen vom 27.03.2016. Auch in Österreich nahm man den Anstieg der Taufe von Geflüchteten in Deutschland wahr: *D: Immer mehr Flüchtlinge lassen sich taufen*, ORF (online) vom 30.03. 2016.

3 Oft zitiert wurde der Beitrag zu den Taufen in Hamburg von Claudia Drexel, *Massentaufe von Flüchtlingen. Glaube, Zweifel, Verantwortung*, NDR (Video / Text online) / ARD (Tagesschau) vom 25.02.2016; *Massentaufe: Wenn Flüchtlinge Christus entdecken*, Stern (online) vom 06.05. 2016. Mit Verweis auf Hamburg und Blick auf ein Aachener Tauffest berichtet Markus Plüm, *Flüchtlinge strömen zur Taufe ins Bad*, Aachener Zeitung (print und online) vom 08.08.2016.

4 Die Selbständig Evangelisch-Lutherische Kirche (SELK) ist eine Freikirche, die im Protest gegen die preußischen Unionsbemühungen in den 1830er Jahren zunächst als sog. altlutherische Kirche entstand.

deren Mitglieder größtenteils iranische Christ·inn·en sind[5] und die – im Gegensatz zur kirchensoziologischen Großwetterlage – wächst und wächst. Bereits nach 10 der 40 Minuten Sendung fragt der Reporter:

»Wie stellen Sie das fest, wer es wirklich ernst meint oder wer glaubt, es könnte asylmäßig irgendetwas bringen?

Martens: Ein Anhaltspunkt für mich ist erstmal, wenn Leute zu mir kommen, die gerade im Gericht schon ihre negative Antwort gekriegt haben. Wenn sie bei mir antanzen, dann sage ich ihnen ganz klar ins Gesicht: Ja, ich weiß, jetzt versucht ihr das andere.«[6]

Die Wolfsburger Nachrichten berichten am 23. Juli 2019 von einem Tauffest am Wolfsburger Allersee:

»Ein ungewöhnliches Bild bot sich kürzlich am Allersee in Wolfsburg. 31 junge Männer und Frauen standen am Wasser und wollten sich taufen lassen. Alle waren sie in weiß gekleidet und wollten öffentlich bezeugen, dass sie an Jesus glauben und ihren christlichen Glauben mit Überzeugung leben wollen. Die in Westhagen gelegene freie evangelische Immanuelgemeinde führt regelmäßig Taufen am Allersee durch. Das Besondere an dieser Taufe laut Mitteilung der Gemeinde: 13 iranische Flüchtlinge, die noch kein Jahr in Deutschland sind, wollten sich auch taufen lassen. Die vier Frauen und neun Männer im Alter von 23 bis 45 Jahren standen lachend und gespannt am Ufer des Allersees.«[7]

Von einer Erweckung unter Muslim·inn·en spricht die evangelikale Nachrichtenagentur idea im Mai 2018 und zitiert hierfür Mehrdad Fatehi, Leiter des Londoner Theologischen Zentrums PARS.

»In der Islamischen Republik Iran nehmen immer mehr Menschen den christlichen Glauben an. Unabhängigen Studien zufolge beträgt die Zahl der Konvertiten bis zu vier Millionen Personen. Das berichtete der Gründer und Leiter des Londoner Theologischen Zentrums PARS, Mehrdad Fatehi, bei der Stuttgarter Konferenz für Weltmission am 13. Mai. Die Erweckung habe Ende der 1990er Jahre begonnen, als einige Mitglieder der traditionellen orthodoxen Kirchen nach eigenen Aussagen ›dem auferstandenen Jesus begegnet‹ sind. Seither mehrten sich die Berichte über Heilungswunder, Christuserscheinungen, Träume und Visionen sowie über die Neugier an christlichen

5 1.400 von 1.800 Gemeindegliedern seien Iraner, erklärt Martens in einem Interview mit dem Deutschlandfunk (s. Fn. 4), neben einigen Irakern, Syrern, Afghanen und Pakistanis, 150 Russlanddeutschen, 90 einheimische Deutsche und Amerikaner. In den 1990er Jahre entwickelte die Gemeinde bereitet ihren Schwerpunkt auf Migrationsarbeit. Damals kamen viele Spätaussiedler zur Gemeinde. Nach einer Taufe von zwei Iranern im Jahre 2011 wuchs die Gemeinde bald sehr schnell, verlagerte die Migrationsarbeit nach Zehlendorf und gründete 2015 aus sich heraus eine eigenständige Migrantengemeinde.

6 *Wochendjournal »Getaufte Christen. Der Flüchtlingspfarrer von Steglitz«*, Deutschlandfunk vom 29.12.2018.

7 Wolfsburger Nachrichten, *Taufe im Wolfsburger Allersee mit 31 Christen*, 23.07.2019 [abgerufen am 30.07.2019 unter URL: https://www.wolfsburger-nachrichten.de/wolfsburg/article226566343/Taufe-im-Wolfsburger-Allersee-mit-31-Christen.html].

Fernseh- und Radiosendungen, die per Satellit weitgehend ungehindert in den Iran gelangten.«[8]

Ein Beitrag für Spiegel-TV nimmt die Christ-Werdungen unter anderem Vorzeichen in den Blick: Ein Kamerateam begleitet im April 2017 ein Sondereinsatzkommando bei der Festnahme eines iranischen Schleusers. Ramme, Blendgranaten, Schreie – durch die musikalische Untermalung kippt die dramatische Inszenierung des Ausnahmezustandes fast ins Groteske. Schnitt. Der Prozess vor dem Landgericht beginnt. Die Hintergründe erklärend fährt Helgo Martens, Sprecher der Bundespolizei, ins Bild ein:

> »In der Mehrheit sind die Geschleusten dahingehend beraten worden und richtig, richtigerweise muss man sagen: trainiert worden, vorzutragen, dass sie zum Christentum konvertiert sind. Dazu gehörte unter anderem das Auswendiglernen ausgewählter Bibelstellen, beispielsweise aus dem Lukasevangelium, der Besuch von Gottesdiensten, einschließlich der Bestätigung durch den jeweiligen Pastor oder Pfarrer, und die Beschäftigung halt auch mit Glaubensbekenntnissen und ähnlichen Besonderheiten der christlichen Religion.«[9]

Ob sie auch für sich und die Welt gebetet und miteinander das Mahl des Herrn gefeiert haben, fragt sich wohl nur, wer selber Gottesdienste besucht, regelmäßig seinen Glauben bekennt und trotz Konfirmandenunterrichts und einem Leben als Christ·in daran gescheitert ist, das Lukasevangelium auswendig lernen zu wollen. Aber die Botschaft kommt an: Iranische Christ·inn·en? Eingeschleppte Betrüger! Kriminelle halten die Tür auf, und die Kirchen machen mit.

Kritisch-reservierte wie auch positive Berichterstattung über die Taufe von iranischen Geflüchteten arbeiten mit ähnlichen Figuren. Immer ist die Rede davon, dass »es viele sind«. Aus verschiedenen Migrationsdiskursen bekannte Bilder von Flüchtlingen als Naturgewalt werden auch hier bemüht,[10] wenn von Taufwelle[11] etc. die Rede ist. Die quantifizierende Sprachform, dass es keine Zahlen gebe und niemand so recht wisse, um wieviele Menschen es sich handele, kommt nüchterner daher, markiert aber ebenfalls einen grundsätzlichen Klärungsbedarf und spricht eine Angst aus. Dass der Übertritt von ehemaligen Muslim·inn·en zum Christentum leichtfertig erfolge, ist für die einen Zeichen

---

8 Idea, *Bis zu vier Millionen Ex-Muslime treffen sich im Verborgenen*, 14.05.2018. So auch Thomas Schirrmacher, *thomasschirrmacher.info »Konversion und Taufe von Iranern«*, Blogeintrag vom 09.08.2017 [abgerufen am 23.07.2019 unter URL: https://www.thomasschirrmacher.info/blog/konversion-und-taufe-von-iranern-zugleich-eine-ehrenrettung-von-konvertiten-aller-religionen/]. In die evangelikale Deutung von einer Erweckung unter iranischen Muslimen einstimmend auch KathNet, *Wenn Muslime von Jesus träumen*, 20.07.2012 [abgerufen am 23.07.2019 unter URL: http://www.kath.net/news/37423].

9 SpiegelTV, *Asyl mit der Christenmasche*, 19.02.2018.

10 Wehling, *Politisches Framing*, 173–175. Böke, *Die »Invasion«*, 164–193.

11 So selbst Pfr. Martens im DLF, *Wochenendjournal*, 29.12.2018.

eines aufenthaltsstrategischen Missbrauchs, für die anderen Zeichen für die Überlegenheit des Christentums. Der häufige Vergleich mit dem vermeintlich leichten Übertritt zum Islam durch dreimaliges Sprechen der Shahada ruft den getauften Iraner immer wieder auf als das, was er vermutlich einmal war: Muslim.

Kein Bericht über die Taufe von (iranischen) Flüchtlingen versäumt es zu fragen, wie ernst der »Glaubenswechsel« gemeint ist. Kontrovers wird die Frage verhandelt, wer die Kompetenz habe, die Ernsthaftigkeit in asylrelevanten Glaubensdingen zu prüfen und darüber zu befinden. Bei aller Differenz scheint jedoch darin Einigkeit zu bestehen, dass von irgendwem auf irgendeine Weise geprüft werden muss.

> »Das Bundesamt erkläre vermehrt, dass es die Taufe anzweifele und als fadenscheinig ansehe, sagte Käßmann am Freitag in Berlin. Das ärgere sie ›massiv‹. In diesem Punkt gebe es eine Spannung zwischen Kirche und Staat, sagte Käßmann.
>
> Die Theologin, die als Botschafterin des Rates der Evangelischen Kirche in Deutschland (EKD) für das Reformationsjubiläum wirbt, sagte, sie kenne zwei derartige Vorgänge in ihrem Umfeld. Sie kenne allerdings keinen Pfarrer, der sage ›Taufe – Wasser rüber, fertig‹, sagte Käßmann. Eine Taufe sei ein langer Vorgang. Die Gemeinde müsse zustimmen, der Pfarrer müsse das Begehren prüfen. ›Wir taufen nicht einfach so‹, betonte Käßmann.
>
> Ein Übertritt zum christlichen Glauben kann bei Asylbewerbern in Deutschland Grund für eine Asylgewährung sein, wenn dadurch im Heimatland Verfolgung drohen würde. Das Bundesamt ist daher dazu angehalten, zu überprüfen, wie ernsthaft der Glaubensübertritt ist.
>
> Käßmann diskutierte bei einer Tagung der SPD-Bundestagsfraktion mit Vertretern der Partei über die Bedeutung der Reformation. Zum 500. Jahrestag des legendären Thesenanschlags Martin Luthers erinnern evangelische Kirche und Staat an die Bedeutung der von ihm ausgelösten Reformation, die die Spaltung in evangelische und katholische Kirche sowie weitreichende gesellschaftliche Veränderungen zur Folge hatte.«[12]

Es ist gerade die suggerierte Selbstverständlichkeit einer kirchlichen Überprüfung der Ernsthaftigkeit von Taufinteressierten, die Fragen aufwirft. Die folgende Untersuchung nimmt ihren Ausgang einerseits von Beobachtung dieser und anderer spannungsvoller Bezugnahmen auf die Taufe Geflüchteter. Religion erscheint als un-/glaubwürdig und Taufe als bloß »strategisch« oder »zutiefst innerlich motiviert« im Widerstreit ihrer unterschiedlichen Inanspruchnahmen. »Religion gets essentialized as a form of life distinct from non-religious forms of life in a range of discourses, rhetorical constructions, and institutionalized practices, including written constitutions, courts, academic agencies, and the

12 Evangelisch.de, *Käßmann wirft Bundesamt Anzweifeln von Taufen vor*, 10.03.2017 [abgerufen am 27.06.2019 unter URL: https://www.evangelisch.de/inhalte/142590/10-03-2017/kaessmann-wirft-bundesamt-anzweifeln-von-taufen-vor].

pronouncements of politicians and the media.«[13] Und auch Tauftheologie fällt nicht vom Himmel, sondern ist kontextuell und wird in konflikthaften Szenarien ausgehandelt. Am Zusammenspiel von Taufe, Konversion und Asylverfahren lässt sich diese Einsicht exemplarisch studieren.

## II. Von der Eingangsirritation zur Fragestellung

Der kurze Flug über die deutschsprachige Berichterstattung über iranische Christ·inn·en lässt bereits verschiedene Aspekte des Zusammenhangs »Taufe im Asylverfahren« hervortreten: Iraner·innen werden Christen. Ihr Christ-Sein wird Gegenstand eines deutschen Verwaltungsverfahrens. Die Art und Weise, wie Geschichten über die Christ-Werdung verfahrensmäßig verhandelt werden (können), provoziert den Widerstand von Kirchen als denjenigen Institutionen, die für Religionsdinge verantwortlich zeichnen. Dass ihre Hoheitsansprüche anscheinend quer zu den staatlich-behördlichen stehen, steigert das ohnehin hohe öffentliche Interesse an asyl- und migrationsrechtlichen Vorgängen.

Bereist an dieser Stelle zerfällt das Thema Flüchtlingstaufen in mehrere Aspekte, die unterschieden, aber nicht voneinander getrennt werden können. Sichtbar werden verschiedene Akteure, die in vorstrukturierten, institutionalisierten Begegnungsfeldern (z.B. in dem durch das deutsche Asylverfahren konstituierten Rahmen) zusammengeführt werden, auf einander reagieren und dadurch Taufe erst als spezifisches Problem hervorbringen. – Die aufgeworfenen Fragen lassen sich in einen Vierschritt überführen, der die vorliegende Untersuchung strukturiert: (1) Was ist das für ein Christentum, das in, mit, durch iranische Flüchtlinge begegnet? (2) Wie wird ihr Christ-Sein Gegenstand des Asylverfahrens? Unter welchen Bedingungen ergibt die Frage, ob es sich um einen echten Christen handelt überhaupt Sinn? (3) Wie wird der Konflikt geführt, der sich an der Frage der Glaubhaftigkeit iranischer Konversionen und deren Überprüfbarkeit, entzündet. (4) Aus der Untersuchung ergeben sich eine Reihe tauftheologischer Fragen, die in diesem, in gewisser Weise nachgelagerten Teil, angesprochen werden müssen.

Der letzte Teil führt außerdem zu den Initialbeobachtungen zurück, von denen die Untersuchung ihren Ausgang nahm. Dass die genannten Aspekte für mich thematisch und fraglich werden, hat Gründe und erfordert eine einleitende selbstethnographische Bemerkung: Meiner praktisch-theologischen Ausbildung verdanke ich die Einsicht, dass legitimatorisches Fragen im Zusammenhang mit der Taufe selber legitimationsbedürftig ist. Neuere Kasualtheorien diskreditieren die Frage nach den Motiven für die Taufe aus theologisch nachvollziehbaren

13 Fitzgerald / Saler, *Conceptualizing Religion*, 194.

Gründen gar als unangemessen.[14] Zum Zeitpunkt der Untersuchung hatte ich meine Ausbildung als Pfarrer abgeschlossen; darin verschränkten sich Taufpraxis und deren Reflexion auf besondere Weise. Aufgrund einer Anstellung als wissenschaftlicher Mitarbeiter an einer theologischen Fakultät teile ich jedoch gegenwärtig das pfarramtliche Alltagsgeschäft, wozu auch Taufe und Taufvorbereitung gehören, nicht. Dieser Ort ermöglichte mir die Entwicklung der hier tragenden Perspektive in der nötigen Involviertheit und größtmöglichen Freiheit.

## III. Zur Entwicklung des Forschungsdesigns

Die ersten tastenden Fragen verlangen nach sinnvoller Weiterentwicklung, um das zwischen institutionalisierten Begegnungen, verfahrensförmigen Dispositiven, dem öffentlichen Diskurs u.v.m. aufgespannte Feld zu überblicken, in dem der/die iranische Christ·in als problematische·r, authentische·r, ernsthafte·r, asylstrategische·r Konvertit·in erscheint und eine Auseinandersetzung darüber entbrennt, wer zu solch qualifizierendem Urteil überhaupt in der Lage ist. Wie können die im Werden begriffene konflikthafte Begegnung und die in diesem Geflecht emergierenden Phänomene theoretisiert werden? Erforderlich ist ein Forschungsprogramm, das es ermöglicht, (1) der skizzierten Interaktivität und Komplexität Rechnung zu tragen und (2) trotz dieser erst im Prozess aufzulösenden Unklarheiten und der einem Dissertationsprojekt gesetzten zeitlichen und infrastrukturellen Grenzen einen Forschungsprozess zu initiieren und sinnvoll zu strukturieren.

Hier bot sich die von Barney G. Glaser und Anselm L. Strauss bereits in den 1960er Jahren entwickelte und mittlerweile vielfältig ausdifferenzierte *Grounded Theory Methodology* (GTM) an. Die GTM ist »[e]ine Forschungslogik, bei der es um das Erfinden und Ausarbeiten gegenstandsangemessener Begriffe, von Modellierungen und Theorien auf der Basis empirischer Erfahrung, im Austausch

14 So schreibt etwa Christian Albrecht in seiner Kasualtheorie: »[V]erbreitet wie verkehrt ist die beliebte, verlegene Frage des Kasualpfarrers im Kasualgespräch, warum eigentlich das Kind getauft werden soll oder das Paar kirchlich heiraten will. Daß in der Regel ja auch nicht gefragt wird, wie eigentlich Hinterbliebene auf den Gedanken verfallen konnten, den Verstorbenen kirchlich bestatten lassen zu wollen, zeigt bereits die ganze Unangemessenheit der Frage nach den Motiven. Sie verbietet sich einerseits, weil im Protestantismus vorausgesetzt wird, daß das Begehren nach einer Kasualie Auskunft genug ist und darüber hinausgehende Gewissensprüfungen allenfalls Gott, aber nicht dem Pfarrer obliegen [...] Die Frage verbietet sich andererseits, weil die Kasualbegehrenden durch die Bitte nach einer Kasualie ja gerade zum Ausdruck bringen, daß sie ihren Kasus eben nicht selbst religiös deuten können oder wollen, sondern ihn deuten lassen möchten.« (Albrecht, *Kasualtheorie*, 256). Dass damit nicht das letzte Wort in Hinblick auf die Frage etwa nach der Taufmotivation gesagt ist, wird klar mit Blick auf andere, ebenfalls durch die Taufe vermittelte Rechtsverhältnisse wie etwa eine Anstellung in Diakonie und Caritas.

zwischen Daten (-erhebung) und Theorie (-entwicklung) geht«[15]. Der Name Grounded Theory, meist übersetzt als gegenstandsverankerte oder -bezogene Theorie, verweist sowohl auf das Produkt eines so angelegten Projektes – die ausgearbeitete Theorie – als auch auf den Weg dahin – eine Methodologie zur »Entdeckung« von Theorie in Daten.[16] Theorie ermöglicht »relevante Vorhersagen, Erklärungen, Interpretationen und Anwendungen«[17], schreiben die GTM-Begründer, die US-amerikansichen Soziologen Barney Glaser und Anselm Strauss in ihrem erstmal 1967 erschienen Grundlagenwerk »The Discovery of Grounded Theory«. Im Gegensatz zum (quantitativ orientierten und die empirische Sozialforschung lange dominierenden) Interesse an der Verifikation von Theorie ist es der GTM also um die Generierung von Theorie zu tun.

Die Verwandtschaft mit anderen Paradigmen sozialwissenschaftlicher qualitativer Forschung liegt auf der Hand. Gegenüber deren Interesse an den subjektiven Theorien der Befragten, der psychoanalytisch-tiefenhermeneutischen Fremddeutung ihrer Aussagen oder der Identifizierung objektiver Sinnstrukturen charakterisiert Franz Breuer die GTM als eine Art Mittelweg: »Einerseits ist der Forscher an subjektiven Konzeptualisierungen der Akteure unter ihren ›natürlich‹-lebensweltlichen Umständen interessiert und schätzt deren Begriffsbildungs- und Theoretisierungsleistungen. Andererseits nimmt er auf dieser Grundlage eine Kategorien- und Modellbildung vor, die über die lebensweltlichen Selbst-Verständnisse, die Denk-, Sortierungs- und Interpretationswelten der Feldmitglieder hinausgeht.«[18] Über das spezifische Interesse bzw. Theoretisierungsniveau vorliegender Untersuchung informiert die diskurstheoretische Grundlegung unten.

## 1. Die Analyse als mehrstufiger Kodier-Prozess

Die gegenstandsgegründete Theorie entsteht als Ergebnis eines mehrstufigen Kodier-Prozesses. In einem »iterativ-zyklischen«[19] Wechselschritt werden aus dem Material abstrakte Kategorien heraus-gebildet. Die Benennung einzelner Konzepte, ihre Ausarbeitung zu Kategorien und deren Verbindung zu einer Theorie wird Kodieren genannt: Ein erster Schritt des »Aufbrechens, Untersuchens, Vergleichens, Konzeptualisierens und Kategorisierens von Daten« ist das *offene* Kodieren. Ziel zu Beginn ist es, »so viele möglicherweise relevante Kategorien wie möglich aufzudecken, einschließlich ihrer Eigenschaften und Di-

15 Breuer, *Reflexive Grounded Theory*, 9.
16 Hildenbrand, Geleitwort zu Glaser / Strauss, *Grounded Theory*, 7.
17 Glaser / Strauss, *Grounded Theory*, 19.
18 Breuer, *Reflexive Grounded Theory*, 51.
19 A. a. O., 55. Equit / Hohage, *Handbuch Grounded Theory*, 12.

mensionen. […] Das Sampling ist offen gegenüber Personen, Plätzen und Situationen, die die *größte Chance* bieten, die *relevantesten Daten* über das untersuchte Phänomen zu gewinnen.«[20] Sogenannte »generative«[21] (W-)Fragen helfen an dieser Stelle,[22] die Ebene der reinen Beschreibung zu verlassen und einen analytischen Blick auf das Material zu gewinnen. Im anschließenden Schritt des *axialen* Kodierens gilt es, Beziehungen zwischen den Konzepten und Kategorien zu identifizieren und im Feld zu überprüfen.[23] Gleichzeitig müssen die Kategorien hinsichtlich ihrer Eigenschaften und Dimensionen weiter ausgearbeitet werden.[24] Ziel ist es, »auf der dimensionalen Ebene der Daten so viele Unterschiede wie möglich zu finden«[25]. In der Phase des *selektiven* Kodierens erfolgt »das Auswählen[] der Kernkategorie, [das] In-Beziehung-Setzen[] der Kernkategorie mit anderen Kategorien, [die] Validierung dieser Beziehungen und [das] Auffüllen[] von Kategorien, die einer weiteren Verfeinerung und Entwicklung bedürfen«[26].

Praktisch gestaltet sich die Kodier-Arbeit so, dass auf die Feldbegehung und das Aufbereiten der Daten ein erster, offener Gang durch das Material folgt. Mit der Zeit im Feld und einem parallelen, fortschreitend abstrahierenden Kodierprozess verlieren die Kategorien allmählich ihren »Objektgeruch«[27]; der Übergang vom offenen zum immer analytischen, abstrahierenden Kodieren ist dabei fließend.

Glaser und Strauss beschreiben ihre Methode als induktiv. Dass von Induktion dabei allenfalls analysepraktisch die Rede sein kann, wird klar, wenn man die Kategorienbildung als interaktiven Prozess zwischen Forschendem und Material ernst nimmt. Das wissen auch Glaser und Strauss, wenn sie den Stellenwert der »theoretischen Sensibilität«[28] für die Kategorienbildung betonen.

---

20 Strauss / Corbin, *Grounded Theory*, 153 [kursiv, CK; fett i. Orig.].

21 Breuer, Reflexive Grounded Theory, 81f.

22 Vgl. Strauss / Corbin, *Grounded Theory*, 57–61.

23 A.a.O., 156.

24 Strauss und Corbin erläutern: »Eigenschaften: Attribute oder Charakteristika, die zu einer Kategorie gehören. Dimensionen: Anordnung von Eigenschaften auf einem Kontinuum. Dimensionalisieren: Der Prozeß des Aufbrechens einer Eigenschaft in ihre Dimensionen.« (*Grounded Theory*, 43).

25 Strauss / Corbin, *Grounded Theory*, 157.

26 A.a.O., 94.

27 Breuer, *Reflexive Grounded Theory*, 77.

28 Glaser / Strauss, *Grounded Theory*, 62f. Strauss / Corbin, *Grounded Theory*, 25–30.

## 2. Verschränkte Datenerhebung und -auswertung

Neben dem systematischen Fragen heben Glaser und Strauss schon in der ersten Ausgabe ihres Buches immer wieder die komparative Analyse als grundlegender Methode zur Theoriegenerierung hervor. Breuer bezeichnet »das Vergleichen, das Suchen nach bzw. Bilden von Kontrasten [gar als] heuristisches Kernverfahren im Instrumentenkoffer der GTM«[29]. Der permanente Vergleich führt zu einem wesentlichen Unterschied zwischen GTM und anderen qualitativen Verfahren. In der GTM sind *Datenerhebung und -analyse* eng miteinander verflochten. Im Gegensatz zu einem festabgesteckten Datensatz verändert sich das Datenkorpus eines GTM-Projektes im Forschungsprozess. »D[er] Prozess der Datenerhebung wird durch die im Entstehen begriffene [...] Theorie gesteuert.«[30] Zentral für deren Ausarbeitung ist die »permanente Suche nach zufälligen, theoriebezogenen und systematischen, nah bei oder auch entfernt liegenden Vergleichen«[31]. Das Üben des permanenten Vergleichs als einer Forschungshaltung verlangt nach wiederholten Phasen der Datengenerierung. An jeden Erhebungsschritt schließt sich die Analyse an, aus der sich die Frage ergibt, mit wem als nächstes zu sprechen, welcher Prozess als nächstes zu beobachten – kurz: welches Datum als nächstes zu erheben ist. Maßgebend ist hier die Frage, an welcher Stelle die emergierende Theorie noch weiterer Ausarbeitung und kategorialer Verdichtung bedarf. Es gilt der Grundsatz der maximalen und minimalen Kontrastierung in Hinblick etwa auf die bereits befragte Gruppe, die bereits analysierten Fälle etc.[32] Das Sampling findet seinen Abschluss mit der zunehmenden Verdichtung der Theorie und ihrer Elemente. Wenn »1. keine neuen oder bedeutsamen Daten mehr in bezug auf eine Kategorie aufzutauchen scheinen; 2. die Kategorienentwicklung dicht ist, insoweit als alle paradigmatische [sic!] Elemente einschließlich Variation und Prozeß berücksichtigt wurden; 3. die Beziehungen zwischen Kategorien gut ausgearbeitet und validiert sind«[33], erreicht die Theorie den Zustand der theoretischen Sättigung. Glaser, Strauss und andere sprechen deshalb von theoretischem Sampling und meinen damit ein Sampling »auf der Basis von Konzepten, die eine bestätigte theoretische Relevanz für die sich entwickelnde Theorie besitzen. Es ist ein Aspekt der vergleichenden Analyse, der das gezielte Suchen und Erkennen von Indikatoren für Konzepte in den Daten ermöglicht.«[34] Das Kodieren und In-Beziehung-Setzen der herausgearbeiteten Kategorien vollzieht sich als ein kontinuierlicher Schreibprozess.

29 Breuer, *Reflexive Grounded Theory*, 82.
30 Glaser / Strauss, *Grounded Theory*, 61.
31 Breuer, *Reflexive Grounded Theory*, 82.
32 Wohlrab-Sahr / Przyborski, *Qualitative Sozialforschung*, 181 f.
33 Strauss / Corbin, *Grounded Theory*, 159.
34 A. a. O., 148.

Das sog. Memoschreiben ist das wichtigste Instrument der Theoriegenerierung nach der GTM. Je nach Phase des Forschungsprozesses bieten sich verschiedene Arten von Memos an.[35]

### 3. Programmatische Offenheit und Spezifizierung der Fragestellung

Das Gesagte lässt die gegenstandsbezogene Theoriebildung erscheinen als »konsekutiv[]-iterativ[]-rekursive[] Strategie des Hin und Her, des Vor und Zurück zwischen Datenerhebung, Konzeptbildung, Modellentwurf und Modellprüfung sowie der Reflexion des Erkenntnisweges«[36]. Diese fordert und fördert in allen Forschungsphasen eine materialsensible und kreative Offenheit bei gleichzeitiger Zielfokussierung. Sie bietet sich deshalb in besonderem Maße an, um das eingangs formulierte Forschungsinteresse weiterzuentwickeln, ohne die Komplexität und Interaktivität von vornherein mehr als nötig einzuschränken.[37] Es gilt: Die Fragestellung ist ein »Wegweiser, der den Forscher unmittelbar dazu anhält, einen ganz bestimmten Gegenstandsbereich, den Ort oder Platz, an dem Ereignisse stattfinden, Dokumente und das Handeln der Menschen zu untersuchen oder Informanten zu interviewen. […] Mit der Analyse der Daten, die mit der ersten Erhebung beginnt (das erste Interview oder die erste Beobachtung), beginnt auch der Prozeß des Verfeinerns und Spezifizierens der Fragestellung«[38]. Die angemessene Rekonstruktionslogik für das entdeckte und untersuchte Phänomen stellt sich im Forschungsprozess heraus. Auch deshalb ist die Stichprobengröße (an Interviewpartner·inne·n) nicht vorab definiert. Damit wird die Offenheit komplexer Zusammenhänge nicht nur bewältigt, sondern als »programmatisch elementare Offenheit [… geadelt], die darauf abzielt, Forschung als kreativen Prozess anzuerkennen und letzteren nicht rigide dem Ziel einer methodischen Systematisierung unterzuordnen«[39].

## IV. Zum Material

Die GTM zeichnet sich durch einen breiten Materialbegriff aus. »All is data«, provozierte Barney Glaser einst die Scientific Community.[40] Der Grund ist die Suche nach Bausteinen für eine formale Theorie zur umfassenden Perspekti-

35 Strauss, *Grundlagen*, 151–174.
36 Breuer, *Reflexive Grounded Theory*, 69.
37 Strauss / Corbin, *Grounded Theory*, 9.
38 A. a. O., 24.
39 Equit / Hohage, *Handbuch Grounded Theory*, 9.
40 Glaser, *Remodeling Grounded Theory*, 57. Zit. nach Breuer, *Reflexive Grounded Theory*, 60.

vierung eines Phänomens. Dieses Anliegen ist nicht in dem Maße wie quantifizierende Ansätze auf ein formal homogenes Sample angewiesen. Verschiedene Anwendungen, Umsetzungen, Weiterentwicklungen der GTM halten bei aller Differenziertheit doch alle an diesem weiten Datenbegriff fest. Dabei kommt je nach Forschungsfeld und Fragestellung sehr unterschiedliches in den Blick: »Gespräche, Beobachtungsprotokolle, Dokumente des Feldes etc. Unter unserer spezifischen Vorgehensakzentuierung kommen ausgelöste subjektive Eindrücke und das einschlägige Erleben des Forschers bzw. der Forscherin (›Resonanzen am eigenen Körper‹) als mögliche Informationsquellen hinzu. Diese Daten werden in einer Haltung theoretischer Offenheit detailliert und kleinschrittig auf ihren konzeptuellen Gehalt hin ausgeleuchtet: Die beobachteten Phänomene werden in Bezug gesetzt zu allgemeinen Begriffen und Ideen, auf die sie verweisen bzw. mit denen sie in sinnvollen Zusammenhang gebracht werden können (›Konzept-Indikator-Modell‹).«[41]

Die Materialfindung in vorliegendem Forschungsprojekt wurde geleitet durch die drei Fragen: iranisches Christentum, wie es zwischen Iran und Deutschland entsteht, in seinen Grundzügen zu erfassen; zu verstehen, auf welche Weise diese Christ-Werdungs-Geschichten Gegenstand eines Verwaltungsverfahrens werden; worüber sich Staat und Kirche diesbezüglich streiten. Die Breite des Materialbegriffs erweist sich als sinnvoll für eine Perspektivierung dieser unterschiedlich beschaffenen, aber interagierenden Arenen.

## 1. Halb-narrative Interviews

Die Arbeit begann in explorativen Gesprächen mit verschiedenen Akteuren in dem oben skizzierten Feld: Iranische Christ·inn·en, mit der Taufbegleitung von Geflüchteten betraute Pfarrer·innen, in asylrechtlichen Zusammenhängen mit der Prüfung betraute Richter·innen und Entscheider·innen.[42] Um das dichte Geflecht aus gedeuteten Prozessen, Veränderungen, Erfahrungen zu erfassen, die die Christ-Werdung beschreiben, ihre asylrechtliche Prüfung und die verschiedene Bezugnahmen darauf steuern, schien eine offene Form des Interviews nötig, die den thematischen Entfaltungen und Priorisierungen der Interviewten möglichst viel Raum gibt. Das anvisierte Format erinnert an Jägers »nicht-standardisierte[] Interviews, die als T[iefeninterview]s bezeichnet und als solche analysiert werden. Der Terminus versteht sich nicht in einem psychoanalytischen

41 Breuer, *Reflexive Grounded Theory*, 52.

42 Christ·in zu werden, so meine Vorannahme, verweist als biographische Veränderung nicht nur auf unterschiedliche Kontexte, sondern wird selber zum Kontextfaktor für die asylrechtlichen und konflikt-diskursiven Bezugnahmen darauf.

Sinn, sondern zielt auf die Tatsache, dass möglichst freie Antworten gegeben werden bzw. dass die Interviewten möglichst frei zu bestimmten Themen Stellung beziehen und sich nicht hinter dem verstecken, was sie als allgemeinen Konsens ansehen. Dies geschieht natürlich trotzdem immer wieder, und es ist die Aufgabe der Analyse, solche Versuche zu hinterfragen, indem Relativierungen, Implikate, Anspielungen, Nahelegungen etc. aufgelöst werden.«[43] Wenn Jäger von Tiefe redet, ist also weniger eine hinter, unter oder jenseits des Artikulierten verborgene und ans Licht zu fördernde Struktur des Eigentlichen im Sinn, sondern einmal mehr die Frage gestellt, wie sich mit der Präsentation von sog. sozial erwünschtem Wissen sinnvoll umgehen lässt. Gerade im vermeintlich Selbstverständlichen, nicht Hinterfragten und vermeintlich Konsensualen artikulieren sich die individuelle Äußerung hervorbringende und diese zugleich übersteigende diskursive Formationen, Kontexte, Zusammenhänge. Im Gespräch interaktiv (re-)konstruiert werden kann die Position, aus der heraus jemand spricht bzw. sprechen und nicht sprechen zu können glaubt. Es handelt bei dem Gespräch um einen interaktiven Konstruktionsprozess. Qualitative Forschung stellt sich für mich nicht erst in der Datenanalyse, sondern bereits in der Datengenerierung als konstruktive Arbeit dar: Es geht nicht um das Auffinden einer in irgendeiner Weise materialisierten Wahrheit hinter dem Gesagten, sondern um die Frage, unter welchen Bedingungen sich welcher Diskurs konsistent reproduzieren, d. h. führen, lässt bzw. an welchen Stellen die Konsistenz brüchig wird.

Die Gespräche wurden vor diesem Hintergrund als halb-narrative Interviews konzipiert. Grund dafür war weniger das Menschenbild des *homo narrans* – des Menschen als Geschichtenerzählers, der sein Selbst-, Welt- und Gottesbezug erzählend performiert und gestaltet –, als vielmehr das Anliegen, meinen Gesprächspartner·innen möglichst viel Raum zu geben, Selbstverständliches, Handlungsleitendes, Sinngebendes (Diskurssedimente) möglichst frei mit mir zu teilen. Erkenntnisse der Erzähltheorie und die Methode des narrativen Interviews dienten dazu, ein Gespräch anzuberaumen, das die Produktion solchen Wissens ermöglicht.

Als narrativ-biographisches Interview methodologisierte Fritz Schütze diese Gesprächsform zur Datengenerierung bereits in den 1980er Jahren. Schütze, dem interpretativen Paradigma[44] verpflichtet, war in der Analyse besonders an den von ihm sog. Prozessstrukturen des Lebens interessiert.[45] Erlebtes wird in Form

43 Jäger u. a., *Lexikon Kritische Diskursanalyse*, 119.

44 Das interpretative Paradigma theoretisiert soziales Handeln als wesentlich auf Bedeutungsbildung und -erfassung abzielendes prozessuales Geschehen. Sinn entsteht in und durch Interaktion; die Interaktion erschließt sich in der Interpretation durch die Interagierenden.

45 Während Schütze an individuelle Deutungen nur interessiert ist, insofern sie der rekonstruierbaren (faktischen) Lebensgeschichte nicht widersprechen und mit dieser zusammengeschaut

von kognitiven Figuren wie einem Erzählträger, einer Erzählkette, einer thematischen Gesamtgestalt abgelagert, und diese werden durch ein erzählendes Kommunikationsschema aktiviert.[46] Das autobiographisch-narrative Interview besteht aus drei Teilen. Dem ersten Teil, der durch eine erzählgenerierende Eingangsfrage stimulierten und durch eine »Erzählkoda« abgeschlossene Anfangserzählung, kommt dabei größte Aufmerksamkeit zu. Ein erster Nachfrageteil greift »thematisch querliegende[] Erzählf[ä]den [auf oder hakt nach] an Stellen der Raffung des Erzählduktus wegen vermeintlicher Unwichtigkeit, an Stellen mangelnder Plausibilierung und abstrahierender Vagheit, weil die zu berichtenden Gegenstände für den Erzähler schmerzhaft, stigmatisierend oder legitimationsproblematisch sind, sowie an Stellen der für den Informanten selbst bestehenden Undurchsichtigkeit des Ereignisgangs«[47]. Ein dritter, ebenfalls

werden können (Schütze, *Biographieforschung*, 286f.), richtet sich mein Interesse eher auf die narrativ-diskursive Oberflächenstruktur des Gesagten: Religion / ein guter Christ zu sein / asylrechtlich entscheiden ist für mich erst einmal das, was meine Gesprächspartner·innen sagen – Diskurskategorien, die sich durch ihre kommunikativen (Verwendungs-)Kontexte erschließen.

46 Küsters, *Narrative Interviews*, 27: »Der *Erzählträger* wird signifikant in die Erzählung eingeführt und ist in weiten Teilen identisch mit dem Ereignisträger oder Handlungsträger des erzählten Prozesses; an der Einführung anderer Ereignisträger oder dem Zurücktreten des Hauptereignisträgers hinter anderen ist sein Handelns- oder Erleidensmodus innerhalb des Prozesses, seine Handlungsbeteiligung abzulesen. Die *Ereigniskette* umfasst das gesamte Prozessgeschehen, zergliedert in seine einzelnen Phasen. Sie bildet die Wahrnehmung des Beteiligten vom Verlauf und dem inneren Zusammenhang des damaligen Geschehens ab. Handelt es sich dabei um einen komplexeren, vielgestaltigeren Vorgang können auch Nebenketten, Kettenrisse und andere Besonderheiten vorkommen. Situationen sind besonders verdichtete Kernpunkte des Prozesses; Höhepunkte, die in der Erzählung zumeist deutlich abgegrenzt sind und sich durch einen hohen Detailreichtum (›explizite Indexikalisierung‹) auszeichnen. Oft werden bei der Erzählung von Situationen Äußerungen der beteiligten Handelnden in der direkten Rede wiedergegeben; sie haben sich dem selbst beteiligten Erzähler als wörtliche Zitate eingeprägt. Sowohl die einfachen Erzählkettenglieder als auch einzelne, hervorgehobene Situationen werden in der Erzählgestalt durch ›sprachliche Markierer‹ wie Rahmenschaltelemente (z. B. ›und dann‹) und andere formale Mittel voneinander abgegrenzt und dadurch erkennbar […]. Die *thematische Gesamtgestalt* repräsentiert die zentrale Problematik eines Geschehens und ihre Entwicklung in der Sicht des beteiligten Erzählers; sie typisiert die Geschichte und ordnet ihr eine Moral zu […]. Oft wird sie am Beginn oder am Ende einer Erzählung sogar explizit formuliert.« [kursiv, CK] Vgl. dazu noch ausführlicher: Kallmeyer / Schütze, *Zur Konstitution von Kommunikationsschemata*, 176–183 [»Kognitive Strukturen als formalpragmatische Erzeugungsmuster für narrative Sachverhaltsdarstellungen«].

47 Schütze, *Biographieforschung*, 285. Mit Fokus auf den tatsächlichen Erhebungsprozess im Rahmen eines Forschungsprozesses unterscheidet Küsters folgende Phasen des narrativen Interviews. 1) Vorgespräch, 2) Erzählstimulus, 3) Aushandlung und Ratifizierung des Stimulus, 4) Haupterzählung, 5) Koda, 6) Immanentes (vertiefendes, erzählgenerierendes) Nachfragen, 7) Exmanentes Nachfragen (Informant als Experte und Theoretiker), 8) Erhebung soziodemographischer Daten, 9) Nachgespräch, 10) Interviewprotokoll (*Narrative Interviews*, 53–66).

nachfragender Teil nimmt den Interviewten als Experten ernst und fragt nach abstrakteren Beschreibungen, Deutungen, Erklärungen.

Das Erzählen geht mit bestimmten Erzählzwängen einher, durch die sich der erzählende Modus im Gegensatz zu argumentativen oder beschreibenden Sprechmodi auszeichnet: Der/die Erzählende präsentiert Details in einer nachvollziehbaren (chronologischen) Abfolge; den Vortrag kennzeichnen Sprünge und parenthetisch eingefügte Hintergrundinformationen- / erzählungen *(Darstellungszwang)*. Der/die Erzählende muss Akzente in der Erzählung setzen, zwischen Erzählenswertem und -unwertem unterscheiden und dementsprechend manches auslassen, anderes hervorheben *(Kondensierungszwang)*. Ein dritter Effekt des narrativen Kommunikationsschemas ist die (empfundene) Notwendigkeit, die Erzählung abzuschließen, selbst dann, wenn bestimmte Aspekte eigentlich gar nicht erzählt werden sollen *(Gestaltschließungszwang)*.[48] Maßgeblich für die Aktivierung des narrativen und selbstläufigen Kommunikationsschemas ist der Gesprächseinstieg, der mit der Aufforderung zu einer Stegreiferzählung anberaumt wird. Unter einer Stegreiferzählung versteht Schütze unvorbereitetes Erzählen von Erlebtem mit dem Ziel, den Interviewer daran teilhaben zu lassen. Vorliegender Untersuchung ging es weniger um Rekapitulation vergangener Ereignisse (Erleiden und Orientierungsschema)[49] oder Retrospektion. Erzählen erscheint hier weniger als Brücke in die Vergangenheit denn als Ausdruck eines gegenwärtigen Selbst- und Weltverständnisses.[50]

Besonders die ersten, stark explorativ angelegten Interviews arbeiteten mit der Bitte, den Weg der Christ-Werdung / den Weg zur Taufe / die Veränderung der richterlichen Arbeit in den letzten Monaten etc. zu schildern. Zu Beginn der Untersuchung, als die Frage erst an Schärfe gewann und eine geeignete Methode entwickelt werden musste, wurden Allgemeinbegriffe wie Taufe, Religion, Christ-Sein als eine Art *sensitizing concept* eingesetzt und in der Kopplung mit der erzählgenerierenden Frage zu einem Gesprächsvorzeichen. Da Erhebung und Analyse parallel liefen, veränderte sich die Art der Interviews im Verlauf des Erhebungs- und Materialsammlungsprozesses. In späten Interviews wurden nach dem autobiographisch-erzählerischen Gesprächsanfang im Nachfrageteil

48 Für die sog. Zugzwänge des Erzählens vgl. Kallmeyer / Schütze, *Zur Konstitution von Kommunikationsschemata*, 187–189. Küsters, *Narrative Interviews*, 27–29.

49 Hier setzt auch die Kritik an Schützes Fassung des narrativ-biographischen Interviews an, die Küsters (*Narrative Interviews*, 29–38) wie folgt zusammenfasst: »[Kritisiert werden die Annahmen]: 1. Die Erzählgestalt korrespondiere mit dem erzählen Handlungs- bzw. Erfahrungsprozess. 2. Die aktuelle Erzählung könnte die vergangene Erfahrungskonstitution reproduzieren. 3. Erzählungen lieferten besonders authentisches Datenmaterial. 4. [...] Bindung der soziologischen Forschung an die Perspektive des Subjekts. 5. [... D]as Interview [erhebt] die mit ihm erforschten Gegenstände nicht nur [..., sondern konstituiert sie mit].« (32)

50 Vgl. Fn. 45.

auch erste Theoreme ins Gespräch eingebracht und in der Auseinandersetzung geprüft.

## 2. Auswahl der Interviewpartner, Rekrutierung, Feldzugänge

Jedes Interview schloss mit der Frage, mit wem ich – aus Sicht meiner Gesprächspartner·innen – als nächstes über Taufe und iranische Christ·inn·en sprechen sollte. Unabhängig von der Antwort auf diese Frage orientierte sich das Sampling aber nicht allein am Schneeballsystem; die Wahl der Interviewpartner erfolgte nach unterschiedlichen Kriterien. Von Datenerhebung zu Datenerhebung und je nach Theoretisierungsstand wurde entschieden, mit wem als nächstes zu sprechen ist.

Erste Interviews führte ich mit in der Begleitung, Taufvorbereitung und Taufe von Flüchtlingen *engagierten Pfarrer·innen* und *Anwält·inn·en.* Die Kontakte wurden durch mitteldeutsche Pfarrer·innen vermittelt. Bei der Auswahl spielten u. a. eine Rolle, wie lange die betreffenden schon in der Flüchtlingsarbeit engagiert sind.

Über die Taufenden, aber auch durch Gemeindebesuche und zufällige Begegnungen in gemeindlichen Kontexten ergaben sich Kontakte zu iranischen Christ·inn·en. Die variierten Merkmale beziehen sich im Fall meiner *iranischen Gesprächspartner·innen* auf Geschlecht, »religiös-weltanschauliche Orientierung« und Aufenthaltsstatus. Eine Rolle für die Auswahl spielte auch die Möglichkeit, sich zu verständigen. Ich habe selber begonnen, Farsi zu lernen. Auch wenn es mir aufgrund fehlender Kenntnisse nicht möglich war, Interviews auf Farsi zu führen, halfen die erworbenen Grundkenntnisse, eine vertrauensvolle Gesprächsatmosphäre zu schaffen. Neben iranischen Christ·inn·en wurden zu Vergleichszwecken vereinzelte Gespräche mit iranischen und syrischen Muslim·inn·en geführt. Die Bereitschaft mit mir zu sprechen erwuchs in vielen Fällen aus dem Bedürfnis, die eigene Geschichte zu erzählen.

Für den Fall der im Rahmen des Asylverfahrens tätigen *Entscheider·innen* und *Richter·innen* wurde die Auswahl durch die Schwierigkeit begrenzt, überhaupt Gesprächspartner·innen zu finden. Das Bundesamt für Migration und Flüchtlinge unterhält selber eine wissenschaftliche Abteilung, in der sich etwa dreißig Forscher·innen mit Fragen zu Migration, Integration und Demographie beschäftigen, vor allem in Form von Studien und Umfragen. Das BAMF kooperiert dabei auch mit den Evangelischen Akademien in Deutschland und der Erlanger Universität. Der Versuch über die hauseigene wissenschaftliche Abteilung einen Zugang als Forscher zu bekommen, scheiterte. Die Datengrundlage der analysierten und weiter unten vorgestellten Entscheider-Aussagen bilden hier Mitschriften öffentlicher Vorträge und drei längere Gespräche (zwei Entscheider, eine Richterin), die sich auf nicht-offiziellem Wege ergaben. Die Bereitschaft der Entscheidenden, mit mir zu sprechen, reichte hier von einer »gefühlten demokratischen Verpflichtungen«, Auskunft geben und sich am öffentlichen Asyl-Diskurs beteiligen zu wollen, bis zum Versuch, die eigene Arbeit auf eine richtige Weise darzustellen.

Wie eingangs erwähnt, ist mein Interesse am Streit über die Taufmotivation von Flüchtlingen und deren asylrechtliche Beurteilung berufsbiographisch geprägt, mein Taufverständnis praktisch-theologisch und erfahrungsbasiert: Ich sprach mit Menschen als interessiertes Gemeindeglied, als Kollege und Freund, Experte und Kritiker. Wie schmal der Grat zwischen diesen Rollen ist, zeigen die Verschriftlichungen meiner Gespräche, die mitunter zwischen seelsorglicher Begegnung, Befragung und kollegialer Beratung wechseln. Auch um die Arbeit im Feld zu reflektieren und immer wieder für Rollenklarheit zu sorgen, nahm ich während der Arbeit an dem Projekt Supervision in Anspruch.

## 3. Aufbereitung der Interviewdaten, Forschungsethisches

Die Interviews wurden für die Analyse nach dem System »Talk in Qualitative Social Research« (TiQ) transkribiert. Das für die Verschriftlichung von Gruppendiskussionen und in Zusammenhang mit der sog. dokumentarischen Methode entwickelte Transkriptionssystem wurde von Przyborski vereinheitlicht.[51] Ein feineres phonetisch-linguistisches Transkript war für das hier verfolgte Forschungsinteresse nicht notwendig. Gleichwohl schien es geboten, die phonetischen Akzentsetzungen und Sprechpausen zu transkribieren, um die Selbstläufigkeit der detailliert analysierten Passagen überprüfen zu können.

Angeregt durch die Gutachten und angesichts der antizipierten, nicht primär soziologischen Leserschaft wurden die Gesprächsabschnitte für die Veröffentlichung nochmals aufbereitet und dabei Sprechpausen, Füllwörter usw. getilgt. Das textliche Ergebnis ist in seinem interpretativen und konstrukthaften Charakter freilich eine nochmals gesteigerte Form der Vertextlichung. Die Transkripte der Gespräche sind geistiges Eigentum der Martin-Luther-Universität Halle-Wittenberg und können für weitergehende Forschungen zum Thema auf Antrag hin u. U. eingesehen werden.

Wie das Material für die Analysen gewonnen wurde, verdeutlicht bereits, dass vorliegende Untersuchung an verschiedenen Stellen ein besonderes Maß an forschungsethischer Sensibilität erforderte. Es erübrigt sich der Hinweis darauf, dass die in diesen Gesprächen gewonnenen Informationen mindestens berufli-

51 Przyborski / Wohlrab-Sahr, *Qualitative Sozialforschung*, 167. Für die Zeichen-Tabelle vgl. a. a. O., 168f.

che Sanktionen nach sich ziehen könnten und besondere Anforderungen an den Schutz der Informant·inn·en stellen. Noch größere Schutzerfordernisse stellen sich in Hinblick auf meine Gesprächspartner·innen, die geflüchtet sind und sich im deutschen Asylverfahren befinden. Nicht nur in Hinblick auf das laufende Verfahren, sondern auch auf die Verfolgungsgefahr im Herkunftsland war hier ein entsprechender Umgang mit den Daten vonnöten. Nicht nur die in Gesprächen mit den gefährdetsten Gruppen gewonnen Daten, sondern alle Interviews wurden vollständig anonymisiert.

## 4. Analysierte Textgenres und »Schau«-Plätze

Ihren Ausgang nimmt die Untersuchung in verschiedenen medialen Berichterstattungen v. a. aus dem Jahr 2016.[52] In einem ersten Schritt wurde der öffentliche Diskurs gesichtet und das Material zu diskursiven Ereignissen verdichtet. In den Meldungen, Nachrichten, dokumentar-medialen Bezugnahmen auf Taufe im Asylverfahren wurden verschiedene Akteure, Orte, Situationen identifiziert, so auch die Gruppe iranischer Christ·inn·en. Die durch die öffentliche Berichterstattung induzierte Hypothese, dass es v. a. Iraner·innen seien, deren Christ-Werdung zentraler Prüfgegenstand des Asylverfahrens ist, bestätigte sich im Laufe der Untersuchung.

Zur Beantwortung der Frage, wie iranische Christ-Werdungsgeschichten dann asylrechtlich verhandelt werden, habe ich mit Entscheider·inne·n und Richter·inne·n über ihre Arbeit gesprochen, Erfahrungsberichte von Antragstellern und ihren Verfahrensbegleitern durchgearbeitet und die im Asylverfahren hervorgebrachten Dokumente wie Niederschriften und Bescheide analysiert (s. u.). Von den interviewten Iraner·inne·n im Asylverfahren habe ich jeweils auch Asylbescheide sichten und analysieren können. Einige Bescheide wurden mir in Kopie zur Verfügung gestellt und konnten so mit anderem Gewicht in die Analyse einbezogen werden. Zum Schutz der Gesprächspartner·innen wurden die Verfahrensunterlagen vollständig anonymisiert.

Anhörungsprotokolle, amtliche Bescheide und gerichtliche Urteile stellen ein besonderes Genre dar; es handelt sich um Texte »von Juristen für Juristen«, die

52 Mit diskursivem Ereignis unterscheiden Iris Tonks u. a. die mediale Berichterstattung von »tatsächlichen« Ereignissen. Nun ist eine Reportage nicht weniger tatsächlich als das Ereignis, auf das sie sich bezieht, aber Parameter wie »politische Dominanzen und Konjunkturen, [… das] Sagbarkeitsfeld« lassen zahlreiche Verfertigungsschritte und (Re-)Kontextualisierungen zwischen beide Ereignisse treten, sodass nicht ohne Weiteres miteinander identifiziert werden kann, was passierte und wie es medial repräsentiert wird. Diskursive Ereignisse zeichnen sich dadurch aus, dass die den öffentlichen Diskurs, zu dem sie selbst gehören, stark beeinflussn (Tonks, *Diskursives Ereignis*, 40f.).

nach der tatsächlichen Aussagekraft in Hinblick auf das skizzierte Problem – Wie können Christ-Werdungsgeschichten Gegenstand eines Verwaltungsverfahren werden? – fragen lassen. Für eine Emanzipierung von der juristischen Perspektive habe ich mich von makrosoziologischen Überlegungen zur verfahrensmäßigen Entscheidungsfindung und mikrosoziologischen Überlegungen zur Fallherstellung informieren lassen. Eine Konversationsanalyse bot sich hier nicht an, da ich die Asylanhörung nicht *in actu*, sondern im Aggregatzustand ihrer (sekundären) Textwerdung greife, also schon als redaktionell mehrfach überarbeitetes Gespräch.

In der vorliegenden Untersuchung wurden Verfahrensdokumente für besonders relevant erachtet, insofern sie sich z.B. mit in unterschiedlichen Gesprächszusammenhängen gewonnenen Entscheider-Aussagen abgleichen lassen und so die für konsensual und öffentlich vertretbar erachteten Argumentationsstrukturen offenbaren.[53] Gerade die angesichts der asylrechtlichen Veränderungen gleichbleibenden Argumente geben den Blick auf die verfahrensmechanische Ebene frei und lassen fragen: Wie wird aus einem Glaubenszeugnis ein asylrechtlich verarbeitbarer Fall? Wie erfolgt die diskursive Erzeugung Verwaltbarkeit durch Verfahren in sog. Konversionsfällen?

Immer wieder wird betont, dass das Asylverfahren eine Einzelfallprüfung ist. Richtig daran ist, dass individuell entschieden wird, und zwar über Menschen und von Menschen. Jedoch erfolgt die asylrechtliche Entscheidungsfindung in einem Netz aus institutionellen Vorgaben, alltagsbürokratischen Praktiken und argumentativen Konventionen. Wie die durch das Verfahren erzeugte Legitimität der Entscheidung, so übersteigt auch die Textur der Einzelentscheidung den je spezifischen Anhörungskontext und offenbart einen institutionenspezifischen (Religions-)diskurs, der hier von Interesse ist.

Eine Einschränkung bringt die Tatsache mit sich, dass es v.a. Negativbescheide sind, die hier analysiert wurden. Das hat mit dem Umstand zu tun, dass nur Negativbescheide so ausführlich begründet und mit Begründung auch den Asylsuchenden zugestellt werden. Die in Form von Urteilen im sog. Asylklageverfahren (s.u.) hervorgebrachten und auch von mir eingesehenen Positiv-Ur-

53 Das diskursive Repertoire, unter dessen Mobilisierung Christliches erst asylrechtlich verhandelbar wird, lässt sich anhand von Protokollen und Bescheiden besonders gut analysieren, weil sich hier eine den Einzelfall übersteigende Verfahrensgeschichte materialisiert und die so hervorgebrachten Texte die Entscheidung über dne konkreten Fall hinaus steuern (ober- und höchstgerichtliche Rechtsprechung, Textbausteine usw. konstituieren den Wissensraum, in dem sich Asylentscheiden vollzieht). Dabei handelt es sich um Macht / Wissen *par excellence.* Ins Verfahren eingeführte Erkenntnisquellen, auf deren Grundlage entschieden werden kann, müssen ausgewiesen werden; das Feld der Entscheidbarkeit ist zwischen zahlreichen Vorentscheidungen und Restriktionen aufgespannt.

teile offenbaren, dass die tragenden Argumente in Ablehnungen wie Positivbescheiden die gleichen sind.

Die Untersuchung stützt sich nicht zuletzt auf eigene Erfahrungen und Beobachtungen. Mitschriften öffentlicher Vorträge, in denen Taufende, Anwält·inn·e·n, Entscheider·innen und Richter·innen ihre Arbeit vor einer informierten Öffentlichkeit beschreiben und rechtfertigen, sind hier ebenso im Blick wie die Dokumentationen und Materialisate (z. B. Handreichungen) vergangener Tagungen und Fachgespräche. Besonders Teil D vorliegender Untersuchung (zum Staat und Kirchen über die asylrechtliche Überprüfung von Konversion) beruht auf eigenen Beobachtungen in unterschiedlichen Formaten des von Staat und Kirche ausgetragenen, mittlerweile seit einigen Jahren währenden Gesprächs über Taufe und Konversion als Gegenstand des Asylverfahrens. Die gewählte Beobachtungs- und Theoretisierungsebene fußt einem auf Verständnis von Konzepten wie Religion, Taufe, Konversion als Diskurskategorien, die auf ihre Emergenzkontexte und -geschichte, die sie jeweils stabilisierenden Gegenbegriffe und ihre spezifische Indienstnahme hin zu befragen sind (s. u.). Diese Fragen stelle ich mit Blick auf die skizzierten Zusammenhänge und die dort hervorgebrachten Text-Genres. Das macht meine Beobachtung der Konfliktgespräche zu einer Art teilnehmender Diskurs-Beobachtung. Mit der Rede von der teilnehmenden Beobachtung suche ich zu markieren, dass es keine unschuldige Beobachtung gibt, sondern der Forschungsgegenstand zu allererst meine Konstruktion und eigener Involviertheit geschuldet ist. Ein strenges und stärker auf Interaktionspraxen abstellendes Verständnis der in der Ethnologie methodologisierten »Teilnehmenden Beobachtung« lag hier nicht zugrunde.

## V. Verortung der Arbeit

### 1. Theoretischer Zugriff und Analysefokus

Um die spannungsvoll und kontrovers erzählte Geschichte über Taufe und Religion, Konversion und Asyl genauer zu besehen, zunächst noch einige Entscheidungen mehr: Für die Perspektivierung und Kontextualisierung dieses konfliktreichen Szenarios und der darin emergierenden Phänomene zehre ich von den diskurstheoretischen Erwägungen des argentinischen Gesellschaftstheoretikers *Ernesto Laclau* und der Politologin *Chantal Mouffe*. Die von ihnen in »Hegemony and Socialist Strategy« bereits in den 1980ern grundgelegte poststrukturalistische Diskurstheorie bewährt sich für die Modellierung des Untersuchungsgegenstandes und bietet die analytischen Bausteine für die Erarbeitung eines gegenstandsangemessenen Kodierparadigmas.[54]

In unzähligen Aufsätzen theoretisiert Laclau – zeitweise in engem Austausch mit Mouffe,[55] aber auch mit Slavoj Žižek und Judith Butler –[56] wie sich Subjektivierung im Sinne der Herstellung von Handlungsfähigkeit vollzieht.[57] Je nach Schreibanlass Laclaus und Verwendung durch seine Leserschaft verbinden sich die zugrundeliegenden Konzepte zu einer Hegemonie-, Diskurs-, Populismus- oder Demokratietheorie. Die von ihm konstatierte produktive Kraft (sozialer) Antagonismen für die Fixierung von Bedeutungen, Identitäten und damit letztlich für die Konstitution von Subjektivität im infiniten Fließen der Differentialität verheißen Potentiale für eine diskurstheoretische Perspektivierung des von mir untersuchten Feldes.

Der Heidelberger Religionswissenschaftler *Michael Bergunder* hat in seinem 2011 in der ZfR erschienenen Beitrag[58] einen durch Ernesto Laclau und Oliver Marchart informierten,[59] vielbeachteten Vorschlag gemacht, wie Religion als Forschungsgegenstand konzeptualisiert und angemessen beschrieben werden kann. Das religionswissenschaftliche Religionsverständnis, so Bergunder, setze immer ein Alltagsverständnis von Religion voraus, ohne es zu klären, geschweige denn zu explizieren. Religion versteht Bergunder im Anschluss an Laclau als Diskurskategorie, deren Bedeutung kontinuierlich in sozialen Interaktionen ausgehandelt wird. Poststrukturalistische Ansätze wie der Laclaus verheißen eine nicht essentialisierende Überwindung eines rein begriffsgeschichtlichen Zugriffs auf Religion. Bedeutungen (z. B. was Religion ist) lassen sich demnach nur relativ und nicht unter Rückgriff auf eine außerdiskursive Referenz fixieren. Die Notwendigkeit einer Grenzziehung (der Systemzwang des Diskurses) wird innerdiskursiv durch exkludierende Operationen bewerkstelligt, was den Diskurs

54 S. o. »Die Analyse als mehrstufiger Kodierprozess«.

55 Laclau, Ernesto / Mouffe, Chantal: *Hegemony and Socialist Strategy. Towards a Radical Democratic Politics*, London / New York 1985.

56 Vgl. z. B. Butler, Judith / Laclau, Ernesto / Žižek, Slavoj: *Contingency, Hegemony, Universality. Contemporary Dialogues on the Left*, London / New York 2000.

57 Laclaus Ausgangspunkt ist die Diagnose einer »Ambiguität im marxistischen Geschichtsverständnis« (Laclau, *Ideologie und Postmarxismus*, 25). Es sei nicht mehr möglich, ein revolutionäres Subjekt über den Klassenbegriff oder andere Essentialismen zu konstruieren; (Laclau / Mouffe, *Hegemony and Socialist Strategy*, 91 u. 1–78) gleichwohl erweise sich die antagonistische Logik nach wie vor als das entscheidende Movens für die Subjekt- bzw. Identitätsformierung (Laclau, *Ideologie und Postmarxismus*, 26).

58 Michael Bergunder, *Was ist Religion? Kulturwissenschaftliche Überlegungen zum Gegenstand der Religionswissenschaft*, in: ZfR 19, 1/2011, 3–55.

59 Oliver Marchart (Hg.), *Das Undarstellbare der Politik. Zur Hegemonietheorie Ernesto Laclaus*, Wien 1998. Martin Nonhoff (Hg.), *Diskurs – radikale Demokratie – Hegemonie. Zum politischen Denken von Ernesto Laclau und Chantal Mouffe*, Bielefeld 2007.

gleichermaßen ermöglicht wie destabilisiert. Was Bergunder am Beispiel Religion durchdekliniert, ließe sich auch auf andere sog. Allgemeinbegriffe anwenden.

Die Perspektivierung mithilfe von Laclaus Theorie erschließt die oben angedeuteten Schauplätze (Iran, Asylverfahren, staatlich-kirchlicher Konflikt) als interagierende, aber zu differenzierende Diskurs-Arenen: Ich unterscheide erstens einen iranischen Kontext für die Hinwendung zum Christentum, in dem Christliches innerhalb eines breiten gesellschaftlichen Widerstandsdiskurses zum Träger unterschiedlicher Forderungen wird. Ich nehme zweitens war, dass Christliches im (behördlich-gerichtlichen) Asylverfahren nur in einer bestimmten Fassung von Religion-als-Begriff verhandelt werden kann. Laclau lässt mich hier danach fragen, wie unter Rückgriff auf Religion die verfahrenstypische Handlungsfähigkeit des Asylentscheidens hergestellt wird. Drittens stellt sich die Frage, unter Markierung welcher Außenbereiche der Konflikt über das religionsbezogene Asylentscheiden zwischen Staat und Kirche ausgetragen wird. Um diese zwischen theoretischen Hinsichten und ersten Thesen schillernden Andeutungen zu verstehen, nun einige Erläuterungen.

## 2. Von einer postmarxistischen Handlungs- zu einer poststrukturalistischen Diskurstheorie

Der Ausgangspunkt für Laclaus politische Theorie ist die Identitätskrise des Sozialismus in einer komplexen Welt. Anders als von den klassischen Marxismen[60] prognostiziert, führt der globale Kapitalismus nicht zu einer Homogenisierung antagonistischer gesellschaftlichen Gruppen, sondern zu heterogenen sozialen Gebilden, in denen höchst partikulare Interessen immer schwerer eine gemeinsame Handlungsrichtung zu entwickeln vermögen. Laclau fragt, wie unter diesen Bedingungen Handlungsfähigkeit gegenüber repressiven Systemen (wie z. B. dem globalen Finanzkapitalismus) erlangt und behauptet werden kann und beantwortet seine Frage mithilfe diskurstheoretischer Reformulierungen marxistischer Theoreme und einer Weiterentwicklung von Gramscis Hegemonie-Konzept[61]. Von Interesse ist für vorliegende Untersuchung die diskurstheo-

60 Vgl. Laclau / Mouffe, *Hegemoniy and Socialist Strategy*, 1–78.

61 Antonio Gramsci fragt, warum sich der Sozialismus in Russland, nicht aber in Italien durchsetzen konnte. In seinen sog. Gefängnisheften beschreibt er, wie die herrschenden Klassen die Macht erlangen, ausüben und sichern. Darüber hinaus entwirft er Strategien zur Ermächtigung der Arbeiterklasse. Für beides ist sein Hegemonie-Konzept zentral. Es stellt auf das zweifache Fundament von Herrschaft ab, das in Unterdrückung einerseits und der Zustimmung der Beherrschten zur bestehenden Ordnung besteht, also ihrem Glauben, dass der *status quo* der bestmöglichen sozialen, ökonomischen, politischen Ordnung entspricht. Diese Zustimmung wird erreicht durch Führung bzw. Manipulation. Entsprechend müssten alle Bemühungen darum, die Vorherrschaft zu erlangen, immer zweifach sein: Zur Revolution

retische Reformulierung dieser Entstehung von Handlungsmacht, die Laclau in Auseinandersetzung mit Althusser, Lacan, Foucault und Derrida entwickelt.

### a) Diskurskonstitutive Außenbereiche

Im sprachphilosophischen Gefolge De Saussures ist es ein Allgemeinplatz, daran zu erinnern, dass Identitäten/Bedeutungen differentiell sind: Sie bedeuten nicht durch einen ihnen wesensmäßig eignenden positiven Gehalt, sondern allein durch ihre Unterschiedenheit von und ihre Relation zu anderen Identitäten/Bedeutungen. Etwas kann jedoch nur bedeuten – der Akt der Signifikation kann nur gelingen – in einem geschlossenen differentiellen System. Es bedarf einer Grenze, um das Fließen der Differenzen im prinzipiell infiniten Progress der Differentialität zu stoppen. Man könnte das den Systemzwang der Signifikation nennen. Nichts anderes als ein partiell geschlossenes System von Differenzen ist *Diskurs* und eine *diskursive Formation* eine regelhafte Streuung ebendieser Differenzen.[62]

Wie aber kann der Diskurs abgegrenzt und damit fixiert werden, ohne mit der Grenzziehung eine neue Differenz zu setzen, die ja nur innerdiskursiv bestimmt werden könnte? Eine Grenze im Sinne einer weiteren Differenz würde den Diskurs öffnen und damit Signifikation/Identifizierung verunmöglichen. Die Grenze des Diskurses kann nach Laclau deshalb nur als ausschließende Grenze gedacht werden, als Grenze also, die sich antagonistisch zum *Innen* des Diskurses verhält: Sie verbindet disparate Elemente zu Momenten eines gemeinsamen Diskurses, die an Gemeinsamem allein die ausschließenden Beziehung zum Außen des Diskurses teilen *(Logik der Äquivalenz)*.[63] Die antagonistische Grenze

führe ein Angriff auf die das System stützenden Beherrschungsinstrumente (Manöverkrieg); langsamer aber effektiver jedoch ist die Transformation der kulturellen Überzeugungen einer Gesellschaft (Positionskrieg). Eine Revolution ohne diese Arbeit am moralischen Fundament einer Gesellschaft werde immer wieder ein System hervorbringen, das genauso funktioniere wie das vermeintlich überwundene.

62 Laclau / Mouffe, *Hegemony*, 92.

63 Laclau selbst illustriert diese diskursive Bewegung in zahlreichen Vorträgen wie folgt: In einer Gesellschaft divergierender und konkurrierender Interessen formiert sich eine Gruppe um eine geteilte Forderung herum. Zwischen unterschiedlichen Interessen entsteht eine Art spontaner Solidarität, die die partikularen Forderungen verbindet; in ihrer Disparatheit teilen sie doch alle die Ablehnung eines als repressiv empfundenen Systems. Die so geformte Äquivalenzierung unterschiedlicher Forderungen muss sich immer wieder in allgemein verständlichen Symbolen mitteilen. Als solch ein Symbol fungiert eine individuelle Forderung, die eine gewisse Zentralität einnimmt, z. B. die Forderung nach Lohnerhöhung durch die Metallarbeiter, die im peronistischen Argentinien zum Inbegriff der Opposition zum Regime wird. In diesem Moment spaltet sich die Gesellschaft unter dem repressiven Druck in zwei Lager: die für das System sind und die dagegen sind, in den Diskurs der Macht und den der Opposition. Dieser populistische Urmoment generiert eine Art geteilter Handlungsfä-

relativiert damit zugleich die differentiellen Beziehungen der Diskursmomente, die ja gerade durch ihre Differentialität »bedeuten« *(Logik der Differenz).*

Welchen ontologischen Status hat diese Grenze? Sie existiert als Effekt eines Repräsentationsaktes. Sie ist nicht selbst repräsentierbar, sondern besteht als Symbolisierungseffekt im Diskurs. Indem das Ganze des Diskurses vergegenwärtigt und damit ein Außenbereich immer schon mitgesetzt wird, wird der Signifikationsprozess partiell stabilisiert und daran gehindert, sich in reine Differentialität auflösen. Wer könnte diese Repräsentationsaufgabe wahrnehmen, kommen doch nur partikulare Differenzen bzw. einzelne Diskursmomente infrage? Laclaus Antwort: Eine dieser partikularen, in einer Äquivalenzkette mit anderen verbundenen und in den Diskurs integrierten und diesen Diskurs so (mit-)konstituierenden Differenzen übernimmt die Aufgabe der Repräsentation des Ganzen des Diskurses. Die Möglichkeitsbedingungen des Diskurses durch seine partielle Schließung liegt damit im Diskurs selbst; die Schließung entbehrt einer realen Referenz, eines realen Außen. »We do not have to deal with an excess [overdetermination] or deficiency of signification, but with the precise theoretical possibility of something which points, from within the process of signification, to the *discursive presence of its own limits.*«[64]

### b) Leere Signifikanten, Namen, Knotenpunkte

Abgrenzbar, partiell abschließbar wird der Diskurs nur in einem hegemonialen Akt der Benennung seiner als Ganzem durch ein einzelnes Differenzmoment. Dieses wird zum sog. leeren Signifikanten – leer, weil er als namensgebendes Glied der Äquivalenzkette, als Repräsentant des Diskurs-Ganzen und als Setzer der Diskursgrenze seiner spezifischen Partikularität und Differentialität völlig entkleidet wird.

Laclau schlägt vor, den leeren Signifikanten in anti-deskriptivistischer Tradition Saul Krippkes als *Namen* aufzufassen.[65] Ein Name wird nicht durch deskriptive Kategorien der Dinge vermittelt (wie das etwa für Begriffe gilt, unter die sich bestimmte Charakteristika subsumieren lassen), sondern durch »primäre Taufe« – d.h., die Verbindung zwischen Namen und Objekt ist arbiträr. Die Einheit des Objektes aus Signifikat und Signifikant ist nicht ursprünglich, sondern der retroaktive Effekt des Namens. Damit ist auch klar, dass es keinen Namen gibt, der die Äquivalenzkette vollständig zu kontrollieren vermag. Ebenso wenig gibt es eine Äquivalenzkette, die den Namen determiniert. Namen und

higkeit bzw. Subjektivität; der Preis dafür sind komplexe Inklusions- und Exklusionsprozeduren.

64 Laclau, *Emancipations*, 36 [kursiv, CK].

65 Vgl. Bergunder, *Was ist Religion?*, bes. 28–47.

Äquivalenzkette stehen in einer spannungsvollen Beziehung zueinander. Der Name wird beständig deformiert durch das, was er zu fassen versucht, und gleichzeitig wird all das von ihm Mit-Benannte in seiner Differentialität vom Namen unterdrückt.

Die Konstituierung eines Diskurses durch Anrufung / Artikulation einzelner Elemente und deren arbiträre Unterordnung unter eine partikulare, den Diskurs als Ganzen be-namende Differenz, bezeichnet Laclau auch als Konstruktion von *Knotenpunkten.* »The practice of articulation [...] consists in the construction of nodal points which partially fix meaning; and the partial character of this fixation proceeds from the openness of the social, a result, in its turn, of the constant overflowing of every discourse by the infinitude of the field of discursivity.«[66] Diese Verbindung bzw. Verknotung ist jedoch nicht stabil, da die Äquivalenzkette limitierende Effekte zeitigt: Die Äquivalenzkette vermag die Partikularität und Differentialität nicht vollständig zu absorbieren und aufzulösen.

Das Soziale etwa bleibt heterogen und existiert »as an effort to construct that impossible object. Any discourse is constituted as an attempt to dominate the field of discursivity, to arrest the flow of differences, to construct a centre. We will call the privileged discursive points of this partial fixation, *nodal points.*«[67] Zentrale Signifikanten verknoten – um in Laclaus Bild zu bleiben – Differenzen in Äquivalenzketten. Sie markieren eine hegemoniale Entscheidung (der kontingenten Verbindung eines Namens mit einer Äquivalenzkette) in einem nicht entscheidbaren Feld unendlicher Differentialität.[68]

Als Ergebnis dieses notwendigen aber konstitutiv unabschließbaren Aktes der Benennung und Begrenzung des Diskurses könnten vermeintliche *Allgemeinbegriffe* wie Freiheit, Christentum, Nation gelten. Mit ihnen wird erst der Zusammenhang zwischen eigentlich sehr disparaten und in ihrer Zusammenschau heterogenen Positionen hergestellt (z. B. sehr unterschiedlichen Christentümern, die eine situative Minimal-Einigkeit über ihre gegenseitige Taufanerkennung herstellen); sie werden von ihrem (meist nur im Schatten mitgeführten) Gegenbegriff nicht nur abgegrenzt, sondern von diesem auch stabilisiert. Der Gegenbegriff hat jedoch v. a. projektiven Charakter. Beide, Begriff und Gegenbegriff, existieren nicht als prädiskursiv und *per se* bedeutungsvolle Komponenten eines Diskurses, sondern als Versuche, Diskurse zu schließen, also als Sinnstiftungsprodukte. In diesem Sinne kann Laclau auch sagen, dass das Subjekt nicht Ursprung des Diskurses, sondern nur als Ergebnis eines Diskurses greifbar sei: als

66 Laclau / Mouffe, *Hegemony*, 100.
67 Laclau / Mouffe, *Hegemony*, 99.
68 Stäheli / Hammer, *Politische Theorie*, 77.

*Subjektposition* in einem komplexen Arrangement.[69] Deutlich wird außerdem: Signifikation geschieht in einem politischen Raum; Bedeutung bzw. Identität sind das Ergebnis komplexer Aushandlungsprozesse in machtgeladenen Szenarien.[70] Subjektivität bzw. Handlungsfähigkeit emergieren in spezifischen Kontexten, werden hergestellt unter Rückgriff auf spezifische diskursive Reservoirs. Sie sind darauf hin zu befragen, welche konstitutive Unentscheidbarkeit, welches spezifische Unvermögen mit ihnen bewältigt wird.

### c) Konstitutive Instabilitäten

Eine zentrale Einsicht dieses Diskursverständnisses besteht darin, dass die Möglichkeit der Differenz, nämlich nur in einem partiell geschlossenen Diskurs bedeuten zu können, diese immer auch gefährdet, indem sie die Momente im Innen des Diskurses homogenisiert. Die Bedingung der Möglichkeit der Signifikation ist damit zugleich die Bedingung ihrer Unmöglichkeit. Identität ent- und besteht in der ständigen Spannung zwischen Differenz und Äquivalenz. Der Diskurs kann niemals vollständig geschlossen, die Signifikation nie abgeschlossen und fest-gestellt werden. »The transition from the ›elements‹ to the ›moments‹ is never entirely fulfilled. A no-man's-land thus emerges, making the articulatory practice possible. In this case, there is no social identity fully protected from a discursive exterior that deforms it and prevents it from becoming fully sutured.«[71]

Eine weitere Konsequenz der Instabilität des Signifikationsprozesses ist das *Flotieren* der Signifikanten. Einzelne Elemente können in unterschiedlichen differentiellen Zusammenhängen artikuliert und in einem Akt hegemonialer

69 Laclau / Mouffe, *Hegemony*, 107f: »[T]he specificity of the category of subject cannot be established either through the absolutization of a dispersion of ›subject positions‹, or through the equally absolutist unification of these around a ›transcendental subject‹. The category of subject is penetrated by the same ambiguous, incomplete and polysemical character which overdetermination assigns to every discursive identiy.« Pointiert auch Stäheli / Hammer, *Politische Theorie*, 79: »Es gibt kein Subjekt, das souverän durch sein Handeln die Bedeutung von Diskursen verändern kann. […] Diskurse stellen Positionen zur Verfügung [Subjektpositionen], an denen Subjekte und ihre Interessen hergestellt werden. Subjektpositionen regulieren Aussagemöglichkeiten in Diskursen, da sie festlegen, wer Zutritt hat und was sagbar ist. Der Vielfalt von unterschiedlichen Diskursen entspricht eine heterogene Pluralität von Subjektpositionen.« – »Kein Subjekt existiert unabhängig von der Unentscheidbarkeit, die es durch seine Entscheidung aufzulösen hat. Das Subjekt kommt vielmehr im Zuge der Identifikation mit einem bestimmten Inhalt, der die unentscheidbare Situation auflösen soll, zustande.« (a.a.O., 155f.)

70 Stäheli / Hammer, *Politische Theorie*, 77: »Damit wird das Politische weiterhin als das Feld der letztgültig nicht zu entscheidenden Konflikte theoretisiert, während durch machtvolle Entscheidungen etablierte hegemoniale Praktiken, Diskurse und Institutionen temporär auf dem Feld der Politik herrschen.«

71 Laclau / Mouffe, *Hegemony*, 97.

Schließung als zentral gesetzt werden. So kommt es, dass die leeren Signifikanten des einen Diskurses deplatziert und in einem anderen Diskurs reartikuliert werden können. Ein Beispiel wäre die Forderung nach Meinungsfreiheit, die von unterschiedlichen und z. T. antagonistischen gesellschaftlichen Akteuren bemüht wird und als Überschrift sehr unterschiedlicher Programme auch gegeneinander.

Eine dritte Pointe stellt auf die Diskurs-Konstitutivität (meist unwillentlich) immer schon mitgesetzter Außenbereiche ab. Wo Kristeva und Butler von dem, letztlich den *status quo* affirmierenden Abjekten sprechen und Derrida vom stabilisierenden Gegenbegriff, ist in Laclaus Diktion vom sog. konstitutive Außen zu sprechen.

## 3. Taufe im Asylverfahren

In der gerade entwickelten Perspektive stellen sich die Konzepte, oder besser: die Namen »Taufe«, »Christentum«, »Konversion« sowie ihre Qualifizierung als »authentisch«, »strategisch«, »glaubwürdig« usw. als hegemoniale Entscheidung in einem konstitutiv unentscheidbaren Szenario dar. Und der »unglaubwürdige Konvertit« erscheint als Figur bzw. als diskursive Funktion, markiert er doch immer auch einen religions-diskurs-konstitutiven Außenbereich. Identitätsbehauptungen und -bestreitungen, qualifizierende Anrufungen innerhalb konfligierender Referenzsysteme charakterisieren sein Erscheinen. Ihn umgeben eine ganze Reihe von Fragen, die auf sehr unterschiedliche (diskursive) Kontexte verweisen.

Die vorgestellte Rahmentheorie legt es nahe, diese gesamtgesellschaftlich jonglierten Identitätsmarkierungen als Gegenstand von Aushandlungs- bzw. Artikulationsprozessen zu modellieren und nach ihren diskursiven Herstellungsbedingungen zu fragen. Die Diskursperspektive ermöglicht es, Konflikte in ihrer epistemischen Produktivität zu analysieren: Zu fragen ist dann, was in welchen Kontexten unter Rückgriff auf welche Identitätsbehauptungen bewältigt – welche Handlungsfähigkeit hergestellt werden – muss. Zu fragen ist außerdem, an welcher Stelle sich gerade durch hegemoniale Schließungen Widerstandsräume der Reartikulation und Resignifikation öffnen.

Im Versuch der Perspektivierung des mit dem Titel »Taufe im Asylverfahren« nur tastend umrissenen Konfliktfeldes fragt die vorliegende Studie im Anschluss an das Referierte: Welche Identitäten werden in diesem Feld behauptet, welche verwehrt? Wie wird diskursiv Identität hergestellt? Wer behauptet Identität? Welche Subjektpositionen stellt der Diskurs zur Verfügung, von denen aus überhaupt sinnvoll gesprochen werden kann? »Möchte man dem so verstandenen Subjekt [, den Bedeutungen, den Identitäten] nachspüren, dann ist nach den Dislokationen von Diskursen zu fragen und die Kontingenz von Artikulationen aufzudecken. Weit davon entfernt, mit dem Subjekt [, den Bedeutungen, den Identitäten] ein stabiles Fundament für politisches Handeln einzurichten, ist es hier gerade das Scheitern des Diskurses, der Moment des Mangels, des Risses und des Unterbruchs, in dem sich das Subjekt einnistet.«[72]

## 4. Forschungsstand

Die vorliegende Untersuchung ist ein Desiderat, insofern sie die genannten Aspekte – iranische Christ-Werdungsgeschichten, den asylrechtlichen Umgang damit, den staatlich-kirchlichen Konflikt darüber und daraus erwachsende tauftheologische Fragen – konsequent aufeinander bezieht. Ich stützte mich neben eigenen Interviews auf zahlreiche Arbeiten zu Teilaspekten des hier aus religionswissenschaftlicher und interkulturell-theologischer Perspektive bearbeiteten Themenfeldes. Die wichtigsten prominent bedachten Arbeiten liste ich auf. Ausführlicher gehe ich auf die Texte dort ein, wo sie im Rahmen dieser Studie prominent bedacht werden.

Zu den asylrechtlichen Aspekten des Themas sind einige *juristische Abhandlungen* erschienen, wohl erst in den vergangenen Jahren, weil »religiöse Konversion« erst mit iranischen Christ·inn·en zum asylrechtlichen Problem- und Präzedenzfall wird. Die beiden Richter am Bundesverwaltungsgericht Uwe Berlit und Harald Dörig haben gemeinsam mit ihrem Kollegen Hugo Storey, Upper Tribunal Judge in der Kammer für Immigration und Asyl des englischen High Court, in einem Workshop mit europäischen Kolleg·inn·en zusammengetragen und katalogsiert, was sich an asylrichterlichen Instrumenten und Fragehinsichten herausgebildet und in der Prüfpraxis bewährt hat.[73]

Der Verwaltungsrechtler Benjamin Pernak vergleicht den asylgerichtlichen Umgang mit sog. Konversionsfällen in Deutschland mit dem in Großbritannien und informiert dabei ausführlich über die Grundlagen der asylrechtlichen Überprüfung der »Ernsthaftigkeit der Konversion«.[74]

72 Stäheli / Hammer, *Politische Theorie*, 81.

73 Berlit, Uwe / Dörig, Harald / Storey, Hugo: *Glaubhaftigkeitsprüfung bei Asylklagen aufgrund religiöser Konversion oder Homosexualität: Ein Ansatz von Praktikern* (Teil 1), in: ZAR 9/2016, 281–288.

74 Pernak, Benjamin: *Richter als »Religionswächter«? Zur gerichtlichen Überprüfbarkeit eines Glaubenswechsels. Asylverfahren von Konvertiten in Deutschland und Großbritannien im Vergleich* (Studien zum vergleichenden Öffentlichen Recht, Bd. 5), Berlin 2018.

Benjamin Karras, ebenfalls Verwaltungsrechtler, hat in seiner Dissertation[75] und einigen Aufsätzen den asylrechtlichen Umgang mit »religiöser Konversion« als sog. subjektivem Nachfluchtgrund untersucht. Auf Grundlage seiner Sichtung mehrerer Urteile zu Konversionsfällen identifiziert er fünf vorherrschende Prüffiguren, unter denen er lediglich eine für geeignet ansieht, um die für die Asylentscheidung maßgebliche Verfolgungsprognose zu erstellen.

Ein Urteil des Bundesverwaltungsgerichts aus dem Jahr 2015[76] hat die Zuständigkeiten in Hinblick auf die Beurteilung Konversionen, insofern sie Gegenstand des Asylverfahrens werden, vorerst abschließend sortiert. Der *status quo* der rechtlichen Vorgaben wird in einem unter der Ägide des kirchenrechtlichen Instituts von Hans Michael Heinig erstellten Gutachten als religionsverfassungsrechtskonform bestätigt.[77]

Hinzuweisen ist außerdem auf die mikrosoziologische Untersuchung der asylrechtlichen Schreibprozeduren von Thomas Scheffer aus dem Jahre 1999 hinzuweisen;[78] es handelt sich dabei um die nach wie vor ausführlichste deutschsprachige *(rechts-)soziologische* Arbeit zum Thema.

Aus kultursoziologischer Perspektive untersucht Susanne Stadlbauer gerade *Konversionsnarrative* v.a. iranischer Konvertit·inn·en. Ein erster Aufsatz[79] präsentiert als Zwischenergebnis thematische Muster in dem sich zwischen »secrecy and transparency« – so Stadlbauer – entspinnenden Geflecht von Identitätsformation und Authentizitätsbeschreibung. Die ungarischen Psychiater·innen Szabolcs Kéri und Christina Sleiman untersuchen ebenfalls Konversionsnarrative,[80] allerdings aus psychologischer Sicht und mithilfe v.a. quantitiv-empirischer Analyse-Instrumente. Bereits 2007 hatten Mohammad Hassan Khalil und Mucahit Bilici nach den Motiven ehemaliger Muslim·inn·e·n für ihre Hinwendung zum Christentum gefragt und ihre Ergebnisse in einem Aufsatz inventarisiert.[81]

75 Karras, Benjamin: *Missbrauch des Flüchtlingsrechts? Subjektive Nachfluchtgründe am Beispiel der religiösen Konversion*, Tübingen 2017.

76 BVerwG, B.v. 25.08.2015-1 B 40.15. Zwei Entscheidungen des Bundesverfassungsgerichts zur Sache stehen aus.

77 Heinig, Hans Michael: *Gutachtliche Stellungnahme zur Konversion während des Asylverfahrens*, hg.v. Kirchenrechtlichen Institut der Evangelischen Kirche in Deutschland, Göttingen 2019.

78 Scheffer, Thomas: Asylgewährung. *Eine ethnographische Analyse des deutschen Asylverfahrens*, Stuttgart 2001.

79 Stadlbauer, Susanne: *Between Secrecy and Transparency. Conversions to Protestantism Among Iranian Refugees in Germany*, in: Entangled Religions, 08/2019 [Online-Publikation, deshalb keine Seitenangaben, sondern Abschnittszählung].

80 Kéri, Szabolcs / Sleiman, Christina: *Religious Conversion to Christianity in Muslim Refugees in Europe*, in: Archive for the Psychology of Religion 39, 03/2017.

81 Khalil, Mohammad Hassan / Bilici, Mucahit: *Conversion out of Islam. A Study of Conversion Narratives of Former Muslims*, in: The Muslim World, 01/2007, 111–124.

Über die *Geschichte iranischer Christentümer* und den Christ-Werdungs-Kontext informieren sehr ausführlich Kathryn Spellman[82] und auf ihre Untersuchung in großen Teilen aufbauend A. Christan van Gorder.[83] Über die Situation iranischer Neu-Christ·inn·en geben zwei ausführliche Berichte Auskunft, die im Auftrag des Dänischen Innenministeriums entstanden sind.[84]

Das *staatlich-kirchliche Ringen* um den angemessenen Umgang mit sog. Konversionsfällen beginnt in den späten 2000er Jahren. Ausführlich dokumentiert ist eine erste größere Tagung aus dem Jahre 2009;[85] darauffolgende Begegnungen[86] zwischen Vertreter·inne·n staatlicher Stellen und taufender Kirchen haben u. a. die maßgebliche evangelischen Handreichung[87] zum Thema hervorgebracht. Auf Grundlage einer größeren Tagung in Greifswald nimmt Henning Theißen »erste [theologische] Sondierungen« vor.[88] Daneben sind kürzere Aufsätze und Abhandlungen aus theologischer Perspektive erschienen.[89]

82 Spellman, Kathryn: *Religion and Nation. Iranian Local and Transnational Networks in Britain*, New York / Oxford 2004.

83 Gorder, A. Christian van: *Christianity in Persia and the Status of Non-Muslims in Iran*, Lanham / Plymouth 2017.

84 Danish Migration Service, *Update on the Situation for Christian Converts in Iran. Report from the Danish Migration Service's fact-finding mission to Istanbul, Ankara, Turkey and London, United Kingdom. 25 March to 2 April 2014 and 10 April to 11 April 2014*, Copenhagen 2014. Danish Ministry of Immigration and Integration, *Iran: House Churches and Converts, Joint report from the Danish Immigration Service and Danish Refugee Council based on interviews in Tehran, Iran, Ankara, Turkey and London, United Kingdom, 9 September to 16 September 2017 and 2 October to 3 October 2017*, Copenhagen 2018.

85 *Die Bedeutung von Taufe und Konversion im Asylverfahren* (epd-Dokumentation 47/2008), Frankfurt 2008.

86 Kirchenamt der EKD (Hg.): *Fachtag zur Bedeutung von Taufe und Konversion im Asylverfahren, Kirchenamt der EKD, Hannover, 8. Mai 2012, Dokumentation.*

87 Kirchenamt der Evangelische Kirche in Deutschland / Vereinigung evangelischer Freikirchen (Hgg.): *Zum Umgang mit Taufbegehren von Asylsuchenden. Eine Handreichung für Kirchengemeinden*, Hannover 2013. Ein entsprechendes römisch-katholisches Dokument datiert aus dem Jahr 2009: Sekretariat der Deutschen Bischofskonferenz (Hg.): *Christus aus Liebe verkündigen. Zur Begleitung von Taufbewerbern mit muslimischem Hintergrund* (Arbeitshilfen 236), Bonn 2009.

88 Theißen, Henning: *Die Taufe ist unanfechtbar. Erste Sondierungen im Problemfeld Flüchtlingskonversionen*, in: Zeitzeichen 02/2020, 50–52.

89 Halft, Dennis: *Ungetauftes Christentum. Eine theologische Verortung aus katholischer Sicht*, in: Wort und Antwort 55, 2014, 167–172. Lamprecht, Harald: *Migration und Konversion. Zum Umgang mit Taufbegehren von Geflüchteten*, in: Pastoraltheologie, 07/2018, 319–332. Burkhardt, Friedemann / Schirrmacher, Thomas (Hgg.): *Glaube nur im Kämmerlein? Zum Schutz religiöser Freiheitsrechte konvertierter Asylbewerber* (Studien zur Religionsfreiheit Bd. 14, idea-Dokumentation 01/2009), Bonn 2009.

# B Iranischer Protestantismus – Zur Genealogie einer Religionsformation

## I. Iranische Christ·inn·en

Im Jahre 2017 reist Navid Kermani von Köln über Polen und das Baltikum, Weißrussland und die Ukraine, über Georgien und Aserbaidschan nach Iran. Seine Begegnungen und Beobachtungen dokumentiert er in »Entlang der Gräben. Eine Reise durch das östliche Europa bis nach Isfahan«. In Teheran angekommen erfährt Kermani von den alltäglichen Lebensversuchen von Iraner·innen im Spannungsfeld internationaler Sanktion und staatlicher Repression. Und er erfährt, dass der Aussichtslosigkeit für viele nur durch Auswanderung beizukommen ist.

> »[W]er nicht das Vermögen und den Abschluß für Übersee hat, kann sich immer noch als Christ oder Homosexueller ausgeben, um nach Deutschland zu gehen. Während sich Kirchen, Schwulenverbände und Asylbehörden inzwischen den Kopf zerbrechen, woran man ein echtes Bekenntnis erkennt, wird in iranischen Wohnzimmern über das Massenouting im Ausland herzlich gelacht. Für die Christen selbst, die überwiegend unserer Schicht angehören, wird die Ausreise von einer effizienten amerikanischen Organisation, die offenbar bestens mit den iranischen Behörden zusammenarbeitet, sogar offen betrieben, gefördert und belohnt, weshalb das armenische Leben in Teheran oder Isfahan gerade regelrecht zusammenbricht.«[90]

In dem Urteil Navid Kermanis verbinden sich das homogene Bild iranischer Christentümer mit der Mischung aus welterfahrenem Realismus und resignativem Trotz, wie sie diejenigen auszeichnet, die ahnen, was es wirklich bedeutet, die Koffer zu packen und woanders neu anzufangen.

Wenn von iranischen Christ·inn·en die Rede ist, kommt wie bei Kermani meist zuallererst die *Armenisch Apostolische Kirche* in den Blick. Ihre Mitglieder stellen die größte ethnisch-religiöse Minderheit in Iran dar, in dem offiziell weit über 90 Prozent schiitische Muslim·inn·e·n sind. Nach kirchlicher Erinnerung ist es die Predigt der Jünger Bartholomäus und Judas Thaddäus, die am Anfang armenischer Christenheit steht. Als verfasste Größe ist die armenische Kirche bereits im

90 Kermani, *Entlang den Gräben*, 375.

3. Jh. greifbar; spätestens mit der Ablehnung der Zwei-Naturenlehre (Chalcedon 451) trennt sich die armenische von der byzantischen Reichskirche auch jurisdiktionell. Armenische Christ·inn·en leben nicht nur in den bis ins Hochmittelalter armenisch beherrschten und lange danach noch armenisch besiedelten Landesteilen Nordirans. Im Zuge der kriegerischen Auseinandersetzungen zwischen Safawiden und Osmanen im 17. Jh. werden unter Schah Abbas I. dem Großen Tausende Armenier ins Landesinnere nach Isfahan deportiert. Das von ihnen gegründete Viertel Neu-Dscholfa in Isfahan ist nach wie vor ein Zentrum iranisch-armenischen Lebens.

Zu den alten iranischen Christentümern gehört auch die *Apostolische Assyrische Kirche des Ostens*, die ihre Anfänge bis auf den Apostel Thomas zurückführt. Für die Assyrische Kirche markiert bereits das Konzil von Ephesos 431 den Bruch mit der römischen Reichskirche. Für die Christen im Osten – auch geographisch-politisch außerhalb des Reiches gelegen – wird die persische Reichshauptstadt Seleukia-Ktesiphon (in der Nähe von Bagdad) immer mehr zum theologisch-institutionellen Zentrum. Die Übernahme des nizänischen Glaubensbekenntnisses im 5. Jh. ändert daran nichts. Im 16. Jh. trennen sich im Streit über die Frage der Patriarchensukzession dann verschiedene Gruppen von der ostsyrischen und nähern sich der lateinischen Kirche an. Unter mehreren mit Rom unierten Ostkirchen existiert noch immer die chaldäische Kirche. Im Widerstand gegen die Kalenderreform entsteht 1968 ein »altkalendarisches« Gegenpatriarchat in Bagdad. Ungefähr 20.000 Christen leben heute in Iran,[91] die sich juristiktionell nach wie vor zum ostsyrischen Patriarchat halten, dessen Sitz angesichts der politischen Umbrüche des 20. Jh. allerdings nach Chicago verlegt wurde.

Die alten iranischen Christentümer genießen in Iran Religionsfreiheit. D. h. ihre Mitglieder dürfen sich versammeln und in ihren alten Liturgiesprachen Gottesdienst feiern. Allerdings lebt der Großteil der Christ·inn·en in der Diaspora, zu der intensive Beziehungen gepflegt werden, im Falle der Assyrischen Kirche schon aus »lehramtlichen« Gründen.

Die in ihrer Ausschließlichkeit sehr homogenisierenden Bezeichnungen »armenische« oder »altiranische Christen« übergehen die Vielgestaltigkeit iranischer Christentümer, zu denen seit 200 Jahren auch *verschiedene Protestantismen* gehören.[92] So gibt es in Iran zahlreiche ihren Glauben »legal praktizierende« evangelisch-armenische Iraner·innen. Zum evangelischen Leben Irans gehören aber auch Brüder-, Adventisten- und Pfingstgemeinden.[93] Die Entstehung

91 Moga, *Die orthodoxen Kirchen*, 133.

92 Für eine Geschichte iranischer Protestanten vgl. Spellman, *Religion and Nation*, 147–206; van Gorder, *Christianity in Persia*.

93 Van Gorder, *Christianity in Persia*, 206–209.

evangelischer Kirchen in Iran verbindet sich mit dem missionarischen Engagement anglikanischer und presbyterianischer Organisationen wie der englischen Church Missionary Society (CMS) oder dem American Board of Commissioners for Foreign Mission seit dem frühen 19. Jh.[94] Unter den Kadscharen nehmen diese Organisationen ihre Arbeit auf und gründen Niederlassungen in verschiedenen Städten. Galt bereits im 19. Jh. ein Missionierungsverbot unter Muslim·inn·e·n, beschränkte sich ihre Arbeit auf den Betrieb von Schulen und Waisenhäusern und die Errichtung von Krankenhäusern, ohne freilich das Fernziel aufzugeben, eine einheimische protestantische Kirche zu gründen.[95] Die karritative Arbeit stand von Anfang an unter dem Verdacht der Spionage und Verbreitung eines unislamischen Lebensstils (was sich u. a. an dem propagierten Familienbild festmacht), und auch die Skepsis vonseiten der iranischen Kirchen war nicht minder stark. Dezidiert missionarischen Eifer entwickelen die protestantischen Organisationen nämlich gerade unter den ansässigen Christen. Als 1834 die presbyterianische Kirche Irans gegründet wird, besteht sie zum größeren Teil aus armenischen und assyrischen Iraner·inne·n, zu einem kleineren aus ethnischen Perser·inne·n. Dass die Grenzziehung zwischen verschiedenen Christentümern v. a. einem hiesigen konfessionskundlichen Interesse gehorcht und Gemeinderealitäten nicht ohne Weiteres zu fassen vermag, wird deutlich an der Armenischen Evangelischen Kirche Irans, die ihre Verbindungen zur armenischen Tradition stets unterstrichen hat, war sie doch einst aufgebrochen, um die Mutterkirche zu reformieren, nicht um sie abzulösen. Und so sind auch »Mehrfachmitgliedschaften« in der orthodoxen Kirche wie in pfingstlich-charismatischen, ekklesioiden Gruppen keine Seltenheit

Die anglikanische und presbyterianische Mission wurde nicht nur vonseiten des schiitischen Klerus mit Skepsis bedacht, auch kommunistische und nationalistische Aktivisten sahen in der christlichen Mission immer wieder die Vorhut der Kolonialmächte. Bessere Bedingungen für die karitative und die gemeindliche Arbeit (unter den Qajaren und im Dienst verschiedener Modernisierungsbemühungen durch die Pahlavi-Schahs) und schlechtere Phasen (konstitutionelle Revolution 1906) wechseln einander ab.[96] Im Zuge der politischen Umbrüche des 20. Jh., zuletzt im Nachgang der sog. Islamischen Revolution verlassen viele Organisationen sowie das britische und amerikanische Personal das Land; Krankenhäuser und Schulen werden an staatliche Institutionen übergeben. Die

94 Den Beginn der amerikanisch-presbyterianischen »Mission to Persia« rekonstruiert Michael Zirinsky an der faszinierenden Gestalt von Annie Stocking Boyce, deren missionarisches Engagement aufs Engste mit dem Einsatz für Frauenrechte verbunden war (*A Presbyterian Vocation*, 51–69). Auch römisch-katholische Unternehmungen setzen in dieser Zeit noch einmal neu ein (Spellman, *Religion and Nation*, 157).

95 Spellman, *Religion and Nation*, 157.

96 Spellman, *Religion and Nation*, 160–162.

iranischen evangelischen Gemeinden, v.a. die armenischen, bleiben jedoch bestehen.

Abgesehen von zahlreichen Expat-Gemeinden entstehen während des 20. Jh. aber noch einmal andere Protestantismen, als erneuter charismatischer Aufbruch in den ansässigen Kirchentümern, durch heimgekehrte iranisch-stämmige Missionare oder abseits aller rezeptions- und wirkungsgeschichtlichen Annahmen aus einer Situation heraus, in der die Christ-Werdung mit dem individuellen Bibelstudium beginnt und eine Form fundamentalen Protestes ermöglicht.

Schon diese im Überblick gewonne Skizze christlich-iranischen Lebens wirft die Frage auf, wen Kermani im Blick hat, wenn er von einer effizienten amerikanischen Reisegesellschaft spricht. Wer wird heute Christ·in? Welches sind die spezifischen Bedingungen, die das Interesse an und die Hinwendung von Iraner·inne·n zum Christentum motivieren? Über die gesellschaftlichen, religiösen, politischen Ermergenzkontexte dessen, was ich im Folgenden als iranischen Protestantismus theoretisiere, werde ich unten Auskunft geben (Kap. B.VI). Zunächst soll die Frage im Vordergrund stehen, wer die Menschen sind, die sich in unzähligen Hauskirchen, Wohnzimmern, Hinterhöfen zu Bibellese und Gebet treffen, die als Christ·inn·en Iran verlassen und »Kirchen, Schwulenverbänden und Asylbehörden« Kopfzerbrechen bereiten?[97]

## II. Christ-Werdung als Weg – die Elementarkategorie iranischer Konversionserzählungen

Ein deutsch-iranischer Pfarrer hebt seine Christ-Werdung in den Satz:

> »Ich habe einen neuen Weg gefunden.«[98]

Der 25jährige Danyal berichtet mir von seiner Freude, Missionierungsversuchen an einem deutschen Bahnhof mit den Worten widerstanden zu haben:

> »Ich bin Christ. Ich hab meinen Weg gefunden.«[99]

Amir drückt seine Freude darüber aus, bereits als Anfang 20-Jähriger von Jesus gehört zu haben. Er muss nicht länger suchen. Er hat seinen Weg ändern können.

> »And it is so good for me to heard something about that. And I should thanks and bless the God for that person, says that to me, because maybe I don't hear that, maybe my way not change. Yes, and this is more important things at the first for me. But, you know, it is

97 Für eine Beantwortung dieser Frage habe ich mit iranischen Christ·inn·en gesprochen und meine Gespräche durch ein Literaturstudium flankiert. Die Vorstellung der Ergebnisse spiegelt meinen Arbeitsprozess im Rahmen des GTM-Paradigmas wieder.

98 Iranischer Pfarrer, *Tagung EKD / DBK 2018*, Mitschrift.

99 Danyal, *Interview 2017.*

not something to change your way, your way of your life. And we talk about so much things, so many things and after heard that, after understand that, I changed my way.«[100]

Christ-Sein heißt, einen Weg gefunden zu haben, einen Lebensweg. Aber noch mehr: »Weg« wird im Gespräch mit Amir zum Synonym für Christ-Sein schlechthin.

»You know, the Christian is not a religion, it is a way.«[101]

Die Suche nach einem Weg und das Auffinden eines Weges beginnt in Iran. Meine Gesprächspartner·innen beschreiben sich und ihre iranischen Landsleute als Menschen, die einen Weg suchen. Einen Weg, um in der durch internationale Sanktionen verschärften wirtschaftlichen Lage Irans, das Leben zu bestreiten. Einen Weg, um unter dem gegenwärtigen Regime ein selbstbestimmtes Leben zu leben. Einen Weg, um Handlungsmöglichkeiten zu erschließen und sich trotz der genannten Beschränkungen zu entfalten. Modell für einen auch unter schwierigen gesellschaftlichen Bedingungen gangbaren Weg stehen für viele die Christ·inn·en der alten iranischen Kirchen dar. Darian erzählt mir:

»[Stadt] ist in [geographische Lage] und dort gibt es viele Christen. Die sind orthodoxe die Leute aus Armenien. Die leben dort seit vierhundert, fünfhundert Jahren. Und sie sind Christ, und die dürfen auch Christ bleiben. Aber ich habe immer diese Gedanken gehabt, weil ich immer die gesehen habe. Sie verhalten sich gegenseitig besser als die Muslime. Und wollte ich immer irgendwie einen Weg finden und mit den religiösen Menschen, mit diese Leute, die in die Kirche gehen dort, Kontakt aufnehmen, aber konnte ich nicht, weil das ist eigentlich dort gefährlich.«[102]

Christ-Sein als ein möglicher Weg gewinnt an Attraktivität durch das Miteinander iranischer Christ·inn·en. Christ-Sein als Weg überzeugt auch durch die Konsequenz, mit der andere diesen Weg bereits gegangen zu sein scheinen. Milad und Amir staunen über Jesu Konsequenz auf dem Weg in den Tod.

»[I]ch habe mich mit Ostern sehr beschäftigt. [... W]as mich immer fasziniert hat, war diese Entscheidung, was er da getroffen hat, was Jesus da getroffen hat für seinen Weg. Und mit welche Konsequenz beziehungsweise auch ich hatte ja verschiedene Versionen gehört und immer meistens das, wo er menschlich auch gerungen hat um diese Entscheidung, das war mir am nähesten gegangen.«[103]

Darian zeigt sich beeindruckt von Martin Luthers Weg, den er auch für sich und für Iran finden möchte.

100 Amir, *Interview 2017.*
101 Amir, *Interview 2017.*
102 Darian, *Interview 2017.*
103 Milad, *Interview 2018.*

»Das habe ich mit unserer Situation, die Situation, die in diesem Buch über Martin Luther geschrieben war, mit unserer Situation in unserem Land verglichen und habe ich gesagt auch: Das ist genauso das, was in Iran ist. Damals ist passiert und ich habe das wirklich toll gefunden, was Martin Luther geglaubt gemacht hat, was geglaubt hat, als was Richtiges gesagt. Und habe ich immer diese Gedanken, ich muss irgendeinen Weg finden, um von hier raus und auch diesen Weg finden; das, was er vorbereitet hat.«[104]

Mit iranischen Christ·inn·en in Deutschland über ihr Verständnis von Taufe und Religion zu sprechen, evoziert immer wieder die Rede vom »Weg«. In dem Gespräch mit Milad frage ich dezidiert danach, was Weg ist, und bekomme folgende Antwort:

»R-o-h [persisch] ist so was wie Maßstab. Du musst an einen Maßstab die wählen, nach dem Maßstab deinen Weg ordnen. [...] Mein Maßstab war immer eigentlich – Nicht dass man falsch versteht und überheblich klingt. Das ist, weil ich bin nicht der Mann, der vor fünf Jahren war. Ich entwickele mich immer mehr. Oder anders, nicht immer mehr, sondern anders. Die Wege scheiden sich. Und begegne ich neuen Menschen und dann einige Male so Ehewege, die ich gegangen bin. Und auch damals die Frage der Religion war für mich viel existenzieller, noch ganz wichtig. Und jetzt ist das Menschliche mehr in den Mittelpunkt gekommen. Und da kann ich nicht sagen: Also ich habe einen Maßstab und meinen Lebensweg richte ich nach diesem Maßstab und gehe ich dahin. Und wieviele Maßstäbe habe ich dann, musste ich umwerfen, sagen: Okay, bis dahin hat es funktioniert, aber jetzt muss ich irgendwie was anderes finden, das der Maßstab ist. Und da gehe ich immer von mir aus. Was ich jetzt mache, was ist jetzt für diese neue Zeit für mich wichtig, was ich entwickeln muss für mich? Und dann ist das erstmal: Das ist der Maßstab, okay, gehe ich dahin. Bis ich dann weiß: Okay, da muss sich wieder weitere Maßstäbe noch dazunehmen.«[105]

Ich halte fest: Am Anfang steht der Weg. Durch das Leben führen viele Wege. Jeder Mensch geht auf einem Weg durch sein Leben. Jeder Mensch braucht seinen Weg durch das Leben. Welchen Weg man geht, ist abhängig von der Entscheidung für oder gegen Wege. Jeder kann sich entscheiden. Entscheidbarkeit qualifiziert den Weg als einen guten. Ein Weg, der mir aufgezwungen wird, auf den ich gesetzt werde, ohne mich aus freien Stücken je dafür entschieden zu haben, ist kein guter Weg, ist nicht mein Weg. Der gute Weg ist der logische, der wahre, der sich bewährende im täglichen Umgang. Auf dem guten Weg sind Denken, Handeln und Sprechen im Gleichklang.

Auf dem Weg begegnen verschiedene Zugänge zu anderen Wegen. Zugänge sind Gründe, Motive, den eingeschlagenen Weg zu verlassen und in einen anderen Weg einzubiegen. Im Bild des Weges wird auch religiöse Veränderung thematisiert, und zwar als Kreuzung, Wegscheide oder Abbiegung. »Weg« in diesem Sinne ist nur schwer abbildbar auf die für religiöse Veränderung gewöhnlich gebrauchte

104 Darian, *Interview 2017.*
105 Milad, *Interview 2018.*

Konversions-Metapher im Sinne einer plötzlichen, mit einer halben Drehung verbundene transformative Veränderung.

## III. Soziographische Annährungen

Wer ergreift Christliches im Sinne eines neuen Weges? Und für wen ist diese Entscheidung mit dem geographischen Weg von Iran nach Deutschland verknüpft? Wer muss aufgrund seiner Christ-Werdung fliehen? Es sind weder die ärmsten noch die reichsten Iraner·innen, die nach Deutschland fliehen und um Schutz ersuchen. Gekommen sind und Asyl beantragt haben gut ausgebildete Menschen aus den mittleren Strata der Gesellschaft – Ingenieure, Selbständige, Studenten, Lehrer. Danyal beschreibt sie als

> »[d]ie mittelliges Leute in die Gesellschaft jetzt sind zwei Teile, oben unten. Wir haben keine Mittel jetzt im Iran. Nachdem dieses Problem mit dem die über die atomiges Projekt. Aber jeder, das die hier sind von Iraner, die konnten eigentlich so weiterleben oder Essen oder Wohnung haben oder so was. Wenn man hatte dieses nicht, hat keine Geld nach Deutschland reisen. Ich habe selber siebentausend Euro über dieses Weg bezahlt. Damals gibt es die Euro, schlimm war die Situation. Mit diese Geld konnte ich im Iran eigentlich eine Auto kaufen und eine Wohnung mieten. Das war reich für mich. Die Jungen haben Geld eigentlich, die können essen, weiterleben und so. Andere Länder, so Ausländer die haben manche Krieg, manche haben so schlimme Situation, das ist die andere Sache. Aber die Iraner, die sind müde. Von dem Gesellschaft, von dem dieses Gesetz. Unser landiges Gesetz ist islamisches Gesetz. Das ist ich denke so nur ganz wenig, ganz selten, ganz so paar Länder sind, haben so islamisches Gesetz. Und das war schlimm. [...] Alle sagen so, alle ältiges Leute: Damals wir hatten schönes Land, schönes Gesetz, schönes alles. Schah-Zeit damals. Schah-Zeit. Wir waren reiche Land und so was. Aber jetzt ist islamiges Gesetz. Ich will nicht dieses Wort benutzen. Entschuldigung. Die Leute hassen. Aber ich will jetzt sagen: mögen nicht dieses Gesetz. Wenn die Gesetz nicht, auch die Religion nicht, weil die beides ist gleich. Die sind müde, die suchen Weg [...] Die wollen nur von dem dieses Religion so weitiges, kann man sagen: Wenn die Religion hier ist, die wollen ganz so weit weg.«[106]

Seit ungefähr 10 Jahren machen Iraner·innen um die 6 % der Asylsuchenden in Deutschland aus und stellen damit die dritt- bzw. viertgrößte Gruppe dar. Die Statistik über den Anteil von Ausländer·inne·n an der auf Bundesgebiet lebenden Bevölkerung verzeichnet seit 2011 eine Verdoppelung der Iraner·innen.[107]

---

106 Danyal, *Interview 2017.*

107 In der Übersicht des Statistischen Bundesamtes »Ausländische Bevölkerung nach Aufenthaltsdauer und ausgewählten Staatsangehörigkeiten« vom 31.12.2018 tauchen Iraner nicht auf.

Eine Studie des BAMF vom März 2018 beschäftigt sich mit »Sozialstruktur, Schulbesuch und ausgeübte[r] Berufstätigkeit« der Asylantragsteller. Aus den hausintern gesammelten und ausgewerteten Daten geht hervor, dass fast die Hälfte der iranischen Asylsuchenden zwischen 30 und 40 Jahre alt ist.[108] Im Vergleich mit anderen Gruppen fällt auf, dass die Hälfte aller iranischen Schutzsuchenden verheiratet ist. Außerdem verzeichnet das BAMF einen »besonders hohen Bildungsstand« unter Iraner·inne·n, die in das Asylverfahren eintreten:

> »Schon in den Vorjahren waren volljährige Asylerstantragsteller aus dem Iran im Vergleich zu denen aus anderen Herkunftsländern schulisch besonders gut gebildet. Im ersten Halbjahr 2018 hat sich deren Bildungsstand nach den vorliegenden Daten weiter erhöht. So hatten laut eigenen Angaben 83,4 % der volljährigen Asylerstantragsteller aus dem Iran im ersten Halbjahr 2017 und 83,9 % im Gesamtjahr 2017 eine Hochschule oder ein Gymnasium als höchste Bildungseinrichtung besucht.«[109]

Der überdurchschnittliche Besuch höherer Schulen und Hochschulen schlägt sich auch in der Angabe des zuletzt im Iran ausgeübten Berufs nieder. Hoch ist der Anteil der »Ingenieur-, IT-, Elektroberufe, technische Berufe« sowie an Berufen in »Büro, Banken, Versicherungen«.[110]

## IV. Bekehrungsgründe und Fluchtanlässe – erste autobiographische Annährungen

### 1. Amir – Selber entscheiden können

Angesprochen auf sein Verständnis von Taufe, berichtet Amir, Anfang zwanzig, dass er über einen Freund in eine sog. Hauskirche gekommen sei – ein Ort gleichermaßen geprägt von der Furcht vor staatlicher Verfolgung und Sanktionierung wie von dem Reiz des Subversiven.[111] Sehr interessierte und faszinierte

108 Schmidt, *Sozialstruktur*, 5.

109 A. a. O., 6.

110 A. a. O., 12: »Wie auch in vorherigen SoKo-Analysen für vergangene Jahre zeigt sich beim Herkunftsland Iran, dass ein großer Anteil (hier: 12,2 %) der von dort stammenden Asylerstantragsteller einen Ingenieur-, IT-, Elektro- oder technischen Beruf ausübte. Dieser Anteil ist deutlich höher als im Gesamtdurchschnitt (alle Herkunftsländer: 4,3 %). Auch im Bereich ›Büro, Banken und Versicherung‹ sind Personen aus dem Iran überdurchschnittlich oft vertreten (Iran: 9,1 %; alle: 3,9 %). Die Anteile in den Bereichen ›Land- und Forstwirtschaft, Fischerei‹ und ›Hilfstätigkeiten, Industrie-, Fabrik- und Lagerarbeiten‹ sind dagegen deutlich geringer als im Durchschnitt. Derartige Unterschiede sind durch den vergleichsweise hohen Bildungsstand der iranischen Asylerstantragsteller […] nicht überraschend.« (8)

111 Amir, *Interview 2017:* »I invite there, but I am scared«.

Amir das Leben Jesu. Dessen letzte Klärungen im Todeskampf – »This is your mother. This is your son.« – berühren ihn in ihrer Schönheit und Vorbildhaftigkeit. Am Beispiel des mit Jesus Mitgekreuzigten betont er die Notwendigkeit, nicht erst am Ende des Lebens die richtige Entscheidung zu treffen. Ein längerer Krankenhausaufenthalt nach einem schweren Unfall brachte ihn in seelische Not. Die Furcht vor dem nahen Ende motivierte ihn, sich über das Untergrund-Bibelstudium hinaus intensiver mit Jesus zu beschäftigen und »to change [his] way«. Die Angst vor dem Ende, die Angst davor, dass irgendwann die Möglichkeit zur Entscheidung nicht mehr besteht, durchzieht seine Schilderung und prägt seine biblischen Deutungen.

Christ zu werden und sich taufen zu lassen bedeutet für ihn zuallererst, selber entscheiden zu können, eine Entscheidung für sein Leben – ein anderes als das gesellschaftlich-familiär vorgezeichnete – treffen zu können, eine Entscheidung, die zugleich den Abschied von seiner (nominell) islamischen Herkunft bedeutete. Denn seine eigene Entscheidung »to change [his] life« sollte Probleme nach sich ziehen. Amir wurde in eine schiitische Familie *hineingeboren* – ein Grund für ihn, zu sagen, er sei kein richtiger (weil nicht aus freier Entscheidung gewordener) Muslim. Seit seiner Kindheit hat Amir als Vorsänger beim Moscheegebet und bei hohen Feiertagen gewirkt. Seine Entfremdung von der Schia rekonstruiert er alltagsmoralisch als Abkehr von Gewalt, Doppelmoral und Aberglauben. Im Rückblick spricht er auch über seine ohne glaubensmäßige Beteiligung versehene Aufgabe als Sänger in einer Mischung aus Selbstkritik und schlechtem Gewissen: »It is one of my sin.« Diesen Zwiespalt hielt er irgendwann nicht mehr aus. Unzähligen derer, die sich als geborene Muslim·inn·e·n dem Christentum zuwenden, gehe es auch so.

Zum Konflikt mit der Familie, v. a. mit seinem Vater kam es aber erst, als seine Hauskirche entdeckt und sein Interesse an Christlichem bekannt wurde. Er brach mit seiner Familie und seine Familie mit ihm.

> »[My family] reject me. My father want to told that I changed my religion, the government and one of his friends was a judge. And he talk about that. And yes, that's happened: They speak together and the judge says, he should came to the court. And I don't know, the person who is speech names is often. Something like a pastor but for the Islam. And the achunts decide, what we should do for this person who changed his religion.«[112]

Den Bruch mit seiner Familie beschreibt Amir auch als Bewährungsprobe für seinen Glauben. Er rekonstruiert und deutet das Zerwürfnis als Entscheidungssituation mithilfe der Geschichte vom sog. Verrat des Petrus, wenn er sagt:

112 Ebd.

»Yes, but you know in this situation my belief: You know, Petrus at the Abendmahl. Jesus Christ says to Petrus: You reject me for three times before the Hahn singing. And Petrus can't believe that. But Petrus for three times reject Jesus. And after three times he remembers that and he is so ashamed about the Jesus. And I read that story after that all of them, when the Holy Spirit came into them in the body they go out the house, they don't have any fear and they start to a speech for the person to believe to the Jesus. And I have right this situation. I says: Okay, I should decide about that. If I believe to the Jesus, I should not scared about that to I says: No, I don't believe to the Jesus. But I keep that in my head. And you know, I believe the Jesus and I decide to say that. And on that situation I sometimes think about that: Okay, if I says that I don't want to be a Christian, the court says: It's okay, you're free. But I don't want to say that, because is my choice and I don't want to reject that. I believe that and I stay with my belief. [...] I am happy about my decide. Because if I decide in that situation: No, I don't believe to the Christian. I don't believe to the Jesus – I loose myself, and I try loose everything but not myself. It is something I want in that situation. Yes, and decide to came here.«[113]

Die drohende strafrechtliche Verfolgung seiner führte – auf Anraten seines House-Church-Leiters – zu seiner Flucht. Flucht, Ankunft in Deutschland, der Aufenthalt in einer Flüchtlingsunterkunft und der Kontakt zu einer evangelischen Gemeinde ließen ihn sein Bibelstudium vertiefen. Die Phasen seines Christ-Werdens sind in seinen Schilderungen eng mit biographischen Zäsuren – Momenten des Sich-entscheiden-Müssens – verknüpft.

Anderen (iranischen) Flüchtlingen unterstellt er, sich »just for Bundesamt« taufen zu lassen. Als jemand, der die Bibel las und sich für Christliches interessierte, ja sich selbst als Christ bezeichne, habe auch er in Deutschland irgendwann vor der Wahl gestanden, sich »for Bundesamt or my belief« taufen zu lassen. Diese Situation markiert für ihn eine nochmalige Intensivierung in der Aneignung von Christlichem. Die Taufe wird zur Zäsur; »after baptise« steht in seinen Beschreibungen in starkem Kontrast zu »before I baptise«. Mit ihr habe sich spürbar etwas verändert. Taufe ist für Amir vieles – »Symbol« in einem sehr diffusen Sinne. Der Taufe vorgängig sei der Glaube: »The belief should be in my head.« In diesem Sinne sei die Taufe Glaubenstaufe und als solche ein freier, selbstbestimmter Vollzug des Bekenntnisses an Jesus.

»[W]hen you baptise, you accept that the Jesus was the son of the God.«[114]

Anderseits habe ihm erst die Taufe ermöglicht: »[T]o change his view«[115], indem sie ihn reinige von Sünde, von der Sünde Adams und Evas, und: Die Bibel richtig zu verstehen durch die Gabe des Heiligen Geistes.

113 Ebd.
114 Ebd.
115 Ebd.

»I heard from someone that they say: It is a symbol. You should just believe to the Jesus at first. But I say: Yes, it is a symbol. But if you don't have this, when you don't do that symbol you can't understand after your belief. I say at the first, how much I talk about that but I can't say what I feel after that.«[116]

Als Vollzug des Bekenntnisses, Darstellung des vorhandenen Glaubens und kausatives Symbol (geschenktes Bibelverständnis und Reinigung) finalisiert die Taufe für Amir nicht nur das Christ-Werden; sie ist zugleich Startpunkt, »to be real Christian«[117]:

»A real Christian is a person that not just says something. Who do that Jesus says. You know, all the person can say that Bible right. But you should decide about that person what he do. A person can be a pastor but if he's something like about he don't care about his mother or his father, so how he can be a Christian? And a real Christian, I think, is a person who have a good doing. The action that's right in the Bible, he do the law of the Bible, not just says that. And before that I was a person who just says that.«[118]

Die spürbaren Effekte der Taufe, aber auch seines Bibelstudiums und seines Christ-Seins beschreibt er wiederholt als Ruhe (»calm«) und damit zusammenhängend als Dankbarkeit für die Vergebung seiner Sünden, zu denen er auch sein bisheriges Leben rechnet. Vergebung und Erlösung, die Frage, was nach dem Tod passiere und was mit denen sei, die vor Jesus lebten, sind Fragen, die Amir mehrmals aufruft, weil sie ihn schon in der Hauskirche beschäftigten oder weil sie ihm in Hinblick auf seine Familie wichtig sind.

Die Taufe sei für ihn so etwas wie »new life«; sie mache ihn zum Mitglied einer »neuen, einer besseren Familie«. Diese Familie entwickelt er im Gespräch in scharfem Kontrast zu seinen Erfahrungen in der als gewaltvoll empfundenen Herkunftsgesellschaft (und -familie). Den Staatsislam, den er dafür verantwortlich macht, vergleicht er mit dem römischen Katholizismus: die Heilige Schrift und das Gebet in einer fremden Sprache (Arabisch), die Entsühnungswirtschaft im Zusammenhang der Imam-Verehrung. Diese Dinge hätten ihn solchermaßen entfremdet, dass er eine Zeit lang von sich sagen konnte, »jede Religion zu hassen«.

## 2. Darian – »Ich war nie Muslim«

Darian, Mitte vierzig, kam vor drei Jahren nach Deutschland und stellte einen Asylantrag: Nach seiner Zuwendung zum Christentum müsse er als geborener Muslim mit Verfolgung rechnen. Darian arbeitet in Deutschland (wie schon im

116 Ebd.
117 Ebd.
118 Ebd.

Iran) in einem technischen Beruf. Er engagiert sich in einer evangelischen Gemeinde.

Dass er sich taufen lassen müsse, um Christ zu werden, habe er erst in Deutschland gelernt. Am Anfang seiner Christ-Werdung steht die Begegnung mit armenisch-iranischen Christen, deren – gegenüber Muslim·inn·e·n – »besseres Verhalten« untereinander, deren großzügigerer geschäftlicher Umgang miteinander, deren Freiheit sich ihm eingeprägt haben, ja, die er bewundert. Darian hat einen »Weg« zu ihnen gesucht; er hat einen Weg gefunden.

Die Taufe ist für ihn ein Symbol für Sauberkeit, für eine neue Geburt, für einen neuen, einen selbstgewählten Anfang. Die Taufe markiert für ihn die freie Wahl eines »Besseren«. Dieses Bessere ist für ihn Christliches, das er häufig mit Freiheit gleichsetzt. Es steht für ihn im Gegensatz zu seiner frühen Sozialisation als Muslim. Ein guter Christ zeichne sich aus durch ein gutes »Verhalten«, d.h. »gutes Denken, gutes Reden, gutes Handeln« – ein Tun dessen, was in der Bibel steht. »Mullah oder die religiösen Führer« hingegen stehen für das Gegenteil, für die Inkongruenz von Denken, Reden und Handeln. Ob das ein Mensch sei, der andere zum Töten auffordere, fragt Darian und verneint die von ihm gestellte Frage im gleichen Atemzug. Schiitischen Islam verbindet er mit widersinnigen, mit unlogischen Regeln, die das private und öffentliche Leben einengen und stören. Am Beispiel der schiitischen Bußzeremonien im Monat Muharram illustriert er die Belastung durch einen allen in aller Öffentlichkeit aufgenötigten Islam.

In Darians Erzählung über seine Christ-Werdung und sein Christ-Sein scheint eine positive Anthropologie durch. Ihm sei dasjenige wichtig, was sich mit der Wahrheit deckt. Wahrheit erschließe sich logisch, sei evident, einfach, eingängig. Der Mensch erkenne, was wahr sei; Gott habe ihn schließlich so erschaffen. Wahrheit ist für ihn auch das Kriterium der Auswahl dessen, was er aus der Bibel »rausnehmen und [sich] daran halten« kann.

Von anderen geflüchtete Iraner·inne·n fühlt Dairan sich in seiner Hilfsbereitschaft ausgenutzt. Er vermutet, dass sich andere Iraner·innen taufen lassen, um in Deutschland bleiben zu können. Diesen Verdacht bewältigt er theologisch: Die Taufe sei – so sage es auch sein Pfarrer und Täufer – ein Anfang und die Möglichkeit, »dass auch [die anderen] den richtigen Weg finden«. Christ zu werden und sich taufen zu lassen, sei ein Weg. Im Iran, so betont er, wolle die Mehrheit der Menschen nicht mehr Muslim sein. Die Entfremdung führe in viele Richtungen. Auch seine eigenen Gründe, sich dem Christentum zuzuwenden, stellt er in starker Opposition zu seiner »islamischen« Herkunft dar.

Unser Gespräch war bereits vorbei und ich im Aufbruch, da bat mich Darian, das Folgende noch anzuhören. Während der Krankenwache sei ihm zufällig ein Buch über Martin Luther in die Hand gefallen. Was er über Luther und dessen Kritik an seiner Zeit las, erinnerte ihn an alles, was er im gegenwärtigen Iran erlebe. Die götzendienerische Verehrung der Imame und der Schulderlass für materielle Gegenleistungen an ihren Gräbern entspreche der Art von Katholizismus, die er auf einer Italienreise kennengelernt habe und gegen die Martin Luther die Wahrheit gesprochen habe. Das sei »sein Grund«, warum er evangelisch geworden sei und warum er einen »Weg raus aus dem Iran« finden musste. Seine Familie wisse nichts von seinerf Christ-Werdung. Um sie vor staatlicher Verfolgung zu schützen und seine Mutter nicht zu betrüben, müsse das auch so bleiben. Die Situation im Iran spiegele auch einen Generationenkonflikt wider, der sich mit den Jahren lösen werde.

Auffällig ist Darians starke Kontrastierung von Christlichem und Islamischem. Ersteres steht auf Seiten der Wahrheit, und zwar äquivalent mit dem echten und nicht-korrumpierten Iran, mit Freiheit und mit Luther. Demgegenüber steht das Arabische, der aufgezwungene, abergläubische Islam mit seinen Regeln und dem Einüben einer Angst vor dem Ende und der Hölle. All das sieht er in dem vom Mullah-Regime geknechteten Iran und in anderen islamischen Ländern am Werk.

### 3. Danyal – Evidenz der besseren Alternative

Danyal ist mit dem Ende seines Bachelor-Studiums aus dem Iran geflohen. Als eifriger Student habe er nicht nur privat viel gelesen über unterschiedliche Religionen, sondern auch im Unterricht darüber reden und die selbstwidersprüchliche Redeverbote infragestellen wollen. Im Rahmen des universitären islamischen Pflichtunterrichts nutzte er die Beschäftigung mit dem koranischen Issa zu intensiveren Nachfragen. Der Grat zwischen Issa al-Masih und Jesus Christus ist schmal.

Als sich die Gruppe der Studierenden nach dem Seminar weiter darüber unterhielt, erregte das die Aufmerksamkeit eines Basidsch[119]-Kommilitonen. Nach den Abschlussprüfungen habe ihm die Basidsch nachgestellt. Um den zu befürchtenden Sanktionierungen zu entgehen, entschloss er sich nach Rücksprache mit seiner Familie zur Flucht – eine insgesamt traumatisierende Erfahrung. Über verschiedene Stationen gelangte er nach Deutschland: Ein Freund bringt ihn zunächst in Kontakt mit Schleusern, in der Türkei wartet er mehrere Monate in einem Verschlag darauf, dass er weiterreisen kann, schließlich reist er mit dem Flugzeug nach Deutschland ein. Seine Christ-Werdungsgeschichte ist eng mit seiner Fluchtgeschichte verflochten.

119 Die Basidsch-e Mostafin (pers., dt. »Mobilisierte der Unterdrückten«) sind eine in der iranischen Gesellschaft omnipräsente paramilitärische Freiwilligeneinheit, die den sog. Revolutionsgarden untersteht. S. u. B.VI.2.g »Mythen, Traumata, Wir-Gefühle«.

Danyals Begegnungen mit Christ·inn·en reichen bis in seine Kindheit zurück. Armenische Christ·inn·en in seinem Umfeld und Freundeskreis seien immer »besser als [seine] Nachbarn gewesen«, wegen ihres Umgangs untereinander und mit ihm. In ihrer Gegenwart habe er »keinen Stress« empfunden und in ihren Kirchen eine gute Atmosphäre. Die Art und Weise, wie seine armenischen Nachbarn ihr Christentum und ihre Kultur praktizierten – Lesen, »manchmal so andere Bücher, manchmal Bibel«, Beten, Kerzen – faszinierte ihn. Mit anderen Studierenden begegnet er Jahre später in Georgien christlichen Jugendlichen. Mit ihnen tauscht er sich aus über Religion, über deren »Vor- und Nachteile« – eine argumentative Auseinandersetzung, die er »verliert«. Lange erklärt mir Danyal, warum er sich dafür entschieden habe, Christ zu werden. Er erläutert ausführlich, wie er verschiedene Religionen verglichen und gegeneinander abgewogen habe und sich mit dem Christentum für die aktuellste und beste entschieden habe.

Dass er getauft werden müsse, um Christ zu sein, habe er lange nicht gewusst; mit Verweis auf die Schrift habe man ihm die Notwendigkeit der Taufe beigebracht.

Taufe ist für ihn »Tod der schlimmen Seele« und neues Leben, ein neuer Anfang – Sterben-Müssen und Auferstehen ist eine ihm vertraute islamische Idee, die ihm deshalb evident erschien. Die Taufe schließt für ihn ein Hadern und Ringen mit der Frage der besseren Religion ab. Seitdem er Christ sei, lebe er in Frieden und sei ruhig – in Hinblick auf den »schrecklichen Weg« der Flucht, aber auch angesichts der Tatsache, sein bisheriges Leben auf einem falschen Weg verbracht zu haben. Die Angst, dass sich am (Lebens-)Ende der gewählte Weg als leer, das »religiöse Seil« in der Notsituation als nicht-tragfähig erweist, ist ein Problem, dass seine Taufe gelöst habe. Gerade diese Erfahrung von Ruhe in der Zeit vollkommener Unruhe, spreche für die Richtigkeit des von ihm eingeschlagenen Weges. Andere Iraner·innen in seinem Alter entscheiden sich jedoch anders: Gerade die Unfreiheit in Religionsdingen lasse viele junge Iraner·innen von sich sagen, sie seien atheistisch.

Unter dem Verlust von Heimat und Familie leidet Danyal sehr. Seine Eltern, Geschwister, Neffen und Nichten über Jahre nicht zu sehen, setzt nicht nur ihm zu; seine Eltern seien durch den Schmerz über den verlorenen Sohn schwer erkrankt. Es ist auch seine Heimat Iran, die Danyal sehr vermisst und in die er, sobald es möglich ist, zurückkehren möchte. »Man will nicht von seiner Heimat raus.«

Iran und Iraner·innen seien zu unterscheiden von der derzeitigen Regierung, von Khamenei, von der willkürlichen Gewalt gegen jeden Anflug von politischer Kritik, betont Danyal. Dass Iran nur über Letztere wahrgenommen werde, sei sein großes Leid, seine »Leidenschaft«. Auch Iraner·innen seien ihres Regimes müde. Den Schah von dannen gejagt und die Transformation in eine Islamische Republik per Volksabstimmung bestätigt zu haben, erfülle viele mit Scham. Aber selbst nach der Revolution gab es eine Zeit, in der Iraner·innen – egal welcher Religion – Seite an Seite gegen den Irak kämpften. Das sei Iran: gutes Verhalten untereinander.

## 4. Shirin – Christin werden, ein neues Leben gewinnen

Shirin wurde von ihrer armenisch-christlichen Freundin und Schwiegermutter zuhause getauft. Der Taufe voraus ging eine über zehn Jahre dauernde Beschäftigung mit Bibel und Christlichem. Für die intensivere Erfahrung beschloss sie – in Deutschland angekommen –, sich in der baptistischen Gemeinde, in der sie Anschluss gefunden hatte, noch einmal taufen zu lassen, diesmal »mit dem ganzen Körper«. Die Art der Taufe war ihr dabei wichtiger als die konfessionelle Prägung der Gemeinde. Schon eine christliche Freundin in Iran sagte, dass allein Jesus Christus, das Ziel, wichtig und der Rest lediglich eine Mentalitätsfrage sei. Shirins deutsche Taufe fand kurz nach einer schweren Erkrankung statt, die zu überleben Shirin nicht zu hoffen gewagt hatte. Die Taufe ist für sie einerseits Symbol für die Jesus-Kindschaft, vor dem Hintergrund der überstandenen Erkrankung andererseits die Erfahrung einer Wiedergeburt und neuen Lebens. Die Taufe zeitige »positive Effekte« wie Schutz und Orientierung, weshalb Shirin der Kindertaufe durchaus etwas abgewinnen kann. Die Idee von Wirksamkeit durch den Vollzug ergänzt sie durch das Verständnis, dass in der Taufe der Glaube im Sinne von Vertrauen wirke. Sie erläutert:

> »[V]ielleicht ich bin krank, dann sie sagen: Trink, Shirin, diese Wasser! Das ist nur Wasser, aber das ist bisschen Medizin, medizine Wasser, dann macht deine Körper besser. Wenn du jeden Tag ein Glas diese Wasser trinken, dass du besser werden. Und ich glaube an dieses Wasser, dann trinke ich es jeden Tag, jeden Tag trinke ich das. Dann, natürlich meine Körper sagt: Shirin, du bist besser geworden. Deine Kopfschmerzen ist weg. Deine bisschen Depression ist weg. Aber das ist nicht wirklich medizine Wasser, aber meine Glaube effektiert.«[120]

Warum sich Menschen im Iran für Christliches interessieren, frage ich sie. Für eine Antwort holt sie weit aus, beginnt bei dem vorislamischen Iran und Zoroastrismus, um mir zu erläutern, wie der Islam dem Iran übergeholfen wurde, ohne dass sich Iraner·innen jemals dafür hätten entscheiden können. Die endgültige Installation des Islam verbindet sie mit der safawidischen Herrschaft ab dem 16. Jh.

Christliches ist für Shirin eine Alternative zu einem Islam, der zu einer aggressiven Gebetspraxis auffordere, aber eigene Initiative und (wirtschaftlichen)

120 Shirin, *Interview 2018.*

Fleiß hemme. Zu einem Islam, der permanent zum Töten realer oder imaginärer Gegner auffordere und Frauen unterdrücke. Zu einem Islam, den Shirin exemplarisch mit ihrem streng-schiitischen Mann identifiziert. Die Entfernung vom Islam geht einher mit der die Entfremdung von ihrem Mann. Vor zehn Jahren hatte Shirin den Punkt erreicht, von dem sie im Rückblick sagt, sie sei »Atheist« gewesen und Gott für sie eine »Lüge«.

Nachdem ihr Mann sie verließ, entstand eine enge, familiäre Beziehung mit den armenisch-christlichen Freund·inn·en. Ihre Familien halfen einander über Jahre hinweg und wuchsen zusammen. Es waren die Freund·inn·e·n, die der Alleinerziehenden von drei Kindern Gott und Jesus nahebrachten. Sie las selbständig Bibel und partizipierte an der Gebetspraxis der armenischen Nachbarn. Die Idee von Nächstenliebe und die Gleichberechtigung von Mann und Frau sind ihr wichtig. Immer wieder ist es das Attestieren einer (Un-)Möglichkeit zur eigenen Entscheidung, die ihre Argumentation und ihre Bewertungen trägt. Auch Deutschland als Ziel ihrer Flucht beschreibt sie zuallererst als Ort der freien Entscheidung.

> »Hier in Deutschland alles ist nicht Muss; wenn jemand Christ ist, kann entscheiden«[121]

Den Ausschlag dafür, das Land zu verlassen, gab eine späte Folge ihrer nie geschiedenen Ehe. Ein Verwandter drohte, ihre neue Beziehung zu verraten. Nach jahrelanger Zahlung des Schweigegeldes führte eine Auseinandersetzung mit dem Verwandten zu polizeilichen Konsequenzen. Shirin kehrte von einer Deutschland-Reise nicht in den Iran zurück, sondern beantragte Asyl.

## 5. Milad – »Iran hat ein kulturelles Problem«

Milad, Ende vierzig, ist im Iran geboren, lebt aber seit vielen Jahren in Deutschland. Er ist schiitischer Muslim. Dass er einst nach Deutschland ging, hat seinen Grund in familiären Auseinandersetzungen. Er hat enge Verbindungen zur exiliranischen Community und auch zu denjenigen Iraner·inne·n, die erst im letzten Jahrzehnt nach Deutschland geflohen sind. Er pflegt außerdem Kontakt zu verschiedenen evangelischen Gemeinden und hat dort auch schon die ein oder andere Taufe von Iraner·inne·n miterlebt. Seine Landsleute unterstützt er gelegentlich bei Behördengängen und in anderen Situationen als Übersetzer.

Taufe versteht Milad als Akt der Entscheidung an den Wegscheiden des Lebens. Weg ist eine häufig von ihm gebrauchte Metapher in Hinblick auf Christliches. Danach gefragt, beschreibt er Weg, wie bereits oben ausgeführt, als Maßstab, als Lebensweise, die einem Entschiedenheit abverlange. Er hat sich mit

121 Shirin, *Interview 2018*.

»anderen Religionen« beschäftigt, weil er im Islam »keine Antworten« auf seine Fragen fand. Die Suche habe ihm geholfen, »viele Sachen zu begreifen«. Ihn fasziniert der Mensch Jesus. Dessen Passion und die von ihm geübte verhaltensmäßige Konsequenz bis in den Tod, Jesu »Ringen mit der Realität und dem Schmerz« seien ihm »nahe gegangen«.

Die Beschäftigung *mit* Jesus ist für Milad eine literarisch-künstlerische und auch seine Begegnung mit (nicht-iranischen) Christ·inn·en begann einst als künstlerisch-vermittelte, wenngleich sie sich ihm intertextuell (z. B. mit dem koranischen Jesus) geradezu aufdrängt. Die muslimisch-christliche Begegnung über Jesus zu gestalten, sei aber nicht leicht: Seine eigene Intermediarität als Iraner in Deutschland, als Muslim unter Christen erlebt er zuweilen als schmerzhaft. Schmerzhaft war es, »eigene Überzeugungen zu verlassen«, um »Neues zu begreifen«. Eine gelungene »interkulturelle« Begegnung ereigne sich in einem Dazwischen und zwar weder als Verbissenheit noch als Kompromiss, sondern in der Haltung echter Hingabe. In solchen Hingabe-Momenten entstehe »etwas Neues«.

Was den Iran angeht, diagnostiziert Milad neben dem (staats-)religiösen v. a. ein kulturelles Problem – »Normen, Formen, Zwänge«. Der Dissens über bestimmte iranische (und weniger islamische) Normen war auch ein Grund, Abstand zu seiner Familie zu suchen und nach Deutschland aufzubrechen.

> »Die Religion hat da ein leichtes Spiel, wenn die Gesellschaft sowieso so ist, also diese Einschränkung sieht, dann kommen sie auch mit irgendwelchen Regeln und Gesetzen. Man hat ja gelernt, sich einzufügen. Ich glaub, das jetzt auch beschränke ich nicht nur Iran, sondern auch überhaupt die östliche Länder, auch im fernen Ost Länder. […] Ein Sprichwort sagt: Also die Gesellschaft, die Individuen sind wie Nägel, die aus dem Holz rausrücken, rausgucken. Die muss man dann mit einem Hammer so lange draufhauen, bis die dann in Holz reingehen, also in eine Gesellschaft sich dann einfügen. Das ist ein japanisches Sprichwort, die aber auch Aktualität hat. […]
> Und denke ich schon, das ist, was Osten mit sich bringt, also jetzt die andere Kulturen. Es hat nicht nur Nachteile. Da ist tatsächlich Religiosität mehr. Also es ist mehr das Begreifen der Zusammenhänge ist größer, dass man nicht allein nur ein Individuum ist und nur sich selber sehen muss und sich durchboxen muss in der Welt. Also dass man miteinander verbunden ist«[122].

Die ihm auf seinen Reisen in die Heimat begegnende Generation junger Iraner·innen und deren konsequenter aber wenig ideologischer Protest stimme ihn hoffnungsvoll. Sie stellen die Revolution nicht infrage, sondern fordern unter Berufung auf die Revolution ihre Rechte ein.

In Hinblick auf seine iranischen Landsleute, die ihre Hinwendung zum Christentum in Deutschland mit der Taufe abschließen, diagnostiziert Milad eine über das kulturelle Problem hinausgehende glaubensmäßige »Enttäuschung«

122 Milad, *Interview 2018*.

und ein großes geistliches Bedürfnis: Als geradezu »heilsam« empfänden Iraner·innen »christliche Werte« angesichts der im iranisch-schiitischen Islam »systematisch aufgebauten Angst« vor dem eigenen Ende unter Strafen.

Er betont, dass Iran sehr viel mehr sei als das gegenwärtige Regime und der schiitische Staatsislam. Seine eigene Strategie in der ersten Zeit in Deutschland war es, sich selbst als Perser zu bezeichnen, da mit »Persien« – im Gegensatz zu dem seit der Revolution ganz und gar mit »Khomeini« besetzten Wort »Iran« – eine »alte Kultur«, »älter als der Islam« assoziiert werde und einen das nicht in »Erklärungsnot« bringe. Der alte Iran und dessen zoroastrisches Erbe spiele als »einfaches Mittel, das Richtige zu sagen« noch immer eine Rolle für ihn.

## 6. Zusammenfassung

Wenngleich sich auf Grundlage meiner Gespräche das Christ-Werden als jahrelanger Entfremdungs- und Neuorientierungsprozess (re-)konstruieren lässt, erscheinen in der autobiographischen Retrospektive doch immer auch konkrete Widerfahrnisse als ausschlaggebend für eine intensivierte Auseinandersetzung mit Bibel, die Anrufung Jesu im Gebet oder auch für die Taufe.

*Milad* suchte nach Antworten auf Fragen, die er im Islam nicht fand. Nach seinen Schilderungen ist das, was zum temporären Bruch mit der Familie führen sollte, aber ein komplexes Gemisch aus der Infragestellung gesellschaftlich Normen, familiärer Ablösung, der Erfahrung überfordernder Intermediarität in Deutschland und der textbasierten Suche nach lebenstragenden Antworten.

In *Amirs* Schilderungen geht der Hauskirchenerfahrung bereits eine Distanzierung und Entfremdung, ja ein Verlernen schiitischer Praxis voraus. Ein Krankenhausaufenthalt und die Angst vor dem eigenen Ende führten zu einer intensivierten Beschäftigung mit Christlichem.

*Danyal* scheint als junger Student regelrecht überholt zu werden von seinem Interesse an Jesus. Er wird sozusagen zum Christen gemacht von denen, die sein Interesse an Jesus kritisch beäugen und ihm deshalb nachstellen werden. Christ-Sein erscheint hier als konfessorischer Akt und als Performanz von Freiheit: Die Umstände nötigen ihm ein Bekenntnis ab. Sein Bibelstudium wird wahrgenommen als Bekennen; sein Bekennen in diesem Sinne ist zugleich ein Akt der Freiheit in einer ansonsten ausweglosen (»Not-«)Situation.

*Darians* Christ-Werdung geht eine lange Entfremdungsgeschichte und Unzufriedenheit mit den gesellschaftlichen Verhältnissen voraus. Neben der Freundschaft mit armenischen Christ·inn·en als den vermeintlich besseren Iraner·inne·n ist es eine literarische Zufallsbegegnung mit Luther, aus der ein anhaltendes Interesse an Christlichem wird.

*Shirin* blickt zurück auf eine gewaltvolle Ehe und ein restriktives berufliches Umfeld. Beides lastet sie nicht nur dem in Iran herrschenden Islam, sondern Islam als Ganzem an. Es sind ihre beharrlich-mildtätigen Freund·inn·e·n, die am Anfang ihrer Hinwendung zu Christlichem stehen.

## V. Der Weg zur Taufe und das Verständnis von Christlichem

Meine Gespräche mit Iraner·inne·n über ihre Christ-Werdung und ihren Weg zur Taufe sind geprägt von wiederkehrenden Gesprächsfäden. Sie sollen im Folgenden ausführlicher zur Darstellung kommen.[123] Den aufbereiteten und analysierten Gesprächsausschnitte liegt ein Kerndatenkorpus von sechs Interviews zugrunde. Für ihre Auswahl aus einem Dutzend Interviews spielten folgende Entscheidungen eine Rolle: Die interviewten geflüchteten Christ·inn·en befinden sich in unterschiedlichen Phasen des Asylverfahrens; Gespräche sowohl mit Männern als auch mit Frauen sollten ausgeführt werden; neben den Interviews mit Christ·inn·en wurden auch ein Gespräch mit einem iranischen Mulism und einer iranischen Agnostikerin verarbeitet.

Die diskursive Verhandlung von Christlichem zeichnen sich in den geführten Gesprächen aus durch ein stark *argumentativ-ethisches* Moment. In intellektuell-kognitiven Operationen werden Christliches und Islamisches gegeneinander profiliert; Christliches gewinnt v. a. in der Abgrenzung zu Islamischem Kontur. Real existierendes Christliches erscheint darüber hinaus als soziale Projektionsfläche für die Idee einer besserer iranische Gesellschaft (*sozial-moralisches* Moment). In den argumentativen Vergleichen und projektiven Schilderungen spricht sich immer wieder die Grundannahme – eine Art *ethnizistisch-ideologische* Prämisse – eines eigentlichen, nicht korrumpierten Irans aus, der zum Attribut für die bessere Religion wird: Christliches entspricht dem eigentlichen Iran. Die Hinwendung zum Christlichen wird in ihren unmittelbaren affektiven Effekten wie Ruhe und innerer Frieden geschildert (*soteriologisch-seelsorgliches*

123 Präsentiert werden sprachlich-kommunikative Phänomene – Momente, die meine Gespräche über die Christ-Werdung durchziehen. Das Paradigma, mit dessen Hilfe dieser erste Analyseschritt geschah, wurde in Auseinandersetzung mit der oben dargestellten diskurstheoretischen Reformulierung von Laclaus Hegemonietheorie gewonnen. Der analytische Fokus lag auf den diskursiven Relationen der einzelnen Momente; das sind im Wesentlichen Repräsentation sowie Äquivalenz- / Differenzrelationen, die durch die Zentralisierung einzelner Momente mehr oder weniger stabile Formationen und die in Formation wiederum stabilisierende (konstitutive) Außenbereiche hervorbringen. An die Inventarisierung der häufigsten Diskursphänomene schließt sich eine genealogische Betrachtung der beiden zentralen Phänomene an. Deren Zusammenhang erschließt sich mithilfe des Zugehörigkeitsparadigmas als aufschlussreicher Konkretisierung des Laclau'schen Diskursverständnisses.

Moment). Die Bibel zu lesen, zu Jesus zu beten – also der Umgang mit Christlichem – hat im Iran eine politische Dimension. Die Hinwendung zu Christlichem motiviert einerseits die staatliche Verfolgung von Hauskirchen, artikuliert sich aber nicht nur als fundamentaler Protest, sondern auch als Alternative zu Resignation und gewaltvollem Widerstand (*pragmatisch-politisches* Moment).

Eine abschließende Zusammenschau und Diskussion dieser Gesprächsfrüchte mit der bestehenden Konversionsforschung wird mich unten das Bild eines stark auf Zugehörigkeit abstellenden iranischen Christentums zeichnen lassen. In das auf dem Weg von Iran nach Deutschland entstehende Christentum von geflüchteten Iraner·inne·n schreiben sich unterschiedliche Kontexte ein. Es entsteht ein Christentum, das sich im Wortsinn als iranischer Protestantismus (re-) konstruieren lässt.

## 1. Argumentativ-ethische Erschließung von Christlichem

### a) Kontrastierender Vergleich der Lebensdienlichkeit

Ihren Weg zur Taufe schildern meine Gesprächspartner·innen mithilfe eines stark kontrastierenden Vergleichs (»alles Lüge« vs. »Weg«, »Wahrheit«). Verglichen werden zu Erfahrungswissen geronnene Erlebnisse in der schiitisch-muslimisch geprägten Umwelt und die Bilder von Christentum, die sich herausgebildet haben in der Begegnung mit iranischen Christ·inn·en oder medial vermittelt in der Beschäftigung mit Bibel und Christentum. Das Verglichene kommt in kontradiktorischem Gegensatz zum Stehen: Christliches ist, was Islam nicht ist, und andersherum. Der kontrastierende Vergleich ist dabei sowohl Reflexions- als auch Darstellungsinstrument.

#### *aa) »Vor- und Nachteile«*

Milad erzählt von seiner Suche nach tragfähigen Antworten auf Lebensfragen. Er habe verschiedene »Texte« gelesen. Eine Zeitlang habe Zoroastrismus – »der erste monotheistische Glaube«, »etwas ganz Klares« – für seine Selbstverständnis eine große Rolle gespielt.

> »[F]ür mich war wichtig, von allem etwas zu wissen, was sie sagen und dann auch die Vor- und die Nachteile. Für mich habe ich einfach mich damit beschäftigt eine Zeitlang. [Zeit] fahre ich wieder [Zeitspanne] nach Iran und will nach [Ort] fahren, das ist die Zentrum von Zarathustrier.«[124]

Danyal schildert eine Begegnung zwischen muslimischen und christlichen Studierenden in einem Nachbarland des Iran. Der gemeinsame Austausch über

124 Milad, *Interview 2018.*

Muslim- und Christ-Sein findet statt als gemeinschaftliches Diskutieren, Vergleichen und Abwägen von Islam und Christentum. Das Prozedere kommt zum Abschluss, wenn einer der Gesprächspartner »gewinnt« und sich der andere geschlagen gibt, verliert, verstummt.[125] Monate später – Danyal war bereits Christ geworden – kehren sich in der Auseinandersetzung mit einem Freund die Sieger-Verlierer-Rollen um, der nicht-christliche Freund verstummt, vermeintlich überzeugt von der argumentativen Überlegenheit des nun christlichen Danyals.

> »Endlich er war auch so silent. Er konnte nicht etwas sagen. Wir waren in dem wichtiges Thema. Wir haben erstmal leicht angefangen über die leichtiges, zum Beispiel Gesetze in dem Islam, in dem Christ. Und in dem Mitte, alles war hoch. Alles war schwer, schwieriges so Thema zum Beispiel, über die Frauen, über die Kämpfen, über die zum Beispiel elternlosiges Leute, über die alles.«[126]

Worüber wird gesprochen? Die Diskussion der »Vor- und Nachteile« der ein oder anderen Religion fokussiert häufig die Ungleichbehandlung von Männern und Frauen, die Gewaltaffinität des Islam, real erfahrenes Unrecht durch Muslim·inn·e·n sowie der wirtschaftliche Missbrauch ihrer Autorität durch die schiitischen Eliten. Es sind diese Themen, die im Gespräch mit Iraner·inne·n über ihren Weg zur Taufe oben aufliegen und gewissermaßen als Dekonversionsgründe oder Entfremdungsmomente präsentiert werden.

#### *bb) Gewalt gegen Frauen*

Das Thema Missachtung der Frauenrechte wird von Amir und Danyal am Beispiel der sog. Sighe aufgerufen, der schiitischen Form der Ehe auf Zeit. Sighe wird gehandhabt und von vielen Kritikern verstanden als religiös sanktionierte Prostitution. Eine Sighe kann für eine Stunde oder Jahrzehnte geschlossen werden, indem das Sighe-Gebet gesprochen wird. Mit dem Ende der Zeit-Ehe – ihr Geltungszeitrum wird vorab vertraglich festgelegt – gehen keinerlei Rechts- oder Vermögensansprüche einher. Danyal lässt anklingen, dass seine Mutter unter den Zeit-Ehen ihres Mannes mit anderen Frauen gelitten habe, ihr das schiitische Scheidungsrecht aber nicht die Handlungsmöglichkeiten einräumte, um die Situation für sich auf eine gute Weise zu klären.

---

125 »[N]achdem dass wir zusammen mit dem christliche Junge geredet, langsam über die Religion wenn man diskutiert oder spricht, alles langsam langsam, (zeigt) sich. Zum Beispiel, die spricht- geht höher, jeder möchte seine so Seite haben endlich wir haben über die Nachteil und Vorteil von die jeder so Religion geredet. Die haben eine Vorteil zu uns gesagt von dem christlichen Religion. Wir haben eine Vorteil gegenüber auch gesagt. Endlich dass war nicht gut für mich, weil wir haben von alle Seiten geguckt und haben nichts gefunden. Ich hab selber mich gefühlt, dass ich loose, auf Englisch, nicht gewönnen, gewinnen, nicht gewinnen. Er hatte gewinnen.« (Danyal, *Interview 2018*)

126 Danyal, *Interview 2018*.

»In dem Religion gibt alles, zum Beispiel wie man muss mit dem Frauen verhalten. Zum Beispiel Jesus Christus hat gesagt: Man darf nur eine Ehefrau haben und wenn er will nicht, kann er lassen, aber muss etwas zu ihm geben, dass die getrennt werden. Und danach nochmal heiraten. [...] Aber im Islam ist anders zum Beispiel rum. Man darf viel, offiziell endliches Frau haben und ehelich so nicht auf dem Papier normales Frau haben. Ich hab schon gesehen, meine Mama darüber hat Probleme. [...] Meine Vater zum Beispiel ist Mann. Man muss das akzeptieren. Männer zum Beispiel wollen es. Manche Männer, nicht alles. Und meine Mama aber nicht konnte nichts tun. Zum Gericht gehen. Ich will trennen. Nee, du darfst nicht. Dein Mann muss entscheiden. Okay, mein Mann will nochmal heiraten. Mit andere Frau, auch mit mir. Das geht nicht. Nee, du darfst nicht etwas sagen. Das war die Vorteile von dem Christ und die Nachteile von dem Islam. Ich sage nicht, dass Islam Schlimmes so liegen ist. Man darf nicht über die Religion etwas Schlimmes sagen. Aber wenn ich die höre, drinnen, denke ich darüber: Nee, ist nicht schön. Kann man nicht schön zu dieses Thema sagen [...]«[127]

Der Status von Frauen wird argumentativ zur Beurteilung von Christlichem gegen Islamisches bemüht und immer auch biographisch verortet. Vor allem das alltägliche Verhalten iranischer Vorgesetzter und Kollegen, Ehemänner und Väter, Söhne und Brüder gegenüber Frauen wird in meinen Gesprächen Thema. Die innerfamiliären Beziehungen sind der Ort, an dem gewaltbegünstigende Strukturen zuerst wirksam werden. Gesehen zu haben, wie der Vater die eigene Mutter behandelt, als Frau und Mutter selber gelitten zu haben, gehört zu den bösen Erinnerungen, für die Islam verantwortlich gemacht wird.

#### cc) Kleriker, Heilsmittler, Entsühnungswirtschaft

Ebenso alltäglich wie die Erfahrung der Ungleichbehandlung von Mann und Frau, aber noch expliziter und spezifischer mit Islam als korrumpierter Religion in Verbindung gebracht werden die Auswirkungen der omnipräsenten Herrschaft des schiitischen Klerus. Die Hochschätzung des *idschtihad* (der eigenständigen Urteilsbemühung) und die Privilegierung des *mudschtahid* (eines zum Aufstellen von verbindlichen Rechtsgutachten qualifizierten Gelehrten) strukturiert die iranisch-schiitische Gesellschaft in Religionsdingen in religiöse Experten und Laien, »die sich ihnen unterwerfen und sie ›nachahmen‹, ihnen *taqlid* üben. Die Welt ist also eingeteilt in Quellen der Nachahmung und in Nachahmende, und jeder Schiit ist angehalten, sich eine Quelle der Nachahmung«[128] zu suchen. Sich in diesem Sinne zu einem bestimmten Rechtsgelehrten zu halten, heißt auch, diesen finanzieren zu müssen. Neben fiskalischen Kanälen und Firmen finanzieren sich die schiitischen Rechtsgelehrten auch durch das Ausstellen von Rechtsgutachten und zahlreiche Stiftungen. In meinen Gesprächen

127 Danyal, *Interview 2017.*
128 Amirpur, *Der schiitische Islam*, 99.

wird auch noch die Verehrung der zwölf schiitischen Imame in unmittelbaren Zusammenhang mit der Finanzierung des schiitischen Klerus gestellt.[129]

Greifbar werde dies besonders an der *ziyara*-Praxis, dem Besuch ihrer Grabstätten als Ersatz oder Ergänzung zur Wallfahrt nach Mekka. Das Mausoleum für den achten Imam – ʿAli Reẓā (arab. Abū l-Hasan ʿAlī ibn Mūsā ar-Riḍā) – befindet sich im iranischen Maschhad. Die mehrere Quadratkilometer große Anlage des Schreins wird von einigen Millionen Pilgern jährlich besucht. Die Gräber der anderen Imame befinden sich im Irak und Saudi-Arabien und werden ebenfalls von iranischen Pilgern besucht. Darian empört die offensichtliche Ausnutzung schiitischer Imam-Frömmigkeit, wenn er erzählt:

> »Und die sind ungefähr drei dreizehntausend Gräber, zu denen auch man zu denen geht und betet [...] Aber die sind neu gebaut worden. Verstehen Sie mich? Die sind nicht alt. Die sind neu. In den letzten Jahren sind die neu gebaut. Weil wenn man dort geht, dann spendet man irgendetwas. Und dann ist eine Art und Weise von Geld-Verdienen. Das hat die Regierung selber gebaut. [...] Das eine Art und Weise von Geld-Verdienen. Dass die Leute hierherkommen, weil sie haben irgendetwas, sie brauchen. Bei uns ist es so, dass wenn man sagt: Ich habe diese Verbindung, ich möchte diese Verbindung durch diese Mann, diese heilige Mann mit Gott haben, und dann gehen zu diesem Grab und beten und spenden etwas, und dann haben irgendeine Benötigung oder so was [...] Sie sagen ihre Bedürfnisse dort und spenden irgendetwas, und sie glauben, dass später sie das erreichen. Und die wissen auch das, dass die Leute an so etwas glauben und haben diese neue Gräber gebaut und aber sind nicht alt. Die Leute, die auch dort begraben worden sind, auch sind nicht heilige Leute. Das ist der Grund. [...] Vielleicht gibt es niemanden unten in diesem Grab. Es gibt so viele Dinge, die ich nicht so richtig erzählen kann, aber gibt es viele, viele, viele Dinge, die die Regierung die Leute ausnutzt; ihre Glauben eigentlich ausnutzt. Sie sind alle religiöse und glauben, und die Regierung auch nutzt diese Situation aus. Das ist eigentlich eine Hilfe für diese Regierung durch diese Glauben sie erreichen ihre Ziele und sie bleiben auch immer an der Macht. Sie haben

129 Die Ausbildung eines schiitischen Klerus in der Zwölfer-Schia ist entgegen verbreiteten Meinung nicht das unmittelbare Ergebnis der frühislamischen Auseinandersetzung um die Nachfolge Mohammeds. Die Parteigänger Alis forderten, Auslegungsfragen nicht nur konsensual zu beantworten, sondern auch im Einklang mit den überlieferten Meinungen der Imame. Die auf diese Weise eingeführte Wertschätzung des Vernunftgebrauchs *(aql)* als Erkenntnisquelle relativiert die Fixierung auf den koranischen Wortlaut, führt aber auch zu der Frage, wer zu solch rechtem Vernunftgebrauch überhaupt in der Lage sei. Amirpur (*Der schiitische Islam*, 95ff.) sieht hier eine »im Vergleich zur Sunna [...] weit stärkere Tendenz [der Schia], das Verstehen des Korans in den speziellen Zuständigkeitsbereich von ausgebildeten Interpreten zu legen«. Vorerst abschließend wird die Frage aber erst Ende des 18. Jh. entschieden, als sich die Schule der *usuli* unter Baqer Vahid Behbahanis gegen die von Mohammad Amin Astarabadi gegründete Schule der *akhbari* durchsetzt. Letzter wehrte sich gegen die Betonung des *mudschtahid* und beanspruchte, dass jeder Muslim dazu in der Lage sei, die autoritativen Quellen zu interpretieren. Die *usuli* legten mit der Hochschätzung des Expertenstandes nicht nur den Grundstein für eine Klerikalisierung der Schia, sondern auch für die Entwicklung des Theorems der »Herrschaft der Rechtsgelehrten« *(velayat-e faqih)*, auf dem die Islamische Republik Iran gründet. (100f.)

immer diese Macht und kann man auch nichts machen, solange diese Glauben gibt. Wenn diese Glauben weg sind, neue Generationen kommen, dann kann man diese Hoffnung haben, dass irgendetwas kommt und die Situation die Situation ändert sich. Wir können nur hoffen, beten und nur hoffen.«[130]

Die Regierung nutze den Glauben an die Imame aus, um sich an der Spendenbereitschaft der Gläubigen zu bereichern. Andererseits stütze die Ehrfurcht vor den Imamen und ihre Inanspruchnahme als Heilsmittler die derzeitige Regierung, die sich der Pflege ihrer Grabstätten annehme – so der Vorwurf Darians. Amir bemüht das gleiche Beispiel, um darüber zu sprechen, wie schiitische Frömmigkeit einer von der Regierung im großen Stil betriebenen Entsühnungswirtschaft in die Hände spiele. Ein solchermaßen auf materiell vermittelten Kontakt zum Heiligen ausgerichteter Irrglaube und der Machtmissbrauch durch die Regierung nährten einander.

»And you know, so many, so many, if I says about the problem of Islam, I can speak one week for you. Something like that, you know, the person who died who is something like Imam. The Imam is most holy. And the children of the Imam and children, children, children they have a place that the government make for them and build for them. I see that in Iran and build for another country, for Irak. Because one of man, Imam Hussein. And I see that, when they put that. [...] Shrine without a man. They make a shrine. And they put that in a truck. And the truck goes to the Irak for put that for the Imam. But in the way the people came, put money into the shrine and touch the shrine and kiss the shrine and says: Please, help me, the shrine. [...] You know, we have God. Why we should ask another person. We should have a connection direct with the God. Why we should ask from another person: Please help us to. And the triple thing is: Why the shrine of the person should be holy for us to ask to the shrine the Imam says to the God: God, please help us. I don't know. And another things in the Islam: I says Islam because I says that at first, I know, most about another religion. And I came from Islam to the Christian. And another thing is, the Muslim people – not always – but always not ask direct from the God, they ask from the another Imam or another holy person to please help us and. This is the problem for me. To I hate every religion. I hate the religion. I have no religion to I invite to the Christian. But when I wanted to be a Christian, all the time I think about that the Christian should be so good. I should see everything about that. And next I decide I want to be Christian or not. Because the Islam I don't choose that. But the Christian I choose that. And I want to fight for my religion. That should be good for that should have value. I fight for the religion.«[131]

Falsche Propheten, leere Schreine, Tötungsgebote und der Status von Frauen, die Verquickung von geistlicher Autorität und die wirtschaftliche Ausnutzung einer als abergläubisch abgewerteten Verehrung der Imame – darüber ist zu sprechen, wenn ich Iraner·innen nach ihrem Weg zur Taufe frage. Auffällig ist, in welcher

130 Darian, *Interview 2017.*
131 Amir, *Interview 2017.*

Weise eine spezifisch iranisch-islamische Spielart für meine Gesprächspartner·innen Islam als Ganzen diskreditiert.

### dd) *Jesus, Mohamed, ihre wahren und falschen Bücher*

Gefragt danach, was gute Religion auszeichne, stellt Amir ab auf sein Wissen über Islam und Christentum.

> »You know, the Christian is not a religion, it is a way. Because I have so many knowledge about Islam. […] You can kill in Islam, something like me, who changed his religion. Something like when you see a person, in Iran says the Jews. But not the Jews. Who live in Israel but not the Palestinian people. The Israelian people, the Iran says: It is law of the Qur'ān and you should, you can kill them. But the Jesus says: The kill is forbidden.«[132]

Der wertende Vergleich zwischen Christlichem und Islamischem konkretisiert sich im Gespräch mit iranischen Christ·inn·en an den genannten moralischen Fragen und Erlebnissen, auf die argumentativ und eher abstrakt (s. o.) Bezug genommen wird oder die als persönliches Widerfahrnis erinnert werden (s. u.). Die Konkretion setzt sich fort in weiteren Spielarten, z. B. in der Entgegensetzung Jesus' und Mohammeds. Darum gebeten, die Aussage »the Christian is not a religion, it is a way« (s. o.) zu erläutern, erinnert Amir die Auseinandersetzung mit einem muslimischen Freund über den Status Jesu:

> »All the religion have a prophet. But we [Christians; CK] don't have a prophet. We have God for our way. You know, I have one friend in Iran. I don't know that's right or not, because on that state I have no komplett knowledge about the Christian. But we are speak together and he told me but in somewhere of the Bible write the Jesus is prophet. And somewhere write Jesus is son of the God. And some way Jesus says, Jesus is God. And they say to the Jesus so many things. And what's you think about that? And I say that, you know, the Jesus can be a prophet, can be a God, can be son of the God. But the important things that you should look is, what they do. You know, if you want to play with the word, I can play with the word to explain everything for you. But, play with the word is a politic. It is not about the religion. You know, the Muhammed killed the person. The Muhammed have so many wife. The Muhammad do that, do that, do that. And after that every person came to invite to the Islam, they says, they use the Islam for the power.«[133]

Darian reicht der pauschale, nicht-personalisierte Rekurs auf die »Muslime am Anfang« als Argument für die unrettbare Verderbtheit des Islam.

> »Die glauben auch, wenn jemand nicht an Gott glaubt, muss auch getötet werden. Das was die Muslime am Anfang vom Erscheinung von Islam gemacht haben – sie haben immer gegen diejenigen, die nicht geglaubt haben, gekämpft. Sie haben immer Krieg

132 Amir, *Interview 2017.*
133 Amir, *Interview 2017.*

gehabt und sie haben von Anfang das geglaubt. Und das macht kein Mensch, denke ich.«[134]

Ein iranischer Pfarrer argumentiert auf einer Tagung gegen alle Versuche, den Koran und Bibel in religionstheologischem Gestus aufeinander zu beziehen. Er fordert:

»Vergleichen wir vielmehr das Leben von Mohammad und das Leben von Jesus. Was hat Mohammad getan und was hat Jesus getan. Und da braucht man nicht mit der Lupe im Koran ein paar gute Verse Barmherzigkeit zu suchen. Wenn man das Leben von Mohammad liest und was er getan hat, sage ich selbst und viele andere Muslime: Das ist keine Religion für mich. Ich kann nicht akzeptieren, dass eine Prophet das macht.«[135]

Neben Jesus und Mohammed[136] werden von meinen Gesprächspartner·inne·n nun aber doch sehr häufig Bibel, Qur'an und die autoritative schiitische Literatur gegeneinander profiliert, als »wahr« oder »falsch«, »Lüge« oder »Wahrheit« apostrophiert und dazu verwandt, eine Vergleichsachse zu konstruieren, an der sich Islamisches und Christliches kontradiktorisch scheiden. Der Verweis auf das Buch gewinnt besonderen argumentativen Wert, handelt es sich dabei doch meinen Gesprächspartner·inne·n nach um einen nicht-hintergehbaren Beweis, gerade so, als materalisiere die unterstellte Lebens(un-)dienlichkeit sich schwarz auf weiß.

So macht Shirin neben dem Qur'ān u.a. den sog. »Pfad der Eloquenz«[137] verantwortlich für die Allgegenwart der Idee, zu töten, wenn sie sagt:

»Iran hatte damals ein besondere Religion, zartusht. Kennen Sie? Zartuscht. Bei Osmanien, bei Osmanien war alles kaputt in Iran und sie haben keine Entscheidung, sie müssen Islam nehmen. Das war wie ein Diktatur, Omar, in Iran und hat alle Bücher gebranntet. Wir hatten keine Entscheidung, muss nur Islam nehmen. Dann war lange, lange, lange, lange Jahr, bis Safawiyye. Safawiyye war auch eine Könige, eine große Familie Königen in Iran. sie haben Schia gebaut. Und sagen immer: Du musst auch Qur'ān lesen und auch dazu Nahdsch al-Balāgha. Nahdsch al-Balāgha ist ein Buch, hat auch Safawiyye gebaut von Ali. Kennen Sie Ali? Und hier steht extra von Qur'ān; Qur'ān

134 Darian, *Interview 2017.*

135 Iranischer Pfarrer, *Tagung EKD / DBK 2018*, Mitschrift.

136 Es geht mir an dieser Stelle nicht darum, den aus einer bestimmten religionsphänomenologischen bzw. christlich informierten religionstheologischen Perspektive fragwürdigen Vergleich zwischen Jesus und Mohammed (Jesus nicht als Religionsstifter, sondern als Wort Gottes und damit strukturell vergleichbar mit dem Koran und nicht mit Mohamed) zu beurteilen, sondern darum, das Gespräch mit iranischen Christ·inn·en prägende, wiederkehrende Momente zu inventarisieren und miteinander in Beziehung zu setzen.

137 Nahdsch al-Balagha ist eine Sammlung von Predigten, Briefen und Worten des nach schiitischem Verständnis ersten rechtmäßigen Nachfolgers Mohammeds, Abū l-Ḥasan ʿAlī b. Abī Ṭālib. Darin enthalten ist auch der sog. Regierungsauftrag Alis an Malik, der Prinzipien guter Herrschaft formuliert. Auch wegen dieses Textes spielt gerade Ali und die Invokation der Nadsch al-Balagha eine große Rolle im islamisch-iranischen Widerstandsdiskurs.

sagt: Du musst töten. Du darfst alle, wenn keine Allah Glauben hast, du darfst das töten die Menschen. Immer töten, töten, töten, das ist Qur'ān. [...] Die Sunni glauben das Nahdsch al-Balāgha nicht, Schia. In Iran sind alle Schia; ein weniger sind Sunni. Wissen Sie, was ist Sunni und Schia, verschiedene Fächer von Islam. Schia sagt auch: Jeden Donnerstag du musst ein Gebete von Nahdsch al-Balāgha lesen. Das ist [...] Ziyarat Aschura. Diese Ziayarat Aschura sagte immer: Dammt, verdammt, verdammt?«[138]

Die in den Heiligen Büchern angelegte »Lüge«, schlägt sich nach Shirin in der Darstellung der iranischen Geschichte und in der Vorstellung von Christentum im schulischen Religionsunterricht nieder. Shirin animierte ihre Kinder, sich nicht auf die Lehrbücher zu verlassen, sondern sich selber kundig zu machen. Auffällig ist die Gleichsetzung von Qur'an, schiitischer Literatur und schulischen Lehrbüchern, die Shirin mit ihrem Urteil unternimmt. Ihre Schüler·innen fordert sie demnach auf:

»[S]ucht ihr per Internet, was passiert bei unsere Revolution, was passiert bei Schah, was passiert bei Khomeini, und könnt ihr bisschen besser wissen, nicht nur diese Geschichtebuch [Ta‹alimate Dini]; diese Geschichtebuch alles ist nicht Wahrheit. Aber ich durfte nicht diese sagen. Trotzdem sagte ich immer. Könnt ihr Internet suchen und andere Geschichte lesen. Unsere Buch ist neunzig Prozent Lüge. Unsere Geschichte ist auch Lüge. Sprechen über Jesus nur Rahmen Islam. Deswegen unsere gehen andere Schule, nicht zusammen. Aber leider sie müssen. Das ist Zwang. Sind sie Christ, aber sie müssen auch islamische Geschichte, islamische Kirche auch bisschen lernen. Sie glauben nicht, aber muss lernen.«[139]

Noch eindeutiger in dieser Hinsicht ist Danyal, wenn er die Bibel als Anleitung für ein gutes Leben beschreibt. Vorausgegangen war dieser Passage ein von Danyal entwickelter intertextueller Erweis der Letztgültigkeit der christlichen Offenbarung. Die implizite Kontrastfolie – Koran – ist auch in den folgenden Zeilen noch greifbar:

»Wenn man Bibel liest, kann man nicht sagen, kann man nicht finden etwas Schlimmes. Etwas gegenüber unseres Gedanken zum Beispiel. Wenn du dieses Wasser trinkst und diese Glas wegwerfen und das gebrochen, das ist unnormal. Weißt du, was ich meine? Eigentlich man trinkt das und liegt wieder auf dem Tisch. In dem Bibel gibt nicht solch unnormaliges etwas. Weißt du, was ich meine? Ich meine, alles ist wie eine Plan. Für Leben. Wie man muss leben. Wenn man mit dieses Plan lebt, kann man sagen, alle Leute mag ihn. Alle Leute sagen: Er ist guter Mensch. Wenn man mit dem Bibel weiterlebt, kannst du nicht jemanden finden sagen: Er ist schlimmer Mann. Er macht Schlimmes, er macht falsch, er macht zum Beispiel falsche Sachen. [...] Wenn Jesus Christus sagt: Wenn jemanden schlagt, du musst die andere Seite zeigen. Was heißt das? Das heißt nicht eigentlich, du musst zum Beispiel alles lassen. Das heißt, wenn du musst du wie Mensch zum Beispiel verhalten. Nicht mit schlagen, nicht mit so böse so Gedanken.

138 Shirin, *Interview 2018*
139 Shirin, *Interview 2018.*

Dann, wenn wir gucken, alle so gute Verhaltung, wenn wir gucken und konzentrieren, alles kann man in der Bibel finden. Aber ist die andere so zum Beispiel Bücher, die neuer sind, kannst du es finden? Nein. Das war meine Erfahrung. Und das war meine Grund, dass ich Christ geworden.«[140]

### ee) *Konversionsnarrativ als Interaktionsprodukt*

Handelt es sich bei den hier referierten Christ-Werdungs-Zeugnissen nicht um Geschichten, die in der konkreten Situation des Asylverfahrens entstehen? Was heißt das für den Gehalt des Ausgesagten? Meine Gespräche stehen unter dem Eindruck, dass die im Gespräch erarbeitete Christ-Werdungsgeschichte Gegenstand des sog. Asylverfahrens war bzw. wird. Meine Leitfrage, wie der Weg zur Taufe aussah, könnte so auch in der Asylanhörung oder im Gerichtssaal gestellt werden. Die diskursive Herausforderung – nämlich seine Geschichte zu erzählen – ist ähnlich. Die in meinen Gesprächen aktivierte Geschichte übersteigt jedoch den Rahmen des Asylverfahrens. Sie wird an unterschiedlichen Stellen erzeugt; ihre »Erfindung« im Sinne einer auch narrativ performierten Neuorientierung beginnt jedoch im Iran.

Von den Gesprächen im Amt und vor Gericht unterscheiden sich meine Gespräche in zweierlei Hinsicht: Ich habe Zeit, und ich muss keine Entscheidung darüber treffen, ob der an die Geschichte geknüpfte Schutzanspruch rechtens ist oder nicht. Die weiter unten präsentierten Ausschnitte aus Asylanhörungen werden das zeigen. Es handelt sich bei den in meinen Interviews elaborierten Christ-Werdungszeugnissen um Geschichten, die auf dem Weg von Iran nach Deutschland entstehen und in sehr spezifischen Gesprächssituationen erzeugt werden.

Wer sind die Gesprächspartner, mit denen es überhaupt zu Situationen kommt, in denen vergleichend-konstrastierend religiöse Optionen gegeneinander abgewogen und für die ein oder andere argumentiert wird?

Christliches und Muslimisches im kontrastierenden Vergleich ist Gegenstand von Unterhaltungen mit Kommiliton·inn·en, Nachbar·inne·n, Familienangehörigen – mit Menschen also, die in ihrer Herkunft und ihrem Status, ihrem Alter und ihrem Lebensmittelpunkt nach enge Beziehungen zueinander unterhalten. Die eigene Distanz zum verordneten Staatsislam kann bis hin zu einem atheistischen Bekenntnis getrieben oder zumindest als solches zur Schau gestellt werden. Berichtet wird mir aber auch von religionskundlich motivierten Gesprächen unter Muslim·inn·e·n oder an Christlichem orientierten Menschen: So begegnet Danyal im Rahmen einer Reise christlich-orthodoxen Jugendlichen in einem Nachbarland des Iran. Der intensive Austausch über die Vor- und

140 Danyal, *Interview 2017*.

Nachteile der jeweiligen Religion gipfelt in seiner mehrwöchigen Taufvorbereitung und Taufe.

Als besondere Gesprächssituation, die zum Forum wird, um die eigene Christ-Werdung zu schildern, empfinden meine iranischen Gesprächspartner·innen die Begegnung mit Kirchenfernen und Atheisten. Für die Indifferenz, die sich noch einmal unterscheide von einem freimütig bekundeten Atheismus, haben sie wenig Verständnis. Danyal arbeitet in Deutschland für einige Monate als Freiwilliger in der Flüchtlingshilfe. Dass seine Kollegin von sich selbst sagt, sie sei Atheisten bereitet ihm Kopfzerbrechen.[141]

## b) Kriterien für die Bewertung von Christlichem und Islamischem

Der kontrastierende Vergleich ermöglicht Bewertungen. Es sind eine ganze Reihe von Kriterien, die zusammengenommen den Maßstab für diesen bewertenden, beurteilenden Umgang mit Christlichem und Islamischem abgeben. Unter ihnen stechen die folgenden heraus:

(a) Was ein Mensch sagt und was er tut, müssen einander entsprechen. Mit der *(In-)Kongruenz* von Denken, Sprechen und Handeln steht und fällt die Bewertung von Christlichem und Islamischem. Für Amir steht fest:

> »A real Christian is a person that not just says something. Who do that Jesus says. You know, all the person can say that Bible right. But you should decide about that person what he do. A person can be a pastor but if he's something like about he don't care about his mother or his father, so how he can be a Christian? And a real Christian, I think, is a person who have a good doing. The action that's right in the Bible, he do the law of the Bible, not just says that. And before that I was a person who just says that.«[142]

141 Eines Mittags fragt Danyal seine Kollegin: »Warum willst du nicht eine Religion aussuchen oder wählen?« Ob sie sich nicht leer fühle? Sie verneint und fragt, warum sie an Gott glauben solle. Sie sei selber verantwortlich für ihr Leben. Danyal interveniert kreationistisch: Wir sind nicht vom Himmel gefallen. – Darwin! Wir sind höherentwickelte Tiere. – Aber unser Denken, unsere Wissenschaft kommt doch nicht vom Affen. – Unser Verhalten, unserer Kulturleistungen sind Ergebnis sozialer Entwicklungen, nicht das Geschenk Gottes. – Okay, Darwin hat in gewisser Weise recht. Aber woran hältst du dich fest in der Not? Wenn du selbst Gott wärst, hättest du keine Angst, denn Gott hat keine Angst. Wir beruhigst du deine Seele? – »Sie ist ein bisschen so überlegt, überlegt, hatte gesagt: Weiß ich nicht. Ich habe gesagt: Ich weiß auch nicht. Deswegen man braucht ein Gott. Und, wenn du zu etwas Starkes, manche sagen Energie, manche sagen so in den Galaxy Energie ist, so weißt du diese Chakra und so. Ich hab gesagt: [...] Wenn Energie ist oder etwas anderes ist, dann warum in eine zum Beispiel Gemeinde oder in eine Kirche einer hatte so starkes, kann man sagen alles läuft gut, aber für andere läuft nicht gut. Beide haben diese Energie gefunden. Dann das ist nicht Energie. Das ist Gott einfach. Und das gibt. Du willst nicht sehen. Du willst dieses Frage löschen, nicht einlösen in deine Kopf. *Wenn man diese Frage nicht beantworten kann, man muss das nicht löschen, man muss das finden. Die Frage ist Antwort finden.*« (Danyal, *Interview 2017*; kursiv, CK)

142 Amir, *Interview 2017.*

Das Verhalten einzelner Religions-Vertreter·innen wird aber auch zum Maßstab dafür, ob eine Religion als Ganze für gut oder schlecht befunden werden kann.

Darian vermutet hinter der Abwendung vieler Iraner·innen vom Islam eine fundamentale Enttäuschungserfahrung in Hinblick auf ihre islamische Sozialisation und die Hoffnung auf eine bessere, aufrichtigere Art und Weise, ihre Gottesbeziehung zu gestalten. Auch er stellt das Missverhältnis zwischen öffentlichem Bekunden und tatsächlichem Tun ins Zentrum seiner Bewertungen, wenn er schildert:

> »[Die Iraner·innen] haben richtig geglaubt und dann haben was Schlechtes erfahren, weil sie geglaubt haben. Weil von Leuten, die ihnen was beigebracht haben, haben was anderes gehört. Ihre Aktion und Sprechen ist nicht gleich. Wie ich am Anfang gesagt habe, wenn man etwas sagt, muss man auch das machen. Das genaue machen. Aber diese Mullahs bei uns in Iran und in viele Länder auch, diese viele islamische Länder, sagen irgendetwas. Sie sagen nur das, das die Leute machen müssen; aber sie selber machen nicht. Das habe ich gemeint. Und viele Leute haben eigentlich diese Glauben nicht mehr. Viele möchten einen anderen Weg finden, weil man automatisch hat diese Verbindung mit Gott. Gott hat uns geschaffen und man sucht sich immer nach einem nach einem Macht, nach irgendetwas was uns unterstützt. Und deshalb sie möchten auch nicht Muslim bleiben, weil sie haben geglaubt, aber sie haben nichts erreicht. Deshalb möchten die zum Beispiel Christ werden oder einen andere eine andere Religion haben.«[143]

Um die Frage zu beantworten, wer ein·e gute·r Christ·in sei, geht Darian über die formale Kongruenzforderung hinaus und verweist darauf, die biblischen Anweisungen zu befolgen, also – im Gegensatz zu »den Mullahs« – nicht nur das zu tun, was gelehrt werde, sondern was in der Bibel stehe.

> »Ein guter Christ. Jemand, der sich gegen andere Menschen gut verhält. Nicht lügt. Und das macht, was er glaubt. Glauben, sagen und machen. Bei uns zum Beispiel diese Mullahs, die Imamen oder Mullahs sagen irgendetwas aber machen das, was sie sagen, nicht. Machen etwas anders. Sie denken immer nach ihre Vorteile. Ein guter Christ ist jemand, der an etwas glaubt, an Christentum, an die Regeln glaubt, und macht auch die. Nicht irgendetwas sagt, und dann macht nichts. Das meine ich. Und nicht den anderen Schlechtes antun. Jemand wirklich alles richtig macht, alles so wie in der Bibel gesagt worden ist, macht.«[144]

Der Maßstab, im Leben dem Geglaubten und Gelehrten zu entsprechen, spricht sich in all meinen Gesprächen früher oder später in der Forderung aus, Denken, Reden und Handeln in Einklang zu halten. Der Dreiklang ruft auf, was oft als zoroastrisches Glaubensbekenntnis oder -prinzip bezeichnet wird. Hutter ordnet

143 Darian, *Interview 2017.*
144 Darian, *Interview 2017.*

es ein in den »indo-iranischen Formelschatz des Zoroastrismus«[145]. Die dreifaltige Wendung vom rechten Denken, Reden und Handeln ist heute weit über die zoroastrische Gemeinschaft hinaus unter Iraner·inne·n bekannt und stellt eine Art iranischer *ethica practica* dar. Auch Milad, muslimischer Iraner antwortet mir auf die Frage, inwiefern der Zoroastrismus auch für sein Selbstverständnis eine Rolle spiele:

»[E]ine Zeitlang habe ich sehr gesucht auch und so auch die Texte. Ich find's eigentlich ein ganz, was ganz Klares. Hat etwas ganz Klares. Und wenn man so will, man sagt, es ist der erste monotheistische Glaube, der entstanden ist. Und diese Dualität hat. Also Dualität ist ganz wichtig, das Hell Dunkel, Ahura Mazda, das ist der Gott der Guten, und Ahriman, das ist der Teufel, wenn man so will. Aber alles dann in Ausgleich. Das ist ja auch wie Tag und Nacht. Und dann diese drei Tugenden: […] Gutes Denken, immer-Genau. Und diese ist eigentlich mit ganz einfachen Mitteln das richtige gesagt. Braucht man nur diese drei haben. Braucht man nicht mehr viel, um positiv zu wirken für sich und seine Gesellschaft.«[146]

Dass der Zoroastrismus auch seine Schattenseiten habe, sei dabei nicht von der Hand zu weisen. Er macht die problematische Heiratspolitik der Zarathustrier und parsischen Elitarismus in Indien für die Ausbildung der Kastenhierarchien verantwortlich. Auch deshalb sei es für ihn wichtig gewesen, von allem etwas zu wissen und die Vor- und Nachteile sorgfältig abzuwägen.

(b) Ist das Gespräch über den eigenen Weg zur Taufe bei den Vor- und Nachteilen von Christlichem und Islamischem und den Kriterien für die Abwägung ihrer als religiöser Optionen angelangt, finde ich mich oft in einem Gespräch über Wahrheit wieder. Die Wahrheit ist *evident*, lerne ich von meinen Gesprächspartner·inne·n. Und: Wahr ist, was Logik und Commonsense nicht widerspricht. Dafür was eine gute Religion sei, bedürfe es keiner besonderen Erkenntnisfähigkeiten oder theologischer Bildung. Die Feststellung, dass die Wahrheit selbstevident sei, zieht den Appell nach sich, den »gesunden Menschenverstand« zu gebrauchen, bzw. den Vorwurf, wenn das nicht der Fall ist. Im Gespräch mit Darian etwa ereignete sich folgender Wortwechsel:

»Interviewer: […] Wie finden Sie die Wahrheit? […]

Darian: […] Mit der Logik eigentlich. Wenn man logisch denkt. Als Beispiel habe ich auch ihm [dem Pfarrer] gesagt: Hier, am Anfang wird gesagt, dass Gott ist im Garten Eden gegangen. Aber Gott? Gott ist Gott. Gott ist kein Mensch. Gott geht nicht zu Fuß oder geht nicht spazieren oder so. Ja, die sind nicht wahr. Ja, aber die Wahrheit ist was anderes. Gott ist Gott. Jesus Christus ist Jesus Christus. Und dann die Leute haben ihre Gedanken über diese, was sie erfahren haben, geschrieben. Aber gibt es auch manche

145 Vgl. Hutter, *Iranische Religionen*, 65f. (und die hier angegebene Literatur zur avestischen Tradierung der Formel).

146 Milad, *Interview 2018.*

Teile, die uns was Richtiges beibringt. Wann man nach etwas sucht, dann findet man auch. Wenn man nach die Wahrheit sucht, dann findet man irgendwann mal.

Interviewer: Und was Richtiges zu erfahren, heißt etwas logisch nachvollziehen können?

Darian: Etwas Logisches, etwas, was nicht den anderen, die anderen stört eigentlich [...] Etwas, das mit der Gut und Böse, das man vergleichen kann. Was ist gut, was ist böse? Das meine ich. Man kann sehr einfach das von einander diese eine Sache zum Beispiel, eine Aktion von sich unterscheiden? Und die Gut und Böse meine ich. Kann man sehr einfach erkennen, wenn etwas nicht gut ist, dann mit unserer Gedanken. Das ist die Fähigkeit, das Gott uns gegeben hat. Wenn ich jemand töte, dann das ist total böse. Wenn ich jemandem helfe, wenn ich irgendjemandem was beibringe, was Gutes, was Logisches, dann ist gut. Aber das ist nicht sehr schwierig. Das ist sehr einfach. Wir können sehr einfach das voneinander [...] unterscheiden.«[147]

Shirin spricht von ihrem Christin-Sein als etwas, das sich im alltäglichen Lebensvollzug bewährt. Die Einfachheit des biblischen Nächstenliebe-Gebotes verbindet sich in ihren Äußerungen mit einer *Do-ut-des*-Logik und der Forderung nach Gleichberechtigung, wenn sie sagt:

»[I]ch habe gelernt von Bibel, du musst nur Liebe haben. Wenn du möchtest Liebe nehmen, du musst erstmal Liebe geben. Dann bekommst du auch Liebe. Von Jesus. Nur Liebe, Liebe, Liebe. Das war's, nur habe ich von Bibel gelernt. [...] Und habe ich auch von Bibel gelernt: Dein Nachbarn ist wie du. Was ich gesagt habe: Die Frau sagte immer: Entschuldigung, ich möchte nicht unhöflich sein, aber ich habe von meinem Heiligen Buch gelesen: Dein Nachbarn ist wie du. Du musst dein Nachbarn helfen. Nicht muss, aber das ist gut, wenn du deinen Nachbarn helfen. Deswegen komme ich und höre ich, deine Kinder sind zuhause alleine. Das war erste, habe ich vergessen sage, und dann habe ich auch gelernt, wir sind alles Geschwister; wir sind nicht immer die Männer sagen: Das mach, das mach, das mach. Männer und Frauen sind gleich, und dein Nachbarn ist wie du. Und wir sind zusammen Kind von Gott. Leider kann ich nicht von Bibel auf deutsch erzählen. Ja, das ist mein Glaube bis jetzt«[148].

Danyal überzeugt die Bibel als Lebensanleitung, aus deren Befolgung nichts Schlimmes folgen kann. Davon war oben bereits die Rede. Mit seinem wiederholten Hinweis darauf, dass darin nichts »unnormal« sei, wiederholt Danyal das implizite Kriterium der Selbstevidenz in seiner Diktion.

(c) Neben diesen häufig genannten Kriterien gibt es ein weiteres, das mir im Zusammenhang der Beurteilung »religiöser Optionen« begegnet. Was für die »Wahl« des Christentums eine Rolle spielt, ist der Charakter der (christlichen) Offenbarung.

Danyal rekonstruiert sein wachsendes Interesse für Christliches als Äußerung eines zunächst umfassenden und allgemeinen weltanschaulichen Interesses. Zu

147 Darian, *Interview 2017.*
148 Shirin, *Interview 2018.*

seiner Entscheidung dafür, Christ zu werden, führt zuletzt eine Abwägung der einzelnen Offenbarungen, für die deren *Letztgültigkeit* ausschlaggebend ist.

»Islam, die Leute sagen, letzten Religion und größte Religion. Die letzte große Religion ist Islam. Nach dem Christ. Nach dem Islam ist noch die andere Religion gekommen, aber die sind ganz klein und nicht so bekannt. Ich hab die kleines Religion gelassen. Ich hab gesagt: Wenn die haben recht, dann eigentlich muss viele Leute das zustimmen. Weil die haben recht eigentlich. Ich habe angefangen von dem Islam zurück zu dieses Zeit. Erstmal ist Christ und danach ist zum Beispiel Juden und so was, die bekanntes. Und dann Zaradust und dann Buddhist. Juden, jüdische Leute eigentlich in Bibel, im Alten Testament, die sagen, jemanden kommt. Das heißt Messih aus dem unsere Sprache, aus dem [Messias]. Dann Musah, Mose hatte gesagt: Nach dem mir kommt jemand. Und dann jüdische so Religion kann nicht endliche Religion sein. Dann Gott hatte gesagt: Jemanden nach dem Mose kommt. Aber in Bibel das steht nicht, oder? Steht? Habe ich nicht gesehen, dann Jesus Christus sagt: Nach mir kommt jemand. [...] Ich gehe zu Gott; ich komme nicht wieder. Nach mir kommt jemanden. Passen Sie ihm auf, zum Beispiel. Könnte das einfach sagen, oder? Jesus Christus hatte viele Zeit. Wir haben viele Geschichten von ihm gehört. Könnte einfach auf dem Berg das sagen. Könnte eigentlich in dem Last Dinner sagen. Könnte eigentlich in dieses geheiligste Platz sagen: Hey, Leute, hören Sie zu. Nach mir kommt jemand. Warum hat er es nicht gesagt? Hatte hat er nicht gesagt. Entschuldigung. Dann kann man wissen, das ist endliche Religion. Wenn nach dem Christ konnte etwas anderes Religion kommen, dann Jesus Christus musste das sagen. Das ist nicht seine Entscheidung. Das ist Gott Entscheidung. Dann ich hab gesagt: Okay. Wir lesen über die andere Religion, aber wir konzentrieren auf diese Religion. Was ist das? Das muss interessant sein. Drinnen muss etwas sein, das etwas erklären.«[149]

Die in der Bibel fehlende Ankündigung einer weiteren Sendung oder Selbstkundgabe Gottes delegitimiert für Danyal den Koran. Auch wenn für die »Wahl von Christentum« auch die große Anzahl der Christ·inn·en spreche, sei es v. a. die Aktualität der christlichen Offenbarung, die ausschlaggebend für seine Entscheidung wird. Das Kriterium der Aktualität arbeitet er mithilfe des folgenden Beispiels noch genauer heraus:

»Danyal: Ich habe die Zardusht auch gelesen. Erstmal Zardusht. Die zaradushtiges Leute beten zu die Feuer, weißt du das? Die beten Feuer. Die sagen, die Feuer ist zum Beispiel eine science, eine resource von dem Gott zum Beispiel. Und Zaradusht ist, hat er selber gesagt, das ist ganz praktiges Religion. Wenn du eine iPhone 5 siehst und eine iPhone 10 zum Beispiel, nimmst du welches? Nee, wirklich, willst du welches? [...] Beides ist kostenlos. [...]

Interviewer: Wahrscheinlich iPhone 10, iPhone X.

Danyal: Weil ist neuer und ist update und hatte gute Kamera.

Interviewer: Sicher, gute Kamera.

149 Danyal, *Interview 2017.*

> Danyal: Genau so. dann das war die alte. Deswegen hast du nicht genommen. Ist die iPhone 10 iPhone 5 verbessert und iPhone 10 geboren oder gebaut. Zaradust. Nach dem Zaradust ist viele Religion gekommen. Und jeder hatte gesagt: Wir kommen von dem Gott. Einiges Gott. Okay. Warum Gott ist oder hatte nicht nur eine Religion zu die Leute geschickt? Warum? [...]
> Gott hatte dieses Religion verbessert und geschickt, dass die Leute mit dieses Zeit rumgehen oder so, weißt du? Die Zeit muss laufen, dass die Leute sich verbessern. Und eine Plan. Dieses Buch ist für dieses Zeit. Du kannst jetzt von das hundert Prozent benutzen. Aber zehn Jahre später du kannst du fünfzig Prozent von diese Buch benutzen. Weil, du hast viel gelernt. Und du musst jetzt Besseres lernen und konntest du nicht, zum Beispiel fünfhundert Jahre früher über die Physik zum Beispiel. Tausend Jahre vorher zum Beispiel über die electromagneticy sprechen. Die Leute wissen das nicht. Die Leute verstehen es nicht. Bis die Jesus Christus Gott hatte alles gesagt. Und nach dem Jesus Christus die Leute haben zum Beispiel fünfzig Prozent gelernt und die fünfzig Prozent war reicht, dass die anderes selber beibringen oder wissen. Aber die ressource ist Jesus Christus. Du musst das gucken und in die Zeit dich verbessern. Die total oder komplettiges Plan für die Leben ist die Bibel. Weil Gott konnte nicht die Bibel in dem zaradusht Zeit zu die Leute zeigen. Die Leute konnten nicht das verstehen. Das war ganz schwere Buch für die dieses Leute. [...]
> Das war die Grund für mich, dass ich dieses Religion ausgesucht. Habe ich schon auch erzählt, Mose hatte gesagt: Kommt jemanden. Aber Jesus Christus hatte nicht gesagt.«[150]

Die Aktualität der Offenbarung ist besonders wichtig, weil es schließlich darum gehe, sich zu verbessern. Mit jeder Religion verbessert Gott die Menschheit; jede Zeit hat eine für sie angemessene Offenbarung. Zoroastrismus taugt für das 21. Jh. nicht. Wie man das neueste iPhone wählt, so auch die neueste Religion.

Das von Danyal entwickelte Argument ist besonders interessant, weil es strukturell das koranische Verständnis von Mohammed als dem Siegel der Propheten aktualisiert: Es gibt verschiedene Offenbarungen vor der koranischen; es gibt eine prophetische Genealogie, in der Mohammed steht und die er abschließt. In Danyals Verständnis wird die Aktualitätslogik nun subversiv gegen den zuvor delegitimierten Islam gewandt.

### c) Sich entscheiden können

In den Ausschnitten bereits angeklungen ist ein weiteres Konzept, das als Argument meine Gespräche durchzieht, und zwar die Möglichkeit zur freien Entscheidung. Religion ist nur dann die richtige, wahre, wenn ich mich selber dafür entschieden habe. Religion ist nur dann die wahre, wenn sie mir selber die Möglichkeit gibt, mich dafür zu entscheiden. Die freie Entscheidung ist Maßstab jeder Religion; die freie Entscheidbarkeit ist »Vorteil« des Christentums. Die von

150 Danyal, *Interview 2017.*

all meinen Gesprächspartner·inne·n herausgestellte Möglichkeit der freien Entscheidung unterstreicht einerseits die implizite positive Anthropologie, die dem Menschen zugesteht, sich frei entscheiden zu können, und verpflichtet ihn andererseits, den besten »Weg zu wählen«.

Danyal berichtet, dass einige seiner Fluchtgefährten bei ihrer Einreise in die Bundesrepublik und der Angabe ihrer persönlichen Daten überfordert waren mit der Frage nach der Religionszugehörigkeit. Sie gaben schließlich an, keiner Religion anzugehören mit der Begründung, lediglich in eine muslimische Familie geboren zu sein. Die Religion, in die ich hineingeboren werde, für die ich mich aber zu keiner Zeit entscheiden konnte, ist – so die Logik – keine echte Religion. Danyal spricht von dem freien Entscheiden als emanzipatorischem Akt.

> »Wenn du in diese Situation bist, wenn du Moslem geburtst. Wenn deine Mutterreligion ist und endlich nach dem achtzehn Jahre verstehst du all deine Gedanken über nicht so, dass du denkst. Du hast viele Fehler gelernt. Man lernt etwas, das nicht Fehler machen. Wenn man Fehler lernt, dann bestimmt es ist Ende. Das war leider so. Leider. Nee, ist wirklich schlimm. Man muss selber entscheiden, was will. Wenn du Kind bist, und als dem Kindzeiten, die wollen zu die Junge oder zu die Kinder lernen, wie müssen in diese Religion sein. Die müssen auch lernen. Die lernen zum Beispiel von dem Kindzeit: Du bist Moslem und andere sind nicht zum Beispiel Moslem, und du darfst, wenn die nicht Moslem werden, töten. Hast du schon gesehen in dem Irak, die ISIS manchmal Kind drinnen. Viele Kinder waren drinnen, viele Teenager. Kind weiß nicht, was ist Gott, was ist zum Beispiel Religion, was ist die Menschenheit, was ist die Menschenrecht – Kind weiß das nicht. Ich war Kind selber. Das ist mein selbiges Erfahrung. Und wenn du zu deinem Kind Waffen gibst und willst du die Religion zum Beispiel, betonst du ihm die Religion und sagst du: Du musst es machen: Nein. Nochmal nein. [...]«[151]

Bei Darian schließt seine Erläuterung, warum er evangelischer Christ und nicht katholischer geworden sei wie folgt ab:

> »Taufe war für mich eigentlich ein Neuanfang. Als ich getauft wurde, [Name]kirche das war für mich ein fremdes Gefühl eigentlich. Vorher hatte ich dieses Gefühl nicht, aber nach der Taufe und als ich jedes Mal, dass ich in die Kirche gehe und dort in, besonders in [Name]kirche – dort habe ich das Gefühl: Hier wurde ich neu geboren. Hier konnte ich meine Meinung, meine freiwillig sagen und freiwillig diese Religion auswählen.«[152]

Die Rede von der freien Entscheidung bindet hier vieles zusammen: Die »freie Entscheidung / -barkeit« ist gleichermaßen Attribut des Fluchtortes und der Fluchtreligion; Fluchtziel, Religion, Entscheidbarkeit gehen hier eine eigenartige Äquivalenzbeziehung ein.

> »Aber weil hier ich einfacher und freiwillig mein Religion auswählen konnte, dann bin ich hierher gekommen. Ich bin eigentlich von alle diese Glauben, von alle diese Ver-

151 Danyal, *Interview 2017*.
152 Ebd.

halten, die durch diese Religion bei uns beherrscht, das Land beherrscht – ich bin von diese Sache geflohen. Das ist mein Grund. Ich wollte an diesen Glauben, an diesen anderen Glauben nicht mehr glauben.«[153]

Shirin, die sich in Deutschland noch einmal in einer baptistischen Gemeinde hat taufen lassen, kann der Kindertaufe viel abgewinnen. Es ist ihr wichtig, eigens herauszustellen, dass die Kindertaufe die Möglichkeit des Kindes, sich irgendwann selber zu entscheiden, nicht zunichte mache.

»Das ist auch gut, wenn Kind taufen werden. Das macht heilig. Das macht so wie so heiliges Kind. Und Kind verstehen nicht, was ist taufen, aber wir verstehen. Wenn meinem Kind taufen werden, dann kann ich gut über Jesus erzählen: Was ist; was hast du gemacht; das ist dein Bild, als du Kind war, habe ich das gemacht. Und das macht Nachdenken für Kind. Und Kind kann gut sagen: Okay, warum? Vielleicht sagt: Warum hast du mir mich getauft, ich muss selber entscheiden. Dann ich sage: Okay, du kannst selber entscheiden, aber pass auf, du hast sowieso getauft.«[154]

Auch Milad, der sich selbst als Muslim bezeichnet, stellt in seiner Antwort auf die Frage nach seinem Taufverständnis, auf die Möglichkeit der Entscheidung ab. Am christlichen Taufritual würdigt er dessen symbolischen Gehalt. Das Bild der Wiedergeburt greift er auf, erläutert es nicht mit der Entgegensetzung zum Tod, sondern damit, aus dem Fruchtwasser des Mutterleibes ins Leben zu kommen.

»Im Grunde das gehört zu dem Bekennen. Dass man sich auch nochmal entscheidet, so was haben wir im Islam auch. Also wenn man später dann Muslim wird, weil als Muslim ist man automatisch als Kind in einer Familie, übernimmt man da die Religion von den Eltern. Und als Kind wird ein Vers vom Koran gesungen oder gelesen. Und damit wird man dann zum Moslem. Und später, wenn du dann Islam als Religion annehmen willst, muss man dann Bekenntnis sprechen. Das sind auch bestimmte zwei, drei Sätze wie hier ja Glaubensbekenntnis auch. Und das hat dann mit dieser Entscheidung zu tun und so sehe ich die Taufe tatsächlich auch an diesem Scheideweg dort, also welcher Weg ich gehe. Ich finde es aber dennoch eine schöne Vorstellung, sage ich mal, dass man im Wasser getaucht wird. Ich habe gehört, dass die Baptisten sogar wenn sie taufen, richtig Ganzkörper unter Wasser eintauchen. Und das hat so was wie auch eine Wiedergeburt für mich zu tun. Das ist ja, wenn man im Mutterleib ist, ist man da ja in einer Flüssigkeit. Und dann kommt man aus dem Wasser raus, betritt man einen neuen Weg. Diese Symbolik finde ich auch in dem Christentum eine ganz schöne Sache mit der Taufe. Ein neue Geburt, ein neuer Weg, neue Zeitalter. So denke ich. So denke ich, über Taufe.«[155]

Amir betont, aufgrund seiner Geburt in eine muslimische Familie kein »real Muslim« zu sein; er habe sich schließlich nie dafür entscheiden können.

153 Ebd.
154 Shirin, *Interview 2018.*
155 Milad, *Interview 2017.*

»[T]he problem is not that I am real Muslim, because it is really so much people just born in the Muslim family or something like that. At the first day sing that they are [...] they have no way do decide they are Muslim and this is not my choice. This is my family's choice [...] In the Christin, I see, for Konfirmation: Yes, I want to be a Christian. We don't have something like confirmation that I talk: Yes, I want to be a Muslim, and then I can decide.«[156]

### d) Zusammenfassung

Was hier als argumentativ-ethisches Moment der Gespräche mit iranischen Christ·inn·en über ihren Weg zur und ihr Verständnis von Taufe systematisiert wurde, lässt sich wie folgt zusammenfassen:

Der Weg, der zur Taufe führt, wird flankiert, begrenzt, orientiert durch eine genuin iranische (zoroastrischer Religionspraxis entlehnte) *ethica practica*. Zentral für die daraus entwickelte Kriteriologie, mit deren Hilfe verschiedene religiöse Optionen abgewogen werden, sind das Verständnis einer selbstevidenten Wahrheit und die Forderung nach einer Übereinstimmung von Denken, Sprechen und Handeln. Die Annahme, dass es verschiedene religiöse Optionen gibt, bemüht argumentativ die *koranische* Annahme verschiedener Offenbarungen Gottes.[157] Diese wird hier jedoch gerade gegen die Letztgültigkeit der koranischen Offenbarung gewendet, und das epistemische Regime einer als Staatsislam konstruierten normierenden Instanz subvertiert. *Biblisch-koranisches* Wissen von Jesus Christus hilft, die Argumentation textlich zu verankern.

Die Taufe bestätigt in dem hier argumentativ-ethisch entworfenen Zusammenhang etwas längst Gefundenes, sorgsam Erörtertes und aus freien Stücken Angenommenes. Die Taufe besiegelt die freie Entscheidung für einen eingeschlagenen Weg. Sie veräußerlicht gewissermaßen diesen inneren Prozess, lässt ihn sichtbar werden. In dieser Perspektive ist die Taufe weder notwendig noch hinreichend dafür, Christ zu werden. Sie ist vielmehr die sichtbare Bestätigung eines Wandels und in diesem Sinne konfirmatorischer Akt.

Dass als erstes Gesprächsmoment diejenigen Passagen analysiert und präsentiert werden, die ein argumentativ-deskriptives Kommunikationsschema bedienen und zuweilen in einem legitimatorisch-apologetischen Gestus daherkommen, verdeutlicht, dass meine Gespräche der Asylanhörung auf gewisse Weise ähneln.[158]

156 Amir, *Interview 2017.* Die unterschiedliche Schreibweise »confirmation« bzw. »Konfirmation« stellt auf den Wechsel von Deutsch und Englisch ab.

157 Sure 33,40.

158 Andererseits bricht hier auch eine strenge Schütz'sche Unterscheidung der unterschiedlichen Kommunikationsschemata (s.o.), kann eine biographische Episode doch gerade zu argumentativen Zwecken erzählt werden.

Die abstrahierende Rede von Christlichem (auch im Gegenüber zu Islamischem) schillert zwischen »Religion« und »Weg«. Weg wird mitunter synonym für Religion gebraucht, ein anderes Mal dezidiert davon abgegrenzt. Dass es sich hier nicht um eine innerchristliche, in der Auseinandersetzung mit deutschsprachiger Theologie gewonnene Polemik handelt, kann aufgrund der prominenten Verwendung von »Weg« für Religiöses auch durch meine muslimischen Gesprächspartner·innen ausgeschlossen werden.

Hält man an Religion als komparativer und abstrahierender Kategorie fest, um Aussagen über Christliches und Islamisches miteinander in Beziehung zu setzen, lässt sich über Religion Folgendes sagen: In meinen Gesprächen ist Religion formal Handlungsanleitung auf dem Weg, Wegweiser, und, einmal eingeschlagen, selber Weg. Religion ist material Lebensweisheit, die sich bewährt oder nicht und entsprechend ergriffen oder verworfen werden muss. Religion dient rhetorisch-argumentativ dazu, eine Vergleichsachse zu konstruieren, an der sich Christliches und Muslimisches unterscheiden lassen.

## 2. Real-existierende Christ·inn·en als Repräsentanten eines anderen Irans

Was als kognitive Arbeit in Form eines abstrakt-pauschalisierenden Vergleichs fassbar ist und gerade auf seine sprachliche Gestalt und argumentative Funktion hin befragt wurde, hat auch eine autobiographische Dimension. Vor dem Hintergrund eigener negativer Erfahrungen mit der iranisch-islamischen Gesellschaft und dem iranischen Staatsislam erscheinen Christ·inn·en der alten Kirchen als die vermeintlich besseren Iraner·innen. Die Erinnerung an eigene Begegnung mit ihnen verstärkt die Entgegensetzung von Islamischem und Christlichem simultankontrastartig; armenische und assyrische Christ·inn·en erscheinen gleichermaßen als Projektionsfläche für all das, was der gegenwärtig islamische Iran nur *in potentia* ist, wie auch als Motivation dafür, das eigene Leben über die Christ-Werdung in die Nähe dieses eigentlichen Irans zu bringen.

### a) Alltagserfahrungen in einer ideologisierten und gewalttägigen Gesellschaft

Meine Gesprächspartner·innen rekonstruieren ihre eigene Biographie z. T. als jahrelange Entfremdung von einem von Zwang geprägten und durch Irrglauben nur notdürftig zusammengehaltenen Miteinander. Immer wieder begegnet in diesem Zusammenhang die Erinnerung an die ständige Aufforderung zur Gewalt gegenüber Ungläubigen und vermeintlichen Feinden des Islam. Länder, in denen man die Freiheit habe, seine »Religion zu wechseln«, sehen Danyal[159] und Darian in scharfem Gegensatz zu islamischen Ländern, in denen man nicht ungestraft Christ werden könne. Muslim·inn·e·n – in Iran, Pakistan, Afghanistan oder Saudi-Arabien – wüssten, dass »die aus Islam rausgegangen« sind, zu töten seien. Das Töten Abtrünniger verheiße Muslim·inn·e·n sogar ein »höhere[s] Niveau im Paradies«. Angesichts der Aufforderung zur Gewalt fragt Darian:

> »[W]ieso kann ein Mensch so etwas machen? Können Sie das akzeptieren, dass ein Mensch jemanden sagt: Ich glaube an Gott, dann wenn jemand von Islam oder von einer Religion zu einer anderen Religion geht, muss getötet werden. Ist der ein Mensch? Mit so eine Glauben? Denke ich nicht.«[160]

Er fürchtet, dass seiner Familie etwas angetan werden könne, wenn sein Christ-Sein bekannt wird. Die »Regierung«, die »religiösen Führer« und die in ihrer Macht stehenden »Geheimdienste«, »Sicherheitsdienste«, »religiöse Polizei« seien zu vielem fähig. Zum rücksichtslosen Vorgehen gegen »Christen« führe vor allem die Furcht davor, dass Christen auch andere missionierten und die Entfremdung vom legitimierten Islam als regimegefährdend wahrgenommen werde. Er beruft sich dabei beispielhaft auf das gewaltvolle Vorgehen gegen die sog. Grüne Bewegung, die sich im vor der Präsidentschaftswahl 2009 formiert hatte.

> »Die machen alles. Sie töten sehr einfach die Leute. Sie nehmen fest die Leute, die Leute, die an der Demonstrationen vor sieben oder sechs Jahren teilgenommen haben. Sie haben die festgenommen und ins Gefängnis, und dann die Familie wissen nichts, was ihre Kinder passiert ist. Die die haben keine Information. Niemand weiß, wo die sind. Und das habe ich gemeint. Das haben die gemacht. Aus Erfahrung. Ich sage nicht etwas, aus dem Bauch. Ich sage das, was wirklich in unserem Land passiert ist. Sie töten Leute. Die töten die andere, die nicht in diese Richtung sind. Muss man alles machen, was die sagen, was diese Religion den anderen vorgeschrieben hat oder vorprogrammiert hat. Und deshalb habe ich gesagt, dass ich Angst habe. Ich möchte nicht, dass deswegen meine Familie in Gefahr ist. Weil ich Christ geworden bin, das ist für mich gefährlich. Die sind nicht Christ geworden. Aber die können ohne irgendeine Ausrede oder ohne dass man irgendetwas gemacht hat alles machen.«[161]

---

159 »Oder anderes Thema: zum Beispiel kämpfen. Jesus Christus will alles gut laufen, zum Beispiel sagt: Wenn jemanden nervös ist und kommt zu dir und schlagt dich, du musst so ruhig bleiben und versuchen, alles okay sein, alles klar gehen. Aber im Islam sagt anderes. Wenn er Moslem ist, ist okay. Aber wenn er ist nicht Moslem, du musst ihm zum Beispiel töten. Nein. Nochmal nein. Töten. Erste Gesetz in zehn Gesetze, ich denke. […] Nicht töten. Die life, Leben ist Gott zu uns gegeben. Und er muss von uns nehmen. Deswegen in dieses Moment manche Länder, wenn jemanden schuldig ist, die töten ihm nicht. Die lassen ihn in dem Gefängnis, bis er tötet werden, weil- Ich kann nicht einfach jemanden töten. Ich kann nicht diese nachdenken. Geschweige denn das tun.« (Danyal, *Interview 2017*)

160 Darian, *Interview 2017.*

161 Darian, *Interview 2017.*

Nach dem Abschluss der Universität, habe er sehr vorsichtig leben müssen, sagt auch Danyal. Unsicher darüber, mit welcher Art von Verfolgung und Sanktionierung er rechnen müsse, habe er nach Bekanntwerden seines Interesses an Christlichem aber nicht nur in Angst um sich selbst gelebt. Schlimmer noch war auch für ihn die Angst, dass man seiner Familie seinetwegen etwas antun könne. Beispielhaft für die Unberechenbarkeit des Regimes berichten meine Gesprächspartner·innen von der Tötung von Kritikern auf offener Straße. Von Neda Agha Soltan, die während der Proteste 2009 erschossen wurde, war oben bereits die Rede. Mit willkürlichen Übergriffen und massiver Gewalt rechnen Iraner·innen aber nicht nur in politisch brisanten Zeiten des Massenprotestes. Danyal sagt:

> »Jederzeit unterweg, jederzeit muss aufpassen die Leute. Weil weiß ich nicht, hast du darüber nicht erfahren? Wenn die solche Probleme ist, die Polizei kommt nicht mit dem Polizeiuniform oder mit dem Polizeiauto. Die kommen einfach nur mit normales Kleidung. Du denkst, dass dein Nachbarn ist oder er ist eine Geschäftsmann. Aber einfach kommt zu dir in dem Streiten auf die Straße über die Politik. Ich hab selber gesehen: einfach mit dem Teppichmesser. Teppichmesser kann man raus und wieder rein. Wenn du rein machst, kannst du in deine Tasche legen. Aber normale Messer geht nicht raus und rein. Braucht vieles so Platz, musst du verstecken. Mit dem Teppichmesser kommt zwischen die Leute: Wer ist die Hochmeister in diese Streiten? Erstmal ihm. Und die zweite, dritte, vierte. – Neda Agha Soltan. Weiß ich nicht, hast du in dem Fernseher gesehen oder nicht? Auf die Straße mit Waffen hier einfach sie auf dem Straße getötet werden. Neda Agha Soltan. Ich hab selbst darüber überlegt, wenn ich im Iran bleiben möchte. Dort ist meine Heimat. Man will nicht von seine Heimat raus. Damals in in dem Krieg man auch will nicht von seine Heimat raus. Das ist eine große Lotto in dem Leben. Du weißt nicht, was werde für dich passieren, was wartet auf dich. Du gehst zum andere Land. Du kennst dort nicht. Du hast keine Information darüber. Einfach die Tasche auf dem Rücken und Tschüss. Das ist ein bisschen schrecklich erstmal. Aber ich hab nachgedacht. Ich hab überlegt: Es kann schrecklicher sein, dass ich dort bleiben und jederzeit unterweg. Endlich weißt du, weißt du nicht, was werde passieren. Bist du im Gefängnis oder hängen dich auf so einfach. Und ich selber persönlich, ich bin nicht wichtig. Mein Leben für mich. Man werde sterben endlich. Aber was hatte meine Bruder getan? Für meine Schuld er muss auch beschwerden? Er ist neu heiratet. Er hatte eine kleine Tochter. Und jederzeit ich kann nicht meine Eltern sehen. Ich kann nicht meine Ruhe haben. Stress in dem Leben ist für paar Tage ist schlimm. Geschweige denn, dass du ganze so ganzes Leben mit Stress leben. Immer aufpassen, nicht jemand zu dir kommen. Aufpassen, dass jemanden dich töten.«[162]

Neben der offiziell-sanktionierten Gewalt durch das Regime und seine Anhänger beklagen meine Gesprächspartner·innen eine von Gewalt geprägte Atmosphäre der iranischen Gesellschaft als Ganzer. Sie machen den Islam dafür verantwortlich. Gewalt werde u. a. durch die ritualisierte Inszenierung des Martyriums

162 Danyal, *Interview 2017.*

Hosseins geschürt. »Der Trauermonat eint die Iraner, aber er spaltet sie auch« weiß die Publizistin Charlotte Wiedemann zu berichten. »Es gibt regelrechte Muharram-Hasser. Sie schimpfen auf die Verrückten, die mit ihren Zeremonienzelten Straßenkreuzungen blockieren; sie empfinden die Trauermusik als Lärmbelästigung, und wenn ihnen fromme Helfer heiße Milch und Safranreis aufhalsen wollen, wechseln sie die Straßenseite. Einmal rief mir eine alte Dame zu: ›Das ist nicht Iran!‹«[163] Und meine Gesprächstpartner·innen würden es ihr vermutlich gleich tun.

Der 10. Tag des Muharram – Ashura – ist nicht nur ein Tag der Trauer, wie es die medial verfügbaren Bilder von Geißler-Zügen suggerieren; Hossein einst im Stich gelassen zu haben, macht Ashura zu einem Tag des kämpferischen und politischen Bekenntnisses, dass Kerbela nie wieder geschehen dürfe und Hossein mit dem Schwert verteidigt werden müsse.[164]

Darian diagnostiziert aber nicht nur eine schiitische, sondern eine gemein islamische Gewalt-Affinität, die in allen islamischen Ländern vorherrsche und durch die jeweiligen autoritativen Schriften legitimiert werde. Ob es nicht sehr viele Möglichkeiten gebe, als Muslim zu leben, frage ich ihn, und danach, wessen Glauben denn tatsächlich von Gewalt durchsetzt sei? Darian entgegnet:

> »Die sind die Muslime eigentlich überall, alle Muslime. Es gibt diese Gedanken bei diese Ajatollah, die diese Bücher geschrieben haben. Sie haben diese Gebotbücher. Ich weiß nicht, was das auf deutsch ist, wirklich, ich möchte auch das nicht wissen, weil ich nicht möchte mehr mit Islam zu tun haben. Aber diese Gebote von Islam haben sie geschrieben und haben sie auch genannt, dass, wenn jemand zum Beispiel so etwas macht, getötet werden muss. Die sind durch diese Leute, diese Ajatollahs oder Hojatoleslam, die sind die Mullahs, die Hohen erreicht haben – die sind durch diese Leute geschrieben und den Leuten gesagt worden, und die Leute glauben auch das. Die sind diejenige, die denken, dass die wirklich an Islam glauben und alle Gebote, alle Regeln müssen gehalten werden, dass man irgendwann mal ins Paradies gehen kann und oder so. Das sind die Gedanken, die durch diese Leute den anderen Muslimen beigebracht worden sind.«[165]

Shirin zeichnet das Bild einer unmittelbar aus schiitischer Gebetspraxis herrührenden Lust am Brachialen, die deshalb auch vor dem familiären Nahbereich keinen Halt mache. Die Allgegenwart von »Verdammen« und »Töten« belaste das Miteinander und schüre Gewaltpotentiale.

163 Wiedemann, *Der Neue Iran*, 111.

164 Diese Rolle und auch die des Antihelden werden im 20. Jh. vielfältig besetzt: Erst der Schah, später dann Sadam Husein werden als Feinde des schiitischen Irans mit dem zweiten Umayyaden-Kalifen Yazid I. identifiziert, der Hossein, den Enkel und rechtmäßige Nachfolger Mohammeds, und seine Schar einst in der Schlacht von Kerbela tötete.

165 Darian, *Interview 2017.*

> »Diese Ziayarat Aschura sagte immer: Dammt, verdammt, verdammt? […] Verdammt, wenn gegen jüdisch. Verdammt gegen christlich. Verdammt gegen andere Menschen, keine Religion hat. Nur Schia, auch verdammt Sunni. Immer und jede Donnerstag, oh my God, das war meine Katastrophe. Ich hatte jede Donnerstag einen Nachbarn, und auch mein Mann war sehr religiös. Muss alle zusammensitzen, dann immer Verdammt laut und machen das ((schlägt sich mit der Faust auf die Brust)). Sehr aktiv, sehr aggressiv muss jeden Donnerstag für alle Menschen Verdammt sagen. Nur Schia. Das ich erzähle, ich war sechzehn und siebzehn Jahre alt. Und ich habe immer gedacht: Warum muss immer sagen? Das ist negative Energie. Warum jeden Donnerstag wir müssen beten: Alle Menschen töten, nur wir leben? Verstehen, was meine ich? Muss nur alle Menschen töten, nur Schia leben, nur Schia. Und sehr aggressiv«[166].

Shirin sehnt sich nach einem anderen, friedlicheren Leben ohne Feindbilder, eine Sehnsucht, die mir gegenüber viele Iraner·innen äußern.

### b) Christ·inn·en als die besseren Iraner·innen

Shirin spricht sehr ausführlich von ihren Erfahrungen in einer gewaltvollen Ehe und davon, wie sehr sie ihr Mann beschimpft und sich schließlich von ihr getrennt habe. Obwohl sie nicht mehr zusammenleben, weigert sich Shirins einstiger Mann, sich scheiden zu lassen – er allein wäre rechtlich dazu befugt. Was sie erfahren hat, lastet sie nicht nur ihrem Mann an, sondern macht auch den (schiitischen) Islam für ihre gewaltvolle Beziehung verantwortlich. Die religiös legitimierte Privilegierung des Mannes und die von einer gewaltvollen Rhetorik geprägte schiitische (Gebets-)Literatur. In der schwierigen Situation als alleinerziehende, vollberufstätige Mutter waren es ihre armenisch-christlichen Nachbarn, die sie unterstützten. Sie erzählt:

> »Dann war ich alleine mit [Ende zwanzig] Jahre alt und [zwei Kinder]. […] Und nur arbeiten ab Frühmorgen, weil ich in der Schule gearbeitet. [… A]m Abend habe ich privat gearbeitet, zuhause, weil ich war Mieterin und muss meine Wohnung bezahlen, [zwei] Kind bezahlen und alles war bei mir. Und auch [zwei] Kinder alleine zuhause, ich muss rauskommen. Und ich hatte eine Nachbarin. Wir waren ein Gebäude. […] In der Mitte war eine christliche Familie, orthodoxe, sehr Freundin hatte ich. […] Wir haben zusammen kennengelernt und sie hat manchmal mir geholfen. Sie hat gefragt: Gehst du raus und die Kinder sind alleine? Sie kämpfen immer und ich höre, manchmal bringe ich Obst. ((weint)) Das habe ich erinnert. Entschuldigung. […] Ja, einmal hat mir gesagt: Deine Kinder waren hungrig. Und ich habe Essen gegeben. Aber ich habe gesagt: Ich habe schon gekocht. Warum Sie haben gesagt hungrig? Ich habe auf dem Herd Essen vorbereitet. Warum Sie haben gesagt, sie sind hungrig? Und sie sagte: Nein, nicht schlimm. Ich möchte nicht das sagen, ich habe ihre Kinder essen gegeben. Nur frage ich,

---

166 Shirin, *Interview 2018.* Nahdsch al-Balagha ist eine Sammlung von Predigten, Briefen und Worten des nach schiitischem Verständnis ersten rechtmäßigen Nachfolgers Mohammeds, Abū l-Ḥasan ʿAlī b. Abī Ṭālib.

warum sind Sie immer alleine zuhause? Und ich habe gesagt: Ja, ich bin alleine, und ich muss arbeiten. Aber sie haben immer Obst und Essen zuhause. [...] Ich war traurig, sie dachte, wir sind arm und wir haben kein Essen.«[167]

Zu den beschämenden und missverständlichen ersten Hilfsangeboten der Nachbarn kommen weitere Begegnungen. Aus der Nachbarschaft wird eine Freundschaft, mit der auch Shirins Christ-Werdung beginnen wird.

»[S]ie hat erzählt: [... W]ir sind Christ und wir glauben an Jesus. Und ich habe gesagt: tut mir leid, ich habe kein Glaube. Sie sind nicht Muslim? Ja, offiziell wir sind Muslim, aber ich habe keine Glauben; tut mir leid. Gott ist eine Lüge. Und sie hat schockiert, ein Muslim sagt: Gott ist Lüge. Was ist das? Und ich habe gesagt: Ja, ich glaube an Gott nicht. Deswegen sage ich. Und diese Kontakt war weiter, weiter, weiter. Dann wirklich sie und ihre Familie haben viele, viele, viele mir geholfen. Und langsam, langsam waren wir wie eine Familie zusammen. Nach dem vier oder fünf Jahre waren wir wie eine Familie. Und meine Kinder immer sagten die Frau Oma.«[168]

Die erfahrene Hilfe und der geteilte Alltag werden auch zur Begegnung mit Christlichem im Leben der Nachbarn führen. Shirin wird über die Jahre beginnen, die Bibel zu lesen und mit ihrer Nachbarin gemeinsam zu Jesus zu beten. Schließlich wird es ihre Nachbarin sein, die sie in der Wohnung tauft.

Die Sehnsucht nach einem anderen Miteinander findet diskursiv ihren Ort der Erfüllung in den real und legal existierenden iranischen Christ·inn·en der orthodoxen oder ostsyrischer Kirchen. Fast alle Schilderungen des persönlichen Weges hin zur Taufe verorten am Anfang dieses Weges die Begegnung mit iranischen Christ·inn·en orthodoxer Herkunft: Am Anfang (der Erzählung) steht – so könnte man pointiert sagen – immer ein·e Armenier·in. Armenische Christ·inn·en werden beschrieben als Inbegriff der Solidarität, was sich nicht zuletzt ökonomisch niederschlägt. Die Auffassung von christlicher Praxis als Einübung in Nächstenliebe begegnet mir in meinen Unterhaltungen als doppelte Zuschreibung: als zum positiven Vorurteil geronnene Beobachtung gruppeninterner Mildtätigkeit, aber auch als vermeintliches Selbstbild vom aller menschlichen Niedertracht barmherzig erhabenen iranisch-armenischen Christ·inn·en. Durch das Nächstenliebegebot dazu gleichermaßen angehalten wie befähigt, eine – wenn auch ethnisch klar umrissenes – bessere Gemeinschaft zu kultivieren, macht armenische Christ·inn·en zu einem Vorbild. Meine Gesprächspartner·innen berichten immer wieder von der konkreten Erfahrung dieser als genuin christlich verstandenen Zuwendung über die ethnisch-religiösen Grenzen hinweg: Ob als prägende Freundschaft in formativen Lebensphasen oder als unverhoffte Nachbarschaftshilfe gegenüber einer alleinerziehenden Mutter – Armenier·innen erscheinen gleichermaßen selbstlos wie solidarisch und damit

167 Ebd.
168 Ebd.

nicht nur als die besseren Menschen, sondern v. a. als die besseren Iraner·innen. Das Miteinander iranischer Christ·inn·en wird zudem als ein Raum beschrieben, in dem die Zwänge der schiitischen Mehrheitsgesellschaft nicht mehr gelten und keine destruktiven Effekte zeitigen können. Damit verbürgen die in Iran real existierenden Christ·inn·en die Existenz eines im Verborgenen bereits existenten guten, nicht-korrumpierten Iran. Sie werden zur positiven Projektionsfläche für eine ersehnte iranische Gesellschaft. Wenig im Blick ist, dass die Solidarität wohl auch mit der Minderheitensituation zu tun hat, ja lebensnotwendig für eine nicht gleichberechtigte ethnisch-religiöse Minderheit. Darian erinnert seine armenischen Nachbarn wie folgt:

> »[S]ie helfen einem; eigentlich sie helfen einander. Bei uns die Muslime, meine Familie – nicht meine Geschwister oder meine Mutter – meine große Familie, meine Cousine, Cousins und Onkel und so, meine Tante – die sind nicht so wie eine Familie. Die Mitglieder einer Familie ist was anderes, als wenn man im Vergleich mit den fremden Leuten spricht. Wir kennen uns, wir helfen uns, wenn einem irgendetwas passiert, dann die Familie sind die Mitglieder der Familie sind die ersten Menschen, die einem helfen. Aber bei unsere große Familie war nicht so. Jeder denkt an sich selber und möchte seine Vorteile haben. Und das ist auch in unsere Gesellschaft so.«[169]

Darian konkretisiert dieses bessere Verhalten am wirtschaftlichen Miteinander seiner gesellschaftlich ansonsten an vielen Stellen benachteiligten armenischen Freunde. Wer dazu gehört, zahlt weniger – ein Solidaritätsdienst, der unter schiitischen Iraner·inne·n kein Pendant habe, durch seine Freunde aber auch ihm zuteil wurde.

> »[B]ei uns, bei Muslimen gibt es so was nicht ja. Muss man mehr bezahlen. Das war ein ein Beispiel. Und sie waren immer zueinander nett. Ich sage nicht, dass die Muslime nicht nett zueinander sind, aber sie waren besser eigentlich; weil wir in in diese Umgebung eigentlich, in dem Viertel, wo die Armenier sind, wir haben dort gewohnt seit ungefähr fünfzehn Jahren. Überall gibt es diese Leute. Sie sprechen auch Armenisch. Und man sieht eigentlich, was der Unterschied zwischen Muslimen und Christen ist. Christen sind besser, wirklich. Im Vergleich habe ich Christentum besser als Islam gefunden. Deshalb bin ich hierher gekommen und wollte ich immer Christ werden. […] Bei uns Muslime müssen Muslime bleiben. Man hat keine Freiheit, aber sie haben diese Freiheit. Sie haben diese Regeln nicht. Und deshalb sind sie ruhiger auch. Das habe ich gemeint. Wenn sie zum Beispiel draußen einander treffen, grüßen sich und sind eigentlich besser, wirklich gemeint. Muslime sind immer so und sind immer zornig und vielleicht habe ich dieses Gefühl gehabt, weil ich viele schlechte Dinge erfahren habe. Ich habe immer etwas dagegen gesagt und automatisch sieht man diese Verhalten auch, dass jemand, der eine andere Religion hat, dann verhält sich besser gegenseitig, meine ich, in der Umgebung, in der Stadt, wenn man miteinander etwas verkauft. Wenn man etwas handelt. Man handelt und verkaufen. Das habe ich so im allgemeinen Leben, im

169 Darian, *Interview 2017.*

normalen Leben erfahren. Und wegen diese Freunde auch. Ich hatte zwei Freunde gehabt. Wir waren wirklich befreundet. Die haben auch dort gelernt, aber die sind jetzt nicht mehr in Iran. Die sind immer miteinander Ausflüge gehabt. Wir haben immer miteinander gesprochen. Und sie waren immer hilfreich. Das habe ich gemeint. Im allgemeinen Leben immer überall habe ich so was von Christen erlebt. Und deshalb habe ich das gesagt.«[170]

Die Beobachtung eines anderen (geschäftlichen) Umgangs untereinander rahmt die Vermutung, Armenier·innen seien frei, befreit von widersinnigen Regeln. Diese Freiheit gebe ihnen Ruhe. Die so gewonnene innere Ruhe ermöglicht ein besseres Miteinander ingesamt und nährt eine Sehnsucht über die armenische Gemeinschaft hinaus. Von dem besseren Umgang untereinander und miteinander weiß auch Danyal zu berichten. Armenier·innen als bessere Menschen zeichnen sich für ihn durch ihre Freundlichkeit, ihr Sprechen und ihr Verhalten aus.

»Aber die Leute, das in die Kirche waren die waren besser als unsere Nachbarn, kann man sagen. Als die Verhalten. Wegen die Sprechen, wegen die Verhalten, wegen die Kommunikation. Immer lächelich, immer ruhig. Und ich habe keine Stresse dort gehabt. Ich war Kind. Ich erinnere mich nur so paar Bilder in meiner so Kopf. Das war meine erste Erfahrung, weil ich ganz klein war. Danach in [Stadt] gibt so zu viele armenische Leute. Wir haben mit dem so eine Familie kennengelernt. Das war Nachbarn von meine Cousin. Und das war meine erste Kontakt mit den armenische Familie. Und danach wir haben nach [Stadt] umgezogen und dort hatten wir eine auch armenische Nachbarn, eine afghanische Nachbarn und auch eine armenische. Ich habe mit dem zwei Kinder, eine Afghani, eine Armeni, kennengelernt, Freundschaft gehabt und dann gespielt. Manchmal, wenn ich in dem Wohnung von diese armenische Familie war, sein Vater immer mit dem Lesen, nicht Bibel, manchmal andere Bücher, manchmal Bibel. Aber manchmal ich hab gesehen, dass die zünden Kerzen und beten, danach er hat zum Beispiel kommt zu uns, sitzt und erzählt Geschichten. Nicht etwas über die Religion, nur Geschichten. Jesus Christus war und auf dem Berg hat er gelernt, hat mit dem Volk geredet und so was. Die Hochzeit über die Wein und so was. Das erinnere ich mich. Über die Menschenheit, darüber, wie man muss leben. Zum Beispiel die zehn Gesetz, wir haben nicht das im Islam. Er hatte zum Beispiel gesagt: Leute, man muss nett sein, man muss lächelich sein, man muss helfen zu die Leute. Und wenn du mit jemandem sprichst, er akzeptiert dich nicht, du musst nicht zum Beispiel böse werden und sich nerven und etwas sagen. Du musst immer deine gute Verhaltung haben.«[171]

Der freundschaftliche Kontakt zu den armenischen Nachbarn führt auch zu einem ersten Kontakt mit biblischen Geschichten. Für Danyal wird die frühe Begegnung mit Armenier·inne·n in der Retrospektive so zum Initialmoment seiner eigenen Christ-Werdung. Für Darian ist es der Wunsch, »einen Weg« zu,

170 Ebd.
171 Danyal, *Interview 2017.*

Kontakt, Umgang mit diesen Menschen zu haben, deren Verhalten sich so zu unterscheiden scheint.

> »[I]ch habe immer diese Gedanken gehabt, weil ich immer die gesehen habe. Sie verhalten sich gegenseitig besser als die Muslime. Und wollte ich immer irgendwie einen Weg finden und mit den mit den religiösen Menschen, mit diese die Leute, die in die Kirche gehen, Kontakt aufnehmen, aber konnte ich nicht, weil das ist dort gefährlich. Für die auch. Für jemand, der Christ werden möchte, ist gefährlich und auch für die Christen, die für das Christentum auch Werbung macht, ist sehr gefährlich.«[172]

Für Shirin war der Kontakt zu iranischen Christ·inn·en einer, der – wie oben geschildert – von diesen selbst ausging. Die nachbarschaftliche Hilfsbereitschaft ist das, was Shirin im Zusammenhang der Erstbegegnung mit Christ·inn·en erinnert.

### c) Getauft in einen neuen Herrschaftsbereich

In den Erzählabschnitten und Passagen gewinnt Christliches mit armenischen Christ·inn·en die Gestalt eines ethisch-sozialen Gegenbildes zu einer als homogen gewaltvoll konstruierten zwangsislamisierten iranischen Mehrheitsgesellschaft. Christliche Solidarität wird erlebt als wirtschaftliche Fairness und die ethnischen Grenzen überwindende Fürsorge. Islam erscheint demgegenüber als Hort morbider Sehnsüchte, als Ort, an dem Militanz und Aggression eingeübt werden. Als Erfahrungsort des als islamisch-aggressiv empfundenen Miteinanders erinnern meine Gesprächspartner·innen gleicharmaßen den öffentlichen Raum wie den innerfamiliären Nahbereich. Der Widerstand gegen eine gewaltfördernde Ordnung kann in Resignation resultieren oder Atheismus (»Gott ist Lüge«). Als eine dritte Möglichkeit, die gleichermaßen Distanz zu Islamischem und umfassende Neuorientierung verheißt, erscheint die Christ-Werdung. Eine jahrelange Desintegrations- und Entfremdungsphase geht einher mit der Lektüre von Bibel und der Beschäftigung mit Christlichem. Die Taufe finalisiert den über mehrere Jahre sich vollziehenden Status- bzw. Herrschaftswechsel. Sie ist Reinigungsritual und Trennung vom Alten. Sie wird zugleich empfunden als erster Schritt der Integration in ein neues Leben, einen neuen Herrschaftsbereich. In Shirins autobiographischer Rekonstruktion liest sich das sehr konzis wie folgt:

> »[N]ach dem fünfzehn Jahre war ich wirklich, hatte ich Jesus Christus gelesen. In meinem Leben hat mir viele diese Familie gezeigt. Was ist Jesus, Shirin, du kannst du bisschen überlegen. Ja, du hattest viele gegen diese Allah und diese Gebete und diese religiös hattest du deine Mentalität geändert. Aber wirklich Gott ist Jesus Christus. Und auch Bibel haben wir viel gelesen. Sie hatten zuhause Bibel auf persisch. Sie durften, aber ich durfte nicht Bibel haben. Von ihre Bibel habe ich viel gelesen. Und dachte: Ja,

172 Darian, *Interview 2017.*

mein Gott ist, jetzt kann ich sagen, mein Gott ist Jesus und ich glaube an Jesus. Und nach dem fünfzehn Jahre die Frau, mein Freundin hat mich getauft mit eine Schüssel, habe ich kurz, erst einmal gesagt. Ich bin Christ geworden, aber privat. Ich habe immer alleine gebetet. Es war gefährlich, wenn ich mit meine Kinder gesprechen. Sie waren in die Schule, dann sagen: Ja, meine Mama hat gesagt über Jesus. Deswegen hatte ich nicht gesagt. Ich habe immer gesagt: Muss warten. wenn sie groß geworden, dann kann ich über Jesus und über meine Glaube sprechen. [...] Und ja, wir hatten gute Leben zusammen. Zusammen beten. Wir mochten immer zuhause wie eine Kirche. Die Frau – meine Kinder sagen Oma – die Oma macht immer wie eine Kirche. Und sie haben viele Sachen, nicht wie evangelische Kirche, sie haben viele Sachen, muss Kerzen, gute dekorieren. Und Bibel auf eine Holz lassen. Und sie haben Adoration und wir machten zuhause das. Immer. Manchmal sie war auch in zu Kirche gegangen, aber für uns war zuhause. Mochten wir zuhause gebetet und auf Bibel habe ich viele gelernt, nicht immer aggressiv musst du das töten. [...] Gott macht immer Liebe. Das wirklich Gott. Das ist das ist echte Gott. Nicht Allah, deswegen habe ich geglaubt an Jesus.«[173]

## 3. Ethnizistisch-diskriminative Prämissen der Christ-Werdung

»Das letzte Mal waren 1979 so viele Menschen zum Teheraner Flughafen geströmt«, schreibt Shirin Ebadi in ihrer Autobiographie ›Mein Iran‹. »Damals war Ayatollah Khomeini aus Paris gekommen. Doch dieses Mal konnte man an den vielen Kopftüchern sehen, dass die Menge hauptsächlich aus Frauen bestand. Einige trugen den schwarzen Tschador, doch die meisten Schleier leuchteten in hellen Farben, und die Gladiolen und weißen Rosen, die sie schwenkten, blitzten in der Dunkelheit der Nacht auf.« Im September 2003 hatte die Richterin und Anwältin Shirin Ebadi den Friedensnobelpreis empfangen. Als sie wenige Tage später nach Teheran zurückkehrt, begrüßen sie Tausende. In dem Meer von Gratulantinnen, Blumen auch ein Transparent mit der Aufschrift: »This is Iran. We are united for Peace & Humanity«.

»Das ist Iran« – ist ein Satz, der Iran-Reisenden häufig begegnet in Verbindung mit ungekannter Gastfreundschaft oder in unverhofften Gesprächen mit Einheimischen mitten auf der Straße. All diese Begegnungen enden mit dem gleichermaßen stolzen wie entschuldigenden Satz: »Das ist Iran. Sagen Sie es Ihren Leuten. Iran ist etwas anderes als seine Regierung.«

»Das ist Iran« – ein Satz, der auch mir in meinen Gesprächen mit Iraner·inne·n immer wieder begegnet. Iran, der echte Iran. Der Iran hinter allen falschen Darstellungen. Der Iran hinter der korrupten Oberfläche. Der Iran, der Zeit und Raum und Regime überdauert, seit Jahrtausenden besteht und auch die gegenwärtige Phase fraglicher islamisch-politischer Verquickungen überdauern wird.

173 Shirin, *Interview 2018.*

– Es geht darum, zu erweisen, was der Iran eigentlich ist. Dass der Iran mehr ist als das politische Regime der Gegenwart. Dass der Iran anders ist als seine mediale Repräsentation im Westen. Dass Iran freundlich, zuvorkommend, gebildet, tolerant und ewig ist. – Dass es so etwas wie den eigentlichen Iran hinter dem Oberflächen-Iran gibt.

Was Iran eigentlich ist, genauer, was eigentlich iranisch und damit vieles andere nicht ist, war Thema in jedem meiner Interviews. Mit der Unterscheidung iranisch / nicht-iranisch tritt ein weiteres Moment meiner Gespräche über Wege zum Christ-Sein in Iran und Taufe im Asylverfahren hervor. Ich nenne es das diskriminativ-ethnische Moment, womit eine ideologische Dimension von »Konversion« berührt ist, wie die folgenden Ausführungen verdeutlichen mögen.

### a) Iran versus Islam – Markierungen und Unterscheidungen

Die Unterscheidung iranisch / nicht-iranisch geht mit verschiedenen Äquivalenzierungen einher: Iranisch ist alles was oben unter den Stichworten Kongruenz, Evidenz der Wahrheilt, Aktualität und Originalität der Offenbarung ausgeführt wurde. Iranisch ist zoroastrisch, arisch, protestantisch. Nicht-iranisch ist alles *Arabische*, *Islamische* und – erstaunlicherweise – alles *Römisch-Katholische.*

Als nicht-iranisch wird zunächst die gegenwärtige religiös-politische Konfiguration des Iran als Islamischer Republik bezeichnet. Es sind v. a. die (vermeintlichen oder realen) Repräsentanten der Macht, die Danyal als »nicht-iranisch« gelten, wenn er sagt:

> »[D]ieses Politiker, das gleich im Iran sind, passen nicht zu dieses Leute. Die Leute sind ganz anderes und nett. Aber leider die Politiker lernen zu die Leute, die Leute müssen wie verhalten miteinander. Und es tut mir sehr leid. Ich leide mich über die Iran, kann man sagen. Über die Leute, das ist leider ist so, leider. Die lernen jetzt, die junge. Ich will nicht dieses Nettheit oder Mensch-, Freundschaftliches von dem iranige Leute weggehen. Das ist nicht gut. Kann man alles so reparieren oder alles tauschen oder etwas machen, aber das kann man nicht; das braucht vieles so Zeit. Nachdem dieses Präsident zum Beispiel dieses Khamenei weggeht und kommt eine gute Mensch, braucht zweihundert Jahre, dass die wieder gut werden die Leute, die lernen, lernen, lernen, was müssen verhalten. Das ist leider meine Leidenschaft. Deshalb. Das ist meine Leidenschaft. Leider. […] Ich will nicht dieses Vorteil, dieses gute Verhaltung von dem iranigen Leute weggehen. Die sind freundlich, die sind nett, die sind so. Aber die Politiker lernen zu die Leute, muss man anderes sein. Das ist nicht gut.«[174]

Für Darian sind es die religiösen Führer, die in scharfem Gegensatz zu »den [iranischen] Leuten« stehen. Er spricht über sein innerliches Aufbegehren gegen den von ihnen aufoktroyierten »Aberglauben«, womit er meint:

---

174 Danyal, *Interview 2018.*

»Es sind die Wörter von diese Mullahs, und die sind durch diese Bücher oder mündlich den Leuten beigebracht worden. Und den Leuten haben die gelernt und machen auch das. Die sind aber Aberglauben. Wenn man richtig daran denkt, sieht man, die sind nicht wirklich, sind nicht logisch.«[175]

Groß wie die Diskrepanz zwischen Reden und Handeln der Mullahs empfindet er auch den Abstand zwischen religiösen Autoritäten und der (iranischen) Bevölkerung:

»[D]iese Mullahs bei uns in Iran und in viele Länder auch, diese viele islamische Länder, sagen irgendetwas. Sie sagen nur das, das die Leute machen müssen; aber sie selber machen nicht. Das habe ich gemeint. Und viele Leute sind haben eigentlich diese Glauben nicht mehr. Viele möchten einen anderen Weg finden.«[176]

Scheint sich hier eine grundlegende Solidarität mit anderen islamisch »Beherrschten« auszusprechen, so gilt Darian und anderen gerade das nicht mit dem Iran Vereinbare als arabisch und damit als diskreditiert. In diesem Zusammenhang erwähnen viele das außenpolitische Engagement des Iran in Syrien, Libanon, Irak, Palästina und machen es – neben den internationalen Sanktionen – für die anhaltende wirtschaftliche Krise des Landes verantwortlich. Das Wissen um die geopolitische Doktrin des schiitischen Halbmondes als iranischer Einflusssphäre verbindet sich hier mit einer Wahrnehmung, dass iranischer Reichtum an vielen Orten wirksam wird, nur nicht in Iran und für Iraner·innen selbst.

Zuvorderst trifft das Stigma »arabisch« aber Islam. Ein solchermaßen als arabisch gebrandmarkter und damit xenifizierter Islam wird als aufgezwungen und nicht aus freien Stücken angenommen, als fremd wahrgenommen. Shirin erinnert sich an Erfahrungen mit der arabischen Sprache:

»Muss auch Arabisch lernen die Kinder [...] und die Kinder hassen Arabisch, aber sie müssen lernen. Über Qur'ān sie müssen auch Studenten müssen diese Fächer lernen. [...] Das ist [...] Zwang. Muss. Wenn ich sage: Du musst diese Wasser trinken, magst du nicht. Du musst selber entscheiden: ich möchte gerne Englisch lernen, ich möchte gerne Französisch lernen, nicht nur: Musst du Arabisch lernen. Ja. Dann sie mag sie mögen nicht. Mit Zwangs muss lernen. Und immer sagen die Kinder – besonderes Mittelzwischen Grundschule und Abitur – sagen immer: Wir haben hässliche Arabischlehrerin. Arabischlehrerin ist immer hässlich. Deswegen hatte ich viele gespielt mit die Kinder. Nur halbe Stunde lernen und alles andere Zeit habe ich gespielt mit die Kinder.«[177]

Das Arabische macht in meinen Gesprächen auch den Koran zum nicht-iranischen Buch, und islamische Gebete erscheinen als etwas Fremdes. Wegen der

175 Darian, *Interview 2017.*
176 Ebd.
177 Shirin, *Interview 2018.*

Fremdsprachigkeit der Heiligen Texte im Allgemeinen wisse keiner, was wirklich darin zu lesen sei und um was darin es wirklich gehe. Amir macht daraus einen grundsätzlichen Vorwurf daraus:

»[I]n Islam I have and right now I don't have, and maybe so much people who came from the Islam to the Christian, have is that we are praying in that word we don't know what that mean, in the arabisch word. What's when we talk about the Bible, I read that in my language and you also in your language.«[178]

Interessanterweise wird das Arabische in meinen Gesprächen mit iranischen Christ·inn·en wegen der Fremdsprachigkeit nun ausgerechnet mit Katholischem identifiziert. In diesem Sinne sagt Amir:

»I know in so many years ago, in your country, in Germany, I think, you read that in Latin, yes? But you know that should be changed. But we don't know what that talking about what, when we are praying, what we want from the God. Maybe we want to tell us what when we sings that praying in Arabisch, how we can know what that mean. And a person a speech to us from the arabisch words. And you know, the arabisch words have a translation, but that's right in Arabish.«[179]

Aber nicht nur die Arabisch-Sprachigkeit des Korans und der Gebetspraxis sind negativ konnotiert. Auch die schiitische Hierarchie mit ihren für den Laien unüberschaubaren Vielfalt an Funktionsbezeichnungen und die Verquickung von geistlich-theologischen Institutionen und wirtschaftlichen Unternehmungen zieht den analogisierenden Vorwurf nach sich, im Grunde römisch-katholisch zu sein. In diesem Zusammenhang dient dann das Thema Ablass zur Äquivalenzierung von islamisch und katholisch – oben war in Hinblick auf die Verknüpfung von alltäglichen Erfahrungen und sozial-ethischen Projektionen bereits davon die Rede. Als institutionalisiertes Unrecht und gerade darin vergleichbar mit katholischer Praxis führt Amir die oben bereits erwähnte Zeit-Ehe an.[180]

Sowohl Amir als auch Darian beziehen sich für die Gleichsetzung von islamisch und katholisch auch auf die Verehrungs- und Vergebungspraxis an den Imam-Gräbern.[181] Hier werde Glaube materialistisch missverstanden und das

178 Amir, *Interview 2017.*

179 Amir, *Interview 2017.*

180 »[A friend] says to me: You know, the Catholic Church? And I says: Yes, I know the Catholic Church. And he told me: So, you can buy a paper from the Catholic Church and do what sin you want. And I says: Yes, you have something like that in Islam that you say something in Arabisch and the woman is for you. This is not married, you know. That's name is ›sighe‹ and I don't know the English word. I think that's not have any word. That's mean, you can have this woman for one hour or three hour or two days or one week. After one hour you are forbidden to touch that woman. And he told me: The Catholic people have a paper that they buy and they do something like that. This is the same, he told. Yes, but I don't believe to the Catholic Church. I believe to the Protestant. And the Protestant, the Martin Luther came to change that problem. But who came to change your problem?« (Amir, *Interview 2017.*)

181 S. o. B.V.1.cc.

Missverständnis von den Herrschenden wirtschaftlich ausgenutzt. Darian identifiziert v.a. die solchen Missbrauch begünstigende Frömmigkeit als latent katholisch: Er schildert ein Erlebnis am Rande eines Gottesdienstes in Italien, um zu untermauern, warum er protestantischer Christ geworden sei und nicht römisch-katholischer. Attribute wie abergläubisch und materiell, mit denen er die Verehrung der Imame beschrieben hatte, verwendet er nun zur Beschreibung einer römisch-katholisch-italienischen Frömmigkeit, die ihm missfällt. Die Gleichsetzung wird bei ihm explizit, wenn er sagt:

»Warum bist du nicht katholisch geworden? Ich habe gesagt: Ja, ich habe auch meine Gründe. Vor sieben Jahren war ich in Italien. Dort sind alle Katholiken. Das wissen Sie auch. An einem Sonntag mit meinem Freund waren wir auf einer Straße, die heißt Garibaldi in Turin. Und dort an Abend, am Nachmittag war. Und ich habe die Leute gesehen, die von der Kirche rauskamen. Dann habe ich gesehen, dass die Leute, die rauskommen, die fassen diese Figuren von Jesus Christus, von auch von Maria, die fassen die an, und dann machen so an Ihre Gesichter oder Körper. Das gibt es auch bei Muslimen auch, bei Schiiten. Wenn die zu zum Grab von Imamen gehen, die machen so und dann gehen. Die glauben, dass sie gesegnet worden sind. Aber das habe ich dort Aberglauben gefunden in Italien, bei Katholiken. Das ist ein Stein, eine Figur, ein Buch oder das ist etwas Materiales. Das hat mit diese Sache nichts zu tun. Wenn man selber so was macht, das hat keine Wirkung eigentlich. Ich weiß nicht, wenn jemand so macht, finde ich das Aberglauben. Und dann habe ich gesagt, weil ich auch einmal in bei der Katholischen Kirche hier in [Ort]. Die Katholischen waren bei jedem Bild von Maria und Jesus Christus und haben so gebetet. Aber das ist Bild. Das, woran man glaubt, Jesus, Gott, ist was anderes, was sehr Großes als ein Bild oder ein Figur oder ein Statue. Das muss man nicht. Das ist wie Götter beten. Und das habe ich auch bei meinem Interview gesagt. Und deshalb die evangelische Kirche habe ich wirklich besser gefunden als katholische Kirche.«[182]

Dass Iran mehr ist als Islam, sagt Milad. Erst in Deutschland habe er ein versöhntes Verhältnis zum Islam gewonnen. Mit der Regimekritik müsse man nicht den Islam abspalten. Dass er Muslim sei, habe er, der sein Muslimisch-Sein nie aufgegeben habe, sich aber anfangs gar nicht getraut zu sagen und sich deshalb lieber nicht als Iraner bezeichnet.

»Früher war das schon so, als ich neu hier war, wollte ich eigentlich gar nicht erkannt werden, dass ich Iraner bin. Wollte gar nicht wahrgenommen werden, dass ich Moslem bin. Und diese ganzen Sachen wollte ich eigentlich immer verstecken, meine Identität. Ich war froh, wenn man mich für einen Spanier hielt und so. Und das hat sich ganz geändert, also verändert. Und ich sage auch, dass auch der Islam zu Iran gehört. Genau so viele Jahre ist das jetzt da so geblieben, den kann man nicht wegwischen und sagen: Okay. Wir sind schon geprägt, aber wir sind auch geprägt auch von Zarathustra. Ich glaube auch, viele Fest und bezieht sich darauf. Auch ganze Menge Literatur bezieht sich

182 Darian, *Interview 2017.*

auf der andere Zeit. Aber Islam ist auch eine Periode wieder in in der langen Geschichte des Irans. Daher hat seine Berechtigung. Also man muss nicht einen Teil von sich abspalten und sagen: Irgendwie will ich damit nicht mehr zu tun haben.«[183]

Deutlicher und kompromissloser sind diesbezüglich viele der christlichen Iraner·innen, mit denen ich spreche. In Gesprächen betonen sie immer wieder, dass Iran nicht nur *mehr*, sondern auch *anderes* als Islam sei. Der Weg zum Christentum führt für viele vom Herkunftsislam über eine völlige Entfremdung davon in ein Stadium, in dem sie sagen, sie seien keine Muslim·inn·e·n mehr, wenn sie überhaupt jemals Muslim·inn·e·n gewesen seien, da sie sich ja nie dafür entschieden haben. Shirin beschreibt ihre Entfremdung vom Islam als eng verknüpft mit der von ihrem Mann. Dass Gott Lüge sei und sie Atheistin, stand irgendwann fest. Mit einem Freund, der Bahai ist, habe sie oft darüber gestritten.

»Warum muss alle Menschen Tod wünschen? Wir wünschen immer Tod für andere Menschen, nur Schia. Und das macht mein Kopf kaputt. Und ich hatte immer Probleme auch mit meinem Mann. Meine Mann war sehr religiöse und sagte immer: Du musst für meine Freund kommen hier, musst du kochen und Teekochen und verbreiten. Wir müssen zusammen diese Gebete. Und laut, sehr laut. Bis bis ein Uhr, zwei Uhr Nacht muss beten wir, dann Gott kommt und uns helfen. […]
Ich sagte immer: Gott ist Lüge; Gott ist Spiele von Menschen. Ich ich bin Atheist und keine Gott. War ich. Und hatte ich auch eine Freund. Er war Bahai. […] Er war Pilot in Iran. Er hat gearbeitet. Aber nach dem Revolution alle Bahai muss weg und töten, in Tabriz sind viele gestorben. […] Und er sagte immer: Nein, Shirin, Gott nicht Lüge. Deine Religion ist Lüge. Und er hat auch erzählt: Nein, du lügst auch. Nein, ich glaube nicht. Nie, nie, Gott ist Lüge.«[184]

Dass er kein Muslim mehr sein mochte, sagt auch Darian, und, dass die Mehrheit der Iraner das ebenso in dem Maße nicht wolle, wie sie das Regime ablehnten. Darian identifiziert eine enorme Dunkelziffer von Iraner·inne·n, die eigentlich keine Muslim·inn·e·n mehr seien, aber sich dazu nicht ohne Weiteres offen bekennen wollten oder könnten.

»[S]echzig oder siebzig Prozent von den Leuten sind dagegen. Aber sie können nichts tun. Sie haben keine Macht, sie haben keinen Führer. Sie haben keine Organisation; es gibt keine Organisation, das sie zusammenbringen kann oder die Gedanken oder sie informieren kann. Und deshalb muss man noch warten. Aber damals, als unsere Revolution passiert ist, war die Welt irgendwie anderes. Jetzt man hat immer diese Verbindung durch diese Apps, Internet und so was. Und man wird schneller informiert, man kann nicht etwas heimlich halten und deshalb denke ich, es dauert nicht so lange, aber vielleicht wissen wir nicht. Niemand weiß das, aber vielleicht fünf Jahre, zehn Jahre. Wenn neue Generation kommt, dann möchten auch [dass sich etwas ändert.] Aber mal sehen. Wir hoffen. Wir hoffen, dass es sich ändert in unserem Land. Es gibt

183 Milad, *Interview 2018.*
184 Shirin, *Interview 2018.*

auch in vielen Ländern auch, aber bei uns ist stärker. Zum Beispiel die in Afghanistan auch, die Ländern. In Pakistan auch, Saudi Arabia. Aber sie möchten auch Muslim bleiben. Aber bei uns siebzig Prozent möchten nicht mehr Muslim sein, weil sie haben nichts gesehen. Sie haben immer was Schlechtes erfahren. Und die Wahrheit ist nicht da.«[185]

»Nicht wirklich Muslim« zu sein, sagt auch Amir über sein Leben vor der Taufe, und begründet dieses Urteil damit – für Danyal ließe sich Ähnliches berichten –, dass er sich nie für sein Muslimisch-Sein habe entscheiden können. Die Profilierung von Christ-Werdung als selbstbestimmte Entscheidung kam bereits oben in den Blick; hier sei noch einmal auf die Konsequenz der Nicht-Entscheidbarkeit hingewiesen, nämlich eigentlich gar kein Muslim·in zu sein.

### b) Es war einmal Iran

Nach den Unterscheidungen und Markierungen als nicht (wirklich, echt) iranisch bzw. nicht zu Iran und den Iranern passend stellt sich die Frage, wie sich Iran über sein eigentlich nicht-muslimisch Sein hinaus positiv bestimmen lässt.

Was Iran eigentlich ist, werde – so Danyal – sichtbar als Zusammengehörigkeit und Zusammenhalt in der Not. Er bezieht sich dabei auf die Erfahrungen während des Iran-Irak-Krieges (1980–88). In diesen Jahren hätten sich ganz unterschiedliche ethnische Gruppen im Kampf gegen den Irak als Iraner·innen, nicht als Muslim·inn·e·n, vereint gewusst.

»Iran ist für mich eine Land, meine Heimat. Aber Schia für zum Beispiel letzte so tausend Jahr. Nein. Wir waren Muslim. Ok, Islam. Jetzt 98 Prozent von Iran sind Muslim und 97 Prozent sind Schia. Ein Prozent Sunni, ein Prozent zum Beispiel Christ, ein Prozent anders Religion. Aber, wenn Iran ist, das ist Iran. Jetzt Deutschland ganz unterschiedlich ist für dich wegen die zum Beispiel Religion. Wenn Deutschland eine Krieg bekommt, muss kriegen. Die alle Religionen sind zusammen, weil jetzt ist Deutschland, jetzt ist nicht Christ oder die zum Beispiel. Jetzt ist zwischen Tod und life. Jetzt ist nicht zwischen Islam und Christ. Im Krieg damals mit dem Irak wir hätten christliche Leute auch in diesem Krieg, dass die für die Iran gekämpft haben, weil die waren Iran. Weil zum Beispiel, wenn ich Christ bin, meine Mama wohnt hier, meine Mama lebt hier, wenn die Soldat kommen, wir sagen nicht: Die zum Beispiel wollen etwas Schlimmes machen. Nein, nur einfach töten. Wenn du zu diese auch denkst: Das ist Iran. Aber für die Schia das ist nicht dieses Ideologie. Schia hatte eine Ideologe möchte das haben und die andere zum Beispiel im Parlament andere Religion haben, nur ein Person im Parlament. […] Manchmal passiert so Probleme zwischen zwei Länder und damals das war Irak ist auch zweite große schiitische so Land. Nach dem Iran, ich denke. Zwei schiiges Land haben zusammen gekämpft. Aber christliche Leute waren auch mit und Leute und andere Religionen waren jetzt Iran und Irak. Und

185 Darian, *Interview 2017.*

> Saddam war eine idiotiges so Mann, hatte vieles so, mit dem Senfgas [...] und wenn wenn die Leute auch in dem Fernseher sehen, dass die Leute so sterben. Der sagt: Nächste Rakete vielleicht ist auf dem meine Wohnung. Das war dort anderes Sache.«[186]

Iran ist das über religiöse Grenzen hinweg Einheitsstiftende. Iran ist das, was in der Not Halt zu geben vermochte. Um mir den eigentlichen Iran zu erklären, holen viele derer, mit denen ich sprach, aber noch weiter aus. Shirin hatte erklärt – wir lasen bereits davon –:

> »Iran hatte damals ein besondere Religion, zartusht. Kennen Sie? Zartuscht. Bei Osmanien, bei Osmanien war alles kaputt in Iran und sie haben keine Entscheidung, sie müssen Islam nehmen. Das war wie ein Diktatur, Omar, in Iran und hat alle Bücher gebranntet. Wir hatten keine Entscheidung, muss nur Islam nehmen. Dann war lange, lange, lange, lange Jahr, bis Safawiyye. Safawiyye war auch eine Könige, eine große Familie Königen in Iran. sie haben Schia gebaut. Und sagen immer: Du musst auch Qur'ān lesen und auch dazu Nahdsch al-Balāgha. Nahdsch al-Balāgha ist ein Buch, hat auch Safawiyye gebaut von Ali.«[187]

Iran besteht, Religion vergeht. Erst mit den Safawiden kommt die Schia. Wenn mit der Institutionalisierung der Schia unter den Safawiden auch das beginnt, was den eigentlich Iran gegenwärtig verdeckt, verhilft sich der eigentliche Iran doch immer wieder zum Ausdruck. Die nah zurückliegende Repräsentation des guten alten Irans ist für viele regime- und islamkritische Iraner·innen aus der Mittelschicht der letzte Schah. Der Schah wird präsentiert als die modernisierte Version des reichen, international geachteten Iran. Danyal erzählt:

> »Ich hab von meine Großeltern, Großvater gehört – die sind schon gestorben –, er hatte mir erzählt: Alle sagen so, alle ältiges Leute: Damals wir hatten schönes Land, schönes Gesetz, schönes alles. Schah-Zeit damals. Schah-Zeit. Wir waren reiche Land und so was. Aber jetzt ist islamiges Gesetz. Ich will nicht dieses Wort benutzen. Entschuldigung. Die Leute hassen. Aber ich will jetzt sagen: mögen nicht dieses Gesetz. Wenn die Gesetz nicht, auch die Religion nicht, weil die beides ist gleich. Die sind müde, die suchen Weg.«[188]

Politische Verfolgung gab es auch unter dem Schah, wende ich in unterschiedlichen Gesprächen ein. Tausende wurden in den Kerkern des Geheimdienstes SAVAK zu Tode gefoltert. – Der Schah sei immer noch besser als das gegenwärtige Regime, sagt Darian, weil dieser nie behauptet habe, religiös oder moralisch-integer zu sein.

> »Schah war auch nicht sehr schlecht. Aber ich kann sagen auch, dass alles war nicht gut, alles war nicht schlecht. Aber die Zeit von Schah war sehr viel besser als jetzige Zeit; als jetzige Regierung. Weil Schah hat nicht behauptet, dass er ein religiöser Mann oder so

186 Danyal, *Interview 2017.*
187 Shirin, *Interview 2018.*
188 Danyal, *Interview 2017.*

was ist. Aber die glauben das; sie glauben, dass sie religiös sind, dass sie das Richtige sagen und machen sie selber was anderes. Dann verliert man seine Glauben. Das ist der Grund eigentlich, dass viele nicht mehr daran glauben. Viele sagen, dass sie Atheist sind, obwohl die in einer muslimischen Familie geboren werden, obwohl sie Muslim sind, obwohl sie vorher gebetet haben, alle Regeln gehalten haben; aber jetzt viele sagen, dass sie an nichts glauben. Weil sie immer was anderes gehört haben oder erfahren haben. Und die Regierung unterstützt auch so was. Gibt Geld aus, dass sie dabei bleiben. Das ist von der Tasche der Leute, von dem Budget wird so viel Geld ausgegeben, dass sie dabei bleiben.«[189]

Die Zeit unter dem Schah und das jetzige politische Regime trennen nach diesem Verständnis Welten. Vor dem Hintergrund der geschilderten Erfahrungen erscheint die Vertreibung des Schahs als unverzeihlicher Fehler. So beschreibt es Danyal. Wann wird sich etwas ändern im Iran, frage ich ihn, worauf hin er antwortet:

»Ich sehe es nicht in meine Leben. Vielleicht meine Kind, vielleicht. Unser Land, unser Eltern, sie schämen sich. Weil die haben dieses König rausgeschuppst oder geworfen, die Khomeini eingeladen. Jeder sieht. Circa fünfzigjährige Leute, Senioren denken, die sind schuldig. Die haben dieses Fehler gemacht. Wir denken nicht so, weil Geschichte passiert eigentlich. Die sind nicht schuldig. Das war die Ideologie in dieses Zeit. Aber die jetzt die zurzeitiges Junge, die denken anderes.«[190]

### c) Echte Iraner für den echten Iran

Nach einem Taufvorbereitungsseminar bedeutet mir ein Teilnehmer, näherzutreten, weil er mir etwas auf seinem Mobiltelefon zeigen möchte. Gespannt komme ich zu ihm und starre auf sein Display. Auf dunklem Untergrund leuchtet mir in grellen Buchstaben entgegen: »Arische Rasse«. »Ich bin arisch«, sagt er mir, und in seinen Augen strahlt mir eine Mischung aus Stolz und Erwartung entgegen. »Arisch, ist schwierig«, denke ich, weiß aber nicht, wie ich das sagen soll. Nazis, Blut- und Bodenideologie schießen mir durch den Kopf. Was meint er damit, arisch zu sein? Er sei ein echter Iraner, ein Arier. Iran sei das Land der Arier. Schon immer.

Iran als Erinnerung imperialer Größe begegnet mir in vielen Gesprächen und allerlei Formen.[191] Nicht nur als Bildnachricht, sondern auch als Tätowierung, als Kette mit Faravahar, dem populärzoroastrischen Flügelmann. Anfang 2018 spreche ich mit Keyvan über die Proteste im Land, die sich um die Jahreswende herum an den anhaltenden wirtschaftlichen Problemen und der steigenden

189 Darian, *Interview 2017.*

190 Danyal, *Interview 2017.*

191 Charlotte Wiedemann spricht treffend vom »imperialen Syndrom« (*Der Neue Iran*, 206–232).

Armut entzündeten. Keyvan spricht hervorragend deutsch. Bereits wenige Wochen nach seiner Ankunft in Deutschland fand er eine Arbeitsstelle als Handwerker. Er ist aus dem Iran geflohen, nachdem er politisch mehrfach angeeckt ist und seine kleine Schnapsbrennerei von Angehörigen verraten worden war. Seitdem er in Deutschland ist, engagiert sich für andere Asylsuchende aus Iran und Afghanistan. Im Laufe unseres Gesprächs kommt er wie des Öfteren auf die »anderen« Iraner zu sprechen und bekundet seinen Unmut darüber, dass er arbeite und viele sich mit der Unterstützung durch das »Job-Center« begnügen. Sie seien schließlich gesund und könnten arbeiten. Wieso tun sie das nicht, fragt er, und es platzt aus ihm heraus:

> »Ich hasse die. Die machen Iran kaputt. Lüge zerstört das Land. Ich und [Name] und [Name] und [Name], wir sind echte Iraner. Wir haben wirklich gelitten. Wir können nicht zurück. Wir haben Asyl verdient. Wir sind Arier, echte Arier. Aber sie, sie haben Iran nicht im Herzen. Iran hat vieles, Araber, Türken – die sind nicht dasselbe Blut, verstehst du? Die haben noch nie ein Gefängnis von innen gesehen. Sie wissen nicht, wovon sie sprechen.«[192]

Er führt mir seinen ausgerenkten Kiefer vor, zeigt mir seine im Gefängnis ausgeschlagenen Zähne, die vernarbten Peitschenhiebe auf seinem Rücken. Über Iraner·innen, die in Deutschland um Asyl ersuchen, sagt er:

> »Die sprechen bei der Rückkehr das Glaubensbekenntnis in der Anwesenheit des Mullahs und dann dürfen sie wieder rein. Nichts wird ihnen passieren. Aber ich kann nicht zurück. Wenn ich könnte, ich würde sofort zurückgehen. Ich schwöre das.
> Ich sage ihnen ständig, [Name] und [Name] und [Name]: Du kannst arbeiten. Du bist jung. – Und sie sagen: Ich bin doch nicht blöd. Du bist blöd, Keyvan. Warum arbeitest du?«[193]

Wir kommen auch auf sein Christ-Sein zu sprechen. Keyvan erzählt mir, dass er alles gelesen und miteinander verglichen habe: Bibel und Koran, die Gathas und die Tora. Was sich gleicht, aber später entstanden ist, könne nicht original sein; was sich schon in Zarathustras Überlieferung findet, nicht christlich. Iran ist Original. Die anderen haben abgeschrieben. Mitten in unserem Gespräch beginnt Keyvan schlagartig Hafis zu rezitieren, drei kurze Gedichte. Als ich ihn nach einer Übersetzung frage, kalligraphiert er die Verse kunstvoll-behänd in mein Notizbuch.

Der gute alte Iran lebt in der Literatur und der Poesie, im Reservat des – Zeit und Raum enthobenen – Schönen. Iran begegnet hier als transhistorische Größe, die nicht nur gegen das Regime, sondern auch untereinander in Anschlag ge-

192 Keyvan, *Gespräch 2018*, Erinnerungsprotokoll.
193 Ebd.

bracht wird. Iran ist eine Funktion in einem iranischen Widerstandsdiskurs und Ausdruck der Bemühungen, seinen Ort im Exil zu bestimmen.

Der echte Iran wird artikuliert als imperiale Nostalgie. Um diesen eigentlichen Iran sprechen zu können, braucht es auch die anderen, die nicht-richtigen, -eigentlichen, -ursprünglichen Iraner·innen. In der Begegnung mit Keyvan verdichtet sich das auf eindrückliche Art und Weise.

Die Erfahrung, dass der hier als ethnizistisch-diskriminativ erfasste Gesprächsfaden, leicht eine rassistisch-chauvinistische Schlagseite bekommt, machen viele Taufende, mit denen ich gesprochen habe. »Wenn ich Geschichten mit ihnen lese, in denen Kyros und Darius vorkommen, sind wir gut im Gespräch«, berichtet mir ein Taufender. Ein Pfarrer erzählt mir von einer Gemeindefahrt mit den iranischen Taufbewerber·inne·n und seiner Irritation ob der Dynamiken: »Die dachten, dass sie mir jetzt mal ein ganzes Wochenende lang erzählen können, wie schön Iran eigentlich ist. Die dachten, wir fahren weg, damit die mir beibringen können, was Iran ist.« Eine Pfarrerin vergleicht den »Islam-Hass« ihrer iranischen Taufbewerber mit »AfD-Positionen«.

## 4. Soteriologisch-seelsorgliche Effekte der Christ-Werdung

Ein weiteres Moment des Redens über den Weg zur Taufe lässt sich in die Wendung »soteriologisch-seelsorglich« heben und erfasst eine sehr spezifische theologische Dimension. Die Christ-Werdung erscheint als Antwort auf die Frage nach Erlösung; es handelt sich dabei auch um ein affektives Moment. Zur Darstellung gebracht wird einerseits die soteriologische[194] Hoffnung; andererseits werden die Effekte des Christ-Werdens benannt. Kontrastierend wird in den Schilderungen dem Islam der Regeln und Gewalt ein Christentum der Freiheit und v. a. der Ruhe gegenübergestellt.

### a) Heilsame Freiheit von der allgegenwärtigen Gewalt

Shirin hatte die Gebetstreffen ihres Mannes als dominiert von der Verdammung der Feinde des Islams geschildert. Die vorherrschende Atmosphäre der Gewalt sei »ihre Katastrophe« gewesen. Die Bibel habe sie demgegenüber gelehrt, »Liebe zu haben« anstatt das Töten zu beschwören und Aggression zu fördern.

Darian sprach mit vergleichbarer Wut über das religiöse Establishment Irans. Von den Iraner·inne·n in Iran glaubt er berichten zu können: »Viele möchten

194 Soteriologie fragt nach der Verbindung zwischen Zu-Erlösendem und Erlöser. Christlich-dogmatisch wird das Vermittlungsgeschehen zwischen gefallenem Menschen und Jesus Christus mithilfe von Glaube und Rechtfertigung gefasst und entfaltet.

einen anderen Weg finden.«[195] Die Suche nach einem anderen Weg führt Iraner·innen in die Begegnung mit Christlichem. Milad beschreibt das, was sie durch ihre Hinwendung zum Christentum fänden als »heilsam«.

> »[Ich habe gesehen], dass viele Leute, die jetzt hierher gekommen sind, richtig enttäuscht sind von der Glaube, die diese vorher hatten und noch irgendwas Neues suchen. Und da haben sich erstmal Christentum angewandt [...] Wenn man von der Härte genug hat, diese Härte, die eine Religion ausüben kann, dann sind christliche Werte schon was sehr Heilsames. Und es geht um Versöhnung, es geht um Vergebung, es geht um die Liebe, Nächstenliebe. Und das sind so die Werte, die man eigentlich sich danach gesehnt hat. Und ich glaube, das ist deswegen, weil die mit diesem Unterdrückung kommen und dann dieses Gewalt mit dem: Wenn du das nicht machst, dann bestraft dich Gott da und dann bestraft dich da und dann gibt's dann Fegefeuer und da gibt's was weiß ich dann alles. Also alles ja, diese apokalyptische Perspektiven, eigentlich hat man irgendwann dann genug, stellt man auch Fragen: Das kann ja nicht sein. Das ist nur alles um Bestrafen und Tod geht. Und da ist die die Antwort der Christentum in dem Falle, aber auch zu dem Wert eine Individuum. Ich habe gesagt, das ist eigentlich in die östlich Länder weniger die Individuum sein Wert hat. Und wo du als Einzelmensch auch was bewirken kannst, als Einzelmensch auch ein Göttliches in dir trägst, und musst du nicht die Göttlichkeit anderen verschenken und sagen: Der hat das und der hat das und ich, was soll ich sagen? Sondern da siehst du: Okay, das kannst du auch. Und, ich glaube, das sind dann die Gründe, warum viele jetzt übergehen zum Christentum. Irgendwann muss man sowieso für sich das übersetzen. Man muss selber sich diese Wert geben, das göttliche Funke in sich auch erkennen. Man muss selbst verzeihen können. Man muss selbst lieben können. Das ist beim Leben dann lernen. Das ist nicht nur eine Religion, die dir geben kann, sondern du musst dich selber dahin durchkämpfen.«[196]

Milad nimmt bei den Iraner·inne·n, die in den letzten Jahren das Land verlassen haben, eine enorme Angst vor dem eigenen Ende wahr. Er spricht von der permanenten Angst, bei Regelübertritten mit dem »Fegefeuer« bedroht zu werden und von dem Wunsch, sich von eben diesem Denken zu emanzipieren. Er benennt damit etwas, was mir in vielen meiner Gespräche begegnet.

Christentum entwirft er als Durchgangsstadium in einem umfassenderen Reifungsprozess, der bestenfalls dazu führe, sich selber verzeihen und sich selber lieben zu können. Iraner·innen suchen Versöhnung, Vergebung, Liebe. Keine Religion könne das soteriologische Bedürfnis befriedigen; jeder müsse zur Einsicht finden, selber für seine Selbstliebe und sein Kompetenzbewusstsein verantwortlich zu sein. Jeder müsse »den göttlichen Funken« in sich entdecken.

195 Darian, *Interview 2017*.
196 Milad, *Interview 2018*.

### b) Christ-Werden gegen die Furcht vor dem Ende

Als ich Darian frage, was er als Getaufter hinter sich lässt, sagt er: Den Aberglauben, den kleinsten alltäglichen oder ritualbezogenen Regelbruch als Tatsünde zu verstehen, die eine Höllen-Strafe nach sich zieht.

> »Du musst das machen, du musst das machen, die Regeln zum Beispiel. Fünfmal pro Tag muss man beten. Zum Beispiel, sie hat immer gesagt: Wenn du nicht betest, du hast Sünde gemacht. Ist das so? Wenn man nicht betet, hat man Sünde gemacht? Wenn ich nicht bete, dann habe ich meine Bücher gelesen, habe ich was Gutes gemacht, habe ich jemandem geholfen, war ich auf der Straße, war ich irgendwo anders. War ich nicht zu Hause oder nicht in der Moschee. Aber ich habe nicht Sünde gemacht. Sünde machen, das glauben so. […] Wenn ich die irgendetwas beim Beten falsch sage, dann wird nicht akzeptiert durch den Gott. Aber das ist nicht so. Vielleicht kann ich nicht richtig das aussprechen. Vielleicht jemand hat Probleme beim Sprechen. Und kann diese arabische Buchstabe nicht richtig ausreden, dann ist eine Sünde? Weiß nicht. – Diese komische Gedanken eigentlich, von die bin ich geflohen. Ich wollte nicht mehr an solche Dinge glauben, die immer uns beigebracht worden sind und wir müssen auch die machen. Aber die waren auch Aberglaube. Viele diese Dinge sind keine Glaube, sie sind Aberglaube: Du musst das machen, das machen. Es sind die Wörter von diese Mullahs, und die sind durch diese Bücher oder mündlich den Leuten beigebracht worden. Und den Leuten haben die gelernt und machen auch das. Die sind aber Aberglauben. Wenn man richtig daran denkt, sieht man, die sind nicht wirklich, sind nicht logisch. […] Die sagen: Wenn du nicht betest, dann musst du in die Hölle gehen. Aber das hat mit dem Glauben an Gott, diese Gedanken nichts zu tun, denke ich. Gott ist nicht so zornig, dass wenn wir nicht beten, dann müssen wir in die Hölle gehen. Die sagen so. Deshalb ich habe mich mit diese Gedanken verabschiedet und wollte ein neues Leben anfangen. Deshalb habe ich gesagt, das war ein neuer Anfang für mich […]«[197]

Sich von diesem eine permanente Angst induzierenden »Aberglauben« gelöst zu haben, macht für ihn die Christ-Werdung zu einer Zäsur, zu einem neuen Anfang.

Die Angst um sein eigenes Ende beschäftigt auch Amir. In diesem Zusammenhang wird für ihn das Schicksal derer zur Frage, die in der »falschen Entscheidung« leben, ohne je die Möglichkeit gehabt zu haben, sich anderes zu entscheiden. Was geschieht mit den »Sündern«, fragt er sich und fragte es auch einen iranischen MitChrist·inn·en.

> »The sinner people wake up too […] He says: Not wake up that mean they are near you and something like that. They are in asleep. And, you know, that place. And they have a shame on another way of life, because they don't believe to the Jesus Christ. I read that in a Bible, too. Maybe I don't explain that so right, but that says: The sinner peoples live with shame, and the people who believe to the Jesus Christ live with the peace, happiness. And, another point: I so much search about that was: Jesus Christ came at the one time. […] The people before Jesus Christ, how should know about the Jesus. Because

197 Darian, Interview 2017.

they don't know Jesus came. And he says: No, they know, because the prophet says that good news that Jesus came. And after that so we can believe or not believe, after the Jesus. This is our way. [...] I ask what about the person who have no law, who have no prophet, and they don't know that Jesus came. And he says to me: In the Bibel write the person who have no law, who have no writing that or have no prophet that Jesus came. Then they are good person, you know. And they are good person in that situation and that state they live. They have infinitive life, too. And yes, this is my big question about that and something others I read by myself. And I can solve that myself.«[198]

Amir entwickelt im Gespräch mit einem bibelkundigen Freund eine Deutung von postmortaler Verdammnis als Leben in Scham. Die Verheißung ewigen Lebens hatte während und nach seiner Krankheit sein Interesse an Christlichem geweckt. Er lässt sich biblisch davon überzeugen, dass auch diejenigen, die Jesus nicht kennen konnten, weil sie vor ihm lebten oder nie von ihm hätten hören können, »infinite life« haben. Sicherheit, nicht nur darüber, *was* nach dem Tod geschehe, sondern Sicherheit, *dass* ihm nach dem Tod nichts Schlimmes widerfahre, leitet seine Beschäftigung mit Bibel, Jesus, Christentum.

Die Furcht vor jenseitiger Bestrafung, vermuten Milad und Darian, werde von iranisch-schiitischen Geistlichen nicht theologisch bearbeitet, sondern – im Gegenteil – gezielt geschürt und missbraucht, um die Bevölkerung zu kontrollieren. Darin unterscheide sich der Iran aber nicht von anderen, z. B. christlichen Ländern.

»Ich glaube, das ist das, was systematisch auch aufgebaut wird in Iran. Überall wird Religion missbraucht. Hier haben wir auch. Wenn Sie wollen, es gibt genug auch andere christliche Länder, die das auch zunutze machen, um ihre Bevölkerung dann hörig halten. Das Alte Testament gibt's genug auch solche Passagen, das einem Angst macht. Und ich glaube auch, das ist so'n politischer Schachzug und ist gewollt, dass es so ist. Und im schlimmsten Fall hast du auch so ne Verse im Koran. Und dann siehst du, das steht doch hier so und so. Und dann hab ich doch recht, dass so Strafe verdient hast oder so, wenn irgendwas passiert. Ich weiß nicht was, aber irgendwas. Dass man immer danach Beweise finden kann. Oder interpretieren kann, dass es dazu passt. Und das sehe ich auch wirklich bei jüngere Generation weniger. Also die älteren sind mehr betroffen davon. Und gut die, die stark genug sind, die werden sich auch in Iran behaupten, die werden dann auch, wie ich gesagt habe, die werden dann sagen: Okay, ich bin nicht gegen dich, aber wo ist da, wo du's mit dem Recht meinst? Sie fragen dann schon. Und ich glaube, dann eher diejenigen, die rausgehen, das ist dann auch sich nicht richtig trauen, zurecht auch, ich würde niemand übel nehmen, ich habe auch gemacht, damals vor dreiunddreißig Jahren.«[199]

Der systematisch aufgebauten Angst zu erliegen, ist auch ein Generationenproblem, das sich mit der Zeit erledigen wird. In Iran begegnet Milad auch jungen

198 Amir, *Interview 2017*.
199 Milad, *Interview 2018*.

Menschen, die nicht nur theologisch eine höhere Flexibilität im Umgang mit den als Knechtungsinstrument wahrgenommenen Theologumena zu haben scheinen; sie reklamieren ihre Freiheiten innerhalb des sanktionierten diskursiven Rahmens.

### c) Das bisherige Leben bereuen

Wie schwer diese Emanzipation der jüngeren Generation tatsächlich fällt, ist in Amirs Schilderungen greifbar. Mehrmals kreist er um die Frage nach dem eigenen Ende und dem Ende der anderen. Belastend ist für ihn die Tatsache, durch die ihm als geborenem Muslim in Erziehung und Sozialisation immer schon vorgegebene »falsche Entscheidung«. Ist dieser unabsichtlich begangene Fehler überhaupt wieder gut zu machen, scheint seine Frage zu sein. Es ist die Angst davor, unerlöst zu sterben.

> »[Y]ou know, end of the life is not time to decide. You live for so many times and you don't change your life. And then somebody can't change your life just in a little minute. I think about it, the Jesus and end of life, any person is the some times that you just think about- you know, we don't feel the end of time. But I have a accident and I feel that end of time. Sometimes I sleep in a bed in hospital and the doctor says: You don't have enough time to be alive. And maybe about eight hundred percent you died. And that time, the person just think about something he do. He don't think like Jesus. [...] And the end of Jesus is something interest me. Because I know about Jesus after my accident and after my bad situation. And it is so good for me to heard something about that. And I should thanks and bless the God for that person, says that to me, because maybe I don't hear that, maybe my way not change. Yes, and this is more important things at the first for me. But, you know, it is not something to change your way, your way of your life.«[200]

Danyal formuliert eine ähnliche Angst wie Amir, wenn er über seine Sorge spricht, keinen Halt in der Notsituation zu haben: Wie dann damit umgehen, ein Leben lang falsch geglaubt zu haben?

> »Wenn du in diese Situation bist, wenn du Moslem geburtst. Wenn deine Mutterreligion ist und endlich nach dem achtzehn Jahre verstehst du all deine alle Gedanken, das du denkst. Du hast viele Fehler gelernt. Man lernt etwas, das nicht Fehler machen. Wenn man Fehler lernt, dann bestimmt es ist Ende. Das war leider so. Leider. Nee, weißt du, ist wirklich schlimm. Man muss selber entscheiden, was will.«[201]

Die Angst davor, dass es zu spät sein könnte, beschreibt er im Bild einer Seilschaft im Berg. Nicht getragen werden im Fall, erst in der Not zu merken, dass der bisherige, einem vorgegebene und nicht selbst gewählte Glaube falsch war, sei fatal.

200 Amir, *Interview 2017.*
201 Danyal, *Interview 2017.*

»Die zum Beispiel, willst du auf den Berg hochgehen. [...] Und du bist angehängt von dem Berg und du willst gefallen, in diese Situation zu eine nichts man glaubt zu Gott. Das heißt, in diese Situation man versteht, was heißt genau Gott. Man will etwas zu ihm glauben. [...] In dem Notsituation. Und wenn du in diese Notsituation Glaube hast zum Beispiel und siehst du, dieses Glaube war ganz falsch, das ist schlimme Gefühl. Du suchst, du weißt lange Zeit du hast zu nichts geglaubt. Das ist ganz schlimm. [...] Und in diese Situation verstehst du, dieses Glauben war falsch. Meine ist Notsituation; du hast gut gesagt. Ich wusste dieses Wort nicht; ich wollte mit dem Beispiel zeigen. Wenn du siehst, zu nichts geglaubt hast von deine Kindzeit und das war nicht deine Entscheidung, das ist ein bisschen schwer. Your inside is empty. You want full that. With another size, another ressource. Aber kannst du dieses Fluss oder dieses source finden? Und das ist ganz schlecht. Und jemand kommt, zeigt zu dir, was ist die Weg, kann man sagen: Ja, das ist die neue geboren. Das ist die Neugeboren. Wenn man in dem Glauben nochmal so Geburt, fühlt sich das alles, jetzt ist okay. Früher war alles Lügen, alles war Lügen. Für nichts hast du geglaubt.«[202]

In Danyals Worten klingt auf bedrängende Weise die Erfahrung von Leere und Haltlosigkeit an – und das Bedürfnis, diese Leere zu füllen. Es ist die Sehnsucht nach Wahrhaftigkeit, die Sehnsucht nach einem Leben, ohne lügen zu müssen. Für die Erfüllung dieser Sehnsucht, die Erfahrung von Fülle, von Halt, findet auch er das Bild der Geburt.

### d) Gereinigt werden, Ruhe erfahren

Das bei armenischen Christ·inn·en Erfahrene bzw. auf sie Projizierte wurde oben beschrieben als ein von Ruhe und geprägten Miteinanders »ohne Stress«. Darian hatte das öffentliche Leben als eines ohne »Ruhe« charakterisiert. Ein unmittelbarer, das eigene Erleben, das Lebensgefühl betreffende Effekt der Christ-Werdung – so sagen es meine Gesprächspartner·innen – sei die Erfahrung einer großen Ruhe.

»And right now that's situation when I baptised, you know, this is something like a new life for me, really. Because when I back, I feel something better in my heart. I feel something better. You know, I heard that the water cleans your sin. And I believe that Jesus Christ die for sacrifice for our sin in the cross. And after that's, after baptised I receive new life and I receive a calm and I receive the good life.«[203]

Besonders Amir, der immer wieder auf die Reue über sein bisheriges Leben zu sprechen kommt, erfährt die Taufe auch als eine Art Reinigung.

»[I]n the Christian we baptised with water because water was clean and I feel that I clean. Clean about so much I do and, what's my mother and father, I mean Eve and Adams do.

202 Danyal, *Interview 2017.*
203 Amir, *Interview 2017.*

Because we are born with the sin and we came with the sin. And we are sinner at the first. And so, then, our sin clear with the blood of Jesus Christ on the cross but that's clearing is just for with the baptise because after baptise we start to be a real Christian, you know.«[204]

Für Danyal ist es gerade der beruhigende Effekt nach seiner traumatisierenden Flucht, der für die Richtigkeit des von ihm mit der Taufe eingeschlagenen Weges spricht. Auch sein jetziges, sein neues Leben als Christ beschreibt er als ein »ruhiges«.

»Und danach [nach der Flucht; CK], wenn ich in dem Kirche war, wenn du gehst zum eine gute Atmosphäre, das macht dann viele Stress. Du fühlst dich jetzt ruhig. Wirklich, meine Weg war schrecklich. Und nachdem dieses passierte Sache, wenn du fühlst dich ruhig, das kann nicht normal sein. Das kann nicht normal sein. Und deswegen war das.«[205]

### e) Christ-Werdung als kausatives Befreiungsgeschehen – Taufe als raumzeitliche Markierung des Bruchs

Der Sehnsucht nach einer Freiheit von Angst und Reue stellt sich positiv als Sehnsucht nach Wahrhaftigkeit dar. Die iranisch-amerikanische Journalistin Ramita Navai beschreibt in ihrem Buch »Stadt der Lügen« die Situation der iranischen Gesellschaft als eine gespaltene. Gespalten nicht nur in Generationen und Klassen und den damit einhergehenden Positionierungen gegenüber dem Regime; gespalten seien auch viele Iraner·innen in sich: »Die Wahrheit ist zu einem Geheimnis geworden, einem seltenen und gefährlichen Handelsgut, das äußerst wertvoll ist und mit großer Vorsicht behandelt werden muss. Wenn man in Teheran jemandem die Wahrheit sagt, ist es entweder ein Akt des absoluten Vertrauens oder der äußersten Verzweiflung.«[206] Charlotte Wiedemann diagnostiziert in ähnlicher Weise eine Art duales System, das die iranische Gesellschaft seit zwei Generationen präge: »[...] hier offizielle Regeln, dort private. Jedes Gebot hat nur eine begrenzte Reichweite, und nahezu jede Familie hütet Geheimnisse.«[207] Der kulturell-religiöse Regelbruch ist Alltag, die Sanktionen des Regimes greifen nur im Rahmen begrenzter öffentlicher Räume. Die Androhung von Höllenstrafen kennzeichnet eine Gesellschaft, in der jede vom anderen annimmt, nicht die (volle) Wahrheit zu sagen. Diese Spannung muss auch seelisch bewältigt werden. Mit der Christ-Werdung verbindet sich nicht nur die Hoffnung, von widersinnigen Regeln und der Furcht vor ewiger Verdammnis befreit zu

204 Amir, *Interview 2017.*
205 Danyal, *Interview 2017.*
206 Navai, *Stadt der Lügen*, 11.
207 Wiedemann, *Der Neue Iran*, 59.

werden; die Taufe erscheint als kausatives Reinigungs- und Befreiungsgeschehen. Sie wirkt im Vollzug und entbindet von der Lügen-Last und davon, lügen zu müssen, um leben zu können.[208] Erlebnishaft verdichtet sich in ihr die mit der Christ-Werdung verbundene Befreiungserfahrung. Als raum-zeitlich terminierbare Zäsur ermöglicht die Taufe, das Bisherige als überwundenes Altes zu rechiffrieren. Mit Blick auf das Zukünftige transformiert sie die diffuse Sehnsucht in konkrete Hoffnung, nun auch solchermaßen befreit weiterleben zu können.

## 5. Pragmatisch-politische Dimension der Christ-Werdung

Die Christ-Werdung von Iraner·inne·n begegnet mir auch auf eine Weise, die ich pragmatisch-politisch nenne: Sich mit der Bibel über die religionskundlich mögliche und legitime Auseinandersetzung mit Christentum als Religion des Buches zu befassen, ist als ein politischer Akt. Die wiederkehrende erzählerische Mobilisierung der Mullah-Herrschaft als Kontrastfolie lässt daran keinen Zweifel. Sich betend an Jesus zu wenden wird außerdem erlebt als Performanz von Freiheit in einer persönlichen und gesellschaftlichen Situation, die an Alternativen nur gewaltvollen Widerstand oder Resignation bereithält.

Die Ausführung dieser Gedanken – Christ-Werdung als politisches Statement und Performanz von Freiheit – erfordert es, eingehender auf die Orte iranischen Untergrund-Christ-Seins und deren offizielle Wahrnehmung einzugehen. Diesem Aspekt widmet sich das anschließende Kapitel VI.

### a) Jesus zwischen subversiver Intertextualität und Überbietungsrhetorik

»Die theologische Bedeutung Jesu ist – bei gleichzeitiger gemeinsamer Hochachtung seiner Person in Islam und Christentum – einer der wichtigsten Unterschiede zwischen beiden Religionen.«[209] Was als religions- und theologiekundliche Einordnung richtig ist, stellt sich praktisch als längst nicht so unüberwindbar dar. Der Weg von Issa al-Masih zu Jesus Christus ist nicht weit; die Grenze zwischen beiden fällt mit der Anrufung Jesu im Gebet oder auch mit der aus der Koranlektüre motivierten Beschäftigung mit dem biblischen Jesus.

Danyal etwa berichtet von studentischen Diskussionen in der Universität. Der islamische Pflichtunterricht und die Beschäftigung mit dem koranischen Issa provozieren die Frage nach Jesus. In der Verhandlung der Fragen nach Unter-

208 Navai, *Stadt der Lügen*, 12: »Ich behaupte nicht etwa, dass wir Iraner als Lügner geboren werden. Das Lügen ist notwendig, um in einem repressiven Staat zu überleben, dessen Regierung der Ansicht ist, dass sie sich in die intimsten Angelegenheiten seiner Bürger einmischen soll und darf.«

209 Affolderbach / Wöhlbrand, *Was jeder vom Islam wissen muss*, 245.

richtsschluss ereignet sich der gefährliche Brückenschlag. Wo hört das Reden über Issa auf, wo beginnt das Reden über Jesus Christus?

»Ich hab viel so über die Islam gelernt. Unabsichtlich. Zum Beispiel ich geh zu Moschee, erzählen über die Islam. Ich höre das, ich lerne es. Über die Christ wollte ich etwas lernen. Ich hab die Geschichte, dass meine Kumpels Vater hatte mir erzählt. War für mich interessant in meine Kindzeit. Ich hab gesagt: Okay, das muss ich wissen, was war genau dort. Weil im Qu'rān auch steht Jesus Christus und Maria. Zweimal, dreimal wir waren so eine Seminar in Universität wegen die Islam, wegen die schiitische Islam. Die wollen immer Seminar haben. Und die christliche Leute, christliche Mitschüler, meine Freunde könnten nicht etwas sagen. Warum? Das war eigentlich interessant. Wenn in unsere Gesetz steht: Jeder kann alles sagen, jeder kann seine Meinung sagen, warum ihr erlauben nicht, dass die auch so etwas erzählen? Wir haben zusammen viel Kontakt gehabt im Universität nach dem Kurs. Wenn die Lehrer weg ist, wir haben gesessen, noch gesessen und geredet, geredet darüber. Mit dem anderen Schüler, auch mit dem Basidsch.«[210]

Denn auch an den Universitäten ist ein Teil der Studierendenschaft in den paramilitärischen Basidsch organisiert, die ihre Zusammengehörigkeit nicht nur durch Geländetraining, sondern auch durch Seminare, Vorträge usw. pflegen. Die Anwesenheit der Basidsch-Kommilitonen ausgerechnet in dieser Gesprächsgruppe sollte für Danyal aber Schwierigkeiten mit sich bringen.

»Die haben uns so, wenn wir in dem Kurs gesessen und über die Religion sprechen, dann bestimmt, wenn du sagst: Jesus Christus hatte so gesagt, die andere Leute wollen wissen: Was ist Jesus Christus genau? Was hat er gesagt? Er ist im Qur'ān, Islam akzeptiert ihn. Warum die Leute dürfen nicht darüber etwas lernen oder hören? Wenn diese Volk, Basidsch hatte gehört, gesehen, dass wir reden über die Jesus Christus in dem Universität, das war unglaublich für diese Volk. Die wollten für uns Probleme so machen.«[211]

Es folgen universitäre Sanktionen. Nach Semesterende stellen die Basidsch Danyal nach. Die Polizei schaltet sich ein. Die Hausverwaltung ist irritiert und will ihm kündigen, um Probleme zu vermeiden. Sein Vater rät ihm, die Stadt zu verlassen. Über mehrere Stationen im Land gelangt er in die Türkei und vor dort nach Deutschland. Zum Verhängnis wurde ihm das Interesse, dem koranischen Issa nachzugehen.

Jesus, der Intertextuelle, kommt auch in ein des Lesens nicht kundiges Leben, erzählt mir Danyal. Eine Frau, jung verheiratet, lebt mit ihrem sehr viel älteren Ehemann in einer ländlichen Gegend. Arbeiten lässt man sie nicht. Sie lebt tagsüber alleine und weggesperrt, bis ihr Mann, ein Schäfer, abends wieder heimkehrt. Ihr Haus, ihr Leben – ein Gefängnis.

210 Danyal, *Interview 2017.*
211 Ebd.

»Wenn man im Gefängnis ist oder allein ist oder in schlimme Situation ist, krieg so starkes Glauben. Weil nur findet Gott zum dem einlösen, etwas zum Einlösen. Sie hatte mir erzählt: Ich hab nur von Gott angebetet, nur einmal, dass ich von diese Dorf rausgehen kann. Danach weiß ich, was ich machen muss. Wenn ich weggehe, weiß ich danach, was ich soll machen. Nur ich hab von Gott gebetet, angebetet: Bitte mach eine Situation; gib mir eine kleine Zeit oder kleine Chance, dass ich dies haben kann. Ich will meine Leben.«[212]

Den Qur'ān hat die junge Frau nie gelesen, aber seine Worte hat sie unzählige Male gehört, hat sie im Ohr. Und so ist sie mit der Gestalt Jesu vertraut. Dass es Menschen in Iran gibt, die zu Jesus beten, weiß sie, und auch, dass diese Menschen geduldet, aber von offizieller Seite mehr schlecht als recht gelitten sind. Was genau sie in ihrer Situation bewegt, sich eines Tages an Jesus zu wenden, wird aus Danyals Bericht nicht deutlich. Dass es geschieht, sei an dieser Stelle erst einmal Beispiel für Intertextualität und Dekonstruktion als nicht zu bändigender Eigenschaften des Textes.

»Ich kann glauben, dass sie selber mit Jesus Christus geredet hat. Auch das kann man. Ich, ich glaube es. Weil wenn du in diese Situation bist, ist schrecklich, wirklich. Ist wie die Toten. Weil du hast nichts getan. Wenn du schuldig bist und zum Gefängnis musst gehen, in dem Gefängnis du sagst: Ja, ich bin schuldig; ich muss beschwerden hier. Ich muss mich verbessern. Denkst du über deine Schuld. Aber wenn deine Schuld nur ist, dass deine Vater will, dass du mit einem Mann heiratest, und du kennst ihn nicht. [...] Manche Leute haben schlimmes Geschichte erfahren. Wenn ich nachgedacht habe, hab ich gesagt zu selbst: Wenn du in diese Situation warst, egal dass du lesen kannst oder schreiben kannst, wenn jemanden zu dir kommt und sagt: Das ist deine Weg, wenn du dieses Weg gehst, kriegst du deine Glück. Nicht Glück. Deine Glücklichheit. Wenn ich kann nicht das so zum Beispiel sagen: Nein, oh, will ich nicht. Ich hab schon erzählt, in Notsituation man denkt anderes. Das ist (schlimm) ein bisschen. Für jeder kann das passieren. Manche erzählen Geschichte, dass für mich zum Beispiel unglaublich ist, aber man muss in diese Situation sein und weiß nicht, kann schlimm sein oder kann nicht schlimm sein.«[213]

Danyal identifiziert sich mit dieser Geschichte. Und er ordnet sie in eine ganze Reihe ihm vom Hören-Sagen bekannter Spontankonversionen ein, in denen sich Menschen plötzlich in einem anderen Verhältnis zu Jesus finden, meist motiviert durch eine als aussichtslos empfundenen Lebenssituation.

»Paar Leute hätten selber erfahren, selber gelesen, gelernt über Jesus Christus, haben kennengelernt und danach geglaubt. Manche von dem Notsituation haben zu Jesus Christus geglaubt, weil haben gedacht in diese Situation: Das ist meine einziges Weg,

212 Ebd.
213 Ebd.

dass ich gehen kann, ich denke. Dieses Satz reicht für dieses Leute, dass die zustimmen.«[214]

Das Navigieren zwischen Issa und Jesus kommt zu einem vorläufigen Ziel im Christus-Bekenntnis. Und dieses artikuliert sich zuweilen in krasser Überbietungsrhetorik, in der unterschiedliche Letztgültigkeitsfiguren (Mohamed als Siegel der Propheten, divinatorische Fähigkeiten Alis, Loyalität Husains) gegen ihre islamisch-koranischen Modelle gewandt werden. So erscheint Jesus gegenüber Mohamed als der bessere Prophet, Religionsstifter, Weisheitslehrer, gegenüber den ersten Imamen als der auf erhabenere Weise Leidende. Besonders Amir und Milad äußern große Bewunderung für Jesu Weg ans Kreuz. Bezüge auf seine Passion nehmen viel Raum in ihren Schilderungen ein. Die passionsästhetische Affinität erschließt sich in religionsphänomenologischer Perspektive mit einem Blick auf die schiitische Verehrung Husains und die Erinnerung seines Martyriums.

### b) Christ-Sein als Performanz der Freiheit

Ein zentrales Argument für die Hinwendung zum Christentum, lasen wir oben, ist die (Un-)möglichkeit der freien Wahl. Sich dafür (oder auch dagegen) entscheiden zu können, ist aber nicht nur ein schlagender »Vorteil« im Rahmen eines argumentativ-kontrastierenden Vergleichens und Abwägens von Christlichem und Islamischem als unterschiedlicher religiöser Optionen. Sich Christlichem zuzuwenden, die Bibel zu studieren, sich taufen zu lassen, ist der *Vollzug* einer Entscheidung. Mit der vollzogenen freien Entscheidung geht ein Selbstermächtigungs-Erleben einher. Dass diese Entscheidung strafrechtliche Konsequenzen hat, weil mit ihr die politische und gesellschaftliche Integrität zur Disposition steht (s. u. B.VI.), macht sie zu einer Form des Widerstands. Subversiv ist schon die aus der koranischen Lektüre heraus gestellte Frage nach Jesus. Die Beschäftigung mit Bibel, eine jesuszentrierte Gebetspraxis, Taufe als eigene Entscheidung sind Performanzen der Freiheit. Im Kontext der Islamischen Republik wird religiöse Devianz zum gewaltfreien politischen Widerstand.

Mit Hamid Dabashi ließe sich wohl von einer iranischen Tradition des politischen Kampfes im und durch das Lesen des (heiligen) Buches sprechen:

> »A subversive pleasure in reading (forbidden) books has always been definitive to my generation of Iranians, who are constitutionally suspicious of books that are readily available for sale. [... 108] For us literature was no allegory, and it was certainly not divided along any power-basing axis of East and West, or First World and Third. [...] Literature for us was the material metaphor on which we based our historical agency – who we were, what we were up to, and what constituted our moral and normative

214 Ebd.

principles. [… 109] Forbidden books are the navigational charts of daydreaming their emancipatory illusions.«[215]

Ironischerweise ist es nun gerade der Vorwurf der Apostasie, der die subversive Lektüre als Akt der Selbstermächtigung – als lesende Emigration – nahelegt und daran anknüpfende Strategien der Subversion vorzeichnet: Wenn die Hinwendung zu Christlichem den Abschied aus der *umma* bedeutet, dann ist das – positiv gewendet – der kürzeste Ausweg aus einer Gesellschaft, deren übergeordnete totalitäre Islamizität alle Lebensbereiche zu durchdringen sucht. Und: Wenn Kritik am Regime als »Kampf gegen Gott und seinen Propheten« (s. u.) verfolgt wird, liegt für meine Gesprächspartner·innen die Frage nahe, ob es sich bei dem strafenden nicht um einen falschen Gott handelt. Wenn Religion zum Instrument des Machterhaltes wird, ist es vielleicht die falsche Religion. So fragen besonders Milad und Darian.

Dass es neben Resignation, Gewalt oder der Christ-Werdung noch andere Möglichkeiten der Subversion gibt, beschreibt Danyal am Beispiel der wachsenden Zahl iranischer »Atheisten«.

> »Wenn ich Student war, ich hab vieles Atheismus in dem unser Universität gesehen. Das ist leider wie eine Mode im Iran. […] Zwischen die jungen Studenten. Die werden sofort Atheist. Die glauben nicht zu Gott. Ich habe von viele gehört. Weil, die mögen die Islam nicht. Die haben von Islam gehasst. Die haben keine anderes Entscheidung. Und wenn du zwei Entscheiden hast, Islam oder nicht. Wenn du von eines magst du es nicht, was hast du zum entscheiden? Na, nichts. Dann die werden Atheist. Die rejected Gott. Das ist die schlimm. Das ist leider. Vielleicht wenn im Iran die Leute dürften Christ werden, jetzt konntest du nicht im Iran. Manche haben Angst. Deswegen reden nicht darüber. Manche reden und gehen zum Gefängnis oder sterben. Wir haben viel Nachricht gehört, dass die eine wieder Hauskirche weg, alle im Gefängnis, Polizei. Und die Pastor ist tot, die andere muss schauen. Die Gericht muss entscheiden, die müssen toten oder bis ewig im Gefängnis bleiben. Wenn die konnten anderes so Religion entscheiden, dann konnten nicht 50 Prozent von dem Studenten Atheist werden. Leider ist so, ja. Ich habe selber Erfahrung darüber.«[216]

Milad sieht in der jüngeren Generation Iraner noch eine weitere Strategie am Werk. Das Regime auf die verfassungsmäßig verbrieften Rechte anzusprechen, einzufordern, was die Revolutionäre sich einst auf die Fahnen schrieben, die Revolution aber noch immer nicht eingelöst, erscheint wirksam, um den islamisch-republikanischen Rahmen nicht verlassen zu müssen.[217]

215 Dabashi, *A People Interrupted*, 106ff.

216 Danyal, *Interview 2017.*

217 So auch Jafari, *Der Andere Iran*, 197: »Aus den Idealen der Freiheit und sozialen Gerechtigkeit wurde nicht viel, sodass die Revolution von 1979 ein unvollendetes Projekt geblieben ist. Die Protestbewegungen, die im Juni 2009 begann, verkörperte deshalb einen neuen Kampf für die Ideale der Revolution.«

»[I]n meiner Generation, wir waren so eingeschüchtert, dass wir nicht mal einen Mucks gesagt haben. Aber ich habe viel auch mit Studenten und so gesprochen, und die sind wirklich ganz toll. Also ich wirklich sehr berührt, positiv sehr berührt von dem, wie sie sprechen und Ihre Meinung auch, auch wie sie auch damit umgehen. Sind ganz schlau, also ohne dass sie dabei schlau sein wollen. Aber die stellen die Revolution so gar nicht infrage, aber sie stellen ihre Rechte da in den Mittelpunkt und sagen: Also eigentlich die Revolution – also richtig auch mit Argumenten – und wo ist das eigentlich? Warum darf ich das nicht? Und da und da habe ich gedacht: Also, das Land hat doch Zukunft. Also wenn die heranwächst diese Generation und dann in die entsprechende Position kommt, dann habe ich nicht so viel Bange. Ist mir nicht so bange. Und wenn man jetzt auch sieht in den Universitäten, die sind über sechzig, fünfundsechzig Prozent der Studenten sind Studentinnen. Also es ist viele Frauen. Und Iran hat eigentlich immer sehr starke Frauen. Und das ist auch sehr gut für die gesellschaftliche Umdenken und Umwandlung.«[218]

Shirin erzählte mir von der Wohnzimmertaufe durch ihre orthodoxe Freundin. Nach ihrer Flucht und schweren Krankheit war es ihr wichtig, sich in einer baptistischen Gemeinde noch einmal taufen zu lassen. Sie sagt, sie wollte spüren, dass sie wirklich getauft ist.

»[Die Taufe] ist eine Symbol. Ich habe in Bibel gelesen; das ist ein Symbol von Christliche. Ja, das ist sehr wichtig. Aber trotzdem ist das ein Symbol. Wenn jemand fühlt, ist Kind von Jesus, sowieso ist ein Christlich. Sowieso sagt: Ja, ich bin Kind von Gott, und Jesus war als Mensch getragen. Verstehen Sie? Und ich habe gesagt: Ja. Du bist jetzt Kind von Gott. Trotzdem hattest du nicht gut gefühlt mit dein Taufen, mit nur zuhause, und das ist nicht wichtig. Das wichtig ist, du bist jetzt Kind von Gott. Und ich habe auch viele gebetet. Ich bin jetzt Christ, aber ich möchte gerne wie Baptisten taufen. Ich möchte wie Jesus taufen. Was mache ich dazu? Das war mein Wunsch. Dann habe ich auch meine Wunsche genommen, bekommen. In Deutschland habe ich wirklich alle Körper in Wasser getauft.«[219]

Das Christ-Sein entkoppelt sie vom Getauftsein. Die Taufe erscheint als Verstehenshilfe, um die Christ-Werdung zu realisieren, und als Mittel, ihr Christ-Sein auszudrücken – Taufe als Performanz einer neuen Zugehörigkeit.

## VI. Iran und Protestantismus – Effekte einer Liaison

Die Christ-Werdung vieler Iraner·innen bedeutet auch, sich in Fundamentalopposition zur islamisch-politischen Konfiguration Irans zu begeben. Die Christ-Werdung wird staatsschutzrechtlich relevant, und dieser gleich zu entfaltenden Wahrnehmung durch die Repräsentanten der Islamischen Republik

218 Milad, *Interview 2018.*
219 Shirin, *Interview 2018.*

entsprechen durchaus motivationale Momente auf Seiten der iranischen Christ·inn·en: Die Christ-Werdung beginnt vor diesem Hintergrund zu schillern zwischen dezidiert politischem Statement und der subversiven Performanz einer »religiös« artikulierten Freiheit.

Welches sind die Orte, an denen Christ-Sein zwischen politisch konnotiertem Widerstand und neuer Freiheit geübt bzw. gepflegt wird? Wo findet man das Christentum, das neben den etablierten Kirchen und in dezidierter Abkehr vom iranisch-schiitischen Islam im Iran entsteht? Am Anfang vieler Taufgeschichten steht – wie oben gezeigt – die Begegnung mit armenischen oder assyrischen iranischen Christ·inn·en. Christliches ist über diese Begegnung hinaus vielfältig präsent. Bibeln sind in den meisten Teilen Irans als heilige Schrift frei verkäuflich. Sie werden darüber hinaus zu Tausenden ins Land geschmuggelt und ermöglichen eine selbständige Beschäftigung. Stadlbauer weist auf Grundlage eigener Interviews und Recherchen daraufhin, dass Christliches über die TV-Programme großer Missionsorganisation verfügbar ist.[220] Auch popkulturell verbreitet sich Wissen um Christliches, wie etwa durch Mel Gibsons »The Passion of Christ« – einem Film, der mir in meinen Gesprächen immer wieder begegnet.[221] Hauptort der Aneignung von Christlichem und der subversiven Bibellektüre sind jedoch Tausende iranischer Lese- und Gebetszirkel, die sog. Hauskirchen.

Zahlreiche christliche Organisationen sind in Iran im Untergrund tätig oder begleiten hauskirchliche Gemeinden aus den Nachbarländern heraus.

Die aktivste unter den Evangelisationsorganisationen sind derzeitig »Elam Ministries«, die Kathryn Spellman als »first residential Iranian Bible College that trains Persian speakers from Muslim backgrounds« bezeichnet.[222] In der Selbstbeschreibung auf ihrer Website stellen Elam Ministries einen unmittelbaren Zusammenhang zwischen der Islamischen Revolution und der Entstehung eines iranischen Untergrundchristentums her:

> »Since the 1979 Islamic revolution, Iranians have become increasingly disillusioned with Islam. The political, economic, and spiritual situation in Iran has resulted in a deep spiritual hunger for truth. Iran may be a closed land, but the people have open hearts. Iranians today are seen as the most open Muslim people to the Gospel in the world. More have become Christians since the revolution than the previous 1,300 years put together.«[223]

---

220 Z. B. »Heart4Iran Ministries« von Mohabat TV oder »Iran Alive Ministry« von Sat 7 (Stadlbauer, *Between secrecy and transparency*, [33]).

221 Z. B. Shirin, *Interview 2018*.

222 Spellman, *Religion and Nation*, 147.

223 URL: https://www.elam.com/page/elams-mission [abgerufen am 05.03.20].

Auf 360.000 Menschen schätzt die Organisation die Zahl der Christen in Iran und, dass es mehr werden.

> »Church leaders believe that millions can be added to the church in the next few years-such is the spiritual hunger that exists and the disillusionment with the Islamic regime. If we remain faithful to our calling, our conviction is that it is possible to see the nation transformed within our lifetime. Because Iran is a strategic gateway nation, the growing church in Iran will impact Muslim nations across the Islamic world.«[224]

Die Einschätzung, dass Iran eine Schlüsselrolle bei der Evangelisierung von Muslim·inn·e·n im Nahen und Mittleren Osten zukommt, liest sich wie eine eigenartige Umkehrung der These, dass die Islamische Revolution in Iran entscheidenden Anteil an der Politisierung des Islam als Ganzem bzw. der Radikalisierung des politischen Islam gehabt habe.[225] Nun, so könnte man meinen, würde sich ausgerechnet in Iran entscheiden, ob das Evangelium in muslimischen Ländern fruchtet oder nicht.

## 1. Iranischer Pentecostalismus?

Elam Ministries arbeiten jedenfalls darauf hin durch die Ausbildung und Entsendung von Missionar·inn·en und den Versand von Bibeln. Nach eigener Auskunft tun sie das seit 1990. Bereits seit Mitte der 1980er Jahre entstehen im Londoner Raum das Iranian Christain Fellowship (ICF) und andere Gruppen, die sich mit Bibel- und Qualifizierungskurses gezielt an Iraner·inne·n wenden.[226] Vor der islamischen Revolution und dem Krieg gegen den Irak geflüchtete christliche Iraner·innen erfahren im London der 1980er Jahre, wie sich evangelikale Gemeinden pfingstlichen und charismatischen Einflüssen öffnen. Die v. a. in den Vereinigten Staaten aber eben auch in Großbritannien beobachtbare Charismatisierung verschiedener Christentümer wird von pfingstlichen Gruppen als Dritte Welle des Heiligen Geistes bezeichnet.[227] Das Beispiel John Wimbers – des Gründers der Vineyard-Bewegung und Theologen des »power-evangelism«[228] – führt vor Augen, wie nun »[d]ie evangelikale Ausrichtung auf Mission von einer charismatischen Praxis [unterfüttert wird ...] Charismen werden nicht im Sinne eines ›Besitzes‹ gedeutet, die Bezeichnung ›Geisttaufe‹ wird nicht unterstützt, stattdessen ist die Geisterfahrung ›Bevollmächtigung‹ zum Dienst. In das unge-

224 Ebd.
225 So zuletzt Frank Bösch, *Zeitenwende 1979. Als die Welt von heute begann*, München 2018.
226 Spellman, *Religion and Nation*, 147.
227 Für eine kritische Diskussion vgl. Haustein / Maltese, *Pfingstliche und charistmatische Theologie*, 15 f. (Fn. 1); Bergunder, *Cultural Turn und Erforschung*.
228 Wimbers gleichnamiges Buch: *Power evangelism. Signs and wonders today*, London 1986.

brochen evangelikale Schriftverständnis wird die Gegenwart des Hl. Geistes als Erfahrungswert eingebracht.«[229]. Als Ergebnis der pfingstlichen Aufbrüche im späten 20. Jh. bezeichnet Hans Gasper neben vielen anderen[230] auch die Synthese von »Brethren teaching plus Pentecost« in der britischen Hauskirchenbewegung.[231]

Die Einordnung der iranischen in die britische Hauskirchenbewegung und beider in *eine* pfingstlich-charismatische Bewegung leuchtet zunächst ein, da hier Netzwerke wirksam werden, die größere (geographische, institutionelle, theologische) Räume umspannen. Nicht übersehen werden dürfen aber die sehr viel spezifischeren Kontexte und Kontinuitäten iranischer Protestantismen.[232]

Nach den Recherchen van Gorders entstanden bereits zu Beginn des 20. Jh. pfingstliche Gemeinde in Iran. Er weiß von einer kleinen Teheraner Pfingstgemeinde assyrischer und armenischer Christ·inn·en in den 1920ern zu berichten. Nach Kathryn Spellman ist es ein wiedergeborener[233] armenischer Christ, der 1955 in Teheran die erste Gemeinde der Assemblies of God gründet.[234] Wahr-

229 Gasper, *Die Charismatische Bewegung*, 406.

230 A.a.O., 405–413: Die Vineyard-Bewegung, Wort-des-Glaubens-Bewegung, Geistliche Kriegführung, Neue Apostolische Reformation, Prophetenbewegung und Gebetshausbewegung, Toronto-Segen, Messianische Juden oder die Initiative »Towards Jerusalem II«.

231 A.a.O., 412.

232 Die Rekonstruktion pfingstlicher Anfänge reicht von der eher hagiographischen Konstruktion eines singulären nordamerikanischen Urspungs *(Azuza-Street-Movement)* über Historisierungen als von Anfang an globaler Geschichte mit parallelen Erweckungen bis hin zum Aufzeigen sehr spezifischer, kontextueller theologischer und institutioneller Verwobenheiten (Haustein / Maltese, *Pfingstliche und charismatische Theologie*, 26f.).

233 Viele pfingstliche Theologien beschreiben die Christ-Werdung als *zwei- oder dreistufigen Heilsweg* (Pöhlmann / Jahn, *Handbuch*, 198): Die sog. Wiedergeburt erfasst eine bestimmte Erfahrungsqualität der Hinwendung zu Jesus Christus als Neu-Werden. Auf die »*Wiedergeburt* durch Buße und Vergebung der Sünden allein aus Gnade« folgt »die *Heiligung* als Ereignis der ›Reinigung des Herzens‹ durch Gott«. Die Heiligung als »fordauernde[s] Bemühen um Reinheit« ist der zweite Schritt und zugleich »Beginn der fortdauernden Bemühung um Reinheit«. Auf dem mit der Wiedergeburt eingeschlagenen Weg geschieht unverfügbar irgendwann die sog. Geisttaufe – die »wesentliche soteriologische Erfahrung« (Iff, *Die evangelischen Freikirchen*, 368). Die Zungenrede (Glossolalie) verbürgt in Zusammenhang mit Heilungserfahrungen als »Zeichen« die Geisttaufe (Iff, *Die evangelischen Freikirchen*, 368); inwiefern erwartet wird, dass mit der Geisttaufe die Zungenrede einhergeht, oder diese nur als eine unter vielen Geistesgaben verstanden wird, beurteilen pfingstlich-charismatische Theologien unterschiedlich. Der Bund Freikirchlicher Pfingstgemeinden (BFP) versteht gegenüber diesem zweistufigen *ordo salutis* die Heiligung als einen fortwährenden, nicht punktuell terminierbaren Prozess.

234 Spellman (*Religion and Nation*, 162) berichtet über ihre Recherchen im Umfeld des Londoner Iranian Christian Fellowship (ICF) und Elam Ministries – zwei pfingstlichen, von Großbritannien aus in Iran aktiven Organisationen: »The founder [of the first Pentecostal church in Iran – an Assemblies of God congregation], who is the father of the present pastor of the Iranian Christian Fellowship (ICF) in London, was born in 1908, and comes from an Armenian background. He said that he became a Born-Again Christian during the 1930s and it has been his duty ever since to establish an Evangelical church in Iran.«

scheinlich ist, dass es unter dem Eindruck der Heilungsbewegung Mitte des 20. Jh. auch in Iran zu Gemeindeaufbrüchen und -gründungen kommt, zumal den Protagonisten dieser Bewegung auch der armenisch-stämmige Christ *Demos Shakarian* und dessen auch in London aktive Laienbewegung »Full Gospels Business Men's Fellowship International« gehören.[235]

Neben einer großen Gemeinde der Assemblies of God gibt es im Teheran der 1960/70er Jahre noch eine presbyterianische und eine Brüder-Gemeinde. Während sich nach der Islamischen Revolution die sozialdiakonisch vielfältig engagierte anglikanische Kirche massiven Repressalien ausgesetzt sieht, können die presbyterianische und pfingstliche Gemeinde bis in die 1980er Jahre hinein praktizieren und erfahren in jenen Jahren großen Zulauf.[236]

Anfang der 1990er Jahre erreicht die koordinierte Unterdrückung christlicher Kirchen wohl gerade deswegen eine neue Qualität.[237] Der Iran-Irak-Krieg war beendet und *Ayatollah Khomeini* 1989 gestorben. Während sich das politische und gesellschaftliche Leben auf vielen Ebenen normalisiert – dafür steht v. a. die Regierungszeit *Ali Akbar Hāschemi Rafsandschānis* –, machen die durch den Krieg stark gewordenen Gruppen (z. B. die sog. Revolutionsgarden *sepāh-e pāsdārān-e enqelāb-e eslāmī* und die Freiwilligenmiliz *basidsch-e mostazafin*) nun andererseits ihren Einfluss geltend. Die Kriegsgerichtsbarkeit wird weitergeführt und die Kriegsideologie wirkt nach. Nun scheint es an der Zeit, sich dem vermeintlichen Feind im Innern zuzuwenden. Die Gemeinden der Assemblies of God, ein Sammelbecken der von der Revolution Desilusionierten und Kriegsmüden, rücken nun erneut ins Zentrum der Aufmerksamkeit. Gottesdienste auf Farsi werden verboten, eine Ausweis- und Informationspflicht tritt in Kraft. Schließlich kommt es zu Verhaftungen, Todesurteilen und zahlreichen Ermordungen von christlichen Gemeindeleitern.[238] Viele Gemeinden werden

---

235 Gasper, *Die Charistmatische Bewegung*, 393.

236 Spellman, *Religion and Nation*, 162 f. Spellman bezieht sich dabei auf Aussagen eines britischen Missionars.

237 Van Gorder, *Christianity in Persia*, 221 f. Spellmann, *Religion and Nation*, 167.

238 Pastor Husayn Soodmand betrachtet van Gorder als »ersten modernen Märtyrer der iranischen Pfingstkirche[n]«. Der einer muslimischen Familie entstammende Soodmand wurde nach wiederholter Predigttätigkeit und wegen seiner Arbeit in einer iranischen Bibelgesellschaft der Spionage angeklagt, für schuldig befunden und im Dezember 1990 öffentlich hingerichet. Zum Opfer fallen der Behörden und Zivilisten gleichermaßen entfachende Verfolgungswut auch Bischof Haik Hovsepian-Mehr (1994 entführt und ermordet) und Pastor Mehdi Dibaj (1993/94 wegen Blasphemie verurteilt, inhaftiert, entlassen, gefoltert und erstochen) von den Assemblies of God. 1994 wird der presbyterianische Pfarrer Tateos Michaelian erschossen (Van Gorder, *Christianity in Persia*, 219–236. Vgl. auch Spellman, *Religion and Nation*, 167 f.).

geschlossen,[239] und das christliche Leben verlagert sich in den Untergrund. Das Bibelstudium und Gebet in kleinen Gruppen, sog. Hauskirchen bewähren sich in dieser Situation als leistungsfähige Organisationsform.

### a) Hauskirchen als Orte der Christ-Werdung und des Christ-Seins

Zuletzt umfassend dokumentiert wurde die Situation von Christ·inn·en im Iran und iranischen Hauskirchen im Auftrag des Dänischen Ministeriums für Immigration und Integration durch den Danish Immigration Service (DIS). »Fact-finding-missions« zwischen 2012 und 2014 und eine Serie von Interviews, die im Herbst 2017 in Teheran, Ankara und London mit iranischen Christ·inn·en und iranischen Informant·inn·en geführt wurden, liegen zwei ausführliche Berichte zur Situation zugrunde.[240] Die Berichte bestätigen das Bild, das ich in meinen Gesprächen mit iranischen Christ·inn·en gewonnen habe, die bereits seit Jahren in Deutschland leben oder in der jüngsten Vergangenheit Asyl in Deutschland beantragt haben. In der Zusammenschau des dänischen Berichtes, den Meldungen von NGOs wie Open Doors und zahlreicher anderer Quellen entsteht ein Bild von iranischen Hauskirchen, Neu-Christ·inn·en und der Logik ihrer Verfolgung, das im Folgendem skizziert werden soll.

Einige Hauskirchen arbeiten als Bibel- und Gebetskreise. Die Frömmigkeitsprofile sind aber sehr unterschiedlich und keineswegs nur pfingstlich-charismatisch, so wie sich auch christliche Exil-Iranerinnen über das ganze Spektrum

239 »Mashad Church (1988); Sari Church (1988), Kerman Church (Spring 1992); Shiraz Church (1992); Gorgan Church (October 1993); Ahwaz Church (1993) and Kermanshah Church (date unknown) [...]« (Spellman, *Religion and Nation*, 166f.)

240 Danish Migration Service, *Update on the Situation for Christian Converts in Iran. Report from the Danish Migration Service's fact-finding Mission to Istanbul, Ankara, Turkey and London, United Kingdom. 25 March to 2 April 2014 and 10 April to 11 April 2014*, Copenhagen 2014. Danish Ministry of Immigration and Integration, *Iran: House Churches and Converts, Joint report from the Danish Immigration Service and Danish Refugee Council based on interviews in Tehran, Iran, Ankara, Turkey and London, United Kingdom, 9 September to 16 September 2017 and 2 October to 3 October 2017*, Copenhagen 2018. Länderreporte zur Situation verfolgter Gruppen stellen ein eigenes Genre in der mit Migration, Flucht und Asylgewährung befassten Literatur dar. Für die Beurteilung der Gefährdungslage verfasst das BAMF etwa auf der Grundlage von Informationen des Auswärtigen Amtes mitunter tagesaktuelle Herkunftsländerleitsätze. Auch Nichtregierungsorganisationen wie der eher evangelikal orientierten Organisation Open Doors, die Evangelisationsprojekte unterstützen, aber auch den sog. Weltverfolgungsindex veröffentlichen. Der DIS-Bericht ist Grundlage zahlreicher Länderberichte, etwa der folgenden: Austrian Centre for Country of Origin and Asylum Research and Documentation (ACCORD), *Query Response on Iran: House churches, situation practicing Christians, treatment by authorities of Christian convert's family members*, 14 June 2017; Britsh Home Office, *Country Policy and Information Note. Iran: Christians and Converts*, London 2018; Bundesamt für Migration und Flüchtlinge, *Länderreport 10. Iran. Situation der Christen*, 03/2019.

evangelischer Christentümer verteilen. Viele Hauskirchen sind in ein größeres Netzwerk eingebunden, das sie mit Bibeln, Impulsen, Arbeits- und Fortbildungsmaterial versorgt. Organisationen wie Elam-Ministries oder das Pars Theological Centre bilden darüber hinaus auch Prediger·innen aus.[241] Manche Hauskirchen feiern liturgisch aufwendigere Gottesdienste mit eigenen Gemeindeleitern oder unterstützt durch per Live-Übertragung aus dem Ausland zugeschaltete Prediger·innen.

Was die Verbreitung der Hauskirchen angeht, schwanken die Zahlen stark, bewegen sich aber alle mindestens im 5stelligen Bereich[242], v. a. in den großen Städten wie Ahvoz, Isfahan, Mashad, Rasht, Shiraz und Teheran. Ein deutsch-iranischer Pfarrer betreut nach eigener Auskunft ein Netzwerk von Hauskirchen. In einer Internetsitzung sei er in Kontakt mit 30 bis 40 Gruppen gleichzeitig. In Maschhad gebe es um die 4.000 Hauskirchen, in Teheran fast 6.000 – und das seien nur Hochrechnungen auf Grundlage der von ihm als presbyterianischem Pfarrer betreuten Gruppen.[243] Charismatische Gruppen seien noch aktiver.

Die rasante Ausbreitung von Hauskirchen wird verschiedentlich mit der Schließung von Gemeinden der Assemblies of God im Jahr 2013 in Verbindung gebracht,[244] die zu einer Verlagerung des Gemeindelebens in den Untergrund und dessen unkontrollierbarer Vervielfältigung führte.

Danyal berichtet über über Hauskirchen in seinem Umfeld das Folgende:

> »Zum Beispiel jetzt wir sind hier fünf Personen. Wir wollen über die Christ Information haben oder beten oder Christ werden. Wir dürfen eigentlich nicht zu Kirche gehen. Wenn wir wollen auch die armanitsche Leute erlauben zu uns nicht reingehen, weil das ist große Problem, wenn die zum Beispiel Gericht weiß, jemanden in eine Kirche getauft wird, Muslimische getauft wird und Christ gewird, die Pastor muss töten erstmal und danach die Junge und danach die andere muss zu Gefängnis gehen. Niemand möchte nicht dieses Schlimmesheit haben. Deswegen, wenn wir nicht wenn wir keine Kirche haben unser fünf Personen. Wir sprechen mit unsere Freunde: Kennst du eine Hauskirche? Er sagt zum Beispiel: Ja, dort kenne ich. Und wir gehen vorbei, gehen wir rein, sesehen wir, gibt eine so Tisch oder gibt eine so, wo genau alle sitzen, alle sind Christ, reden miteinander, das ist interessant. Und, wenn zweimal du gehst und kommst, dritte mal siehst du zu Hause bist mit dem Leute. Plötzlich Polizei kommt alle muss zum

241 Finnish Immigration Service / Suuntaus project, *Christian Converts in Iran, 21 August 2015* [abgerufen am 31.08.2019 unter URL: http://www.migri.fi/download/62318_Suuntaus-raportti_Kristityt_kaannynnaiset_IranissaFINALFINAL160915_2_.pdf?dfc90b1525bfd288]. Vgl. etwa die Internetauftritte und dort aufgeführten Ausbildungsprogramme von Elam Ministries (www.elam.com) und dem Pars Tehological Centre (www.parstheology.com).

242 Iranischer Pfarrer, *Tagung EKD / EBK 2018*, Mitschrift.

243 Iranischer Pfarrer, *Tagung EKD / DBK 2018*, Mitschrift.

244 Danish Ministry of Immigration and Integration, *Iran, 2018*, 5.

> Gefängnis oder nach Gericht. Deswegen die Leute versuchen Hauskirchen haben, weil die möchten die Glauben so wachsen. Haben keine andere Lösung.«[245]

In einer Hauskirche zu sein, heißt, sich Gefahren auszusetzen. Ist einer in diesem Kreis, dem ich nicht vertrauen kann? Was ist, wenn plötzlich ein Name im Chatroom fehlt? Wo ist »Petrus«? Was ist passiert? Wenn sich diese Fragen stellen, dann gilt es, zu fliehen.[246]

### b) Hauskirchen als Horte »staatsgefährdender« Gedanken

*Yousef Naderkhani*, Pfarrer einer evangelischen Kirche wurde das erste Mal 2006 wegen Abfalls vom Islam und Missionierung angeklagt, jedoch kurz darauf aus der Untersuchungshaft entlassen. 2009 verhaftete man Nadarkhani erneut, nachdem er die islamische Zwangsbeschulung seiner Tochter öffentlich als verfassungswidrig anprangerte und dagegen klagte.[247] Man sprach ihn des Abfalls vom Islam schuldig und verurteilte ihn 2010 zum Tode. Nadarkhani verteidigte sich gegen den Vorwurf damit, dass er vor seiner Christ-Werdung keiner Religion angehört habe; seine Ankläger hingegen verwiesen auf Naderkhanis Herkunft aus einer muslimischen Familie. Naderkhani weigerte sich wiederholt, seinen christlichen Glauben zu verleugnen, weshalb die Todesstrafe nicht ausgesetzt, aber nach einer Intervention des Obersten Gerichtshofes auch nicht vollstreckt wurde. Auf massiven (außen-)politischen Druck hin wurde Naderkhani im September 2012 freigelassen, um nur drei Monate später erneut verhaftet zu werden und eine dreijährige Haftstrafe wegen Missionierung zu verbüßen. Im Dezember 2013 wurde Nadarkhani aus der Haft entlassen. Drei Jahr vergingen, bis man ihm im November 2016 vorwarf, als »zionistischer Spitzel« und christlicher Missionar die »nationale Sicherheit zu gefährden«. Sein Haus wurde durchsucht; er und seine Frau wurden verhaftet, jedoch gegen eine Kaution wieder freigelassen.

Im Februar 2019 berichtet die Organisation Open Doors über die assyrische Christin *Shamiram Isavi Khabizeh.* Von einem Teheraner Revolutionsgericht wurde sie zu einer mehrjährigen Haftstrafe verurteilt. Der Vorwurf lautete – so

245 Danyal, *Interview 2017.*

246 Iranischer Pfarrer, *Tagung EKD / DBK 2018*, Mitschrift: »Flieht. Lebt euer Leben! Rettet euch! Und dann fragen sie dich in Deutschland: Hast du eine Bescheinigung? Wurdest du verfolgt? – Nein, meine Hauskirche wurde entdeckt. – Du musst einen Taufkurs machen. Du musst noch warten. Was, erst zwei Wochen hier, und jetzt schon Taufe? – Na klar, ich bin doch längst Christ. – Warum soll er einen Taufkurse machen? Für den Schein? Was ist der Schein? Im Iran wird man physisch gefoltert. Und dann komme ich nach Deutschland und werde geistig gefoltert. Ich bin Deutschland und muss immer noch kämpfen. Ich empfinde das als geistige Folter.«

247 ACCORD, *Iran. Query report 2017*, 13f.

die Organisation –: »acting against national security, acting against the regime by organizing small groups, attending a seminary abroad and training church leaders and pastors to ›act as spies.‹«[248] Shamiram Isavi Khabizehs Ehemann, Pfarrer Victor Bet-Tamraz wurde 2017 unter dem Vorwurf, gegen die nationale Sicherheit gehandelt zu haben, zu einer zehnjährigen Gefängnisstrafe verurteilt. Im Zusammenhang des Berufungsverfahrens Anfang 2019 wurde dann Shamirams Fall zusammen mit dem ihres Mannes Victor, ihres Sohnes Ramiel und der Konvertiten Amin Nader Afshari, Hadi Asgari und Kavian Fallah Mohammadi verhandelt. Der Vorwurf lautete in allen Fällen »Gefährdung der nationalen Sicherheit«.

Wie kommen diese Urteile zustande? Nach Artikel 14 der Verfassung der Iranischen Republik herrscht in der Islamischen Republik auf den ersten Blick »Religionsfreiheit«. Dort heißt es:

> »In accordance with the sacred verse (›God does not forbid you to deal kindly and justly with those who have not fought against you because of your religion and who have not expelled you from your homes‹ [60:8]), the government of the Islamic Republic of Iran and all Muslims are duty-bound to treat non-Muslims in conformity with ethical norms and the principles of Islamic justice and equity, and to respect their human rights. This principle applies to all who refrain from engaging in conspiracy or activity against Islam and the Islamic Republic of Iran.«

Nach Art. 14 der Verfassung genießen die alteingesessenen iranischen Kirchtümer der armenischen, assyrischen u. a. Tradition also Schutz und werden an der politischen Mitbestimmung quotenmäßig beteiligt.[249] Als sog. »Menschen des Buches« oder »Schriftbesitzer« *(ahl al-kitab)* dürfen sich (diese) Christen ver-

---

248 Open Doors, *Gebetsaufruf für »Shamiram Isavi Khabizeh« vom 24.02.2019.*

249 Der Status von Christen innerhalb eines muslimischen Gemeinwesens ist im *dhimma* (arab. Schutzvertrag) institutionalisiert. Rohe fasst dazu zusammen: »Die Angehörigen der Buchreligionen erhielten als Einwohner des [...] islamisch beherrschten Territoriums den Status von Schutzbefohlenen (sog. *dhimmi*). Auf individueller Ebene erfasste dieser Schutz die Integrität der Person sowie ihres Vermögens gegenüber jedermann, den Zugang zu staatlichen Institutionen eingeschlossen. Auf kollektiver Ebene wurde in beträchtlichem Umfang die Ausübung der Religion gestattet. Im Bereich des Personalstatuts (Personenstands-, Familien- und Erbrecht) bestand eine interne Autonomie bis hin zu religiösen Gerichtsinstanzen. In rechtlichen Konfliktfällen mit muslimischer Beteiligung erhielt (und erhält) allerdings das islamische Recht generell den Vorrang.« (Rohe, Das Islamische Recht, 49) Der Schutz ist nicht mit Gleichberechtigung zu verwechseln. Von hohen Staatsämtern waren und sind *dhimmis* ausgeschlossen. Während diese Einschränkung in Ländern wie Iran nach wie vor besteht, hat sich die von *dhimmis* einst geforderte Kopfsteuer *(dschizya)* in den meisten islamischen Ländern mehr oder weniger erübrigt. Die Kopfsteuer diente einst dazu, diejenigen an den Verteidigungsausgaben zu beteiligen, von denen der Kriegsdienst nicht erwartet werden konnte. In den nationalstaatlich verfassten islamischen Ländern mit allgemeiner Wehrpflicht hat die *dschizya* ihren ursprünglichen Zweck eingebüst, so auch im nachrevolutionären Iran, wo während des Iran-Irak-Krieges Christen Militärdienst leisteten.

sammeln und ihren Glauben praktizieren. In Ehe- und Erbangelegenheiten unterstehen sie ihrer eigenen Jurisdiktion. Sich als Protestanten frei betätigen dürfen auch einige protestantische Gemeinden, die ihren Ursprung in den Missionsbemühungen des 19. Jahrhunderts haben. Der Hinweis auf die »conformity with ethical norms and the principles of Islamic justice and equity« bedeutet jedoch eine erhebliche Einschränkung dieser Freiheit, führt sie doch u. a. zum Verbot, andere Gotteshäuser zu betreten. Christliche Gottesdienste dürfen nicht im landessprachlichen Farsi gehalten, geschweige denn Muslim·inn·e·n zum Gottesdienst eingeladen werden. Die Einhaltung dieser Auflagen wird überwacht.

Deutlich wird: Es sind weniger geborene Christ·inn·en, die in den Fokus staatlicher Repressalien geraten; für sie gibt es einen Status in der Gemeinschaft der Muslime (*umma*). Eine Herausforderung für das islamische Selbstverständnis – repräsentiert durch staatliche Stellen und geistliche Autoritäten – stellen diejenigen dar, die sich erst im Laufe ihres Lebens von Islam ab- und Christlichem zuwenden und damit die Letztgültigkeit der koranischen Offenbarung und den Status Mohammeds als »Siegel der Propheten« missachten. So wird etwa die im 19. Jh. entstandene Bewegung der Bahai nicht nur als Anfechtung empfunden, sondern seit der Islamischen Revolution in Iran konsequent marginalisiert und verfolgt. In diesem Sinne stellen auch geborene Muslim·inn·e·n, die im Laufe ihres Lebens Christ·inn·en werden, als theologische Unmögichkeit eine Infragestellung dar, in der sich politische, religiöse, soziale Ängste verbinden.

Mit der Gründung neuer Hauskirchen einher gehen immer perfidere Maßnahmen staatlicher Kontrolle und Sanktionierung. Das Debattieren und Studieren in privaten Zirkeln indes hat im Iran eine lange zivilgesellschaftliche Tradition.[250] Die freie Beschäftigung mit Christentum und Bibel überschreitet

250 Der Name des Veranstaltungszentrums, in dem Ali Shariati im vorrevolutionären Iran seine Vorträge hielt, die entscheidend zur Mobilisierung der iranischen Intellektuellen beitrugen – *(Hosseiniyeh) Ershad* –, ist ein beliebter Vorname im Iran (Wiedemann, *Der Neue Iran*, 82). Über die politische und politisierende Rolle insbesondere der Universitäten schreibt Tabatabai (*Morgen in Iran*, 206): »Den Rahmen für kritische gesellschaftspolitische Debatten schaffen sich die Studierenden […] außerhalb von Vorlesungen und Seminaren. Sie organisieren Veranstaltungen an der Universität und debattieren entweder unter sich oder mit geladenen Rednern. In diesen Zusammenkünften *(hamayesh)* entwickeln sich kritische Diskussionen fernab vom vorgegebenen Curriculum, und es können Themen der Tagespolitik debattiert werden. Reformorientierte Studierende treffen sich in Veranstaltungen des *daftar-e tahkim-e vahdat*, konservative hingegen in denen der *Basidj*. Seit Rohani im Amt ist, gibt es häufiger als früher gemeinsame Veranstaltungen beider Gruppen. Hierbei werden stets prominente Redner aus beiden politischen Denkrichtungen eingeladen – wie z. B. der Reformintellektuelle Sadegh Zibakalam und der als konservativer Hardliner bekannte ehemalige Parlamentarier Ruhollah Hosseinian, die in einer lebhaften Diskussion an der Shahid-Beheshti-Universität aufeinandertrafen. Was nicht stattfindet und auch weiterhin

jedoch in der behördlichen Wahrnehmung die Grenze zum Subversiven.[251] Spätestens seit der Grünen Bewegung im Zusammenhang der Präsidentschaftswahl 2009 werden die Aktivitäten der Hauskirchen als staatsgefährdend eingestuft. Die illegale Beschäftigung mit der Bibel und Missionspraxis erscheinen als Verbreitung westlicher Ideen und umstürzlerischer Potentiale. Damit ist nicht nur das Selbstverständnis der Islamischen Republik infragegestellt,[252] sondern sehr konkret die gegenwärtige religiös-politische Konfiguration Irans gefährdet. Im Oktober 2010 sagte Ayatollah Khamenei vor Tausenden, dass die Hauskirchenbewegung »den islamischen Glauben gefährde und junge Muslime verführe«[253]. Eine offizielle rhetorische Strategie – nämlich den neuen Christ·inn·en ihr Christ-Sein abzusprechen – vermuten andere: »Over the last few years, state officials and clerics who influence state policy have increasingly spoken out against the growth of evangelicalism and house churches, articulating a rationale for state repression. Since Iran's constitution recognizes Christians as a religious minority with certain rights, and Christians are afforded certain protections under traditional Islamic jurisprudence as a ›people of the book‹, Iranian officials and clerics try to differentiate evangelicals and house churches from

undenkbar scheint, sind offene Debatten von Säkularisten, Marxisten oder anderen Gegnern des politischen Systems. Somit bewegt sich die gesellschaftliche und politische Debatte an der Universität stets innerhalb der von der politischen Ordnung abgesteckten Grenzen.«

251 Danyal berichtete davon, wie ihm sein aus dem islamischen Pflichtunterricht an der Universität erwachsenes Interesse an Jesus und Bibel zum Verhängnis wurde. Amir sprach davon, wie seine Hauskirche aufflog und er vor den strafrechtlichen Konsequenzen für sein Interesse an Christlichem floh.

252 Die Islamische Republik gründet sich auf das Prinzip *Welayat-e Faqih* – (»Statthalterschaft des Rechtsgelehrten«). Danach müsse der gelehrteste Rechtsgelehrte bis zur Rückkehr des verborgenen 12. Imams die Herrschaft ausüben. Die Islamische Republik hat dieses Prinzip auf unterschiedlichen Ebenen institutionalisiert: Das höchste Gremium der Islamischen Republik ist der *Expertenrat*, bestehend aus 86 auf Lebenszeit gewählten Mitgliedern. Der Expertenrat kontrolliert und wählt aus seinen Reihen als Staatsoberhaupt den sog. *Revolutionsführer*, in dem sich das Prinzip der Statthalterschaft des Rechtsgelehrten manifestiert. Der Revolutionsführer ernennt die Oberkommandeure der militärischen und paramilitärischen Einheiten. Er ernennt die obersten Richter sowie die Leiter des Rundfunks. Der Revolutionsführer ernennt die (vom Parlament gewählten) Mitglieder des *Wächterrates*, der – ausgestattet mit einem umfassenden Vetorecht – die Islam-Konformität der Parlamentsbeschlüsse sichert. Die wahlberechtigten Bürger·innen wählen den *Expertenrat* und das *Parlament*. Und sie wählen für vier Jahre den *Präsidenten*.

253 Ayatollah Khamenei warnte während seines Besuchs am 19. Oktober 2010 in der Heiligen Stadt Qom vor Tausenden auch vor dem Untergrund-Christentum der Hauskirchenbewegung sagte Khamenei (»Imam Khamenei Qum Speech Oct. 19, 2010«; abgerufen am 12.09. 2018 unter URL: https://www.youtube.com/watch?v=1yLbMnT0BBI); vgl. außerdem Danish Ministry of Immigration and Integration, *Iran, 2018*, 6; Fox News, *Iran's secret Christian movement grows, with the help from abroad* [abgerufen am 12.09.2018 unter URL: http://www.foxnews.com/world/2016/03/07/irans-secret-christian-movement-grows-with-help-from-abroad.html].

Christianity. They claim that evangelicals and house churches are a deviant form of Christianity, different from state-recognized Christianity.«[254]

Immer wieder wird von der Schließung von Hauskirchen und Inhaftierung der Mitglieder berichtet. Trotz Verbots, Beobachtung, des Einsatzes von Informanten und Infiltrierungsversuchen seitens der Behörden lassen sich die Hauskirchen aber nur schwer kontrollieren, was v. a. der dezentralen und informellen Organisationsstruktur, aber auch den Vorsichtsmaßnahmen (Handyverbot während der Treffen, verschlüsselte Kommunikation über Internetplattformen) geschuldet ist.[255] Die Behörden unternehmen mittlerweile große Anstrengungen, die Kommunikation der Hauskirchengruppen zu überwachen.[256] Sie reagieren damit auf den Umstand, dass viele Hauskirchen für und während ihrer Treffen von Referenten und Pastoren aus dem Ausland begleitet, mit Materialien versorgt und über die sozialen Medien geistlich geleitet werden.

Hauskirchen werden nicht nur im Rahmen der staatlichen Überwachungsmaßnahmen entdeckt, sondern auch von Nachbarn verraten. Dass Familienmitglieder ihre Angehörigen verraten, ist unwahrscheinlich aber nicht ausgeschlossen. Besonders Familien, die enger mit dem Regime verbunden sind – durch Anstellung oder Basidsch-Mitgliedschaft –, scheuten nicht, Familienmitglied preiszugeben.[257]

In welchem Maße die Hauskirchen verfolgt werden, unterscheidet sich. Mitunter werden nur die Leiter verhaftet, manchmal auch die Mitglieder. Oft erfolgt nach der Verhaftung die Freilassung gegen Kaution und nach der Zusage, nicht zu missionieren. Manchmal folgt auf die Freilassung rasch die erneute Verhaftung. Dass an einzelnen Persönlichkeiten auch Exempel statuiert werden, um zu Präventionszwecken eine Atmosphäre der Angst und Einschüchterung zu bereiten, ist kein Geheimnis. Bekanntheit und Zahlungskraft schützen vor langer Haft.[258]

Ein Christenleben in Anonymität ohne gemeinschaftliche Praxis und »Missionierungsversuche« bleibt in der Regel unentdeckt und interessiert die Be-

254 International Campaign, *The Cost of Faith*, 25. So z. B. in der als Beleg von dem Bericht (25 f.) angeführten Äußerung des Sicherheitsministers Heydar Moslehi im August 2010 in Fars News: »[B]ased on the information [we have] received, a Protestant current with ›Jesus only‹ mantra and support from the Zionists has begun to work in schools.« [abgerufen am 31.08. 2019 unter URL: https://www.farsnews.com/news/8905181239/تبلیغ-مسیحیت-در-میان-دانش%E2%80%8Cآموزان-کشور-پروژه%E2%80%8Cجدید-دشمن-در-جنگ-نرم] Mit Martin Rohe kann ergänzt werden, dass in Repressionslogik und offizieller Propaganda auch die europäische Kolonialgeschichte nachwirkt: »[Oft wird] der Verdacht geschürt, dass christliche Gruppie rungen oder gar ausländische Staaten versuchten, die islamischen Staaten auf solche Weise neu zu kolonialisieren.« (Rohe, *Das Islamische Recht. Eine Einführung*, 87)

255 Danish Ministry of Immigration and Integration, *Iran, 2018*, 5.

256 A. a. O., 6.

257 A. a. O., 6.

258 A. a. O., 7.

hörden nicht. Das trifft auch auf Rückkehrer·innen – z. B. abgewiesene Asylbewerber·innen – zu, die sich nicht öffentlich als Christ·inn·en betätigen. Das eigene Christ-Sein konsequent zu verheimlichen ist jedoch nicht nur fraglich, sondern wegen der zahlreichen Fallstricke auch schwer durchzuhalten.[259] Wer etwa seine Teilnahme an der schiitischen Mehrheitspraxis (besonders als Soldat oder Beamter) verweigert, macht sich verdächtig.[260] Spätestens die Frage der Kindererziehung beseitigt alle Zweifel,[261] dass ein Doppelleben als öffentlich bekennende·r Schiit·in und im geheimen praktizierende·r Christ·in nur unter größten Mühen zu bewältigen ist und auch ein anonymes Christ-Sein früher oder später zu Konflikten führen wird.

Eine Frage, die ebenfalls immer wieder im Rahmen des deutschen Asylverfahrens auftaucht und eine entscheidende Rolle spielt, ist die nach dem gezielten Einweihen von Familienangehörigen. Viele der im dänischen Bericht aufgeführten, jedoch nur einige der von mir interviewten Iraner·inne·n scheuen davor zurück, ihr Christ-Sein oder auch nur ihr Interesse an der Bibel mit ihren Familien zu teilen. Mitunter war das Bekanntmachen des eigenen Christ-Seins und der Bruch mit der Familie gerade der Anlass, zu flüchten.

### c) Zur strafrechtlichen Verfolgung »neuer« Christ·inn·en

Es ist v. a. die mit der öffentlichen Glaubensäußerung und -betätigung befürchtete Außenwirkung – als Motivation für andere oder als Zeichen der Schwäche des Regimes –, die die staatliche Verfolgung motiviert und leitet.[262] Die Berichte über die Situation von Christ·inn·en in den iranischen Haus- und Untergrundkirchen legen nahe, dass die Schwere der Verfolgung von zahlreichen Parametern abhängig ist: Wer wiederholt verhaftetet wird oder mehrmals den Widerruf seines christlichen Bekenntnisses verweigert, kann sich nicht durch Zahlung einer Kaution retten. Welche Strafe und in welcher Schwere die Strafe verhängt und dann auch vollstreckt wird, entscheidet sich auch nach der Stellung des Verhafteten. Zudem scheinen Verfolgungswellen auch mit der politischen Ausrichtung der jeweiligen Machthaber zu korrelieren. Bei all diesen mehr oder

259 Danish Ministry of Immigration and Integration, *Christian Converts, 2014*, 13 f.

260 Danish Ministry of Immigration and Integration, *Iran, 2018*, 7.

261 Danish Ministry of Immigration and Integration, *Christian Converts, 2014*, 14: »Whether a convert family experiences problems in connection with sending their children to school, Elam Ministries considered that it very much depends on the school. What issues may arise in such a situation will depend on the school, however, normally a school will have an Islamic supervisor and if this person hears information about a child acting anything other than Islamic, then the family may risk that the authorities are informed. Consequences could be that the family is forced to recant their faith, the child is continually ostracized at school and the family is taken in for questioning.«

262 Danish Ministry of Immigration and Integration, *Iran, 2018*, 8.

weniger kontingenten Faktoren gibt es aber eine rechtliche Ausgangslage, in deren Zusammenhang die Christ-Werdung von Iraner·inne·n überhaupt Gegenstand wird. Und dieser rechtliche Kontext ist in der Islamischen Republik Iran stark von der traditionellen, an den autoritativen islamischen Quellen gewonnene Rechtsprechung geformt.

Quellen traditioneller schiitischer Jurisprudenz sind – wie in den vier großen sunnitischen Rechtsschulen auch – *Qur'an* und die Prophetenüberlieferungen *(hadithe)*. Für die Zwölfer-Schia wird zudem als normativ erachtet, was den legitimen Nachfolgern des Propheten Mohammed – den Zwölf Imamen – zugerechnet wird.[263] In der Islamischen Republik Iran waren die verbindlichen schiitischen Rechtsquellen grundlegend für die Formulierung eines Strafgesetzbuches im Nachgang der Islamischen Revolution. Nach der Kodifizierung der jeweiligen Delikte (*hadd* und *qisas* bereits 1982; *tazir* 1983) wurden alle strafrechtlichen Regelungen 1991 im Strafgesetzbuch zusammengeführt. Ein Prozess zur Erhöhung der Islamkonformität von Strafgesetzbuch und Sharia führt 2012 zur Ratifizierung des überarbeiteten und ergänzten Strafgesetzbuches.

Die Ausgestaltung des Gelehrtenrechts zu einem scharia-basiertem kodifiziertem Recht scheint jedoch an einigen Stellen Fragen offen zu lassen. So wird verschiedentlich erstaunt darauf hingewiesen,[264] dass weder die iranische Verfassung noch das iranische Strafgesetzbuch den Abfall vom Islam explizit verbieten. Auch die legislativen Bemühungen, die rechtliche Verfolgung von sog. Apostaten gesetzlich zu verankern, waren bislang erfolglos. Ein Gesetzesentwurf von September 2008 zu »Abfall, Ketzerei und Hexerei« sieht die Bestrafung von

263 Zahlreiche für die Etablierung einer schiitischen Rechtsfindungspraxis grundlegende Aussprüche werden auf den sechsten Imam Dscha'far as-Sadiq zurückgeführt (– daher der Name Dscha'fariya für die in der Islamischen Republik verbindlichen und seit der Islamischen Revolution als solche auch verfassungsmäßig verankerten Rechtsschule). Diejenigen *hadithe*, die mit den ersten drei (sunnitischan) Kalifen in Verbindung gebracht werden, lehnen die Zwölfer-Schiiten als falsche Sunna ab. Im Gegensatz zur sunnitischen Hochschätzung von Gelehrtenkonsens (*idschma*; dritte sunnitische Rechtsquelle) und der alltagspraktisch verbindlichen Zuordnung zu einer der anerkannten Rechtsschulen (*taqlid* – Nachahmung), legen die schiitischen Rechtstraditionen großen Wert auf die eigenständige Urteilsbemühung *(idschtihad)*. Der Analogieschluss *(qiyas)* wird bei der Normfindung zwar angewandt, jedoch ebenso wenig als Rechtsquelle erachtet. Der *Idschtihad* als wichtigstes Instrument der Rechtsfindung dominiert auch die rechtstheoretischen Abhandlungen. (Rohe, *Das Islamische Recht. Geschichte und Gegenwart*, 45 f.) Für das Dschafariya-Recht gilt jedoch wie für das im weiteren Sinne islamische Recht, dass es sich dabei »um ein in hohem Maße komplexes System von Regeln über die Auffindung von Normen und deren Interpretation, das zudem von einer Fülle wirksamer sozialer Ausgleichsmechanismen flankiert wird« (Rohe, Islamisches Recht. Eine Einführung, 14). Das alles andere als geschlossene Corpus aus Normen, Rechtsquellen und Rechtsfindungspraktiken wird als *sharia* bezeichnet. Davon zu unterscheiden ist die scharia-basierte menschliche (!) Rechtsfindungsarbeit im engeren Sinne: *fiqh* (Erkenntnis, Einsicht), die islamische Normenlehre.

264 Stewart, *Apostasy in Islamic States*, 39.

Apostasie vor. Der Entwurf wurde vom Parlament verabschiedet, dem Wächterrat zur Prüfung und abschließenden Zustimmung jedoch noch nicht vorgelegt. Die Entwürfe des 2013 in Kraft getretenen neuen Strafgesetzbuches beinhalteten auch Paragraphen, die Apostasie unter Strafe stellen; die Abschnitte wurden jedoch vom Parlament abgelehnt.[265]

Was verfassungsmäßig und strafgesetzlich nicht geregelt ist, führt jedoch nicht zu Straf- oder Verfolgungsfreiheit. Wenn es keine gesetzliche Regelung gibt, sieht die Verfassung eine Klärung auf Grundlage der autoritativen Quellen, d. h. des traditionellen islamischen Gelehrtenrechts vor.[266] Nun ist der Umkehrschluss, dass nur, was nicht durch die traditionelle Rechtsprechung bearbeitet werden kann, überhaupt ein Gesetz braucht, zu einfach. Aber der Mangel an entsprechenden Gesetzen für den Apostasie-Fall heißt auch, dass es in islamischer Rechtsfindungsperspektive gar keinen gesetzlichen Regelungs*bedarf* gibt. Denn auf Grundlage der Quellen und Normfindungstradition ist es *un*umstritten, den Abfall vom Islam zu ahnden. Im Falle Yousef Nadarkhanis etwa lehnte der Oberste Gerichtshof den Einwand des Anwalts, dass Apostasie als Delikt gar nicht im Strafgesetzbuch existiere, mit dem Argument ab, dass Apostasie nach Sharia-Gesetzgebung und nach Meinung des Gründers der Islamischen Republik ohne Zweifel ein Verbrechen sei.[267]

Grund für die Ahndung von Apostasie ist in jedem Falle aber nicht die wie auch immer geartete innere Abwendung vom Islam; es sind vielmehr die mit der Abwendung tatsächlich einhergehenden oder nur unterstellten negativen Effekte für das muslimische Miteinander. Ein Blick auf die traditionellen rechtlichen und im iranischen Strafgesetzbuch kodifizierten Anknüpfungspunkte erschließt die Sanktionslogik.

Die iranische wie andere koranisch geprägte Jurisdiktionen unterscheiden strafrechtlich zwischen *ḥadd*-, *ta'zir*- und *qisās*-Delikten.[268] Für uns an dieser

---

265 Human Rights Watch, *Codyfying Repression*, 10 (Fn. 4).

266 So legt Art. 220 des Strafgesetzbuch fest: »Regarding the *hadd* punishments that are not mentioned in this law Article one hundred and sixty seven (167) of the Islamic Republic of Iran's Constitution shall be applicable.« In Art. 167 der Verfassung heißt es: »The judge is bound to endeavour to judge each case on the basis of the codified law. In case of the absence of any such law, he has to deliver his judgement on the basis of authoritative Islamic sources and authentic fatawa. He, on the pretext of the silence of or deficiency of law in the matter, or its brevity or contradictory nature, cannot refrain from admitting and examining cases and delivering his judgement.«

267 Human Rights Watch, *Codyfying Repression*, 39.

268 Als *tazir*-Delikte werden in islamischen Jurisdiktionen diejenigen Vergehen bezeichnet, die der jeweilige Machthaber zusätzlich zu den koranisch verankerten sanktioniert. Außerdem fallen unter *tazir* all die Delikte, »in denen eine *hadd*-Strafe nur deshalb ausscheidet, weil ein für das jeweilige *hadd*-Delikt spezifische Tatbestandsmerkmalt nicht erfüllt ist« (Rohe, *Das Islamische Rechte. Geschichte und Gegenwart*, 137). Eine weitere Klasse strafrechtlich rele-

Stelle relevant sind erstere. Als solche werden die bereits im Koran als solche aufgeführten Vergehen und ihre Rechtsfolgen bezeichnet. *ḥadd*-Delikte ziehen Strafen nach sich, die nicht verhandelbar, weil von Gott selbst (im Koran) festgelegt sind. Wer stiehlt, trinkt, außerehelichen Geschlechtsverkehrt hat oder einen anderen der Unzucht verleumdet, macht sich gegenüber Gott schuldig.[269] Als Grenzüberschreitungsdelikt (*ḥadd* - Grenze) in diesem Sinne geahndet und bestraft werden auch »Wegelagerei, gewaltsamer Straßenraub« *(muḥāraba)*[270] und in der dominierenden schiitisch-dschafaritischen Rechtssprechungstradition auch der »Abfall vom Islam« *(ridda)*, wobei dieser Vorwurf einer Erläuterung bedarf.[271] In Hinblick auf iranische Christinen ist es eine Kombination beider sehr spezifischer Vorwürfe, mit der ihre Verfolgung begründet wird.

- »Abfall vom Islam« *(ridda):* Der Verstoß gegen islamische Normen ist strafbar, kennzeichnet aber noch keinen Abfall vom Islam; ebenso wenig ist es die Ablehnung von ohnehin Umstrittenem.[272] Die Enzyklopädien des islamischen Rechts unterscheiden *ridda* durch aktives Handeln oder Reden (z. B. gegen den Propheten und die autoritativen Quellen), aber auch durch Unterlassung (z. B. der Pflichten).[273] Für die Verfolgung als Apostat ist das öffentliche Bekenntnis bzw. die öffentlich zur Schau gestellte Abkehr vom Islam ausschlaggebend.[274] Was den bloßen Umstand der (inneren) Abwendung vom Islam angeht, spart der Koran mit konkreten Handlungsanweisungen; die sich mit dem Abfall vom Islam befassenden Suren verheißen diesbezüglich jenseitige Strafen. Die für die Legitimierung der Todesstrafe[275] bei Apostasie bemühte Sure 4,88–89[276] bezieht sich zunächst auf Polytheisten, denen vorge-

vanter Delikte sind die unter das Talionsrecht *(qisas)* fallenden Tötungs- oder Verletzungsfälle.

269 Vgl. Rohe, *Das Islamische Recht. Geschichte und Gegenwart*, 122–136.

270 Peters, *Crime and Punishment*, 57–59. Rohe, *Das Islamische Recht. Geschichte und Gegenwart*, 124.

271 Peters, *Crime and Punishment*, 64f. Rohe, *Das Islamische Recht. Geschichte und Gegenwart*, 134f. u. 268–272.

272 Vgl. Rohe, *Das Islamische Recht. Geschichte und Gegenwart*, 134.

273 Zehetgruber, *Islamisches Strafrecht*, 123f.

274 Rohe, *Das Islamische Recht. Geschichte und Gegenwart*, 10: »[D]ie notwendig objektivierte und formalisierte Rechtsdurchsetzung im Diesseits [unterscheidet sich] von der jenseitsbezogenen Prüfung innerer Überzeugungen und Haltungen. [... D]ie Frage, ob eine Person Muslim ist und deshalb spezifische für Muslims geltenden Rechtsnormen unterliegt, [ist] aus Sicht des Rechts nach äußeren Faktoren zu bestimmen, auch wenn diese Person innerlich tatsächlich dem Islam abgeschworen hat.«

275 So Rohe, *Das Islamische Recht. Geschichte und Gegenwart*, 134.

276 Sure 4: »88 Wieso seid ihr im Hinblick auf die Heuchler zwei Gruppen, wo Gott sie (in den laten Zustand) zurückversetzt hat wegen dessen, was sie erworben haben? Wollt ihr den rechtleiten, den Gott irregeführt hat? Wen Gott irreführt, für den wirst du keinen Weg finden. 89 Sie möchten gern, ihr würdet ungläubig, wie sie ungläubig sind, sodass ihr (ihnen gleich würdet). So nehmt euch niemanden von ihnen zum Freund, bis sie auf dem Weg Gottes

worfen wird, sich in Zeiten der (militärischen) Schwäche von der *umma* abzuwenden.[277] Ähnlich scharf positioniert sich Sure 3,86 gegen »ungläubig Gewordene«[278], scheint eine Strafe für den Abfall aber allein Gott anzubefehlen. Eindeutiger in seiner Forderung nach Bestrafung des *murtadd* mit dem Tod ist nach Meinung vieler Juristen und Exegeten der Ausspruch des Propheten »Wer seine Religion wechselt, den tötet!«[279] Zweifelsfrei als todeswürdige *ridda* gilt die öffentliche Schmähung des Propheten, des Korans und – im schiitischen Islam – der Imame. Juristen unterschiedlicher islamischer Juristiktionen scheinen sich aber auch hier einig, dass »[n]icht der Unglaube [...] Strafgrund [sei], sondern nur die Bekämpfung der Gläubigen, der Angriff auf sie sowie der Versuch, sie vom Glauben abzubringen. Der Tatbestand wird damit [...] zum Staatsschutzdelikt.«[280]

- »Kampf gegen Gott und seinen Gesandten« *(muḥāraba-):* Damit sind im engeren Sinne Wegelagerei und Straßenraub gemeint, in einer weiten Auslegung fallen darunter aber auch die öffentliche Ordnung gefährdender Aufruhr und Ungehorsam. *muḥāraba* bedeutet so viel wie »kämpfen« und kürzt die Wendung »Kampf gegen Gott« ab. Wer durch Raub und Ungehorsam Unruhe stiftet, den Frieden im Land stört, die öffentliche Sicherheit gefährdet und damit die Integrität eines islamischen Gemeinwesens irritiert, versündigt sich nicht nur an der *umma*, sondern an Gott selbst. Dass *muḥāraba* strafrechtlich relevant wird, steht außer Frage; die koranisch begründeten, traditionell

auswandern. Wen sie sich abkehren, dann greift sie und tötet sie, wo immer ihr sie findet, und nehmt euch niemanden von ihnen zum Freund oder Helfer« (Khoury, *Der Koran*, 145).

277 So Khoury, *Der Koran*, 145 [Kommentar zu Sure 4,88]. Vorgeworfen wird den Polytheisten, sich in Zeiten der militärischen Schwäche von der *umma* abzuwenden.

278 »Wie sollte Gott Leute rechtleiten, die ungläubig geworden sind, nachdem sie gläubig waren und bezeugt haben, dass der Gesandte wahrhaftig ist, und nachdem die deutlichen Zeichen zu ihnen gekommen sind? Gott leitet die ungerechten Leute nicht recht. Die Vergeltung für sie ist, dass der Fluch Gottes und der Engel und der Menschen allesamt über sie kommt. 88 Sie werden darin ewig weilen. Ihnen wird die Pein nicht erleichtert, und ihnen wird kein Aufschub gewährt, 89 außer denen, die danach umkehren und Besserung zeigen. Denn Gott ist voller Vergebung und barmherzig. 90 Von denen, die, nachdem sie gläubig waren, ungläubig werden und an Unglauben zunehmen, wird ihre Reue nicht angenommen werden. Das sind die, die irregehen. 91 Von denen, die ungläubig sind und als Ungläubige sterben – nicht die Erde voll Gold würde von einem von ihnen angenommen, auch wenn er sich damit loskaufen wollte. Für sie ist eine schmerzhafte Pein bestimmt, und sie werden keine Helfer haben.« (Khoury, *Der Koran*, 115f.)

279 Vgl. die Diskussion dieses *ḥadīṯ* und anderer, die für Tötungsforderung bei Apostasie als maßgeblich erachtet werden, bei Griffel, *Apostasie und Toleranz*, bes. 51–66: Der Ausspruch taucht in gleichem Wortlaut an mehreren Stellen auf (a. a. O., 51, Fn. 35); er ist bereits in den ältesten *ḥadīṯ*-Sammlungen enthalten (52) und aufgrund seiner frühen Datierung von hohem autoritativem Gewicht. Über die Stellen in den *ḥadīṯ*-Corpora hinaus diskutiert Griffel Umgang und Entwicklung v. a. in der sunnitischen Schulbildung.

280 Rohe, *Das Islamische Recht. Geschichte und Gegenwart*, 269. Rohe bezieht sich mit diesem Urteil auf einstigen Rektor der deutungsmächtigen Azhar-Universität Mahmud Saltut.

vorgesehenen Rechtsfolgen sind drastisch und reichen von der Strafamputation bis hin zur Tötung.[281]

Es sind der *muḥāraba*- und *ridda*-Vorwurf, die in Kombination immer wieder gegen Regime-Kritiker·innen und gegen iranische Neu-Christ·inn·en bemüht werden. Verhalten, das als »Abfall vom Islam« wahrgenommen wird oder sich als solches zu erkennen gibt, wird in dieser Perspektive zu einer Gefährdung der Integrität der islamischen Gesellschaft, zum Aufbegehren gegen Gott und damit zu einem todeswürdigen Verbrechen. Besonders Leiter und Organisatoren der Hauskirchen riskieren eine Verurteilung wegen Verbrechen, die als *ḥadd*-Delikt den Tod oder lange Gefängnisstrafen nach sich ziehen. Aus der Transformation von Scharia-Recht in verfassungsmäßig institutionalisiertes Strafrecht ergeben sich zahlreiche Möglichkeiten, das als Konversion, Apostasie, Abfall o. a. wahrgenommene Verhalten zu sanktionieren. Das Delikte kommt strafrechtlich wie folgt zu stehen:

»*Book 2 – Hudud*
Part 1 – General Articles
Part 2 – Offenses Punishable by Hadd
Chapter 1 – Zina
Chapter 2 – Livat, Tafkhiz, and Musaheqeh
Chapter 3 – Procuring/Pandering
Chapter 4 – Qazf [false accusation of sexual offenses]
*Chapter 5 – Sabb-e nabi (Swearing at the Prophet)*
Chapter 6 – Consumption of Intoxicants
Chapter 7 – Theft
*Chapter 8 – Moharebeh*
*Chapter 9 – Baqy (Rebellion) and Efsad-e-fel-arz (Corruption on Earth)*«[282]

Geht die Hinwendung zu Christlichem mit der expliziten Abwendung vom Islam einher, wird der Vorwurf der »Fluchen des Propheten« bzw. Blasphemie erhoben.

»Chapter Five – *Sabb-e nabi* (Swearing at the Prophet)

Article 262 – *Anyone who swears at or commits qazf against the Great Prophet* (peace be upon him) *or any of the Great Prophets, shall be considered as Sāb ul-nabi* [a person who swears at the Prophet], *and shall be sentenced to the death penalty.*

Note – *Commission of qazf against, or swearing at, the [twelve] Shi'ite Imams* (peace be upon them) *or the Holy Fatima* (peace be upon her) *shall be regarded as Sab-e nabi.*

281 Vgl. dazu Rohe, *Das Islamische Recht. Geschichte und Gegenwart*, 124f.
282 The Iran Human Rights Documentation Center, *English Translation of Books I & II of the New Islamic Penal Code, 2014* [kursiv, CK; abgerufen am 19.07.2019 unter URL: http://www. https://iranhrdc.org/english-translation-of-books-i-ii-of-the-new-islamic-penal-code/].

> Article 263 – When the accused of a *sabb-e nabi* (swearing at the Prophet) claims that his / her statements have been under coercion or mistake, or in a state of drunkenness, or anger or slip of the tongue, or without paying attention to the meaning of the words, or quoting someone else, then s/he shall not be considered as *Sāb ul-nabi* [a person who swears at the Prophet].
>
> Note – When a *sabb-e nabi* (swearing at the Prophet) is committed in the state of drunkenness, or anger or quoting someone else, if it is considered to be an insult, the offender shall be sentenced to a ta'zir punishment of up to seventy-four lashes.«[283]

Die Hinwendung zum Christentum ist Akt von politischer Valenz, weil sie die Integrität der *umma* empfindlich irritiert und in nationalstaatlicher Perspektive die Integrität Irans als Islamischer Republik.[284] Nach der breiten Anwendung der *ḥadd*-Strafen verwundert es nicht, dass Fälle von Konversion als Gefährdung der nationalen Sicherheit verhandelt werden. Das Strafgesetzbuch weist mit Art. 498 der Ahndung von »Verbrechen gegen die nationale Sicherheit« einen eigenen Ort zu. Im März 2017 wurde *Ebrahimi Firouzi* für die Bildung einer Gruppe zur Störung der öffentlichen Sicherheit zu einer fünfjährigen Haftstrafe verurteilt.[285] Explizit wird die islamisch-religiöse Diktion des Verbotes, die öffentliche Ordnung zu stören bzw. die nationale Sicherheit zu gefährden, aber in dem häufiger gegenüber Konvertiten erhobenen Vorwurf, »Verderben auf Erden zu säen«. Im Strafgesetzbuch heißt es:

---

283 The Iran Human Rights Documentation Center, *English Translation of Books I & II of the New Islamic Penal Code* [kursiv, CK].

284 Hinter diesem Vorwurf vermutet einer meiner Gesprächspartner die konkrete Furcht, genährt durch das Trauma des iranisch-irakischen Krieges, vor eine Schwächung der Verteidigungsfähigkeit im Kriegsfall. Danyal sagt: »[W]enn du Christ wirst, du willst anderes auch Christ machen oder werden und das ist die- schlimme Sache, dass die zum Beispiel Politiker oder die Präsidenten, die wollen nicht Soldaten verloren weißt du, was ich meine? Jetzt zum Beispiel, wenn 22 Millionen Junge gibt im Iran, die sind Muslim und Schia, wenn etwas passiert, die können Soldat sein. Und für diese Ideologie kämpfen. Aber wenn die zehn Millionen von diese zwanzig Millionen sind Christ geworden: Wollen die auch zusammen kämpfen für die Schia? Nein. Vielleicht für Iran, aber nicht für die Schia für die Islam. Weil die sind Christ. Ja, in unser Krieg bei- mit dem Irak, wir hatten acht Jahre Krieg mit dem Irak, unsere Nachbarn. Und diese Krieg Christ, Muslim, Jud alle zusammen waren, weil das war Iran zwischen Irak. Aber die Ideologie jetzt vor unser Politiker schiitische Halbmond, weißt du, von Iran ist Israel – die brauchen Soldaten dann, warum Christ? Ok, glaubt zu Islam oder sagt nichts einfach. Die Kirche, die alle Kirche dürfen nicht du hereinlassen, dann geh und sag: Ich bin Atheist. Und wenn man Atheist wird, brauch nicht zu jemanden sagen: Ich bin Atheist. Weil hat keine Gott. Aber wenn ich zum Beispiel Christ bin, Jesus Christus sagt: Ich bin nicht Christe liegt nicht hinter dem eine Tasse. Das liegt auf dem hoch, dass die ganzes Licht alle so benutzen. [Das Licht nicht unter den Scheffel stellen …, CK] Was heißt das? Was heißt du musst sagen. Wenn du anderes siehst, dass eine Weg sucht, musst du die Weg zeigen. Aber im Iran, das ist ganz großes so Problem.« (Danyal, *Interview 2017*)

285 Farsi Christian News Network, Iran Court Confirms Five Years Prison Sentence for Christian Convert, 31.03.2017 [kursiv, CK; abgerufen am 22.07.2019 unter URL: https://fcnn.com/en/?p=931]. Zit. nach Danish Ministry of Immigration and Integration, Iran, 2018, 10.

»Chapter Nine – *Baqŷ* (Rebellion) and *Efsad-e-fel-arz* (Corruption on Earth)

Article 286 – *Any person, who extensively commits felony against* the bodily entity of people, offenses against *internal or international security of the state, spreading lies,* disruption of the economic system of the state, arson and destruction of properties, distribution of poisonous and bacterial and dangerous materials, and establishment of, or aiding and abetting in, places of corruption and prostitution, [on a scale] *that causes severe disruption in the public order of the state and insecurity,* or causes harsh damage to the bodily entity of people or public or private properties, or causes distribution of corruption and prostitution on a large scale, *shall be considered as mofsed-e-fel-arz [corrupt on earth] and shall be sentenced to death.*

Note – *When,* considering all the evidence and circumstances, *the court does not establish the intention* to cause extensive disruption in the public order, or creating insecurity, or causing vast damage or spreading corruption and prostitution *in a large scale,* or the knowledge of effectiveness of the acts committed, provided that the offense committed is not punishable under the title of a different offense, *it shall sentence the offender to a ta'zir imprisonment* of the fifth or sixth degree, considering the harmful consequences of the offense.

Article 287 – *Any group that wages armed rebellion against the state of the Islamic Republic of Iran, shall be regarded as moharebs,* and if they use [their] weapon, its members shall be sentenced to the death penalty.

Article 288 – When members of the rebel group are arrested before any conflict occurs or a weapon is used, if the organization or core of that group exists, they shall be sentenced to a ta'zir imprisonment of the third degree, and if the organization or core of that group cease to exist, they shall be sentenced to a ta'zir imprisonment of the fifth degree.«[286]

Die Unterscheidung von Efsad-e-fel-arz und Moharebeh ist eher eine quantitative; beide Vorwürfe werden meist zusammen erhoben, der eine als materiale Präzisierung des anderen gehandhabt. Die Erläuterung von Moharebeh stellt das Strafgesetzbuch dementsprechend den Ausführungen zur Verbreitung von »Verderben auf Erden« voran.

»Chapter 8 – *Moharebeh*

Article 279 – *Moharebeh is defined as* drawing a weapon on the life, property or chastity of people or *to cause terror as it creates the atmosphere of insecurity.* When a person draws a weapon on one or several specific persons because of personal enmities and his act is not against the public, and also a person who draws a weapon on people, but, due to inability does not cause insecurity, shall not be considered as a *mohareb* [i. e. a person who commits *moharebeh*].

286 The Iran Human Rights Documentation Center, *English Translation of Books I & II of the New Islamic Penal Code* [kursiv, CK].

Article 280 – Any person or group that resorts to weapons in order to fight with *moharebs* shall not be considered as a *mohareb.*

Article 281 – Robbers, thieves, or smugglers who resort to weapons and disrupt public security or the security of roads, shall be considered as a *mohareb.*

Article 282 – *The hadd punishment for moharebeh is one of the following four punishments:*

(a) *The death penalty (hanging)*
(b) *Crucifixion*
(c) *Amputation of right hand and left foot*
(d) *Banishment*

Article 283 – The judge has the discretion of choosing one of the four punishments prescribed in article 282.

Article 284 – In any case, the length of the banishment shall not be less than one year even though the *mohareb* has repented after arrest; and if s/he does not repent s/he shall remain banished.

Article 285 – In the case of banishment, the *mohareb* shall be put under supervision and be banned from associating, contacting, and socializing with other people.«[287]

Art. 287 der revidierten Fassung des Strafgesetzbuches fordert für das »Säen von Korruption auf Erden« die Todesstrafe.[288] Der Paragraph war bereits die Grundlage für die Verfolgung und massenhafte Exekution verschiedener, mitunter terroristischer Widerstandsgruppen unmittelbar nach der Islamischen Revolution und nach dem Ende des Iran-Irak-Krieges. Unter das Vergehen fällt in der neuen Fassung aber auch das »Verbreiten von Lügen«, »das Betreiben von Zentren der Korruption oder Prostitution« oder die »Gefährdung der nationalen Sicherheit«.[289]

Die staatsschutzrechtliche Wahrnehmung der Hauskirchenbewegung und neuen iranischen Christen führt dazu, dass ihre Verfolgung in das Aufgabengebiet des Islamischen Revolutionsgerichtes fällt, eines Sondergerichtshofes für die Abwehr von Angriffen auf die Islamische Republik, zuständig für Schmährede über Verschwörung bis hin zu Spionage.[290] Der Revolutionsgerichtshof diente nach der Revolution 1979 dazu, jede Art von Opposition zu unterdrücken. Bekannt wurde die Hinrichtung von Oppositionellen im Schatten des Iran-Irak-

287 The Iran Human Rights Documentation Center, *English Translation of Books I & II of the New Islamic Penal Code* [kursiv, CK].

288 The Iran Human Rights Documentation Center, *English Translation of Books I & II of the New Islamic Penal Code:* »Article 287 – Any group that wages armed rebellion against the state of the Islamic Republic of Iran, shall be regarded as moharebs, and if they use [their] weapon, its members shall be sentenced to the death penalty.«

289 Zit. n. Human Rights Watch, *Codifying Repression*, 3.

290 Danish Ministry of Immigration and Integration, *Iran 2018*, 9.

Krieges oder zu Beginn der 1990er Jahre.[291] Dass sowohl die Hauskirchenbewegung als auch die Missionsarbeit einzelner als illegale Gruppenbildung und Gefährdung der nationalen Sicherheit wahrgenommen und verurteilt werden, belegt der DIS-Bericht anhand zahlreicher Schicksale.[292] Das öffentliche Bekenntnis sowie die Missionsarbeit werden wahrgenommen als Infragestellung der Islamizität. Der Vorwurf der Staatsgefährdung wird immer wieder mit dem der Blasphemie gekoppelt. Als solche zählt nicht nur die Verunglimpfung Mohammeds, Husseins oder Fatimas, sondern auch die z. B. auch die Kritik am Revolutionsführer.[293]

Zusammenfassend ist zu sagen: Dass in Iran Apostasie mit dem Tod bestraft wird, ist so richtig wie falsch, greift als Diagnose aber zu kurz. Wie in Kapitel B.V gezeigt wurde, ist die Hinwendung von Iraner·inne·n zum Christentum oft Ausdruck einer fundamentalen Ablehnung der *Islamischen* Republik Iran. Gemeinschaftliches Bibelstudium und Taufe sind ein politisches Statement; sie werden vom iranischen Regime als solche wahrgenommen und entsprechend als staatsschutzrechtliche Delikte geahndet, freilich unter Berufung auf die autoritativen schiitischen Quellen. Dass sich diese iranischen Christ-Werdungs-Geschichte einer einfachen Subsumtion unter die asylrechtliche Schutznorm religiös motivierter Verfolgung widerstreben, liegt auf der Hand und wird unten zu diskutieren sein.

## 2. Iranischer Protestantismus und seine diskursiven Reservoirs

Elam-Ministries sind eine der aktivsten Organisationen, was die Unterstützung des iranischen Untergrundchristentums angeht. In London werden iranische Gemeindeleiter ausgebildet, Bibeln werden versandt. An dieser Stelle soll das Augenmerk darauf gelenkt werden, was in sich in dem Namen Elam Ministries an Selbstverständnis des hier verhandelten iranischen Christentums ausspricht. Die

291 Eindrücklich bei Ebadi, *Mein Iran*, 176–194. Vgl. Der Spiegel, *Blutspur des Terrors*, Ausgabe vom 14.10. 1996. In der Liste der Opfer reicht vom Neffen des Schahs über Deserteure bis zum norwegischen Herausgeber der »Satanischen Verse«.

292 Danish Ministry of Immigration and Integration, *Iran 2018*, 10 ff.

293 Danyal berichtet etwa: »[D]ie Leute, iranige Leute, die sagen schlimmes Wort zu die Gott zum Beispiel, dieses zum Beispiel Religion. Man, wenn man im Ende ist, kann dieses schlimmes Wort sagen. Dann Nase voll ist, ich denke von über dieses Thema, dass die schlimmes Wort sagen. Darüber ist. Sonst Iran hatte nicht solche Probleme. Politikprobleme hatten wir schon. Auch die letzte Mona-, letzte zwei Monate auch hatten wir. Aber Politiker können eigentlich nach den so fünf oder zehn Jahre Gefängnis wieder rauskommen und weiterleben. Manche bleiben bis ewig, aber manche kommen raus. Aber über die Religion, nein. Das ist die rote Grenze. Rote Zeichen. Darfst du nicht das zur anderen Seite gehen. Weil die alle Gesetz, die Hochmeister will nicht, Herr Khamenei, will nicht die- diese Empire lassen oder lösen. Das ist.« (Danyal, *Interview 2017*)

Wahl des Namens Elam rührt von einer Passage aus dem Buch des Propheten Jeremia. Dort heißt es in Kapitel 49 Verse 34–39:

»[34]Dies ist das Wort des HERRN, das geschah zu Jeremia, dem Propheten, über Elam im Anfang der Herrschaft Zedekias, des Königs von Juda: [35]So spricht der HERR Zebaoth: Siehe, ich will den Bogen Elams zerbrechen, seine stärkste Waffe, [36]und will die vier Winde von den vier Enden des Himmels über sie kommen lassen und will sie in alle diese Winde zerstreuen, dass es kein Volk geben soll, wohin nicht Vertriebene aus Elam kommen werden. [37]Und ich will Elam verzagt machen vor seinen Feinden und vor denen, die ihnen nach dem Leben trachten, und will Unheil über sie kommen lassen, meinen grimmigen Zorn, spricht der HERR, und will das Schwert hinter ihnen herschicken, bis ich sie aufreibe. [38]Meinen Thron will ich in Elam aufstellen und will dort den König und die Fürsten umbringen, spricht der HERR. [39]Aber in der letzten Zeit will ich das Geschick Elams wieder wenden, spricht der HERR.«[294]

Im Gespräch mit der Soziologin Kathryn Spellman deuten iranische Christ·inn·en die Passage dahingehend, dass es sich bei den Winden, die sich über Elam legen, um den Islam handelt. Elam Ministries selbst legten ihr gegenüber Anfang der 2000er Jahre die Passage wie folgt aus:[295]

»Long before the birth of Christ the ancient kingdom of Elam in the South-West of the Iranian plateau had risen and fallen. But as the Bible records, the people of Elam kept their identity and exerted a strong influence on the region. Most important of all, God has specifically promised to restore the fortunes of the Elamites, who today are the people of the Farsi speaking world. Elam Minstries exist because God's promise will not fail. Millions of people in Central Asia and [the] Persian speaking world will hear and respond to God's Gospel of restoration.«[296]

Elam Ministries – der Name verbindet programmatisch biblische Genealogien mit ältesten iranischen Siedlungsgebieten und heutigen Evangelisationskulturen. Das junge iranische Christentum artikuliert sich als iranischer Protestantismus: Es präsentiert sich als eigentlicher, weil nicht-islamischer Iran, für den König Darius, der Mystiker Hafis und die Pahlavi-Schahs gleichermaßen Zeugen sind. Der »eigentliche Iran« steht für eine in Einfachheit und Logik bestechende Alltagsmoral, die sich mit dem populärzoroastrischen Diktum vom rechten Denken,

294 Luther 2017.

295 Spellman, *Religion and Nation*, 148.

296 Spellman, *Religion and Nation*, 148. In ähnlichem Gestus äußern sich auch neuere Publikationen wie ein im Juni 2019 versandter Spenden- und Gebetsaufruf, in dem es heißt: »Elam was founded with the conviction that whoever sits on earthly thrones, Jesus reigns from His heavenly throne. Our name, Elam, is taken from Jeremiah 49:38 where God says, ›I will set my throne in Elam.‹ (Elam was a key province in the Persian empire.) / So our name is a statement of faith that the Lord will keep His promise and have His way in Iran. It is a prayer that His Kingdom will indeed come to Iran. / That is why whatever the political circumstances, our mission remains the same: to strengthen and expand the church in the Iran region and beyond.« (Elam Ministries, *How to pray for Iran*, June 2019)

rechten Reden, rechten Handeln bescheidet. Seinen zeitgemäßen Ausdruck findet dieser eigentliche Iran nach dem Zeugnis vieler iranischer Christ·inn·en als Protestantismus, indem Jesus und Luther Mohammed und Hussain ablösen. Beides – Protestantismus und Iran – fällt nicht vom Himmel, sondern hat eine (iranische) Geschichte, die ich im Folgenden anhand ausgewählter Momente skizzieren will.

## a) Protestantismus als umstrittener Signifikant

### *aa) Islam des Protestes*

Die Anwältin und Menschenrechtsaktivistin Shirin Ebadi erzählt in ihrem autobiographischen Werk »Mein Iran« von den Wochen der Aufstände gegen das Regime Mohamed Reza Pahlavis, des letzten iranischen Schahs, Ende 1978. Die Kritik an den katastrophalen Folgen der verfehlten Wirtschaftspolitik, der Ärger über die Verschwendungssucht des Herrscherhauses und die als islamfeindlich wahrgenommenen Einführung des Sonnenkalenders treiben mittlerweile Tausende auf die Straße. Alle Versuche des Geheimdienstes Savak, die Proteste gewaltsam im Zaum zu halten, bewirken nur das Gegenteil. Seitdem zu Beginn des Jahres 1978 der exilierte Schah-Kritiker Ruhollah Khomeini in der staatsnahen Zeitung Ettela'at diffamiert wurde, hat sich die Frequenz und Ausbreitung der Proteste nochmal erhöht. Ob auch das schah-treue Militär die Forderung nach Abdankung des Herrschers mittragen würde, ist in diesen Tagen alles andere als sicher.

> »Etwa einen Monat lang hing die Zukunft unseres Landes in der Schwebe. In den meisten Städten gab es nun Notstands-Militärregierungen, und der Ayatollah ordnete an, dass die Menschen bei Einbruch der Dunkelheit der Nacht in ihren Häusern zu sein hätten. Um 21 Uhr sollten alle auf ihre Dächer gehen und *Allahu akbar*, Gott ist groß, rufen. Es war eine raffinierte Methode, sich die Dynamik der Protestmärsche zunutze zu machen, die Wut und die Unzufriedenheit buchstäblich hervorzurufen, ohne dass sich die Menschen auf der Straße aufstellen mussten und riskierten, erschossen zu werden. Mehr als alles andere zeigte diese Taktik, wie gut der Ayatollah [Chomeini] es verstand, in seiner Kampagne gegen den Schah mit den religiösen Gefühlen der Massen zu spielen.
>
> Jeden Abend stiegen mein Mann und ich die Treppe zu unserem Dach hoch und bellten treu und brav eine ganze halbe Stunde lang *Allahu akbar*, bis wir heiser waren. Ich erinnere mich, dass ich den Blick über die Dächer der Stadt schweifen ließ, wo, so weit das Auge reichte, Menschen auf den niedrig gebauten Häusern herumliefen und den Kopf zum Nachthimmel erhoben, damit ihre Stimmen emporsteigen konnten. Die herrliche, hymnenartige Melodie dieser Schreie hing über der still gewordenen Stadt und hatte eine so ergreifende Spiritualität, dass selbst meine gleichmütigen, zynischen Freunde davon bewegt waren. […]

Damals wunderte sich jeder, wenn ein Haus dunkel und das Dach leer blieb. Wenn die Regierung heute die Menschen dazu auffordert, am 22. Bahman in Erinnerung an diese Nächte auf das Dach zu steigen, sind nur ein einigen wenigen Häusern eher wehmütige *Allahu-akbar*-Rufe zu hören. Doch darüber wundert sich niemand mehr.«[297]

2009 erfährt diese Form des Protestes im Zusammenhang der Präsidentschaftswahlen eine Neuauflage. In fast allen meiner Interviews kommen wir früher oder später auf das Scheitern der sog. Grünen Bewegung Mitte 2009 zu sprechen. Für einige Iraner·innen mit denen ich sprach, waren die Erfahrungen nach 2009 der Anlass, das Land zu verlassen.

Jahrzehnte sind vergangen, seitdem Khomeini und seine Anhänger den Herrscher zur Ausreise gezwungen und Iran zur sog. Islamischen Republik Iran umgebaut haben. Nun, im Vorfeld der Wahlen 2009 formiert sich die Opposition um die Präsidentschaftsanwärter Mir Hossein Musawi und Mehdi Karroubi als Grüne Bewegung. Mit ihren Forderungen von gesellschaftlicher Öffnung und einer sorgfältigeren Wirtschaftspolitik stellen nur wenige die islamische Ordnung als Ganze infrage, jedoch die Macht derer, die gegenwärtig beanspruchen, das Land islamkonform zu leiten.

Bereits vor der Wahl hatte die Opposition die Farbe grün für sich besetzt. »Die Aneignung von […] Grün war wie eine Enteignung, der Islamischen Republik wurde die Farbe genommen. Und Mussawi reklamiert tatsächlich das Erbe Khomeinis und der Revolution für die Demokratiebewegung.«[298] Sehr vielfältig sind die Forderungen der Herausforderer des Amtsinhabers: Von einer Verbesserung der wirtschaftlichen Lage durch Zugeständnisse im Atomprogramm und der damit verbundenen Hoffung auf eine Lockerung der Sanktionen über echte Meinungs-, Versammlungs- und Pressefreiheit bis hin zum Ruf nach einer fundamentalen Reform der islamischen Republik – Grün, die Farbe des Propheten, verbindet sehr unterschiedliche Gruppen. Einer ihrer Protagonisten, Mir-Hossein Mussawi war bereits Ende der 1980er Jahre Premierminister der Islamischen Republik. Gemeinsam mit dem Kleriker im Rang eines Hodschatoleslam, Mehdi Karroubi, führt er die Grüne Bewegung an. Nicht nur Studenten und Fußballfans, auch andere Politiker ergriffen Partei für die Grüne Bewegung, unter ihnen: Der ehemalige Staatspräsident Rafsandschani bekundet in seiner Freitagspredigt am 17. Juli Verständnis für die Forderungen;[299] Ahmadinedschads unmittelbarer Vorgänger Mohammad Khatami fordert, die inhaftierten Demonstranten freizulassen; der einstige Schüler und Verbündete Khomeinis

297 Ebadi, *Mein Iran*, 55f.

298 Wiedemann, *Der Neue Iran*, 122.

299 Der Spiegel, *Ex-Präsident Rafsandschani erhöht Druck auf Ahmadinedschad*, 17. 07. 09 [abgerufen am 30. 07. 2019 unter URL: https://www.spiegel.de/politik/ausland/iran-ex-praesident-rafsandschani-erhoeht-druck-auf-ahmadinedschad-a-636708.html].

Ajatollah Hossein Ali Montazeri fordert in einer Fatwa zum Widerstand mit legalen Mitteln auf.[300] Noch von Khomeini selbst zu seinem Nachfolger designiert, fiel Montazeri bereits Ende der 1980er Jahre in Ungnade, als er öffentlich die Verfolgung und Ermordung von Oppositionellen in den Kriegsjahren angeprangert und eine Aufklärung dieser Vorgänge gefordert hatte. Hausarrest und der Verlust aller wichtigen Ämter war die Folge. Montazeri hatte nur wenige Monate, die Grüne Bewegung zu unterstützen.

Die Grüne Bewegung entzündete sich an der Präsidentschaftswahl 2009, hatte aber eine lange Vorgeschichte. Studierende erhoben bereits 2003 und 1999 ihre Stimmen, um u.a. gegen die Einschränkung der Pressefreiheit durch die Schließung zahlreicher Zeitungen zu protestieren. Auf die Proteste folgten jeweils Inhaftierungen und Hinrichtungen. Im Nachgang der Proteste 2009 verschärfte das Regime auch sein Vorgehen gegen alle möglichen Formen von Gruppen, die als real oder potentiell oppositionell wahrgenommen wurden.

Als Mahmoud Ahmadinedschad im Juni 2009 mit absoluter Mehrheit in seinem Amt bestätigt wird, spricht die Opposition schnell von Wahlfälschung. Es folgen über mehrere Wochen lang Demonstrationen im ganzen Land. Auf den Straßen der größeren Städte verbindet sich der Protest gegen die Wahl schnell mit einer Fundamentalkritik am Regime. Rufe wie »Nieder mit der Diktatur«, »Tod dieser Regierung, die die Leute betrügt«, vernimmt die Journalistin Ulrike Putz in den Straßen Teherans.[301] Die Proteste werden gewaltvoll niedergeschlagen, flammen aber während des Jahres immer wieder auf. Unter den Dutzenden von Toten ist auch die Studentin Neda Agha Soltan, deren Todeskampf als Video um die Welt geht und zum Symbol für die Niedertracht des iranischen Regimes wird. Navid Kermani hält sich in jenen Wochen in Iran auf und berichtet:

> »Da politische Parolen lebensgefährlich geworden sind, konzentriert sich die Opposition darauf, die Einhaltung der Gesetze zu fordern, was die größte Provokation zu sein scheint. Überhaupt ist es kurios zu sehen, wie die Demonstranten dem Regime die Symbole geklaut haben. Während die Anhänger Ahmadinedschads nationalistisch mit der Landesfahne wedeln, um ihr religiöses Image abzulegen, tragen die Reformanhänger, die nicht mehr in einer Theokratie leben wollen, das islamische Grün: als Schal, als Kopftuch, als Armband oder Schnur zwischen den Fingern. Die grünen Stirnbänder kannte man von den Freiwilligen, die im Krieg gegen den Irak auf die Minenfelder liefen, oder von der libanesischen Hisbollah.

300 Qantara, *Das Vermächtnis des rebellischen Großayatollahs*, 15.08.2016 [abgerufen am 30.07.2019 unter URL: https://de.qantara.de/inhalt/hossein-ali-montazeri-das-vermaechtnis-des-rebellischen-grossayatollahs].

301 Der Spiegel, *Schwere Straßenschlachten nach Ahmadinedschads Wahlsieg*, 13.06.09 [abgerufen am 30.07.2019 unter URL: https://www.spiegel.de/politik/ausland/teheran-schwere-strassenschlachten-nach-ahmadinedschads-wahlsieg-a-630328.html].

Jeden Abend um zehn rufen Menschen in der ganzen Stadt ›Gott ist größer‹ von den Dächern und Balkonen, selbst der Anhänger der nichtmuslimischen Zoroaster-Religion, der mich abends nach Hause fährt: So weit hat mich die Islamische Republik gebracht, schimpf er, dass ich vor Verzweiflung *Allahu Akbar* rufe. Dass Gott größer ist, übertrifft jede Parole an Gehalt: größer als ihr, die ihr euch als Götter aufführt.«[302]

Die Deutung der Auseinandersetzung, die die sog. Grüne Bewegung hervorbrachten, gehen auseinander. Hamid Dabashi begründete den Wahlerfolg Ahmadinedschads mit dem iranischen Klassenkonflikt:

»Ahmadinejad emerged from the most disappointed, the most disenfranchised, and the most impoverished segments of the country – those who had invested every hope in the course and cause of the Islamic Revolution, were at the forefront of its sacrifices, and yet received none of its promised benefits. The poor and disenfranchised were those who were in the front lines of the revolution, sacrificed their lives in the course of the war, yet were systematically left behind in the course of Rafsanjani's [Ahmadinedschads Vorgänger aus dem politischen Lager der sog. Reformer] presidency.«[303]

Die Reformer[304], die Ahmadinedschads erster Wahl 2005 vorausgegangen waren, hatten über Jahrzehnte diejenigen ignoriert, die der Revolution einst zum Durchbruch verhalfen und deren Kinder im Krieg gegen den Irak zu Tausenden auf den Schlacht- und Minenfeldern blieben. Der Präsident – das vermutlich einzige demokratische Element im schwer zu durchschauenden politischen System Irans – repräsentierte bei der Wahl 2009 wohl tatsächlich die Mehrheit, was auch dem Umstand zu verdanken ist, dass Ahmadinedschad sich wirksam als authentischer Schiit zu inszenieren verstand.

»At an innately emotive level, Ahmadinejad invokes the collective (now definitive) sentiments of the earliest nucleus of revolutionary Shi'ism, the early supporters of the first Shi'i imam, Ali ibn Abi Talib (d. 661) and his descendants, who thought the promises of their prophet to the poor and the wretched were not fulfilled by the increasingly opulent, powerful, and worldly rulers of the Umayyads and the Abbasids.«[305]

302 Kermani, *Gott gegen Gott in Teheran: Mittwoch 17. Juli*, in: Die Zeit, 25.06.2009.

303 Dabashi, *Iran. A People Interrupted*, 232.

304 Dabashi, *Iran. A People Interrupted*, 231: »Rafsanjani and Khatami were in fact complementary. One championed a postwar reconstruction economy and its contingent middle class on the artificial wealth of an oil-based economy (1989–97), and the other sought to secure the very same class's social liberties (1997–2005) – but both neglected the overwhelming majority of its constituents.«

305 Dabashi, *Iran. A People Interrupted*, 234. »The normative pattern of poor and desperate people turning to Ahmadinejad is prototypically identical with the rise of Shi'ism at its very inception, when the early promises of the Prophet Muhammad had been rendered hollow during the reign of the Umayyads (661–750) and the Abbasids (750–1258). [...] Ahmadinejad – representing a group of so-called Abadgaran (›The Builders‹) – rises from the same zealous revolutionaries who took the U.S. diplomatic corps hostages in November 1979,

Andere Beobachter der Wahl und der iranischen Gesellschaft, so auch Navid Kermani[306], sehen einen Generationenkonflikt am Grund der gewaltvollen Auseinandersetzungen, die während der 2009er Präsidentschaftswahl lediglich symptomatisch geworden seien. Es seien nicht die von den Reformorientierten enttäuschten »Habenichtse«, die Veränderung gewollt haben, sondern die jüngeren Generationen – die gut Ausgebildeten und weltweit Vernetzten. Es fasziniert, dass viele von diesen die islamische Republik nicht ablehnen, sondern mit ihrer Kritik die konsequente Umsetzung der Ziele der Revolution 1979 einfordern; an zahlreichen Beispielen ließe sich das illustrieren.[307]

Die Versuche unterschiedlicher Seiten,[308] die eigene Position unter Rückgriff auf die etablierten schiitischen Symboliken zu legitimieren und zu immunisieren, berufen sich einerseits auf das Ideologem vom eigentlichen, vom unverfälschten Islam und andererseits auf die Geschichte vom Islam als einer Religion des Protestes. Das Aufbegehren Mohammeds gegen das politisch-religiöse Establishment in Mekka erfährt nach Meinung schiitischer Muslim·inn·e·n eine legitime Fortsetzung erst mit dem lange um seine Macht betrogenen und zu spät eingesetzten Sukzessor Ali ibn Abi Talib, der heute als der erste der zwölf schiitischen Imame erinnert und verehrt wird. Dass die Herrschaft der rechtmäßigen Nachfolger des Propheten schon mit dem dritten Imam, Alis Sohn Hussein, im Gemetzel von Kerbela endet, ist ein sorgfältig tradiertes Trauma der Urenkel der Parteigänger Alis. Dass das Protest-Moment der schiitischen Tradition so gleich mehrfach eingeschrieben zu sein scheint, spielte für die Ideologisierung und Mobilisierung der iranischen Gesellschaft eine große Rolle. Leicht übersehen wird, dass die Transformation klassischer Theologeme und ihre Funktionalisierung Anfang bis Mitte des 20. Jh. geschieht und weniger mit dem Islam der Goldenen Vorzeit als mit intellektuellen Bewegungen vor und nach der islamischen Revolution zu tun hat.

---

fearing that the United States would engineer yet another coup to bring back the shah. […] Throughout Islamic history, proto-Shi'i movements have mobilized the poor and the disenfranchised, referred to the inaugural moment of their faith, invoked the moral authority of their prophet, and launched revolutions.« (233)

306 Kermani, *Gott gegen Gott in Teheran: Mittwoch 17. Juli*, in: Die Zeit, 25.06.2009: »Der Riss verläuft nicht zwischen den Bürgern und den Habenichtsen, zwischen Stadt- und Landbevölkerung, zwischen Nord- und Südteheranern, eher zwischen den Generationen. Viele der Studenten sind die Kinder der gleichen Leute, die für die Revolution gekämpft haben, im Krieg gefallen sind, den Kandidaten des Führers gewählt haben. Sie sind peinlich genau darauf bedacht, den Polizeikommandos der Zedde Schursch [Anti-Krawall-Kommando], die hinter diesem oder jenem Häuserblock bereitstehen mögen, keinen Vorwand zum Einsatz zu liefern.«

307 Wiedemann, *Der Neue Iran*, 131.

308 Vgl. die Studie von Christian Funke: *Ästhetik, Politik und schiitische Repräsentation im zeitgenössischen Iran*, Leiden 2014. Funke untersucht die Wahl 2009 und die Proteste im Umfeld als relitionsästhetisches Ereignis.

*bb) Islamischer Protestantismus gegen die* occidentosis

Zur Erinnerung: Protestantismus stand in meinen Gesprächen mit Iraner·inne·n konträr zu dem als islamisch und arabisch abgewerteten und als übermächtig empfundenen iranischen Regime. Protestantismus gewinnt seine Konturen zum einen als Abgrenzungs- bzw. Ausgrenzungsbegriff. Zugleich ist Protestantismus Name des wahren, guten, eigentlichen und ursprünglichen – Iran. Außerdem parallelisiert Protestantismus in einem kulturalistischem Sinne Deutschland und Iran. Katholisch wird im gleichen Atemzug zum Synonym für Hierarchie, mittelalterliche Moral, eine Theologie der Strafe und der Angst, Dogmatismus, Ablass und einem substantialistischen Verständnis des Heiligen. Die Figur des Mullahs wird in meinen Gesprächen nicht-iranisch und als solche gleichermaßen arabisch und katholisch gezeichnet. – Diese Äquivalenzierung bzw. Verwendung ist relativ neu; Protestantismus als Signifikanten des Protestes zu okkupieren und islamisch neu zu erfinden, hat hingegen eine iranische Genealogie.

Die Rede von Protestantismus ist in Iran des 19./20. Jh. vielfältig. Sie geht einher mit der Indienstnahme von Luther und der Profilierung von Reform gegenüber dem Araber als ethnifiziertem Anderen und der diskursiven Repräsentation inneriranischer Reformhindernisse. Das intellektuelle Feld, in dem Protestantismus, Reformation und iranische Reform jongliert werden, lässt sich je nach der Nähe und Ferne zur schiitischen Geistlichkeit grob in zwei Gruppen systematisieren, und das muss für mein Argument, dass Protestantismus als politisches Ideologem eine inneriranische Geschichte hat, an dieser Stelle genügen.[309] Beide Gruppen konvergieren in der Äquivalenzierung von (gesellschaftlich-ökonomischer) Moderne und Protestantismus bzw. Protestantismus als Schlüssel zur Modernisierung religiös geprägter Gesellschaften. Zum ersten Lager können der armenisch-iranische Publizist *Mirza Malekam Khan* (1834–1908), *Mirza Fath Ali Akhondzadeh* (1818–1878), aber auch der Jurist *Ahmad Kasravi* (1890–1946) gerechnet werden. Sie hatten kein dezidiert religiöses Interesse an Luther und sahen im Protestantismus v.a. eine Möglichkeit, die sozialen und intellektuellen Beschränkungen ihrer Zeit zu überwinden. Protestantismus betrachten sie als eine Strategie, die Differenz zwischen iranischem Intellektuellendiskurs und den realen Nöten und Fragen der Bevölkerung zu überwinden. Der theologisch ausgebildete, aber als säkularer Jurist arbeitende *Ahmad Kasravi* (1890–1946) etwa kritisiert die Qomer Geistlichen für ihren politischen Herrschaftsanspruch *(velayat-e faqih)*. Den Problemen Irans könne seiner Meinung nach nur mit einer iranischen Reformation begegnet werden, auf die er mit der Gründung der religiös-politischen Bewegung »Reiner Glaube« auch

309 Über die intellektuellen Strömungen Irans informieren: Dabashi, *Iran. A People Interrupted*, 32–66 (The Dawn of Colonial Modernity) und Abrahamian, *A History of Modern Iran*, 8–32 (»Royal despots«: state and society under the Qajars).

selber aktiv hinzuwirken sucht. Die zweite Gruppe versteht sich als dezidiert religiös(-intellektuell). Zu ihr kann u. a. der Theologe *Shariat Sanglaji* (1891–1944) gezählt werden. Der stark von wahabitischer und salafistischer Theologie beeinflusste frühe Gegner Khomeinis fordert – wohl auch von Reza Shah dazu ermuntert – eine schiitische Reformation.[310] *Ali Akbar Hakami Zadeh* bricht seine theologische Ausbildung in Qom vorzeitig ab. Die Idee einer schiitischen Reformation verbreitet er fortan v. a. über die Zeitschrift »*Humayum*«. In seinem Buch »*Das tausendjährige Geheimnis*« fordert er seine einstigen Lehrer zum Disput über vermeintlich abergläubische Elemente der Schia heraus; Khomeini wird mit »*Enthüllung der Geheimnisse*« nicht nur spöttisch darauf antworten, sondern die Kritik in eine antimonarchische transformieren. Auch *Hakami Zadeh* ist der Gruppe derer zuzurechnen, die aus dem theologischen Establishment heraus ihre Klerikalismus-Kritik und die Forderung nach einer Reformation vorbringen. Für sie war Islamischer Protestantismus ein Langzeitprojekt, um die iranische Gesellschaft von Grund auf zu verändern.

Am prominentesten und zugleich zwischen diesen Lagern zu verorten ist der zwei Generationen ältere Soziologe und Aktivist *Ali Shariati* (1933–1977). Antikoloniale Kritik, marxistische Ideologeme und die Forderung nach Reformation verbinden sich bei ihm zu einem Furor, der ihn 1977 wohl auch sein Leben kostete. In Shariatis Denken verbinden sich Islam und Marxismus in Iran. Doch bevor wir uns seinem Denken exemplarisch ausführlicher widmen, noch ein Wort zu dem Denker, den Hamid Dabashi als »Morgendämmerung der islamischen Ideologie« bezeichnet.[311]

Iran hat ein Problem, diagnostiziert der iranische Schriftsteller *Jalal Al-e Ahmad* Anfang der 1960er Jahre. Auch wenn Ahmad in seinen 46 Lebensjahren zahlreiche Essays und Kurzgeschichten verfasste, ist es diese Diagnose, die man mit seinem Namen als erstes in Verbindung bringen. Das Problem Irans, sagt er in dem gleichnamigen Buch, sei seine »Westgeschlagenheit« (pers. *gharbzadegi*; engl. westoxi(fi-)cation, occidentosis; dt. Westgeschlagenheit)[312]: Wie eine Krankheit behindere eine Westfixiertheit die ökonomische Emanzipation Irans. Der differenzierte pathologische Befund hinter diesem Krankheitsbild ist die zum einen selbstverschuldete, zum anderen aufgezwungene Abhängigkeit von nichtiranischen Staaten und Konsortien. Die Abhängigkeit gründe auch in einer Traditions- und Selbstvergessenheit.

---

310 Abrahamian, *A History of Modern Iran*, 86.

311 Dabashi, *Theology of Discontent*, 39–101.

312 Vgl. Ahmad, *Occidentosis*. Die Wendung »gharbzadegi« geht auf den iranischen Philosophen und Heidegger-Schüler Ahmad Fardid zurück, entfaltete jedoch seine diskursive Breitenwirkung erst in den 1960er Jahren mit Ahmads Buch »Gharbzadegi«.

»If we define occidentosis as the aggregate of events in the life, culture, civilization, and mode of thought of a people having no supporting tradition, no historical continuity, no gradient of transformation, but having only what the machine brings them, it is clear that we are such a people. And because this discussion will relate primarily to the geographic, linguistic, cultural, and religious background of its author, I might expand on the definition by saying that when we Iranians have the machine, that is, when we have built it, we will need its gifts less than its antecedents and adjuncts.«[313]

Die Maschine – das ist die Technik, Rohmaterialien nicht nur zu fördern, sondern selber zu exportfähigen Produkten weiterzuverarbeiten. Von welchem Rohmaterial hier die Rede ist, ist nicht schwer zu erraten: Es geht um Öl. Und Ahmad gehörte in den 1950er Jahren zu den vehementen Unterstützern der Verstaatlichungsbemühungen mit dem Ziel, die Abhängigkeit von den angloamerikanischen Ölkonzernen zu überwinden und die Gewinne zu nationalisieren.

»Occidentosis thus characterizes an era in which we have not yet acquired the machine, in which we are not yet versed in the mysteries of its structure. Occidentosis characterizes an era in which we have not yet grown familiar with the preliminaries to the machine, the new sciences and technologies. Occidentosis characterizes an era in which the logic of the marketplace and the movements of oil compel us to buy and consume the machine.«[314]

Die krankhafte Verstrickung in die Logiken des Marktes führt dazu, dass sich die Abhängigkeit von der Maschine immer wieder reaktualisiert. Dass die Maschine nicht nur als ein Sprungbrett für eine irangemäße Weiterentwicklung dient,[315] sieht Ahmad in einer Reihe von Verfehlungen begründet, allen voran in einer selbstvergessenen und selbstentwertenden Nachahmung westlicher entmenschlichter Technokratie, Bildung und sogar westlicher Kunst und Kultur,[316] ohne die Widersprüche und ihre freiheitsfeindlichen und lebensqualitätsmindernden Konsequenzen im Westen selbst wahr- und ernstzunehmen. Den einzigen erfolgversprechenden Weg, den Zauber der Maschine zu brechen, sieht Ahmad darin, sie selber zu bauen:

»To achieve control of the machine, one must build it. Something built by another – even if it is a charm or a sort of talisman against envy – certainly carries something of the unknown, some thing of fearsome ›unseen worlds‹ beyond human access. It harbors a mystery. The one who carries that talisman does not possess it but in a sense is possessed by it in living under its aegis, in taking refuge in it and living in constant dread of giving it offense.«[317]

313 Ahmad, *Occidentosis*, 34.
314 Ebd.
315 A.a.O., 79.
316 A.a.O., 122–134.
317 Ebd.

Ahmad war 1968 in Mashad einem Mann begegnet,[318] von dem er wohl noch nicht ahnte, dass er nicht nur zum Popularisierer des Konzeptes der *occidentosis* werden, sondern auch derjenige unter den vorrevolutionären islamischen Theoretikern sein würde, der mit diesem Konzept Massen zu mobilisieren vermochte. Es handelt sich um den bereits erwähnten Soziologen Ali Shariati. Hamid Dabashi bezeichnet ihn als den wütendsten intellektuellen Wegbereiter der Islamischen Revolution und einen islamischen Bilderbuchideologen[319]. Nach Shirin Ebadi

> »lässt sich die Rolle, die er damals bei der langsamen Radikalisierung der iranischen Jugend spielte, kaum überbewerten. Shariati schrieb die wichtigste Geschichte des Schiismus um – den Kampf des Märtyrers in seinem Feldzug gegen Ungerechtigkeit – und legte damit die Betonung eher auf den Widerstand als auf die Niederlage. In seinen Vorlesungen bestärkte er geschickt das Unbehagen der Iraner an der Verwestlichung des Schahs und machte Imam Ali und Fatima, die Tochter des Propheten Mohammed [...] zu modernen Helden. [...] Der islamische Utopist bereitete dem Aufstieg der MKO[320] im Iran den Boden, und es ist schwierig, die soziale Herkunft der Anhängerschaft dieser Gruppe zu beschreiben, ohne Shariati zu erwähnen, dessen Name jahrelang in aller Munde war, als nur wenige Ayatollah Khomeini kannten oder an ihn dachten. Es war Shariati, der unzähligen Iranern den Impuls gab, den militanten Islam zu unterstützen[.]«[321]

Ali Shariati wurde 1933 in eine Chorassaner Gelehrtenfamilie geboren. Er studierte zunächst persische Literatur in Mashad und arbeitete im Anschluss als Lehrer. Schariatis Vater war bereits dem Widerstand gegen den Schah verpflichtet. Zur intellektuellen Mobilisierung der Landbevölkerung hatte er das sog. Islamische Revolutionszentrum gegründet. Ende der 1950er Jahre geht Shari'ati nach Paris und nimmt an der Sorbonne ein Studium der Soziologie auf, das er mit Doktorgrad abschließt. In Paris begeistert sich Schariati nicht für die sich radikalisierenden und auf die Straße strebenden Studenten; er begegnet Frantz Fanon und anderen antikolonialen Kritikern bzw. frühen postkolonialen Theoretikern – Begegnungen, die sich in seinen späten Schriften deutlich niederschlagen. Nach seiner Rückkehr in den Iran zieht Schariati als Vortragender durch das Land. Bekannt, unzählig vervielfacht und weit über Iran hinaus verbreitet werden seine Vorträge im Teheraner Hosseyniyyeh Ershad. Nach der

318 Dabashi, *Theology of Discontent*, 103.

319 Dabashi, *Theology of Discontent*, 102.

320 Die Volksmodschahedin (pers. *Modschahedin-e Chalgh-e Iran*, engl. *Mojahedin-e-Khalq-Organization* – MKO) wurden in den 1960er Jahren gegründet. In der breiten Opposition gegen den Schah engagiert, wandte sich die Organisation nach der Islamischen Revolution gegen Khomeini und das Regime. Die Strategen der Organisation verbanden sozialistische Gedanken und Mittelschichts-Islam zu einer militanten Ideologie und sorgten mit einer Reihe spektakulärer Anschläge für Aufsehen.

321 Ebadi, *Mein Iran*, 92 f.

Revolution stilisiert das Regime Shariati zu einem ihrer Vorkämpfer. Seine Schriften werden von der Shari'ati-Stiftung neu verlegt. Zu den publizierten, im In- und Ausland verbreiteten und sogar auf deutsch verfügbaren Texten gehört der Ende 1971 gehaltene Vortrag »Wo fangen wir an?«[322]. Shariati entwickelt darin die Idee eines Islamischen Protestantismus, den er gleichermaßen gegen einen entpolitisierten Islam, gegen systemtreue Intellektuelle und sedierte Kleriker und gegen das Grundübel der iranischen *occidentosis* in Stellung bringt.

Wo fangen wir an? ist für Shariati eine zeitlose Frage, die Gesellschaften immer dann beschäftigt, wenn sie sich im *Übergang* befinden. Die Frage markiere die Suche nach einer Strategie gegen die jeweilige »herrschende Ordnung«. Für die Frage beansprucht Shariati jedoch nicht nur überzeitliche Gültigkeit und allgemeine Relevanz. Die Frage zerfällt in die Teilfragen nach dem Subjekt und dem Zweck des Anfangens.

*Wer soll etwas anfangen?* Derjenige, dem sich die Frage stellt! Der – weil sich ihm die Frage stellt – Verantwortung gegenüber der Gesellschaft als Ganzer empfindet. Shariati nennt ihn den *Aufgeklärten.*

> »Aufgeklärter ist derjenige, der sich sowohl seiner eigenen als auch der Situation der gesamten Gesellschaft in einem geschichtlichen Zeitraum bewußt ist. Dieses Bewußtsein gibt ihm zwangsläufig das Verantwortungsgefühl [...]« (6)

Derlei Bewusstsein und Verantwortung vorschnell allen Intellektuellen zuzurechnen, weist Shariati jedoch zurück. Bei dem Verantwortlichen handele sich vielmehr um denjenigen,

> »der imstande ist, in einer Zeit, in der die Gesellschaft im Umbruch begriffen und von sozialen Gegensätzen gespalten ist und die Menschen von einem Gefühl der Ausweglosigkeit erfüllt sind, das Verantwortungsgefühl und das Selbstbewußtsein der Massen zu wecken und zu intensivieren und ihr Denken auf soziale Ziele zu lenken.« (6)

Der Aufgeklärte – ob Handwerker oder Akademiker – sei ein charismatischer Lenker der Massen, vergleichbar einem *Propheten*, einer »dritte[n] Kategorie von Menschen«, die weder in traditionellen Normen feststeckten noch »in Forschung und Meditation aufgingen«. Der Aufgeklärte müsse eine Botschaft zu verkündigen, eine »Botschaft der Befreiung«, die einer erstarrte Gesellschaft »neuen Glauben« verleihe. Für diese charismatische Expertise jenseits von *technischem, wissenschaftlichem, philosophischem* [Fach-]*Wissen* findet Shariati einen koranischen Namen: *hikma – Weisheit, göttliche Erleuchtung.* (7f.)

Nach dieser Äquivalenzierung von Aufgeklärt- und Erleuchtet-Sein nach dem Vorbild koranischer Weisheit kommt in einem zweiten Abschnitt die Frage nach dem Wie des Anfangens in den Blick. Sie ist Shariati Anlass zu einer weiteren

322 Ali Shariati, *Wo fangen wir an?* Die folgenden Zahlenangaben in Klammern beziehen sich auf die Seiten des besprochenen Textes.

Abgrenzung. Im Gegensatz zu einem universellen Typ von Wissenschaftler, gebe es den Aufgeklärten nur im Plural.

> »Der Typ ›des‹ Aufgeklärten, der allen Aufgeklärten gemeinsame, universell gültige Eigenschaften auf sich vereinigt, existiert also nicht; vielmehr gibt es ›die‹ Aufgeklärten, welche die für ihre Gesellschaft spezifischen Merkmale aufweisen.« (10)

Wie der Kontext den *Prediger* forme (12ff.) so auch die spezifischen gesellschaftlich-kulturellen Bedingungen den Aufgeklärten. Mit der Vervielfältigung des Aufgeklärten weist Shariati die Vorstellung eines europäischen und jeweils zu implementierenden Ideal-Typs von Aufklärung ab. Die naive Kopie westlicher Aufklärung sei

> »[d]ie tragische Geschichte der islamischen, insbesondere der traditionell orientalischen Gesellschaften. [... W]ir haben in langen Auseinandersetzungen, Kriegen und Kämpfen unter großen Opfern an Menschenleben und Zeit schließlich Ziele erreicht, die sich später als falsch herausstellten. Das Ergebnis war Hoffnungslosigkeit, Enttäuschung, Ablehnung jeglicher Verantwortung, Zurückgezogenheit, Mystizismus und das Spiel mit dem Existentialismus.« (15)

An *Scheingefechten*, die in ihren mühsam errungenen Ergebnissen doch nur neue Enttäuschung zeitigten, benennt Shariati etwa den iranischen Kampf um sexuelle Freiheiten oder um die persische Schrift – Scheinprobleme,

> »um die wirklichen Ursachen unserer Rückständigkeit und Misere durch Scheinargumente und falsche Zielsetzungen zu verschleiern.« (19)

Was wirklich zu tun gewesen wäre? »[E]ine kritische Auseinandersetzung mit den objektiv existierenden Problemen von Politik, Wirtschaft und Kolonialismus.« (19)

Die Kontextualität des Auftrags des Aufgeklärten verändert die Ausgangsfrage. Richtigerweise müsse, so Shariati, gefragt werden: »Wo fangen wir *hier* an?« (24) Der Kontext müsse ernst genommen werden und damit die islamische Prägung Irans. Shariati wendet sich hier dezidiert gegen Frantz Fanons antikolonial motivierten Kampf gegen alle Religion und plädiert vielmehr dafür, falsche Religion zu unterscheiden von der »wahren islamischen Religion und Kultur« (28), auf der die iranische Gesellschaft gründe.

> »Eines haben Katholizismus, Buddhismus, vedaische Anschauungen und Laotseismus gemeinsam: Sie halten die Menschen von den objektiven Realitäten des Lebens fern und lenken stattdessen ihre Gedanken auf subjektive und metaphysische Ideale. [...] Unsere religiöse Kultur, insbesondere die schiitische Richtung [...] lehnt solche Gedanken ab.« (29)

Die Früchte des wahren, also aufgeklärten (schiitischen) Islam nennt Shariati nur vage; sie sind greifbar als schillerndes Positiv der seitenfüllenden Negativschilderung. Damit er den Vergleich (zumindest rhetorisch) überzeugend durchführen kann, mobilisiert Shariati neben der religionsförmigen Analogisierung von Islam und Christentum noch ein weiteres Semantem:

> »[Ein protestantischer Denker] sagte, die [katholische] Kirche übersehe die progressiven Elemente der Religion und beraube sie durch Verbreitung der Askese, Nachinnengekehrtheit, Zurückgezogenheit und metaphysischer Ansichten ihrer Stoßkraft.« (29)

Mit der Unterscheidung protestantisch-katholisch scheide sich die Kirche als falsche Religion von der wahren. Dass es sich im Islam noch einmal ganz »anders verhält« als im christlichen Europa, wird Shariati nicht müde zu betonen (Imam Ali sei nicht der Papst, der Prophet Mohamed kein friedensstiftender Christus). Übrig bleibt Islam als wahre, d. h. nicht-westliche und nicht-christliche Religion.

Schiitisch wird zum Prädikat von wahrem Protestantismus als wahrem Islam. Wahrer Islam ist Protestantismus. Islamischer Protestantismus akzeptiere keine Armut (30). Im Gegensatz zu einem herrschaftskonformen Islam, ersticke Islamischer Protestantismus das revolutionäre Potential Kerbelas nicht in Selbstgeißelung und verwandele die »mit Schwert und Blut geschriebene« Geschichte des Propheten und seiner Nachfolger nicht in »Opium und Tränen«.

> »Der Protestantismus hat das mittelalterliche Europa grundlegend verändert. Er hat die reaktionären Kräfte, die im Namen der Religion für die Erstarrung der Denk- und Gesellschaftsstrukturen eintraten, besiegt, und eine Welle neuartiger Gedanken und freiheitlicher Bewegungen in der Gesellschaft ausgelöst.« (34)

Protestantismus zu initiieren, sei nun die Aufgabe des islamischen Aufgeklärten. Der islamische unterscheide sich jedoch vom christlichen, europäischen Protestantismus darin, dass er bessere Startbedingungen habe. Der europäische Protestantismus musste den »friedvollen und versöhnlichen Christus« erst zu einem Freiheitskämpfer transformieren. (34) Demgegenüber

> »würden einem islamischen Protestantismus eine ganze Reihe von Erfahrungswerten zur Verfügung stehen, die auf eine lange Tradition des Märtyrertums und des Kampfes für die Gerechtigkeit zurückgehen, deren Hervorhebung zur Verantwortungsbereitschaft, Weltoffenheit und Aufklärung der Gesellschaft beitragen kann. Das Engagement des Aufgeklärten beginnt also mit der Wiederbelebung seiner erstarrten Gesellschaft durch einen islamischen Protestantismus, um die Fähigkeiten zu erlangen« (34),

nämlich das revolutionäre Potential im schiitischen Erbe wieder zu erschließen; das Volk über die ungerechten Verhältnisse und die »Klassengegensätze« aufzuklären; die Kluft zwischen Intellektuellen und dem Volk zu überwinden; den Missbrauch der Religion zur Herrschaftsstabilisierung zu demaskieren; »eine religiöse Renaissance« einzuleiten; und schließlich den religiös motivierten offenen und gewaltvollen Protest zu entfachen.

Wahre Religion ist Protestantismus, also als Religion, die Menschen für den Protest gewinnt. Wahre Religion ist wirkliche Aufklärung. Der Islam iranisch-schiitischer Prägung ist als Religion des Protestes wahre Religion.

Der Gedanke des islamischen Protestantismus taucht bei Shariati in mehreren Publikationen und Vorträgen der 1970er Jahre auf, so auch in dem Interview »Mission of a Free Thinker«[323]. Ausgehend von der Frage: »Assuming we are the real free-thinkers, what must our relationship be with the society? What route should we choose?« Um ihre Gesellschaft zu entwickeln, müssten Iraner zunächst erkennen, in welchem Jahrhundert sie lebten. Shariati verortet die iranische Gesellschaft im (europäischen) Mittelalter. Um die jetzige Aufgabe in Iran zu bestimmen, müsse die oben gestellte Frage also präziser lauten, was freie Denker einst im hochmittelalterlichen Europa taten. Die Aufgabe sei zweifach: ökonomisch und intellektuell.

> »Intellectually, the change was from Catholicism to Protestantism. The 14th century free-thinker did not negate religion, he transformed his inclination from the hereafter to this world; from tendency towards spirit, nature, ethics, and ascetism to work and effort; from sufism to objection and from self-centeredness to society-centeredness. In short, the same powerful cultural and religious resources which lay dormant in the heart of Europe were changed to moving, emerging, creative, and constructive forces by the free-thinkers.«

Im Gegensatz zu dem, was die modernen europäischen Religionskritiker sagen, müsse mit der vorhandenen Religion und auf die durch sie spezifisch geprägte Gesellschaft konstruktiv, gestaltend eingewirkt werden.

> »What is important to us now are Luther's and Calvin's works, since they transformed the Catholic ethics (which had imprisoned Europe in tradition from centuries) to a moving and creative force. For instance, Max Weber discussed the relationship between capitalism to the Protestant ethic. He argued that those predominantly Catholic Countries such as Spain, France, and Italy were less progressive than England, Germany, and the United States which were predominantly Protestant. Namely Weber maintained that there was a direct relationship between Protestant ethic and capitalism.
> We notice that those countries which have changed the Catholic religion from its reactionary form to a creative and protesting force have made headway. On the other hand, those countries which have kept Catholicism have remained in the condition of the Middle Ages. [... W]e reach the conclusion that the flee-thinkers of the 14th through 17th centuries found their new destiny by destroying their old faith, and transforming traditional Catholicism to a protesting, world-minded, political, and materialist Protestantism.«

323 Shariatis Arbeiten liegen nur zu einem Bruchteil in englischer Übersetzung vor. Die Shariati Cultural Foundation in Teheran hat zahlreiche Texte Shariatis auf Farsi und Englisch unter den Seiten www.dr.shariati.org und www.shariati.com zugänglich gemacht, darunter auch der hier zitierte Text »Mission of a Free Thinker«.

Die von Shariati immer wieder in Anschlag gebrachte Idee von Protestantismus ist die einer Ideologie des engagierten Freiheitskampfes. Protestantismus als Idealbild einer revolutionären Religion, als eine Qualität von Religion ermöglicht eine Vielzahl von Unterscheidungen, die alle ihren Skopus in der Kritik ab deb gesellschaftlich-religiösen Verhältnissen Irans unter dem letzten Schah finden.[324] Reza Pahlavi Schah, der die Industrialisierung Irans gewaltvoll durchsetzt, wird zum blinden Plagiator eines un-iranischen und deshalb aussichtslosen Projektes, sekundiert durch einen willfährigen, sedierten Klerus. Schia ist für Shariati das Instrument zur Mobilisierung der Massen. Reformulierte klassische Theologeme sind dabei ebenso Ingredienzien seiner Revolutionsideologie wie die Rede von Islamischem Protestantismus, die im Dienste einer rhetorischen Strategie steht, die zentrale Namen okkupiert, um sie sodann in einem Gestus der Überbietung zu apropriieren und das Modell als nicht eigentliche Halbheit zu delegitimieren. Eigentlicher Protestantismus, Humanismus, Aufklärung sind dann islamisch im Sinne einer richtig praktizierten, roten – der Alid-Schia.

Der Einfluss Ali Shariatis auf das vorrevolutionäre intellektuelle Klima Irans, ist – was wenig verwundert – umstritten. Tatsache ist, dass sein Name – besonders nach seinem bis heute ungeklärten, aber dem Geheimdienst des Schahs angelasteten Tod – zu einem Signifikanten in der Revolutionserinnerung der Mittelklasse wird und als solcher zu einem entscheidenden Mobilisierer gegen das Schah-Regime war. Hamid Dabashi identifiziert eine ganze Reihe von »Ideologen«, von Jalal Al-e Ahmad bis Chomeini, die der Revolution intellektuell den Weg bereitet haben. In Shariati sieht Dabashi den »ernsthaftesten« unter ihnen – »the ideological prophet of radical Islamism in Iran in the late 1960s and the early 1970s«[325] –, habe Shariati doch die Aufgabe unternommen, »[to rewrite]

324 Nicht direkt unter Rückgriff auf Protestantismus, aber mithilfe einer als römisch-katholisch abgedunkelten Kontrastfolie entwickelt Shariati in »*Religion vs. Religion*« die Unterscheidung von zweierlei Shia. Die *Safawidische Schia*, mit der er auf die mit Schah Ismail I. beginnende und fast zweieinhalb Jahrhunderte währende Herrschaft der Safawiden in Iran abstellt. Sie wird oft mit einer organisierten Ablösung der mehrheitlich sunnitischen Geistlichen durch solche der Zwölfer-Schia in Verbindung gebracht. Shariati wiederholt den Vorwurf einer mit der obrigkeitlichen Schiitisierung Irans zwangsläufig einhergehenden Domestizierung der revolutionären und herrschaftskritischen Potentiale des Islam: »[I]n einem schwarzen Verdummungsprozess [wurde] Blut in Opium und Tränen verwandelt«. Ihr stellt Shariati die Idee einer ursprünglichen, roten Schia gegenüber. In Treue zu Ali ibn Abi Talib, dem ersten Imam, bewahre sie allein den Protest um der rechten Sachen willen, so wie die rechtmäßigen Nachfolger des Propheten einst gegen die Korrumpierung und Hierarchisierung der *umma* opponierten. *Imamat* versteht Shariati deshalb weniger als Abfolge der zwölf Imame denn als eine auf Revolution abzielende Führung der Gesellschaft, die alle gesellschaftlichen Unterschiede zu überwinden vermag.

325 Dabashi, *Iran: A People Interrupted*, 148f.

Islamic history in a utopian language that would convince his young constituency of the political viability of his version of Shi'ite Islam«[326].

### cc) *Islamischer Protestantismus gegen korrupte Kleriker*

Anlässlich des »25. Jahrestages des Märtyrertodes [s]eines, Bruders, Freundes und Gleichgesinnten Dr. Ali Shariati«[327], erinnert der Historiker Haschem Aghadscheri Anfang November 2002 an Shariatis Idee von einem Islamischen Protestantismus, wendet diesen aber nun gegen die, die sich als Shariatis Erben verstehen und diesem zu hagiographischem Ruhm als Vorkämpfer der Islamischen Revolution in Iran verholfen haben. Aghadscheris Rede ist eine polemische Relecture Shariatis, aber nicht gegen den unpolitischen Klerus, sondern gegen das schiitisch-politische Regime Irans am beginnenden 21. Jh. Das gegenwärtige Regime sei in seiner Hierarchie, seiner Scheinheiligkeit und seiner Unmenschlichkeit – *katholisch.*

Aghadscheri beginnt seine Rede mit der Diagnose, dass die iranische Gesellschaft zutiefst gespalten sei. Einige profitierten von der Entwicklung, andere seien stehengeblieben. Die Intellektuellen seien überfordert, diese Rückständigkeit zu verstehen und in einer iranischen, d. h. iran-adäquaten Form der Modernisierung zu überwinden. Man müsse ernstnehmen, paraphrasiert Aghadscheri Shariati, dass die iranische Gesellschaft im Kern eine religiöse sei. Alle Bemühungen der Reform müssen deshalb auf dieser Ebene ansetzen; es brauche einen Islamischen Protestantismus, sonst »können die Regime kommen und gehen, aber kein grundlegendes Problem wird gelöst«.

Protestantismus versteht Aghadscheri als zeitgemäße Auslegung; die Reformatoren, sagt er, waren Intellektuelle, die »die Sicht ihrer Gesellschaft auf ihre Religion« veränderten. Die Reformatoren waren Priester, die das Christentum aus den Händen der Priester befreiten. In gleicher Weise bräuchten auch Muslim·inn·e·n keinen Vermittler und keinen Klerus; jeder Muslim sei sein eigener Priester.

Shariatis Rede vom Islamischen Protestantismus gründe auf der Unterscheidung vom Kern des Islam im Gegensatz zum überlieferten, d. h. von den geistlichen Eliten übermittelten Tradition. Schon immer habe jener Klerus Neuerungen als *haram* verdammt, um sie dann nicht nur zu übernehmen, sondern in vollen Zügen zu genießen. Heute sind es v. a. die Geistlichen, die von dem wissenschaftlichen Fortschritt profitieren und Autos fahren, die sich ein Iraner mit durchschnittlichem Einkommen nicht leisten könnte. Der Klerus verhindere die

326 Dabashi, *Theology of Discontent*, 14.

327 Aghadscheri, *Uns fehlt ein Islamischer Humanismus*, in: Die Zeit 52/2002. Alle nachfolgend herausgestellten Zitate sind dieser in der Zeit abgedruckten Rede entnommen. Den Hinweis auf Aghadscheris Rede verdanke ich Schweizer, *Iran verstehen*, 574–580.

Entwicklung der Shia zu einer modernen Religion, die Fortschritt stimuliert statt ihn zu hemmen.

Der traditionelle und von den Eliten überlieferte Islam sei nun aber alles andere als der Kern-Islam. Jeder Muslim habe die Möglichkeit zum Kern-Islam vorzustoßen, wenn er sich von zeitbedingten Auslegungen löse und den Koran selber zu lesen beginne.

> »[S]o wie jene das Recht hatten, den Koran auf ihre Weise zu interpretieren, so haben auch wie das gleiche Recht. Ihre Interpretation des Islam kann kein Gesetz für uns sein. Wir müssen den Kern des Islam vom historisch überlieferten Islam unterscheiden, uns auf den ursprünglichen Text zurückbesinnen und diesen mit heutigen Methoden für uns interpretieren.«

Junge Leute müssten ihre Skrupel, den Koran ohne Mullah-Erlaubnis und -Anleitung zu öffnen, überwinden. Jeder Muslim habe sogar die Aufgabe dazu, weil der Islam des 21. Jahrhunderts überhaupt nicht identisch sein könne mit dem mekkanisch-medinischen Islam. Der Islam muss mit der Lebenswirklichkeit kompatibel sein, sonst sei er lediglich Tradition, nicht aber Kern-Islam. Nicht einmal Tradition sei der iranisch-islamische Klerus; einen Klerus hat der Islam zu keiner Zeit ausgebildet. Die nicht zu überblickende schiitische Hierarchie sei katholisch, habe aber mit Islam nichts zu tun.

> »Die heute üblichen Titel des schiitischen Klerus sind Modellen der katholischen Kirche abgeschaut – Bischof, Kardinal, Priester und so weiter. Ja, die heutige schiitische Hierarchie ist eine Imitation der christlichen Kirche. Bei uns gibt es nun auch eine geistliche Rangordnung – mit dem Großajatollah an der Spitze. Eine Ebene darunter gibt es dann Ajatollah, Hodschatoleslam, Saghat al Islam und was weiß ich für Islam [... G]ibt es irgendjemanden in unserer Gesellschaft[,]«

spottet Aghadscheri weiter,

> »der den Unterschied zwischen einem Hodschatoleslam und einem Ajatollah wirklich versteht?«

Kleriker sollen das Volk – so bereits Shariati – erziehen, aber nicht bevormunden wie Führer oder Heilige, geschweige denn Imame (als solche werden die Revolutionsführer Khomeini und Khamenei mitunter bezeichnet).

> »Die Leute sind keine Affen, die nur nachahmen.«

Geschaffen von Gott haben alle Menschen Rechte. Dieser islamische »Humanismus« sei im Gegensatz zum westlichen Humanismus ein göttlicher.

> »Der islamische Protestantismus ist ein vernünftiger, praktizierbarer und menschlicher Islam.«

– der »Kern-Islam«. Hätte Shariati den Klerus in Regierungsverantwortung erlebt, hätte er seine Forderung wohl überdacht. Der herrschende Islam missachte schließlich seine Grundlagen, wenn er Menschen ihre Rechte vorenthält, Kritiker foltert und gesellschaftliches Engagement diskreditiert. »Unsere Kultur braucht einen islamischen Humanismus.«

Das ZEIT-Transkript der Rede zeigt, wie sehr Aghadscheri bereits während seines Auftritts vor Studenten im westiranischen Hamedan für seine scharfen Worte gefeiert wurde. Die Rede wird als Video-Clip millionenfach geteilt, die Abschrift seiner Rede kursiert über Wochen im Internet. Aghadscheris Forderung nach einer Befreiung des Kern-Islam aus den Fängen eines konservativ-doppelmoraligen schiitischen Klerus bleibt nicht ungehört. Besonders der Satz, dass die Iraner keine Affen seien, die nur nachahmen – ein zweifacher Affront, gegen die Praxis von *taqlid* und die Loyalitätsforderungen der Regierung – wird Aghadscheri zum Verhängnis werden. Noch 2002 wird er wegen Blasphemie angeklagt und Anfang November zum Tode verurteilt. Die Urteilsverkündigung wird von Studentenprotesten im ganzen Land begleitet. Berufung und erneute Verhandlung führten über Aufhebung und Bestätigung des Todesurteils im Frühjahr 2004 zur Umwandlung in eine Haftstrafe. Aghadsheri verbüßte davon nur wenige Monate, konnte er doch nach Zahlung einer Kaution noch im Sommer das Gefängnis und den Iran verlassen. Mehrere Monate lang demonstrieren Tausende Studierende in Iran, außerhalb Irans wird Aghadscheri in der internationalen Presse gefeiert.

### *dd) Protestantismus als Protest gegen den iranischen Staatsislam*

Man könnte mit der Rekonstruktion der Installation von Protestantismus in inneriranischen Diskursen früher ansetzen und diese noch weiterausziehen; ich bin unmittelbar vor der sog. Islamischen Revolution eingestiegen und habe sehr exemplarisch zu zeigen versucht, wie Protestantismus für Protest in Anspruch genommen wird und diese Inanspruchnahme wiederum zur Grundlage für ihre eigene Subversion wird: Ali Shariati ordnet Islam und Protestantismus in mehreren Vorträgen der 1970er zusammen, um eine revolutionäre, kämpferische Schia zu konstruieren. Er wendet sich damit nicht nur gegen das Regime Reza Pahlavi Schahs, sondern vor allem gegen die Geistlichen, die sich nicht ebenso laut gegen den Schah engagieren wie er selbst. Hashem Aghadscheri greift Shariatis Rede vom Protestantismus auf, um 2002 gegen das iranische Regime zu protestieren. Schariatis einstige Vorwürfe gegenüber dem Schah und der »quietistischen Schia« wendet er nun gegen die einstigen Revolutionäre. Seine Kritik formuliert er als Islamischen Protestantismus und Humanismus. Und er ist nicht der einzige, der Kritik als genuin islamische Position vorträgt.

Eher indirekt gegen das Regime gerichtet und mehr auf eine Transformation des Islam abstellend arbeitet gegenwärtig der Philosoph und Theologe *Mohammad Mojtahed Shabestari*, der sich intensiv mit deutschsprachiger Theologie (insbes. Paul Tillich und Karl Barth) und Philosophie beschäftigt und auch dazu publiziert.[328] Mittlerweile hat er im Iran Publikationsverbot. Behutsamer wirkt in der gegenwärtigen Debatte um (Iran- und Islam-)Reform *Abdolkarim Soroush* und seine Rekonstruktion der von Mohammed empfangenen Offenbarung als Traum. Sie ermöglicht es ihm, »Religion« und »religiöse Erkenntnis«, »Gottes Wirklichkeit« und »menschliches Vermutungswissen« darüber zu unterscheiden.[329] Die ursprüngliche Offenbarung sei immer nur kontextuell gegebenen Wissen davon zu unterscheiden. Der die Offenbarung empfangende Apparat ist einer in Zeit und Raum; Verstehen ist historisch und deshalb historisierbar. Die mit Reform Identifizierten werden mitunter als Reformatoren nach protestantischem Vorbild aufgerufen, wofür der Naturwissenschaftler und Philosoph Abdolkarim Soroush ein gutes Beispiel ist. Gerade wegen seiner Bemühungen um eine historisch-kritische Koranhermeneutik wird er immer wieder als Luther des Islams bezeichnet.[330] Hamid Dabashi verspottet die inflationäre Helden-Titulierung, wenn er schreibt: »Soroush is no Martin Luther (1483–1546) of his faith, as some have suggested him to be. Soroush is the Mulla Sadra (1571–1640) of his time, with half his philosophical genius, twice his metaphysical certainty.«[331]

---

328 Amirpur, *Den Islam neu denken*, 215f.

329 Amirpur, *Den Islam neu denken*, 170—200; dies., *Gegen die offizielle*, 49f.

330 Zu dieser Titulierung Katajun Amirpurs Vorbehalt: »Der Islam braucht eine Aufklärung, heißt es. Oder: Der Islam braucht eine Reformation. Gesucht wird dann der muslimische Luther, zuweilen scheint er sogar gesichtet worden zu sein. Dem Iraner Abdolkarim Soroush, dem Türken Yaşar Nuri Öztürk und dem Schweizer Tariq Ramadan wurde dieser Titel in den vergangenen Jahren schon angeheftet. […] In den Siebzigern erhob [die Forderung nach Auflärung resp. Reformation] der Iraner Ali Schariati, der – ganz im Sinne Luthers – die Rückkehr zur Schrift wollte, *sola scriptura.* Allerdings wurde er so zum Begründer des islamischen Fundamentalismus in Iran, denn nichts ist im Islam eigentlich ›allein durch die Schrift‹. Schon diese Wendung zeigt, dass man vorsichtig sein sollte mit der Übertragung von Konzepten. Protestantisierung taugt nicht für den Islam.« (*Können Muslime gleichzeitig modern und authentisch sein?*, in: Süddeutsche Zeitung vom 03.07. 2017)

331 Dabashi, *Islamic Liberation Theology*, 131. An anderer Stelle Dabashi diesbezüglich weiter: »As a devout Muslim intellectual, Soroush's concern was not the active theorization of the predicament of his nation, and what it should learn from this historical experience. Instead, he wanted to safeguard *Islam Itself* for posterity, and blame the present condition on the vicissitudes of human fallacy. This is how he came to his theory of ›the theoretical contraction and expansion of religions knowledge‹. It is within that context that he and a few other reform-minded Muslim intellectuals have tried to give alternative readings of Islam that are more liberal and compatible with democracy – leading to the designation of Soroush as ›the Martin Luther of the Islamic World!‹ The problem with Soroush and his supporters, however, is that they are about two centuries behind the globalizing operation of capital and are thus trying to re/articulate the particulars of an Islamic hermeneutics quintessentially outdated in its epistemic correspondence with the end of the centralized capital, as well as with the colonially nationalized economies, polities, and cultures.« (212) An Soroush als iranischen Luther erinnert nicht ohne Ironie auch die Frankfurter Rundschau in ihrem Interview »Die Zeit der Propheten ist vorbei« vom 31.10.2012 [abgerufen am 19.08.2019 unter URL: https://www.fr.de/kultur/zeit-propheten-vorbei-11287662.html].

Die Iraner·innen, mit denen ich spreche, wollen von dem reformerisch-revolutionären Potential des Islams nichts wissen und auch nicht von einer Reform des Islams. Ein islamischer Protestantismus oder ein islamischer Humanismus kommen für sie nicht infrage. Sie optieren nicht für einen islamischen Protestantismus, sondern für einen christlichen. Der einzig mögliche Protest unter einem Regime, das sich selbst als islamisch bezeichnet, scheint ihnen eine Abkehr von Islam zu sein. Nach der Niederschlagung der Proteste 2009 verabschieden junge Iraner·innen das islamische Element aus der Verbindung von Protestantismus und Protest. Martin Luther ist nicht länger Analogon, sondern wird zum Vertreter einer iranischen Alternative zu »Staatsislam«.

Für meine Gesprächspartner·innen ist Islam nicht nur in seiner schiitischen Prägung oder iranisch-politischen Konfiguration inakzeptabel. Islam als solchen lehnen sie ab. Islam als Ganzer ist für sie römisch-katholisch. Während Shariati und Aghadscheri einen Kern-Islam von dem korrumpierten Mullah-Islam unterscheiden, zeichnen meine Gesprächspartner·innen mit Verweis auf den Koran und islamische Geschichte das Bild einer von Grund auf gewaltvollen Ideologie und eines zur eigenen Bereicherung missbrauchten Volks-Islams. Nach ihren Ausführungen habe es weder Sinn noch Nutzen, den Klerikern den Koran zu entreißen, weil er als arabisches, un-iranisches Buch gar nicht mit Gewinn gelesen werden könne. Von den theologischen Bemühungen Soroushs und Shabestaris wollen sie nichts wissen.

Auf Seiten der Wahrheit stehen nicht mehr der Kern-Islam, sondern lediglich der echte Iran und als solcher äquivalent mit Luther, Christentum, Freiheit – Deutschland; gewissermaßen antagonistisch dazu kommen auf der anderen Seite der falsche, vom Mullah-Regime geknechtete Iran und mit ihm »das Arabische« zum stehen, der aufgezwungene Islam, Tod bringende Regeln, »die islamischen Länder«. Und Aberglaube! Abergläubisch seien die Regeln, zu beten, den Koran nur auf Arabisch lesen zu dürfen, für das Verständnis auf die Kleriker-Expertise angewiesen zu sein, die theologisch geschürte Angst vor dem eigenen Ende in der Hölle. Aberglaube halte außerdem am Laufen, was Darian als Geldvermehrungsmaschine »der Mullahs und religiösen Führer« im Umfeld der Imam-Gräber charakterisiert. Sie werden verglichen mit einer als katholisch diskreditierten materiellen Verehrung des für heilig Erachteten. Die dichotomen Äquivalenzketten verknüpfen nicht nur Christentum und Islam mit anderen Signifikanten, sie differenzieren auch gutes und schlechtes Christentum als evangelisch oder katholisch, und sie parallelisieren hiesiges Gutes und dortiges Schlechtes. Es stehen sich gegenüber der katholisch-arabische Mullah und der iranisch-protestantische Luther und werden zu zentralen Signifikanten einer ganzen Reihe von »Besserem« und abgrundtief »Schlechtem«.

Neben diesen diskursiven Zwängen, die Protestantismus in den Blick kommen lassen, sind es auch »konversions-pragmatische«. Sich zu den ethnisch iranischen Christentümer zu halten, ist nicht nur verboten, sondern auch von diesen nicht erwünscht. Die Sorge vor staatlicher Repression steht hinter diesen Vorbehalten. Armenischer Christ kann ich nicht werden; katholischer Christ will ich aus den genannten Gründen nicht werden. Übrig bleibt Protestantismus als gangbarer Weg. Was ich hier als iranischen Protestantismus in den Begriff zu heben versuche, hat noch eine weitere Ingredienz: Iran.

### b) Iran zwischen Freiheits-Diskurs und imperialer Nostalgie

Hamid Dabashi diagnostiziert mit Blick auf den herrschaftskritischen Diskurs unter iranischen Intellektuellen heute zuweilen eine hartnäckige antiarabische Islamophobie:

> »Today, legitimate criticism of the Islamic Republic easily degenerates into a nasty Islamophobia among a wide spectrum of Iranian bourgeois liberalism that fancies itself ›secular‹. There is a very porous line between that Islamophobia and a rabid anti-Arab racism, astonishingly shared by a significant portion of the selfsame constituency for whom a delusional notion of ›Cyrus the Great‹ is the ahistorical panacea of an entire history of imperial nostalgia.«[332]

Die Rede vom eigentlichen Iran entfaltet sich oft in dieser Mischung aus imperialen Erinnerungen und der Invokation der Helden der Vorzeit. Arabische Mullahs hätten Iran geknechtet und auch der Westen repräsentiere ihn nicht adäquat, evoziere das Thema Iran doch zu allererst Khomeini und Tschadoris. Nein, um den eigentlichen Iran fassen zu können, müsse man über die Ankunft des Islam in Iran hinausdenken. Die Aufforderung, um eines besseren Iran-Bildes willen gerade die *vorislamische Geschichte* mehr zu würdigen, suggeriert, dass diese zu irgendeiner Zeit verschütt oder aus dem Blick geraten war. »Die [›] Islamisierung[‹] Irans läßt sich in letzter Konsequenz wohl kaum von der ›Iranisierung‹ des Islam trennen, die etwa seit dem 10. Jahrhundert u.Z. zur Blüte einer iranisch-islamischen Hochkultur führte.«[333] Besonders das Sassaniden-Reich gibt das ideologisch-ästhetische Paradigma vor, in dem sich Kriegsherren als islamische Herrscher erfinden und dynastisch inszenieren. Und auch literarisch ist die Erinnerung an die vorislamische Zeit stets gepflegt worden. Eine wichtige Rolle spielt hier Firdausis Epos *shahnahmeh* (Buch der Könige) aus dem 11. Jh., in dem der Mythos vorislamischer Größe in Heldenlegenden und Herrschermärlein Buch wird. Das Königsbuch gehört ebenso in die iranischen Bücherregale wie ein Koran. Symbolische Neuauflagen und Zitation des Goldenen Zeitalters durchziehen die iranische Geschichte, zur Herrschaftslegitimation oder als Vorbild zur Machtentfaltung.

---

332 Dabashi, *Iran without borders*, 18.

333 Staussberg, *Die Religion Zarathustras*, Bd. 2, 197.

Während sich die Iranisierung des Islams und die Schiitisierung Irans aber in gegenseitiger Affirmation vollziehen, werden Iran und Islam erst im Zuge des 19. Jahrhunderts zunehmend als einander ausschließende Größen aufgerufen. Diese Unterscheidungsarbeit, die sich zu einem manifesten Anti-Arabismus auswachsen wird, ist dabei ein Gemeinschaftswerk vieler und gehorcht unterschiedlichen Zwecken. »This racism is not limited to the history of the Islamic Republic, but extends well into the Pahlavi period, and before it to the Qajar dynasty, when leading Iranian intellectuals ranging from Mirza Aqa Khan Kermani (1854–97) back to Sadeq Hedayat (1903–51) harbored the most pernicious anti-Arab racism. They categorially attributed what they saw as Iranian backwardness to Islam, tainted by its association with Arab fanaticism and stupidity, and thus began to celebrate a lopsided reading of pre-Islamic history chiefly informed by the exertions of their racist imaginations.«[334] Der Beginn der inflationären Rede vom vorislamischen als dem eigentlichen Iran datiert dabei in folgendes, sehr konkretes Auseinandersetzungsszenario.

#### *aa) Kolonialer Eifer und eine Dynastie unter Legitimationsdruck*

Ende des 18. Jh. beendet der turkmenische Anführer Mohamed Khan die Nachfolgestreitigkeiten unter den Zand-Fürsten als Sieger. 1796 lässt er sich zum Schah krönen und installiert mit den Kadscharen eine neue Dynastie. Das Legitimationsproblem seiner Nachfolger – er selber währte nur ein Jahr auf dem Thron – ist wohl nicht nur den berüchtigten und allen Nachfahren anhaftenden Gewaltexzessen des Dynastiegründers geschuldet; auch aufgrund fehlender genealogischer Bezüge zu den iranischen Herrscherlinien entdecken die Kadscharen des 19. Jh. die vorislamische Zeit als ikonographisches Reservoir für Propaganda und Selbstinszenierung.[335]

Unter den Kadscharen gewinnt zudem die Begegnung mit den in unmittelbarer Nachbarschaft Irans schon verankerten Kolonialmächten Russland und Großbritannien eine neue Qualität. Das Vereinigte Königreich und die Niederlande kämpfen bereits seit Jahrzehnten im Persischen Golf um Einfluss. In dem sog. *Great Game* um die Herrschaft in Zentralasien ringen Großbritannien und das Zarenreich miteinander. Anfang des 19. Jh. erobern russische Truppen die nordiranische Gegend um Ardebil. Ergebnis der Expansion und Annexion Transkaukasiens sollte ein Zugang zum persischen Golf sein. Anlass, dieses Vorhaben militärisch umzusetzen, bietet dem Zaren die Verwüstung der russischen Botschaft im nordiranischen Ardebil. Von Osten her sind es britische Truppen, die alle iranischen Versuche unterbinden, das seit Mitte des 18. Jh. eigenständige Afghanistan zurückzuerobern; sie besetzen Mitte des 19. Jh. ih-

334 Dabashi, *Iran without borders*, 18.
335 Staussberg, *Die Religion Zarathustras*, Bd. 2, 197.

rerseits iranisches Territorium. Dass die Aufteilung Irans in eine russische und eine britische Interessensphäre auf mehr als bloße Symbolpolitik angelegt war, wird klar, als die Kadscharen-Herrscher den Kolonialmächten immer mehr Einfluss auf innere und äußere Angelegenheiten des Irans durch Konzessionen und Förderrechte zugestehen.[336]

Der Herrschaftsantritt der Kadscharen ereignet sich, nachdem in Europa die Folgen der Französischen Revolution institutionalisiert werden und Gesellschaften umgestaltet werden. Das wirtschaftliche und militärische Streben der europäischen Mächte in das zentralasiatische Machtvakuum hinein legitimiert sich durch ein enormes Selbst- und Sendungsbewusstsein. Das Problem dabei, schreibt Hamid Dabashi, ist nicht der Export von parlamentarischer Demokratie, der Druckerpresse oder der Tageszeitung – sie wurden durch iranische Studenten als bemerkenswerte Errungenschaften angepriesen und in der Heimat zur Adaption empfohlen.[337]

> »The problem was not the message Europe sent around the world, but with the messenger it chose to bring the message – a colonial officer with a long gun in one hand and a Bible in the other. […] Iranians (like the rest of the world) received the universal promises of Enlightenment modernity through the gun barrel of European colonialism.«[338]

Die Begegnung mit den europäischen Mächten auf iranischem Territorium geht einher mit einer Selbstbegegnung im Spiegel kolonialer Fantasien. Als frühes iranisches Zeugnis kann die von dem mit der Intensivierung diplomatischer Beziehungen mit Iran beauftragten Gesandten der britischen Ost-Indien-Kompanie John Malcolm verfasste zweibändige »History of Persia« gelten. In seinem Fazit am Ende des zweiten Bandes schreibt Malcolm:

> »In speking generally of the Persians, we may describe them as handsome, active, and robust; of lively imagination, quick apprehension, and agreeable and prepossessing

336 Bereits Anfang des 19. Jh. trat der Kadschar Fath-Ali Schah den nördlichen Iran an das Zarenreich ab. Als noch fataler wird aber die Regierung seines Nachfolgers Naser ad-Din Schah erinnert. Im Gegenzug für Investitionen gestand er den Briten umfangreiche Förderrechte zu. Für Unmut sorgte nicht nur, dass die Gewinne der landwirtschaftlichen, industriellen und Bergbau-Unternehmungen nicht im Land blieben, sondern dass die Teheraner Herrscher den (mit britischer Hilfe vermehrten) Luxus schamlos zur Schau stellten und mit Abgabenerhöhungen zu sichern suchten. Dass sich mit dem britischen Engagement in Iran die Lebenssituation nicht verbesserte, sondern sich die Zahl der Ausbeuter mit den ausländischen Investoren sogar vervielfacht hat; dass die heidnischen Ausbeuter in der iranischen Führung zudem willfährige und vom schnellen Geld sedierte Erfüllungsgehilfen finden, evoziert den Zorn der angestammten Händler im Verbund mit schiitischen Klerikern. Unter letzteren ist auch Ali Muhammad Schirazi, aus dessen Bewegung die Bahai hervorgehen werden.

337 Dabashi, *Iran. A People Interrupted*, 45.

338 A.a.O., 46.

manners. As a nation they may be termed brave; though the valour they have displayed, like that of every other people in a similar state of society, has in a great degree depended upon their leaders, and the nature of the objects they have fought for. Their vices are still more prominent than their virtues. Compelled by the nature of their government to have recourse on every occasion to art or violence, they are alternately submissive and tyrannical. Many of their more serious defects may be attributed to the same cause; and there is no country in which so much of the immorality of its inhabitants can be referred to a bad system of internal administration. This reflection, though it may mitigate our sense of the depravity of individuals, leaves little hope of their amendment; for it is evident that this cannot be effected except by the concurrence of many radical changes, with a complete alteration in their political condition; an event which neither their past history nor present state can lead us to anticipate.«[339]

Dass sich das Vereinigte Königreich in kolonialer Optik dazu berufen sieht, diesem vermeintlichen Defizit abzuhelfen und Entwicklungshilfe zu leisten, zeigt der Verlauf des 19. Jahrhunderts. Die Legitimation kolonialer Herrschaft mithilfe einer Schablone vom Kolonisierten als einem, der aus eigener Kraft nichts zur Verbesserung seiner Lage vermag, ist anfällig für Subversion: Iran als iranische Idee einer homogenen Nation und einstiger Hochkultur reagiert auf das koloniale Sendungsbewusstsein im Modus der Überbietung: Ihr tragt Eulen nach Athen, denn die Vollgestalt hochkultureller Zivilisation ist genuin iranisch; selbst das wenige aus der Vorzeit Erhaltene lässt das vermeintliche europäische Ideal als dreiste Kopie erscheinen.

Wohl auch in diesem Überbietungsgestus und sich in der vermeintlich Firdausi'schen Tradition iranischer Herrscherhistoriographie wähnend, legt der Kadscharen-Prinz Jalal al-Din Mirza bis 1871 mit dem »Name-ye Khosrovan« (pers. Buch der Könige) eine dreibändige Geschichte der iranischen Könige vor. Wie Firdausi zeichnet auch Mirza das Bild von Iran als einer transhistorischen Idee, die sich genealogisch über die einzelnen Dynastien bis in eine mythische Vorzeit zurückverfolgen lässt und als sich Quasi-Subjekt immer wieder selber in der Geschichte realisiert – Iran ist, was schon vor aller Zeit existierte; Iran ist das, was sich im Wandel der Herrschaften erhält.

#### bb) *Ethnonationalistische (Fremd-)Herrschaftskritik im 19. Jh.*

Der spezifisch iranische Rekurs auf das Goldene Zeitalter speist sich aus vielen Zuflüssen. Neben der herrschaftslegitimierenden offiziellen Stoßrichtung wird »Iran« vonseiten einer Gruppe von Intellektuellen[340] gegen die Machthaber in

339 Malcolm, *History of Persia, vol. II*, 463f.

340 »A disembodied and inorganic group of intellectuals was chiefly responsible for redrafting the idea of ›Iran‹ as a nationstate out of a multifaceted reality and reinventing it in the mirror of colonial modernity. The result was a counterintuitive, yet enduring manner of imagining a nation: though as a territorial domain Iran was populated and inhabited by people native to its land sind time immemorial, Iran (or Persia, as the Europeans called it) as a modern

Anschlag gebracht, die sich selbst in safawidischem Gestus als Schatten Gottes auf Erden bezeichnen, aber zur Befriedigung ihrer Luxussucht den Ausverkauf des Landes an die ausländischen Kolonisatoren forcieren. Sind die Schahs für ihre Kritiker aus dem schiitischen Establishment nicht mehr als willfährige Marionetten der Ungläubigen, sehen diese nationalistischen Intellektuellen in ihnen nicht etwa eine Entstellung guter islamischer Herrschaft; sie verorten den als arabisch verunglimpften Islam, gleich welcher Prägung, vielmehr im Kern des Problems. Die Freilegung des eigentlichen Irans führt sie über den antikolonialen Reflex hinaus zu weitergehenden Diskriminierungen: Der eigentliche Iran als transhistorische Größe – vermeintlich greifbar in Felsenreliefs, Literatur und Mathematik – war immer auch schon der gefährdete. Der Kolonisator hat sich lange vor den Europäern in Iran eingenistet und trägt Schuld an der Enteignung Irans.[341] Und zur ewigen Präsenz des uniranischen Fremdherrschers innerhalb Irans wird die Figur des muslimischen Arabers.

Mirza Fath Ali Akhonzadeh stellte die islamische Herrschaft Irans zwar noch nicht infrage, überschreitet in seinem islamkritischen Nationalismus aber schon die Grenze zum anti-arabischen Rassismus.[342] Die Selbstdarstellung als weder arabisch noch islamisch (!) prägt seine Korrespondenz, unter anderem mit dem oben genannten Prinzen Jallodin:

> »We knew that Arabs burned the only library of Egypt to ground and thus destroyed the science and technology of the ancient world, but we had recently found that this wicked race [Arab] did the same to Persian books and letter.«[343]

Am einflussreichsten unter den nationalistischen Intellektuellen war wohl Akhonzadehs »radical disciple«[344] Mirza Agha Khan Kermani. Der umtriebige Kermani – »religiöser Dissident und politisch aktiver Oppositioneller«[345] – sieht im Islam den Hemmschuh eigenständiger iranischer Entwicklung. Islam ist für

nation-state was actively imagined and creatively conveived in absentia and from angles peripheral to its geographical location – by imperial envoys, colonial officers, missionary Orientalists, superpower interventionists, expatriate intellectuals, end exilic communities, as well as by travel writers, seperatists, and nativist conspirational theorists fearful and suspicious of foreign interventions.« (Dabashi, *Iran. A People Interrupted*, 47)

341 Als Beispiel möge das Werk des umtriebigen und literarisch sehr produktiven Agha Khan Kermani genügen, der Araber als Barbaren, Feiglinge und wilde Beduinen beschimpft und Islam als abergläubisch ablehnt. Die Abwertung alles Arabischen geht bei Kermani einher mit einer Hochschätzung Zarathustras. Staussberg, *Die Religion Zarathustra*, Bd. 2, 201. Zu Kermanis Nationalismus vgl. auch Zia-Ebrahimi, *Iranian Nationalism*, 41–72.

342 Dabashi, *Iran. A People Interrupted*, 53.

343 Akhundzadeh 1978, 220. Zit. n. Alizadeh / Delgosha, *Study of Chauvinism*, MJSS 6/2015.

344 Zia-Ebrahimi, *The emergence of Iranian nationalism*, 53.

345 Stausberg, *Die Religion Zarathutras*, Bd. 2, 201.

ihn arabisch und Araber kulturlose Wilde.[346] Auch die Diffamierung schiitischer Praxis (wie der Verehrung der Imame oder der Bestattung an heiligen Stätten) als abergläubisch findet sich bei Kermani häufig.[347] Kermani fordert eine Reform und Reinigung des Persischen; ein neuer Kalender müsste mit dem altiranischen Neujahrsfest Norouz beginnen.[348]

Den Nationalismus Akhonzadehs und Kermanis hebt der Historiker Reza Zia-Ebrahimi in den Begriff eines dislozierten Nationalismus: Eine Idee wie das Arisch-Sein wird von seiner (text-)empirischer Referenz gelöst und konsequent mit dem gegenwärtigen Iran verbunden.[349] Die Jahrhunderte prägender islamisch-iranischer Geschichte werden zur Marginalie und entsorgt.

Die antiarabische Schlagrichtung der historistisch-literarisch konzipierten Iranizität verändert den Blick zurück. Die Jahrhunderte nach der arabischen Eroberung werden zu einer Verfallsgeschichte, die sich nicht länger auf die Frage nach dem »richtigen« Islam kapriziert. Un-Iranisches, Arabisches, Islamisches werden äquivalent. Als alles entscheidende Zäsur gilt der Sieg des Kalifen Omars über die Sassaniden bei Nihawend, die Besetzung Ktesiphons und die Ermordung des letzten Sassaniden-Königs, Yazdegard, auf der Flucht. Den fatalen Schritt der Islamisierung Irans lastet man in dieser Perspektive aber den Safawiden an. Der Führer des Derwisch-Ordens von Ardebil, Ismail I. machte nach seiner Thronbesteigung die Zwölferschia zur verbindlichen Auslegung von Koran und Recht in Iran. Mit der Schia als »Staatsreligion« seien die schiitischen Rechtsgelehrten zur entscheidenden Macht in Iran geworden. Dass die safawidische Schiitisierung auch maßgeblich dafür verantwortlich ist, dass sich in Abgrenzung von sunnitischem Osmanen- und Moghul-Reich ein iranisches Zusammengehörigkeitsgefühl herausbildet,[350] gerät dabei leicht aus dem Blick.

Zu Repräsentanten der prächtigen iranischen Vorzeit werden neben den Sassaniden als den letzten vorislamischen iranischen Herrschern die Achämeniden-Königen Kyros II und Dareios I., die ihre Herrschaft einst von der kleinen medischen Provinz Parsa über Babylon bis zum Indus ausbauten. Inszeniert als Gottkönig, die dank ihrer iranischen Tüchtigkeit über ein Großreich reagierten, geben sie die den nötigen Kontrast für die Kritik an Ausbeutern und ihren einheimischen Marionetten.

---

346 Vgl. z. B. Kermani, *Seh maktub* (pers. Drei Briefe). Vgl. die Verweise bei Zia-Ebrahimi, *The emergence of Iranian nationalism*, 57 ff.

347 Stausberg, *Die Religion Zarathutras*, Bd. 2, 201.

348 Stausberg, *Die Religion Zarathutras*, Bd. 2, 202.

349 Zia-Ebrahimi, *The emergence of Iranian nationalism*, 41–72.

350 Amirpur, *Der schiitische Islam*, 42.

### cc) *Iranisches Wissen als Gemeinschaftsprodukt*

Die Produktion dieser Art von Wissen mit dem transhistorischen vorislamischen Iran als epistemischem Fixpunkt wird von vielen Seiten betrieben. Dass diese Arbeit nicht nur eine iranisch-nationalistische war, sondern europäische Orientalismen das Ihre dazu beitrugen, belegt unter vielen wieder John Malcolm, wenn er zu Beginn seiner »History of Persia« schreibt:

> »If we desire to be fully informed of a nation's history, we must not reject the fables under which the few remaining traces of its origin are concealed. However extravagant, they always merit attention. They have an influence on the character of the people to whom they relate. They mix with their habits, their literature, and sometimes with their religion. They become, in short, national legends, which it is sacrilege to doubt; and to question the deeds of Roostum would raise, in the breast of a Persian, all those feelings which would be excited in an Englishman if he heard a foreigner detract from the name of Alfred. [... M]en are taught their duty from fables decorated with names which they have learnt to venerate from their cradle, and the love of which is cherished with all the enthusiasm of national pride.«[351]

Iran als historische und vorislamische Größe rückt aber auch aus einer ganz anderen Richtung ins Blickfeld, nämlich über das Interesse am Zoroastrismus. Bereits 1771 hatte Anquetil-Dupperon das *Avesta* ins Französische übertragen. Die europäisch-orientalistische Entdeckung bzw. Erzeugung von Zoroastrismus als iranischer Urreligion wird zu einer Zeit betrieben, in der eine Emigrationswelle iranischer Zarathustrier nach Indien einsetzt. Die Begegnung von Parsi mit den ausgewanderten, vormals unter islamischer Herrschaft lebenden Zarathustriern Irans – den sog. Iranis – bewirkt neben karitativen Anstrengungen (Gründung eines Hilfsfonds, Hilfslieferungen nach Iran) auch ein neues Interesse an den iranischen Gemeinschaften und an Iran als »Wiege des Zoroastrismus«. Entscheidend für die Wiederentdeckung Irans durch die Parsi-Gemeinschaft verantwortlich ist der Handelsreisende Manekji Limji Hataria. Als erstem von insgesamt acht Parsi-Gesandten ist es Manekji darum zu tun, organisatorisch-strukturelle Entwicklungshilfe zu leisten, dem rituellen Wildwuchs in den iranischen Gemeinschaften Abhilfe zu schaffen und »die prachtvolle mythische Vergangenheit und damit die Geschichte der Zarathustrier zu erschließen«[352]. Den sozialen, wirtschaftlichen und moralischen Niedergang der einstigen (zoroastrischen) Herrscher und ihres Großreiches beschreibt Manekji als Vertreibung aus dem Paradies, für die er den Islam verantwortlich macht.[353]

Manekji bewegte sich in seinem Forschen und Agieren innerhalb eines Netzwerkes, zu dem neben iranischen Zarathustriern auch Diplomaten, Orien-

351 Malcolm, *The History I*, 6.
352 Stausberg, *Die Religion Zarathutras*, Bd. 2, 157.
353 A.a.O., 157.

talisten und Vertreter der iranischen Eliten gehörten. Mit dem Literaten-Prinz Jallalodin korrespondierte er; dass er auch bei Naser ad-Din Schah für die zoroastrische Sache vorsprechen konnte, gilt als wahrscheinlich.[354] Manekjis mündliche und schriftliche Anstrengungen werden in jedem Fall daran Anteil haben, dass Ende des 19. Jh. die Zarathustrier von dem »effizientesten Mittel der sozialen Repression«[355] – der willkürlich eingetriebenen Kopfsteuer – befreit und bis zur Islamischen Revolution sukzessive den muslimischen Iranern gleichgestellt werden.

Das Interesse der indischen Parsi an Iran verbindet sich Ende des 19. Jh. mit einem theosophischen. Die Mehrzahl der Gründungsmitglieder der Bombayer Dependance der Blavatsky-Loge sowie die Funktionsträger bis ins 20. Jh. hinein waren Parsi.[356] Henry Steel Olcotts Beschäftigung mit Zoroastrismus ähnelt in seiner Kritik an Ritualismus zu großen Teilen den Forderungen der zoroastrischen Reformbewegung.[357] Annie Besant, Olcotts Nachfolgerin als Präsidentin der Theosophischen Gesellschaft, unterhielt neben ihren Vortragsreisen in Indien ebenfalls rege Kontakte zur zoroastrischen Reformbewegung.[358] Der Zoroastrismus erfährt, teils finanziert durch Theosophen, teils als Antwort von Parsi und indischen Zarathustriern eben darauf, einen Schub populärer Publikationen.[359]

Im reformorientierten Klima Irans um die Jahrhundertwende, an dessen Ende 1906 die sog. konstitutionelle Revolution steht, sind auch Vertreter der Zarathustrier sehr aktiv. Der zoroastrische Politiker Keixosrou Sahrox (1874–1940) versteht es geschickt, zwischen dem rechtlich Möglichen und dem schiitisch Gebotenen zu navigieren. Bis zu seinem Tod sollte er über zehn Legislaturen in das Parlament gewählt werden. Neben seiner politischen Arbeit trug Sahrox entscheidend zur Popularisierung zoroastrischen Wissens in der iranischen Gesellschaft bei. Mit den in hoher Stückzahl und mehreren Auflagen vertriebenen Werken »Spiegel der mazdaverehrenden Lehre« und »Das Buch der mazdavedischen Lehre« legte Sahrox die »offizielle diskursive Repräsentation der Religion Zarathustras vor. Auf diese Weise hielt er einerseits den Zarathustriern eine normative Auslegung ihres Glaubens vor Augen – und machte damit den Priestern ihr angestammtes religiöses Deutungsmonopol streitig; andererseits

354 A.a.O., 163.
355 A.a.O., 163f.
356 A.a.O., 113.
357 A.a.O., 114. Es sind Auseinandersetzung mit christlichen Missionaren, die in zahlreichen Polemiken den göttlichen Ursprung des Avesta infragestellen, und die philologischen Erkenntnisse des Orientalisten Martin Haug, die die Entstehung der sog. Reformbewegung befördern. Haug hatte die erste westliche Studie zu den Gathas, dem ältesten Teil des Avesta, vorgelegt, die das Zarathustra-Bild veränderten (100).
358 A.a.O., 113.
359 A.a.O., 115–118.

trat er dem von islamischen Ausgrenzungsstrategien und Apologetik geprägten (Hetero-)Stereotyp der Religion Zarathustras entgegen«[360].

### *dd) Deutsch-Persische Freundschaft*

Das Deutsche Kaiserreich tritt Ende des 19. Jahrhunderts erstmals als möglicher Wirtschafts- und Handelspartner Irans auf. Mit der Regentschaft Wilhelm II. und dessen antibritischer und antirussischer Orientpolitik erscheint das Deutsche Reiche schließlich als vielversprechender Verbündeter in den antikolonialen Anstrengungen Irans. Die beidseitigen Bemühungen werden manifest in den deutschen Plänen, die sog. Bagdadbahn auch durch Iran zu bauen, und in der Zusage iranischer Rohstofflieferungen. Zum politischen Treffpunkt der Deutschlandbegeisterten wird die »Iranisch Demokratische Partei«.

Mit seiner Pilgerreise bzw. Orientexkursion gewinnt Wilhelm aber auch das schiitische Establishment für sich. Die medienwirksamen Freundschaftsbekundungen, aktive Propaganda (z. B. durch die in Berlin seit 1915 erscheinende Zeitung »al-Gihad«) und die Zusage, die islamische Welt von der britischen Herrschaft zu befreien, zahlen sich während des Ersten Weltkrieges aus, als iranische Schiiten den Kaiser als »Befreier des Islams« feierten, u. a. wegen des Einsatzes türkischer Hilfstruppen im Iran gegen die zaristische Armee.[361] Die Wirtschaftsbeziehungen überleben das Ende der deutschen Monarchie. Deutsche Investitionen im Iran belaufen sich auf ein solches Maß, dass sie von den britischen Kolonialherren zeitweilig unterbunden und Unternehmer scharenweise des Landes verwiesen werden, was ihrem Ruhm freilich eher zuträglich ist, als es ihnen schadet. Neben den Versuchen, (schiitische) Muslim·inn·e·n durch einen »Dhihad made in Germany«[362] zu gewinnen oder von der Industrialisierung Irans zu profitieren, trugen Kaiserreich und Weimarer Republik ihres dazu bei, iranische Großreichsnostalgien zu wecken und für die antibritische Agitation zu nutzen. In Folge der konstitutionellen Revolution in Iran hatten bereits zu Beginn des Jahrhunderts viele Nationalisten enttäuscht den Iran verlassen. Iran hatte ein Parlament und eine Verfassung erhalten, aber unter den Konstitutionalisten hatten sich die islamisch-konservativen Kreise um den Geistlichen Fazlollah Nuri durchgesetzt.

---

360 A. a. O., 220.

361 Zur Djihad-Propaganda des Dt. Kaiserreiches vgl. Küntzel, *Die Deutschen und der Iran*, 17–38.

362 Küntzel, *Die Deutschen und der Iran*, 27 u. 30: Die Formel geht zurück auf den niederländischen Islamwissenschaftler Christiaan Snouck Hurgronje, der sich mit seiner 1915 veröffentlichten Schrift »Der Heilige Krieg, ›Made in Germany‹« als einer der entschiedensten Kritiker an der Kaiserlichen Islampolitik zu erkennen gab und sich dabei auf die christliche Erziehungsaufgabe gegenüber Muslimen berief.

In den 1920er Jahren gibt es zahlreiche iranische Intellektuelle, die emigrieren und aus Deutschland Einfluss auf die iranische Politik und Gesellschaft nehmen. Seit 1916 erscheint unter der Ägide des Politikers und Publizisten Seyyed Hassan Taqizadeh, Mohammad Ali Dschamalzade und Mohamad Gazvini von Berlin aus zweimal monatlich die Zeitschrift »Kaveh« auf Persisch. Den Aufmacher von Kaveh ziert der sog. Schmied (Kaveh Ahangar), die Standarte der Sassaniden in der Hand, gefolgt von einer Gruppe jubelnder Krieger. Seit Firdausis Bearbeitung der Legende im Schahnameh[363] ist der Schmied als Kämpfer gegen Unterdrückung und Fremdherrschaft in der iranischen Historiographie installiert. Die Zeitung Kaveh war das Organ der iranischen Nationalisten (so der Untertitel). Die hier publizierenden Exilanten wurden vom Deutschen Reich nicht nur protegiert, das Erscheinen von Kaveh und ihrer Nachfolgerin »Iranshähr«[364] nicht nur geduldet, sondern vollumfänglich finanziert. »Die Suche nach genuin iranischen und dezidiert nicht-islamischen Symbolen war ein wichtiges Anliegen der Zeitschrift«[365]. Man fand sie in den Herrschererzählungen und der Religion Zarathustras und forderte, die altiranischen Feste wieder zu feiern und mit ihnen die iranische Nation in ihrer Größe wieder zu errichten.[366] Dass dafür die englischen und russischen Besatzer das Land verlassen müssten, daraus machten die Autoren keinen Hehl. Deutsche Iranisten wie Oskar Mann und Wilhelm Geiger unterstützten Anliegen und ideologische Ausrichtung der Zeitschrift und schrieben mehrmals für die Zeitung. Für einige iranische Gelehrte war die Arbeit für Kaveh und die Zeit in Berlin überhaupt erst der Anlass sich mit Zoroastrismus zu beschäftigen, unter ihnen auch Ebrahim Pur-e Davud, dessen Übersetzung der Gathas ins Persische ein bezeichnendes Vorwort vorangestellt ist:

> »What the French had begun, the Germans elevated to the acme of perfection. Though all the civilised countries of Europe have produced famous savants in Iranian studies, yet the Germans have excelled the rest in the study of religion, history and philology. Especially with reference to Iran, they have indeed rendered yeoman services. The Iran of to-day is alive by the efforts of the scholars of the West.«[367] – »The Gathas are our oldest national asset written by the greatest son of Iran. Zarathustra is the first and

363 Abu'l-Qasim Firdausi (940–1020) überliefert im *Shahnameh / Buch der Könige* in 60.000 Versen Erzählungen, präsentiert als 62 Sagen, die von der Erschaffung der Welt über die Entwicklung der Menschheit und der iranischen Zivilisation bis hin zur Ankunft der Muslime in »Iran« (!) und dem Tod Yazdegards, des letzten Sassaniden-Königs, handeln. Er kann dabei zurückgreifen auf zahlreiche schriftliche Quellen, u.a. Königsbücher aus der Sassaniden-Zeit.

364 Eine gleichnamige Zeitschrift wurde bereits einige Jahre zuvor in Paris von Pur-e Dawud herausgegeben.

365 Staussberg, *Die Religion Zarathustras*, Bd. 2, 203.

366 A.a.O., 203.

367 Pouredavoud, *The Gathas*, 2f. Den Hinweis darauf verdanke ich Stausberg, *Die Religion Zarathustras*, Bd. 2, 223.

unique prophet among the Indo-Iranian people, who introduced the worship of the One Supreme Being.«[368]

### ee) *Der Pahlevi-Schahs als Gestalten/r der goldenen Vorzeit*

»Unter dem Schah war es besser.« – »Unter dem Schah genoss der Iran Ansehen in aller Welt. Der Schah war gar nicht so schlecht.« – »Wenigstens hat er nie von sich behauptet, ein religiöser Mensch zu sein.« – Der Schah. Selbst die einstigen Gegner Reza Pahlevis blicken in einer eigenartigen Mischung aus Furcht und Bewunderung zurück auf den letzten Monarchen Irans. Hamid Dabashi schreibt über seinen Besuch in Kairo im Jahre 2001:

> »I went to ar-Rifa'i Mosque in Cairo and visited the shah's grave and recited my prayers – and I have no idea why. For all my life I detested (feared and loathed) the man and everything he did and everything he represented – and here I was praying on his grave, asking his God to forgive his sins. [...] Carved on the collective memory of an entire nation, the Pahlavi monarchy was the summation of two words: *fear* and *ecstasy* – fear of the tyranny that ruled a people with systematic mendacity, and the ecstasy of dreaming what was possible beyond it.«[369]

Wie kann es sein, dass die letzten Schahs, die Pahlevis, zu einem so mächtigen Symbol, mitunter zum Signifikanten des guten alten Irans werden, wurden sie doch 1979 von einer breitestmöglichen Koalition aus Geistlichen, Nationalisten, kommunistischer Tudeh-Partei und linksradikalen Volksmudschaheddin aus dem Land gejagt?

Mit dem Putsch der Regierung durch den Kosakenoffizier Reza Khan (1921) und seiner Krönung zu Reza Pahlevi Schah (1925) endet die Macht der Kadscharen. Die Regierung der zwei Pahlevi-Herrscher fällt zusammen mit einer Technisierung und Industrialisierung des Landes, die nicht nur ein wohlhabendes Bürgertum, sondern auch ein armes Stadtproletariat aus landflüchtigen Bauern hervorbringt. Die Pahlevis treiben auch die mit der konstitutionellen Revolution begonnene institutionelle Umgestaltung Irans zu einem Nationalstaat voran. 1935 strengt der Schah eine auf äußere Wirkung angelegte Änderung des Landesnamens in Iran an. Er reagiert damit auf einen *de facto* allein außeriranischen Gebrauch von »Persien«, während die dort Lebenden sich als Iraner verstanden und ihr Land immer Iran nannten.

> »Persia was flat, dead, bogus, imperial, Oriental, phantasmagoric – full of useless cats, expensive carpets, and these strange things rich foreigners liked to eat and called caviar. Persia? We had no blasted clue where that flat-footed kingdom was. In Iran we saw how

368 Pouredavoud, *The Gathas*, 4.

369 Dabashi, *A People Interrupted*, 111f.

the world was actually quite round, and where on the global curvature of things we stood.«[370]

Der Name »Iran« leitet sich von dem im Avesta – der maßgeblichen Sammlung heilige zoroastrischer Texte – bezeugten *aryanam vaejah*, dem Land der Arier ab. Als Landesname ist Iran eine Abkürzung des unter den Sassaniden gebräuchlichen (mittelpersischen) *iranshahr.* Iran ist als geographische Bezeichnung (Hochland zwischen Indus und Tigris) umfassender, insofern als Persien nur eine Provinz des Gebietes Irans bezeichnet. Auf die griechische Perseus-Legende geht die Kollektivbezeichnung der Iraner als Perser zurück. Einheimische nannten sich »Irani« und ihr Land »Iran«.

Pahlevi reagiert mit der Umbenennung aber nur scheinbar auf die Multiethnizität Irans (während Persien nur die Bevölkerung der Provinz Fars abbildet). Die Profilierung bzw. Erzeugung dessen, was als genuin iranisch zu gelten hat, findet vor der Negativfolie des Arabischen statt. Iranische Namen sind arabisch-islamischen vorzuziehen; die Sprache müsse insgesamt gereinigt werden; als Richtmaß dient das Mittelpersische der Sassaniden, wie überhaupt die Sassaniden- und Achämenidenkönige zu Signifikanten des eigentlichen, weltgeschichtlich bedeutsamen imperialen Irans werden. Firdausi, der Ende des 10. Jh. mit seinem Königsbuch die meistzitierte Fassung der vorislamischen Geschichte vorgelegt hat, erhält 1934 ein Mausoleum. Darüber hinaus stiftet Reza Pahlevi ein Literaturfestival, das er nach Firdausi benennt. Unter Reza Pahlevi finden erste Grabungen in der einstigen Hauptstadt Persepolis statt, u. a. unter der Ägide des deutschen Archäologen und Altorientalisten Ernst Herzfeld. Zu den populären Ergebnissen der archäologischen Erschließung des vorislamischen Erbes gehört auch eine erste Konjunktur in der massenkulturellen Reproduktion des Faravahar, der sog. Flügelsonne. – Reza Pahlevi Shah ist nicht nur Signifikant, sondern auch Mitspieler in dem Signifikationsszenario, dass Iran hervorbringt, schillernd zwischen Nostalgie und Stolz, zwischen krisenbewährtem Selbstbewusstsein und ausgrenzendem Nationalismus. Gemeinsam mit seinem Sohn ist er nicht nur Platzhalter für den eigentlichen Iran; die Pahlevis haben entscheidenden Anteil an der Verfertigung und breitenwirksamen Popularisierung dieses Mythos.

Nach der Absetzung seines Vaters 1941 treibt Mohamed Reza die Selbstdivinisierung unter Rückgriff auf das Konstrukt einer jahrtausendealten monarchischen Kontinuität auf die Spitze. Er wird den Titel König der Könige, Licht der Arier annehmen – »ein linguistisches Kunstprodukt, das auf den alten iranischen Königstitel ›König der Könige‹ verweist [...]. Darüber hinaus wird die arische Ideologie strapaziert und eine implizite Verbindung zu dem alten Gott Mithra

370 Dabashi, *A People Interrupted*, 112.

[…] hergestellt.«[371] Der Monarch in zweiter Generation wird nicht etwa wegen seiner Einführung des Frauenwahlrechts (1963) oder seiner Reform des Scheidungsrechts (1967) verehrt, sondern aus einem diffusen Gefühl heraus, dass unter ihm Iran hohes Ansehen in der Welt genoss. Ramita Navai bündelt die zu einem imperialen Pathos geronnene Erinnerung an die letzten Kaiser Irans, wenn sie z. B. über Fara Diba, die erste Frau Mohamed Reza Schahs, schreibt:

> »Farideh war auch deshalb [nach der Revolution] dageblieben, weil sie Loyalität und Zuneigung zu diesem verfluchten, unglücklichen, wunderschönen Land empfand. Dies war ihr Volk, egal wie fanatisch es war. Sie war eine Patriotin, und Geschichten von Kyros dem Großen brachten sie noch immer zum Weinen. Wie so vielen Iranern ging es ihr dabei nicht darum, ihn als großen, gütigen König zu romantisieren, sondern um die Tatsache, dass Persien zur Zeit seiner Herrschaft von der ganzen Welt beneidet wurde. Sie würde mit ihren Landsleuten leiden.«[372]

Selbst mit vierzig Jahren Abstand erscheint Mohamed Reza Pahlevi nur wenigen als tragisches Opfer seiner eigenen Hybris und realitätsferner Despot. Erinnert wird demgegenüber, dass 1971 bei den vom Schah anberaumten Feierlichkeiten zum 2500jährigen Monarchie-Jubiläum in Persepolis u. a. die britische Königin und der amerikanische Präsident unter den Gästen waren.[373]

#### *ff) Wir Iraner – wir Arier – wir Zarathustrier*

Ein Produkt der einst herrschaftsideologischen und heute herrschaftskritischen Popularisierung und Kommerzialisierung des guten alten Irans ist – wie bereits angedeutet – der Faravahar, die Flügelsonne aus der altiranischen Mythologie, ein dualistisch durchstrukturiertes Symbol für die menschliche Seele. Für viele Iraner·innen ist die Flügelsonne eine Art Minimalbekenntnis zu Iran, das mir begegnet als Tätowierung auf den Leib gestochen oder als Anhänger um den Hals getragen. Er wird mit Stolz getragen und markiert wahrhaftige Iranizität. Den Faravahar erschließen mir Iraner·innen als eine Art Kondensat des eigentlichen Irans und verbinden ihn mit einer vor-islamisch-sassanidisch und deshalb ursprünglich iranischen Ethik. Der Faravahar zeigt einen bärtigen Menschen, von dem zu beiden Seiten jeweils ein dreireihiger Federkranz abgeht – ein Bild für gutes Denken, Reden und Handeln. Der untere Teil des Gewandes des Bärtigen wird ebenfalls von einem in drei Reihen organisierten Muster abgeschlossen – ein

---

371 Stausberg, *Die Religion Zarathustras*, Bd. 2, 209.

372 Navai, *Stadt der Lügen*, 244.

373 Der Spiegel, *Irak: »Chomeini ist vom Wahnsinn befallen«*, 40/1980. »[A]ls sich Mitte der 70er Jahre Schah Resa Pahlewi in den Ruinen von Persepolis als Nachfahre der berühmten Perserkönige Kyros und Darius feiern ließ, erschien in der ›International Herald Tribune‹ eine ganzseitige Anzeige, in der sich der damalige irakische Vizepräsident Saddam Hussein als Hüter des Erbes vom Garten Eden und vom Babylon des Königs Nebukadnezar vorstellte.«

Bild für schlechtes Denken, Reden und Handeln. Wie der Kreis im Zentrum der Darstellung ist auch die Seele unendlich. Die plakative Rede vom guten Denken, guten Reden und guten Tun wird mitunter ergänzt durch eine dichotome Bewertung des Redens, Handelns und Tuns anderer als »Wahrheit« oder »Lüge«. Das Binär hat eine Entsprechung in dem altavestischen, zoroastrischen »Leitkonzept«[374] der »Asha«.[375] Von den einen als Wahrheit oder als Wahrsein übersetzt,[376] sprechen andere von »(kosmische[r]) Ordnung‹, die natürlich zugleich die ›wahre‹ Ordnung ist. (Metaphorisch wird die Wahrheit im Iranischen übrigens im Bild des ›geraden Weges‹ zum Ausdruck gebracht.) Diese ›Ordnung‹ umfasst verschieden Seinsbereiche: die natürlich und die soziale Welt. Zu letzterer gehören auch Moral, Politik und Ritual: das ordnungsgemäße Verhalten und Zusammenleben sowie die ordnungsgemäße Durchführung des Rituals. Wer sich der ›wahren Ordnung‹ durch seine Gedanken, Worte und Taten einfügt, ist ›*Asha*-ausübend‹ bzw. ein ›*Asha*-Ausüber‹. [...] In den altavestischen Gesängen (Gatha) steht der ›wahren Ordnung‹ die ›Lüge‹ (*druj* – etymologisch verwandt mit unserem Wort ›Trug‹) entgegen, die es im Verbund mit Ahura Mazda zu vernichten gilt.«[377]

Der echte Iran begegnet aber nicht nur in der Anrufung der Goldenen Vorzeit und seinen Symbolisierungen, sondern auch mit Verweis auf die iranische Literatur. Schichtenunabhängig verweisen meine Gesprächspartner·innen auf Hafis und Saadi. Ein Handwerker rezitiert und übersetzt minutenlang mit feuchten Augen Verse aus dem Diwan. »Das ist Iran.« Selbst Dabashi findet in Saadi etwas essentiell (!) Iranisches, wenn er schreibt:

> »Sa'adi ist quintessential to Iranian culture because he was an itinerant poet, known for the mobility of his intelligence. Just like Sa'adi, Iran can be identified only as a set of mobile, circumambulatory, projectile, and always impermanent propositions.«[378]

Um sowohl die kolonialistischen wie die ethnonationalistischen epistemischen Regimes zu überwinden, die selbst die Mullahs mit ihrem hilflosen »Tribalismus«

---

374 Staussberg, *Zarathustra und seine Religion*, 36.

375 A. a. O., 38 f.: »Asha ist einer der Schlüsselbegriffe der altavestischen Texte, und die zweite der drei kurzen, geheimnisvollen, in der rituellen Praxis allgegenwärtigen Sakralformeln heißt *Ashem vohu.* Die erste Zeile dieses aus 12 Wörtern bestehenden Gebets lässt sich wie folgt übersetzen: ›Asha ist das beste Gut(e).‹ Über die Interpretation der folgenden beiden Zeilen streiten die Philologen. Helmut Humbachs jüngste Übersetzung (2010) lautet: ›Nach Wunsch / Belieben stehen die gewünschten (Dinge) dem Besten Wahrsein, (als) Wahrsein (zur Verfügung).‹ Bei Wolfgang Lentz liest sich das 1968 wie folgt: ›[Asha] ist im Wollen (und zwar) im Wollen (von Wahrheit mit dem Ziel auf das), was Wahrheit (als) das höchste Gut(e ist).‹ Es gibt eine Reihe weiterer Übersetzungen in verschiedenen Sprachen. Die Analysen wurden verfeinert, doch konnte sich keine Standardübersetzung durchsetzen.«

376 A. a. O., 38.

377 A. a. O., 38 f.

378 Dabashi, *A People Interrupted*, 16.

wiederholen, schlägt Hamid Dabashi die Besinnung auf Iran als transnationaler und kosmopolitischer Größe vor.[379] Inwiefern es sich dabei um eine Überwindung und nicht um nur um den Modus der Überbietung in neuem Gewand handelt, kann an dieser Stelle dahingestellt bleiben. Deutlich wird, wie schwer es ist, sich in dem komplexen Überforderungsszenario aus staatlicher Willkür, internationalen Sanktionen und transgenerationellen Traumata der Figur Iran zu entziehen.

#### gg) *Mythen, Traumata, Wir-Gefühle – Was bleibt? Iran!*

Der gleichermaßen nostalgische, sich gegen einheimische wie westliche Bevormundung aufbäumende Komplex des Iranisch-Seins wird stabilisiert durch eine Reihe von Erfahrungen, die als kollektive Traumata zum autobiographischen Inventar mittelalter Iraner·innen gehören.

Als verhängnisvoll erweist sich die Erinnerung an den gescheiterten Putsch des Schahs im Jahr 1953. Kurz nach seinem Amtsantritt verstaatlicht Premierminister Mohammad Mossadegh die staatliche Ölförderung, bis dato in britischer Hand. Die darauffolgenden internationalen Strafmaßnahmen treiben die Massen auf die Straßen; ein vereitelter Putschversuch des Militärs gegen Mossadegh lässt Mohammed Reza Pahlevi Schah außer Landes fliehen. Das Militär, unterstützt durch den amerikanischen Geheimdienst, sorgt dafür, dass die Abwesenheit des Monarchen nur von kurzer Dauer sein wird. Wahrscheinlich konnte Khomeini in den 1970er Jahren ein so breites oppositionelles Spektrum hinter sich sammeln, weil er der einzige war, dem nach dem gescheiterten Putsch Mossadeghs ein Systemwechsel auch gegen massiven Widerstand der Etablierten und Schahtreuen zugetraut wurde. Die Angst, dass sich 1953 wiederholen könnte, ließ viele Oppositionelle auch dann noch zu Khomeini halten, als sich schon abzeichnete, dass die islamische Revolution auch einen islamischen Staat hervorbringen sollte.

Nicht als Betrug, sondern als Verrat, als Preisgabe, als Im-Stich-gelassen-Werden von der Weltgemeinschaft hat sich der unmittelbar nach der Revolution ausbrechende Krieg in die Erinnerungen eingeschrieben. Am 22. September 1980 beginnt der acht Jahre währende Erste Golfkrieg mit Luftschlägen und dem Einmarsch irakischer Truppen in die Provinz Khuzestan im Südwesten Irans – ein Datum, das wegen seiner Massivität als Beginn des Iran-Irak-Krieges erinnert wird. Dem Einmarsch vorausgegangen waren heftige verbale Angriffe Khomeinis auf das »säkulare« Baath-Regime des Irak. Nur wenige Monate nach der Revolution hatte Khomeini die irakischen Schiiten aufgerufen, Saddam Hussein zu stürzen und eine Islamische Republik nach iranischem Vorbild zu errichten.[380]

379 Dabashi, *Iran Without Borders*.
380 Malanowski / Seel, *Chronologie des Krieges*, 81.

Auch in Reaktion darauf mehren sich gewaltvolle Übergriffe und Anschläge auf Mitglieder und Institutionen des irakischen Regimes, die im April 1980 zu offenen zwischenstaatlichen Auseinandersetzung werden. Im September 1980 überschreiten iranische und irakische Truppen abwechselnd die Grenze. Am 17. September kündigt Saddam Hussein einseitig das Abkommen von Algier auf und stellt damit den Grenzverlauf in Frage. Auch hier eskaliert lediglich, was schon lange schwelt; seit Jahren unterstützte Irak bereits arabische Unabhängigkeitsbewegungen in Khuzestan, die aus der Provinz einen eigenen Staat und damit einen Puffer zwischen Iran und Irak machen wollten.

Das Ziel des irakischen Angriffs im September 1980 war die Vorherrschaft über den Grenzfluss *Schatt al-Arab* (arab.) / *Arvand Rud* (pers.) und damit der Zugang zu einer der rohstoffreichsten Gegenden am Persischen Golf. Der Irak wird zu diesem Zeitpunkt unterstützt sowohl durch Saudi Arabien, westeuropäische Staaten, die USA als auch die UdSSR. Einig sind sich diese Länder in dem Glauben, der iranischen Theokratie etwas entgegensetzen zu müssen. Während Iran nach der Revolution international isoliert ist, verfügt der Irak über vielfältige Beziehungen und wird als aussichtsreichste Regionalmacht und verlässlicher Partner im Ölgeschäft am Golf hofiert.

Ein Jahr nach der Islamischen Revolution mangelt es der iranischen Regierung demgegenüber an regulären Truppen. Aber der schnelle Zusammenbruch der iranischen Verteidigung unterbleibt. Mit dem Kriegsausbruch werden die Basidsch-e Mostaz'afin – die »Mobilisierten der Unterdrückten« – als Teil der Revolutionsgarden gegründet. Weil im Zuge der Revolution die Führung des schahtreuen Militärs entmachtet, exiliert oder exekutiert wurde, ist das junge Regime auf Kriegsfreiwillige angewiesen. Tausende werden mobilisiert, um der irakischen Armee überhaupt begegnen zu können – mit Erfolg. Bereits im Juli 1982 wird die Provinz Khuzestan samt Grenzstadt Chorramschahr zurückerobert. Khomeini weigert sich jedoch, das 1982 einseitig unterbreitete Waffenstillstandsangebot Saddam Husseins zu erwidern. Ob aus Angst vor einem Sturz des jungen Regimes (wie bereits 1953) oder aus Eifer, bis nach Nadschaf und Kerbela, den heiligen schiitischen Stätten Iraks vorzustoßen – Khomeini und seine Berater setzen den Krieg fort. Aus dem irakischen Blitzkrieg wird ein acht Jahre währender Stellungskrieg, der zu einem iranischen Trauma wird und nationale Mythen gebiert.

Knapp und treffend formuliert Charlotte Wiedemann: »Selten war ein Krieg so eindeutig, so offensichtlich und unbezweifelbar ein Angriffskrieg wie die irakische Invasion. Und doch kam Iran niemand zu Hilfe.«[381] Auch nicht, als die irakischen Truppen chemische Waffen einsetzen. Die Giftgasarsenale konnten auch durch die Unterstützung deutscher Firmen angelegt werden. Bereits im

381 Wiedemann, *Der Neue Iran*, 147.

November 1980 gab es Hinweise auf den Einsatz von Senfgas; Iran appellierte an den UN-Sicherheitsrat. 1984 bestätigte eine UN-Untersuchung die Vermutung. Aber erst 1986 rang sich der UN-Sicherheitsrat durch, beide (!) Konfliktparteien an die Einhaltung des Genfer Protokolls zu erinnern.[382] Dutzende Angriffe mit Senfgas und später auch mit Sarin u. a. führte Irak durch. Die Weltöffentlichkeit erschütterten jedoch erst die Angriffe des irakischen Regimes 1988 auf irakische Kurden in Halabdscha in der autonomen Region Kurdistan. Erst in dessen Folge wurde auch der Angriff auf die iranische Stadt Sardasht 1987 bekannt.

> »Am Eingang des Zentralfriedhofs der Hauptstadt Teheran ›Beheschte Zahra‹ steht ein Brunnen, aus dessen Fontänen Tag und Nacht rotgefärbtes Wasser fließt. Das rotgefärbte Wasser symbolisiert das Blut der Märtyrer, die ihr Leben für den Islam geopfert haben, sei es bei der Liquidierung der Gegner im Innern oder im Krieg gegen den westlichen Nachbarn Irak. Dieser Krieg ist ein heiliger Krieg, sagen die Ajatollahs, ein Kampf der gläubigen Muslims gegen das Heer des Teufels Saddam Hussein. Wer an diesem Krieg teilnimmt, ist ein Märtyrer [...]«[383]

Mit der militärischen Auseinandersetzung geht auch eine beachtenswerte ideologische Mobilisierung einher, die Hagiographie und Ethnizismus bemüht, um das eigene Vorgehen zu legitimieren und den Gegner zu diffamieren.

Hier stehen auf einmal Schiiten anderen Schiiten gegenüber. Saddam Hussein stilisiert den Angriff als Neuauflage der Schlacht von Kadisia – der einstigen muslimischen Eroberung des Sassaniden-Reichs. Aus Schiiten werden Araber und Perser; der Ajatollah wird als »Schah im Turban« verunglimpft. Khomeini beschimpft seinerseits Saddam Hussein als Satan, als Kalif Yazid, dem in der Schlacht von Kerbela Imam Hussein zum Opfer fiel.[384] Es ist diese Mahnung, mit deren Hilfe die neuen iranischen Machthaber tausende von Freiwilligen für »das Martyrium« gewinnen.[385] Als »menschliche Welle« werden sie erstmals 1982

382 UN Sicherheitsrat, Resolution 582 vom 24.02.1986: »The Security Council [...] Noting that both the Islamic Republic of Iran and Iraq are parties to the Protocol for the Prohibition of the Use in War of Asphyxiating, Poisonous or Other Gases, and of Bacteriological Methods of Warfare signed at Geneva on 17 June 1925 [...] 2. Also deplores the escalation of the conflict, especially territorial incursions, the bombing of purely civilian population centres, attacks on neutral shipping or civilian aircraft, the violation of international humanitarian law and other laws of armed conflict and, in particular, the use of chemical weapons contrary to obligations under the 1925 Geneva Protocol [...]«

383 Nirumand, *Krieg, Krieg, bis zum Sieg*, 89.

384 Jedes Jahr im Fastenmonat gedenken Schiiten am 10. Muharram – Aschura – des Prophetenenkels Hussein. Auf dem Weg nach Mekka, um als Prophetenenkel seine rechtmäßige Leitung der *umma* zu übernehmen, findet er sich, von seinen Verbündeten im Stich gelassen, mit einer kleinen Schar der Übermacht seines Widersachers Yazid I. gegenüber. In einer Mischung aus Reue, Scham und Zorn erinnern Schiiten an dieses Ereignis und versichern einander, dass sich Kerbela nie wieder ereignen darf.

385 »Um die Legionen junger Männer mit dem Versprechen, der Märtyrertod sei eine Abkürzung auf dem Weg in den Himmel, dafür zu gewinnen, freiwillig an die Front zu gehen, entstand ein

eingesetzt: Ein Heer dieser Freiwilligen geht dabei den später mit schwerem Gerät angreifenden Revolutionsgarden voraus, um die erste Gegenwehr »abzufangen«. Zu einem Mythos werden die zahlreichen Jugendlichen, die als menschliche Minenfänger eingesetzt werden. Frontnachrichten werden nicht zensiert, sondern setzen den Tod in Szene. »Je grausamer das Sterben, meinen [die islamischen Fundamentalisten], desto intensiver das Engagement für den Islam.«[386] Bahman Nirumand zitiert aus der Kriegsberichterstattung der Tageszeitung Ettelaat:

»›Früher sah man freiwillige Kinder, vierzehn-, fünfzehn-, sechzehn- und zwanzigjährige Knospen auf Wiesenfeldern, die in der Morgendämmerung zur Blüte gelangt waren. Sie gingen über Minenfelder. Ihre Augen sahen nichts, ihre Ohren hörten nichts. Und wenige Augenblicke später sah man Staubwolken aufsteigen. Als sich der Staub wieder gelegt hatte, war nichts mehr von ihnen zu sehen. Irgendwo, weit entfernt in der Landschaft lagen Fetzen von verbranntem Fleisch und Knochenteile herum.‹ Dieser Zustand habe sich inzwischen verbessert, versichert die Zeitung ihren Lesern. ›Vor dem Betreten der Minenfelder [...] hüllen sich die Kinder in Decken ein und rollen auf dem Boden, damit ihre Körperteile nach der Detonation der Minen nicht auseinanderfallen und man sie hinter die Front bringen und auf Händen zu den Gräbern fragen kann.‹«[387]

Der *shahid* wird wiedergeboren in der Ästhetisierung des Todes durch den als übermächtig böse und unislamisch stilisierten Feind. Es ist aber nicht nur das Reservoir schiitischer Heroen, das für die ideologische Mobilisierung dienstbar gemacht wird. Nirumand schreibt:

»[Die Ajatollahs] propagieren den Tod, den Krieg, die Entbehrung, sie schüren den Haß auf das Leben. Alles, was das Leben lebenswert macht, was genossen, geliebt, begehrt wird, soll in seinen Wurzeln zerstört werden. In den Augen der Mullahs ist das Leben ein notwendiges Übel, das nur mit dem Blick zum Himmelreich ertragen werden kann. Die schönste Erlösung von diesem Übel ist der Märtyrertod.«[388]

Der Krieg bricht aus in einer Zeit, in der sich die iranische Gesellschaft im Umbruch befindet, ja die islam-konforme Umgestaltung in vollem Gange ist. Wer sich nicht vor Gericht verantworten muss oder im Gefängnis sitzt, hat doch mit beruflichen Veränderungen, wenn nicht sogar mit einem Berufsverbot zu kämpfen. Vergnügungen wie Kino, öffentliches Sporttreiben oder Musikhören sind untersagt – das öffentliche Leben liegt brach. Die massiven Veränderungen bündelt Nirumand im Bild der »Absage an die Natur, an die Welt der Farben. In

---

Märtyrerkult, der das Menschenopfer im Namen des Islam glorifizierte.« (Ebadi, *Mein Iran*, 87)

386 Nirumand, *Krieg, Krieg, bis zum Sieg*, 96.

387 Zit. nach Nirumand, *Krieg, Krieg, bis zum Sieg*, 95f.

388 A.a.O., 90.

der Islamischen Republik werden nur drei Farben geduldet: Schwarz für den Tod, Grau für den Verzicht auf Freude und Lust und Rot für das Blut.«[389]

»Die Geschichte der iranischen Revolution und des Krieges mit dem Irak sind untrennbar miteinander verbunden. Das eine folgte so rasch auf das andere, dass die Ideologie und der Symbolismus der Revolution ihre Ausprägung während des Krieges fanden,«[390]

urteilt die Anwältin und Aktivistin Shirin Ebadi. Charlotte Wiedemann beschreibt die post-revolutionäre Situation als einen Komplex aus Resignation, der Sehnsucht nach Erlösung und einem nostalgisch-trotzigen Nationalismus, der so viele junge Männer auf die Schlachtfelder trieb:

»Ramin hatte sich aus Patriotismus zunächst als Freiwilliger gemeldet, wurde aber nicht genommen, weil er im Komitee, das später die Bewerber registrierte, als Linker bekannt war. Später, mit 19, meldete er sich zum regulären Militärdienst. Inzwischen wurden Linke verfolgt, und Ramin wollte, wie er mit einem selbstironischen Lächeln sagte, ›lieber heroisch an der Front sterben als jämmerlich im Gefängnis‹.
Nicht die Rekruten, unter denen er sich befand, sondern Freiwillige und Revolutionsgardisten drängten damals in die gefährlichsten Abschnitte der Front. Ramin erinnerte sich, wie junge Freiwillige Streichhölzer zogen, um die Frage zu klären, wer zuerst in ein Minenfeld ging. ›Wer das längere Streichholz zog, durfte gehen.‹ War das Fanatismus, Todessehnsucht? ›Die Atmosphäre war viel weniger religiös als später dargestellt‹, antwortete Ramin. Die jungen Leute, die sich damals an die Front meldeten, hatten ihre Schulzeit im westlich ausgerichteten Bildungssystem der Schah-Zeit verbracht. Sie kämpften nun für etwas, das größer war als sie selbst – aber das war nicht unbedingt die Religion. Oder man könnte sagen: Ihre Religion hieß Iran.«[391]

Nach der Erfahrung des Kampfes von Schia gegen Schia, Westen gegen Iran, Mullah gegen Volk, ist das was bleibt – Iran.

»Es gibt eine Front der Erinnerung, sie reicht vom Regime bis hinein in einen Teil der Märtyrerfamilien. Und es gibt eine zerklüftete Landschaft von Erinnern; der Krieg und der Terror jener Zeit trieben manchen ins Exil, zerrissen Familien auf Dauer. Was aber nahezu alle Iraner verbindet, in der Gegenwart und womöglich auch in der Zukunft, ist der Satz: Wir sind allein.«[392]

Nach dem Iran-Irak-Krieg entwickelten sich die Basidsch zu einem militärisch-industriellen Komplex mit Gruppen in öffentlichen Einrichtungen, Moscheen und mit privaten Unternehmen.[393] Die Basidsch sind als Macht im Staat auch der

389 A. a. O., 91.
390 Ebadi, *Mein Iran*, 87.
391 Wiedemann, *Der Neue Iran*, 158.
392 A. a. O., 163.
393 »[Es gibt] Millionen *Basidsch* im Land. In Wahrheit wusste niemand, wie viele es waren, doch sie hatten Einheiten in Schulen, Universitäten, Moscheen, Fabriken, staatlichen Institutionen und privaten Unternehmen. Sie waren in Städten und Dörfern und sogar bei den

Rückhalt der Islamizität des Staates. Mit fast hunderttausend Kriegstoten aus ihren Reihen verkörpern sie das Gewissen der gesellschaftlich niedrig Gestellten. Das Gefühl, von den Brüdern überfallen und von der Welt im Stich gelassen worden zu sein, stabilisiert aber nicht nur dic Macht der ersten Kriegshelden-Generation und ihrer Nachfahren, sondern auch eine grundlegende Idee von Iranisch-Sein, die sich in den folgenden Satz heben ließe: Kündigt die Welt die Zusammengehörigkeit, sind wir doch zuerst und zuletzt und immer noch: Iraner.

Der erzählte Iran bewältigt die »von außen« aufgekündigte Zusammengehörigkeit und wird zu einer widerstandsfähigen Minimalidentität. Als solcher begegnet Iran freilich nicht nur in der Kriegsgeneration, sondern auch bei den Nachgeborenen, den Kindern derer, die in den Schlachtfeldern ihr Leben ließen. Wie sehr auch sich auch ihr gegenwärtiges Gefühl, als Iraner·in in der Welt auf sich allein gestellt zu sein, aus kollektiven Erinnerungen und den genannten Abgrenzungen speist, erlebe ich während eines Gesprächs Ende 2017: Ich bin zu Gast bei einem iranischen Bekannten. Der amerikanische Präsident spricht sich in diesen Tagen für erneute Sanktionen aus, die USA kündigen einseitig das Atom-Abkommen mit Iran. Mein Gesprächspartner zeigt mir einen Fernsehbeitrag über eine Ansprache von Präsident Rohani und Revolutionsführer Khamenei, aufgezeichnet unmittelbar nach Annulierung des Abkommens. Mein Gesprächspartner lobt den Revolutionsführer Khamenei, weil er das Richtige für Iran mache. Auf Rohani schimpft er, weil er Wahlversprechen nicht eingelöst habe und überhaupt zu schwach sei. Monate im Gefängnis wegen politischer Kritik halten ihn nicht davon ab, dem Ajatollah seinen anti-amerikanischen Einsatz zum Wohle und Ansehen Irans zur Gerechtigkeit zu rechnen.

# VII. Diskussion der Ergebnisse

## 1. Im Gespräch mit der Konversionsforschung

Der Religionspsychologe Lewis R. Rambo legt 1993 seine nach wie vor vielzitierte und aus unterschiedlicher Fachperspektive weiterentwickelte Studie »Understanding Religious Conversion« vor.[394] Rambo versteht Konversion als »process of religious change that takes place in a dynamic force field of people, events, ideologies, institutions, expectations, and orientations. [...] (a) [C]onversion is a process over time, not a single event; (b) conversion is contextual and thereby influences and is influenced by a matrix of relationships, expectations, and

Stämmen an allen Ecken und Enden des Landes vertreten. Sie waren überall.« (Navai, *Stadt der Lügen*, 199)

394 Lewis R. Rambo, *Understanding Religious Conversion*, New Haven / London 1993.

situations; and (c) factors in the conversion process are multiple, interactive, and cumulative. There is no one cause of conversion, no one process, and no one simple consequence of that process.«[395] Am Anfang der Untersuchung, die zu diesem Ergebnis führen wird, steht die Frage, wie und warum Menschen konvertierten.[396] Sie erwächst aus der keineswegs singulären Beobachtung einer »amazing resurgence of religious vitality« in Nordamerika und Europa. Zu der religionssoziologischen Beobachtung gesellen sich religionsphänomenologische, religionssoziologische und misseologische,[397] nach denen sich religiöse Veränderungen in ihrer Komplexität angemessener als langwierige und kontextualisierte Prozesse rekonstruieren lassen denn als »Übernacht-Bekehrungen«.[398] Um seine Frage zu beantworten, greift Rambo neben seiner eigenen religionspsychologischen Forschung auf soziologische, anthropologische und theologische Erkenntnisse zurück.[399]

Metaanalysen historischer Konversionsstudien, zahlreiche Interviews mit Konvertiten verschiedener (nicht-)religiöser Herkünfte und Veränderungswege ließen Konversion als ein Vielfaches erscheinen: »[Conversion] will mean simple change from the absence of a faith system to a faith commitment, from religious affiliation with one faith system to another, or from one orientation fo another within a single faith system. It will mean a change of one's personal orientation toward life, from haphazard of superstition to the providence of a deity; from a reliance on rote and ritual to a deeper conviction of God's presence; from belief in a threatening, punitive judgmental deity to one that is loving, supportive, and desirous of the maximum good. It will mean a spiritual transformation of life, from seeing all creation as a manifestation of God's power and beneficence; from denial of the self in this life in order to gain a holy hereafter; from seeking personal gratification to a determination that the rule of God is what fulfills human beings; from a life geared to one's personal welfare above all else to a concern for a shared and equal justice for all. It will mean a radical shifting of gears that can take the spiritually lackadaisical to a new level of intensive concern, commitment, and involvement.«[400] Für die Beantwortung der Frage, was eine Konversion ist, gesteht Rambo der jeweiligen »faith group« die Beurteilungs-

395 A. a. O., 5.

396 A. a. O., 1. Die Frage zerfällt in die Teilfragen: »What are the factors that make conversion viable for people? How do we explain different kinds of conversion? How (or perhaps why) do we evaluate the quality of a conversion?« (xi)

397 A. a. O., xi.

398 A. a. O., 1.

399 A. a. O., 4.

400 A. a. O., 2.

hoheit zu.[401] Die Frage nach der Authentizität von Konversion stellt er dennoch und beantwortet sie quantitativ.[402]

Die bisherige Konversions-Forschung systematisiert Rambo in vier Ansätzen,[403] um diese in einem fünften, eigenen Modell schließlich zu integrieren. Rambo unterscheidet verschiedene Phasen, versteht diese jedoch nicht als linear aufeinanderfolgende, sondern als Geflecht interagierender und kumulativer Faktoren. Mit seinem *systematic stage model* sucht er gleichermaßen der Komplexität wie Prozesshaftigkeit von Konversion als religiöser Veränderung Rechnung zu tragen.[404] Das Modell unterscheidet folgende Phasen bzw. Momente, von denen die Analyse von Konversionsphänomenen ihren Ausgang nehmen kann: Zu fragen ist erstens nach dem *Kontext* – den makrostrukturellen, kulturellen,

401 A.a.O., xiv: »[C]onversion is what a faith group says it is.«

402 A.a.O., xii: »[...] I see ›genuine‹ conversion as a total transformation of the person by the power of God. While this transformation occurs through mediation of social, cultural, personal, and religious forces [...], I believe that conversion needs to be radical, striking to the root of the human predicament. For me, that root is a vortex of vulnerability.« Rambo rechnet also mit einem intervenierenden Gott am Anfang jeder religiösen Veränderung: »Religion is the sacred – the encounter with the holy that, according to many religions, constitutes both the source and goal of a conversion.« (10) Wahrscheinlich ist es seine eigene Entfremdungserfahrungen von der Church of Christ, die ihn dann aber zu einem religionspluralistischen Bild von religiöser Vielfalt gelangen lässt.

403 *Holistische* Modelle (7–12) identifizieren je verschiedene Komponenten von Konversion, auf die sie jene reduzieren. Es sind entweder Culture (anthropologische Untersuchung von Symbolen, Ritualen), Society (Untersuchung sozialer Konversionsbedingungen), Person (psychologische Untersuchung individueller Gedanken und Gefühle), Religion (emisch-theologische oder religionsphänomenologische Perspektive) oder History. Holistische Modelle im Sinne von mono-disziplinären Zugriffen scheitern an ihren starren unbeweglichen und schwer mit einander ins Gespräch zu bringenden Einzelkonzepten. Es stellen sich Fragen wie: »What relative weight should be accorded each component, given the particular conversion under consideration? In what ways do these four components interact with one another? What significance does the convert attribute to these elements? What significance does the observer give to the component? [...] Which theoretical orientation should one employ *within* anthropology, sociology, psychology, and religious studies or theology? What are the methods used in the studies under consideration?« (8) Eine zweite Herangehensweise stellt die Unterscheidung von *Typen von Konversion* dar (12–14). Konversion komme in dieser Perspektive in den Blick als Apostasie, Intensivierung, Affiliierung, institutionellem Übergang (innerchristliche Konversion) oder »[transition] from one dominant tradition to another« (14), also einem Religionswechsel. Ein dritter Zugriff auf Konversion unterscheidet und systematisiert verschiedene *Konversions-Motive* (14–16). Religiöse Veränderung lässt sich unterscheiden je nach vorherrschendem Motiv und tritt auseinander in: *intellektuelle*, wissensvermittelte Konversion; *mystische*, d.h. plötzliche, mit Visionen oder traumatisierenden Erfahrungen verbundene Konversion; *experimentelle*, durch eigenes Suchen und Erproben induzierte Konversion; *affektive*, auf die Erfahrung von »Geliebt-, Gefördert- und Bestätigt-Werden« (15) angelegte Konversion; Erweckung im Sinne einer intensivierten Frömmigkeit; erzwungene Konversion. Ein vierter Ansatz identifiziert *aufeinanderfolgende Phasen*, die schließlich in die Konversion münden.

404 A.a.O., 17ff.

sozialen etc. Parametern, in denen sich ein Konversionsprozess vollzieht. *Krisenerfahrungen* werden in einem ohnehin konversionsförderlichen Kontext oft zum Anlass einer Konversion und wirken gewissermaßen stimulierend (»catalytic«). Der Konversionsprozess lässt sich sodann rekonstruieren und analysieren als *aktive Suchbewegung*, die in konkreten *Begegnungen* den »Anwalt« der Zielreligion und den »potentiellen Konvertiten« zusammenführt. Analysieren lässt sich das Zusammenwirken beider in Form konversionsspezifischer *Interaktionen* und kleinschrittiger Aushandlungen und Veränderungen. In Form gegenseitiger *Verpflichtungen* und *Engagements* wird die Konversion gleichermaßen vollzogen und konsolidiert. Der vollzogene Konversionsprozess hat *Konsequenzen* und *Effekte*, die wiederum Gegenstand von Untersuchungen werden können.[405] Rambos Untersuchung trägt verschiedene Analyse- und Interpretationsperspektiven zusammen und integriert diese. Die Verbindung der Konversionsphasen bzw. -momente (im nicht-temporalen Sinne) ergibt eine Matrix, von der auch die Diskussion meiner Ergebnisse ausgeht, auch wenn ich Rambos systematisches Stufenmodell nicht schematisch abschreite.

### a) Christ-Werdung »between secrecy and transparency«

An Rambos »systematic stage model« knüpft die Soziolinguistin Susanne Stadlbauer an und legt im Juni 2019 die bisher gründlichste Untersuchung zu iranischen Konvertit·inn·en vor. In dem Aufsatz »Between Secrecy and Transparency« präsentiert Stadlbauer erste Ergebnisse der Durchführung und Analyse von 19 narrativen, halbstrukturierten Interviews mit iranischen Christ·inn·en.[406] Ihre Analyse verfolgt das Ziel »thematic patterns« für weiterführende Studien zu identifizieren. Rambos Modell dient ihr als »guiding theory«, um die ersten Ergebnisse zu inventarisieren und zu präsentieren.

Als zentrale Kategorie entwickelt Stadlbauer auf Grundlage ihrer Beobachtungen und Gespräche das Paar »secrecy and transparency«. Bereits die öffentliche Infragestellung iranischer Christ-Werdungen im Kontext eines allgemeinen »Klimas des Misstrauens«[407] gegenüber Flüchtlingen führe dazu, dass auch sog. Flüchtlingstaufen in einem Geflecht von Authentizitätsbestreitung, Transparenzforderungen und demonstrativen Akten zum Erweis des Gegenteils verhandelt würden. Hierzulande Taufende und ihre Kirchen reagieren auf den so induzierten sozialen Druck etwa mit der Versicherung, die Taufvorbereitung

405 Für eine Zusammenfassung und den englischen Wortlaut der Momente vgl. a. a. O., 165–170.

406 Stadlbauer, Susanne: *Between Secrecy and Transparency. Conversions to Protestantism Among Iranian Refugees in Germany*, in: Entangled Religions, 08/2019. Die eingeklammerten Zahlenangaben in diesem Textabschnitt beziehen sich auf die Abschnittszählung des ansonsten nicht paginierten Aufsatzes.

407 A. a. O., [4].

strenger zu gestalten, um so Taufmissbrauch zu Asylzwecken zu vermeiden. Die Spannung zwischen Verheimlichung und Veröffentlichung immer schon voraussetzend setze dann auch die asylbehördliche Glaubensprüfung an, die »legitimacy of their faith« zu ergründen. Die mediale und behördliche Art der Verhandlung wirke sich auch auf die Konversionsnarrative selbst aus. Die Dynamik von »secrecy and transparency« erschließt folglich auch die Herausbildung »neuer christlicher Identitäten«, und auch noch das Sprechen über diese in den Intervies erscheint als performative »revelation of secrets«.

Die von Stadlbauer identifizierten, auf Rambos Stadien aufgetragenen thematischen Muster reflektieren diesen zwischen Zwangsmigration und (religiös-sozialer) Integration angesiedelten Prozess. »The ongoing negotiations between secrecy, risk, transparence, and the benefits of being a Christian show the cumulative effects of conversion, which are particularly profound in this example [iranische Konvertiten, die in Deutschland Asyl beantragen] of a massive historical change and global migration«[408].

Grundlegend unterscheidet Stadlbauer ein *geheimes bzw. heimliches iranisches Christ-Werdungs-Setting* von einem öffnetlich-behördlich induziert *in die Transparenz strebenden, deutschen Ziel-Setting.*[409]

Hinsichtlich des iranischen Christ-Werdungs-*Kontextes* und der stimulierenden bzw initiierenden *Krise* macht Stadlbauer ähnliche Beobachtungen wie ich. Für die meisten Gespräche gilt: »The converts quickly express their dismay for what they deem oppressive policies by the Iranian authorities, which include their regulation of religious contacts, punishment for denouncing Shia Islam, and enforcement of public Shia practices«.[410] In dem repressiven politischen Kontext sieht Stadlbauer aber eher ein Konversionshindernis als eine Konversionsmotivation.[411] Die Selbstprofilierung als Arier und die subversive Mobilisierung einer »persisch«-zoroastrische goldenen Vorzeit gegenüber einem repressiven Islam(ischen Regime) nimmt auch Stadlbauer bei zahlreichen Gesprächspartner·innen wahr.[412]

Am Anfang der Christ-Werdung steht ihren Gesprächen nach meist eine initiale *Begegnung* mit iranischen Christ·inn·en und Christlichem, die – freilich

408 A. a. O., [60].

409 A. a. O., [59] und [62]: »In Iran: Context 1 & Crisis 1: Secrecy, theocratic and autocratic society, religious censorship, nostalgia, continuity with an ethnic, national, religious, and cultural Persian heritage, pro forma Shia practices, resistance.« Versus: »In Germany: Context 2: pulls towards transparency and public accountability, religious persecution in German refugee camps, integration into new church communities and into German society, influence of Context 1«.

410 A. a. O., [22].

411 A. a. O., [25]: »This restraining context precedes the conversion and exposes conflicting factors that repress the process of conversion (Rambo, 1993).«

412 A. a. O., [26f].

auch aufgrund der Verfolgungsgefahr – »*secretive and risky*«[413] ist. Zahlreiche persischsprachige Fernsehprogramme vermitteln christliche Inhalte; sie sind in Iran illegal, aber über Satelliten dennoch verfügbar.[414] Der riskante und geheime Charakter der Begegnung mit Christlichem motiviert einerseits die weitergehende Beschäftigung und Begegnung.[415] Der Charakter einer durch die äußeren Umstände erzwungenen Geheimhaltung (»enforced secrecy«) bewirkt andererseits eine physische, soziale, ideologische und spirituelle Ein- und Abkapselung von christlichen Gruppen und Individuen und die Bildung von Geheimgesellschaften, die wiederum starke Innen- / Außen-Unterscheidungen unterstützt.

Die unmittelbaren Veränderungen der Christ-Werdung – »Freundlichkeit«, »Geduld«, »Ruhe« – hängen nach Stadlbauer folglich stark mit dem von Angst und Stress geprägten Begegnungskontext zusammen und werden ihrerseits zu affektiven Konversionsmotivation Dritter (z. B. der Partner·innen von Konvertiten).[416] Diese gezielte Suche *(quest)* gestaltet sich aber auch als religionsvergleichende, *intellektuelle* Beschäftigung mit Christlichem. Sie zielt darauf ab, »to maximize meaning in life, to establish a strong connection to the divine, to find avenues of transformation, and to remove a sense of tension«[417]. Deutlich wird, in welchem Maße die einzelnen Motive (hier affektive und intellektuelle) miteinander verwoben sind bzw. einander durchdringen.

Die *Konsequenzen* der Konversion unterscheiden sich raum-zeitlich nach Iran und Deutschland aber auch hinsichtlich einer sozio-kulturellen und einer ideologischen Komponente: Die öffentlich gewordene (»exposed«) Christ-Werdung führe zum sozio-biographischen Bruch in Iran und werde zum Fluchtanlass. Diese in vielen Fällen traumatisierende Zäsur spiegelt sich auch in narrativen Brüchen wider.

Die Ankunft in Deutschland und ein in die Transparenz strebender Kontext ermögliche es, das Christ-Sein zu leben, und fordere, dieses Christ-Sein authentisch zur Schau zu stellen. Viele Iraner·innen berichten auch von Gewalt durch Muslim·inn·e·n in den Erstaufnahmeeinrichtungen; hier setze sich die repressive Herkunftserfahrung und die Strategien ihrer Bewältigung in gewisser Weise fort.[418]

Dass das Leben im Zielland der Flucht und die neuen Möglichkeiten, das eigene Christ-Sein zu praktizieren, als Erfahrung von »Freiheit«oder Gottes als »friendly« erzählt werden, führt Stadlbauer v. a. auf das Einüben von »commu-

413 A. a. O., [28].
414 A. a. O., [33].
415 A. a. O., [28].
416 Ebd.
417 A. a. O., [32].
418 A. a. O., [47].

nication patterns« in den evangelischen Zielgemeinden zurück.[419] M. E. handelt es sich bei dem konzeptionellen und semantischen Reservoir weniger um eine deutsches protestantisches als um ein iranisches.

### b) Christ-Werdung als Fundamentalopposition

Aufgrund seiner prominenten Erwähnung war das spezifisch iranische Verfolgungsszenario – Christ·inn·en, die als muslimische Apostaten wahrgenommen werden – oben bereits Thema. Der Kontext im Sinne des »total environment in which conversion transpires«[420] und in dem sich iranische Christ-Werdungen vollziehen, wird stark durch die politisch-gesellschaftliche Ordnung, die nach der Islamischen Revolution etabliert wurde, geprägt. Durch die mediale Berichtersteuung sind gegenwärtig (Anfang 2019) immer wieder auch die außenpolitischen und globalwirtschaftlichen Interaktionen des Landes im Blick; sie formieren den Konversionskontext entscheidend mit.

Nach einem Bericht des Congressional Research Service[421] sind es sehr unterschiedliche wirtschaftliche Sektoren und dort repräsentierte gesellschaftliche Gruppen, die von den gegenwärtigen und vergangenen internationalen Sanktionen betroffen sind, mit denen die iranische Regierung zur Aufgabe ihres Atom-Programmes gezwungen werden soll.[422] Es sind v. a. die gut ausgebildeten, iranischen Mittelschichtsmilieus, die den wirtschaftlichen Niedergang dem Regime selbst (und nicht nur den USA) anlasten und die Ordnung Irans der letzten Jahrzehnte als repressiv und wirtschaftshinderlich erfahren. Besonders die schon vor der Islamischen Revolution in der Öl- und Gasindustrie beschäftigten und international vernetzten Familien pflegen einen nostalgischen und anti-islamischen Nationalismus.[423] Vielen regimekritischen Gruppen eigen ist ein hoher

419 A. a. O., [51f].

420 Rambo, *Understanding*, 20.

421 Congressional Research Service, *Iran Sanctions. Updated Juli 12, 2019.*

422 Die Sanktionen zielen zuvorderst auf den militärisch-industrielle Komplex ab, aber auch auf die Öl- und Gasindustrie sowie die von ihnen abhängigen Gewerbe. Aber nicht nur dort beschäftigte Ingenieure, Wissenschaftler, Geschäftsleute leiden, sondern ebenso die etablierten städtischen Händler *(bazaaris)*, die eine treibende Kraft der 1979er Revolution waren und unter denen das Regime noch immer den größten Rückhalt genießt. Dass die Sanktionen so umfassend iranische Waren- und Wirtschaftskreislauf irritieren und die Zivilgesellschaft treffen, hat auch damit zu tun, dass der Verkauf von sog. dual-use-Gütern unterbunden wird. Damit sind Apparate, Software, IT-Technik etc. gemeint, die sowohl zu militärischen als auch zivilen Zwecken eingesetzt werden könnten. Universitäten fehlt es so an Technik, Kliniken an medizinischen Instrumenten, Werkstätten an Ersatzteilen. – Über die wirtschaftlichen Hoffnungen nach dem Ende der Sanktionen 2018 informiert pointiert Tabatabai, *Morgen in Iran*, 93–118.

423 Die Bemühungen in den 1950er Jahren, die Öl- und Gasindustrie zu verstaatlichen, scheiterten. Die sog. Abadankrise endete mit einem 25-Jahres-Plan (der 1979 auslief) und einem

Bildungsstandard[424] sowie die Distanz zu vermeintlich traditionellen islamischen Werten und Strukturen.

Mit Blick auf den Kontext erscheinen die iranischen Christ-Werdungen als fundamentale Regime- und Gesellschaftskritik und damit zunächst als ein Sich-Abwenden von der islamisch-iranisch strukturierten Gesellschaft.[425] In Zeiten von Warenknappheit und Notwirtschaft fallen dann die Gruppen besonders ins Auge, die durch ihren Status als Minderheit mit eingeschränkten Möglichkeiten der gesellschaftlichen Beteiligung und Teilhabe in Jahrzehnten bereits eigene, gruppenspezifische Coping-Strategien entwickelt haben. Die Dekonversionsbewegung findet eine Richtung und gewinnt an Intensität durch die Hinwendung zu Christlichem, das etwa in armenischen Christ·inn·en eine attraktive Alternative für die religiös-gesellschaftliche Lebensgestaltung erblickt. Die Hinwendung zu Christlichem spricht sich aus als Versuch, das für die alltäglichen Hindernisse Verantwortliche zu überwinden. Dahinter steht die Diagnose, dass der herrschende Islam für die gesellschaftliche Misere verantwortlich ist.

### c) Christ-Werdung als Abschluss eines Dekonversionsprozesses

Wie Makrokontextuelle Faktoren und mikrokontextuelle – z. B. »a person's family, friends, ethnic group, religious community, and neighborhood«[426] – miteinander in Richtung religiöser Veränderung wirken, wird von anderer Stelle gegenwärtig vertieft und auf breiterer Grundlage untersucht. Auffällig und für die vorliegende Untersuchung von Interesse ist, dass in meinen Gesprächen die Entfremdung vom Islam so viel Raum einnimmt. Ähnliches stellen Khalil und Bilici bereits 2007 mit ihrer Studie »Conversion out of Islam. A Study of Conversion Narratives of Former Muslims« fest. In ihrer Beschäftigung mit dem Phänomen von Konversionen gebürtiger Muslim·inn·e·n (!) leitet sie die Frage, warum Muslim·inn·e·n dem Islam den Rücken kehren. Auf Grundlage von zahlreichen biographischen Interviews und der Analyse einiger Websites systematisieren und inventarisieren sie zentrale Themen, die die Konversionsgeschichten durchziehen. Sie identifizieren darin zwei große Komplexe von Dekonversionsmotiven: »›intellectual motivations‹ and ›experiential / social motivations‹. The former deals with theoretical and ideological concerns, the latter

Konsortialvertrag, der die Macht der Anglo Iranien Oil Company (heute BP) nur minimal beschnitt und auf iranischer Seite die mit dem Königshaus und der Öl- und Gasindustrie assoziierten Familien in ihren Ansprüchen bestätigte. Zum antiarabischen Nationalismus der iranischen Mittel- und Oberschicht vgl. Wiedemann, *Der Neue Iran*, 219–223; Dabashi, *Iran Without Borders*, z. B. 18f.; Zia-Ebrahimi, *Iranian Nationalism*, 211–214.

424 Vgl. dazu Schmidt, *Sozialstruktur.*

425 Rambo, *Understanding*, 39.

426 A. a. O., 22.

with both personal experience and historical examples of social behaviors exhibited by individuals or groups belonging to a particular belief system.«[427]

Unter den ersten Komplex der *intellektuellen bzw. ideologischen Motive* fallen im Einzelnen: »i. The status of women in Islam; ii. The contradiction between Shari'a and human rights; iii. The problematic nature of Qur'an; iv. The character of the Prophet and other Muslim leaders; v. Islam as illogical and unscientific; vi. The eternal damnation of good non-Muslims; vii. The unnecessary, strict rules and expectations of Islam; viii. Islam as not universal, but rather Arab-centric; ix. The dubious historicity of Qur'an and Hadith.«[428] Der zweite Komplex der *sozialen bzw. experimentalen Motive* erfasst im Einzelnen: »i. Encounters with bad, cruel Muslims; ii. Muslims as oppressive; iii. Muslims as backward; iv. Muslim ill-treatment of women, v. Muslim ill-treatment of non-Muslims; vi. Muslims in a state of illusion of regarding their own religion.«[429]

In dem von ihnen identifizierten zentralen Konversionsmotiv – der Kritik an der Behandlung von Frauen – verbindet sich eine intellektuelle Motivation mit einer sozialen Erfahrung.[430] In der häufigen Aussage, dass Muslim·inn·e·n »cruel, oppressive and backward« seien, spricht sich gleichermaßen eine vergleichende (intellektuell durchgeführte) Gegenüberstellung von Muslimischem und Nicht-Muslimischem aus wie die Tatsache, dass die als (vom Islam) abstoßend präsentierten Gründe die (nicht-muslimisch) anziehenden deutlich überwiegen.

An Zielpunkten für die Konversion kommen bei Khalil und Bilici v. a. drei in den Blick: Atheismus und Agnostizismus sowie das Christentum. Die überwiegende Mehrheit der Konvertiten sei männlich und komme aus südasiatischen Ländern. Aus ihrer Vermessung der narrativen »Landschaft der Konversion«[431] leiten Khalil und Bilici v. a. einen weiterführenden Bedarf ab, der Prominenz einzelner Motive (wie des Status von Frauen) nachzugehen und im Vergleich mit anderen Konversionsphänomenen zu erschließen.[432]

### d) Christ-Werdung als verfügbare alternative Lebensgestaltung

Vor dem Hintergrund der Dekonversions-Studie erscheint die in meinen Gesprächen thematisierte Christ-Werdung als eine verfügbare weltanschauliche Alternative: Christliches antwortet auf die mit den Abwendungsgründen markierten Defizite bzw. Leerstellen. Durch ein zumindest namentlich bekanntes Tableau an Figuren und Theologemen sind die kognitiven Hürden, sich Christ-

427 Khalil / Bilici, *Conversion out of Islam*, 113.
428 A. a. O., 118.
429 Ebd.
430 A. a. O., 120.
431 A. a. O., 121.
432 Ebd.

liches anzueignen, niedrig; die Christ-Werdung beginnt anscheinend oft als Akzentverschiebung (koranische Frage nach Jesus, Jesus als Gegenüber im Gebet, alternative Interpretation koranischer Propheten). Material ist Christliches durch die real existierenden alt-iranischen Christentümer verfügbar. Darüber hinaus werden Bibeln – dort, wo sie nicht ohnehin frei verkäuflich sind – ins Land geschmuggelt. Die Nutzung virtueller Medien ermöglicht zudem die rasche und weite Vernetzung von Christ·inn·en in und außerhalb Irans.

In ihrer 2017 veröffentlichten Studie »Religious Conversion to Christianity in Muslim Refugees in Europe« widmen sich die ungarischen Psychiater·innen Szalbocs Kéri und Christina Sleiman den Konversions*motiven*. Im Zusammenhang der durch den syrischen Bürgerkrieg und arabischen Frühling ausgelösten Migrationsbewegungen nehmen sie 2016 eine steigende Zahl von »Muslim asylum seekers and refugees«, die zum Christentum konvertieren, wahr. Im Blick haben sie die wachsende und zu genanntem Thema medial omnipräsente SELK-Gemeinde der Dreieinigkeitskirche in Berlin-Steglitz um Pfarrer Gottfried Mertens.

Kéri und Sleiman arbeiten in ihrer Untersuchung mit dem von Lofland und Skonovd[433] entwickelten und dann von Rambo popularisierten sog. *six-motif model*,[434] auf dessen Grundlage sie auch zwischen *world-affirming* und *world-rejecting religious styles* differenzieren zu können glauben. In der quantitativen Auswertung 124 biographischer Interviews präparieren sie zwei bestimmende motivationale Muster heraus: Konversion erscheint entweder als intellektuell-experimentelles oder affektiv-mystisches und in beiden Fällen weltbejahendes Phänomen.[435]

42,7 % der Befragten rekonstruieren ihre Christ-Werdung als intellektuell-experimentell geprägten Veränderung. »In these cases, the transformation is gradually driven by cognitive concerns, curiosity, religious teachings, and participation in group rituals«[436]. Bei 21 % der Befragten finden Kéri und Sleiman Motive, die sie als »mystical experiences, intensive emotional reactions, and social affection«[437] beschreiben. Daneben gibt es zahlreiche »hybride« Mischungen der motivationalen Ingredienzien. Eine Vorhersage der Konversionsmotive aufgrund von Geschlecht, Bildung, Familienstand, Herkunft, etwaigen Traumatisierungserfahrungen oder aufenthaltsrechtlichem Status war den For-

433 Lofland / Skonovd, *Conversion Motifs*. Auf die initiale Kritik an dem Modell, nämlich empirischer Validierung zu entbehren, haben zahlreiche Studien reagiert. Vgl. Kéri / Sleiman, *Religious Conversion*, 292, und die dort diskutierte Literatur.

434 Das Model unterscheidet *intellectual, mystical, experimental, affectional, revivalist* und *coercive* Konversionsmotive. Vgl. z. B. Rambo, *Understanding*, 14–16.

435 Kéri / Sleiman, *Religious Conversion*, 291.

436 A. a. O., 290.

437 Ebd.

scher·inne·n nicht möglich. Ebensowenig sind starker sozialer Druck oder soziale Erwünschtheit als konversionsstimulierende Faktoren identifizierbar. Die asylrechtlich und im öffentlichen Diskurs iterierte Hypothese einer »aufenthaltsstrategischen Konversion« glauben die Forscher·inne·n auf Grundlage ihrer Ergebnisse widerlegen zu können.[438]

Mit Staunen nehmen sie wahr: »[C]ognitive openness and curiosity for Christian teachings often accompany the exploration of religious practices with a direct behavioral involvement in rituals. Meanwhile, mystical experiences are not mere solipsistic phenomena, but are closely related to interpersonal attraction and sentiments«[439]. Das der Studie zugrundeliegende Religionsverständnis, das zu derartiger Verwunderung führt, bleibt leider unausgesprochen.

Fragen stellen sich hinsichtlich der »post-conversion period« und dem gesellschaftlichen Kontext: »[H]ow new religious converts will adapt to the changing social and political climate, and how religious transformation will affect their long-term integration and quality of life[?]«[440]

Die zentralen Ergebnisse der Studie – »the new conversion wave from Islam to Christianity in Europe is characterized by intraindividual processes dominated either by intellectual-experimental orientation or emotion-driven mystical experiences«[441] – legen auch meine Gespräche nahe. Unter den auf die Hinwendung zu Christlichem gerichteten Hoffnungen, sofern diese durch autobiographische Interviews rekonstruierbar sind, dominiert der Wunsch nach einer alternativen Lebensgestaltung. Die so initiierte Suche ist mit kognitiver Arbeit verbunden, aber auch mit der lebenspraktischen Erprobung von Christlichem. Unter den unmittelbaren Effekten der Christ-Werdung nimmt neben einem umfassenden Orientierungsgewinn *»emotional gratification«*[442] als affektives Moment einen großen Platz ein.

### e) Christ-Werdung als biographisch präfigurierte Krisenbewältigung

»[P]eople actively look for resources that offer growth and development to ›fill the void‹, solve the problem, or enrich life. Quest is an ongoing process, but one that will greatly intensify during times of crisis.«[443] Bei fast all meinen iranischen Gesprächspartner·inne·n steht am Anfang ihrer Christ-Werdung bzw. ihres Interesses an Christlichem eine krisenhafte-desintegrative Erfahrung. – Krisen als Erfahrungen von Orientierungslosigkeit- und Desintegration gehen dem »Kon-

438 Vgl. für den gesamten Abschnitt ebd.
439 Ebd.
440 A. a. O., 291.
441 A. a. O., 292.
442 Rambo, *Understanding*, 43f.
443 A. a. O., 56.

versionsprozess« oft voran oder lösen diesen erst aus. Als Krisenkatalysatoren können mystische und Nahtod-Erfahrungen, das Erleben von Krankheit und Heilung, die Erfahrung von Sinn und Bedeutungslosigkeit (Is that all there is?) oder erweiterte Bewusstseinszustände fungieren. In diesem Zusammenhang nannte Rambo auch Apostasie als Krisenkatalysator und meint hier zunächst eine richtungslose Dekonversion, das Verlassen einer religiösen Tradition (ohne das Christliches als Zielpunkt dieser Bewegung schon feststünde).

Die genannten Faktoren werden auf zweierlei Weise für den Konversionsprozessen wirksam, und zwar als: »crises that call into question one's fundamental orientation to life, and crises that in and of themselves are rather mild but are the proverbial straw that break the camel's back.«[444]

Mit seiner 2018 erschienenen Studie »Erwachsenentaufe im Zeitalter von Konfessionslosigkeit. Eine qualitativ-empirische Untersuchung zu ihrem Zustandekommen und ihrer Bedeutung« bietet Wilfried Meißner (ohne dezidiert an Rambo anzuknüpfen) wichtige Vertiefungen der von Rambo als Krise konzeptualisierten, konversionsstimulierenden Erschütterung. Meißner fragt nach den Gründen säkular sozialisierter Erwachsener, sich taufen zu lassen. Der Taufe gehen immer Begegnungen mit Christ·inn·en und Erfahrungen mit Christlichem voraus, auch wenn diese keine hinreichende Bedingung für die Taufentscheidung darstellen. Es sind »langandauernde biographische und religiöse Entwicklungen«, die zur Taufe führten und auf die kirchlicherseits nur bedingt Einfluss genommen werden könne.[445] Sich taufen zu lassen, werde nach Meißner aber v. a. im Zusammenhang von Ordnungsvorstellungen verständlich, das krisenhafte biographische Erfahrungen durch die Zugehörigkeit zur Kirche zu bewältigen versucht.[446]

Meißner identifiziert zunächst zwei Erfahrungszusammenhänge, die die gewohnte Distanz zur Christlichem schwinden lassen und einen Weg zur Taufe initiieren: Es sind zum einen Konflikte und Missachtungserfahrungen, die zunächst zu einer Entfremdung von der Herkunftsfamilie führen (*emotional-desintegrative* Erfahrungen) und gleichzeitig die in dieser erlernte und gepflegte Distanz zu Christlichem schwinden lassen. Darüber hinaus können die erworbenen *weltanschaulichen* Reservoirs an Erschließungskraft verlieren und Gegenstand einer kritischen Auseinandersetzung mit der eigenen Sozialisation werden. Der Weg zu Christlichem sei besonders dann eröffnet, wenn das Defiziterleben mit dem Vorwurf einhergehe, die Krise hätte durch eine religiöse Sozialisation vermieden werden können.[447]

444 A.a.O., 46.
445 Meißner, *Erwachsenentaufe*, 368.
446 A.a.O., 367f.
447 A.a.O., 368f.

Die tatsächliche Entscheidung zur Taufe habe dann meist eine *individuelle*[448] wie auch eine *gruppenbezogene*[449] Dimension: Die Emanzipation von negativen Bezugspersonen vollziehe sich oft in einem Überbietungsgestus, der sich auch als weltanschauliche Selbstbehauptung artikulieren könne.[450] Weniger als Austragungsebene eines Konfliktes denn als Instrument zur Reorientierung können kirchlich-christlich vermittelte Inhalte und Praktiken ergriffen werden. Die Auseinandersetzung mit Christlichem vollzieht sich auch nur als probeweise Anknüpfung etwa an familiäre religiöse Traditionen. – In jedem Fall initiieren desintegrative Erfahrungen eine auf Neuorientierung ausgerichtete Transformation, die zur Taufe führen kann. Neben diesen individuellen seien es gruppenbezogene Entwicklungen. Wirksam werden diese einerseits in Form von projektiven Idealisierungen von Christlichem und von Christ·inn·en, die mit »Charakterstärke« und »kulturellem Mehrwert« identifiziert werden.[451] Aber schon die bloße Teilnahme am kirchlichen Leben könne als lebensdienlich empfunden werden: Die Alltagsverpflichtungen werden rituell außer Kraft gesetzt; die Anerkennung von ehrenamtlichem Engagement steigert das Selbstwertgefühl; das einstige Defizit wird positiv umgewertet; Christliches wird als stabilisierend hinsichtlich familialer Beziehung eingesetzt.

Die Taufe kann sich schließlich durch lebensgeschichtliche Wenden aufdrängen. Gerade die partnerschaftsvermittelte Taufe (»Vertiefung der Paarbeziehung« durch »konfessionelle Übereinstimmung«) oder die zur Erlangung einer beruflichen Festanstellung vollzogene lassen Meißner von Taufe als Anpassung sprechen.

Wirksam werde die Taufe als Zäsur mindestens zweifach: Sie legitimiert einerseits die aus der empfundenen weltanschaulichen Zugehörigkeit erwachsene Teilnahme am kirchlichen Leben; sie finalisiert als endgültiger Bruch andererseits die Distanzierung zur unheilvollen Vergangenheit. Der Status des Getauftseins »normalisiere« zudem wirksam die Kirchen(gemeinde)zugehörigkeit.

Zuletzt könne das Taufbegehren einer Tauschlogik gehorchen und »als Gegenleistung für die kontinuierliche Inanspruchnahme kirchlicher Erbauungsangebote angesehen [werden]«.[452]

Meißner bestätigt mit Blick auf Konfessionslose Rambos These, nach der Krisenerfahrungen als Konversions-Katalysatoren wirken,[453] und zwar auf folgende Art und Weise: Die Erschütterung weltanschaulicher Grunddata durch desintegrative Erfahrungen führt dazu, dass die Distanz gegenüber Christ·inn·en

448 A. a. O., 369–371.
449 A. a. O., 371–373.
450 A. a. O., 370.
451 A. a. O., 372.
452 A. a. O., 375.
453 Rambo, *Understanding*, 48–55.

und Christlichem schwindet. Die Bewältigung negativer Widerfahrnisse kann umso stärkeren Ausdruck in der dezidierten Hinwendung zu Christlichem finden, je mehr die Probleme der Vergangenheit gerade mit der Abwertung von Christlichem verbunden sind.

Diese Beobachtung teile ich mit Blick auf meine iranischen Gesprächspartner·innen. Die staatlich-kulturelle Abwertung von Christlichem widerspricht der real-erfahrenen oder projektiv konstruierten ethischen Mehrwertigkeit; vor dem Hintergrund der der schiitisch-politischen Ordnung angelasteten persönlichen, familiären, gesellschaftlichen Missstände verheißt die Hinwendung zu Christlichem einen Ordnungs- und Orientierungsgewinn. So wird der Umgang real-existierender iranischer Christ·inn·en mit der gewaltvollen muslimischen Mehrheitsgesellschaft und der Figur des arabisch-katholischen Mullahs kontrastiert.

Rambos These, dass es sich bei Konvertiten um die Marginalisierten einer Gesellschaft handelt,[454] trifft hier nur bedingt zu. Mit der Hinwendung zu Christlichem geht eine Stigmatisierung, Marginalisierung und Verfolgung einher. Sie geht dieser aber in den seltensten Fällen voraus. Bei den neuen iranischen Christ·inn·en handelt es sich um Menschen aus der Mitte der Gesellschaft.

Ein wichtiger konversionsbegünstigender Faktor – so schon Rambo –[455] ist die Tatsache, dass die konversionsbegünstigende Krise als interne wahrgenommen und das damit bewältigte religiös-kulturell-gesellschaftliche Geflecht an Problemen dem Islam angelastet wird. Je nach Persönlichkeit, Vorerfahrungen mit Christlichem und der konversionsauslösenden Krise, ist festzustellen: »Converts selectively adopt and adapt the new religion to meet their needs.«[456]

### f) »Konversionsinduzierte« Homogenisierungen und Reduktionismen – eine Problemanzeige

Die Konversionsforschung der letzten Jahre nimmt immer stärker die Prozessualität und Kontextualität von religiösem Wandel in den Blick. Der Überblick über die genannten Arbeiten könnte durch historische ergänzt werden. Dabei würde auffallen, dass der Konversionsbegriff an sich zunehmend in der Kritik steht und – wenn auch nicht entsorgt – so allenfalls, vorsichtig-tastend, als sensibilisierendes Konzept verwendet wird. Susanne Stadlbauer bedenkt besonders die Konversionskontexte und sieht, dass es sich bei den Christ·inn·en im Asylverfahren v.a. um Iraner·innen handelt, deren Konversionserzählungen durch entsprechend spezifische »thematic patterns« geprägt seien. Bei den an-

454 A.a.O., 41.
455 A.a.O., 41.
456 A.a.O., 42.

deren Untersuchungen kommen die Befragten und Beforschten –, egal ob syrischer, iranischer, irakischer oder afghanischer Christ – immer in den Blick als das, was sie einmal waren und als das sie sich selbst nicht bezeichnen würden: als Muslim·inn·e·n.

Der als vermeintlich selbstverständlich vorausgesetzte und angewandte Religionsbegriff homogenisiert Islam und Christentum gleichermaßen. Konversion und Religion erscheinen als ko-abhängige Konzepte, die die Christ-Werdung als »religiöse« Veränderung in einem sehr allgemeinen und vereinheitlichten Sinn zu fassen vermögen. Auf fragwürdige Weise wird ein solch religionisierend-homogenisierendes Bild von Christlichem und Muslimischem dann auch in der asylrechtlichen Überprüfung von »Konversion« wirksam, die sich dabei zunehmend auch auf religionswissenschaftliche Forschung beruft.

Mit dem Bild vom konvertierten Muslim verbindet sich aber noch ein anderes Problem. Nicht in den Blick kommen durch solch ein Verständnis von Christlichem und Muslimischem der spezifisch iranische Herkunfts- und der Zielkontext der religiösen Veränderung. Zwei materiale Beobachtungen kommen in der vorhandenen Forschung – vielleicht auch in Ermangelung angemessener analytischer Werkzeuge – nicht in den Blick: Es handelt sich um den prominenten Verweis meiner Gesprächspartner·innen auf Iran – den eigentlichen, echten, wirklichen Iran, das eigene Iranisch-Sein –, aus dem heraus die Taufe als das Naheliegende, quasi genuin Iranische entworfen wird. Was ebenfalls nicht wahrgenommen wird, ist die Tatsache, dass sich fast alle iranischen Christ·inn·en zu evangelische Christentümern hin orientieren und sich etwa in Deutschland überproportional in evangelischen Gemeinden wiederfinden.

Eine dritte Problemanzeige kann an dieser Stelle nur als Behauptung formuliert werden: Viele der gegenwärtig laufenden Arbeiten untersuchen das Phänomen sog. Flüchtlingstaufen nach meinem Wissen v.a. in integrationstheoretischer Perspektive. Diese zweifelsohne wichtige Perspektive läuft Gefahr, die Christ-Werdung von Iraner·inne·n neben den genannten Homogenisierungen auf den Zielkontext der Flucht zu reduzieren. Das für das Verständnis der Christ-Werdung von Iraner·inne·n iranische Kontexte wichtig sind, soll im Folgenden erläutert werden.

## 2. Iran, Protestantismus und die Aushandlung von Zugehörigkeit(en)

Als hilfreich für eine Analyse, die die geäußerten Einwände auf- und die bei der Christ-Werdung von Iraner·inne·n eigentümliche Verbindung von Iran und Protestantismus ernst nimmt, erweist sich das seit einigen Jahren in Sozial- und Kulturwissenschaften entwickelte Zugehörigkeits-Paradigma. Hierbei wird danach gefragt, »wie Zugehörigkeiten hergestellt, ›erarbeitet‹, performiert, materialisiert, verräumlicht, und in historischer und biographischer Hinsicht transformiert werden [… wie diese] scheitern, zerbrechen, neu ausgehandelt und konstruiert werden«[457]. Damit gelingt es, Identität stärker als soziales Phänomen und über seine affektive Dimension zu erschließen.[458] Grundlage meiner weiteren Diskussion ist v.a. der von Johanna Pfaff-Czarnecka 2013 erschienene Text »Zugehörigkeit in der mobilen Welt. Politiken der Verortung«. Iranischer Protestantismus erschließt sich in belonging-theoretischer Optik als Herstellung von Handlungsfähigkeit über die diskursive Aushandlung, Inanspruchnahme und Verweigerung von Zugehörigkeit.

### a) Die »Identitätskrise« der Sozialwissenschaften

Pfaff-Czarneckas Überlegungen nehmen ihren Ausgang in der Kritik am überstrapazierten Gebrauch des Identitätsbegriffs, wie im Jahre 2000 von Roger Brubaker und Frederick Cooper diagnostiziert. Brubaker und Cooper sprechen süffisant von einer »Identitätskrise der Sozialwissenschaften«, in die sie sich durch die inflationäre und unscharfe Verwendung von »Identität« hineinmanövriert habe. Leiste der Identitätsbegriff für die politische und soziale Praxis auch Wichtiges, erweise er sich für den analytischen Gebrauch aber als unbrauchbar: »[T]he prevailing constructivist stance on identity – the attempt to ›soften‹ the term, to acquit it of the charge of ›essentialism‹ by stipulating that identities are constructed, fluid, and multiple – leaves us without a rationale for talking about ›identities‹ at all and ill-equipped to examine the ›hard‹ dynamics and essentialist claims of contemporary identity politics. ›Soft‹ constructivism allows putative ›identities‹ to proliferate. But as they proliferate, the term loses its analytical purchase.«[459]

Brubaker und Cooper führen den Beweis für diese These, indem sie unterschiedliche Verwendungsweisen von Identität inventarisieren. Ihr Ergebnis präsentieren sie als fünfgliedrige Begriffstypologie. Danach bezeichne Identität: (1) Den nicht-instrumentellen Modus sozialen / politischen Handelns (im Gegensatz zu Interesse); (2) die Gleichheit von Mitgliedern einer Gruppe; (3) einen Aspekt des Selbstseins; (4) das Produkt sozialen / politischen Handelns im Sinne

457 So der Vorstellungstext der Themengruppe »Belonging« im Sonderforschungsbereich 1171 an der FU Berlin »Affective Societies: Dynamiken des Zusammenlebens in bewegten Welten« [abgerufen am 31.08.2019 unter URL: https://www.sfb-affective-societies.de/forschung/themengruppen/belonging/index.html].

458 Für die Interpretation meiner Ergebnisse erwiesen sich die Arbeiten von Johanna Pfaff-Czarnecka als hilfreich, um das oben bereits zu einem Kodierparadigma ausformulierten Laclau'schen Diskursverständnis weiter zu elementarisieren und mit den Daten ins Gespräch zu bringen.

459 Brubaker / Cooper, *Beyond ›Identity‹*, 1.

von kollektiven Selbstverständnisses; das Produkt konkurrierender Diskurse im Sinne der prekären Natur des modernen Selbst.

Die widersprüchlichen und einander z. T. ausschließenden Verwendungsweisen zeigten, dass Identität als analytische Kategorie zu unscharf sei. Alternativ schlagen Brubaker und Cooper drei Begriffscluster vor, die präziser zu benennen suchen, was im Identität-Begriff eher verschwimmt: (a) Das erste Begriffspaar – *Identifikation* und *Kategorisierung* – fokussiert den aktiven *Prozess* des Identifizierens und Kategorisierens. Man kann sich selbst identifizieren oder durch andere identifiziert werden; in beiden Fällen ist die Identifikation situations- und kontextabhängig. Die Identifikation kann aufgrund der Position in einem Beziehungsgeflecht *(relational)* erfolgen oder aufgrund bestimmter geteilter Merkmale *(kategorial)*. Als Beispiel für einen machtvollen Identifizierer / Klassifizierer kann der moderne Staat gelten. (b) Eine weitere Alternative zu Identität bilden *Selbstverständnis* und *soziale Verortung*. Selbstverständnis verstehen Brubaker und Cooper als »dispositional term that designates what might be called ›situated subjectivity‹: one's sense of who one is, of one's social location, and of how [...] one is prepared to act.« Eng mit »Selbstverständnis« verwandt sind die Begriffe »Selbst-Repräsentation« und »Selbst-Identifizierung«. Während das Selbstverständnis aber *implizit* sei, stellten Letztere eher auf *explizite* Vorgänge ab. (c) Eine dritte Alternative bieten Brubaker und Cooper mit *Gemeinsamkeit*, *Verbundenheit* und *Gruppizität*. Sie beziehen sich unter Berufung auf »Zusammengehörigkeitsgefühl« (auf deutsch!) auf die affektive Dimension von Selbstverständnis. »›Commonality‹ denotes the sharing of some attribute, ›connectedness‹ the relational ties that link people. Neither commonality nor connectedness alone engenders ›groupness‹ – the sense of belonging to a distinctive, bounded, solidary group.«

### b) Der prozessuale Zugehörigkeitsbegriff

Johanna Pfaff-Czarnecka sucht der Kritik Brubakers und Coopers am Identitätsbegriff mit einem »prozessualen Zugehörigkeitsbegriff« zu begegnen, der gegenüber erstem folgende Vorteile biete: »Zugehörigkeit« als Konzept vermeidet (re-essentialisierende) Festschreibungen, da es Kategoriales, Relationales und dessen dynamisch-situativen Charakter erhalte – Momente, die »Identität« nur in spezifischen Verwendungen, nicht aber als integrierendes Konzept anzuzeigen vermag.[460]

460 Pfaff-Czarnecka, *Zugehörigkeit*, 24 f.: »Das Konzept der Zugehörigkeit stellt kollektivierende Eindeutigkeiten in Frage und sieht kollektive Identitäten als bloß eine mögliche Form von Gemeinsamkeit an. ›Identität‹ ist ein kategorialer Begriff, während ›Belonging‹ Kategorisierung mit sozialer Relationalität kombiniert. [...] ›Identität‹ tendiert zu einer dichotomen

Dass Dazu-Gehören nicht ohne Weiteres aus dem Sich-Identifizieren folgt, werde so auch begrifflich unterscheidbar, ohne dass das eine vom anderen getrennt werden muss, und dass Dazu-Gehören nicht aus dem Sich-Identifizieren folgen *muss*, werde so denkbar.[461] Stärker noch als der Identitätsbegriff sei »Zugehörigkeit« schließlich kontextsensibel, weil nicht denkbar ohne Praktiken konkreter Verortung bzw. konkreten Verortet-Werdens.[462]

Pfaff-Czarnecka bestimmt Zugehörigkeit als »emotionsgeladene soziale Verortung, die durch das Wechselspiel (1) der Wahrnehmungen und der Performanz der Gemeinsamkeit, (2) der sozialen Beziehungen der Gegenseitigkeit und (3) der materiellen und immateriellen Anbindungen und Anhaftungen entsteht«[463]. Diese drei Dimensionen der Verortung – *Gemeinsamkeit*, *Gegenseitigkeit* und *Anbindung* – gestaltet Pfaff mithilfe weiterer Unterscheidungen zu einem erschließungskräftigen Kategorien-Gerüst aus:

*Being* und *belonging* kennzeichnen verschiedene Grade der Selbstverständlichkeit von Zugehörigkeit:[464] *Belonging* kennzeichnet die fragliche, bedrohte, angefochtene Zugehörigkeit, die erst als zur Disposition stehende überhaupt das Dazu-Gehören thematisch werden lässt. *Belonging* hebt weiterhin ab auf das aktive Aushandeln von Zugehörigkeit, »auf das gegenseitige Aufeinanderbezugnehmen, auf gemeinsame Wissensvorräte, auf gemeinsame Zielsetzungen [...] sowie das Teilen des Empfindens eines gemeinsamen Schicksals.«[465] *Being* beschreibt den Zustand des selbstverständlichen, unhinterfragten und deshalb auch nicht thematischen Dazu-Gehörens.

Die Unterscheidung von *being* und *belonging* fächert Zugehörigkeit zudem auf in *Zugehörigkeit* im engeren Sinne auf der einen und *Zusammengehörigkeit* auf der anderen Seite: Der »Selbstverständlichkeit der Zusammengehörigkeit« korrespondiert »die Sehnsucht nach der Einfachheit des Zugehörens«[466].

---

Wahrnehmung der sozialen Welt, während ›Zugehörigkeit‹ eher situativen, flexiblen und multiplen Charakter zum Ausdruck kommen lässt.«

461 »Wo die eigene Wir-Gruppe endet und wo die Grenze verläuft, braucht [für die Zugehörigkeit] keine Rolle zu spielen, und ist unklar oder gar unbekannt. [...] Identität zehrt hingegen von Grenzerfahrungen; sie entsteht erst durch die Wahrnehmung von Alterität. Ohne Grenzziehung macht Identität keinen Sinn.« (A.a.O., 27) Die »Grenze« wurde von Laclau in ihrem projektiven Charakter und wesensmäßig als allein durch ihre ausschließende Funktion bestimmt entlarvt. Was in Pfaff-Czarneckas Rede als Lapsus (von der deskriptiven auf die normative Ebene daherkommt) erscheint, ist forschungsethisch höchst relevant. Mit der eigenen Darstellung das Beforschte immer auch mit hervorzubringen, wird – wenn auch nicht vermeidbar, so doch – durch begriffliche Sorgfalt steuerbar.

462 A.a.O., 26.

463 A.a.O., 12.

464 A.a.O., 19f.

465 A.a.O., 26.

466 A.a.O., 20.

*Being / Zusammengehörigkeit* und *Belonging / Zugehörigkeit* geben sodann den Blick auf zwei Perspektiven frei, nämlich auf das individuelle Dazu-Gehören-Wollen und die Sicht der bereits Dazu-Gehörenden: »›Zugehörigkeit‹ ist die Optik derer, die sich in Bezug auf ein Wir-Gefüge positionieren; ›Zusammengehörigkeit‹ bezieht sich auf das Binnenverhältnis dieses Gefüges.«[467] Ein Vorteil dieser Unterscheidung gegenüber dem Identitätsbegriff liegt darin, dass sie homogenisierende Perspektive kollektiver Identitäten überwindet, ohne die kollektive Perspektive aufgeben zu müssen.[468]

### c) Dimensionen von Zugehörigkeit

Nach diesem Verständnis lässt sich *Gemeinsamkeit* als erste Dimension von Zugehörigkeit (im weiteren Sinne) wie folgt bestimmen und beschreiben. Gemeinsamkeit ist »die Wahrnehmung des Teilens – des gemeinsamen Schicksals, kultureller Formen (Sprache, Religion, Lebensstil), Werte, Wissensvorräte, Erfahrungen und Erinnerungskonstruktionen. Es lassen sich mit diesem Begriff sowohl die nicht ausgesprochenen Vorstellungen der Existenz eines kollektiven ›Wir‹ als auch seine Zurschaustellungen und Politisierungen fassen. Gemeinsamkeit wird individuell gefühlt und kollektiv ausgehandelt.«[469] Gemeinsamkeit – analog zur Zugehörigkeit – besteht entweder als selbstverständliche, praktizierte Konvention. Sie ist in dem Sinne performativ, in dem sie vorgängige »Normen [bestätigt, die e]rst im Akt der Performanz [...] ihre Verbindlichkeit und ihre einschränkende Macht offenbaren«[470]. Gemeinsamkeit besteht andererseits als durch Grenzziehung konstruiertes Wir.

Die durch ihre Performativität stabilisierte Zugehörigkeit bildet Räume aus, in denen »Wissen habitualisiert, institutionalisiert und legitimiert«[471] wird. Gemeinsamkeit artikuliert sich als *Gegenseitigkeit* in regelförmig strukturierten und beschreibbaren Erwartungshorizonten – Zugehörigkeitsräume.[472] »Zusammengehörigkeit ist prozesshaft und dauerhaft; sie spannt sich zwischen Vergangenheit und Zukunft auf, das heißt in zeitlichen Korridoren, in denen sich Kollektive bemühen, *Reziprozität*, *Loyalität*, *Engagement* und ›*Commitment*‹ dauerhaft zu stabilisieren.«[473] Die Verstetigung von gegenseitigen Erwartungen als Zugehörigkeitsraum bildet ferner »Regimes der Zugehörigkeit«[474] aus, d.h.

467 Pfaff-Czarnecka, *Zugehörigkeit neu denken*, 6.
468 A.a.O., 6.
469 Pfaff-Czarnecka, *Zugehörigkeit*, 21.
470 A.a.O., 29.
471 A.a.O., 31.
472 Ebd.
473 Ebd.
474 A.a.O., 32.

»Erwartungsdruck in Bezug auf Anwesenheit, Investition der eigenen Zeit und finanzielle Beiträge zum Wohle der Gemeinsamkeit sowie die Bereitschaft zum langfristigen Engagement sind der Preis des sicheren Aufgehobenseins in einem Wir-Gefüge«[475].

Pfaff-Czarnecka dimensioniert Zugehörigkeit in einer dritten Weise als *Anbindung.* Zugehörigkeit als Anbindung stellt ab auf die Beziehungen zwischen »Menschen- und Objektwelt«, da Zugehörigkeit durch materiell vermittelte Verbindlichkeiten hergestellt wird.[476] In drei »Aggregatzustände[n] der Verortung« bestimmt sie die »vielfältigen materiellen (An-)Bindungen«[477]: (1) Der erste Zustand, *Resonanz* ist gekennzeichnet durch ein (gefühltes) Im-Einklang-, »Vertraut«-Sein, »Übereinstimmen« mit der (materiellen) Umgebung durch das »Teilen von [lokaler/n bzw. lokalisierter/n] Geschichte, Geschichten und Erfahrungen«[478]. (2) Der zweite Zustand, *Entortung,* setzt bereits ein, wenn sich nur eine Gefährdung des Verortet-Seins ankündigt. Entortung kann sich als »Entfremdung« und »Exklusion« bzw. Ausgeschlossen-Werden vollziehen. In diesen Zustand führt auch das Gefühl des Fremdwerdens im vermeintlich Vertrauten durch die Gegenwart zugewanderter Fremder (ideologisch »Überfremdung«). (3) Der dritte Aggregatzustand erfasst die kreativ-konstruktive Erzeugung von Zugehörigkeit: »›*Creating Belonging*‹ ist ein im Hier und Jetzt fabrizierter Vorgang der persönlichen wie kollektiven Selbstverortung und zugleich auch auf die Zukunft gerichtet.«[479] Die Selbstverortung im Sinne von Vereinnahmung und Raum-Nehmen geschieht nie ohne Konflikte, führt aber auch zu neuen Verbindungen und Re-Konfigurationen von Zusammengehörigkeit.

Zugehörigkeit ist nicht als uniforme und geschichtslose Entität gegeben. »Menschen [leben] im Verlauf ihres Lebens gleichzeitig und nacheinander in unterschiedlichen kollektiven Einbindungen [...] und [nehmen] Grenzüberschreitungen vor[].«[480] In meine Familie bin ich hineingeboren, einen Beruf habe ich erworben, ich kann in mehreren Vereinen gleichzeitig Mitglied sein. Unter dem Thema »Multiple Zugehörigkeiten« spricht Pfaff-Czarnecka von faktisch unterschiedlichen Zusammengehörigkeitshorizonten, in die ein Mensch eingebunden ist und die »in einer Segmentierung [...] seiner sozialen Welt resultieren. Als wichtige Konstellationen lassen sich dann unterscheiden: multiple ethnische und/oder nationale Bezüge; sequentielle Zugehörigkeit (Altersklassen); biographische Übergänge/Statuspassagen; Gleichzeitigkeit unterschiedlicher Typen von

475 Ebd.
476 A.a.O., 35.
477 A.a.O., 36.
478 Ebd.
479 A.a.O., 44.
480 A.a.O., 53.

| | ZUGEHÖRIGKEIT | |
|---|---|---|
| Being /<br>**Zusammen**-gehörigkeit | | Belonging /<br>**Zu**-gehörigkeit |
| [(Ich) Wir] | **Gemeinsamkeit**<br>**Gegenseitigkeit**<br>**Anbindung / Anhaftung** | Ich][Wir |
| Resonanz — | — Entortung— | — Creating Belonging |
| - implizit / unausgesprochen / selbstverständlich<br>- Binnenperspektive: drinnen→ draußen | | - explizit / ausdrücklich / fraglich<br>- Individualperspektive: draußen→ drinnen |

An- / Einbindung: Familie, Freundschaft, Nachbarschaft [...]; Zugehörigkeiten unterschiedlicher Reichweite: Familie, Ethnizität, Nation, Welt.«[481]

### d) Creating Belonging als diskursive Verortungsarbeit

Ich knüpfe im Folgenden an Pfaff-Czarneckas Operationalisierungen von Identität in Dimensionen von Zugehörigkeit an. Zugehörigkeit als Leitkonzept perspektiviert Identität als prozesshaftes, situativ-kontextuelles und als solches analysierbares Geschehen. Die Zugehörigkeitsperspektive eröffnet eine prozessuale Lesart der Laclau'schen Signifikationstheorie:

a) Die Aushandlung von Identität wird belonging-theoretisch konkreter fassbar als Aushandlung von Zugehörigkeit.
b) Handlungsfähigkeit wird über Zugehörigkeit vermittelt. Belonging-theoretisch wird der Bewältigungscharakter (Handlungsfähigkeit gegenüber einem als übermächtig empfundenen Gegner) der Aushandlung deutlich.
c) Außerdem wird dieses Aushandeln belonging-theoretisch nicht nur als fragiles und konstitutiv instabiles *Produkt* kenntlich, sondern als konstitutiv nicht abschließbarer *Prozess.*
d) Die signifikations-theoretische Perspektive ermöglicht es andererseits, Zugehörigkeit als diskursives Phänomen zu untersuchen. (*Being* ist textlinguistisch greifbar in impliziten Wertungen, in vermeintlichen Selbstverständlichkeiten, in allem als bekannt Vorausgesetztem. Die Konstruktion von Zugehörigkeit im *affiliating* ist greifbar in diskursiven Äquivalenzierungen wie dem »evangelisch-freiheitlich-integeren Luther«, der es mit dem »katholisch-arabisch-korruptem Mullah« aufnimmt.)

481 A. a. O., 53f.

### e) Iranischer Protestantismus – Handlungsfähigkeit über Zugehörigkeit

Zur Erinnerung: Zugehörigkeit (im weiteren Sinne) ereignet sich situativ als Being / Zusammengehörigkeit oder Belonging / Zugehörigkeit. Erst die Fraglichkeit und Brüchigkeit von Zugehörigkeit ruft diese als Problem auf den Plan. Solche Entortung vollzieht sich als Ausgeschlossen-Werden, Sich-Außerhalb-Finden oder auch als »Heraus-Wollen«. Die Fraglichkeit der Zugehörigkeit – das Entortet-Sein – geht mit dem Bedürfnis (longing) einher, sich (neu) zu verorten; ich nenne es im Folgenden Affiliation. Das Entortet-Sein motiviert Verortungsarbeit: Durch Affiliationsprozesse wird Zugehörigkeit unter Rückgriff auf diskursive Reservoirs ausgehandelt, hergestellt und performiert.

Auf Grundlage meiner Gespräche und Begegnungen und vor dem gerade entwickelten theoretischen Hintergrund ist »Iranischer Protestantismus« eine Form von Affiliationsarbeit. *Protestantismus* kommt v. a. in den Blick als *Ergebnis* des Affiliationsprozesses. Im *Iranischsein* drückt sich hingegen die eine grundlegende und nicht-tilgbare Zusammengehörigkeit aus, die als derjenige *Ausgangspunkt* artikuliert wird, von dem aus sich Protestantisch-Christliches als naheliegende, quasi natürliche »religiöse« Alternative erschließt. Iran ist der Ort, mit dem Christliches korrespondiert, sich daraus ergibt, von dem aus Christentum bewertet und als etwas im Grunde Iranisches – so die Erzählung – behauptet, über- bzw. angenommen wird.

Mit den oben herauspräparierten Gesprächsmomenten ließe sich das wie folgt reformulieren: Persönliche Krisen und die Erfahrung von staatlicher Repression irritieren bisherige Zusammengehörigkeiten; die Begegnung mit iranischen Christ·inn·en stimuliert diese Entortung. In der Erfahrung völliger Ohnmacht erscheint die Konstruktion eines ethnisierten (d. h. antiarabischen) Irans als nichttilgbare Basalidentität *(ethnizistisch-diskriminative Prämissen)* und iranische Christ·inn·en als Bürgen für dessen gegenwärtige Existenz *(real-existierende Christ·inn·en als Projektionsflächen)*. Gegenhegemonial werden Entortung und Ausschluss aus der Mehrheitsgesellschaft über die Infragestellung der Iranizität z. B. des Regimes bewältigt *(argumentativ-ethische Erschließung von Christlichem und Kontrastierung mit Islamischem)*. Die Hinwendung zu Christlichem ist Performanz der als iranisch kodierten basalen Zusammengehörigkeit *(pragmatisch-politische Dimension)*.

Die Konstruktion von Handlungsfähigkeit über Zugehörigkeit und ihre Artikulation als iranischer Protestantismus wird nicht nur als gegenhegemoniale Identität in Iran wirksam, sondern auch während und nach der Flucht. Der Flucht als radikale Entortung geht die Erfahrung des Nicht-mehr-dazu-gehören-Wollens voraus oder auch des Ausgeschlossen-Werdens. Wird Mitgliedschaft aufgekündigt, wird Zugehörigkeit zum Problem; zur Debatte stehende Zugehörigkeit verlangt Kompensation. Für die Neu-Verortung spielt das Iranisch-Sein, präsentiert in einem Gestus des Selbstverständlichen, Fraglosen und Überbietenden, eine entscheidende Rolle. Ihm kommt eine Brückenfunktion zu, als sich Hiesiges mit Iranischem äquivalenzieren lässt und damit die Affiliierungsschwelle gesenkt wird. Wenn Christliches, Arisches, Hochkulturelles, Imperiales eigentlich iranisch sind, erübrigt sich die Aushandlung von Zu- und Zusammengehörigkeit zudem überall dort, wo Zugehörigkeit verweigert wird.

Die Verknüpfung von Iranisch-Sein und Protestantisch-Sein als Signifikanten in einer engen Äquivalenzbeziehung verweist darauf, dass *Affiliation* nicht im luftleeren Raum geschieht, sondern unter Rückgriff auf andere, selbstverständliche Zusammengehörigkeiten. Dafür werden die diskursiven Reservoirs angezapft, die die gegenwärtige Herausforderung übersteigen und eine inner-iranische Geschichte haben: Iranischer Protestantismus wird im Zielland der Flucht unter den Bedingungen des deutschen Asylverfahrens erzeugt, aber in Iran erfunden.

## VIII. Zwischenfazit

### Iranischer Protestantismus gegen den »nicht-iranischen« Staatsislam

Neben den etablierten Kirchen entsteht im Iran gegenwärtig ein Christentum, das als iranischer Protestantismus bezeichnet werden kann. Persönliche Krisenerfahrungen und das gemeinsame Leben und Leiden in einer islamischen Diktatur verlangen nach kognitiver und affektiver Bewältigung, und dabei spielt Christliches in einer bestimmten Fassung eine zentrale Rolle. Die Christ-Werdung markiert die Suche nach einer alternativen Lebensgestaltung und performiert diese zugleich mit einer stark regime-kritisch; Christ zu werden ist ein politischer Akt. Zwei Ingredienzien hat der Iranische Protestantismus, die wie folgt charakterisiert werden können:

In dem Widerstands- und Selbstermächtigungsdiskurs derer, die das gegenwärtige Regime ablehnen, ist die Idee eines eigentlichen *Irans* zentral. Über die beanspruchte Zusammengehörigkeit als Iraner·innen und die dem repressiven Regime abgesprochene Zugehörigkeit zum eigentlichen Iran wird so etwas wie eine erschütterungsresistente Minimalidentität entworfen. Denn Zugehörigkeit ermöglicht Handlungsfähigkeit, und Handlungsfähigkeit heißt nicht nur, etwas zu tun, sondern, mit dem, was ich tue, sage, lasse, auch verstanden zu werden. Iran beschreibt einen gegenhegemonialen ethnisierten, antiislamischen und antiarabischen Zugehörigkeits- und Interaktionsraum.

Die mobilisierte Idee von Iran emergiert als umkämpfte Mitte bereits in den antikolonialen Auseinandersetzungen im 19. / 20. Jh. und wird seitdem immer wieder erzeugt: zunächst in der Auseinandersetzung mit den Pahlevi-Schahs oder gegenwärtig mit dem islamisch-iranischen Regime, aber auch in der ambivalenten, von Legitimierungs- und Kompensationsdruck geprägten Beziehung zu allem, was als überlegener Westen wahrgenommen wird.

Das zweite Ingredienz – *Protestantismus* – referiert auf bestimmte, evangeloide Spielarten des Christlichen. Christliches entsteht in der eher politischen Invokation und Inanspruchnahme Luthers gegen den als arabisch-katholischen Mullah repräsentierten Anti-Iraner. Christliches entsteht außerdem im subversiven Überschritt vom koranischen Issa zum biblisch Jesus und dessen Anrufung als Sohn Gottes. Jesus ist gewaltfreier Anti-Mohammed, Weisheitslehrer, aber eben auch göttliches Gegenüber im Gebet.

Eine wichtige Rolle für die Entstehung dieses iranischen Protestantismus spielen *armenisch- und assyrisch-iranische Christ·inn·en:* als Projektionsflächen für eine bessere Gesellschaft; als Repräsentanten und Garanten des eigentlichen Irans. Als Christ·inn·en weisen sie den Weg zu Christlichem und gleichzeitig an ihrer eigenen Gestalt von Kirche vorbei, ist diese doch ethnisch-zugangsbeschränkt.

*Argumentativ* wird Christliches durch starke Kontrastierung zu Iranisch-Islamischem profiliert; es wird legitimiert unter Berufung auf eine populär-zoroastrische, vermeintlich iranische Kriteriologie: Christliches ist logisch, wahr, freiheitsförderlich, weil sich in ihm Denken, Sprechen und Handeln entsprechen. Die Christ-*Werdung* hat eine stark affektive bzw. soteriologisch-seelsorgliche Dimension: Sie wird motiviert von der Sehnsucht nach Gewaltfreiheit und Wahrhaftigkeit; sie wird begleitet von der Angst vor dem eigenen Ende und dem Gefühl starker Reue. Das Christ-*Sein* zeitigt an entsprechenden Effekten vor allem anderen: Ruhe.

### Taufe, die das längst Vollzogene bestätigt

Die Interpretation der Gesprächsmomente im Lichte der Zugehörigkeitsperspektive stellen eine Prämisse infrage, die im Zusammenhang mit den geflüchteten iranischen Christ·inn·en häufig begegnet, nämlich: Dass es sich bei ihnen um getaufte Muslim·inn·e·n handelt bzw. dass hier Muslim·inn·e·n zum Christentum konvertieren. Dem ist entgegenzuhalten: Ihrem Selbstverständnis nach sind es Iraner·innen, denen Christentum auf dem »Weg« begegnet, sich als gangbar erweist, um gegen Resignation und Gewalt handlungsfähig zu werden, und zudem irankompatibel ist. Es sind keine Perser, keine Schiit·inn·en, sondern Iraner·innen. Sie begehren nicht erst in Deutschland nach der Taufe.

Eine integrierende, affiliierende Funktion hat ihre Taufe v. a. mit Blick auf die hiesigen Gemeinden. Für viele der iranischen Christ·inn·en, mit denen ich sprach, wird in der Taufe anschaulich, was an Statuswechsels lange vor der Ankunft in Deutschland geschah. (a) Taufe ist in der *being*-Dimension von Zugehörigkeit konfirmatorisch. Sie bestätigt etwas bereits Vollzogenes. Sie beschließt einen langen Weg der Entfremdung und bestätigt eine Hinwendung zum Christentum, die sich aus dem Iranisch-Sein ergibt. (b) Taufe ist in der *belonging*-Dimension konfessorisch. Sie performiert die Zugehörigkeit als Akt der Zuordnung bzw. der Affiliation vor der Gemeinde, die das Christ-Sein ihrer neuen Mitglieder als Zugehörigkeit infragestellt.

Angesichts dieses Befundes stellt sich die Frage, inwieweit überhaupt sinnvoll von Konversion geredet werden kann. Denn: Welche Dekonversion geht der Konversion voraus? Was bezeichnet die dem Konversionsbegriff anhaftende Vorstellung von radikaler Veränderung? Christ-Sein ist ein Weg. Wie ich Wege einschlage, so wähle ich auch »Religion« und verwerfe sie, wenn sie sich nicht bewährt, z. B. wenn für sie beansprucht wird, nicht wählbar und damit auch nicht abwählbar zu sein.

## Nota bene: Fragile Außenbereiche, prekäre Identifizierungen

Genauer zu fragen wäre nach der realen Referenz der den erzählerisch konstruierten Zusammenhang von Identität, Zugehörigkeit und Handlungsfähigkeit stabilisierenden Außenbereiche. Meine Gesprächspartner·innen betonten, dass Iran nicht nur ein »religiöses« Problem, sondern auch ein gesellschaftlich-kulturelles habe. Soll der totalitäre Zugriff des iranischen Regimes auf alle Lebensbereiche auch nicht geleugnet werden, ist doch zu fragen, inwiefern die dem Regime zugeschriebene gefühlte Enge nicht auch schon vor der islamischen Revolution bestand und tatsächlich das Ergebnis eines sehr komplexen Ursachengefüges ist.

Fragen wirft auch die homogenisierende Figur vom katholisch-arabischen Mullah auf, die angesichts der faktischen Heterogenität des politisch-islamischen Establishments in Iran schnell brüchig wird: *Ajatollah Montazeri* etwa, einer der Protagonisten der Grünen Bewegung, gehörte als Geistlicher höchster Würden zu den schärfsten Kritikern des Regimes. Sein Schüler *Hassan Youseffi Eshkevari* Schriftsteller, Philosoph und Rechtsgelehrter vom Rang eines Hodschatoleslam scheint von seinem Lehrer auch die Rolle des Systemkritikers geerbt zu haben. Neben den dezidiert in Opposition zum politischen Establishment Stehenden erblickt der deutsch-iranische Politologe Adnan Tabatabai eine neue Generation Geistlicher. Den Widerstreit traditioneller, politischer und progressiver Kleriker »in der Frage, welche [Strömung] die Interessen der Bevölkerung am wahrt«[482] wird nach Tabatabai auf lange Sicht die letzte Gruppe für sich entscheiden. Er hofft auf eine »sachbezogene und weltlich orientierte Generation Geistlicher

482 Tabatabai, *Morgen in Iran*, 83.

[...], die stärker versuchen wird, ihren Einfluss auf lebensnahe Bereiche, wie z. B. die Energiepolitik, den Umweltschutz und die Medizin, geltend zu machen.«[483]

Über die schiitischen Autoritäten hinaus ließen sich aber auch Persönlichkeiten wie *Massoumeh Ebtekar* anführen. Einst unter den Geiselnehmern der US-Botschaft-Besetzung 1979 in Teheran gehört die Professorin und iranische Ministerin heute zum politischen Reformflügel. Genannt werden müssen auch *Mohamed Shabestari* mit seinem Bemühen um eine neue Koranhermeneutik und *Abdolkarim Sorusch*,[484] der sich in mehreren Publikationen zum Verhältnis von Islam und politischer Herrschaft geäußert hat, was ihm sogar Khomeini mit Wohlwollen beschied. Diese Positionierungen erscheinen nur auf den ersten Blick widersprüchlich; sie werden aus dem Interesse einer islamischen Reform der Islamischen Republik unter Einforderung auf deren ursprüngliche Ziele geäußert. An dem Argument ist seinerseits problematisch, dass die genannten Fraktionen sich alle im Bereich der geduldeten Kritik bewegen, d. h. sich letztlich affirmativ zur Republik als einer islamischen bekennen.

Ähnliche Homogenisierungen könnte man auch in Hinblick auf die iranische Gesellschaft als Ganze identifizieren. Die Opposition Mullah vs. Iraner ignoriert den entscheidenden Umstand, dass die Mehrheit der Iraner den *status quo* erhalten will. Das Regime genießt Rückhalt in den unteren Schichten der iranischen Gesellschaft – unter denen, die sich nicht dem Christentum zuwenden. Die Frage, in welchem Maße das jeweilige Verhältnis zur islamisch-politischen Ordnung schichtenabhängig ist, ließe sich anhand zahlreicher Themen konkretisieren (Frauenrechte, Literalitätsrate und Bildungsgerechtigkeit). Die ihrerseits homogenisierende Stigmatisierung Irans als mittelalterliche Theokratie könnte dabei nicht ohne Weiteres aufrechterhalten werden.

483 A. a. O., 92.

484 Zu den unterschiedlichen Bemühungen um eine Islam-Reform vgl. Amirpur, *Den Islam neu denken*, 170–199 (zu Soroush) und 201–234 (Shabestari). Dies, *Gegen die offiziele Auslegung des Korans*, 49–51.

# C Religion, Konversion und die Mechanik des Asylverfahrens

## I. Einleitendes

Seit den 2000ern haben Tausende von Menschen Iran verlassen und in anderen Ländern Schutz und Lebensmöglichkeiten gesucht. Mit ihrem Schutzersuchen treten iranische Flüchtlinge u.a. in das deutsche Asylverfahren ein, in dem darüber befunden wird, ob und, wenn ja, welche Art von Schutz ihnen zu gewähren ist. In ihrem Asylverfahren berichten viele Iraner·innen auch von der Verfolgung ihrer als (werdende·r) Christ·inn·en. Der zentrale asylrechtliche Anknüpfungspunkt ist in ihren Verfahren deshalb meist die Frage, inwieweit sie »religiös motivierte Verfolgung« erlitten oder bei Rückkehr in ihr Heimatland zu befürchten haben.

Die Überprüfung des Schutzersuchens von Behörden (und ggf. von Gerichten) lässt sich rechtspraktisch als Abfolge ineinandergreifender Subsumtionsakte rekonstruieren. Zu ermitteln ist, ob das erlittene oder zu befürchtende Verfolgungsschicksal asylerheblicher religiös motivierter Verfolgung entspricht. Der Arbeit zugrunde liegt dabei die Figur von der sog. Doppelten Prognose, die danach fragt, wie sich ein Mensch bei Rückkehr in sein Herkunftsland verhalten wird, und ob aufgrund dieses Verhaltens »mit beachtlicher Wahrscheinlichkeit« eine Verletzung elementarer Menschenrechte zu befürchten ist. Deutlich wird bereits, wie viele »Merkmale« für eine Beurteilung auszulegen, zu ermitteln, auf einander zu beziehen sind, um aus dem Verhalten eines Antragstellers und mit Blick auf das Herkunftsland eine Verfolgungsprognose zu entwickeln, die Grundlage für eine Schutzgewährung oder -verweigerung ist.

Bei der (Re-)Konstruktion der Entscheidungsfindung im Asylverfahren sog. Konvertiten fällt nun auf, dass sich die Frage der Schutzbedürftigkeit sowohl im behördlichen Entscheiden als auch in deren Überprüfung durch Verwaltungsgericht immer wieder auf die Frage hin zuspitzt, ob die »Konversion« tatsächlich stattfand und es sich bei den Antragsteller·innen wirklich um Christ·inn·en handelt. Eine Antwort darauf ist in den Bescheiden von Iran·innen argumentationstragend, denn nur von eine·m·r Christ·in im »identitätsstiftenden/identitätsprägenden« Sinne – so die asylrechtliche Sprache und Logik – könne erwartet werden, dass er / sie sich auch verfolgungsträchtig verhalten werde.

Zur Beantwortung der Frage, weshalb die Asylentscheidung in Konversionsfällen immer wieder in der Frage gipfelt, ob der/die Antragsteller·in auch wirklich Christ·in sei, habe ich die im Asylverfahren hervorgebrachten Dokumente wie Niederschriften und Asylbescheide analysiert, mit Entscheider·innen und Richter·innen über ihre Arbeit gesprochen, aber auch Erfahrungsberichte von Antragsteller·innen und ihren Verfahrensbegleiter·innen durchgearbeitet. Über die Jahre gleichbleibende Argumentationsfiguren bieten Anlass und Möglichkeit, das Problem als verfahrensmechanisches zu perspektivieren.

An dieser Stelle ist auf einige Studien hinzuweisen, die in den letzten Jahren erschienen sind und wesentlich in die nachfolgende Betrachtung einfließen. *Benjamin Pernak* vergleicht in seiner 2018 erschienenen Arbeit »Richter als ›Religionswächter‹? Zur gerichtlichen Überprüfbarkeit eines Glaubenswechsels« die Asylverfahren sog. Konvertiten in Deutschland und Großbritannien. Mit Blick auf die Praxis deutscher Gerichte konstatiert Pernak insofern »Nachholbedarf«, als es »für den weltanschaulich-religiös neutralen Staat zunächst keinerlei Rolle spielen darf, ob der Flüchtling religiöse Überzeugungen hat und gegebenenfalls welchen Inhalt von religiös bis areligiös diese haben«[485]. Die Prüfung von Religion und die für die Verfolgungsprognose entscheidende Prüfung der Ernsthaftigkeit des Glaubenswechsels seien nun aber nicht identisch und die »Einschätzung aufnehmender Kirchen« für letztere »lediglich von indizieller Bedeutung«. Pernak sieht diese Trennung in den unterschiedlichen Wirkungsbereichen innerkirchlichen Mitgliedschafts- und staatlichen Asylrechts begründet.

*Benjamin Karras* untersucht in seiner Arbeit »Missbrauch des Flüchtlingsrechts? Subjektive Nachfluchtgründe am Beispiel der religiösen Konversion« von 2017 die Beurteilung sog. Konversionsfälle v. a. auf gerichtlicher Ebene und mit Fokus auf diejenigen Fälle, in denen der Religionswechsel erst während des Asylverfahrens vollzogen wird und damit als sog. selbstgeschaffener, subjektiver Nachfluchtgrund zu bearbeiten ist. Karras diagnostiziert ähnliche asylrechtliche Missstände wie Pernak, plädiert aber dafür, dass eine »präzis[e] Fragestellung« den Weg zu einer Lösung weise: Die »Aufnahmeentscheidung« von Religionsgemeinschaften könne gerichtlich nicht hinterfragt werden. »[D]ie zukünftige Verhaltensweise anhand der religiösen Prägung zu ermitteln«, sei hingegen die Pflicht der staatlichen Institutionen und zugleich ein gangbarer Weg für das Aufstellen einer Verfolgungsprognose. Grundlage könne für das künftige Verhalten aber nur das gegenwärtige Verhalten sein.

485 Pernak, *Richter*, 165.

Die beiden Juristen arbeiten die Genese der aktuellen Asylrechtsprechung im Wirkfeld unterschiedlicher Rechtsregime (Asyl- und Religionsverfassungsrecht), Europa-, Völkerrecht und deren nationalstaatlicher Kodifizierung heraus. Beide kontextualisieren die deutsche Situation durch einen Vergleich mit den Jurisdiktionen anderer Länder.

Die deutschen Verwaltungsrichter *Uwe Berlit* und *Harald Dörig* haben 2015 gemeinsam mit *Hugo Storey*, Upper Tribunal Judge am englischen High Court, die richterliche Prüfpraxis in unterschiedlichen europäischen Staaten im Rahmen eines Workshops zusammengeschaut und die Ergebnisse in dem Artikel »Credibility Assessment in Claims based on Persecution for Reasons on Religious Conversion and Homosexuality: A Practicioners Approach« vertextlicht. Sie legen einen ihrer Meinung nach leistungsfähigen Kriterienkatalog vor, um »von äußeren Einstellungen auf [die] innere Einstellung« des Antragstellers zu schließen und auf dieser Grundlage zu beurteilen, inwiefern »eine religiöse Betätigung, die im Herkunftsland verfolgt wird, für ihn zur Wahrung seiner religiösen Identität besonders wichtig ist«[486].

Hinzuweisen ist ferner auf *Thomas Scheffers* nach wie vor aktuelle Studie »Asylgewährung. Eine ethnographische Analyse des deutschen Asylverfahrens« von 1999. Scheffer rekonstruiert aus soziologischer Perspektive anhand der Fallherstellung sehr kleinschrittig die behördliche Ebene des deutschen Asylverfahren. Scheffer ermöglicht den Übergang hin zu einer eher diskurstheoretisch informierten Analyse von »Religion« und »Konversion« als Rechtsfiguren, mit deren Hilfe Christliches im Asylverfahren zu einem Prüfgegenstand modelliert, gelesen und beurteilt werden kann.

## II. Das Asylverfahren als Subsumtionsverfahren

### 1. Rechtsmethodische und asylrechtliche Grundlagen

Der Aufenthalt in Deutschland ist an einen aufenthaltsrechtlichen Titel gebunden. Verfolgungserfahrungen oder die Furcht vor Verfolgung sind ein Grund, diesen zu gewähren. Die Bitte um Schutz eröffnet das sog. Asylverfahren, in dem das Ersuchen geprüft wird. Beginnt das Verfahren auch erst in dem Moment, in dem ein Asylantrag gestellt wird, setzt der bürokratische Prozess, in dem aus einem Fluchtschicksal ein asylrechtlich verarbeitbarer und entscheidbarer Fall hergestellt wird, lange vorher mit der Ankunft in Deutschland und der Registrierung. Er setzt sich fort mit der »Erstverteilung« innerhalb Deutschlands und der Unterbringung in einer Erstaufnahmeeinrichtung.

---

486 Berlit / Dörig / Storey, *Glaubhaftigkeitsprüfung*, 284.

Festzustellen, wem Schutz gebührt, geschieht in Deutschland dann in einem Verwaltungsverfahren. Es wird von einer Bundesbehörde, dem Bundesamt für Migration und Flüchtlinge (BAMF), durchgeführt, das ggf. einen Schutzstatus erteilt, woraufhin die Ausländerbehörde einen Aufenthaltstitel gewährt. Wichtigster Schritt in dem Verfahren ist die sog. persönliche Anhörung, auf deren Grundlage über das Asylersuchen entschieden wird. Der mit der Anhörung und Beurteilung beauftragte Berufsstand nennt sich treffend Entscheider. Gegen den von Entscheider·innen auf Grundlage der Anhörung und Beurteilung ausgestellten Bescheid kann geklagt werden, wodurch Asylantrag und -bescheid Gegenstand eines Gerichtsverfahrens werden. In dem sog. Klageverfahren wird die Entscheidung des BAMF durch ein Verwaltungsgericht überprüft und ggf. in die Behörde zurückverwiesen.[487] Im Asylverfahren geschieht es jedoch oft, dass durch die Verwaltungsgerichte »durchentschieden« wird.[488]

Jede Stufe des Asylverfahrens bringt schriftliche Materialisate hervor: Meldebestätigungen, vorläufige Papiere und Empfangsbestätigungen, Niederschriften, Rechtsbehelfsbelehrungen – der Fall wächst; der positive oder negative Bescheid stellt jedoch nur das vorläufige Ende des Verfahrens dar. Nach drei Jahren werden die Voraussetzungen der Schutzgewährung bzw. Asylanerkennung überprüft und diese ggf. widerrufen bzw. aberkannt.[489]

### a) Rechtsanwendung als Subsumtionskaskade

Die Entscheidungsfindung im Asylverfahren gleicht rechtsmethodisch anderen Verfahren der Rechtsanwendung. Gefragt wird danach, ob das vom Antragsteller vorgetragene Flucht- bzw. Verfolgungsschicksal denjenigen Tatbestand erfüllt, der zur Gewährung asylrechtlichen Schutzes führt. Die dem Verfahren zugrundeliegende Operation wird als juristische Subsumtion bezeichnet und lässt sich in sehr vereinfachter Form wie folgt skizzieren: Wenn *religiös Verfolgte* <u>schutz-</u>

487 § 42 Abs. 1 VwGO: »Durch Klage kann […] die Verurteilung zum Erlaß eines abgelehnten oder unterlassenen Verwaltungsakts (Verpflichtungsklage) begehrt werden.«

488 §113 Abs. 5 S. 1 VwGO: »Soweit der Verwaltungsakt rechtswidrig und der Kläger dadurch in seinen Rechten verletzt ist, hebt das Gericht den Verwaltungsakt und den etwaigen Widerspruchsbescheid auf. Ist der Verwaltungsakt schon vollzogen, so kann das Gericht auf Antrag auch aussprechen, daß und wie die Verwaltungsbehörde die Vollziehung rückgängig zu machen hat. Dieser Ausspruch ist nur zulässig, wenn die Behörde dazu in der Lage und diese Frage spruchreif ist. Hat sich der Verwaltungsakt vorher durch Zurücknahme oder anders erledigt, so spricht das Gericht auf Antrag durch Urteil aus, daß der Verwaltungsakt rechtswidrig gewesen ist, wenn der Kläger ein berechtigtes Interesse an dieser Feststellung hat.«

489 Vgl. § 73 AsylG zur sog. Regelüberprüfung (Abs. 2a S. 1) und Widerrufung der Asylberechtigung oder Aberkennung des Flüchtlingsstatus (Abs. 1 S. 1).

berechtigt sind, und Navid *religiös Verfolgter* ist, dann ist Navid Schutz zu gewähren.

Die juristische Subsumtion ähnelt in ihrer logischen Struktur der eines Syllogismus, der von Regel (»Tatbestand«) und Fall (»Lebenssachverhalt«) auf das Resultat schließt.[490] Damit sich der Unterbegriff (des Sachverhalts) unter den Oberbegriff (der Norm) subsumieren lässt, müssen beide einen identischen Mittelbegriff enthalten (religiöse Verfolgung). Hier beginnt das eigentliche Handwerk, nämlich der »Vergleich des Tatbestandes der Norm mit dem Lebenssachverhalt. Merkmal für Merkmal muss eine Übereinstimmung nachgewiesen werden, damit für den konkreten Fall die Rechtsfolge des abstrakten Tatbestandes eintreten kann. Hierbei gibt es nie eine Identität des abstrakten Merkmals im Tatbestand und der konkreten Gegebenheit im Sachverhalt, es ist vielmehr immer eine [...] Bewertung vorzunehmen.«[491] Und so offenbart das einfache Beispiel bei näherer Betrachtung schnell seine Komplexität, denn: Was ist religiös? Wo beginnt Verfolgung? Was bedeutet Schutz? – Rechtspraxis als Erfassung aller Tatbestandsmerkmale einer Rechtsnorm und deren Abgleich mit konkreten Sachverhalten gestaltet sich als eine Folge mehrerer, zum Teil ineinander verschränkter Subsumtionsakte.

### b) Die asylrechtlichen Schutznormen, Flucht- und Nachfluchtgründe

Die verschiedenen asylrechtlichen Schutzstatus sind Rechtsfolgen, die bei Erfüllen eines entsprechenden Tatbestandes ausgelöst werden. Es sind im Wesentlichen drei aufenthaltsrechtliche Status und das sog. Abschiebungsverbot, die für Nicht-Deutsche vorgesehen sind, die sich mit der Bitte um Schutz vor Verfolgung auf Bundesgebiet begeben. Auf die Anwendbarkeit dieser drei Normen hin wird im Asylverfahren geprüft. Asyl bezeichnet im engeren Sinne nur das in Art. 16a festgeschriebene Grundrecht auf Asyl für politisch Verfolgte. Darüber hinaus gibt es aber europarechtlich initiierte und mittlerweile im Asylgesetz kodifizierte Möglichkeiten, weitere mit der Schutzbedürftigkeit begründete Aufenthaltsstatus zu erlangen. Die unterschiedlichen Schutzformen unterscheiden sich u. a. danach, ob die vorgetragene Verfolgung von staatlichen

490 Zwei Urteile werden zu einem dritten verknüpft. Genauer lassen sich danach ein Ober- und Untersatz – die beiden Prämissen (»das Voraus-Gesetzte«) – und eine Schlussfolgerung unterscheiden. Der *Obersatz* definiert den Oberbegriff mithilfe des Mittelbegriffs; er formuliert eine *Rechtsnorm*, die die Form einer Konditionalverbindung hat: Wenn ein *Tatbestand* (religiöse Verfolgung) erfüllt ist, zieht das eine *Rechtsfolge* (Schutz) nach sich. Der *Untersatz* präsentiert den zu beurteilenden Fall, den sog. *Lebenssachverhalt.* Glückt die Verknüpfung von Ober- und Untersatz, kann die Rechtsnorm auf den vorliegenden Fall angewendet werden – die Rechtsfolge tritt ein, Schutz wird gewährt.

491 Beaucamp, *Rechtsanwendung*, 23.

oder nicht-staatlichen Akteuren ausgeht, ob bereits Verfolgung erlitten wurde bzw. zu befürchten ist u. a. m.[492]

*Flüchtlingsanerkennung* – Der für iranische Christ·inn·en meist in Betracht kommende Schutzstatus ist der des Flüchtlings. Als Flüchtling anzuerkennen ist nach der hier grundgelegten sog. Genfer Flüchtlingskonvention (GFK), wer »sich 1. aus begründeter Furcht vor Verfolgung wegen seiner Rasse, Religion, Nationalität, politischen Überzeugung oder Zugehörigkeit zu einer bestimmten sozialen Gruppe 2. außerhalb des Landes [...] befindet, a) dessen Staatsangehörigkeit er besitzt und dessen Schutz er nicht in Anspruch nehmen kann oder wegen dieser Furcht nicht in Anspruch nehmen will«[493]. Damit (das Tatbestandsmerkmal) Verfolgung in diesem Sinne vorliegt, muss die Verfolgungshandlung an einen der genannten Verfolgungsgründe anknüpfen.[494] Verfolgung beschränkt sich dabei nicht auf Erlittenes, sondern schließt Befürchtetes mit ein, z. B. ein Bedrohungsszenario, das erst durch sog. objektive oder subjektive Nachfluchtgründe[495] entsteht. Ausgeschlossen vom Flüchtlingsschutz ist, wer sich eines schweren Verbrechens schuldig gemacht hat oder die öffentliche Sicherheit gefährdet.[496] Wer nach Prüfung der Voraussetzungen als Flüchtling deklariert wird, dem ist sog. Flüchtlingsschutz zu gewähren. Rechtsgeschichtlich existiert der Schutz auslösende Flüchtlingsstatus in verbindlicher Weise seit Ratifizierung der sog. Genfer Flüchtlingskonvention und ist bereits in den ersten asylrechtlichen Regelungen durch das Ausländergesetz von 1965 im Blick. Tatsächlich war bis in die 1990er Jahre jedoch allein das politische Asyl praxisrelevant. Mit der Europäisierung des Flüchtlingsschutzes und der Neufassung des Asylrechts hat der (gemeinsam mit dem subsidiären Schutz; s. u.) auch als internationaler Schutz bezeichnete Flüchtlingsschutz das politische Asyl *de facto* abgelöst.

*Asylberechtigter* – Nach Art. 16a GG genießen politisch Verfolgte Asyl. Im Gegensatz zum Flüchtlingsstatus und den daran anknüpfenden internationalen Schutz handelt es sich beim Asylrecht um ein Grundrecht, d. h. um ein indivi-

---

492 Politisches Asyl nach Art. 16a GG; internationaler Flüchtlingsschutz nach § 3 AsylG; subsidiärer Schutz nach § 4 AsylG; Abschiebehindernis nach § 60 Abs. 5 u. 7 AufenthG. Die Vielfalt der Schutzformen ist auch auf unterschiedliche Rechtsregime (Verfassungs- und Europarecht) und deren schrittweise nationalstaatliche Kodifizierung und Vereinheitlichung zurückzuführen.

493 § 3 Abs. 1 AsylG. Der Paragraph setzt die sog. Qualifikationsrichtlinie (QRL) RL 2011/95/EU (Vorgängerfassung 2004/83/EG) um, die ihrerseits europarechtlich formuliert, was die sog. Genfer Flüchtlingskonvention (GFK) über die »Rechtsstellung der Flüchtlinge« bereits 1951 (in der Fassung des Protokolls über die Rechtsstellung der Flüchtlinge von 1967) festgelegt hat.

494 § 3 a Abs. 3 AsylG.

495 § 28 AsylG.

496 § 3 Abs. 4 AsylG i. V. m. § 60 Abs. 8 AufenthG.

duelles Anspruchsrecht Nicht-Deutscher gegenüber dem deutschen Staat. Während der Flüchtlingsstatus *zuerkannt* wird, wird Asyl dem *gewährt*, der asylberechtigt ist. Als politisch verfolgt und damit asylberechtigt im grundrechtlichen Sinne gilt, wem *staatliche* Akteure »in Anknüpfung an seine politische Überzeugung, seine religiöse Grundentscheidung oder an für ihn unverfügbare Merkmale, die sein Anderssein prägen, gezielt Rechtsverletzungen zufüg[en], die ihn ihrer Intensität nach aus der übergreifenden Friedensordnung der staatlichen Einheit ausgrenzen«[497]. Die Auslegungstradition orientiert sich auch in dem hier grundgelegten Verfolgungsbegriff stark an der GFK und zieht damit »alle möglichen Eigenschaften in Betracht, die dem Einzelnen als asylerhebliche Merkmale anhaften oder ihm vom Verfolger auch nur zugeschrieben werden«[498]. In der verbindlichen Lesart des BVerfG aus dem Jahre 1986 muss ein kausaler Zusammenhang zwischen der Flucht, bereits erlittener Vorverfolgung oder im Falle der Rückreise zu befürchtender Verfolgung und dem gestellten Antrag bestehen.[499] Als zunächst nicht in diesem engeren Sinne asylberechtigt ist, wer aus einem sog. sicheren Herkunftsstaat kommt.[500] In solchen Fällen ist die starke Vermutung normiert, dass man nicht verfolgt wird. Diese gilt es zu entkräften, womit sich die Beweissituation ändert. Anträge von Menschen aus sicheren Herkunftsstaaten werden meist als »offensichtlich unbegründet« abgelehnt.[501] Ein Antrag ist »unzulässig«, wenn man über einen Staat einreist, der nach der sog. Dublin-Verordnung für die Durchführung des Asylverfahrens zuständig wäre.[502] Die Rechtsfolgen des politischen Asyls gleichen denen der

497 BVerfG, B.v. 10.07. 1989-2 BvR 502, 1000, 961/86, BVerfGE 80, 315 (LS 2).

498 Pernak, *Richter*, 90, Fn. 442–445. Pernak verweist diesbezüglich etwa auf die sog. Ahmadiyya-Entscheidung des BVerfG aus dem Jahre 1987, in der es heißt: »D[em] Aufsuchen der ›politischen‹ Verfolgungsgründe liegt die von der Achtung der Unverletzlichkeit der Menschenwürde bestimmte Überzeugung zugrunde, daß kein Staat das Recht hat, Leib, Leben oder die persönliche Freiheit des Einzelnen aus Gründen zu gefährden oder zu verletzen, die allein in seiner politischen Überzeugung oder religiösen Grundentscheidung oder in unverfügbaren, jedem Menschen von Geburt an anhaftenden Merkmalen liegen.« (BVerfG, B.v. 01.07.1987-2 BvR 478, 962/86, BVerfGE 76, 143 <157f>. Weitere Hinweise bei Pernak, *Richter*, 90.

499 BVerfG, B.v. 26.11.1986-2 BvR 1058/85, BVerfGE 74, 51 (LS 1).

500 Prüfungsumfang und Amtsermittlungspflichten sollen dadurch reduziert werden. Welche Staaten als sichere Herkunftsländer gelten, wird vom Bundestag beschlossen. Die Staaten sind gelistet in Anlage 2 zum Asylgesetz. Die Bundesregierung legt dem Bundestag alle zwei Jahre einen Bericht vor, ob die Voraussetzung für den Status des sicheren Herkunftslandes noch vorliegen. Wenn das nicht der Fall ist, kann die Bundesregierung mit dem Bundesrat entscheiden, den Status abzuerkennen.

501 § 29 a Abs. 1 AsylG.

502 Verordnung (EU) Nr. 604/2013 des Europäischen Parlaments und des Rates vom 26. Juni 2013 zur Festlegung der Kriterien und Verfahren zur Bestimmung des Mitgliedstaates, der für die Prüfung eines von einem Drittstaatangehörigen oder Staatenlosen in einem Mitgliedstaat gestellten Antrags auf internationalen Schutz zuständig ist. Ausnahmen gibt es,

Flüchtlingseigenschaft, die Voraussetzungen sind jedoch sehr viel höher: die Verfolgung muss von staatlichen Akteuren ausgehen, die Einreise, wie gesagt, nicht über einen »sicheren Drittstaat« erfolgen. Das politische Asyl nach Art. 16a GG spielt deshalb in der Praxis beinahe keine Rolle mehr und wird im Folgenden lediglich mit bedacht.

*Subsidiär Schutzberechtigter* – Wer nicht als Flüchtling anerkannt ist und wer nicht asylberechtigt ist, kann dennoch sog. subsidiären Schutz erhalten.[503] Vielen (Bürger-)Kriegsflüchtlingen wird diese Art des Schutzes gewährt. Voraussetzung dafür ist, »dass [… im] Herkunftsland ein ernsthafter Schaden droht« (die Todesstrafe, eine unmenschliche Bestrafung oder die Bedrohung durch Krieg) und »interner Schutz«[504] (früher: »inländische Fluchtalternative«) fehlt. Subsidiärer Schutz wird dem verweigert, der eine Straftat begangen hat oder eine »Gefahr für die Allgemeinheit oder für die Sicherheit«[505] darstellt. Der subsidiäre Schutz unterscheidet sich von der Flüchtlingseigenschaft darin, dass die Verfolgung nicht an eines der fünf in der GFK formulierten Merkmale anknüpfen muss. Subsidiärer Schutz und Flüchtlingsschutz werden zusammen auch als internationaler Schutz bezeichnet.

*Abschiebeverbot* – Kommt keiner der drei Schutzstatus infrage, kann es trotzdem sein, dass der Antragsteller nicht abgeschoben werden darf.[506] Die Grundlage hierfür formuliert Art. 3 der Europäischen Menschenrechtskonvention (EMRK), in dem es heißt: »No one shall be subjected to torture or to inhuman or degrading treatment or punishment.« Auch eine »konkrete Gefahr für Leib, Leben oder Freiheit« etwa aufgrund mangelnder medizinischer Versorgung bei schwerer Erkrankung kann ein Abschiebungsverbot auslösen.[507] Im Unterschied zum subsidiären Schutz kennt das Abschiebeverbot keine Ausschlussgründe. Der Antragsteller hat einen Anspruch darauf, dass Abschiebehindernisse festgestellt werden.

In der Zusammenschau der asylrechtlichen Schutznormen bereits angeklungen ist die Unterscheidung zwischen Vorverfolgung und Nachfluchtgründen[508]. Eine Christ-Werdung, die erst in Deutschland zum Abschluss kommt, wird u.U. als sog. selbstgeschaffener Nachfluchtgründe konzeptualisiert und sieht sich einem nach § 28 Abs. 2 AsylG normierten Missbrauchsverdacht ausgesetzt. Dann gilt es zu erweisen, dass es sich bei der Christ-Werdung nicht um

z.B. wenn Einreise und Aufenthalt (z.B. von syrischen Studierenden) durch ein Visum gewährt wurden und erst danach die asylrelevante Veränderung im Heimatland eintrat.

503 § 4 AsylVfG i.V.m. Art. 15ff. RL 2011/95/EU.

504 § 3 e AsylG.

505 § 4 Abs. 2 AsylG i.V.m. Art. 17 RL 2011/95/EU.

506 § 60 Abs. 5 u. 7 AufenthG.

507 § 60 Abs. 7 AufenthG.

508 § 28 Abs. 1 AsylG.

ein asylstrategisches Manöver handelt.[509] Nur schwer gelingt das, wenn die Christ-Werdung erst nach abgelehntem Erstantrag in einem sog. Asylfolgeantrag geltend gemacht wird. Das oben Referierte dürfte aber auch klarmachen, wie schwer sich die Glaubensbiographien von iranischen Christ·inn·en in dieses zweiwertige Verfolgungsschema einzeichnen lassen.

Die Vielfalt der eben aufgelisteten Schutznormen ist auf unterschiedliche Rechtsregime und deren schrittweise Vereinheitlichung und nationalstaatliche Kodifizierung zurückzuführen. Dazu einige Schlaglichter:

Am Anfang und im Hintergrund des Flüchtlingsschutzes, der diesen Namen verdient, steht rechtsgeschichtlich die Genfer Flüchtlingskonvention. Diese bestimmt 1951, dass u.a. Personen mit »begründete[r] Furcht vor Verfolgung wegen […] ihrer Religion« und ohne die Aussicht auf Schutz durch ihren Herkunftsstaat »Flüchtlingseigenschaft« zuerkannt wird.[510] Seit 1979 stellt das Flüchtlingshilfswerk der Vereinten Nationen (UNHCR) Leitlinien für die rechtspraktische Handhabung der Konvention bereit.

Als das politische Asyl in der Asylrechtspraxis noch eine Rolle spielte, orientierte sich die deutsche Rechtsprechungstradition für die Frage, wem das Grundrecht zu gewähren sei, ebenfalls an der Konvention bzw. ihrem Verfolgungsbegriff.[511] Das 1965 verabschiedete Ausländergesetz unternimmt erste asylverfahrensrechtliche Regelungen. Erst 1982 wird angesichts des neuen Phänomens höherer Asylantragszahlen von pakistanischen Ahmadis, Bahai aus Iran und Tamilen Indien ein eigenes Asylverfahrensgesetz verabschiedet. Auch die ersten materialen Entscheidungen zum Asylrecht datieren aus den 1980er Jahren. Der anhaltende Regelungsbedarf führt in den 1990er Jahren zur Asylrechtsänderung und dem sog. Asylkompromiss, wodurch die Zugänge zum politischen Asyl nach Art. 16 a GG stark eingeschränkt werden.

Im Zuge der europäischen Einigung wird das Flüchtlingsrecht der einzelnen Mitgliedsstaaten der EU immer mehr angeglichen. Die Regelungen der GFK erlangen durch die sog. Qualifikationsrichtlinie erstmals 2004 eine neue Verbindlichkeit und finden im Zuge der Neustrukturierung der bundesdeutschen flüchtlingsrechtlichen Statuten Eingang in das deutsche Asylgesetz. Das politische Asyl wurde vom europaeinheitlichen internationalen Schutz faktisch abgelöst.

509 Bei den Nachfluchtgründen unterscheidet § 28 Abs. 1 AsylG zwischen objektiven und selbstgeschaffenen, d.h. subjektiven. Ein objektiver Nachfluchtgrund kann z.B. mit dem während eines Auslandsaufenthaltes ausbrechenden Bürgerkrieges gegeben sein. Damit subjektive Gründe nicht zur Verweigerung des Schutzes führen, ist es wichtig nachzuweisen, dass der asylerhebliche Grund bereits im Herkunftsland be- bzw. entstand.

510 1967 wird der berechtigte Personenkreis um diejenigen erweitert, die bereits vor dem Stichtag des 1. Januar 1951 der Flüchtlings-Definition entsprachen.

511 Vgl. BVerfG, B.v. 01.07. 1987-2 BvR 478, 962/86, BVerfGE 76, 143.

### c) Begründete Furcht vor religiös motivierter Verfolgung – der Tatbestand

Wenn iranische Christ·inn·en in Deutschland um Schutz ersuchen, machen sie als einen Grund unter anderen geltend, dass sie in Iran von Staats wegen als vermeintlich geborene und von Islam abgefallene Muslim·innen verfolgt werden. Für ihr Schutzersuchen ist deshalb in den meisten Fällen »religiös motivierte Verfolgung« das zentrale asylrechtliche Anknüpfungsmerkmal.

Der Tatbestand der erlittenen oder befürchteten religiös motivierten Verfolgung ist sehr komplex und in seinen einzelnen Merkmalen (Religion, das religiös Schutzbedürftige, religiös motivierte Verfolgung) definitions- und auslegungsbedürftig. Entsprechend aufwendig gestaltet sich die anschließende Frage, ob der in der Asylanhörung vorgetragene Sachverhalt die Tatbestandsmerkmale auch erfüllt. Neben einer Aufklärung der Gefährdungslage (»Gefahrendichte«) im Herkunftsland muss eruiert werden, in welchem Maße das asylrelevante Merkmal des schützenswerten Christ-Seins vorliegt. Im Falle der Iraner·innen, die aus Furcht vor (an den Apostasie-Vorwurf geknüpften) Verfolgungshandlungen fliehen, erweitert sich die sog. Tatfrage meist dahingehend, ob die behauptete verfolgungsaffine Veränderung – die Christ-Werdung, konzipiert als Konversion – wirklich stattgefunden hat. Zunächst zum Tatbestand.

#### *aa) Religiös motivierte Verfolgung – Schützenswerte Religion*

Damit von religiös motivierter Verfolgung im asylrelevanten Sinne die Rede sein kann, muss eine Verfolgungshandlung bestimmter Schwere an die religiöse Überzeugung und Selbstäußerung des Antragstellers anknüpfen. Keine Rolle spielt dabei, ob der/die Antragsteller·in über das »Merkmal Religion« tatsächlich verfügt oder ihm/ihr dieses nur zugeschrieben wird.[512] Eine Handlung gilt als Verfolgung, wenn sie eine schwerwiegende Rechtsgutverletzung darstellt.[513]

Welche Art der religiösen Selbstäußerung zu schützen ist und die Zuerkennung der Flüchtlingseigenschaft oder die Gewährung von politischem Asyl rechtfertigt, darüber wird gestritten. Seit den 1980er Jahren wurde das asylrechtlich Schutzwürdige mithilfe der sog. Kernbereichstheorie bestimmt. In der verbreiteten Lesart erreicht nur ein Eingriff in den Kern nicht-öffentliche Religionsausübung die Intensität, die einer Verletzung der Menschenwürde gleichkommt und die das Erwägen politischen Asyls oder die Gewährung des Flüchtlingsschutzes rechtfertigt.[514]

512 § 3 b Abs. 2 AsylG (Art. 10 Abs. 2 2011/95/EU).

513 Art. 9 Abs. 1 lit. a) 2011/95/EU i. V. m. Art. 2 [Recht auf Leben], 3 [Folterverbot], 4 [Verbot von Sklaverei und Zwangsarbeit] u. 7 [keine Strafe ohne Gesetz] EMRK.

514 Die Figur des relgiösen Existenzminimums geht zurück auf eine Entscheidung des BVerfG von 1987 – bekannt unter dem Kurztitel »Ahmadiyya Glaubensgemeinschaft« (BVerfG, B. v. 01. 07. 1987-2 BvR 478, 962/86, BVerfGE 76, 143 <158f.>), nach dem »[d]ie Religionsaus-

Daran anknüpfend heißt es noch in dem Urteil eines mitteldeutschen Verwaltungsgerichts aus dem Jahre 2005, mit dem eine Klage gegen einen negativen Asylbescheid abgewiesen wird:

»Glaubensbetätigungen in der Öffentlichkeit einschließlich der Missionierung gehören grundsätzlich nicht zum *religiösen Existenzminimum.* Letzteres ist beschränkt auf die religiöse Überzeugung als solche und die Religionsausübung abseits der Öffentlichkeit in persönlicher Gemeinschaft mit anderen Gläubigen dort, wo man sich nach Treu und Glauben unter sich wissen darf [...]
Ausgehend hiervon kann dahinstehen, ob der Kläger zum Bestandteil seiner Religionsausübung auch eine missionarische Betätigung rechnet, wofür derzeit nichts ersichtlich ist, denn die Durchsetzung des Missionierungsverbots im Iran allein stellt noch keine asylrechtlich relevante Verfolgung dar.
In dem die Missionierung nicht erfassenden Bereich des ›forum internum‹ (s.o.) drohen indes dem Kläger [...] mit beachtlicher Wahrscheinlichkeit keine relevanten Rechtsgutbeeinträchtigungen im Hinblick auf die Teilnahme an (evangelischen) Gottesdiensten mit Gleichgesinnten abseits der Öffentlichkeit.«[515]

übung im häuslich-privaten Bereich, wie etwa der häusliche Gottesdienst, aber auch die Möglichkeit zum Reden über den eigenen Glauben und zum religiösen Bekenntnis im nachbarschaftlich-kommunikativen Bereich, ferner das Gebet und der Gottesdienst abseits der Öffentlichkeit in persönlicher Gemeinschaft mit anderen Gläubigen dort, wo man sich *nach Treu und Glauben* unter sich wissen darf, [...] unter dem Gesichtspunkt der Menschenwürde wie nach internationalem Standard zu dem elementaren Bereich [gehören], den der Mensch als ›*religiöses Existenzminimum*‹ zu seinem Leben- und Bestehenkönnen als sittliche Person benötigt«. Geklagt hatten pakistanische Ahmadis gegen die Ablehnung ihres Asylantrages. Das BVerfG beschränkte sich im Zusammenhang der Überprüfung der Asylablehnung auf eine Bewertung der »Anforderungen des Art. 16 Abs. 2 S. 2 GG (in materieller und verfahrensmäßiger Hinsicht)« und bestätigt den ein Jahr zu vor vom BVerwG angesetzten Maßstab, nach dem beurteilt werden muss, »ob der Gläubige durch die ihm auferlegten Einschränkungen als religiös geprägte Persönlichkeit in ähnlich schwerer Weise wie bei Eingriffen in die körperliche Unversehrtheit oder die physische Freiheit in Mitleidenschaft gezogen wird, so daß er in eine Notsituation gerät, in der ein religiös ausgerichtetes Leben und damit ein vom Glauben geprägtes ›Personsein‹ nicht einmal mehr im Sinne eines ›religiösen Existenzminimums‹ möglich ist. Dazu gehört als unverzichtbarer Kern nicht nur das forum internum häuslicher Andacht, sondern auch die Möglichkeit des gemeinsamen Gebets und des Gottesdienstes in Gemeinschaft mit anderen Gläubigen nach dem überlieferten Brauchtum. / Bei Anlegung dieses Maßstabes werden jedenfalls einfache Mitglieder der Ahmadiyya-Gemeinschaft in Pakistan durch die Verbote in der Verordnung vom 26. April 1984 nicht in ihrer Menschenwürde verletzt. [...] / Daraus, daß nach dem Grundgesetz ein Verbot werbender Tätigkeit für eine (in ihren Zielen nicht gegen die Rechtsordnung verstoßende) Religionsgemeinschaft verfassungswidrig wäre, läßt sich [...] nicht schließen, daß derartige Missionierungsverbote in anderen Ländern, noch dazu solchen mit einer Staatsreligion, automatisch eine asylrelevante [d.h. weder für die Gewährung politischen Asyls nach – damals noch Art. 16 Abs. 2 S. 2 GG – noch für die Anerkennung als Flüchtling nach der GFK] Verletzung der Menschenwürde darstellten« (BVerwG, U. v. 18.02. 1986 – BVerwG 9 C 16.85, BVerwGE 74, 31 <38–40>; kursiv, CK).

515 VG Magdeburg U.v. 2005 [anonymisiert; kursiv, CK].

Die von deutschen Behörden und Gerichten in Asyl- (GG) wie in Flüchtlingsfällen (AsylG) bemühte Figur des »religiösen Existenzminimums« wurde fraglich mit der genannten Vergemeinschaftung des europäischen Asylrechts. Die Verabschiedung der sog. Europäischen Qualifikationsrichtlinie im Jahre 2004 (in Kraft seit 2006) machte auch eine Änderung des deutschen Asylgesetzes nötig.[516] Denn die Qualifikationsrichtlinie (mittlerweile gilt die überarbeitete Fassung von 2011) bezieht die öffentliche Religionsausübung in den schützenswerten Bereich mit ein, wenn es dort etwa zu den Verfolgungsgründen heißt:

> »[D]er Begriff der Religion umfasst insbesondere theistische, nichttheistische und atheistische Glaubensüberzeugungen, die Teilnahme bzw. Nichtteilnahme an religiösen Riten im privaten oder öffentlichen Bereich, allein oder in Gemeinschaft mit anderen, sonstige religiöse Betätigungen oder Meinungsäußerungen und Verhaltensweisen Einzelner oder der Gemeinschaft, die sich auf eine religiöse Überzeugung stützen oder nach dieser vorgeschrieben sind.«[517]

Auch nach der Inkorporation der Konventions- und Unionsregelungen in das deutsche Asylgesetz taten sich BAMF und Verwaltungsgerichte allerdings schwer mit diesem Verständnis, bis 2012 der EuGH auf Anfrage des BVerwG klarstellte,[518] dass die EU-Richtlinie mit ihrem Religionsbegriff i. V. m. der EMRK[519] einen weiten Schutzbereich im Sinn hat: Sowohl die innere Überzeugungsbildung *(forum internum)* als auch die durch diese Überzeugung motivierte Praxis wie das Gebet in Gemeinschaft *(forum externum)* sind zu schützen.[520]

---

516 »Richtlinie 2004/83/EG des Rates vom 29. April 2004 über Mindestnormen für die Anerkennung und den Status von Drittstaatsangehörigen oder Staatenlosen als Flüchtlinge oder als Personen, die anderweitig internationalen Schutz benötigen, und über den Inhalt des zu gewährenden Schutzes«. In Orientierung an der sog. Genfer Flüchtlingskonvention ist die QRL der erste Versuch, den Schutz für Geflüchtete in den Mitgliedstaaten der (damals noch) Europäischen Gemeinschaft zu vereinheitlichen. 2011 wurde die Richtlinie von der Nachfolgerin 2011/95/EU abgelöst, welche diesbezügliche Unterschiede (etwa hinsichtlich des Zugangs zu Arbeitsmarkt und Sozialsystemen) in der nationalstaatlichen Kodifizierung weiter zu verringern sucht. Die Regelungen und Definitionen der QRL wurden 2008 (z. T. im Wortlaut) in das neugefasste Asylgesetz (vorher Asylverfahrensgesetz) übernommen.

517 Art. 10 Abs. 1 b RL 2011/95/EU [= überab. u. erw. Qualifikationsrichtlinie].

518 EuGH, U. v. 05.09.2012 – C-71/11, ECLI:EU:C:2012:518.

519 »Art. 9 EMRK – Freedom of thought, conscience and religion: 1 Everyone has the right to freedom of thought, conscience and religion; this right includes freedom to change his religion or belief and freedom, either alone or in community with others and in public or private, to manifest his religion or belief, in worship, teaching, practice and observance. 2 Freedom to manifest one's religion or beliefs shall be subject only to such limitations as are prescribed by law and are necessary in a democratic society in the interests of public safety, for the protection of public order, health or morals, or for the protection of the rights and freedoms of others.«

520 Ob der weite Schutzbereich über den Flüchtlingsschutz hinaus auch für das deutsche Grundrecht auf Asyl gilt, ist indes umstritten, meint Pernak (*Richter*, 99), plädiert aber im Sinne der Angleichungsbemühungen beider Rechtsbereiche für eine »Ausdehnung des

*bb) Der Prognosemaßstab der »beachtlicher (Verfolgungs-)Wahrscheinlichkeit«*

Neben der weiten Auslegung des Schutzbereichs der Religionsfreiheit in der Richtlinie, stellte der EuGH noch ein Zweites fest, nämlich dass

> »nicht jeder Eingriff in das Recht auf Religionsfreiheit [... i.S.d. EMRK] bereits eine Verfolgungshandlung im Sinne dieser Bestimmung der Richtlinie [2004/EG/83] darstellt.«[521]

Für eine Einschätzung, ob in asylerheblichem Maße Verfolgung droht, müssten Behörden

> »im Hinblick auf die persönlichen Umstände des Betroffenen prüfen [...], ob er aufgrund der Ausübung [der Religions-]Freiheit in seinem Herkunftsland u.a. tatsächlich Gefahr läuft, [...] verfolgt oder unmenschlicher oder erniedrigender Behandlung oder Bestrafung unterworfen zu werden.«[522]

Demnach ist zweierlei zu prüfen: zum einen die drohenden Eingriffshandlungen und die Schwere des erwartbaren Eingriffs (»die zu erwartende Verfolgungspraxis«[523]) und zum anderen ob sich der Antragsteller auch tatsächlich verfolgungsaffin verhalten werde (»die religiöse Identität«).[524]

Verfolgungswahrscheinlichkeit und Gefahrenprognostik werden asylrechtstheoretisch intensiv diskutiert. Die Europäisierung des Flüchtlingsrechts hat zu »Bewegungen der nationalen Rechtsprechung auch für den Prognosemaßstab«[525] geführt; der Flüchtlingsschutz ist aber »im Kern bei seinem generalisierend-objektivierenden Prognosemaßstab geblieben«[526], wonach für die Schutzgewährung eine Verfolgung mit »beachtlicher Wahrscheinlichkeit« drohen muss.[527] Grundlage für die Einschätzung der »beachtliche[n] Wahrscheinlichkeit einer schutzrelevanten Schädigung« oder der »hinreichenden Verfolgungssicherheit« sind sowohl »quantitative« Erwägungen zu konkreten (politischen, strukturellen,

---

Flüchtlingsschutzes über das ›religiöse Existenzminimum‹ hinaus auch auf das verfassungsrechtliche Asylgrundrecht«.

521 EuGH, U. v. 05.09.2012 – C-71/11, ECLI:EU:C:2012:518, Rn 1.

522 Ebd.

523 Heinig, *Gutachten*, 5.

524 Jurist·inn·en unterscheiden hier objektive Einzelfallumstände wie die drohende Verfolgungshandlung von den subjektiven wie etwa der individuellen und zur Wahrung der Identität unabdingbaren religiösen Praxis. So etwa Pernak, *Richter*, 95f.

525 Berlit, *Gefahrendichte*, 116.

526 A.a.O., 117.

527 A.a.O., 117, Fn. 83. Der Maßstab der »beachtlichen Wahrscheinlichkeit« entspricht nach Auffassung des BVerwG dem internationalen Maßstab der »begründeten Furcht« (Art. 1 A 2 GFK) und dem europäischen des »real risk« (EGMR 2002 in Anküpfung an Art. 3 EGMR), so Berlit, *Gefahrendichte*, 118. Entsprechend dem Maßstab für die Schutzgewährung rechtfertigt »hinreichende Verfolgungssicherheit« durch eine »dauerhafte« und »erhebliche« Veränderung zugunsten der Sicherheit den Widerruf des Flüchtlingsstatus und des daran geknüpften Schutzes (Berlit, *Gefahrendichte*, 117).

wirtschaftlichen, strategischen, taktischen) Konfliktmerkmalen, als auch die »qualitative Betrachtung der einzelne[n] Schutzsuchende[n], [ihrer] individuelle[n] Situation und [...] Beeinträchtigung«, z.B. durch einen bewaffneten Konflikt im Herkunftsland.[528] Fragen zum Verhältnis qualitativer und quantitativer bzw. subjektiver und objektiver Momente der Prognostik stellten sich bisher v.a. für Fälle der Gewährung subsidiären Schutzes.[529]

Für Fälle (der Furcht vor) religiös motivierter Verfolgung iranischer Christ·inn·en erfahren die subjektiven, im Verhalten der Antragsteller·innen begründeten Momente besondere Aufmerksamkeit.[530] Auf eine bestimmte religiöse Praxis zu verzichten, ist nach Auffassung des EuGH nicht zumutbar; zu klären sei jedoch, ob diese Praxis

> »zur Wahrung seiner religiösen Identität besonders wichtig ist«[531].

Mit dem Abschied vom religiösen Existenzminimum als Maßstab für die Eingriffsintensität wird die Antwort auf die Frage, ob eine bestimmte religiöse Praxis in diesem Sinne *identitätsstiftend* und deshalb unaufgebbar ist oder nicht, zentral für die Erstellung einer Verfolgungsprognose und argumentationstragend in Bescheiden und Urteilen.[532]

In Danyals ablehnendem Bescheid des BAMF heißt es in diesem Sinne etwa:

> »Es muss festgestellt werden können, dass die Hinwendung zum christlichen Glauben auf einem *ernst* gemeinten religiösen Einstellungswandel mit einer *identitätsprägenden* festen Überzeugung und nicht lediglich auf bloßen, durch das flüchtlingsrechtliche Anerkennungsverfahren ausgelösten Opportunitätsgründen beruht.«[533]

Im Klageverfahren wird ein mitteldeutsches Verwaltungsgericht dann die Entscheidung des BAMF in Danyals Fall bestätigen, wenn es feststellt, dass

---

528 Berlit, *Gefahrendichte*, 118f.

529 A.a.O., 118.

530 Pernak, *Richter*, 96, Fn. 475.

531 EuGH, U. v. 05.09.2012 – C-71/11, ECLI:EU:C:2012:518, Rn. 70. Prominente Erstanwendung in BVerwG U. v. 20.02.2013: »Droht einem Ausländer im Fall eines bestimmten religiösen Verhaltens mit beachtlicher Wahrscheinlichkeit eine schwere Rechtsgutverletzung und ist dieses religiöse Verhalten zugleich subjektiv für die Wahrung der religiösen Identität des Ausländers besonders wichtig, sind die Voraussetzungen für eine Verfolgungshandlung im Sinne von Art. 9 Abs. 1 Buchst. a der Richtlinie erfüllt, ohne dass es darauf ankommt, ob der Betroffene seinen Glauben nach Rückkehr in sein Herkunftsland in verfolgungsrelevanter Weise ausüben wird oder hierauf unter dem Druck der ihm drohenden Gefahren verzichtet [...]« (Rn. 17).

532 Diese Akzentverschiebung beobachtet auch Pernak (*Richter*, 97) mit Blick auf die obergerichtliche Rechtsprechungspraxis durch das BVerwG, wenn er eine »stärkere« Berücksichtigung der individuellen Praxis attestiert.

533 BAMF, *Bescheid Danyal 2013*, 96 [kursiv, CK].

»der Kläger *keine* besondere, *identitätsprägende* und unverzichtbare Entscheidung für den christlichen Glauben getroffen hat«[534].

Die zu einer Entscheidung und einem Urteil wie den genannten führende Beurteilungsoperation und veränderte Rechtsfindungspraxis rekonstruiert ein Verwaltungsrichter 2018 im Rahmen einer öffentlichen Tagung wie folgt:

»Früher ist man von dem religiösen Existenzminimum ausgegangen. Ausreichend war nach damaliger Rechtsansicht, dass derjenige, der in sein Heimatland zurückkehrt, seinen Glauben auch still leben kann. Forum internum ist hier der rechtliche Begriff dafür. Das war ein sehr weiter Unterschied zu dem, was wir grundgesetzlich in der Religionsfreiheit in Art. 4 verankert haben mit einem umfassenden Schutzbereich, der natürlich auch das nach außen drängende religiöse Verhalten erfasst. Das hat sich geändert. Diese Rechtsprechung führt dazu, dass Konversion im Asylverfahren sehr an Bedeutung zugenommen hat. Der Bereich, der geschützt ist, wird weiter. Die Frage ist: Würde jemand im Heimatland seinen Glauben so leben wollen, dass wenn er ihn so lebte, er verfolgt würde. Müsste er etwas unterdrücken? Müsste der die Äußerung seines Innersten unterdrücken, würde damit ein schwerer innerer Konflikt aufgemacht, wenn er in sein Herkunftsland zurückgeht, weil sein Glauben – und das ist immer die Formel – identitätsprägend verfestigt ist, also nichts Vorübergehendes ist, sondern eine gewisse Festigkeit erlangt hat. Ob er diese Festigkeit erlangt hat, ob diese Prognose gerechtfertigt ist, ist keine mathematische Betrachtung; das ist es im Gericht nie. Ich höre von Ihnen, dass das auch als Zumutung empfunden wird, dass da ein Richter entscheidet. Das ist im Rechtsstaat notwendig, und das ist der Normalfall. [...] Wenn ich die Prognose für den einzelnen anstelle, dann stelle ich nicht infrage, dass jemand Kirchenmitglied ist. Ich stelle nicht infrage, dass der in die Kirchgemeinde aufgenommen werden durfte. Ich stelle nicht infrage, dass der getauft werden durfte. Ich stelle nur die Frage, inwieweit diese Taufe jetzt inhaltlich für ihn trägt, welche Bedeutung die in seinem Leben gewonnen hat, anhand dessen, was er mir vorträgt. Und deshalb ist es meiner Ansicht nach eher eine Frage des Selbstverständnisses, keine Frage der staatlichen Neutralität, die da verletzt würde. Es beurteilt nicht das, was eine Kirchengemeinschaft tut. Es beurteilt nicht, ob ein Glaube gelebt werden kann, verhindert das auch nicht in Deutschland. Sondern es versucht nur, diese meiner Ansicht nach erforderliche Prognose zu treffen.«[535]

Den Äußerungen nach verschiebt die Ausweitung des Schutzbereichs für religiöse Verfolgung durch die Qualifikationsrichtlinie und ihre verbindliche Auslegung durch den EuGH den Prüffokus stark hin zur Frage nach dem tatsächlichen Vorliegen von verfolgungsaffiner »Religion«. Dass es nicht nur juristischen Laien schwerfällt, die Formulierung von der Identitätsprägung allein auf die Verhaltensdisposition und nicht auf die Persönlichkeit als Ganze zu beziehen, zeigt die zitierte Erklärung des Richters. Nur bei einem religiösen Menschen sei davon auszugehen, dass er sich auch in einem potentiell verfolgungsträchtigen

534 VG, *Urteil Danyal 2014*, 8 [kursiv, CK].
535 Richter, *Tagung EKD / DBK 2018*, Mitschrift.

Herkunftskontext noch solchermaßen religiös verhalten werde, dass er damit gewaltvolle Reaktionen von Verfolgung-Ausmaß auf sich ziehen würde. So diese Logik grundgelegt wird, ist die Erfüllung des Merkmals »Religion« die entscheidende Voraussetzung für die Erfüllung des Tatbestandes »religiös motivierter Verfolgung«.

### cc) *Ernsthaftigkeit als Indiz für ein identitätsprägendes, verfolgungsaffines Christ-Sein*

Mit der europaweiten Angleichung des Flüchtlingsrechts rückt die Frage nach der individuellen Verhaltensdisposition in den Mittelpunkt der Prüfung. Zu klären ist, wie gerade erläutert, ob die jeweilige Praxis »zur Wahrung [der] religiösen Identität besonders wichtig«[536] bzw. die »Identitätsprägung« so ernsthaft ist, dass sie verfolgungsaffines religiöses Verhalten motiviert.

Tatsächlich war die Frage nach der Ernsthaftigkeit von Religion als »Glaube, Identität und Lebensform«[537] für Fälle religiös motivierter Verfolgung auch schon vor dem Paradigmenwechsel zentral, und zwar immer dann, wenn es die tatsächliche oder nur vorgetäuschte Zugehörigkeit zu einer aus religiösen Gründen verfolgten *Gruppe* zu ermessen galt.[538]

Die starke Fokussierung der Ernsthaftigkeit in den Verfahren iranischer Christ·inn·en hat aber noch einen anderen Grund; sie ist m.E. dem Umstand geschuldet, dass hier eine Veränderung der persönlichen Umstände zum *Anlass* der Flucht wird und *Grund* der Verfolgungsfurcht ist. Dass eine persönliche Veränderung – ob politisch, religiös o.a. – asylrelevant wird, war bisher v.a. als sog. subjektiver Nachfluchtgrund im Blick, also als ein erst im oder nach dem Asylverfahren selbstgeschaffener und asylrechtlich relevanter Umstand. Und für solch einen Nachfluchtgrund sind Missbrauchsverdacht und damit einhergehend eine erhöhte Substantiierungslast (Glaubwürdigkeitsprüfung) normiert. Mit iranischen Christ·inn·en begegnet nun das erste Mal massiv Konversion als asylerhebliche Veränderung bereits im Herkunftskontext. Wie herausfordernd der Umgang damit ist, wird an der in Bescheiden und Urteilen häufig anzutreffenden Unterstellung augenfällig, die Konversion (oder auch nur die Beschäftigung mit Christlichem) im Iran habe bereits *in Erwartung* des deutschen Asylverfahrens stattgefunden. Das wäre dann ein rückprojizierter selbstgeschaffener Nachfluchtgrund, (wie auch Kermani polemisiert, s.o. B.I.).

Ob durch die Wahrnehmung von »Konversionen« in der Optik des sog. subjektiven Nachfluchtgrundes oder durch die veränderte Auffassung über das asylrechtlich schützenswerte Religiöse (von der Kernbereichstheorie hin zu

536 EuGH, U. v. 05.09.2012 – C-71/11, ECLI:EU:C:2012:518, Rn. 70.
537 UNHCR, *Handbuch und Richtlinien*, 147f.
538 A.a.O., 155.

einem weiten Schutzbereich) – ein so eingestellter Prüffokus bescheidet sich selten mit der Unterstellung von »Religion« und einer Beurteilung der quantitativen Ausprägung der religiösen Praxis, sondern provoziert geradezu eine qualitative Bewertung des wie auch immer gearteten Innenlebens des Asylantragstellers als nicht- / religiös. Dazu unten mehr.

### *dd) Religion als Rechtsbegriff und das freiheitliche Religionsdilemma*

Abgesehen von der Frage, inwiefern Religion identitätsprägend bzw. identitätsstiftend ist: Was gilt im asylrechtlichen Sinne überhaupt als Religion? Wie wir bereits lasen, muss die für eine Schutzgewährung prognostizierbare Verfolgungshandlung an einen Verfolgungsgrund geknüpft sein. Religion als Verfolgungsgrund ist nun aber nicht selbstevident, sondern muss ausgelegt werden. Am Ende einer solchen Auslegung steht bestenfalls eine Definition, die handhabbare Merkmale bereitstellt.

Das deutsche *Asylgesetz* übernimmt die *europäische* Rechtsprechung[539] und definiert Religion, wie gesagt, als »theistische, nichttheistische und atheistische Glaubensüberzeugungen, die Teilnahme bzw. Nichtteilnahme an religiösen Riten im privaten oder öffentlichen Bereich, allein oder in Gemeinschaft mit anderen, sonstige religiöse Betätigungen oder Meinungsäußerungen und Verhaltensweisen Einzelner oder der Gemeinschaft, die sich auf eine religiöse Überzeugung stützen oder nach dieser vorgeschrieben sind.«[540]

Neben dem Asylgesetz greift bei der Frage nach der Schutzbedürftigkeit von den aus religiösen Gründen Verfolgten auch das deutsche *(Religions-)Verfassungsrecht.* Der religiös-weltanschauliche neutrale Staat darf zunächst nicht material darüber entscheiden, was richtige und gute Religion ist. Aber zum Schutz braucht es einen Begriff des Schützenswerten.

Was ist Religion? Die grundgesetzlich verbriefte Religionsfreiheit denkt Religion von innen nach außen.[541] Religion ist etwas Innerliches, das in äußeres Handeln drängt, strebt, sich als Äußerliches kundtut. In diesem kategorialen Rahmen lässt sich Christ-Sein zunächst rein formal als *innere Tatsache* mit *äußeren Konsequenzen* bestimmen; schutzbedürftiges Christ-Sein beschreibt im Sinne des rechtlichen Religionsbegriffs ein schützenswertes Inneres mit ebenso schützenswerten äußerlichen Konsequenzen. Das artikulierte Außenverhältnis

---

539 Art. 10 Abs. 1 lit. b 2011/95/EU [Verfolgungsgründe].

540 § 3 b Abs. 1. S. 2 AsylG.

541 Art. 4 Abs. 1 u. 2 GG: »(1) Die Freiheit des Glaubens, des Gewissens und die Freiheit des religiösen und weltanschaulichen Bekenntnisses sind unverletzlich. Die ungestörte Religionsausübung wird gewährleistet. […]« Art. 140 GG i. V. m. Art. 136 Abs. 3 WRV: »Niemand ist verpflichtet, seine religiöse Überzeugung zu offenbaren. Die Behörden haben nur soweit das Recht, nach der Zugehörigkeit zu einer Religionsgemeinschaft zu fragen, als davon Rechte und Pflichten abhängen […]«

der inneren Tatsache kann gleichermaßen »individuellen« (persönliches öffentliches Bekenntnis) wie »korporativen« (gemeinschaftliche Praxis) Charakter annehmen. Auch auf dieser Ebene wird die Religionsfreiheit von innen nach außen gedacht, individuelle und korporative Religionsfreiheit sind wie folgt aufeinander bezogen: Das religiöse Individuum strebt nach Vergemeinschaftung, und Letztere ist als religiöse Ausdrucksform der Ersten zu schützen. Zuletzt gehorcht auch noch die Verhältnisbestimmung von Religionsgemeinschaft und neutralem Staat in Religionsdingen dieser Innen-Außen-Dialektik, wenn es z. B. heißt, dass die Religionsgemeinschaften ihre inneren Angelegenheiten *(res internae)* im »Rahmen des für alle geltenden Gesetzes« zunächst selbst bestellen.

Aber wer oder was fällt nun unter diesen rechtlichen Religionsbegriff? Wem steht die Möglichkeit offen, den Schutz von Christlichem unter Berufung auf Grund- und Asylrecht einzufordern? Wer kann überhaupt begründet von sich behaupten, religiös zu sein? Die rein formale Bestimmung des Religiösen führt hier schnell zur Frage nach ihrer materialen Ausdeutung und offenbart einen Konflikt, der als »freiheitsrechtliches Definitionsdilemma«[542] diskutiert wird. Der Staat beansprucht einerseits selber zu bestimmen, was er als Religion schützen möchte; andererseits würde das Recht auf Religionsfreiheit ausgehöhlt, würden die staatlich-rechtlichen Definitionsbemühungen am jeweiligen Selbstverständnis der Religionsgemeinschaften vorbeigeführt. Die Frage, was Religion ist, ja, inwiefern Christ-Sein Religion im rechtlichen Sinne entspricht, berührt also unmittelbar das Grundrecht auf religiöse Selbstbestimmung und, anders gewendet, die staatliche Selbstverpflichtung zu religiös-weltanschaulicher Neutralität.

Die Frage, wer darüber entscheidet, was Religion im (verfassungs-)rechtlichen Sinne materialiter ist und was nicht, stellte sich bislang vor allem in Hinblick auf die Anerkennung von Gemeinschaften als Religionsgemeinschaften und der Zuerkennung damit verbundener Rechte.[543] Für diese Fälle besteht Germann darauf, dass »[d]as letztverbindliche Wort über die Subsumtion eines Verhaltens

542 Germann, *Art. 4 GG* (BeckOK), Rn. 18.1.

543 Nachdem der Bahai-Gemeinschaft eine Eintragung ins Tübinger Vereinsregister verweigert wurde, führte die Klage dagegen in den 1980er Jahren durch verschiedene Instanzen bis vor das BVerfG. Dieses urteilte, die Beschwerdeführer würden mit der verweigerten Eintragung in ihrer Religionsfreiheit insbes. der religiösen Versammlungsfreiheit verletzt. »Allein die Behauptung und das Selbstverständnis, eine Gemeinschaft bekenne sich zu einer Religion und sei eine Religionsgemeinschaft, können für diese und ihre Mitglieder die Berufung auf die Freiheitsgewährleistung des Art. 4 Abs. 1 und 2 GG nicht rechtfertigen; vielmehr muß es sich auch tatsächlich, nach geistigem Gehalt und äußerem Erscheinungsbild, um eine Religion und Religionsgemeinschaft handeln« (BVerfG, B. v. 05. 02. 1991-2 BvR 263/86, BVerfGE 83, 341 <LS 1>), was von den Gerichten im Einzelfall zu prüfen sei. Jedoch handele es sich bei den Bahai »nach aktueller Lebenswirklichkeit, Kulturtradition und allgemeinem wie auch religionswissenschaftlichem Verständnis offenkundig« um eine Religionsgemeinschaft.

unter die Religions- und Weltanschauungsfreiheit [...] die staatlichen Rechtsanwendungsinstanzen sprechen [müssen]; dabei müssen sie aber das vorgetragene Selbstverständnis des Grundrechtsträgers maßgeblich berücksichtigen [...]«[544]. Im Hintergrund dieses verfassungsrechtlichen Konsenses steht die Annahme, dass »für jedes beliebige Verhalten mit der Behauptung, es sei Religionsausübung, der Schutz der Religionsfreiheit geltend gemacht werden«[545] könne, wenn man die Definition ganz den Grundrechtsträgern überließe. Der Missstand, dass der Staat definitorisch auf den Bereich zugreift, den er zu schützen sucht, sei damit nicht behoben; das Dilemma zwischen Definitionsfreiheit und Definitionshoheit könne ebensowenig gelöst werden »im *Begriff* der ›Religion‹ und ›Weltanschauung‹«[546]. Germann plädiert dafür, dass sich der Staat in seiner Beurteilung auf eine Evidenzkontrolle beschränken müsse. Andere Verfassungsrechtler gehen davon aus, dass mit dem rechtlichen Religionsbegriff und seinem phänomenologischen Fassungsvermögen unterschiedlichen weltanschaulichen Selbstverständnissen und -äußerungen Genüge getan sei.[547]

Als Definitionsdilemma zwischen staatlicher Prüfpflicht und kirchlichem (!) Selbstbestimmungsrecht konzipiert Pernak auch die asylrechtliche Frage, ob ein·e iranische·r Christ·in ernsthaft konvertiert sei. Ob sich das Tatbestandsmerkmal (schutzbedürftige »Religion«) und der vorgetragene Lebenssachverhalt (das vorgetragene »Christ-Sein«) aufeinander abbilden lassen, ist im Falle iranischer Christ·inn·en mitunter entscheidend für die Schutzgewährung. Zwar handele es sich, so Pernak, bei der »Feststellung der Ernsthaftigkeit der Konversion des Klägers durch die Kirche in Ausübung ihres Selbstbestimmungsrechts um eine rein innere Angelegenheit [...] Daraus folgt jedoch nicht, dass die hiervon zu trennende und allein seitens des Staates zu treffende Beurteilung der Ernsthaftigkeit des Glaubenswechsels und der religiösen Identität des Klägers im Kontext des Asyl- und Flüchtlingsrechts gewissermaßen automatisch der Einschätzung der aufnehmenden Religionsgemeinschaft folgt«[548]. Pernak begründet dies mit den voneinander unterschiedenen »Wirkungskreisen« von kirchlichem »Aufnahmeritus« und der »*staatlichen* Prüfung des Vorliegens der Voraussetzungen für die Anerkennung des Flüchtlingsstatus bzw. der Asylberechtigung«[549]. Das staatliche Asylentscheiden fokussiere die »individuelle Glaubenspraxis und die handlungsbestimmenden Überzeugungen des Einzelnen [...], für die der Aufnahmeentscheidung der neuen Religionsgesellschaft allenfalls indi-

544 Germann, *Art. 4 GG* (BeckOK), Rn. 18.
545 A. a. O., Rn. 18.1.
546 Ebd [kursiv, CK].
547 A. a. O., Rn. 24.3.
548 Pernak, *Richter*, 124.
549 A. a. O., 125.

zielle Bedeutung zukommt«[550]. Das mit der Religionsdefinitions-Not gegebene In- und Nebeneinander verschiedener Rechtsregime und Zuständigkeiten zeitigt hier interessante Effekte: Die Taufvorbereitung erscheint bei Pernak als kirchliches Anerkennungs- und Aufnahmeverfahren, das der staatlichen Asylprüfung *prima facie* als strukturell vergleichbares Prozedere gegenüberstehe, aufgrund ihrer geringen Aussagekraft dieser aber untergeordnet werden müsse.
Diesem Spiel aus Analogisierung und Abgrenzung geht nicht nur ein Missverständnis kirchlichen Taufhandelns voraus. Die Entgegensetzung von zweierlei Ernsthaftigkeitsprüfung führt auch dazu, dass sich die Tatfrage immer wieder dahingehend zuspitzt, ob eine Konversion wirklich stattgefunden habe. Die vermeintliche Existenz eines kirchlichen Tauf- und Aufnahmeverfahren wird zum argumentativen Steigbügelhalter für die initiale asylrechtliche Bestreitung der Konversion. Anhand der Asylverfahrens-Materialisate wird das unten noch deutlicher belegt werden. Ob das Verfahren nur auf diesem Wege sinnvoll gestaltet werden kann, ist indes schon an dieser Stelle anzufragen.

### d) Christ-Werdung als Gegenstand der Sachverhaltsaufklärung

Schutz wird dem gewährt, der – in unserem Falle – aufgrund seiner Christ-Werdung bei einer Rückkehr in sein Herkunftsland in seien grundlegenden Menschenrechten schwerwiegend und wiederholt beeinträchtigt werden würde. Die Beurteilung der drohenden religiös motivierten Verfolgung gemäß dem »gemischt subjektiv-objektive[n] Maßstab der beachtlichen Wahrscheinlichkeit«[551] zerfällt in eine ganze Reihe von auf ihre Entsprechung im Lebenssachverhalt hin zu ermittelnden Merkmalen: Wie hat sich ein Mensch verhalten und welche Konsequenzen hat das gehabt (Vorverfolgung)? Wie wird er sich bei Rückkehr verhalten und welche Konsequenzen wird das haben (Verfolgungsprognose)? Gibt es, selbst wenn nichts davon zutrifft, gewichtige Gründe, den Antragsteller nicht abzuschieben? Dieses auch im Aufbau der BAMF-Bescheide nachvollziehbare Prüf-Programm wird durch die asylrechtlichen Schutznormen vorgegeben. Darüber hinaus ist zu fragen: Gibt es religiös motivierte Verfolgung im Herkunftsland des Antragstellers? An welche Handlungen, welches Verhalten knüpft sie dort an? Wird sich der Antragsteller, sollte er in sein Herkunftsland zurückkehren, mit seinem Verhalten oder anderen religiösen Selbstäußerungen in Gefahr bringen? – Das rechtsmethodische Kondensat dieser Fragen ist die oben bereits erwähnte Figur der doppelten Prognose, die vom erwartbaren Verhalten des Antragstellers bei Rückkehr auf die Folgen dieses Verhaltens

550 Ebd.
551 Pernak, *Richter*, 96, bes. die Verweise in Fn. 475.

schließt und so die Wahrscheinlichkeit religiös motivierter Verfolgung prognostiziert.[552]

Welche Form religiöser Praxis im Herkunftsland sanktioniert werden würde, müssen BAMF und Verwaltungsgerichte »von Amts wegen« aufklären.[553] Die »objektive« Verfolgungs- und Sanktionsgefahr rekonstruieren die prüfenden und entscheidenden Instanzen mithilfe von in das Verfahren eingespielten und mitunter täglich aktualisierten Informationen. Zentral sind hier die vom BAMF selbst angelegten sog. Herkunftsländerleitsätze (HKL). Für ihre Erstellung werden Länder- und der Lagebericht von Auswärtigem Amt konsultiert sowie die Berichte von Nichtregierungsorganisationen, der UN oder den Immigrationsbehörden anderer Länder. Gerichte führen vergleichbare, wenn nicht sogar dieselben »Erkenntnismittel« in das Verfahren ein. Die HKL haben unmittelbaren Einfluss auf das Prüfverfahren, als sie bereits gefährdete Gruppen und Szenarien identifizieren und damit manche Verfolgungsschicksale wahrscheinlicher erscheinen lassen als andere. Berlit, Dörig und Storey weisen in ihrer Auslegung der QRL darauf hin, dass es für eine möglichst objektive Beurteilung der Asylersuchen wichtig sei, dass sich Richter·innen

> »nicht von ihren eigenen Vorstellungen leiten lassen, sondern […] sich bei der Beurteilung der Glaubhaftigkeit auf die jeweiligen Länderinformationen zum Herkunftsland stützen [müssen]. So mag etwa die Art und Weise, wie christliche oder die islamische Religion in einem bestimmten Land X praktiziert und organisiert sind (oder in einer bestimmte Region des Landes X) von dem abweichen, was die Richterinnen und Richter aus ihrem eigenen Land kennen und gewohnt sind.«[554]

So wichtig der Hinweis der Richter auf ein möglichst objektives Verfahren ist, so problematisch erscheint das enorme Gewicht, das dem von dritter Stelle gefertigten Länderwissen damit zukommt. Von Entscheider·innen-Seite wird immer wieder berichtet, was die Entwicklung des Herkunftsländerszenarios angeht, auf sich allein gestellt zu sein.[555]

---

552 Auch wenn nicht in all meinen Gesprächen mit Entscheider·innen und Richter·innen explizit von der doppelten Prognose die Rede war, so mit Blick auf die prüfpraktische und Begründungsarbeit doch immer von der Frage, wie sich der Antragsteller verhält und welche Konsequenzen dieses Verhalten nach sich ziehen würde.

553 So für das BAMF § 24 Abs. 1 VwVfG. Es ist die Rede vom Untersuchungsgrundsatz, auch Ermittlungsgrundsatz oder der Inquisitionsmaxime. Für Gerichte gilt § 86 Abs. 1 VwGO.

554 Berlit / Dörig / Storey, *Glaubhaftigkeitsprüfung*, 282.

555 So berichtet Entscheider G. *(Interview 2019):* »Versorgt fühle ich mich und wir uns nicht. Wir können zurückgreifen auf den Lagebericht des Auswärtigen Amtes. Auf Dokumente von der Asylbehörden anderer europäischer Länder. Von Deutschland gibt's da nicht viel. Und das war's dann. Also allzu viel steht da nicht drin. Das sind ja auch nur Zusammenfassungen letztlich. Die zitieren dann meist Amnesty International, andere Menschenrechtsorganisationen, kirchliche Träger, die Situation dort vor Ort beschreiben. das kann man dann letztlich auch direkt lesen auf den Homepages von Amnesty International, von kirchlichen

*aa) Suchtypischer Beweisnotstand*

Wer flieht, verfügt in der Regel über keine Dokumente, die seine Verfolgung (-sgefahr) belegen; Zeugen, die zu dem individuellen Flucht- und Verfolgungskontext befragt werden könnten, sind nicht zur Stelle. Der/die Antragsteller·in kann die Gründe, die seine/ihre Flucht motiviert haben, in der Regel nicht beweisen. Ebensowenig kann er/sie beweisen, dass Verfolgung drohen wird. Aufgrund dieses »sachtypischen Beweisnotstandes«[556] sind Behörde und Gericht entscheidend auf die Mitwirkung des/r Antragsteller·in angewiesen und jene·r eben dazu verpflichtet. Er/sie tritt auf als Zeug·e·in in eigener Sache und »muss selbst die Tatsachen vortragen, die seine Furcht vor Verfolgung oder die Gefahr eines ihm drohenden ernsthaften Schadens begründen, und die erforderlichen Angaben machen«[557]. Hier gilt ein sog. abgesenkter Prüfmaßstab: Die persönlichen Umstände, die eine Verfolgungsgefahr begründen, muss der/die Antrag-

Vereinigungen und das war's. Also, da muss man dann halt schauen, in wie weit schildern die Berichte, die dort zu finden sind, auch tatsächlich die Realität wieder? In wieweit sind sie verallgemeinerungsfähig? Im Zweifel wird natürlich gesagt: Ja, so ist die Situation generell, aber wenn man sich dann die konkreten Fälle, in denen Menschenrechtsverletzungen im Iran geschildert werden, die dann eben zu diesen Zitaten und Einschätzungen des Lageberichtes führen um sehr spezielle Fälle. Also die jetzt nicht ohne Weiteres auf die Situation der Antragsteller übertragbar sind. Würde ich sagen. Aber dies wird so in der Entscheidung argumentativ gar nicht verwertet. Also das wär viel zu unsicheres Terrain, als dass man so argumentieren würde. Da wird dann natürlich die Situation unterstellt: Ja, es kann eine doch sehr bedrohliche Verfolgung drohen. Ganz pauschal.« Entscheider F. *(Interview 2019)* sagt: »Also wir haben ja natürlich auch Quellen; das sind meistens auch öffentlich zugängliche Quellen. Also's ist durchaus auch'n Bericht zum Beispiel von Amnesty International oder von von irgendner anderen Stiftung oder was auch immer. Für jedes Land gibt's das. Das sind allerdings dann Verschlusssachen, also die sind dann immer nur für'n Dienstgebrauch für jedes Land ein Bericht über die asyl- und abschiebungsrelevante Lage, vom Auswärtigen Amt. Die werden in der Regel jährlich aktualisiert. Und da ist auch so je nach Land unterschiedlich, sagen wir mal so im Durchschnitt auf fünfzehn Seiten so das Wichtigste zusammengefasst. Das ist, sag ich mal, als Orientierung nett. Aber's ist meistens auch nicht spektakulär, weil auch davon das meiste eigentlich eher so auch auch öffentlich zugänglich ist und meistens auch immer'n bisschen unbestimmt ist. Die sind ja auch Diplomaten, und lassen's gern mal'n bisschen offen. Also so nach dem Motto: Ja, es gibt zum Beispiel Folter in dem Land, aber auch nicht überall oder irgendwie so jetzt nur mal als als Beispiel. Das heißt, man muss dann immer auch gucken, was mach ich jetzt daraus. Wenn's möglich ist, recherchiert man natürlich auch'n bisschen, aber die Möglichkeiten sind natürlich auch begrenzt.«

556 BVerwG, U. v. 29.11.1977 – BVerwG 1 C 33.71, BVerwGE 55, 82: »Der sachtypische Beweisnotstand der Asylbewerber betrifft insbesondere asylbegründende Vorgänge außerhalb des Gastlandes, für die in der Regel Glaubhaftmachung genügt, während für die Vorgänge innerhalb des Gastlandes grundsätzlich der volle Nachweis zu fordern ist.« Daran anschließend BVerwG, U. v. 16. 04. 1985-9 C 109/84, BVerwGE 71, 180 <181>: »Auch in Asylstreitsachen muß das Gericht die volle Überzeugung von der Wahrheit – und nicht etwa von der Wahrscheinlichkeit – des vom Kläger behaupteten individuellen Schicksals erlangen, aus dem er seine Furcht vor politischer Verfolgung herleitet […]«.

557 § 25 Abs. 1 AsylG.

steller·in *glaubhaft* machen.[558] Als Beweismaß gilt die »volle Überzeugung« des/r jeweils Entscheidenden auf Grundlage des im Verfahren gewonnenen Gesamteindrucks bzw. »Gesamtergebnisses«.[559]

Die Verwaltungsgerichte – im Klageverfahren dazu angehalten, die behördliche Arbeit zu überprüfen – neigen dazu, eine zweite Anhörung, Prüfung und Entscheidung durchzuführen. Asylsuchende, die das Klageverfahren durchlaufen haben, berichten oft von ihrem/ihrer ersten und zweiten Richter·in, was einerseits mit Unterschieden in der iranischen und deutschen Beamten-Terminologie zu tun hat, aber auch mit dem (Selbst-)erleben der Anhörungssituation.

#### *bb) Zeuge in eigener Sache*

Hinter der bereits erwähnten doppelten Prognose steht das materiell-rechtliche Konstrukt, nach dem die zur Wahrung der religiösen Identität unverzichtbare religiöse Praxis (subjektiv) vor einer Rechtsgutverletzung (objektiv) bestimmter Schwere (Verletzung der Menschenwürde) zu schützen ist. *Welche* religiöse Praxis »unverzichtbar« ist, darüber entscheidet das Selbstverständnis des/r Antragsteller·in, weniger die »Vorschriften« seiner/ihrer Religionsgemeinschaft.[560] *Ob* die Praxis zur Wahrung der religiösen Identität der jeweiligen Antragstellenden *tatsächlich* nötig und damit unverzichtbar ist, muss jedoch geprüft werden. Allein mit der Behauptung, sich gefährdungsaffin verhalten zu werden, kann sich die verfahrensmäßige Überprüfung nicht bescheiden.

> »[B]ei der Prognose würde ich sagen: Okay, wenn du nicht wirklich Christ bist, dann kannst du dich jederzeit nach Belieben verhalten. Also wirst du wahrscheinlich nicht verfolgt.«[561]

antwortet eine Richterin auf die Frage, ob man die Prognose auch treffen könne, ohne über das Christ-Sein befinden zu müssen. Allem Anschein nach nicht. Über den sachtypischen Beweisnotstand, was die (Verfolgungs-)Situation im Herkunftssland angeht, ist das Verfahren im Falle religiös motivierter Verfolgung mit

558 Für den Beweis reicht die eigene Aussage nicht aus, es braucht Beweismittel (Urkunde, Zeugenvortrag, Gutachten etc.). Im Asylrecht dagegen reicht die eigene Schilderung, soweit diese widerspruchsfrei und nachvollziehbar ist.

559 Das sog. Regelbeweismaß: Die Tatsache und damit der schutzauslösende Tatbestand religiös motivierter Verfolgung muss also gerade nicht bewiesen werden, sondern als »beachtlich wahrscheinlich« gelten und den Prüfenden überzeugen. § 108 Abs. 1 S. 1 VwGO: »Das Gericht entscheidet nach seiner freien, aus dem Gesamtergebnis des Verfahrens gewonnenen Überzeugung. […] Da [der richterlichen Überzeugung] eine rechtliche Wertung zugrunde liegt, erfordern Rechtssicherheit und -klarheit eine abstrakt-generelle Festsetzung des Beweismaßes. Allgemein anerkannt ist die *volle richterliche Überzeugung* als *Regelbeweismaß*« (Pernak, *Richter als Religionswächter*, 101).

560 EuGH, U. v. 05.09.2012, C-71/11 und C-99/11, Rn. 45.

561 Richterin Z., *Interview 2018*.

der Schwierigkeit konfrontiert, über sog. innere Tatsachen befinden zu müssen, die sich einer einfachen Überprüfung entziehen. Die Richterin erläutert weiter:

> »[E]s geht ja jetzt nicht darum, ob ich die Religion einer Person respektiere, und auch vielleicht eher auf Distanz bleibe, sondern diese Person hat ja gesagt: Ich bin deshalb verfolgt. Sie macht also einen Anspruch geltend, womit sie sich praktisch auch ein Stück weit ausliefert. Und der Asylbewerber muss nun mal, das ist die allgemeine Regel, sein Verfolgungsschicksal glaubhaft machen. Er ist deshalb verpflichtet, das zu erzählen. Und da wird auch kein Unterschied gemacht in religiösen Dingen.«[562]

Die Mitwirkungspflicht im Asylverfahren sog. Konvertit·inn·en bezieht sich entscheidend darauf, die schwer zugänglichen *inneren Tatsachen* zu *äußern*. Wer religiöse Verfolgung als Asylgrund geltend macht, muss seine Religion offenbaren. Offenzulegen ist die Motivation für den Glaubenswechsel, glaubhaft zu präsentieren ist der persönliche Glaube. Diese Anforderung verschärft sich, wenn schutzwürdige Gründe erst während der Flucht oder im Aufnahmeland geschaffen werden. Kommt eine Christ-Werdung etwa erst in einer deutschen Gemeinde in Taufe zu ihrem vorläufigen Abschluss, konstituiert das einen sog. Nachfluchttatbestand, mit dem sich die Darlegungs- und Beweislast ganz auf Seiten des/r Antragsteller·in verschieben.[563]

Ein Entscheider berichtet rückblickend zunächst sehr viel gelassener als die Richterin davon, dass er im Zweifelsfalle einfach davon ausgehe, dass die Konversion stattgefunden, »der Antragsteller für sich einen neuen Glauben angenommen« habe und er als Entscheider mit dieser Prämisse weiterarbeite.[564]

562 Richterin Z., *Interview 2018.*

563 § 28 Abs. 2 AsylG [Nachfluchttatbestände]: »Stellt der Ausländer nach Rücknahme oder unanfechtbarer Ablehnung eines Asylantrags erneut einen Asylantrag und stützt diesen auf Umstände, die er nach Rücknahme oder unanfechtbarer Ablehnung seines früheren Antrags selbst geschaffen hat, kann in einem Folgeverfahren in der Regel die Flüchtlingseigenschaft nicht zuerkannt werden.« Für eine ausführliche Diskussion und »Einordnung von Konversion und Taufe im Rahmen von Nachfluchtgründen« vgl. Karras, *Missbrauch*, 223–284. Eine ausführliche Darstellung des Rechtskonstruktes der sog. Nachfluchtgründe muss an dieser Stelle unterbleiben. Bei der asylrechtlichen Überprüfung kommen dieselben Praktiken zur Anwendung und werfen vergleichbare Fragen auf.

564 »Früher in der Anfangszeit, wo viele dann auch neu waren mit dem Konversionsthema, da gab's vielleicht schon mal eher so Streit. Naja, Streit ist auch zu viel gesagt. Aber gedankliche Auseinandersetzungen. Da ging's darum, dass gesagt wurde: Aber ich glaub das dem, dass der jetzt konvertiert ist. Und der andere hat eben gemeint: Ach nee, das ist doch überhaupt nicht erkennbar. Über so was wurde da sich auseinandergesetzt, meines Erachtens völlig unnötigerweise, weil im Zweifel unterstelle ich ne Konversion. Oder, naja jedenfalls unterstelle, dass der Antragsteller für sich einen neuen Glauben angenommen hat, und argumentiere von da aus weiter. Schon mal unter dieser Prämisse quasi. Also da versuche ich mich nicht allzu lange aufzuhalten und da einem möglicherweise auch ungerechtfertigt zu unterstellen, dass er jetzt kein Christ und sonst was oder Bahai geworden ist. Sondern dann ist das so. Nur das reicht halt nicht. Da muss dann immer noch die Verfolgungswahrscheinlichkeit dazu kommen.« (Entscheider G., *Interview 2019*)

Schließlich entscheide das bloße Christ-Sein allein noch nicht darüber, ob und wie jemand verfolgt werden würde.

*cc) Die Ermittlung innerer Tatsachen und Kriterien einer glaubhaften Konversion*

Wie wird Christliches nun Gegenstand der Sachverhaltsaufklärung? Wie kann geklärt werden, ob die behauptete Christ-Werdung ein inneres Korrelat hat und solchermaßen identitätsstiftend und handlungsleitend christlich ist, dass es eine Verfolgungsfurcht begründet? Innere Tatsachen sind der Überprüfung nicht ohne Weiteres zugänglich. Sie müssen mithilfe sog. Hilfstatsachen operationalisiert werden. Wie das geschieht, präsentiert ein Entscheider so:

> »Objektive[] Kriterien
>
> - Das Wissen über die Konversionsreligion.
> - Kenntnisse hinsichtlich der wirklich zentralen Glaubensinhalte der Konversionsreligion.
> - Der Weg zum neuen Glauben (hier prüfen wir, wann und unter welchen Umständen sich der Antragsteller mit der Konversionsreligion auseinandergesetzt hat und wir fragen z. B., ob er durch eigene Initiative oder durch Missionierung den Weg zum neuen Glauben gefunden hat.)
> - Stichwort ›Praktizierte Glaubensriten‹, also z. B. die mehr oder minder regelmäßige Teilnahme an Gottesdiensten und an weitern kirchlichen Veranstaltungen, Aktivitäten für die Glaubensgemeinschaft, Übernahme von Aufgaben innerhalb der Gemeinde und ob der Antragsteller z. B. Gemeindemitglieder kennt und inwieweit er mit ihnen in welchem Rahmen Gespräche führt.
>
> Ebenso wichtig sind die sogenannten subjektiven Kriterien.
>
> - Vor allem die persönlichen Beweggründe für die Konversion.
> - Zudem stellen wir die Frage, ob es ein persönliches Bekehrungserlebnis gab.
> - Wir fragen nach den persönlichen Erfahrungen des Antragstellers mit der Konversionsreligion.
> - Letztlich fragen wir nach seiner Haltung zu der im Herkunftsland ausgeübten Religion.«[565]

Wie sich dieser Kriterienkatalog in praktisches Fragen übersetzen lässt und zu Prüferhandeln wird, beschreiben die mit dieser Arbeit Betrauten unterschiedlich. Ein anderer Entscheider erläutert seinen auf Grundlage juristischer Literatur entwickelten Prüfkatalog wie folgt:

> »Bei mir ist es so, ich hab am Anfang versucht, so verschiedene Aspekte abzufragen, die eben auch aus diesem juristischen Aufsatz da angesprochen wurden. […] Das erste ist

565 Neumann, *Überprüfung von Konversion*, 15. Nahezu identisch präsentiert ein Entscheider die Prüfkriterien auf dem Fachtag des LKÖZ im Herbst 2017 in Erfurt.

Abwendung von der alten Religion, dann die Hinwendung zur neuen Religion. Dann die Motivation dazu. Wie ist das ganze geschehen? Wie kam's dazu? Dann das religiöse Leben, die religiösen Handlungen im Herkunftsland, falls dann dort schon konvertiert wurde. Ansonsten dann das religiöse Leben und die religiösen Handlungen in Deutschland. Und dann noch so'n bisschen Wissensaspekt, was weiß man über die Religion? Was kann man dazu sagen? Dann auch der persönliche Aspekt, was bedeutet einem die Religion? Was ist einem daran wichtig? Wie würde man sich fühlen, wenn man die Religion jetzt nicht mehr hätte oder ausüben könnte? Und verbunden mit nem Ausblick in die Zukunft: Wie stellt man sich das in Zukunft vor; wie will man tätig werden? Und dann die Frage nach der möglichen Rückkehr ins Herkunftsland, wie's denn dann wär mit der religiösen Ausübung?«[566]

Deutlich wird die oben schon für das rechtliche Religionsverständnis explizierte Annahme, dass Religion bzw. religiöse Identität als innere Tatsache auf irgendeine Weise sichtbar werden und als verhaltensprägende Disposition kenntlich werden muss. Anders gesagt: »Aus ihrer höchstpersönlichen Natur folgt, dass die religiöse Identität des Betroffenen sich nur aus seinem Vorbringen und durch Rückschlüsse von äußeren Anhaltspunkten auf dessen innere Einstellung feststellen lässt […] Die Angaben des Konvertiten – insbesondere zur Entwicklung des Kontakts zum neuen Glauben, zu Kenntnissen über die Inhalte der neuen Religion und deren Auswirkungen auf seine Lebensführung – müssen möglichst umfänglich, konkret und authentisch sein.«[567] Darin scheinen sich auch Entscheider·innen, Richterin·innen und Anwält·innen einig.

An dieser Stelle drängt sich bereits die Frage auf, was – nach Lehrbuch – als ernsthafte Konversion bzw. glaubhafte Schilderung einer christlichen Identität gelten kann? Für die materiale Beurteilung einer glaubhaften[568] religiösen Ver-

566 Entscheider G., *Interview 2019.*

567 Pernak, *Richter*, 108f.

568 Hinter der Rede vom glaubhaften Vortrag, der auf die Ernsthaftigkeit der Konversion und des Engagements für die Konversionsreligion schließen lasse, verbirgt sich ein Instrument der sog. Beweismittelwürdigung, das im Asylverfahren besonders für die Beurteilung der erlittenen Verfolgung zum Einsatz kommt – die sog. Glaubhaftigkeitsprüfung. Ausgangspunkt der Glaubhaftigkeitsprüfung ist die sog. Nullhypothese. Dabei wird angenommen, dass ein Asylgrund zunächst nicht glaubhaft ist. Der Vortrag muss diese Annahme widerlegen. Als glaubhafter Vortrag gilt eine konkret und detailreich dargestellte Biographie, die über das Verfolgungsschicksal hinausgeht. Wichtige Ereignisse werden erfahrungsgemäß detailreicher dargestellt als Unwichtiges, Beiläufiges, Nebensächliches. Dass Erinnerungen bruchstückhaft sind, dass manches unverstanden bleibt und nicht im Detail erinnert wird, zeichne dabei eine wahre Aussage aus, ebenso das Ringen um eine genaue Erinnerung und die Korrektur evtl. Widersprüche. Zur Befragung gehört es oft, eine Skizze von räumlichen Gegebenheiten anzufertigen, z.B. wenn von Aufenthalten im Gefängnis oder in einem Versteck gesprochen wird. Räumliches – so die Annahme – wird besser erinnert als Zeitliches, was jedoch nicht von einer grundlegenden Konsistenz in der Darstellung von aufeinander folgenden Ereignissen entbindet. Bender und Nack entwerfen in ihrem Grundlagenwerk »Tatsachenfeststellung« einen Kriterienkatalog zur Beurteilung der Glaubhaftig-

änderung hat sich in der verwaltungsgerichtlichen Praxis eine Figur herausgebildet, die Pernak als »Konversionsformel« bezeichnet. Sie definiert einen Komplex prüfbarer Merkmale, die eine glaubhafte Konversion auszeichnen.

> »Wann eine solche Prägung anzuerkennen ist, lässt sich nicht allgemein beschreiben. Nach dem aus der Gesamtheit des Verwaltungs- und ggfs. gerichtlichen Verfahrens gewonnenen Eindruck muss sich der Schutzsuchende aus voller innerer Überzeugung von seinem bisherigen Bekenntnis gelöst und dem anderen Glauben zugewandt haben. Hat er eine christliche Religion angenommen, genügt es im Regelfall nicht, dass der Schutzsuchende lediglich formal zum Christentum übergetreten ist, indem er getauft wurde. Andererseits kann nicht verlangt werden, dass der Konvertierte so fest im Glauben steht, dass er bereit ist, in seinem Herkunftsland für den Glauben selbst schwere Menschenrechtsverletzungen hinzunehmen. Von einem Erwachsenen, der sich zum Bekenntniswechsel entschlossen hat, darf im Regelfall erwartet werden, dass er mit den wesentlichen Grundzügen seiner neuen Religion vertraut ist. Welche Anforderungen im Einzelnen zu stellen sind, richtet sich vorwiegend nach seiner Persönlichkeit

---

keit (72 ff.). Mithilfe von Erkenntnissen der Aussagenpsychologie lassen sich wahre Aussage und Lüge wie folgt unterscheiden: Eine *glaubhafte Aussage* zeichne sich dadurch aus, dass sie zwei »Realitätskriterien« bediene: Sie enthält Details, die über das verhandelte Kernereignis hinausreichen (*Detailkriterium*): Wechselseitigkeit der Kommunikation; Komplikationen der Geschichte; Schilderung von »deliktstypischem« Verhalten (72–80). Sie zeichnet sich durch eine persönliche Art der Darstellung aus (*Individualitätskriterium*): Originalität und Einzigartigkeit; Begleitgefühle; Spontaneität und Assoziativität; Schilderung von Unverstandenem, Mehrdeutigem, Missverstandenem (80–84). Zu diesen inhaltlichen Kriterien treten eine Reihe »struktureller« Kriterien hinzu: Gleichmäßigkeit der Erinnerung, der Präsentation, der eigenen und Fremdbelastung; Spontaneität, Umkehrbarkeit der Schilderung, Nicht-Chronologizität des Geschilderten; Homogenität des Ausgesagten in der Zusammenschau mit anderem ausgesagten Inhalten und Verflechtung mit bewiesenen Tatsachen, Widerspruchsfreiheit; konstante Wiedergabe zu unterschiedlichen Anlässen mit Inkonstanz in den vermeintlich nebensächlichen Details. Die *nicht-glaubhafte* Aussage bzw. die Lüge zeichne sich demgegenüber aus durch das spürbare Bemühen, gewisse Dinge nicht zu äußern, das sich jedoch nur schwer durchhalten lasse (*Verlegenheitssignale*). Für die nicht-glaubhafte Aussage seien weiterhin charakteristisch Übertreibung in Inhalt und Präsentationweise, z. B. eine Verteidigung ohne vorausgehende Anklage (*Übertreibungssignal*). Das Kriterium der sog. mangelnden Kompetenz ergibt sich weitestgehend aus der Umkehrung der Realitätskriterien (*karge, abstrakte, glatte Schilderung*). Diese Inhalte werden von einem *bestimmten Verhalten* begleitet. Während eine wahrheitsgemäße, glaubhafte Schilderung von einer entspannten Körpersprache (*Kopfarbeit, lautmalerische Gestik*) und einer natürlichen Emotionalität begleitet werde, deuten sog. körperliche Warnsymptome auf eine Lüge hin: körperliche Anspannung und Aufregung, die sich besonders als unkontrollierte Handbewegung kundtut; Scham- und Verlegenheitssignale wie Erröten, ein abgewandter, gesenkter Blick oder das Befingern des Gesichts. Von der Glaubhaftigkeit einer Aussage im engeren Sinne ist die Glaubwürdig einer Person zu unterscheiden, wobei die Glaubhaftigkeitsprüfung mitunter der Glaubwürdigkeitsprüfung zu- und untergeordnet wird. Als glaubwürdig gilt die urteilsfähige, nachweislich integre Person – jemand, der einen Sachverhalt richtig einzuordnen und sich zu erinnern weiß und aufrichtig ist. Die Glaubwürdigkeit oder ihr Fehlen wirken sich aus auf die Beurteilung der Glaubhaftigkeit.

> und seiner intellektuellen Disposition. Überdies wird regelmäßig anzunehmen sein, dass der Konvertit ernstlich gewillt ist, seine christliche Religion auch in seinem Heimatstaat auszuüben, wenn er seine Lebensführung bereits in Deutschland dauerhaft an den grundlegenden Geboten der neu angenommenen Konfession ausgerichtet hat.«[569]

Die »inneren Beweggründe« müssen also glaubhaft dargelegt werden. Deutlich werden muss, dass es sich beim Christ-Sein des Antragstellers um eine »identitätsprägende feste Überzeugung« handelt. Das Konstrukt der Konversionsformel – so Pernak würdigend – erkennt außerdem die Prozesshaftigkeit innerer Veränderungen an und fordert eine nach Stadien der Loslösung gestaffelte Religionskompetenz. Die Taufe allein als rein formales Datum könne den Glaubensübertritt nicht beweisen, sondern habe lediglich indizielle Aussagekraft. Der Religionswechsel muss vom Bewerber begründet und die »wesentlichen Grundzüge seiner neuen Religion« präsentiert werden.[570]

Auf mit der »Konversionsformel« vergleichbare Weise elementarisieren die Verwaltungsrichter *Berlit, Dörig* und *Storey* eine ernsthafte Konversion vor dem Hintergrund der Asylverfahrenspraxis zahlreicher europäischer Staaten.[571] Ein Symposium zur Handhabung der Qualifikationsrichtlinie in Fällen religiös motivierter Verfolgung nach der Konversion zum Christentum diagnostiziert folgenden Verfahrenskonsens und empfiehlt diesen zur EU-einheitlichen Anwendung. Der Rahmen, den die QRL nach konsensualer Lesart für die Beurteilung der Asylbegehren von vermeintlich verfolgten Konvertit·inn·en vorgibt, wird so beschrieben: Der/die Antragsteller·in ist verpflichtet, sein/ihr Asylersuchen vorzubringen und zu untermauern, wobei hier auch die persönlichen Umstände zu berücksichtigen sind, wie etwa durch Gewalterfahrungen bedingte Scham.[572] Die sorgfältige Prüfung des Asylantrags bedarf der umfassenden informativen Mitwirkung des/der Antragsteller·in, was den Herkunfts- und Verfolgungskontext sowie die Zeit im Fluchtzielland einschließt.[573] »Falls es Anzeichen dafür gibt, dass die durch den Antragsteller mitgeteilten Tatsachen nicht wahr sind, müssen die untersuchenden Behörden und – im Falle einer Klage – das Gericht die Glaubhaftigkeit des Vordringens des Antragstellers, dessen tatsächlichen Hintergrund und die im Verfahrensverlauf präsentierten Beweise [auf ihre Glaubhaftigkeit hin] überprüfen.«[574] Sog. Beweiserleichterungen – also ein Herabsetzen der informatorischen Bringschuld – hängen von der bisherigen Kooperation des/

569 OVG Münster, B. v. 30.07.2009-5A 982/07.A, zit. nach: Pernak, *Richter*, 109.

570 Pernak, *Richter*, 108 f.

571 Uwe Berlit / Harald Dörig / Hugo Storey, *Glaubhaftigkeitsprüfung bei Asylklagen aufgrund religiöser Konversion oder Homosexualität: Ein Ansatz von Praktikern* (Teil 1), in: ZAR 9/2016, 281–288.

572 A. a. O., 282.

573 A. a. O., 282 f.

574 A. a. O., 283.

der Antragsteller·in und dem so gewonnenen Bild von seiner/ihrer Glaubwürdigkeit ab.[575]

Die Glaubhaftigkeitsprüfungen in Konversionsfällen, insbesondere im sog. Klageverfahren, gestalte sich im Konkreten dann wie folgt: Methodische Grundlage sind meist Fragenkataloge, zunächst grundlegend die religiöse Prägung der Familie in Erfahrung zu bringen sowie den Konversionszeitpunkt. Darzulegen ist nach dem Katalog anschließend der »äußere Konversionsprozess«, und dabei im genauer: was den Anstoß zur Konversion gab; was an der bisherigen Religion kritisiert wird; wie schnell die Konversion stattfand; wie sie vorbereitet und vollzogen wurde; ob das soziale Umfeld darüber informiert wurde.[576]

Für die Überprüfung der Glaubhaftigkeit ist darüber hinaus auch nach dem »Interesse / Wissen über die neue Religion« zu fragen, z. B.: »Wie konnte der Asylbewerber etwa vorhandene Sprachbarrieren beim Zugang zu Texten der neuen Religion überwinden? [...] Kennt der Asylbewerber die Unterschiede zwischen den verschiedenen Schulen, Glaubensrichtungen oder Konfessionen seiner neuen Religion? [...] Allgemeine Kenntnisse des Christentums? [...] Welche wichtigen ›Zeremonien‹ der neuen Religion kennt der Asylbewerber? [...] Welche Hauptunterschiede gibt es in den Glaubensinhalten der neuen Religion und der vorangehenden Religion (z. B. Islam)?«[577]

Für die Überprüfung von Interesse ist sodann, dass der/die Bewerber·in die »Bedeutung des Christentums für das eigene Leben« darlegt: »Welche Auswirkungen hat die Taufe / die Konversion für sein alltägliches Leben?« Von einer ernsthaften Konversion sei nur auszugehen, wenn der/die Konvertit·e·in »seine Lebensführung im Zufluchtsland dauerhaft an den grundlegenden Geboten der neu angenommenen Religion ausgerichtet hat«, d. h. an Gottesdiensten teilnimmt, in das Leben der Kirchgemeinde eingebunden oder missionarisch aktiv ist. Dazu beauftragt, sich »von der Ernsthaftigkeit des Glaubenswechsels ein eigenes Bild zu machen«, könnten Richter·innen kirchliche Bescheinigungen beachten, dürften ihnen aber keine Beweiskraft beimessen.[578]

575 A. a. O., 283f.

576 A. a. O., 285f.

577 A. a. O., 286f.

578 A. a. O., 287. So auch Pernak, *Richter*, 165. BVerwG, B. v. 25. 08. 2015-1 B 40.15; der Leitsatz des Urteils lautet: »Macht ein Asylbewerber geltend, ihm drohe wegen Konversion zum Christentum religiöse Verfolgung, sind die Verwaltungsgerichte bei der Beurteilung, ob die Befolgung einer gefahrträchtigen religiösen Praxis für ihn zur Wahrung seiner religiösen Identität besonders wichtig ist, nicht an die Beurteilung des Amtsträgers einer christlichen Kirche gebunden, der Taufe des Betroffenen liege eine ernsthafte und nachhaltige Glaubensentscheidung zugrunde.«

## 2. Christliches als Gegenstand des Asylverfahrens

Nachdem die rechtstheoretischen und -methodischen Grundlagen des asylrechtlichen Umgangs mit iranischen Christ·inn·en resp. sog. »Konvertiten« skizziert worden sind, stellt sich die Frage, wie Christliches nun tatsächlich in den Asylverfahren iranischer Christ·inn·en verhandelt wird. Das überprüfte Christliche gewinnt Gestalt in Bescheiden, Urteilen und Selbstauskünften der Entscheidenden zum Prüfprozedere. Aus dem Gesagten, Beobachteten und Gelesenen treten bestimmte diskursive Verstetigungen hervor – Figuren des amtlich geprüften Christlichen. Die wichtigsten dieser (argumentationstragenden) Figuren sollen im Folgenden inventarisiert werden. Ich konzentriere mich dabei auf die behördliche Ebene, also die Verfahrensmaterialisate des Bundesamtes, nehme aber auch Bezug auf die sich daran anschließende gerichtliche Folgeargumentation im Klageverfahren. Inwieweit behördliche und gerichtliche Ebene in ihrer tatsächlichen Arbeit voneinander unterscheidbar sind, kann ohnehin nur sehr spezifisch beantwortet werden.[579]

Geleitet von der Frage, auf welche Weise *iranische* Christ-Werdungsgeschichten Gegenstand eines deutschen Verwaltungsverfahrens werden – wie das Nadelöhr beschaffen ist, durch das Tauf-Biographien »durchgefädelt« werden müssen –, habe ich verschiedene Bescheide untersucht, die mir z. T. von meinen iranischen Interviewpartner·innen zur Verfügung gestellt, teilweise von dritter Stelle zugespielt wurden. Sie sind vollständig anonymisiert, d. h. nicht nur die Namen der Antragsteller, auch die der behördlichen Mitarbeiter wurden geschwärzt. Um die eingesetzten Prüf- und Beurteilungs-Logiken besser zu verstehen, reichte es jedoch nicht, sich auf Niederschriften, Bescheide, Urteile – amtliche Dokumente – zu beschränken. Ich sprach deshalb mit Entscheider·innen und Richter·innen. Über die »bescheid-immanenten Entscheider« hinaus kommen sie in den folgenden (Unter-)kapiteln zu Wort. Sie unterscheiden sich in Hinblick auf ihr Alter, ihr Geschlecht und ihre amtliche und prüfungsthematische Erfahrung (also in wieweit die Prüfung der sog. Konversion Alltag oder Ausnahme ist). Sprechen konnte ich mit *Verwaltungsrichterin Z.* Sie ist Christin. Mit der Prüfung

579 Mit der Tatsache, dass Verwaltungsgerichte im Klageverfahren die Arbeit des Bundesamtes als Verwaltungsbehörde überprüfen, ist bereits deutlich, dass die Klage gegen den behördlichen Asylbescheid kein neues Verfahren eröffnet. Gleichwohl berufen sich Richter·innen auf ihre richterliche Hoheit und Pflicht, sich eine eigene Überzeugung zu bilden. Für die konkrete Prüfarbeit haben Entscheider·innen und Richter·innen folglich unterschiedliche Spielräume. Die Art, zu fragen, die Argumentationen, die eingesetzten rechtlichen Konstrukte und Figuren sind dann aber vergleichbar, wenn nicht identisch, was auch damit zu tun hat, dass sich die behördlichen Entscheider·innen an den ober- und höchstgerichtlichen Entscheidungen und mithilfe juristischer Fachliteratur orientieren. – Behörden und Gerichte sind als verwaltungsrechtliche Instanzen also zu unterscheiden, können aber nicht getrennt werden, sondern interagieren institutionell wie prüfpraktisch intensiv.

religiöser Verfolgung war sie intensiver in den 1980er Jahren in Fällen pakistanischer Ahmadis beschäftigt. *Verwaltungsrichter Y.* und *Entscheiderin E.* habe ich während einer öffentlichen Tagung in Münster im Frühjahr 2018 über ihre Arbeit sprechen hören; Vortragsmitschriften fließen in die Betrachtung ein. Die langjährige und mit der Prüfung von sog. Konversionsfällen gut vertraute *Entscheiderin D.* sprach auf einem Fachtag des Lothar-Kreyssig-Ökumene-Zentrums im Herbst 2017 über ihre Arbeit. Zwei *Entscheider*, die in den 2010er Jahren zum BAMF kamen, konnte ich interviewen. Für beide war die Arbeit bei der Behörde keine Erstbegegnung mit Verwaltungshandeln. Im Gespräch mit einem von ihnen *(F.)* spielte die An- und Überforderung der Entscheidungsarbeit eine große Rolle. Die Arbeit der Behörde beurteilt er kritisch. Der andere *(G.)* bezeichnet sich als religiös interessierten Agnostiker. Er arbeitet sehr gerne als Entscheider. Dort gehört die Prüfung von sog. Iranfällen zu seinem Alltagsgeschäft.

Vor dem Hintergrund der vielfältigen Quellen ist die folgende Systematisierung eine Kollage mit dem Anspruch, Argumentationsfiguren und Prüf-Logiken – Gestalten des asylrechtlich geprüften Christlichen – pointiert zur Darstellung zu bringen. Bestätigung und Falsifizierbarkeit gewinnt diese durch den Abgleich mit eigenen und evtl. abweichenden (textlichen) Erfahrungen.

### a) Elementarisierungen des Christlichen

Das Verständnis von Christlichem als tiefer innerer Überzeugung, die in äußeres Handeln strebt, prägt Religion als Rechtsbegriff wie auch die Konstrukte, mit denen die Christ-Werdung als asylrechtliches Anknüpfungsmerkmal überprüft wird. In Bezug auf die Anhörung iranischer Christ·inn·en erläutert Entscheider F.:

> »[I]ch glaub das Hauptproblem ist wirklich, kann man dem das dann glauben, dass er sozusagen wirklich aus einer inneren Überzeugung halt, wirklich aus religiöser Motivation seinen Glauben gewechselt hat, oder macht er das nur pro forma, damit er eben in Deutschland bleiben kann und dann hier Flüchtlingsschutz bekommt. Also das ist, glaube ich, so das Spannungsverhältnis, was da existiert.«[580]

Erst ein genaues Bild der inneren Disposition des Antragstellers ermöglicht eine qualitative Einschätzung seiner Glaubensäußerung (strategisch oder innerlich). Die innere Disposition wird durch prüfbare Hilfstatsachen operationalisiert. Der Prüfarbeit ist es darum zu tun, Christliches als ins Außen strebendes Inneres in umgekehrter Richtung zu verfolgen: Welche Rückschlüsse lässt das im Vortrag entworfene christliche Leben auf die Beschaffenheit des Innerlichen zu? Sehen

580 Entscheider F., *Interview 2019.*

wir noch einmal auf die sog. subjektiven und objektiven Prüfkriterien. Ein Entscheider erläutert:

»Subjektive wären die persönlichen Beweggründe für die Konversion: Gibt es ein persönliches Bekehrungserlebnis des Antragstellers? Oder auch Erfahrungen des Antragstellers mit der Konversionsreligion. Die Haltung, zu der in seinem Heimatland mehrheitlich ausgeübten Religion. Objektive Kriterien wären praktizierte Glaubensriten: Wie lebt der Asylbewerber seinen neuen Glauben jetzt aus? Wie hat er den Weg zu dem neuen Glauben gefunden? Ab wann fühlt er sich dem neuen Glauben zugehörig? Unter welchen Umständen kam es zu dem Wechsel? Welche Bedeutung hat die bisherige Religion noch in seinem Leben? Wie wurde diese im Herkunftsland von ihm gelebt oder jetzt auch in Deutschland noch? Welche Einstellung haben seine Familienangehörigen zu dem Glaubenswechsel?«[581]

Die neue Zugehörigkeit – Christ-Sein – muss öffentlich werden, und sichtbar, was das Neue innerlich ausmacht. Das Prüfungsprozedere vollzieht sich als Externalisierungsarbeit, als Verbalisierung von subjektiv konzipierten Zusammenhängen (Beweggründe, Bekehrungserlebnis, Haltung). Diese werden zu objektiven Anhaltspunkten durch ihre Ver-Äußerung (Glaubensleben, Öffentlichkeit durch Familieninformation), durch ihre raum-zeitliche Fixierbarkeit (Startpunkt des Interesses, Zeitpunkt des Wechsels). Diese Pisto-Somatologie schließt von Äußerem auf das innere (Glaubens-)Korrelat, welches zugleich für die Stetigkeit und Intensität des Äußeren, für eine Fortsetzung des Glaubenslebens bei Rückkehr in das Herkunftsland bürgt.

Es fällt auf, dass sich der diagnostische Entscheider-Blick nicht nur auf das gegenwärtige »(Aus-)Leben« der neuen Religion, nicht nur auf die »Haltung« zur neuen Religion, der Praxis von »Glaubensriten« richtet, sondern in hohem Maße auch retrospektiv auf das bisherige Leben (der alten Religion) vor dem Zugehörigkeitswechsel. Geschlossen wird vom Gewesen-Sein auf das Sein-Werden. Prognostisch wird der/die Konvertit·in das sein, was er/sie war. Biographische Brüche und Veränderungen (wie z. B. ein »Bekehrungserlebnis«) lassen Gewesenes, Seiendes und Sein-Werdendes differenzieren und miteinander abgleichen. Sichtbar werden muss dabei anscheinend eine Art qualitative Kontinuität von Religion.

Dass die Aussagekraft der geäußerten Hilfstatsachen zur Bestimmung der inneren Disposition begrenzt ist, weiß Entscheiderin D., wenn sie sagt:

»Einen Nachweis im Sinne von einem Gebet kann niemand erbringen. Aber glaubhaft zu schildern, wie der neue Glauben praktiziert wird, ist möglich. Zum Beispiel, wenn ein deutsches Fest bevorsteht wie kürzlich vor der Anhörung und ich dann frage: Wie haben Sie dieses Fest begangen? Was ist der Anlass für dieses Fest? Also Weihnachten, Ostern oder sowas. Und da erwartet der Entscheider natürlich, dass da Antworten kommen,

581 Entscheider D., *Fachtag LKÖZ 2017*, Mitschrift.

nicht theologisch tief fundiert, mit Zitaten aus der Bibel, aber dass derjenige sagen kann: Ich habe in meiner Familie das Fest jetzt so und so begangen. Ich habe an einer Messe teilgenommen. Wir haben zum Beispiel einen Baum aufgestellt oder Geschenke. Ich bin im Kirchenkreis aktiv. Wir haben einen Hauskreis. Oder ich gehe einmal in der Woche zu einer Gesprächsrunde. Solche Sachen, wo man wirklich plastisch schildern, wie im Alltag jetzt die neue Religion Einfluss hat auf sein Leben.«[582]

Im Fokus ist hier das gegenwärtige Glaubensleben, wie es sich rituell und kulturell kundtut. Christliches als Religion im Sinne eines ausbalancierten Innen- und Außenverhältnisses kann gegenständlich aber auch in der Form von Wissensbeständen werden. Ein Entscheider findet für das Prüfverfahren seiner Kolleg·inn·en den Namen »Religionsexamen«, das er wie folgt beschreibt:

»Und dann gibt's halt natürlich die, die, ich sag mal, [...] so ne Art Religionsexamen dann machen. Zumindest gemacht haben und dann viele Details fragen. Ja, was war da? Und wer ist das? Wo man schon sagen würde, also das weiß sozusagen auch'n normaler Gläubiger hier nicht. Ja wie gesagt, was will man jetzt daran ablesen, zumal man ja vieles auch einfach auswendig lernen kann. Also wenn man weiß, da kommen solche Fragen, was war an Ostern zum Beispiel. Das ist so ne Standardfrage; dann kann man das ja auch gezielt lernen. Also das ist jetzt auch eigentlich nicht aussagekräftig und führt dann auch nicht wirklich weiter.«[583]

Pfarrer·innen und Anwält·innen, die Anhörungen von BAMF und Verwaltungsgerichten miterlebt haben, beschreiben diese als Konfirmandenprüfung, die die »Grundkenntnisse der neuen Religion« etwa mithilfe folgender Fragen erhebt:

»Kennen Sie auch Ihren Taufspruch?«[584]

»Was verstehen Sie unter Dreifaltigkeit?«[585]

»Können Sie mir Höhepunkte des christlichen Lebens nennen?«[586]

»Was genau wird an Pfingsten gefeiert?«[587]

»Was ist die Taufe?
Nennen Sie mir die zehn Gebote!
Welches Gebet ist das Wichtigste der Christenheit?
Wie heißt der Vater Mariens?«[588]

582 Entscheider D., *Fachtag LKÖZ 2017*, Mitschrift.
583 Entscheider F., *Interview 2019.*
584 BAMF, *Bescheid Javid 2016*, 7.
585 BAMF, *Bescheid Mani 2016*, 5.
586 A. a. O., 5.
587 BAMF, *Bescheid Dunja 2016*, 7.
588 Pfaff, *Vortrag FoMig*, Mitschrift.

Das Detailkriterium für eine glaubhafte Aussage wird hier zur Erwartung konkreter kognitiver Inhalte. Welche Form diese Erwartung annehmen kann, davon berichtet der Anwalt Victor Pfaff nach seinen Erfahrungen in einem Klageverfahren aus dem Jahr 2018. Ein Antragsteller habe als Beispiel für eine biblische Geschichte, die ihm wichtig sei, das Gleichnis vom Verlorenen Sohn wiedergegeben. Die Richterin will anschließend genauer wissen, was genau denn der Vater zum älteren Sohn gesagt habe. Der Kläger kann es nicht beantworten. Im Urteil heißt es später, dass der Kläger »besondere Einzelheiten« wie das »inhaltlich sehr anrührende Gespräch des Vaters mit dem älteren Sohn nicht vollständig« habe wiedergeben können, was »aber zu erwarten [gewesen wäre], wenn dieses Gleichnis [...] das ihn persönlich bewegendste Gleichnis ist«. Die Richterin wird die Klage abweisen mit der Begründung, dass das Gericht nicht die nötige Überzeugungsgewissheit von einer »unumkehrbaren Identitätsprägung« habe gewinnen können.

### b) Optionalisierung des Christlichen – eine begründungsbedürftige Wahl

In Danyals Anhörung fällt eine weitere Operation zur Überprüfung der Ernsthaftigkeit des Glaubenswechsels auf. Wenn die Christ-Werdung eine Konversion ist, wird das Christ-Sein zu einer begründungsbedürftigen Option. Einen einstigen Muslim aus einer mehrheitlich muslimischen Herkunftsgesellschaft trifft eine besondere Darlegungs- und Begründungspflicht, warum er sich angesichts der unüberschaubaren religiösen Pluralität ausgerechnet Christlichem zuwendet.

> »F[rage]: Sie sagten eben, dass Sie an die neue Religion geglaubt haben, was macht Sie denn so sicher, dass ausgerechnet diese Religion, es gibt ja auf dieser Welt viele weitere, die richtige ist, zumal ja Islam und Christentum beispielsweise, was das Alte Testament angeht, auf den gleichen Erzählungen oder Grundlagen beruht?
>
> A[ntwort]: Im Alten Testament sind die Propheten vor Christus im Neuen Testament ist Christus selber, er sagt, wenn nach mir jemand kommt und behauptet, er wäre Prophet, dann glauben sie ihm nicht.
>
> F[rage]: Nun gibt es ja aber auch ganz andere Religionen, die abseits des Alten und Neuen Testaments stattfinden, Buddhismus beispielsweise oder die Bahai oder wen auch immer Sie da nehmen wollen, was macht Sie denn so sicher, dass ausgerechnet das Christentum hier die Wahrheit verbreitet?
>
> A[ntwort]: Das Christentum ist nicht nur eine Religion, sondern auch ein Rettungsweg. Ich habe durch meinen Freund [Name] vom Christentum gehört und dieses kennengelernt. Die anderen Religionen, die Sie eben geschildert haben, bauen auch auf den

Islam auf, auch der Buddhismus. Nach meinen Ermittlungen ist das Christentum die beste Religion der Welt, es hat [A]ntworten auf alles.«[589]

Die Aufgabe, die Wahl des Christlichen zu begründen, scheint damit noch nicht zufriedenstellend erledigt. Der Entscheider spitzt die Frage auf die Wahrnehmung innerchristlicher Unterschiede zu. Ist es der verzweifelte Wunsch, der Antragsteller möge seine Chance nutzen, die sich in folgender Frage ausspricht, oder schreibt sich hier die bereits getroffene Entscheidung in das Protokoll der Anhörung ein?

»F[rage]: Sie müssen doch aber, wenn Sie sich mit dem Christentum so eindringlich beschäftigt haben wollen, auch irgendwelche Unterschiede festgestellt haben, die Sie mir hier mal beschreiben sollen!

A[ntwort]: Es gibt dort Unterschiede, aber die sind nicht so wichtig für mich. Beispielsweise gibt es Unterschiede bei den Gebeten, wie man sich in der Kirche gibt. Die Pastoren in der katholischen Kirche dürfen auch nicht heiraten. Das sind alles Kleinigkeiten, die für mich nicht so wichtig sind. Beispielsweise gilt in der katholischen Kirche, dass zuerst die linke Hand von Jesus ans Kreuz geschlagen worden ist, dann die rechte Hand, bei den Orthodoxen ist das umgekehrt, das sind aber wie gesagt kleine Unterschiede, die nicht so wichtig sind.

F[rage]: Hat Sie das nicht an Ihrem neuen Glauben zweifeln lassen, dass es davon so wahnsinnig viele Auslegungen und Strömungen gibt, die den Gottesdienst anders feiern, die die Bibel anders lesen, die sich andere Verhaltensnormen geben, spricht das nicht gerade dafür, dass dieser Glauben auch durch den Menschen beeinflusst ist und eben nicht von Gott gegeben und in seiner ursprünglichen Form gelebt wird?

A[ntwort]: Für mich ist wichtig, was Jesus Christus erzählt, nicht, wie die Bibel ausgelegt wird usw. und wie das gelebt wird.«[590]

Der Antrag wird abgelehnt und die Ablehnung auch damit begründet, dass der Antragsteller seine Wahl von Christlichem nicht ausreichend darzulegen imstande war. Gekleidet wird die Ablehnung in den Verdacht, dass die Taufe womöglich gar nicht stattgefunden habe. Das Fehlen einer ausführlichen Begründung lässt die Taufe als nicht (durch Innerliches) gedeckten Scheck erscheinen.

»Abgesehen davon mag dahinstehen, ob ein tatsächlicher formeller Glaubenswechsel stattgefunden hat, die inneren Beweggründe für die Konversion ist der Antragsteller in jedem Falle schuldig geblieben.
So nimmt er auf die Frage, was ihn so sicher mache, dass das Christentum die richtige Religion sei, Bezug auf die Bibel, ohne jedoch seine persönliche Motivation dazu darzulegen. Es ist jedoch gerade von einer Person, die in einer muslimischen Gesellschaft aufgewachsen ist und durch diese auch ihre Prägung erfahren hat, regelmäßig zu erwarten, dass diese ihre persönlichen Erkenntnisse dazu mitteilt und sich nicht auf

589 BAMF, *Niederschrift Danyal 2013*, 5.
590 A. a. O., 6.

allgemeine Äußerungen einlässt. In dieser Stelle ist auch regelmäßig zu erwarten, dass es den tatsächlich Überzeugten gerade ein Bedürfnis ist, über diese Dinge zu sprechen und sich nicht hinter allgemeinen Ausführungen zu verstecken.«[591]

Die Unterstellung, aus Unfähigkeit oder Nicht-Gewilltheit zwischen den einzelnen Christen- und Kirchtümern nicht sauber zu unterscheiden, unterminiert Danyals Aussage, als orthodox Getaufter nur schwer gemeindlichen Anschluss zu finden, und sie wird zum Sprungbrett für weiterführende Schlussfolgerungen des Entscheiders:

»Diese Angaben sind nicht nur in sich widersprüchlich sondern verdeutlichen auch, dass dem Antragsteller tatsächlich an den Worten der Bibel nicht gelegen ist.«[592]

### c) Hintermänner und (frei-)kirchliche Fluchthelfer

Eine bestens vernetzte Exilcommunity, die sich gegenseitig für das Verfahren coacht, ist eine verbreitete Vorannahme. Dafür verantwortlich ist eine grundlegende Selbstwahrnehmung der Entscheidenden, sich als einsame Wahrheitssuchende einer diffusen Gegnerschaft gegenüber zu finden.[593] Dieses Bild wird unterstützt durch die wiederkehrende Schilderung bestimmter Verfolgungsszenarien. Mit diesem Anfangsverdacht sind auch iranische Christ-Werdungsgeschichten konfrontiert.

»[D]ie sind ja auch sehr gut vernetzt. Haben ja auch so ne gute Exil-Community, haben auch oft'n ganz gutes Bildungsniveau, und es gibt ja immer für jedes Land auch so Standardvorträge, und für Iran ist es eben das Thema Konversion. Und wahrscheinlich auch, weil vielleicht andere Sachen da nicht gelaufen sind.«[594]

Im Februar 2018 berichtet SpiegelTV Magazin über die »spektakuläre Kommando-Aktion der GSG 9« zur Verhaftung des iranischen »Schleusers« und »Hartz-IV-Empfängers« Hadi K. und den anlaufenden Prozess vor dem Landgericht Hannover. Die Reportage verarbeitet auch Ausschnitte eines Interviews mit Helgo Martens von der Bundespolizei. Dieser berichtet, wie bereits eingangs zitiert:

»In der Mehrheit sind die Geschleusten in Deutschland dahingehend beraten worden und, richtigerweise muss man sagen, trainiert worden, vorzutragen, dass sie zum Christentum konvertiert sind. Dazu gehörte unter anderem das Auswendiglernen ausgewählter Bibelstellen, beispielsweise aus dem Lukas-Evangelium, der Besuch von Gottesdiensten, einschließlich der Bestätigung durch den jeweiligen Pastor oder Pfarrer

591 BAMF, *Bescheid Danyal 2013*, 6.
592 A. a. O., 7.
593 So Scheffer, *Asylgewährung*, 187.
594 Entscheider F., *Interview 2019*.

und die Beschäftigung halt auch mit Glaubensbekenntnissen und ähnlichen Besonderheiten der christlichen Religion.«[595]

Martens' Vermutung, dass Christliches instrumentalisiert werde, prägt anscheinend auch eine Vorannahme des BAMF. In dem amtsinternen Newsletter, dem sog. Entscheiderbrief von Dezember 2013, wird unter der Überschrift »Iran und Konversion – ein kritischer Blick lohnt sich« über einen im Halbschatten agierenden »Proselytenmacher«-Verein berichtet:

»Der Fall: Iranische Eheleute stellten kurz nach ihrer Einreise Asylantrag und wurden in Hessen untergebracht. Nur wenige Wochen später ließen sie sich rund 250 km nach Köln fahren, um dort in einer Baptistengemeinde die Taufe zu empfangen. In der Anhörung führten die Antragsteller im Wesentlichen aus, Verfolgung wegen Konversion zum Christentum zu befürchten. Zu diesem hätten sie gefunden, als sie auf einem Urlaub in einem Hotel in der Türkei zufällig in Kontakt zum Vorsitzenden des Vereins der zum Christentum konvertierten Moslems (›CKM‹ mit Sitz in Oberhausen) gekommen seien. Noch in der Türkei hätten sie auch dessen Visitenkarte erhalten. Der Verein habe sie nach Ankunft in Deutschland vielfältig unterstützt, insbesondere durch Organisation der raschen Taufe in Köln und Abfassung eines Internettextes als öffentliches Bekenntnis zum Christentum.
Dieser Vortrag überzeugte das Bundesamt nicht von einem ernsthaften Glaubenswechsel, zumal wenig für die Seriosität des CKM spreche. Das VG Frankfurt/M. bestätigte die Rechtmäßigkeit des ablehnenden Bescheides. Wie das Bundesamt zutreffend festgestellt habe, beruhe das Interesse am christlichen Glauben nicht auf einer prägenden Überzeugung. Es stehe vielmehr in einem engen funktionalen Zusammenhang mit dem erstrebten Daueraufenthalt in der Bundesrepublik. Dafür spreche schon die Art und Weise, wie die Kläger mit dem Christentum in Verbindung gekommen seien, nämlich über einen deutschen religiösen Verein, der in der Türkei operiere und dort offenbar gezielt unter moslemischen [sic!] Flüchtlingen, die nach Europa wollten, als ›Proselytenmacher‹ unterwegs sei.
Der VGH HE gab dem Antrag auf Zulassung der Berufung statt. Das VG hätte zu den Glaubensaktivitäten noch die bei der mündlichen Verhandlung anwesenden Zeugen, den CKM-Vorsitzenden und den Pfarrer der evangelisch-lutherischen Wohnsitzgemeinde, hören müssen. Das Berufungsverfahren endete nach deren Einvernahme mit der Verpflichtung des Bundesamtes, die Kläger als Flüchtlinge anzuerkennen.
Wenige Tage später erreichte das Bundesamt die Bitte der Bundespolizei um Unterstützung bei einem gegen den Verein CKM und dessen Vorsitzenden bereits seit längerem anhängigen Ermittlungsverfahren. In diesem Zusammenhang ging es um weitere Asylantragsteller mit CKM-Mitgliedschaft.«[596]

Das exil-iranische Netzwerk kooperiere mit Schleusern. Christliches Wissen und christliche Praxis lieferten ein Flucht-Alibi, das man sich leicht aneignen könne. Auch die deutsche Kirchgemeinde selbst, als Ort, an dem Christliches eine soziale

595 SpiegelTV, *Asyl mit der Christenmasche*, 19.02.2018, 00:02:26.
596 BAMF, *Entscheiderbrief 12/2013*, 4f.

Gestalt gewinnt, gerät damit in den Verdacht der Fluchthilfe. Als Versammlungsort für Flüchtlinge wird die Kirchgemeinde zur Selbsthilfegruppe »Asylcoaching«, und unter diesem Vorzeichen sei auch kirchliche Taufvorbereitung zu verstehen. In einem Ablehnungsbescheid nimmt der Verdacht folgende Textgestalt an:

»Ein tatsächliches Asylbegehr könnte sich eher im Bereich der wirtschaftlichen Selbstverwirklichung wiederfinden, was allerdings keinen Bezug zu flüchtlingsrechtlich relevanten Sachverhalten hat. Ein zehnstündiger Kurs, der zur Taufe hat den Antragsteller vorbereiten sollen, setzt enorme Vorkenntnisse des Antragstellers voraus, welche dieser hat nach eigener Aussage im Iran nicht erlangen können. Daher ist der gesamte Verlauf der Tauf [sic!], die Vorbereitung eingeschlossen, als deutlich zweifelhaft einzustufen. Es ist auch gerichtsbekannt, dass die christlich-freikirchlichen Gemeinden ein Treffpunkt iranischer Asylbewerber sind, der durch Mund-zu-Mund-Propaganda anderen iranischen Asylbewerbern mitgeteilt wird. Es liegt nahe, dass iranische Asylbewerber bei derartigen Treffen, die z. B. in Form von Bibelkreisen und Büchertischen stattfinden, miteinander auch über ihre Situation und erfolgversprechende Möglichkeiten, einen gesicherten Aufenthaltsstatus zu erhalten, sprechen. Als eine solche Möglichkeit wird insbesondere die Konversion zum Christentum gesehen, die inzwischen in fast allen Asylverfahren von Iranern vorgetragen wird«[597].

Danyal wird in seiner Anhörung gebeten, auch Verfolgungserfahrungen in seinem Heimatland zu schildern und darzulegen, worin seine Furcht vor Verfolgung begründet ist.[598] Er holt, der Niederschrift nach, weit aus und erzählt von einer Kinderfreundschaft mit armenischen Christ·inn·en. Über die Familie eines Freundes habe er von Christlichem erfahren. Negative Erfahrungen in und mit der muslimischen Mehrheitsgesellschaft haben kritische Fragen stärker werden und die Distanz zu dieser wachsen lassen. In Schwierigkeiten haben ihn dann einige Jahre später Diskussionen mit Mitstudierenden gebracht.

»F[rage]: Was haben Sie denn dort für konkrete Kritik geäußert, dass Sie sich veranlasst gesehen haben den Iran zu verlassen?

A[ntwort]: Ich habe vor Studenten über die christliche Geschichte und allgemein über christliche Religionen gesprochen.

F[rage]: Was hat Sie denn dazu veranlasst darüber zu sprechen?

A[ntwort]: Die christliche Religion war für mich sehr interessant, deswegen wollte ich meine Meinung darüber auch verbreiten, ich war davon überzeugt.

F[rage]: Was war denn für Sie sehr interessant, wovon waren Sie denn diesbezüglich überzeugt?

597 BAMF, *Bescheid Javid 2016*, 6.
598 BAMF, *Niederschrift Danyal 2013*, 4.

A[ntwort]: Im Islam gibt es alte Gesetze, wonach man Menschen auch verkaufen kann, beispielsweise gibt es für Frauen immer noch Brautgeld. Im Christentum gibt es so etwas nicht. Im Christentum bedeutet die Menschheit auch Freundschaft untereinander in den menschlichen Beziehungen, im Islam ist das Gewalt.

F[rage]: Was hatten Sie denn, als Sie sich zu diesen Äußerungen veranlasst gesehen haben, schon vom christlichen Glauben mitbekommen, so Sie eingangs erzählten, dass Sie nur hin und wieder vom Vater Ihres Freundes darüber gehört hätten?

A[ntwort]: Bis ich mit meinem Freund und dessen Vater Kontakt gehabt habe, wusste ich darüber nichts, erst danach habe ich von ihm davon erfahren und ich habe auch selbst ermittelt und gelesen.«[599]

Das Schutzersuchen wird vom BAMF abgelehnt. Die geschilderte Bedrängnis schrumpft im Bescheid zusammen auf den Vorwurf, von Schleusern gecoacht worden zu sein.

»Wie durch zahlreiche andere Fälle belegt, ist ohne Weiteres davon auszugehen, dass Schleuserorganisationen den iranischen Antragstellern empfehlen, sich im Asylverfahren auf eine Gefährdung aufgrund des Übertritts bzw. der Nähe zu einer bekämpften Religion zu berufen. An dieser Feststellung kann auch angesichts des hier geschilderten Vorfluchtschicksals kein Zweifel bestehen.«[600]

Der konkrete Fluchtanlass kann nicht gehört werden und taucht im Bescheid gar nicht mehr auf, ebenso wenig die der Christ-Werdung vorausgehende lange Entfremdungsgeschichte vom Islam. Die Motivation zu subversivem und verfolgungsträchtigem Verhalten steht und fällt mit einem konkreten, zeitlich terminierbarem Anlass. Dass das Abwägen von Christentum und Islam politische Valenz hat, kommt aufgrund mangelnder Kenntnis über die ideologische Überwachung innerhalb der iranischen Gesellschaft nicht in den Blick.

Im Gespräch mit Richter·innen und Entscheider·innen begegnet noch eine weitere Wahrnehmung, die die kirchliche Taufpraxis als unordentlich und unglaubwürdig erscheinen lässt. Es ist die Geschichte vom fortschreitenden Verfall der verfassten Kirchen in Deutschland. Flüchtlinge zu taufen, gründet in einem beidseitigen Interesse, denn taufbegierige Flüchtlinge kämen den immer kleiner werdenden Kirchgemeinden gerade recht, um die Schrumpfung abzuwenden. Unaufrichtig sei also nicht nur das Taufbegehren, sondern auch die Haltung der Taufenden, keine missionarische Gelegenheit ungenutzt zu lassen oder seiner naiven Gutmütigkeit zu erliegen.

»[J]emand, der jetzt 'ne kirchliche Funktion hat, also namentlich jetzt zum Beispiel 'n Pfarrer; der möchte natürlich auch, dass seine Gemeinde vergrößert wird und es sind ja oft auch oft Menschen, die, sag ich mal, mit einer guten Motivation herangehen. Im

599 BAMF, *Niederschrift Danyal 2013*, 4f.
600 BAMF, *Bescheid Danyal 2013*, 6.

Zweifel kann auch natürlich'n Pfarrer jetzt nicht wissen, ob jemand dann wirklich überzeugt ist oder nicht. Wie soll das gehen? Aber vielleicht ist es im Zweifel ihm auch egal, weil er sich sagt: Naja gut, hier ist ein Mensch, der ist bedient, dem möchte ich auch helfen, und wenn er hier regelmäßig kommt und mitmacht und nett ist dann geb ich ihm vielleicht auch so ne Bescheinigung«[601]

Während hiesige Kirchen in iranischen Christ·inn·en eine willkommene Möglichkeit sähen, ihre Gemeinden wiederzubeleben, wird den Kirchen des Herkunftskontextes Fluchthilfe aus sehr viel niedrigeren Motiven unterstellt. Orientalistische Phantasien und der Vorwurf des Priesterbetrugs fließen zusammen im Bild von der erkauften Taufe.

»Angesichts der materiellen Not in [Land] und der dort allgemein üblichen Mentalität der Vorteilsnahme und Bestechung ist somit davon auszugehen, dass die Urkunde von Schleuserorganisationen beeinflusst beschafft wurde und einzig und allein dem Zweck dient, sie hier im Asylverfahren einzuführen. Dieser Vermutung ist der Antragsteller auch nicht im Ansatz entgegengetreten, seine erläuternden Angaben lassen die dubiosen Umstände des Zu-Stande-Kommens dieser vorgeblichen Taufe nach wie vor im Dunkeln.«[602]

Eine pauschale Kriminalisierung von iranischen Asylsuchenden spricht sich in einer häufig wiederholten Vermutung aus, die mit einem Urteil des VG Ansbach 2014 Eingang in das diskursive Reservoire und Repertoire der Asylbescheide gefunden hat. Dort heißt es:

»Trotz des formalen Glaubensübertritts hat der Antragsteller bei einer Rückkehr in den Iran keine Verfolgungsmaßnahmen zu befürchten. Es ist auch den iranischen Behörden bekannt, dass iranische Staatsangehörige in Asylverfahren immer wieder zum christlichen Glauben konvertieren, um so bessere Chancen im Asylverfahren zu erhalten, Hinzu kommt, dass sich iranische Staatsangehörige hier in der Bundesrepublik Deutschland ›im Feindesland‹ befinden, und dort ist es durchaus erlaubt, durch Täuschungshandlungen den Feind zu überlisten. Der rein formale Glaubensübertritt wird bei einer Rückkehr in den Iran somit keine nachteiligen Folgen für die Kläger haben.«[603]

Der Konvertit begegnet hier als Muslim im Christenmantel, von seiner eigentlichen religiösen Identität darin ermutigt, den Feind – also die deutschen Asylbehörden – »zu überlisten«.

601 Entscheider F., *Interview 2019.*
602 BAMF, *Bescheid Danyal 2013*, 6.
603 VG Ansbach, U. v. 05.11. 2014, AN 1 K 14.30650.

### d) Die Hauskirche zwischen Standardvortrag und Vorzeigefall

Den Entscheider·innen verdächtig sind Geschichten, die ähnliche Personen- und Konfliktkonstellation aufweisen.[604] Die Tatsache, dass in vielen iranischen Christ-Werdungsbiographien die Hauskirchenbewegung eine zentrale Rolle spielt, kann die Verfolgungsgeschichte und -furcht sowohl unterstützen als auch diskreditieren.

> »[W]as immer super gern gesagt wird, ist eben: Ja, also ich war da im Iran, und hab mich da so einer Hauskirche angeschlossen. Über irgendeinen Freund oder Taxifahrer, oder was auch immer. Also's ist manchmal immer so ne obskure Geschichte, wie sie das erfahren haben, sind sie da hingekommen, und dann haben sie sich das'n paar Mal angehört, und dann fanden sie das gut. Und dann hat ihnen auch mal jemand ne Bibel mitgegeben. Und dann haben sie eines Tages eben auch wieder von irgendnem Freund dann einen Anruf bekommen: Ja, der Etelaat, also der Geheimdienst da, der ist jetzt dagesessen und hat die da hochgenommen, und hat diese Hauskirche da aufgehoben, und du musst schnell dich verstecken, du musst fliehen, oder was auch immer. Und dann sind sie halt auf obskuren Wegen geflohen und konnten dem allmächtigen Geheimdienst da entfliehen, und ihr Leben retten. Also das ist so die Standardgeschichte und idealerweise setzt man dann halt auch irgendwo an und guckt: Ist da was nicht stimmig ist. Lässt sich dann genauer erzählen: Na, erzählen sie mal, wie war denn das jetzt? Und sucht dann einfach irgendwelche Widersprüche, die man da schon mal finden kann. Das macht's einfach leichter.«[605]

In Danyals Anhörung rechnet der Entscheider offensichtlich bereits damit, dass erste Erfahrungen mit Christlichem in einer Hauskirche gesammelt wurden.

> »F[rage]: Sie waren also nicht Mitglied einer Hauskirche oder haben sich einmal darum bemüht Kontakt zu anderen Christen zu bekommen oder sich taufen zu lassen oder Ähnliches?
>
> A[antwort]: Ich war nie in einer Hauskirche gewesen, das Meiste, was ich wusste, wusste ich vom Freund und von dessen Vater, was diese gesprochen hatten, auch Freunde der Familie sind dort hingekommen und haben vor mir, haben über die christliche Religion gesprochen und ich habe dann zugehört.
>
> F[rage]: Wie sind Sie denn auf die Idee gekommen sich öffentlich über das Christentum zu äußern, Ihnen muss doch bewusst gewesen sein, dass das sehr harte Konsequenzen mit sich führen kann?
>
> A[ntwort]: Zuerst möchte ich sagen, dass ich an die neue Religion geglaubt habe. Es war auch nicht so, dass ich das bei jeder Person erzählt habe, ich war sehr vorsichtig, ich habe das nur gegenüber vertrauten Personen geäußert. Es ist dann so gewesen, dass man das weitergegeben hat und dass es anderen bekanntgeworden ist.«[606]

---

604 Scheffer, *Asylgewährung*, 166.
605 Entscheider F., *Interview 2019*.
606 BAMF, *Niedschrift Danyal 2013*, 5.

Zum Verhängnis wird Danyal, dass er den mustergebenden Vorzeigefall nicht bestätigt und sich damit außerhalb des Bereichs des Möglichen – einer normierten Idee von iranischen Christentümern und davon, wie man in eine Verfolgungssituation gerät – bewegt. Im Ablehnungsbescheid heißt es dementsprechend:

> »Ergänzend sei auch in diesem Verfahren darauf hingewiesen, dass der Antragsteller die klassischen Merkmale iranischer Antragsteller in seiner Person vereint (jung, männlich, gut ausgebildet, Verwandte in Deutschland), so dass die Vermutung besteht, dass der Antragsteller sein Heimatland aus wirtschaftlichen Gründen verlassen hat. Schon das Auswärtige Amt führt in seinem Lagebericht vom 26.3. 2012 aus, dass die Wirtschaftslage und insbesondere die Situation am Arbeitsmarkt schwierig seien. Die Arbeitslosenquote liege bei 13,5 %, insbesondere die Jugendarbeitslosigkeit sei jedoch hoch. Insbesondere jungen Akademikern biete der Arbeitsmarkt oftmals keine berufliche Perspektive [...]«[607]

Das Urteil, nicht aus genuin religiösen Motiven Christ geworden zu sein, spricht sich aus in der Unterstellung »ausgeprägte[n] Asylkalkül[s]«. Solchermaßen gerahmt ist das vorgetragene Christ-Werdungs-Schicksal völlig delegitimiert und die Vermutung niederer Fluchtmotive im Herkunftskontext wird maßgeblich; das Christ-Sein wird als asylstrategische Instrumentalisierung zurückprojiziert. So spielt auch Danyals jetziges Christ-Sein für die Prüfung einer Schutzberechtigung (und deren Ablehnung) anscheinend keine Rolle mehr. Die Nicht-Nachvollziehbarkeit der Christ-Werdung wird zum Argument, Danyal sein Christ-Sein als solches und von Anfang an abzusprechen.

> »F[rage]: Was mich natürlich abschließend noch interessiert und beschäftigt ist die Frage, wie Sie denn so schnell in [Land] zu einer Taufe gekommen sind. Sie erzählten eingangs, dass Sie nach [Land] gekommen seien, da dies ihre einzige Möglichkeit gewesen ist sich erst mal im Ausland aufzuhalten, können Sie mir vielleicht erklären, wie es dann zu der Taufe gekommen ist?
>
> A[ntwort]: Ich habe Ihnen bereits erzählt, dass ich im Iran der christlichen Religion nahestand, der [Land.ische] Pastor hat aber gesagt, ich müsste weiterlernen, über zwei Monate habe ich dann versucht weiter zu lernen und Ermittlungen selber zu machen, die Freunde haben mir dabei auch geholfen, es gab auch Sprachprobleme, ich habe mich im Internet darüber informiert.
>
> F[rage]: Woher kannten Sie eigentlich Ihre Freunde aus [Land]?
>
> A[ntwort]: Ich hatte drei Personen in [Land] kennengelernt, ich habe sie auf Englisch angesprochen und wir hatten uns darüber unterhalten und eine freundschaftliche Beziehung entwickelt, die englische Sprache hat dabei eine große Rolle gespielt.«[608]

607 BAMF, *Bescheid Danyal 2013*, 7.
608 BAMF, *Niederschrift Danyal 2013*, 6.

Eigene Vorstellungen von der Dauer einer ordentlichen Taufvorbereitung und die Reduzierung des tatsächlichen Prozesses der Christ-Werdung auf die Taufvorbereitung im engeren Sinne sprechen gegen eine echte Konversion. In Danyals Ablehnungsbescheid heißt es entsprechend:

> »Bereits an dieser, den formellen Glaubensübertritts bezeugenden Urkunde bestehen ernstliche Zweifel. So kann der Antragsteller schon nicht im Ansatz logisch, nachvollziehbar und einleuchtend erklären, wie es ihm denn gelungen sein soll, in [Land] trotz Sprachbarriere getauft zu werden. Er hatte diesbezüglich vollkommen lebensfremd erklärt, dass ihm dies durch zufällige Bekanntschaften gelungen sei.«[609]

Unter dieser Perspektive erübrigt sich auch die Überprüfung von Christlichem als Nachfluchtgrund. Die Christ-Werdung ist für den Entscheider schließlich von Beginn der Flucht an diskreditiert, weil – im Wortsinn – von Grund auf gelogen.

> »Wie durch zahlreiche andere Fälle belegt ist, ist ohne Weiteres davon auszugehen, dass Schleuserorganisationen den iranischen Antragstellern empfehlen, sich im Asylverfahren auf eine Gefährdung aufgrund des Übertritts bzw. der Nähe zu einer bekämpften Religion zu berufen. An dieser Feststellung kann auch angesichts des hier geschilderten Vorfluchtschicksals kein Zweifel bestehen.«[610]

#### e) Die Taufe als formaler oder Bekenntnis-Akt

Von Anwält·innen wird immer wieder gefordert, die kirchlichen Taufurkunde stärker in die Beurteilung einzubeziehen. Sie bescheinige ja die Teilnahme an einer Taufvorbereitung. Und Letztere stelle das Vorliegen einer ernsthaften Disposition sicher. Anwalt Victor Pfaff führt die Taufbürokratie als Argument für die ordentliche Bestellung der Sakramente ins Feld, wenn er sagt:

> »Ein Erwachsener, der getauft werden will, muss zunächst in das Katechumenat aufgenommen werden. Sodann sind die Initiationsordnung der Bischofskonferenz und die dazu erlassenen Vorschriften zu befolgen. Ein Geistlicher, der hiergegen verstößt, kann kirchenstrafrechtlich zur Rechenschaft gezogen werden. Es könnte ihm der Vorwurf gemacht werden, er habe die Sakramentsspendung vorgetäuscht. Der Geistliche unterliegt also der Aufsicht und Verantwortung des Bischofs. Der Priester hat mit Abschluss des Katechumenats eine Stellungnahme zu verfassen und an das bischöfliche Ordinariat zu leiten mit der Bitte um Einwilligung in die Taufe. Das Ordinariat prüft, ob es einwilligt oder keine Tauferlaubnis erteilt.«[611]

Die durch das Absolvieren einer Taufvorbereitung erworbene Taufbescheinigung werde durchaus berücksichtigt, versichert eine Entscheiderin, wenn sie betont:

609 BAMF, *Bescheid Danyal 2013*, 6.
610 Ebd.
611 Pfaff, *Tatrichterliche Würdigung*, Mitschrift.

»Wir beziehen kirchliche Vertreter ein, indem wir die Taufbescheinigung bekommen, indem kirchliche Vertreter zur Anhörung kommen.«[612]

Dass der Taufbescheinigung in der Prüfungspraxis hingegen keinerlei Wert beigemessen werde, erläutert ein Entscheider. Er vergleicht die Taufbestätigung mit Dokumenten von Asylsuchenden anderer Herkunft und anderer Fluchtgründe und erzählt:

»Ich weiß jedenfalls, dass diese Bescheinigungen von den Kollegen, die eben damit befasst sind und nicht besonders wichtig genommen werden. Das ist halt Standard, man nimmt das entgegen. Aber man thematisiert's dann wohl auch in der Ablehnung, aber es ist jetzt nichts, dem man großes Gewicht beimisst. Ein anderes Beispiel, die Äthiopier haben dann auch immer so'n Wisch vorgelegt von ihrer Exilorganisation, dass sie da irgend'ne wichtige Funktion hätten. Die müssen da irgendwie zig Funktionsträger haben, um dann da ihr ihre Anerkennung zu kriegen. Das hat man dann auch nur noch abgeheftet und gar nicht mehr gelesen. Es ist halt Teil der Akte, aber's nimmt halt eigentlich keiner mehr ernst. Und so ähnlich ist das mit den Taufbescheinigungen. Von daher: Ist nett, aber, wie gesagt, das wird nicht wird nicht wirklich ernst genommen.«[613]

Ob im Einzelfall berücksichtigt oder standardmäßig ignoriert – in den unterschiedlichen Äußerungen wird die Taufbescheinigung zu einer Art Stellvertreter der Taufe als bloß formalem Aufnahmeakt der Religionsgemeinschaft, den es durch die Veräußerung von Innerlichem zu untermauern gilt.

»Allein der formale Übertritt zum Christentum durch die Taufe genügt nicht.«[614]

So heißt es in dem Urteil, mit dem Danyals Klage gegen die BAMF-Entscheidung abgewiesen wird. Der formale Übertritt bestätige nicht, dass der Antragsteller

»seinen neuen Glauben in einer Weise verinnerlicht hat, dass es ihm ein tief empfundenes Bedürfnis ist, diesen Glauben auch im Fall der Rückkehr in den Iran ungehindert leben zu können.«

Wer lediglich formal getauft sei, aber den neuen Glauben nicht tief empfinde, bei dem stelle sich auch die Frage, ob eine Wandlung vom Islam zum Christentum überhaupt stattgefunden habe.

Dieselbe Argumentation, positiv gewendet, veranlasst im Frühjahr 2014 ein mitteldeutsches Verwaltungsgericht andererseits auch dazu, den negativen BAMF-Bescheid aufzuheben und dem Kläger die Flüchtlingseigenschaft zuzuerkennen.[615] Es stehe fest,

612 Entscheiderin E., *Tagung EKD / DBK 2018*, Mitschrift.
613 Entscheider F., *Interview 2019*.
614 VG, *Urteil Danyal 2014*, 7.
615 VG, *Urteil Shahrukh 2014*, 6.

»dass der Kläger aus ernsthafter, fester innerer Überzeugung zum christlichen Glauben übergetreten ist und für ihn dessen Ausübung eine unverzichtbare Bedeutung zukommt. Er hat sich in der mündlichen Verhandlung ausführlich zu der Art seiner Glaubensbetätigung geäußert. Hiernach besucht er wöchentlich regelmäßig den Gottesdienst und nimmt an Gesprächskreisen teil.«[616]

In besonderem Maße beachtet das Gericht die spezifische Prägung der Gemeinde und Taufkultur, wenn es feststellt,

»dass der Kläger in einer evangelisch-freikirchlichen Gemeinde [...] getauft worden ist, in der ausschließlich gläubige Christen in entscheidungsfähigem Alter (Jugendliche und Erwachsene) getauft [werden], so genannte Gläubigentaufe. Für sie ist daher die Taufe mehr als nur die Zugangsvoraussetzung zur christlichen Kirche im Sinne der Magdeburger Erklärung [...] Sie setzt vielmehr den Glauben und eine vorhandene religiöse Identität des Getauften voraus. Deshalb erfolgt gerade in dieser Kirche ein ›gründliches [...] Bibelstudium‹ [...] Hinzu kommt, dass [...] eine inzwischen weltweite Missionstätigkeit gemäß ihrem Grundsatzprogramm betreiben.«[617]

Dass Gericht sei deshalb davon überzeugt, dass »eine christlich-religiöse Betätigung zur Identität des Klägers«[618] gehöre, die bei einer Rückkehr in den Iran Anlass und Anknüpfungspunkt für Verfolgungshandlungen sein werde.

### f) Die (un-)mögliche Konversion

Die argumentationstragende Beurteilung, ob tatsächlich eine Wandlung, ein Religionswechsel, eine Konversion stattgefunden habe, operiert über den Abgleich von Innen und Außen hinaus in hohem Maße mit Zeit- und Kontinuitäts-Figuren. Deren Einsatz begründet eine Entscheiderin so:

»Jemand kann ja nicht heute sagen, ich bin Moslem, morgen bin ich Christ und übermorgen bin ich Jude. Also es sollte eine Ernsthaftigkeit sein, worauf hin wir dann eine Prognose erstellen können. [...] Wenn zum Beispiel ein sehr alter afghanischer Opa ankommt, der Analphabet ist und binnen drei Wochen nach der Einreise sich taufen lässt, auch wenn er vorher keinen Kontakt zum Christentum hatte, was er selber sagte, und ich ihn dann frage: Wie haben Sie sich denn vorbereitet, weil die Taufe in der Kirche auch nicht dort war, wo er sich aufgehalten hatte, sondern viele hunderte Kilometer entfernt in Deutschland, dann habe ich da schon Zweifel.«[619]

Die Retrospektive ermöglicht auch hier eine Prognose. Religiöse Identität erscheint als etwas in Qualität und Intensität Gleichbleibendes und damit Vergleichbares. Der Entscheider erklärt:

616 Ebd.
617 Ebd.
618 Ebd.
619 Entscheiderin D., *Fachtag LKÖZ 2017*, Mitschrift.

»Ich ziehe Rückschlüsse vom Verhalten des Antragstellers in Deutschland darauf, wie er sich im Heimatland verhalten wird. Dabei spielt auch eine Rolle, inwieweit die Religion schon vorher bei ihm im Leben vorhanden war, losgelöst von Konversion. [...] Viele sagen: Mir ist eigentlich egal, woran ich glaube; ich möchte einfach einen Gott bei mir haben. Das sind Punkte, die man herausarbeiten muss. Das kann man nicht greifen. Das kann man nicht auf einen Zettel schreiben oder als Handout mitgeben. Das sind Sachen, die auch die Erfahrungen bringen, die ein Mensch im Gesamten darlegt. Dabei spielt auch eine Rolle, ob es z. B. Bescheinigung gibt von den Gemeinden oder Vertrauenspersonen, die viel näher dran sind und den Menschen intensiver erleben. Für mich ist dann das Problem, wenn sich diese Darlegungen gänzlich von den Angaben des Antragstellers unterscheiden. Das haben wir auch sehr häufig. Da muss ich einhaken.«[620]

In der Niederschrift einer Anhörung eines iranischen Christen findet sich auch das Verschriftlichungs-Relikt folgenden Gesprächsgangs:

»F[rage]: Aus welchen Gründen mussten Sie im [dd.mm.]2016 Iran verlassen und weshalb stellen Sie Asylantrag?

A[ntwort]: Ich war aufgrund meines Lebens gezwungen aus dem Iran zu fliehen. Es ist so, dass meine Eltern Muslime sind und ich ein muslimischer Nachkomme bin. Ich persönlich hatte aber keinen richtigen Glauben zum Islam. Der Weg meines Lebens ist quer geworden und ich hatte für mich eine eigene Religion gewollt.

F[rage]: Hatten Sie Probleme aufgrund Ihrer eigenen neuen Religion?

A[ntwort]: Durch einen Freund namens [Name] bin ich in Verbindung zum Christentum gekommen, er ist Christ und Armenier.«[621]

Der Antrag wird umfassend abgelehnt, und zwar weil die Vorverfolgungsgeschichte unglaubwürdig erscheint, aber auch weil die »vorgetragene Konversion zum Christentum« für den Entscheider nicht glaubhaft begründet wird.

»Der formelle Übertritt zum Christentum wurde zwar durch eine Taufbescheinigung belegt, tatsächliche Beweggründe für eine Abschwur vom Islam wurden jedoch nicht überzeugend dargetan. Auch im Detail [sic!] besprochene Einstellung des Antragstellers zum Christentum, dass hier mehr Liebe und weniger Gewalt, in Verbindung mit Ruhe gepredigt werde, kann nur als marginales Indiz für eine wahrhaftige Überzeugung gesehen werden. Dem Antragsteller kann hier nicht geglaubt werden, dass er sich erst nach längerer Prüfung und aufgrund seiner neugewonnenen festen Überzeugung dazu entschlossen habe, zum Christentum überzutreten. Vor allem erscheint die Aussage des Antragstellers, nach Kontakt zu einem armenischen Freund, der über das Christentum berichtet und zum Selbststudium motiviert, als Christ zu gelten, dem Islam abgeschworen zu haben und nun Christ zu, als unglaubhaft und kalkuliert«[622].

620 Entscheiderin E., *Tagung EKD / DBK 2018*, Mitschrift.
621 BAMF, *Niederschrift Javid 2016*, 4.
622 BAMF, *Bescheid Javid 2016*, 4.

Der Antragsteller hat nach Ansicht des Entscheiders nicht überzeugend dargelegt, dass er nicht mehr ist, was er war – Muslim. Liebe, Gewaltfreiheit, Ruhe gefunden zu haben, indiziere nicht hinreichend, dass der Mann seine Abwendung vom Islam sorgfältig erwogen, geschweige denn tatsächlich vollzogen habe. Die vorherige Vorbereitungszeit und anschließende Festigkeit der Überzeugung bedingen einander; an beidem mangelt es dem Antragsteller in den Augen des Entscheiders, der anschließend feststellt:

»Die Beschreibungen des Antragstellers zeugen von keinem aus dem tiefsten Inneren der persönlichen Überzeugung her abgeleiteten Willen zur Konversion, sondern, folgt man der tatsächlichen Aussage des Antragstellers, von ausgeprägtem Asylkalkül, welches dem Antragsteller auf dem Weg nach Europa zu Nütze kommen könnte. Es darf hier unterstellt werden, dass der Antragsteller zum christlichen Glauben vor dem Treffen mit dem armenischen Freund keinen Bezug, wie auch zum Islam, von diesem nicht einmal gehört hatte. Die bloße Kontaktaufnahme zu dem Freund über einen Zeitraum von einigen Monaten kann zu keiner vollendeten Überzeugung des Antragstellers für eine Konversion geführt haben.«[623]

Auf sein Muslim-(Gewesen-)Sein festgelegt werden kann der Antragsteller auch noch in einer anderen Weise. Das einstige Muslim-Sein und das jetzige Christ-Sein sind in der Intensität ihrer Äußerung aufeinander abbildbar. Entsprechend folgert der Entscheider: »[W]ie auch zum Islam« kein Bezug vorhanden war, so wahrscheinlich auch nicht zum »christlichen Glauben«. Wer kein Muslim war, kann auch kein Christ sein.

Was sich an Argumentation an dem konkreten Beispiel nachvollziehen lässt, materialisiert sich auch in Form von Urteilen wie dem folgenden:

»Der Eindruck einer identitätsprägenden Hinwendung zum Christentum konnte nicht gewonnen werden. Der Antragsteller wirkt eher intellektuell oberflächlich informiert, als persönlich berührt. Es ist durchaus glaubhaft, dass die gemeindlichen Bindungen und Strukturen sich auf das Leben beruhigend und ordnend ausgewirkt haben bzw. auswirken. Eine enge persönliche Gottesbindung mit dem dauerhaften, ernsthaften Bedürfnis, ein zentral christlich geprägtes Leben weiterhin in Deutschland und dann auch in der Heimat zu führen, ist bei ihm jedoch nicht überzeugend erkennbar. Es fehlt der hinreichenden Darlegung der näheren Umstände für die behaupteten inneren Wandlungen. Denn die Erklärungen des Antragstellers zu den Gründen einer angeblichen ernsthaften Hinwendung zum Christentum bleiben oberflächlich und zeigen nicht auf, aus welchen zwingenden inneren Gründen sich der Antragsteller von einem Menschen, [sic!] zu einem ernsthaft gläubigen Christen gewandelt haben solle. Eine engere gemeindliche Bindung erschließt sich daraus nicht.«[624]

623 A.a.O., 4.
624 BAMF, *Bescheid Javid 2016*, 5.

In diesem sog. Blocksatz – einem Argumentationsbaustein, der für die Verfertigung eines Ablehnungsbescheides individualisiert wird – verdichtet sich eine den Einzelfall übersteigende Verfahrensgeschichte: Dass sich die Christ-Werdung »beruhigend und ordnend [auswirkt]« berichten iranisch-christliche Gesprächspartner·innen immer wieder – so auch in den von mir geführten Interviews. Gleichzeitig wird in dem Abschnitt Religion als Rechtsbegriff greifbar, wie er das Verfahren als Prüf- und Begründungsmatrix bzw. als konzeptuelles Dispositiv steuert. Religion ist danach ein »tiefes«, »ernsthaftes«, »berührendes« Inneres, ein Bedürfnis, das in äußeres Handeln strebt. Das zwischen Zuschreibung und Selbstartikulation angesiedelte iranische Protestantisch-Sein muss sich in diesen Parametern zu erkennen geben, um als »überzeugend« zu gelten. – Das blocksatz-immanente Entscheider-Ich scheint zu fragen: Ist dieses Christ-Sein überhaupt Religion? Wenn nicht, kann dann überhaupt von religiös motivierter Verfolgung die Rede sein?

Auffällig ist, was im Nebensatz als nicht-christlich abgetan wird. Ruhe, Ordnung der Lebensverhältnisse, die Suche nach Gemeinschaft erscheinen als ungedeckter Scheck, solange sie nicht mit einem tiefen inneren Bedürfnis verbunden werden. Auffällig sind außerdem die positiven Erwartungen an einen glaubwürdigen und damit das Christ-Sein authentifizierenden Weg der Christ-Werdung. Zu den impliziten katechumenalen Erwartungen der Behörde gehört es, über die »näheren Umstände« der Christ-Werdung Auskunft geben zu können. Die Christ-Werdung stelle zudem einen langen Prozess dar. Eine lediglich mehrmonatige Taufvorbereitung in Deutschland mache eine Christ-Werdung unglaubwürdig. Die Entscheidung zur Christ-Werdung muss in einem Erlebnis verdichtet werden; sie muss sich raum-zeitlich anhand von Begegnungen und Erlebnissen konkretisieren lassen. Taufvorbereitung muss die Vermittlung und Aneignung von Christlichem als Wissen leisten. Als Gradmesser für die vollzogene Christ-Werdung dient die Distanz zur vermeintlichen islamischen Herkunftsidentität. Islam gerinnt zu einer Art moralischem Übel; die Fähigkeit, davon abzulassen, weise eine/n echten Christ·e·in aus. Die Unterstellung, dass der/die Vortragende eigentlich noch Muslim·in sei, prägt die Haltung der Prüfenden.

### g) Eine Diagnose, ein Zwischenfazit, eine Frage

Benjamin Karras hat in seiner 2018 erschienenen Studie v. a. die asyl*gerichtliche* Ebene untersucht und auf den Umgang mit Konversion als sog. Nachfluchtgrund hin befragt. Nach Sichtung zahlreicher Urteile seit Umsetzung der Qualifikationsrichtlinie identifiziert Karras v. a. fünf Prüffiguren, die von deutschen Verwaltungsrichtern eingesetzt würden, um die Ernsthaftigkeit einer Konversion zu ermessen. Es sind:[625]

(1) Die Frage nach dem *Bekehrungserlebnis* und nach den *Konversionsmotiven*, wobei hier ein »simplizistisches« Abfragen von einer »elaborierteren« Auseinandersetzung mit der jeweiligen Lebensgeschichte und der Komplexität religiöser Entwicklung und Veränderung unterschieden werden kann. Fast immer spiele für die gerichtliche Beurteilung die Zeitpunkte von Asylantrag und Taufe eine Rolle.[626] (2) Die Überprüfung des *Wissens* über die neue Religion gestaltet sich nach Karras' Beobachtung zuweilen als »Abfragen eines kulturchristlichen Bildungskanons«, wonach derjenige, der »die – jedenfalls von westlich sozialisierten Akademikern so wahrgenommenen – Kernelemente des christlichen Glaubens nicht kennt, […] regelmäßig keine Chance [hat], als Konvertit anerkannt zu werden«.[627] (3) Gerichte sind darüber hinaus interessiert an der »religiösen Aktivität« des/r Antragsteller·s·in. »Demnach kann eine religiöse Prägung nicht vorliegen, wenn sie sich nicht in konkreten religiösen Handlungen äußert.«[628] (4) Mitglieder der Religionsgemeinschaft werden mitunter als Zeugen für den/die Antragsteller·in befragt, wobei »[d]ie Spannweite der Aussagekraft […] von einem lapidaren ›Ich habe den Antragsteller getauft, kannte ihn aber nur vom Sehen‹ bis hin zu langjähriger Begleitung und gemeinsamer Arbeit der Religionsgemeinschaft [reicht]«[629].

Karras erachtet das gegenwärtige religiös begründete und mit der Christ-Werdung in unmittelbarem Zusammenhang stehende Verhalten des Antragstellers als wichtigste Grundlage für die Erstellung der Verfolgungsprognose und die Beurteilung des Schutzersuchens. Es sei schließlich die gegenwärtige religiöse Praxis und eben nicht die ermittelte Identität, die am ehesten auf die religiöse Prägung des Antragstellers zurückschließen lasse. Eine Orientierung am Verhalten ermögliche es, »an nachweisbare äußere Tatsachen anzuschließen, somit dem Beweis zugänglich zu sein.«[630] Die Äußerlichkeit von Religion als religiösem Verhalten sei zudem das, was an der Ernsthaftigkeit von Religion und Konversion im Rahmen des Asylverfahrens überhaupt nur interessiere. Schließlich stehe über allem die Frage, ob sich eine Verfolgungsmaßnahme daran knüpft.[631] Wie sollte sich eine Verfolgungshandlung an etwas knüpfen, das nicht auch als konkretes Verhalten sichtbar wird.

625 Karras, *Missbrauch*, bes. 245–256 »Prüfungskriterien aus der gerichtlichen Praxis«.
626 Karras, *Missbrauch*, 245–247.
627 A. a. O., 249.
628 A. a. O., 250.
629 A. a. O., 251.
630 A. a. O., 259.
631 A. a. O., 258.

Entscheider G. des Bundesamtes beschreibt seine Prüfhaltung ähnlich und erklärte, dass er im Zweifelsfalle zwar die vollzogene Konversion unterstelle,[632] damit noch nichts darüber ausgesagt sei, wie der Antragsteller seine religiöse Identität leben und ob er deshalb verfolgt werden würde. Auch er konzentriere deshalb darauf, ein Bild von den religiösen Lebens- und Verhaltensäußerungen zu gewinnen, um darauf aufbauend ein Verfolgungsszenario zu prognostizieren.[633]

Karras' Plädoyer und die Aussagen des Entscheiders orientieren sich eng am Auftrag der asylrechtlichen Prüfinstanzen, und dieser besteht nicht darin zu urteilen, inwiefern jemand Christ·in ist oder nicht, sondern ob jemand verfolgt werden würde oder nicht, ob das vorgetragene Christliche den Tatbestand der verfolgten und *schutzbedürftigen* Religion erfüllt oder nicht. Der Prüffokus liegt auf der Schutzbedürftigkeit. In den Bescheiden ist demgegenüber zu lesen: Eine »identitätsprägende Hinwendung« habe nicht stattgefunden; bei dem Antragsteller handele es sich nicht um einen »ernsthaft gläubigen Christ«; eine »enge persönliche Gottesbeziehung« fehle, weshalb mit einem »dauerhaften ernsthaften Bedürfnis nach einem christlichen Leben« nicht zu rechnen sei. – Die asylrechtliche Frage, ob das als Asylgrund geltend gemachte Christ-Werden (»die Konversion«) bzw. Christ-Sein von religiös motivierter Verfolgung betroffen sein würde und damit den Tatbestand der schutzbedürftigen Religion erfülle, verengt sich jedoch spätestens in den Entscheidungsbegründungen dann häufig auf die Frage, ob das vorgetragene Christ-Sein überhaupt dem Tatbestandsmerkmal »Religion« entspricht. Anders gesagt: Ob dem/der vermeintlich aus religiösen Gründen Verfolgten Schutz gebührt, erfordert allem Anschein nach eine Antwort auf die Frage, ob es sich bei dem/r Antragsteller·in wirklich um eine/n Christ·in handelt oder nicht. Eine derartige Schwerpunktverlagerung der Prüfaufgabe (von der Schutzbedürftigkeit auf das Vorhandensein von Religion) legen Asyl-Bescheide und -Urteile wie die oben aufbereiteten und die theoretische Diskussion nahe.

Das Bundesverwaltungsgericht erschwert diese Praxis mit seiner Entscheidung vom 25. August 2015 auf den ersten Blick. Darin heißt es, dass das Gericht für seine Prüfung, inwieweit religiöse Praxis für die Wahrung der Identität unverzichtbar ist, »nicht an die Beurteilung des Amtsträgers einer christlichen Kirche gebunden«[634] sei, auch wenn die kirchliche Mitgliedschaft an sich durch staatliche Stellen nicht infragezustellen sei. Auch der Prüffokus der Richter·innen wird in dem Urteil expliziert, Gerichte und Behörden an die religiöse-weltanschauliche Neutralität des Staates erinnert. Für die Prüfung sog. Konversionsfälle

632 S.o. »Zeuge in eigener Sache«; Entscheider G., *Interview 2019.*

633 Entscheider G., *Interview 2019.*

634 BVerwG B.v. 25. 08. 2015-1 B 40.15, Leitsatz.

bedeutet das, »nicht über die Legitimität religiöser Glaubensüberzeugungen [zu entscheiden, sondern ...] lediglich der Stellung des einzelnen Antragstellers zu seinem Glauben [nachzugehen], nämlich der Intensität selbst empfundener Verbindlichkeit von Glaubensgeboten für die Identität der Person«[635]. Damit – urteilt Benjamin Karras nun – sei ein »Schlussstrich unter die Diskussion um die flüchtlingsrechtliche Behandlung einer Konversion gezogen [..., indem] das Bundesverwaltungsgericht der Berücksichtigung des Selbstverständnisses einen dogmatischen Riegel vor[schiebe], indem es scharf zwischen Schutzbereichsbestimmung und Beweiswürdigung unterscheidet. Während die Einschätzung, ob ein Verhalten als religiös einzuordnen ist, maßgeblich vom plausibilisierten Selbstverständnis abhängt, wird dies für die Frage, ob dieses (mutmaßliche religiöse) Verhalten für den Antragsteller verpflichtend ist, abgelehnt. Demnach trifft der staatliche Richter nach eigener Prüfung, die sich nicht vom Selbstverständnis des Antragstellers abhängig macht, eine Einschätzung über die religiöse Identität.«[636]

Ein im Auftrag der EKD erstelltes Gutachten zu dem BVerwG-Urteil leistet diesbezüglich wenig, wenn es darin sehr vieldeutig heißt, dass »[d]ie religiöse Identität [...] als innere Tatsache nur im Rückschluss aus der Darstellung des Betroffenen und seinem äußeren Verhalten festgestellt werden [kann]«[637].

Zuletzt hat das BVerfG im April 2020 die gerichtliche und behördliche Praxis bestätigt, indem es die Verfassungsbeschwerde gegen das Urteil des BVerwG von 2015 nicht zur Entscheidung annahm, da »[d]ie Maßstäbe, die das Bundesverwaltungsgericht für die Prüfung, ob eine begründete Furcht vor Verfolgung wegen der Religion besteht, entwickelt [...] hat, [...] von Verfassungswegen nicht zu beanstanden«[638] seien. Nicht zu beanstanden sei auch die Praxis, »äußere Anknüpfungstatsachen heranzuziehen, die Rückschlüsse auf die innere Einstellung des Betroffenen erlauben«[639]. Gleichwohl müsse sich die »tatrichterliche Würdigung jeglicher inhaltlicher Bewertung des Glaubens des Einzelnen und der Kirchen [... deren] Auslegung oder Priorisierung«[640] enthalten.

Ob diese Klarstellungen zu verhindern vermögen, dass sich die Asyl-Prüfung in schwindelerregende Rückschlussspiralen verstrickt, wird sich zeigen. Dem Bescheidlaut nach wird immer wieder vom jeweiligen Asylvortrag auf ein wie auch immer geartetes inneres Religions-Korrelat geschlossen und davon ausgehend dann darauf, in welchem Maße die angenommene Religion identitätsprägend und deshalb verhaltensleitend ist. Sich einer qualifizierenden Bewertung

635 BVerwG B.v. 25. 08. 2015-1 B 40.15, Rn. 12.
636 Karras, *Missbrauch*, 236.
637 Heinig, *Gutachten*, 14.
638 BVerfG B.v. 03.04.2020–2 BvR 1838/15, Rn. 24 u.ff.
639 A.a.O., Rn. 33.
640 A.a.O., Rn. 37.

des Christseins zu enthalten und nur die Verbindlichkeit einer bestimmten Praxis in Hinblick auf ihre Verfolgungsaffinität zu beurteilen, bedarf nicht nur prüfungsmethodischer Disziplin, sondern auch einer grundsätzlichen Klärung, dass über das Christ-Sein nur einer bestimmt: der/die Christ·in selbst.

Ob aus Gründen eines weiten Schutzbereichs, die nach der Identitätsprägung fragen lässt, oder wegen der Nachfluchtgrund-Vorannahme: Wenn die Frage nach der Ernsthaftigkeit ins Zentrum der Prüfung rückt, wird der rechtliche Religionsbegriff auf interessante Weise wirksam. Die Engführung der Beurteilungspraxis erschließt sich nach meiner Beobachtung – und das möchte ich im Folgenden zeigen – auch durch die spezifische Anforderung des Verfahrens, eine Entscheidung treffen zu müssen. Und das in einer Situation, in der die Position des/r Entscheidenden, ja Entscheidbarkeit als Ganze eine in höchstem Maße prekäre ist. Eine Entscheidung erfordert Entscheidbares, eine Prüfung Prüfbares. Diese Voraussetzung erfüllt das von Iraner·innen »vorgebrachte« Christliche nicht ohne Weiteres. Entscheidbarkeit und Prüfbarkeit müssen hergestellt werden. Und dafür »leistet« der rechtliche Religionsbegriff das seine, indem er das vielgestaltige Christliche ganz dem rechtlichen Religionsbegriff unterwirft.

## III. Christliches als Ort der Entscheidbarkeit

Wie kommt es dazu, dass sich die Prüfung immer wieder auf die Frage verengt, ob es sich bei dem Asylantragsteller um eine·n Christ·e·in handelt, steht doch am Anfang des Verfahrens zunächst lediglich die Frage, ob der/die Schutz Beantragende diesen auch wirklich benötigt? Die das Verfahren gleichermaßen begründende wie gefährdende Entscheidungsnot verbindet sich mit dem rechtlichen Religionsbegriff auf eine Weise, die immer wieder auf die Frage zuläuft, ob der/die Vortragende wirklich konvertiert ist. Die These soll im zweiten Teil dieses Kapitels erläutert werden, und zwar aus einer eher rechtssoziologisch informierten Perspektive. Ich greife dafür auf Erkenntnisse Thomas Scheffers und Ernesto Laclaus zurück, die ich in der Frage zusammenführe, welche Handlungsfähigkeit im bzw. über das Asylverfahren unter Mobilisierung welcher Figuren und Theoreme hergestellt wird. Im Blick ist also die diskursive Dimension der Herstellung von Entscheidungsfähigkeit unter Rückgriff auf die Konzeption von Christlichem über den rechtlichen Religionsbegriff.

## 1. Initiale Entscheidungsnot

Eine Entscheidung über das Schutzersuchen zerfällt in viele ineinandergreifende Entscheidungsakte. Die Momente dieser als juristische Subsumtion zusammengefassten Akte wurden zu Beginn dieses Kapitels erläutert; die den Entscheidungsfindungsprozess strukturierende und die Entscheidung begründende doppelte Prognose ist voraussetzungsreich: Das behauptete Christ-Sein muss auf die »objektive Verfolgungsgefahr« im Herkunftsland bezogen und der so konstruierte Sachverhalt mit dem Tatbestand religiös motivierter Verfolgung abgeglichen werden. – Die ineinandergreifenden Subsumtionsakte, die Prognose und die abschließende differenzierte Zuteilung von Schutz gehen *de facto* mit einer Vielzahl an Entscheidungen einher. Zu entscheiden ist das Inaugural-Moment der Behörde und ihrer Mitarbeiter – der sog. Entscheider·innen. Zu entscheiden ist gleichermaßen Hoheit wie Daseinsberechtigung von Gerichten und Richter·innen. Es muss entschieden werden. Entscheidungsnot konstituiert das Verfahren, Unentschiedenheit bedroht es. Beherrscht wird der spezifische Entscheidungsauftrag in Hinblick auf das Asylersuchen von der Angst, bei mangelnder oder gar fehlender Entschiedenheit, nicht zu beherrschenden »Migrationsströmen« Tor und Tür zu öffnen.[641]

Das Entscheiden beginnt dabei nicht erst mit dem abschließenden Urteil, sondern prägt die unterschiedlichen Verfahrensetappen. Der Druck, zu einer Entscheidung gelangen zu müssen, spricht sich in aller Verzweiflung in Sätzen wie dem folgenden aus. Eine Entscheiderin sagt über ihr Anhören und Prüfen iranischer Christ·inn·en:

> »Bezüglich der Ernsthaftigkeit des Glaubens oder Wechsels oder der Ausübung des neuen Glaubens – an irgendetwas muss man es aber auch festmachen können, um dann zu einer Entscheidung kommen zu können.«[642]

Entscheiden müssen die von Amts wegen zum Entscheiden Beauftragten. Eine Entscheidung ist ihnen nur möglich durch eine eindeutige Identifizierung eines bestimmten Verhaltens als »ernsthaft religiös«. Entsprechend beteuert auch ein Verwaltungsrichter:

> »Es braucht etwas, was man dem christlichen Glauben zuerkennen kann. Den Glauben, den er leben wird, würde der als christlich erkannt und verfolgt?«[643]

Die verfahrensbegründende Entscheidungsnot verbindet sich mit einem von außen induzierten Entscheidungsdruck: Fallzahlen müssen erfüllt werden. Vorgesetzte und Dienstanweisung, eine medial präsente Öffentlichkeit und »die

641 Scheffer, *Asylgewährung.*

642 Entscheider D., *Fachtag LKÖZ 2017*, Mitschrift.

643 Richter Y., *Tagung EKD / DBK 2018*, Mitschrift.

Politik« verbinden sich zu einer Über-Öffentlichkeit. Sie ist in Form von institutionellen und imaginierten Erwartungen in der Situation der Prüfung und Entscheidungsfindung präsent. Ein Entscheider berichtet:

> »In dieser Zeit der Flüchtlingskrise war ja der Zahlendruck enorm gewesen. Auch von der Politik. Ich meine, es lagen mehr als eine halbe Million Asylanträge auf Halde, die eben unbearbeitet waren. Der Rückstand war riesig; und naja dann hat man ja die ganze BAMF-Spitze umge- wechselt, dann ist ja von der Bundesagentur für Arbeit der Herr Weise gekommen mit seinen ganzen Controller-Freaks, die natürlich höchst unbeliebt waren in der Behörde. Und dann ging's wirklich nur noch in- um Zahlen. Das war das Nonplusultra. Man hat völlig unrealistische Vorgaben gemacht; das wurde zum Beispiel gesagt, man muss dreieinhalb Bescheide pro Tag produzieren pro Entscheider oder Einheiten, also's konnten dann auch Anhörungen sein, aber eins von beiden musste es sein. Und selbst die besten haben das kaum geschafft«[644].

Hinzu kommt Rechtfertigungsdruck in dem Fall, dass die Entscheidung Gegenstand der Verhandlung vor weiteren Rechtsinstanzen wird. In Form von sog. Qualitäts-Sicherern sitzen diese bereits auf Behördenebene »mit am Tisch«.[645] Die Anrufung ihrer als »Controller-Freaks« zeigt, dass die Begleitung und Überprüfung das Entscheiden nicht erleichtert, sondern die gefühlte Belastung oft erhöht. Eine fehlerhafte Asylverweigerung kann dramatische Folgen haben. In welche Gewissensnöte das Entscheiden-Müssen und vor allem das Entschieden-Haben stürzen kann, berichtet auch eine Richterin, wenn sie sagt:

> »Also wenn man jetzt nur jemandem glauben muss oder nicht glauben muss, das stürzt einen natürlich manchmal auch in schwierige Entscheidungen. Also da kann man schon schlaflose Nächte haben manchmal.«[646]

Aber nicht nur die jeder Entscheidung anhaftende Rest-Unsicherheit, auch die möglichen Konsequenzen einer falschen Entscheidung belasten die Entscheidenden, und zwar über den beruflichen Kontext hinaus. Ein Entscheider beteuert:

> »Wir tragen die Verantwortung dafür, ob den Menschen etwas passiert. Auch wenn es in den letzten Monaten und Jahren kommuniziert wurde, ist eine Entscheidung definitiv nicht leicht. Es ist auch eine Last, die wir zu tragen haben, die wir zum Teil auch nach der Arbeit mit nach Hause nehmen.«[647]

644 Entscheider F., *Interview 2019.*

645 Zur »Qualitätssicherung« hat das BAMF bereits vor Jahren begonnen, Mentoren-Programme und interne Überprüfungen der Entscheidungen einzuführen. Vgl. BAMF, *Pressemitteilung 28.06.2016*, Nürnberg.

646 Richterin Z., *Interview 2018.*

647 Entscheiderin E., *Tagung EKD / DBK 2018*, Mitschrift.

## Exkurs: Entscheidungsfindung durch Verfahren

In krassem Missverhältnis zum Entscheidungsdruck steht die faktische Unentschiedenheit der Entscheider·innen. »Der Entscheider ist bezogen auf den Realitätsbereich [also den Verfolgungskontext im Herkunftsland], über den er entscheiden soll, ein Fremder und Außenstehender. Er war weder *dort* (wie normalerweise ein Richter) noch *dabei* (wie ein Zeuge). Sein Vorwissen, daß er zu[r] Erstellung von Kontraste[n] anführt, ist ›angelesen‹ und ›angehört‹, es ist punktuell und dünn.«[648] Zur Unsicherheit und Unentschiedenheit aufgrund der raumzeitlichen Entfernung zum behaupteten Verfolgungskontext kommt im Falle »religiös motivierter Verfolgung« noch eine weitere Schwierigkeit hinzu. Fremder und Außenstehender ist der/die Entscheider·in auch, was den Prüfgegenstand betrifft, nämlich das von iranischen Asylantragstellern vorgetragene und durch den/die Entscheider·in zu prüfende Christ-Sein.[649] Denn: Christliches ist in der Optik des rechtlichen Religionsbegriffs eine innere Tatsache und als Wesenskern des behaupteten »Glaubenslebens« in der Tiefe der Persönlichkeit angesiedelt. Nimmt man den rechtlichen Religionsbegriff ernst, entzieht sich solches in die Tiefe hinabgesenktes Christliches der Überprüfbarkeit. Das macht seine Schutzbedürftigkeit aus. – Aber wie lässt sich unter diesen Umständen überhaupt darüber entscheiden? Wie lässt sich die spezifische Handlungsfähigkeit im Asylverfahren – Entscheidbarkeit – (wieder-)gewinnen?

### a) Legitimation durch Verfahren

Dem Treffen und Legitimieren von Entscheidungen dienen Verfahren. Niklas Luhmann untersucht bereits in den 1960er Jahren Entscheidungsfindungsverfahren, wie sie die Arbeit von Gerichten, Parlamenten und Behörden prägen. Nach Luhmann[650] stellen diese nun nicht primär auf die Ermittlung von Wahrheit ab, auf deren Grundlage dann richtig entschieden werden könnte. »Ein System, dass die Entscheidbarkeit aller aufgeworfenen Probleme garantieren muß, kann nicht zugleich die Richtigkeit der Entscheidung garantieren. Funktionale Spezifizierung in der einen Richtung schließt die in der anderen aus.«[651] Die vermeintliche Richtigkeit einer Entscheidung alleine begründet zudem noch nicht ihre Anerkennung; die Entscheidung muss intersubjektiv übertragen werden, damit sie gelten kann. Das Verfahren sucht deshalb, Legitimation herzustellen. Dafür muss es – fasst Aljets zusammen – »erstens durch organisations- bzw.

648 Scheffer, *Asylgewährung*, 184.
649 In Bescheiden und Urteilen ist die Rede vom Christ-Sein im »identitätsstiftenden« Sinne.
650 Luhmann, *Legitimation durch Verfahren.*
651 A.a.O., 21.

rechtsspezifische Normen und gesellschaftlich institutionalisierte Rollentrennung als besonderes Handlungssystem ausdifferenziert sein. Es muss zweitens eine gewisse Autonomie des Ablaufs erhalten, um eine eigene Geschichte zu entwickeln und es muss drittens komplex genug sein, um Konflikte zulassen zu können.«[652] Sind diese Voraussetzungen erfüllt, werden vom Verfahren gezeitigte Entscheidungen mit hoher Wahrscheinlichkeit als legitim angenommen, d. h. von Beteiligten und Außenstehenden »in die eigene Entscheidungsstruktur [übernommen]«[653]. Die mit der Entscheidung erst produzierte »Wahrheit« ist in dieser Perspektive ein sozialer Mechanismus und leistet über die Integration von Entscheidungen die »Übertragung reduzierter Komplexität«[654]. Verfahren stellen Geltung darüber her, dass Handeln-von-Amtswegen als legitim angesehen wird. Und diese von Amts-wegen-Handelnden – in unserem Falle die sog. Entscheider·innen und Richter·innen – stellen Legitimität über Entschiedenheit her.

Wie kann nun in einer Situation asymmetrischer Wissensverteilung und Wissenszugriffs wie der asylrechtlichen Begegnung die dringend benötigte Entscheidung gefunden und in legitime Entschiedenheit transformiert werden? Die Entscheidung wird nicht gefunden, sie wird getroffen, und mit ihr geschaffen werden die epistemischen Voraussetzungen, unter denen sich die getroffene Entscheidung rechtfertigen lässt. Nach Luhmann kann die Funktionsweise des Asylverfahren als Konditionalprogramm rekonstruiert werden: Dabei »wird nach Maßgabe eines ›Wenn‹ das programmierte ›Dann‹ gewählt. Die Folgen werden von dem Entscheidenden nicht mit verantwortet, sondern dem angelastet, der das Programm erließ (und damit vielleicht seinerseits bestimmte Zwecke erreichen wollte). Die Verantwortlichkeit kann hier in weitem Umfange nach oben abgeschoben werden. Beim konditional programmierten Entscheiden geht es nur noch um den Nachweis, daß ein bestimmter Tatbestand faktisch vorliegt und daß es sich dabei um jenes Signal handelt, das nach dem Programm die Entscheidung auslösen sollte. Zum Entscheiden genügt juristischer Sachverstand, der sich nach Bedarf durch Zeugen und Sachverständige informieren läßt, die Entscheidung aber allein verantwortet. Auf diese Weise kann die Entscheidung gegen zahlreiche Möglichkeiten der Kritik praktisch immunisiert werden, vor allem gegen eine Kritik der Person«[655]. Das im Rahmen des Verfahrens ermittelte Wenn ist das Maß der Identitätsprägung durch Christliches, die christliche Disposition, die – so die rechtliche Konstruktion »des Christen im identitätsstiftenden Sinne« – das Verhalten de·s·r Christ·e·i·n bei Rückkehr in sein/ihr Heimatland bestimmt. Um die schutzrechtfertigende Prognose zu tref-

652 Aljets, *Rezension.*
653 Luhmann, *Legitimation*, vii.
654 A. a. O., 23.
655 A. a. O., 131f.

fen, muss über diese Disposition entschieden werden. Unter dem Druck des Entscheiden-Müssens wird Christliches selbst zum Ort der Entscheidung. Denn in der Optik des rechtlichen Religionsbegriffs verlagert sich Christliches in einen schwer zugänglichen Innenbereich der Persönlichkeit, was den Anspruch zu prüfen gleichermaßen herausfordert, wie es ihn bestätigt. Das soll im Folgenden gezeigt werden.

### b) Die Asylgewährung als »Krisenexperiment bürokratischer Individualisierung«[656]

Luhmanns Verfahrenstheorie bildet den Ausgangspunkt und gibt die Rahmentheorie für Thomas Scheffers 1999 erschienene mikrosoziologische Untersuchung des deutschen Asylverfahrens. Scheffer analysiert die Erzeugung von Entscheidbarkeit und Legitimation im Asylverfahren anhand der asylbürokratischen Fallherstellung. Scheffers »praxeologische Mikroskopie«[657] schreitet die Fallgenese entlang ihrer Verfertigungsstadien ab. Seine Einsichten helfen, zur asylverfahrensmechanischen Ebene vorzudringen und zu verstehen, wie Religion und Konversion als Rechtskonstrukte für die rechtliche Beurteilung des von Iraner·innen vorgetragenen Christlichen eingesetzt werden.[658]

#### *aa) Die Herstellung einer Rechtspersönlichkeit*

Der Asylgewährung als nur einem möglichen Ausgang des Verfahrens geht ein langer Prozess der »Konstituierung einer verfahrenstauglichen Rechtspersönlichkeit« voraus – ein Prozess, in den der Schutzsuchende von Anfang an »radikal eingebunden« ist: »Für ein Asyl bewerben sich Individuen ohne Papiere und Dokumente, anderen Ämtern unbekannt, der Landes- und Amtssprache nicht mächtig und unvertraut mit den hiesigen rechtsstaatlichen und bürokratischen Gepflogenheiten«[659]. Scheffer bezeichnet das Asylverfahren entsprechend als »natürliches Krisenexperiment bürokratischer Individualisierung […] Die an-

---

656 Für seine Analyse knüpft Scheffer neben Luhmann stark an Erving Goffmans ethnomethodologische Arbeiten an. Dessen Ansatz eigen ist das Interesse am Alltagswissen und den Alltagspraktiken, die geprägte soziale Kontexte gleichermaßen voraussetzen wie hervorbringen (DiskursNetz, *Ethnomethodologie*, 139). Sinn ist greifbar als »öffentliches, beobachtbares Phänomen in der situativen Verhaltensumgebung von Handelnden« (ebd.). Scheffer geht es weniger um Introspektion und die Untersuchung von Selbst- und Fremdzuschreibungen; er fokussiert vielmehr die »Eigenmächtigkeit des Geschehens, das die Akteure […] in den Bann zieht« (Scheffer, *Asylgewährung*, 22). Asylgewährung lässt sich beforschen als das »Funktionieren einer sozialen Praxis, in das die Teilnehmer eingespannt sind« (Scheffer, *Asylgewährung*, 22).

657 A.a.O., 21.

658 A.a.O., 22.

659 A.a.O., 18.

schlußfähige Erstausstattung, die jeder ordentliche Behördengänger schon ›mitbringt‹, muß hier zunächst verliehen werden: per Registrierung, per Paßersatzpapier, per Einweisung und Versorgung in einem Sammellager«[660].

Die sogenannte Anhörung und ihre Verschriftlichung im Nachgang sind die zentralen Schritte, um aus dem Individuum und seiner Fluchtgeschichte einen Fall zu schreiben. Durch ein »Gespräch jenseits der Konversation«[661], durch komplexe Übersetzungsvorgänge[662], durch ausgefeilte »Prüfinstrumente« und »asylbürokratische Schreibprozeduren«[663] geschieht diese Fallfertigung. An deren Ende steht bestenfalls ein über die Verfahrensbürokratie hinaus legitimierbares Urteil. Dahingehend zentrale Entscheidungsakte finden jedoch nicht erst am Ende statt, sondern prägen alle Etappen des Verfahrens, denn »[nur] im Rahmen der Fallherstellung [] kann verhindert werden, daß Anträge von den Bewerbern ablehnungsresistent gestaltet und von den Entscheidungsträgern nur noch ›durchgewunken‹ werden können. Die auf der Programmebene nicht auszuräumende Darstellungsmacht der Antragsteller ›muß‹ zur Erlangung staatlicher Souveränität im Verfahren gebrochen werden«[664]; der/die Entscheider·in muss die Hoheit über das Verfahren behalten.

Zwischenprodukt und Gegenstand der Weiterverarbeitung sind die im Asylverfahren produzierten Schriftstücke, allen voran die sog. Niederschrift der Anhörung, auch Protokoll genannt. Ein »brauchbares« Protokoll ist eines, dass eine Entscheidung über das darin vertextlichte Bewerberschicksal – die Beurteilung des Schutzersuchens als begründet oder unbegründet – so einfach wie möglich macht. Über die Entscheidungsfindung hinaus kommt dem Protokoll die Aufgabe zu, die Entscheidung zu legitimieren, indem sie sie »materiell nachvollziehbar und nachprüfbar« macht.[665] Der Umgang mit der Niederschrift als amtlichem Dokument bzw. öffentlicher Urkunde setzt voraus, »daß das Wort als Original und die Schrift als Dokument voneinander getrennt seien und das Mündliche von der Verschriftlichung unbeeindruckt bliebe; daß die Schrift das gesprochene Wort abbilde und es so dem Verfahren zuführe.«[666]

Die interaktive Herstellung des Anhörungsprotokolls ist störungs- und fehleranfällig. Der kommunikative Umweg über den Übersetzer und Verständnisprobleme schlagen sich in der Darstellung der Fluchtumstände und des Verfolgungsschicksals nieder. Ein gelungenes Protokoll »[neutralisiert] die näheren Umstände […] und [absorbiert] die Unsicherheiten« des Herstellungsprozes-

660 A.a.O., 33.
661 A.a.O., 69–98.
662 A.a.O., 33–68
663 A.a.O., 99–138.
664 A.a.O., 21.
665 A.a.O., 99.
666 A.a.O., 99.

ses.[667] Mit der Verschriftlichung ist die Textgenese jedoch noch nicht beendet, sondern schreitet in Streichungen, Kürzungen, Glättungen im Rahmen der redaktionellen Bearbeitung durch den/die Entscheider·in voran. Er ist »*Herr des Verfahrens*. Er entscheidet, was gefragt ist und was als Antwort gelten soll. Er ist Fragesteller und Protokollant. Diese Doppelfunktion ermöglicht es ihm, eine abgeschirmte Herstellungssphäre zu unterhalten. Das Anhörungsprotokoll ist schließlich geschlossen, oberflächlich und ahistorisch.«[668] Scheffer vergleicht Entscheider·in und Dolmetscher·in mit Ghostwriter·inne·n, die zwar erheblich zur Fall-, d.h. Textproduktion beitragen, aber unsichtbar werden und so »nichts zu verantworten« haben.[669] Der/die Bewerber·in tritt demgegenüber um so deutlicher als Handelnde·r hervor.

#### bb) *Die Anhörung als Prüfung*

Mit Blick auf die beobachtbaren Interaktionen stellt sich die für das Verfahren zentrale Anhörung vor BAMF und Verwaltungsgericht als ein Sonderfall der Leistungsbewertung – der Prüfung – dar. Unterschiedliche Prüfungstypen laufen in der Anhörung zusammen: Sie arbeitet diagnostisch, aber mit dem Ziel, eine Prognose treffen zu können. Die Prognose dient wiederum einer Selektion nach der Maßgabe, die wirklich Schutzbedürftigen von den missbräuchlich, unzulässig oder »offensichtlich unbegründet« um Asyl Bittenden zu scheiden.

»In der Glaubwürdigkeitsprüfung wird die Entscheidbarkeit und Entscheidungsfähigkeit erst erzeugt; und dies angesichts zurückliegender Ereignisse in fernen und dem Entscheider fremden Lebenszusammenhängen. Ausgangspunkt der Prüfung ist die Einschätzung, daß es sich bei den Bewerbern um ›Zeugen in eigener Sache‹ handelt, denen aufgrund ihrer Eigeninteressen […] nicht zu trauen ist. Die ordentliche Prüfung soll deshalb die *Glaubwürdigkeit* der Person aus der *Glaubhaftigkeit* ihrer Angaben ableiten und nicht umgekehrt […]«[670] Um an der Prüfung teilzunehmen, muss der Bewerber den »Spielregeln« zustimmen: Er/sie muss sich auf das prüfungstypische »Anforderungsprofil« einlassen, indem er sich – im Fall religiöser Verfolgung – als verfolgte·r oder Verfolgung fürchtende·r Christ·in qualifiziert. Das kann er/sie durch die Bereitschaft, Insiderwissen zu präsentieren, das man nur durch »intensive[s] Erleben einer Situation« und durch »dauerndes Einleben in ein Lebensform« gewinnt, Scheffer bezeichnet sie als Teilnehmer- und Mitgliedschaftskompetenz.[671] Diese zentralen Prüf-Konstrukte konstituieren einen Wissensraum, in dem Aussagen beurteilt werden können. Wie hoch die Anforderungen sind und wie vielfältig die po-

667 A.a.O., 96.
668 A.a.O., 135.
669 A.a.O., 136f.
670 A.a.O., 140.
671 A.a.O., 142–156 (Zitate 146).

tentiellen Missverständnisse, wird klar, wenn man bedenkt, dass das Prüfungsgespräch nicht nur auf permanente Übersetzungsarbeit angewiesen ist und begleitet wird von den damit verbundenen Simplifizierungen, Vereindeutigungen, Unzulänglichkeiten. Die individuell sehr unterschiedliche Artikulation von Christlichem als Konfiguration von »Religion«, Kultur und Sozialem potenziert das Übersetzungsdrama.

### cc) *Die Prüfung als Falsifikationsverfahren*

Ist die Einlassung auf das Prüfungsformat sichergestellt, beginnt die Prüfung. In ihr fabriziert der/die Entscheider·in mithilfe einer Reihe von Methoden Kontraste, die die behauptete asylrelevante Teilnehmer- und Mitgliedschaft diskreditieren helfen.[672] Im oben skizzierten juristischen Sprachspiel hieße das: Der/die Entscheider·in weist nach, dass der vorgetragene Sachverhalt nicht dem schutzauslösenden Tatbestand entspricht. Er muss die Behauptung widerlegen, dass Sachverhalts- und Tatbestandsmerkmal identisch sind. – Ein Entscheider erläutert seine Arbeit wie folgt:

> »Es war von vornherein eigentlich auch so ne Tendenz da, wir suchen nach Ablehnungsgründen. Also gut, ich hab mir sagen lassen, das machen andere Behörden auch so, also auch die Staatsanwaltschaft sucht natürlich immer nach den bösen Sachen eines Menschen. Was hat er sozusagen falsch gemacht; sie sind zwar auch offiziell dazu angehalten, sich neutral zu verhalten. Und auch Entlastendes im Strafverfahren für jemanden herauszufinden und zu würdigen. Aber im Zweifelsfall sind's halt immer Menschen, die da arbeiten, und die sehen natürlich ihre Aufgabe nicht darin, jetzt Entlastendes zu machen. Also wie gesagt, jetzt bezogen auf die Staatsanwaltschaft, aber vielleicht ist es bei anderen Behörden ähnlich, wahrscheinlich kann man das dann auch beim BAMF so sehen. Die haben auch nicht unbedingt, zumindest die Außenstelle, wo ich war, die Einstellung gehabt: Wir winken jetzt einfach alle durch, sondern es ging schon darum, kritisch zu prüfen und auch Ablehnungsgründe zu finden.«[673]

Dass sich die Prüfung oft als gezielte Suche nach Widersprüchen gestaltet, hat vermutlich mehrere Gründe: Ausgangspunkt des Asylverfahrens ist der Vortrag eines vermeintlichen Verfolgungsschicksals. Geprüft werden muss also weniger, was *für* das behauptete Schutzersuchen, sondern vielmehr was *dagegen* spricht.[674] Ein zweiter Grund besteht in dem bereits angesprochenen Wissensdefizit des Entscheiders, was die Verfolgungssituation anbelangt. Die Negation ermöglicht in dieser Asymmetrie eine stärkere Kontrastbildung und zeitigt »stärker generalisierende Effekte«; diese erleichtert wiederum das Entscheiden und die Legi-

---

672 A. a. O., 184–187, ausführlich 157–172.

673 Entscheider F., *Interview 2019.*

674 Eine strenge Handhabung der Glaubhaftigkeitsprüfung als richterlichem Instrument geht sogar explizit von der Unwahrheit des Vortrags aus (Nullhypothese).

timierbarkeit von Entscheidungen.[675] Darüber hinaus erscheint der Antragsteller häufig als eine Art Gegner in einem »Netzwerk aus Verfahrenssaboteuren und Helfershelfern«[676]. Diese Konstruktion begegnet in den amtsinternen Publikationen (wie z. B. den »Entscheider-Briefen«), die immer wieder auch über die Schleusertricks berichten.[677] Das Bild von Antragsteller·innen als Gegner·innen wird unterstützt durch das Selbsterleben der eigenen Position des Entscheiders als prekär: Wie es wirklich war, weiß nur der/die Antragsteller·in. Eine zur Falsifikation neigende Prüfpraxis kommt also dem Bedürfnis der Entscheidenden entgegen, unter so schwierigen Bedingungen ihre Handlungsfähigkeit zu erhalten.

> »[I]dealerweise setzt man dann halt auch irgendwo an und guckt: Ist da was nicht stimmig ist. Lässt sich dann genauer erzählen: Na erzählen sie mal, wie war denn das jetzt? Und sucht dann einfach irgendwelche Widersprüche, die man da schon mal finden kann. Das macht's einfach leichter. Weil ohne jetzt einem Theologen zu nahe treten zu können, aber Religion ist auch was wahnsinnig Schwammiges.«[678]

Das eigene Ringen um Handlungsfähigkeit in der Anhörung unterstreicht Entscheider F., wenn er hinweist auf die latente Überforderungssituation. Als in den Hochzeiten der sog. Asylkrise vermehrt Entscheider·innen eingestellt wurden, um den Aufwand zu bewältigen, konnte die lediglich rudimentäre und v. a. auf die Vermittlung der theoretischen Grundlagen abstellende Ausbildung dieser Not nicht abhelfen.

> »Insofern muss man davon ausgehen, dass es immer auch, naja, ich will nicht immer gleich von Willkür sprechen, das klingt gleich so negativ, aber ein Stückweit auch Zufall ist, wie gut jemand dann letztlich solche Anhörungen dann macht. Also vielleicht auch, wie er selber da schon vorgebildet ist. Menschen sind ja auch unterschiedlich vom Einfühlungsvermögen natürlich. Das vielleicht erstmal dazu. Und manchmal sucht man natürlich, kommt man vielleicht auch vom Hölzchen auf 's Stöckchen. Wenn man schon weiß: Okay, die Tendenz ist, es wird eigentlich 'ne Ablehnung gewünscht, dann sucht man halt auch genau nur nach diesen Gründen. Aber manchmal sind's auch Lappalien, mit denen man das begründet. Und das muss natürlich dann auch ein Verwaltungsgericht nicht unbedingt genauso sehen.«[679]

Sog. »Iran-Anhörungen« bezeichnen Entscheider·innen immer wieder als Königsdisziplin. Diese dauerten in der Regel sehr lange, mitunter einen ganzen Anhörungstag. Das hat mit dem für Iran-Anhörungen zentralen Prüfgegenstand,

675 Scheffer, *Asylgewährung*, 184. Scheffer beruft sich hierbei auf Luhmann, *Legitimation*, 5.
676 A. a. O., 180.
677 Vgl. z. B. die Entscheiderbriefe 07/2009; 08/2013; 12/2013.
678 Entscheider F., *Interview 2019*.
679 Ebd.

der verfolgungsrelevanten religiösen Veränderung, zu tun. Entscheider F. erläutert:

> »Die Iraner haben auch nicht die kulturelle Tradition, sich kurz zu fassen. Also die reden halt auch gern und schmücken das so prosaisch gern aus. Das ist einfach so ihre Art eben. Und da kommt dann erstmal viel auch zusammen; das muss man dann erstmal auch sortieren. Und dann muss man halt gucken, dass man sozusagen Punkte findet, die widersprüchlich sind, die man dann vorhalten kann und wo man so ein Vortrag auseinandernehmen kann.«[680]

### *dd) Kontrastgebende Testmethoden*

Wie kann man sich diese gezielte Suche nach Widersprüchen vorstellen? Wie sehen die produzierten Kontraste aus, vor denen sich Widersprüche überhaupt erst zeigen? Die Tendenz zur Falsifikation fördert sowohl im behördlichen wie im gerichtlichen Anhörungs- und Prüfprozedere Fragen, die – didaktisch gesprochen – dem ersten der drei Anforderungsbereiche Reproduktion, Reorganisation, Reflexion zuzurechnen sind. Das elementarisierte Christliche gerinnt dabei zu Wissensfragen – leicht zu stellen, einfach »abzuhaken«. In der Anhörung kommen aber noch weitere kontrastgebende Testmethoden zum Einsatz; Scheffer beobachtet die folgenden:[681]

- »Der Bereich des Möglichen«: Was dem »Selbstverständlichen«, dem, was allen evident ist, kurz: dem »gesunden Menschenverstand« widerspricht und damit die Grenzen des vermeintlich Möglichen überschreitet, diskreditiert den Vortrag der Antragsteller·innen.
- »Mittelbarer und unmittelbarer Aussagenabgleich«: Aussagen aus der Anhörung oder anderen Stadien der Fallbiographie werden miteinander ins Verhältnis gesetzt. Anhörungsimmanente oder die Anhörung übersteigende Inkonsistenzen werden offenbar. Erlerntes, so die Annahme, lässt sich schwer (und z. B. in umgekehrter Chronologie gar nicht) reproduzieren.
- »Verwandte Fälle«: Miteinander verglichen werden können auch die Aussagen von Freunden oder Verwandten, die miteinander geflohen sind und demzufolge Ähnliches berichten müssten.
- »Standardversionen«: Die Häufung von »in Konstruktion, Ablauf und Pointe« ähnlichen Geschichten gilt als Anzeichen vorgängiger Absprache und gezielter Fertigung einer vermeintlich aussichtsreichen Geschichte unter den Bewerbern.
- »Vorzeigefall«: Der Vortrag des »Klassenprimus« wird normgebend für die Beurteilung nachfolgender Fälle, in denen sich Bewerber ähnliche Zugehörigkeiten, Verfolgungsgründe etc. geltend machen.

680 Ebd.
681 Scheffer, *Asylgewährung*, 158–170.

- »Stadt-Land-Fluss«: Mitgliedschaft (Staats- oder ethnische Zugehörigkeit) kann geprüft werden durch landeskundliche »Quizfragen«, die die Entscheidenden mithilfe der ihnen zugespielten oder von ihnen gesammelten Länderinformationen vorbereiten.

Die Testmethoden können weiter differenziert werden danach, (a) inwieweit sie die eigentliche Anhörungssituation überschreiten und auf »importiertes« Wissen zurückgreifen; (b) inwiefern sie dem Prüfling offensichtlich sind; (c) wann sie zur Entscheidung führen; und (d) ob sie das Prüfungsergebnis offenlegen und etwaige Widersprüche vorhalten. Auf die Frage, wann in der Anhörung die Entscheidung fällt, antwortet Entscheider F. etwa:

> »Also ich würde sagen so schätzungsweise fünfundachtzig Prozent der Fälle sind einem doch schnell klar, wo man sagt: So oder so. Und zumindest bei den Ländern, da überwogen dann einfach die Ablehnung. Das war dann schon klar, dass man dann wusste: Ja. Also komm, jetzt wieder diese Geschichte. Kenn ich schon. Und so beim Rest würde ich sagen, so fünfzehn Prozent, da ist man dann echt am Schwanken, weil dann gibt's dann – Die sprechen dafür, die sprechen dagegen. Und da überlegt man schon; fragt durchaus auch mal Kollegen. Und da kommt's auch oft dann darauf an, glaub ich der Person oder nicht.«[682]

Die meisten Methoden zielen auf die Rekonstruktion der Verfolgungsgeschichte. Für die Prüfung der »Merkmale« Religion und Konversion sind folgende Testmethoden zentral: Kann das Vorgetragene dem Bereich des Möglichen zugeordnet werden? Eng damit zusammenhängend: Handelt es sich um einen »Standardvortrag« oder um einen »Vorzeigefall«? In prüfungstheoretischer Perspektive ist hiermit der Erwartungshorizont des Prüfenden angesprochen und die Frage, was als »identitätsstiftende« religiöse Praxis und »ernsthafter« Religionswechsel vor dem Hintergrund eigener christlicher o. a. »Betätigung« als Religion verstanden wird. Deutlich wird, dass es u. U. gerade dieser persönliche Erfahrungshintergrund der Entscheidenden im Umgang mit Christlichem ist, der eine wesentliche Rolle dafür spielt, was als identitätsstiftend bewertet wird und was nicht.

### c) Entscheidungswissen

Mit Blick auf das Asylverfahren sieht Scheffer eine doppelte Prüflogik am Werk und unterscheidet »eine im Rahmen von face-to-face-Interaktionen wirkende intuitive Diagnostik von einer diskursiven Diagnostik, die nicht-anwesende Verfahrensinstanzen überzeugen soll«[683]. Diese Legitimation einer Entscheidung

682 Entscheider F., *Interview 2019.*
683 Scheffer, *Asylgewährung*, 141 f.

vor verschiedenen Öffentlichkeiten (Gewissen, Vorgesetzter, höhere Instanzen, Öffentlichkeit) erfolgt über ihre Vertextlichung. Die Diskursivität dieses Zwischenproduktes erfasst die Schweizer Soziologin Laura Affolter mit dem Konzept des Entscheidungswissens.[684] Sie unterscheidet dieses von »professionellem Wissen«, d.h. dem von Entscheider·innen selbst als »Bauchgefühl« bezeichneten »Wahrnehmungs-, Denk- und Handlungsschema«, das mit der »institutionellen Sozialisation« erworben wird.[685] Entscheidungswissen habe demgegenüber den Asylbescheid im Blick. Das Asylverfahren müsse »aktenkundige Tatsachen« herstellen und diese mit dem Gesetz verknüpfen: Widersprüche müssen in Text transformiert[686] und Intuitives in eine asylrechtliche Sprachform gebracht werden.[687] Man könnte sagen: Erst das Gelingen beider Arbeits-, d.h. Vertextlichungs-Schritte, wie es sich der fertigen Bescheid materialisiert, legitimiert die Diagnostik *post-hoc* und rechtfertigt (nicht weniger diskursive, aber) vortextliche Entscheidungen.

## 2. Religion, Konversion und die Herstellung von Entscheidbarkeit

Die mikrosoziologische Perspektivierung der methodisch-praktischen Anlage des Verfahrens hat gezeigt, in welchem Maße das Asylverfahren darauf ausgerichtet ist, Handlungsfähigkeit wiederzugewinnen und die Hoheit des Entscheiders über das Verfahren zu stabilisieren. Dass aus einem Fluchtschicksal wegen »religiös motivierter Verfolgung« ein asylrechtlich verarbeitbarer Fall wird, ist aber nicht nur in der generellen Arbeitsweise des Asylverfahrens begründet. Entscheidbarkeit wird durch Hilfskonstruktionen gewonnen, die Christliches und Veränderung hin zu Christlichem operationalisieren. »Religion« und »Konversion« dienen als Prüfkonstrukte dazu, einen Rahmen zu entwerfen, in dem sich sehr individuell vorgetragenes Christliches als Religion / Konversion quantifizieren und darauf aufbauend wahrsprechen – prüfen – lässt. In diesem mit Religion / Konversion vorgegebenen Rahmen des Möglichen kann die Entscheidung über Christliches als legitim, vertretbar, evident erscheinen. – Religion / Konversion macht Entscheidbarkeit.

684 Affolter, *Asyl-Verwaltung*, 145–171.
685 A.a.O., 146.
686 A.a.O., 160–164.
687 A.a.O., 164–166.

### a) Religion / Konversion macht Unterscheidungen

Wie der rechtliche Religionsbegriff im Asylverfahren eingesetzt und wirksam wird, lässt sich an dem bereits angeführten Blocksatz eines BAMF-Bescheides studieren. Sehen wir uns den Abschnitt noch einmal genauer an:

> »Der Eindruck einer identitätsprägenden Hinwendung zum Christentum konnte nicht gewonnen werden. Der Antragsteller wirkt eher intellektuell *oberflächlich* informiert, als *persönlich* berührt. Es ist durchaus glaubhaft, dass die gemeindlichen Bindungen und Strukturen sich auf das Leben beruhigend und ordnend ausgewirkt haben bzw. auswirken. Eine enge *persönliche* Gottesbindung mit dem *dauerhaften, ernsthaften* Bedürfnis, ein zentral christlich geprägtes Leben weiterhin in Deutschland und dann auch in der Heimat zu führen, ist bei ihm jedoch nicht überzeugend erkennbar. Es fehlt der hinreichenden Darlegung der näheren Umstände für die behaupteten *inneren* Wandlungen. Denn die Erklärungen des Antragstellers zu den Gründen einer angeblichen *ernsthaften Hinwendung* zum Christentum bleiben *oberflächlich* und zeigen nicht auf, aus welchen zwingenden *inneren* Gründen sich der Antragsteller von einem Menschen, [sic!] zu einem *ernsthaft gläubigen Christen* gewandelt haben solle. Eine engere gemeindliche Bindung erschließt sich daraus nicht.«[688]

Der im Asylverfahren bemühte rechtliche Religionsbegriff stellt Unterscheidungen für Christliches bereit. Religion differenziert bei dem behaupteten Christlichen ein *Innen-* (Kognitiv-Affektives) und einen *Außenverhältnis* (Praxis), die miteinander in Beziehung gesetzt werden können. Die Figur *Religion* trägt damit das Parameter Sichtbarkeit in Christliches ein. Nicht nur der rechtliche Begriff, sondern auch das Prüfen und Entscheiden im Vollzug arbeiten mit einem Religionsbegriff, der Christliches von innen nach außen denkt. Das tiefe innere Bedürfnis drängt in äußeres Handeln, Verhalten, Tun- und Lassen-Müssen. Inneres tut sich äußerlich kund; Inneres muss sich äußerlich kundtun, damit von Religion die Rede sein kann. Das voneinander geschiedene Innen- und Außenverhältnis von Christlichem ist aufeinander abbildbar. Ein Abgleich, inwiefern sich behauptetes Inneres und Äußeres entsprechen, eröffnet Entscheidungsräume, macht Christliches beurteilbar: Inwiefern lässt die Praxis auf das Vorhandensein eines inneren Bedürfnisses und gefestigten Glaubens schließen? Entsprechen sich Inneres und Äußeres in ihren Ausprägungen in Stärke und Intensität?

Religion als Gegenstand biographischer Veränderung tritt dann auseinander in eine Vielzahl von Religionen und religiösen Identitäten. Veränderung hin zu Christlichem wird als religiöse Veränderung zu *Konversion* (von einer Religion zur anderen). Die Figur der *Konversion* trägt die Zeitlichkeit in die Präsentation der Veränderung hin zu Christlichem ein. Sie unterbricht die Kontinuität in der autobiographischen (Re-)Konstruktion und konzentriert die biographischen

688 BAMF, *Bescheid Javid 2016*, 5 [kursiv, CK].

Brüche in einem Konversionsmoment als alles bestimmender Zäsur. Im Konversionsmoment scheiden sich Vorher und Nachher. Vorher und Nachher materialisieren sich in zwei homogenen religiösen Identitäten: Christ-Sein und Muslim-Sein heißt, eine (!) Religion zu haben. Vorher und Nachher in diesem Sinne sind aufeinander abbildbar. Der Vergleich ermöglicht zweierlei Urteil: Wer nie Muslim·in war, kann auch kein·e Christ·in sein. Einmal religiös, immer religiös; wer nie religiös war, kann es nicht plötzlich werden. Wer andererseits vorher Muslim·in war, kann nicht plötzlich Christ·in sein. Zu beurteilen ist dann, ob er / sie dem Islam wirklich »abgeschworen« hat.

Die genannten Unterscheidungen werden in *Prüfung* und *Beurteilung* wirksam in der Konstruktion von Vergleichsachsen. Mit den entlang der Achsen durchgeführten Vergleichen, Abgleichen, Relationierungen kann Christliches dimensioniert, quantifiziert – geprüft – werden. Beide, Konversion und Religion, installieren den Entscheider als prüfenden *Beobachter* im Verfahren. Die Prüferaufmerksamkeit fokussiert das Umfeld des Umschlags von Innerem in Äußerliches: Entsprechen Äußeres und Inneres einander? Inwiefern lässt das Äußere Rückschlüsse auf das korrespondierende Innere zu? Die Prüferaufmerksamkeit fokussiert außerdem den Umschlag von Einstigem in Aktuales: Entsprechen behauptetes Vorheriges (Muslim-Sein) und Vorgetragenes (Christ-Sein) einander? Inwiefern lässt das Jetzige (Christ-Sein) Rückschlüsse auf das Künftige (verfolgungsaffine Christ-Sein) zu? Religion / Konversion ermöglicht nicht nur, Christliches mithilfe verschiedener Merkmale (»Praxis«, »Wunsch«, »Grundzüge«, »Lösung vom bisherigen Bekenntnis«) zu elementarisieren, sondern diese Merkmale auch zu quantifizieren (»ernsthaft«, »formal«, »innerlich«, »oberflächlich«).

Christliches lässt sich so darstellen in unterschiedlichen Ausprägungen und als konkreter Wert, auf dessen Grundlage dann wie folgt geurteilt werden kann: »Der Glaubensübertritt ist (nicht) ernsthaft.« – »Die Taufe war lediglich formal.« – »Der Glaubenswechsel konnte (nicht) ausreichend individuell begründet werden.« – »Eine Vertrautheit mit den wesentlichen Grundzügen der neuen Religion war (nicht) erkennbar.«[689]

Mit ihren Unterscheidungen beschreiben Religion / Konversion auch eine *Repräsentations*schwelle für Christliches. Ob etwas als Christliches gelten und damit in Hinblick auf die Gefahr »religiös motivierter Verfolgung« verhandelt

689 Ich erinnere an die von Pernak in einem Urteil des OVG Münster aus dem Jahr 2009 identifizierte »Konversionsformel«, die argumentationsleitend für nachfolgende amtliche und gerichtliche Entscheidungen ist. Von Interesse sind die durch sie bestimmten Elemente für eine glaubwürdige Konversion: »Ernsthafter (innerer) Glaubensübertritt als Entwicklungsprozess«, »Formaler Glaubensübertritt (Taufe) nicht ausreichend«, »Individuelle Begründung des Glaubenswechsels«, »Vertrautheit mit den wesentlichen Grundzügen der neuen Religion«. Vgl. Pernak, *Richter*, 108–116.

werden kann, hängt vom Erfolg ab, es in diesen Parametern zu präsentieren. Nur so kann es zum lesbaren »Lebenssachverhalt« und damit Gegenstand des Verfahrens werden. Ruhe zu finden, Gemeinschaft zu suchen, Regimekritik zu äußern, hat – so die in den Bescheiden und Urteilen greifbare Entscheider-Logik – nichts mit Religion und folglich nichts mit Christlichem zu tun. Freiheit zu begehren, diskreditiert als bloßes Interesse an einem »freiheitlich-westlichen« Lebensstil den Vortrag »religiös motivierter Verfolgung«.[690]

Religion / Konversion stellen eine (Re-)Präsentations-Schwelle aber nicht nur für die dar, die einen Antrag stellen, sondern auch für die Prüfenden und Entscheidenden selbst; die Verschriftlichung der Beurteilung des vorgetragenen Christ-Seins muss sich in diesem Rahmen vollziehen. Das ermöglicht andererseits eine Darstellung der Prüfungsergebnisse als *legitim*. Die Prüfung von Christlichem kann so in den einzelnen Verfahrensetappen und über das Verfahren hinaus auch von anderen nachvollzogen werden.

Wir können hier festhalten: Religion / Konversion sind nicht einfach Gegenstand des Asylverfahrens, sie domestizieren die Darstellung von Christlichem in den Vorträgen iranischer Christ·inn·en. Sie zeichnen verschiedene Unterscheidungen in Christliches ein, oder genauer: Sie konstruieren Christliches als prüfbaren Gegenstand entlang von Sichtbarkeits- und Zeitlichkeits-Achsen. Während die Unterscheidungen die Prüfbarkeit herstellen, definieren damit einhergehende Ausschlüsse, was nicht mehr als Christliches gelten kann. Diese Exklusionen garantieren die Durchführbarkeit des Verfahrens. Religion / Konversion sind in diesem Sinne Verfahrenskonventionen. Sie ermöglichen die Übersetzung von Christlichem in einen asylrechtlich verarbeitbaren Fall.

690 So urteilt auch Pfaff in einem Vortrag in Halle 2018: »Ich mache die Erfahrung, dass Religion und gesellschaftliches Leben, staatliche Ordnung sehr vermischt werden. Fragt man die iranischen Asylantragsteller, was sie gegen den Islam haben, dann sagt er: Gewalt. Ich glaube, dass hier die Erfahrung mit Religion gemischt wird, die man mit der Gesellschaft macht. Im Iran sind Hinrichtungen von politischen Gegnern übrigens selten geworden; die meisten sind von Rauschgifthändlern. Und hier wird dann gesagt: Ich mache hier andere Erfahrungen. Man wird aufgenommen in die Kirchengemeinde. Menschen kümmern sich um alles, stehen einem bei. Das ist nicht falsch. Auf der anderen Seite habe ich Zweifel, wenn überhaupt nicht vom Glauben her argumentiert wird. Wenn ich frage, was hat Sie bewogen, den Weg zum Christentum einzuschlagen. – Da gibt es Gleichberechtigung von Mann und Frau. Da kommt so ein iranischer Macho und erzählt mir was von der Gleichberechtigung von Mann und Frau. Nein, also ich brauche keine Bibel, um Gleichberechtigung von Mann und Frau umzusetzen.« (*Tatrichterliche Würdigung*, Mitschrift)

### b) Das Asylentscheiden als signifikatorisches Drama

Die Analyse der diskursiven Mechanik des Verfahrens offenbart eine weitere Weise, wie Religion / Konversion in der asylrechtlichen Prüfung von Christlichem wirksam werden. Die asylrechtliche Überprüfung von Christlichem erscheint als signifikatorisches Drama: Durch Religion / Konversion wird die Entscheidbarkeit in Hinblick auf Christliches ermöglicht, wie wir gerade sahen, und zugleich auch begrenzt. Diese Begrenzung führt paradoxerweise nun genau dazu, dass der Ort der Entscheidenden gerade stabilisiert wird.

Wir hatten festgestellt, dass die Unentschiedenheit des Asyl-Entscheiders in Hinblick auf das vorgetragene Christ-Sein verfahrensgefährdend ist. Sie muss bewältigt, die verfahrensspezifische Handlungsfähigkeit des Entscheidens immer wieder hergestellt werden, soll das Verfahren nicht in sich zusammenbrechen – eine von Entscheider·inne·n und Jurist·inn·en gleichermaßen artikulierte Angst; der/die Entscheider·in muss handlungsfähig werden, also: Entscheidbarkeit gewinnen. Die spezifische Handlungsfähigkeit des Entscheidens in sog. Konversionsfällen hängt davon ab, ob es gelingt, Christliches zu identifizieren. Christliches kann nur identifiziert, d. h. sein Vorhandensein kann nur festgestellt werden, wenn die (diskursiven, d. h. sinngebenden) Voraussetzungen dafür gegeben sind. Die Voraussetzungen für die Fixierung von Bedeutungen, von Eindeutigkeit, lassen sich wie folgt erklären (ich beziehe mich hier wie eingangs auf Laclau):

»(1) Da […] jedes Signifikationssystem […] wesentlich differentiell funktioniert, bildet [seine] Schließung die Bedingung dafür, dass überhaupt Signifikation möglich ist. (2) Jede Schließung erfordert jedoch die Einrichtung von Grenzen, und keine Grenze kann gezogen werden, ohne zugleich das, was sich jenseits befindet, zu setzen. (3) Weil aber das System ein System *aller* Differenzen ist, kann das, was sich jenseits der Grenze befindet, nur von der Art eines Exkludierten sein. (4) Exklusion operiert allerdings auf widersprüchliche Weise: Sie macht auf der einen Seite das System der Differenzen als Totalität erst möglich; doch auf der anderen Seite sind die Differenzen nicht mehr einfach nur Differenzen, sondern gegenüber dem ausgeschlossenen Element miteinander äquivalent. Weil sich diese Spannung logisch nicht vermeiden lässt, ist die Totalität ein Gegenstand, der zugleich unmöglich und notwendig ist. Unmöglich: insofern die Spannung zwischen Äquivalenz und Differenz unüberwindbar ist, gibt es kein Objekt, das dieser Totalität unmittelbar entspricht. Notwendig: ohne ein solches Objekt gäbe es überhaupt keine Signifikation. Folgerung: Das unmögliche Objekt muss repräsentiert werden, jedoch wäre diese Repräsentation *wesentlich* verzerrt und figürlich. Hier betritt die Katachrese die Bühne. Als Mittel der verzerrten Kommunikation stehen nur die partikularen Differenzen zur Verfügung. Daher muss eine dieser Differenzen die unmögliche Totalität verkörpern – ohne dabei allerdings aufzuhören, ein Partikulum zu sein. Aus einem bestimmten Blickwinkel betrachtet, haben wir es hierbei mit der Produktion eines *leeren Signifikanten* zu tun: Dieser signifiziert eine Totalität, die tatsächlich unmöglich ist. Von einem anderen Blickwinkel aus handelt es sich um eine hegemoniale Operation [...]: eine bestimmte Partikularität [wird] transformiert [...] in die Repräsentation einer inkommensurablen Totalität.«[691]

Unter welchen Voraussetzungen lässt sich nun Christliches in diesem Sinne identifizieren, ergibt Christliches Sinn? Wie kann es gelesen und verarbeitet werden? Die verfahrensmäßige Bewältigung von Christlichem erfolgt über die Konstitution eines Prüfungsdiskurses, in dem Religion / Konversion zentral sind. *Religion* verbindet Momente, die Christliches als Innen- und diesem korrespondierendes Außenverhältnis erscheinen lassen.[692] *Konversion* entwirft Christliches als homogene Identität gegenüber anderen »religiösen« Identitäten. Sinngebend kann eine Menge von Differentem nur sein, insofern die einzelnen Differentialitäten partiell fixiert und in ihren bedeutungsgebenden Beziehungen einigermaßen stabilisiert sind. Das unendliche Fließen der der mit Christlichem assoziierten Signifikanten wird mit der diskursbegründenden Zentralisierung unterbrochen.

In dem so etablierten diskursiven Setting lässt sich nun mit spezifischem Christlichem verfahren wie mit Begriffen: Eine Auswahl an Elementen erscheint als Beschreibung des zentralen bzw. zentralisierten Signifikanten. Rechtspraktisch kann nun gefragt werden, ob sich das vorgetragene Christliche unter das Tatbestandsmerkmale Religion / Konversion subsumieren lässt. Es kann beurteilt, geprüft, beschieden – es kann entscheiden werden.

Religion / Konversion konstituieren den Prüfungsdiskurs, und sie geben den Artikulationsmodus von Christlichem in diesem Prüfungsdiskurs vor.[693] In dem Verfahren kann sprechen, wer Christliches solchermaßen zu artikulieren vermag. Die verfahrensförmige Existenz von Christlichem hat die Gestalt Religion / Konversion.

Ihre Zentralisierung in Formation mit den genannten Momenten konfiguriert zugleich einen Bereich von Nicht-Religion/Nicht-Konversion und damit das verfahrensmäßig Nicht-Christliche. Dieser Bereich ist gleichermaßen konstitutiv wie prekär: Als diskursives Außen limitiert und konstituiert Nicht-Religion/ Nicht-Konversion einerseits das bedeutungsgebende Feld, in dem Christliches

691 Laclau, *Ideologie und Post-Marxismus*, 30 [kursiv, CK].

692 Dieser sog. rechtliche Religionsbegriff stellt streng genommen keinen Begriff das, was unten noch zu erläutern sein wird.

693 »The practice of articulation [...] consists in the construction of nodal points which partially fix meaning; and the partial character of this fixation proceeds from the openness of the social, a result, in its turn, of the constant overflowing of every discourse by the infinitude of the field of discursivity.« (Laclau / Mouffe, *Hegemony and Socialist Strategy*, 100)

gelesen werden kann. Das Außen ist jedoch lediglich Effekt eines Ausschlusses und entbehrt einer positiven Referenz. Wie das Zentrum nur eine Funktion des Diskurses ist, so auch das Außen:[694] Die Fixierung zu einem Diskurs über die Figur Religion / Konversion (und die sich um dieses Zentrum zu Diskursmomenten formierenden Elemente) reagiert primär auf die Anforderung, eine für das Asylverfahren spezifische Handlungsfähigkeit – die Entscheidbarkeit – herzustellen. Das diskurskonstitutive Außen hat entsprechend stark projektiven Charakter, repräsentiert es doch die verfahrensgefährdende Nicht-Entschiedenheit und Nicht-Entscheidbarkeit in Folge des nicht-identifizierbaren, weil nicht als Religion / Konversion darstellbaren Christlichen.[695]

### c) Konstitutive Instabilitäten

Dass die Verbindung der Operationalisate des rechtlichen Religionsbegriffs mit je spezifischen Aspekten von Christlichem keine notwendige ist und v. a. keine, die an hiesigen, konfessionell klar abgegrenzten Kirchgestalten als normierendem Idealtyp gewonnen werden könnte, erschließt sich (1) mit Blick auf die faktische Vielgestaltigkeit real-existierender Christentümer bzw. christlicher »Identitäten«, (2) vor dem Hintergrund des oben zu dem im Werden begriffenen iranischen Protestantismus Referierten, (3) in diskursmechanischer Perspektive als signifikationslogische Unmöglichkeit. Lediglich das *Dass* der Verbindung ist notwendig, um den Prüfungsdiskurs zu stabilisieren, in dem Christliches Sinn ergibt und entschieden werden kann. Was im Ergebnis Entscheidungsfähigkeit bzw. das Subsumtionsverfahren ermöglicht, erscheint auf der Ebene der Diskurskonstitution als tropologische Verbindung eines Namens (Religion / Konversion) mit einer kontingenten Auswahl von Elementen, d. h. von Christlichem. Ebenso kontingent ist auch die Auswahl des ausgeschlossenen Nicht-Christlichen, d. h. der Nicht-Religion / Nicht-Konversion.

Da weder das Zentrum noch das durch radikalen Ausschluss erzeugte, den Prüfungsdiskurs konstituierende Außen eine reale Referenz haben, stabilisieren sie den Diskurs nicht nur, sie machen ihn zugleich zu einem fragilen Gebilde.[696]

694 Laclau / Mouffe, *Hegemony and Socialist Strategy*, 98.

695 Laclau, *Ideologie und Postmarxismus*, 28: »Die Gegenwart des antagonistischen Anderen [des entscheidungsunfähigen Entscheiders wie des nicht-identifizierbaren Christlichen] hindert mich daran, ganz ich selbst zu sein. Notwendig ist also ein ontologisches Terrain, innerhalb dessen diese aus dem Antagonismus resultierende Distanz zu mir selbst eingeschrieben werden kann. Dieses Terrain haben wir *Diskurs* genannt und dabei mehrfach klar gemacht, dass Diskurs nicht auf Sprache und Schrift begrenzt ist, sondern alle Signifikationssysteme umfasst.«

696 Laclau / Mouffe, *Hegemony and Socialist Strategy*, 130: »As the totality is not a datum but a construction, when there is a breaking of its constitutive chains of equivalence, the totality does something more than conceal itself: it dissolves.«

Die Möglichkeitsbedingungen des Prüfungsdiskurses sind zugleich seine Unmöglichkeitsbedingungen. Was die Entscheidbarkeit garantiert, destabilisiert sie zugleich. Zum Zusammenbruch des Prüfungsdiskurses würde z. B. das Zusammengehen seiner Momente, ihr Aufgehen ineinander führen. Bei vollständiger Identifizierung aller Momente des Prüfungsdiskurses (z. B. der »totalen« Identität von Christlichem und Religion / Konversion usw.) würde sich mit dem Partikularen auch der bedeutungsgebende Diskurs als Ganzer auflösen. Die Subjektposition des/r Prüfenden, wäre annulliert; es gäbe nichts mehr zu entscheiden, sondern nur noch reine Entschiedenheit. Prüfen und Entscheiden verunmöglichen würde wiederum, wenn Christliches nur in disparaten Elementen vorläge und nicht in Momente eines durch Religion / Konversion konstituierten Prüfungsdiskurses transformiert werden könnte. – Entschiedenheit und Nicht-Entschiedenheit beschreiben diskursgefährdende Extreme; Entscheidbarkeit ist zwischen ihnen angesiedelt.

### d) Christliches als Ort der Nicht-Entscheidbarkeit

Das bestätigt sich auf eigenartige Weise, wenn wir die diskurslinguistische Ebene wieder verlassen und weitergehen im Material. Entscheiderin E. betont:

> »Man darf nicht vergessen, auch die Kirchenvertreter können nur über das objektive Auftreten der Antragsteller urteilen. Auch sie können nicht in die Seele gucken. Auch sie können nicht garantieren, dass dieser Mensch aus einem inneren Bedürfnis heraus konvertiert und das für ihn identitätsprägend ist.«[697]

Entscheider F. formuliert es ähnlich, wenn er sagt:

> »Im Zweifel kann auch natürlich'n Pfarrer jetzt nicht wissen, ob ob jemand dann wirklich überzeugt ist oder nicht. Wie soll das gehen?«[698]

Religion / Konversion halten als diskurskonstituierende Signifikanten für die Artikulation von Christlichem eben jenes Christliche zugleich offen. Christliches bleibt so in einem nicht abschließend entscheidbarem, nicht vollständig identifizierbarem Schwebezustand. Christliches als Religion / Konversion muss als innere Tatsache (äußerlich) sichtbar werden, um beurteilt werden zu können. Das scheint für seine Identifikation notwendig und sogar den Entscheidenden zugleich unmöglich. Als Religion / Konversion kann Christliches nie vollständig äußerlich, sichtbar werden.

Was bedeutet diese offen artikulierte, letztliche Nicht-Entscheidbarkeit für die Handlungsfähigkeit des/r Entscheider·s·in, für das Entscheiden? Lässt dieses Eingeständnis einer Unmöglichkeit das Verfahren nicht kollabieren?

---

697 Entscheiderin E., *Tagung EKD / DBK 2018*, Mitschrift.
698 Entscheider F., *Interview 2019*.

Im Gegenteil. Die letztliche Nicht-Entscheidbarkeit stabilisiert die Entscheider-Position, der ja dafür da ist, zu entscheiden. Es ist nicht nur die Operationalisierung des Christlichen durch Religion / Konversion, die die Entscheidbarkeit begründet; gerade die durch sie immer wieder in Christliches eingeschriebene Unentscheidbarkeit ruft den/die Entscheider·in auf den Plan. – Wo nichts entschieden ist, braucht es diejenigen, die entscheiden. – Der diskursive Lebensraum des/r Entscheider·s·in ist der *durch Religion / Konversion* zwischen totaler Entschiedenheit und totaler Nicht-Entscheidbarkeit (in Hinblick auf zu prüfendes Christliches) aufgespannte Raum. Bei aller Unmöglichkeit wird am Ende deshalb der/die Entscheider·in immer wieder eingesetzt, um das Unmögliche, aber Notwendige zu vollbringen. Der Entscheider emergiert als Subjekt-Effekt eines nie vollständig (nicht-)entscheidbaren Szenarios.

In heroischem Gestus spricht sich diese Vermutung als berufliches Selbstverständnis aus, wenn ein Entscheider sagt:

> »Ich halte es für notwendig, dass es im jetzigen Zeitpunkt – so wie die Welt im Moment ist; da gibt es Grenzen; es gibt Staaten; Staatengebilde; es gibt internationale Verflechtungen; es gibt Dinge, die man vielleicht nur innerhalb des Staates entscheidet. Und wenn Personen aus einem Staat in einem anderen Staat Schutz ersuchen, muss es dafür Regeln geben. Und es muss eine Auswahl geben. Das ist für mich notwendig, damit das ganze Gefüge, so wie wir's jetzt haben, zusammenhält. Im Moment, wie wir's jetzt haben, muss ein Mensch im Sinne eines Staates – denn ich handele für den Staat – sich herausnehmen, über einen anderen Menschen zu entscheiden. Das ist eine ganz natürliche Folge von den Verhältnissen, die es zur Zeit auf der Welt gibt. [...] Ich bin der festen Überzeugung, dass es diesen Job geben muss. Es muss das Asylrecht geben, aber es muss eben auch Leute geben, die selektieren, wer verdient dieses Asylrecht nach unseren gesetzlichen Maßstäben und wer tut es nicht. Es muss diese Selektion geben. Und wenn ich der Überzeugung bin, dass es die Selektion geben muss, dann darf ich mir auch nicht zu schade sein, diesen Job auszuführen.«[699]

## IV. Zwischenfazit

Was ist Religion? Was ist Konversion? Religion / Konversion beschreiben einen Korridor, in dem sich Entscheider·in und Asylantragsteller·in hinsichtlich des besonderen Prüfgegenstands iranischer Asylverfahren – identitätsprägendes Christ-Sein – begegnen. Sie ermöglichen die Darstellung von Christlichem als etwas, das gelesen und rechtlich verarbeitet werden kann. Religion / Konversion transformieren Christliches in Überprüfbares, und sie transformieren das asyl-

699 *Auf dünnem Eis. Die Asylentscheider*, Sandra Budesheim, Sabine Zimmer (Regie), Andrea Ufer (Produktion), 96 min, Deutschland 2017.

rechtlich geprüfte Christliche in eine legitime Entscheidung (Entscheidungswissen); der Fall kann so weiterverarbeitet werden.

Religion / Konversion erlösen den/die Entscheider·in zunächst aus seiner Unentschiedenheit in Hinblick auf Christliches und restaurieren ihn im Verfahren als handlungsfähiges Subjekt. Unter dem Druck des Entscheiden-Müssens und unter Rückgriff auf den auf Innerliches / Äußerliches abstellenden rechtlichen Religionsbegriff (und seiner Operationalisierung als Religion / Konversion) wird Christliches selbst zum Ort der Entscheidung.

Christliches als Religion / Konversion subvertiert gleichzeitig alle Versuche, seiner begrifflich-konzeptuell habhaft zu werden. Sie gestehen letztlich eine Unentscheidbarkeit in Hinblick auf Christliches ein. Angesichts aller konstitutiven Unentschiedenheit wird am Ende dann einmal mehr der/die Entscheider·in installiert. Gerade die vermeintliche Selbsttransparenz des Verfahrens als unmögliche Unternehmung adelt den/die Entscheider·in.

Wieso verengt sich die Prüfung von sog. Konversionsfällen immer wieder auf die Frage hin, ob es sich bei der Antragstellerin wirklich um eine Christin handelt? Christliches bietet sich in der Brechung durch den rechtlichen Religionsbegriffs geradezu prototypisch an, um diejenige Handlungsfähigkeit zu etablieren, die das Asylverfahren benötigt: Entscheidbarkeit. Die Verlagerung von Christlichem in einen schwer zugänglichen Innenbereich fordert dabei gleichermaßen den Anspruch zu prüfen heraus, wie es ihn bestätigt.

Diese Art von Religionskonstruktion (Christliches als Religion; Christ-Werdung als Konversion), wie sie das deutsche Asylverfahren unternimmt, hat Konsequenzen, die über das Verfahren hinausreichen. Produziert wird hier als Normalität ein ethnisiertes und homogenisiertes Christliches. Die Verfahrensförmigkeit seiner Transformation stabilisiert ein Verständnis von Christlichem, das immer wieder den Religionsentscheider als diskursiven Effekt mit sich bringt. Wie schwer dieser Konstruktion beizukommen ist, zeigt der Konflikt darüber. Dass Christliches auf skizziertem Wege Gegenstand eines Verfahrens wird, präfiguriert, wie darüber gestritten wird.

# D Der Konflikt zwischen Staat und Kirchen über die asylrechtliche Überprüfung von Konvertiten

Seit ungefähr zehn Jahren erleben Gemeinden über das gesamte Spektrum evangelischer Christenheit verteilt, dass sich iranische Christ·inn·en in ihren Reihen finden. Wo iranische Flüchtlinge in Erstaufnahmeeinrichtungen sind, gibt es auch iranische Christ·inn·en in evangelischen Gemeinden. Für viele Gemeinden, die sich seit Jahren in der Begleitung und Beratung von Geflüchteten engagieren, ist das ein neues Phänomen. Ebenso neu ist es, dass Pfarrer·innen als Begleiter·innen von iranischen Christ·inn·en erleben, wie sich behördliche und richterliche Arbeit im Asylverfahren vollzieht. Denn die Christ-Werdung von Iraner·inne·n wird meist Gegenstand des Asylverfahrens, und die Art und Weise, wie das geschieht, evoziert Widerspruch. Ende Juni 2017 erscheint aus dem Büro des Bevollmächtigten des Rates der EKD bei der Bundesregierung – des Vertreters der Kircheninteressen am Regierungssitz – das »Merkblatt: Konvertiten im Asylverfahren – Follow-Up« – ein Papier, das Gesprächsbedarf signalisiert.

> »In den vergangenen Monaten erreichten die EKD zahlreiche Problemmeldungen zur Situation von Konvertiten im Asylverfahren. Die Dienststelle des Bevollmächtigten überprüfte daraufhin stichprobenhaft entsprechende Anhörungsprotokolle und Bescheide; die Prüfungen betrafen ca. 100 Asylverfahren von Konvertiten und belegten drei rechtlich bedenkliche Auffälligkeiten: Die Überprüfung der Kenntnisse von den *Grundlagen der Konversionsreligion anhand willkürlicher Fragen* (1.), die Frage nach einem konkreten *Erweckungs- oder Bekehrungserlebnis* (2) sowie die pauschale *Abwertung der religiösen Praxis* (3). Die Gespräche mit dem Bundesamt für Migration und Flüchtlinge (BAMF) geben Anlass zur Hoffnung, dass sich die Situation zeitnah verbessern wird; dies muss und wird – anhand der nachfolgend aufgezeigten Punkte – aufmerksam nachgehalten werden.«[700]

Die rechtlich bedenklichen Auffälligkeiten werden auf einer knappen Seite ausgeführt. Zum ersten heißt es:

> »In einigen Asylverfahren wurde in den Anhörungen selektiv theologisches Wissen abgefragt (Bsp.: Wer sind die vier Evangelisten? Was bedeutet die Heilige Dreifaltig-

700 Bevollmächtigter, *Merkblatt* [kursiv, CK].

keit?). Vereinzelt wurden auch konfessionsfremde Fragen gestellt (Bsp.: Wer ist der Papst?). Korrekte Antworten wurden in den Bescheiden dann häufig als »unerheblich« gewertet; das Auswendiglernen von Wissen sei eine reine »Fleißaufgabe« und der jeweilige Antragsteller »eher intellektuell informiert als persönlich berührt«. Teilweise offenbarte die Würdigung der Antworten in den Bescheiden sachlich-theologische Fehler (Bsp.: Bescheide datierten Christi Geburt auf den 24.12. und werteten das korrekte genannte Datum als falsch). Falsche oder ungenaue Antworten wurden demgegenüber oft als erheblich und als Beleg einer unzureichenden intellektuellen Auseinandersetzung mit der Konversionsreligion gewürdigt.«[701]

Wie das prüfbare Christliche mithilfe Wissensanforderungen hergestellt wird, wurde oben gezeigt. In dem Merkblatt wird nicht nur die willkürliche Beurteilung des dargebotenen Wissens kritisiert, sondern – grundsätzlicher – die Wahl des falschen Referenzrahmens für dessen Bewertung. Christenwissen ist richtig oder falsch; es kann aber nur geprüft werden, wenn der konfessionelle Erwartungshorizont der Prüfenden und das konfessionsspezifische Wissensreservoir der Geprüften einander entsprechen.

Das Papier kritisiert darüber hinaus die willkürliche Beurteilung der Christ-Werdungsgeschichte von Asylsuchenden. Die nach wie vor anzutreffende Forderung, die Christ-Werdung in einem Bekehrungserlebnis zu verdichten, werde dadurch *ad absurdum* geführt.

»In einigen Asylverfahren sollten die Antragsteller ein konkretes Erweckungs- oder Bekehrungserlebnis benennen. Konnte der Antragsteller ein solches Erlebnis nicht benennen, wurde der von ihm dargelegte Weg zum neuen Glauben in vielen Fällen als nicht nachvollziehbar eingestuft. Dabei wurde mitunter hinzugefügt, ein im islamischen Glauben aufgewachsener Muslim müsse besondere ›Gründe‹ darlegen können, warum er überhaupt zum Christentum konvertiert sei. Konnte der Antragsteller ein konkretes Erweckungs- oder Bekehrungserlebnis ausnahmsweise doch benennen, so wurde seine Schilderung hingegen als (rational) nicht nachvollziehbar und deshalb ebenfalls unglaubhaft gewürdigt.«[702]

Schließlich ist es die »pauschale Abwertung der religiösen Praxis«, die in dem Merkblatt angeprangert wird:

»Anhörende Mitarbeiter des BAMF formulierten ihre Fragen zur Glaubenspraxis häufig so, dass sie sich mit wenigen Worten beantworten ließen. Dadurch fielen die Antworten regelmäßig entsprechend oberflächlich und knapp aus. Dennoch wurden keine tiefergehenden Nachfragen gestellt. In den Bescheiden wurde gleichwohl die religiöse Motivation des Antragstellers grundsätzlich und ohne konkrete Anhaltspunkte bezweifelt: Gemeindliches Engagement erfolge allein aus sozialen und integrativen

701 Ebd.
702 Ebd.

> Gründen; und auch kirchlichen Bescheinigungen sei von vornherein ein geringer Beweiswert beizumessen, da die Kirchen sehr engagiert in der Flüchtlingsarbeit seien.«[703]

Bereits zu Beginn erwähnt das Papier, dass man mit dem Bundesamt für Migration und Flüchtlinge im Gespräch sei und es begründeten »Anlass zur Hoffnung [gebe], dass sich die Situation zeitnah verbessern wird«[704]. Die referierte Problemdiagnose und der eirenische Gestus des Papiers legt nahe, dass damit in erster Linie eine Optimierung des Prüfverfahrens anvisiert wird, und zwar durch eine konfessionskundliche Schulung der BAMF-Mitarbeiter·innen; durch den Verzicht auf die Frage nach dem Bekehrungserlebnis; durch »tiefergehende Nachfragen« die religiöse Praxis betreffend. In (kirchen-)juristischer Perspektive erscheint die amtliche und gerichtliche Verhandlung des Asylgrundes religiös motivierter Verfolgung als Kompetenz- und als Verfahrensproblem, das sich durch Gespräche lösen lässt.

## I. Zwischen Follow-Up und Warm-Up – die Konfliktgeschichte, Programme und Akteure

Der in dem Papier vom Frühsommer 2017 aus dem Büro des EKD-Bevollmächtigten heraus geäußerte Gesprächsbedarf führt Vertreter·innen von Kirchen, Behörden und Gerichten über den Zusammenhang von Taufe, Konversion und Asylverfahren zusammen. Im Frühsommer *2018* laden die EKD und die Deutsche Bischofskonferenz (DBK) in die Katholische Akademie nach *Münster* ein, um sich über »Konversion zum Christentum. Hintergründe und Herausforderungen im Kontext von Asylverfahren« auszutauschen. Im Einladungstext zu der Tagung heißt es:

> »In den vergangenen Jahren hat sich eine zunehmende Zahl von Asylsuchenden mit muslimischem Hintergrund dem christlichen Glauben zugewandt und sich taufen lassen. Dies führt dazu, dass Taufe und Konversion immer häufiger Gegenstand des Asylverfahrens werden. Das Bundesamt für Migration und Flüchtlinge (BAMF) sowie Verwaltungsgerichte überprüfen, ob einem Asylsuchenden infolge seiner Konversion im Herkunftsstaat Verfolgung droht und ob die Konversion ausschließlich aus asyltaktischen Gründen erfolgte. Für die Asylsuchenden ist der Ausgang dieses Verfahrens von existenzieller Bedeutung. Für die Kirchen wiederum ist es problematisch, wenn die in den Gemeinden gelebte Glaubenspraxis behördlich hinterfragt wird.«[705]

703 Ebd.
704 Ebd.
705 *Einladungsflyer »Konversion zum Christentum. Hintergründe und Herausforderungen im Kontext von Asylverfahren. 11. bis 12. Juni 2018«*, veranstaltet von Akademie Franz-Hitze-Haus Münster, in Zusammenarbeit mit DBK und EKD [Abgerufen am 20.07.2019 unter URL: https://www.franz-hitze-haus.de/fileadmin/backenduser/download/flyer/18-519.pdf].

Hier klingt das bereits erwähnte EKD-Merkblatt und die aus kirchlicher Sicht darin protokollierten Missständen der staatlichen Praxis an. Darüber hinaus lässt die Einladung vermuten, dass das zur Debatte stehende Konversionsphänomen nicht neu ist und auch der Konflikt darüber bereits eine Geschichte hat. In der Tat waren es zahlreiche Veranstaltungsformate unterschiedlicher Ebenen staatskirchlicher Interaktion, in denen seit den späten 2000er Jahren das Thema »Taufe und Asylverfahren« verhandelt worden ist. Konflikt- und Bewältigungsgeschichte sind auf der Tagung präsent in Form ihrer materialen Hervorbringungen: als Take-away-Handreichungen und als Argument im Gespräch. Dazu einige nur einige überblicksartige Schlaglichter:

Bereits im April *2008* veranstaltet die damalige Nordelbische Kirche in *Loccum* ein Fachgespräch zur »Bedeutung von Taufe und Konversion im Asylverfahren«. Eingeleitet durch eine Andacht und präsidiale Geleitworte[706] sprechen Theolog·inn·en über die Taufe in lutherischer und ökumenischer Perspektive. Sie betonen die Neukonstitution von Identität und Zugehörigkeit durch die Taufe[707] und versichern, dass die Taufmotivation im Rahmen der Taufvorbereitung durchaus überprüft werde.[708] Eine Kirchenjuristin profiliert die kirchliche Taufvorbereitung entschieden als Ernsthaftigkeitsprüfung, die die behördliche Überprüfung der Konversion nicht nur als Eingriff in das kirchliche Proprium, sondern auch als überflüssig erscheinen lasse.[709] Von profanjuristischer und behördlicher Seite wird die Prüfpraxis erläutert und auf Grundlage der bisherigen Asylrechtsprechung plausibilisiert: Man überprüfe nicht, ob ein Glaubenswechsel stattgefunden habe, sondern ob Verfolgung drohe.[710] Dass Konversion in dieser Weise schwerpunktmäßig in den Asylverfahren von Iraner·inne·n zum Problem werde, wird aus amtsjuristischer und anwaltlicher Sicht bereits auf dieser Tagung markiert,[711] ebenso der wiederholte Verweis auf das Taufzeugnis als Indiz für eine sorgfältige Taufvorbereitung und -begleitung.[712] Aus völkerrechtlicher Perspektive stellt sich die Überprüfung der Konversion trotz Vorliegen eines Taufzeugnisses als Eingriff in die Religionsfreiheit dar.[713]

706 Buß, *Geleitwort*, 4. Dethloff, *Andacht und Begrüßung*, 5f.

707 Knuth, *Taufe aus lutherischer Sicht*, 6–8.

708 Severin-Kaiser (*Taufe aus ökumenischer Sicht*, 8–11) entwickelt ein ökumenisches Taufverständnis vor dem Hintergrund der sog. Magdeburger Erklärung, in der 2007 elf evangelische, orthodoxe und altorientalische sowie die römisch-katholische Kirche in Magdeburg feierlich die wechselseitige Anerkennung der Taufe bekundet haben.

709 Wellert, *Staatskirchenrechtliche Perspektive*, 12–14.

710 Neumann, *Überprüfung von Konversion*, 15–19.

711 Hillekamp-Hahn, *Konversion zum Christentum*, 19–21; Pfaff, *Anwaltliche Sicht*, 22–24.

712 Pfaff, *Anwaltliche Sicht*, 24.

713 Hruschka, *Europa- und völkerrechtliche Sicht*, 25–38.

Das Kirchenamt der Evangelischen Kirche in Deutschland (EKD) lädt im Mai *2012* Vertreter·innen von Staat und Kirche nach *Hannover* zu einem »Fachtag zur Bedeutung von Taufe und Konversion im Asylverfahren«.

»In der Vergangenheit hat es immer wieder einmal unterschiedliche Einschätzungen in der Frage nach dem Stellenwert von Taufe und Konversion in laufenden Asylverfahren gegeben. Dabei wurde in manchen Fällen sowohl die Entscheidungspraxis des Bundesamtes kritisch betrachtet als auch die kirchliche Taufpraxis hinterfragt. Offensichtliche Missverständnisse und berechtigte Anfragen sind jedoch nicht immer klar voneinander zu trennen, weshalb der stetige Austausch unerlässlich ist. Und daher bin ich froh, dass wir mit dem heutigen Fachtag ein Forum für diese sensiblen Fragen bereitet haben, bei dem es zunächst darum geht, einander zuzuhören und Verständnis füreinander zu entwickeln.«[714]

Einander zuhören werden 2012 einmal mehr Theolog·inn·en und Jurist·inn·en in EKD- und landeskirchlichen Leitungsfunktionen, Entscheider·innen, Anwält·inn·e·n, aber auch zahlreiche Pfarrer·innen. Auch hier stehen v.a. iranische Asylverfahren im Hintergrund, bei denen die amtliche und gerichtliche Prüfpraxis auf die Glaubwürdigkeit der Konversion abstellt, was Fragen u.a. vonseiten der Anwält·inn·e·n provoziert.[715] Darauf reagierend fragen Vertreter·innen der Bundesbehörde – dem Titel ihres Vortrags nach – die kirchliche Taufpraxis an,[716] erläutern aber hauptsächlich und in bekannter Weise ihre Arbeit: Grundlage der Prüfpraxis ist nach wie vor die doppelte Prognose. Die Erweiterung des asylrechtlichen Schutzbereichs auf die öffentliche Religionsausübung durch die seit 2006 greifende europäische Rechtsprechung harrt zum Tagungszeitpunkt noch abschließender höchstgerichtlicher Klärung. Von theologischer Seite wird die Bedeutung der Taufe mithilfe biblischer, kirchengeschichtlicher und konfessionskundlicher Schlaglichter erläutert.[717] Unter Berufung auf Lebensordnung und Kirchenmitgliedschaftsrecht kommen die Rechtsfolgen der Taufe kurz zur Sprache. Die kirchen- und staatskirchenrechtlichen Aspekte sind sodann Gegenstand eines kirchenrechtlichen Referats.[718] Der Fachtag schließt mit der Vereinbarung, Erfahrungen, Material und verbindliche Regelungen in einer Handreichung zum Umgang mit dem Taufbegehren Geflüchteter zusammenzuführen.[719]

Die staatlich-kirchlichen Konfliktgespräche finden auch auf regionaler Ebene statt. Während eines Fachtages des *Lothar-Kreyssig-Ökumene-Zentrums* der Evangelischen Kirche in Mitteldeutschland (EKM) im Oktober *2017* zum Thema

714 Hausschildt, *Begrüßung*, 4.
715 Pfaff, *Konversion und Asylverfahren am Beispiel Iran*, 6–16.
716 Britting-Reimer, *Anfragen an die Taufpraxis*, 17–23.
717 Leißer, *Theologische Aspekte zur Bedeutung der Taufe*, 24–26.
718 Thiele, *Rechtliche Aspekte zur Taufpraxis*, 27f.
719 Kirchenamt der EKD, *Fachtag 2012*, 29.

erläutert eine Entscheiderin vor Pfarrer·innen, Anwält·inn·en und Beauftragten für interreligiösen Dialog ihre Arbeit und stellt sich der Kritik an der amtlichen Prüfpraxis.[720] Ein Anwalt spricht über die Schwierigkeit, Konvertit·inn·en im Asylverfahren zu vertreten. Er sei auf die Mithilfe der Gemeinde angewiesen und ermahnt die Kirchenvertreter·innen zu einer sorgfältigen Taufvorbereitung. Seiner Vorrednerin vom BAMF empfiehlt er, Konversionsfälle nur von erfahrenen Entscheider·innen mit einem eigenen religiösen Hintergrund prüfen zu lassen. Eine Pfarrerin unterstreicht die Ernsthaftigkeit des Taufbegehrens der iranischen Flüchtlinge ihrer Gemeinde. Es sei schwierig, nicht zu taufen, wenn Menschen mit einer langen Christ-Werdungsgeschichte und umfangreichem, bereits in Iran erworbenem Bibelwissen nach der Taufe begehrten.

Die Reihe der Begegnungen ließe sich v.a. für die landeskirchliche bzw. diözesane und lokale Ebene fortsetzen. Zahlreiche Tagungen fanden in den letzten Jahren statt, und zwar mit der immer gleichen Besetzung.

Doch zurück nach *Münster* im Frühjahr *2018*. Mit der Tagung wolle man

> »auf die Vielschichtigkeit der Thematik hinweisen und das Verständnis aller Beteiligten für die Perspektiven und Herausforderungen der jeweils anderen Seite wecken. Wir diskutieren theologische Hintergründe und pastorale Praxis ebenso wie die aufenthaltsrechtliche Dimension von Konversionen. Dieser Dialog soll dazu beitragen, Debatten zu versachlichen und einem verzerrten Bild von Taufe und Konversion entgegenzuwirken.«[721]

Angesprochen und eingeladen sind diesbezüglich

> »alle, die sich in der Begleitung von TaufbewerberInnen mit muslimischem Hintergrund engagieren, an haupt- und ehrenamtliche FlüchtlingshelferInnen, RichterInnen, AnwältInnen, MitarbeiterInnen des BAMF und an die interessierte Öffentlichkeit.«[722]

Es geht um Staat und Kirche und um die, die für Staat und Kirche mit Taufbewerber·innen arbeiten. Es geht um das Asylverfahren. Es geht um die Konversion von Muslim·inn·en.

Die Tagung beginnt mit einem theologisch-religionsvergleichenden Referat zum Thema »Konversion im Christentum und Islam. Theologische Perspektiven«. Eingeleitet durch einen taufgeschichtlichen Abriss berichten Pfarrer·innen und Taufbegleiter·innen sodann über die »Taufkatechese in den verschiedenen Kirchen«. Eine Entscheiderin des Bundesamtes und ein Richter referieren, moderiert durch einen Anwalt, zur »Konversion aus aufenthaltsrechtlicher Sicht«. Abschließend wird die »[p]ersönliche Gefährdung durch die Konversion [resp.

720 Entscheiderin E., *Tagung EKD / DBK 2018*, Mitschrift.

721 *Einladungsflyer »Konversion zum Christentum. Hintergründe und Herausforderungen im Kontext von Asylverfahren. 11. bis 12. Juni 2018«*, veranstaltet von Akademie Franz-Hitze-Haus Münster, in Zusammenarbeit mit DBK und EKD.

722 Ebd.

die] Situation von christlichen Konvertiten in der islamischen Welt« in den Blick genommen. Ein katholischer Missionstheologe, eine Ethnologin, ein ägyptischstämmiger Christ und ein iranisch-stämmiger deutscher Pfarrer sprechen als Expert·inn·en über die Situation von Christ·inn·en in muslimisch geprägten Ländern.

## II. Das Konfliktgespräch, seine Protagonisten und deren Strategien

Durch die Zusammenschau unterschiedlicher Begegnungen von Vertreter·innen staatlicher und kirchlicher Stellen werden argumentative und narrative Fäden greifbar, die die einzelne Veranstaltung übersteigen. Auf der Grundlage der schriftlich dokumentierten, von mir in Form von Mitschriften vertextlichten Gespräche und eigenen Beobachtungen rekonstruiere ich die Momente, die für diese – den eingebrachten Expertisen und verhandelten Themen, den teilnehmenden Berufsgruppen und bemühten Figuren des (Un-)Eigentlichen nach – institutionalisierte Begegnung charakteristisch sind. Freilich handelt es sich bei der sog. Rekonstruktion dieser Konflikt-Episteme um eine Konstruktion meinerseits, mit dem Anspruch jedoch, die Diskursposition und das diskursive Repertoire tatsächlicher Begegnungen über die Frage des (institutionenspezifischen) Umgangs mit »asylrechtlichen Konversionsfällen« zu erfassen.[723]

723 Ich zitiere Passagen einzelner Statements und Gesprächsgänge zu dem Zweck, das die einzelnen Veranstaltungen Überschreitende und Verbindende (Diskurspositionen!) sichtbar zu machen und zu inventarisieren. Die narrative Chronologie orientiert sich dabei an der Tagung in Münster, wird aber mit den Materialisaten und Eindrücken aus anderen Begegnungen verwoben. Die Hauptredner werden mit Klarnamen zitiert, zumal die von ihnen (z.B. in Münster) vertretenen Positionen in Publikationen nachvollzogen werden können. Eine strenge Anonymisierung, wie sie etwa die Chatham-House-Rules vorsehen, ist bei der Zitation öffentlicher Vorträge (wenn nicht explizit eingeschränkt) nicht erforderlich. Den von mir dennoch empfundenen Spagat zwischen dem Schutz der Zitierten und dem Gebot, die intersubjektive Überprüfbarkeit der verarbeiteten mündlichen Primärdaten sicherzustellen, bewältige ich wie folgt: Ich ordne die ausschließlich in Mitschriften dokumentierten Vorträge und Redebeiträge der jeweiligen Veranstaltung raum-zeitlich präzise zu, gebe die Redenden aber mit ihrer Funktions- bzw. Berufsbezeichnung wieder. Dass ich für die dokumentierten Beiträge größtmögliche Genauigkeit und Sinngemäßheit beanspruche und niemanden sinnentstellend zitiere, versteht sich von selbst.

## 1. Streitpunkt Ernsthaftigkeitsprüfung

### a) Wir prüfen nur das Engagement – die Apologien der Asylentscheider

Was macht das Bundesamt, was machen Gerichte in der Anhörung und Prüfung? Über »Konversion aus aufenthaltsrechtlicher Sicht« sollte in Münster eigentlich Ursula Gräfin Praschma sprechen, die Direktorin der Abteilung Grundlagen des Asylverfahrens der BAMF-Hauptstelle in Nürnberg. Aufgrund des in den Frühlingsmonaten 2018 hohe Wogen schlagenden »Bremer BAMF-Skandals« war sie jedoch bei den Krisengesprächen nicht abkömmlich. Und so sprach in Vertretung ihrer die Entscheiderin einer Außenstelle der Behörde.

Die Entscheiderin beginnt mit dem Eingeständnis »erheblicher Qualitätsmängel im Bereich Konversion und Apostasie«. Um Abhilfe zu schaffen, habe man ein »Konversionsteam« gebildet: Alle Entscheider·innen, die mit dem »Vortrag Konversion« zu tun haben, treffen sich in einem Arbeitsformat, das eine Mischung aus Gruppensupervision, kollegialer Beratung und Verfahrensoptimierung zu sein scheint. Die Not, die zu solchen Maßnahmen führt, scheint groß zu sein. So etwa, wenn die Entscheiderin, gefragt nach den Kriterien, nach denen sie »Konversionsfälle« beurteilt, beteuert:

> »Entscheiderin: Ich würde nicht sagen, dass wir in die Seele eines Menschen gucken, denn das obliegt den Kirchenvertretern. Mit der Taufurkunde. Wir überprüfen rein rechtlich die Ernsthaftigkeit des Engagements für diesen neuen Glauben. Ich habe keinen Fragenkatalog, den ich abhake. Denn das Vorbringen von Konversion und Glauben behandele ich wie jedes andere Verfolgungsvorbringen. Das ergibt sich im Regelfall aus dem Sachvortrag, welche Fragen sich aufdrängen. Und bei der Frage nach der Ernsthaftigkeit des Engagements für den neuen Glauben, ist natürlich erheblich, wie die Religion ausgelebt wird. Wert gelegt wird auch darauf, wie die Ursprungsreligion ausgelebt wurde, um dann im Anschluss eine Prognose zu treffen. Nämlich: Wie wird der Antragsteller bei der Rückkehr seinen neuen Glauben leben?
>
> Moderator: Ab wann sagen Sie, ist es ernsthaft?
>
> Entscheiderin: Das kann ich nicht pauschal sagen. Das kommt auf die Person an. Ich kann einen sehr gebildeten Arzt aus dem Iran haben. Ich kann aber genauso einen nicht ganz so gebildeten Araber aus dem Iran haben. Ich kann genauso einen jungen, gänzlich ungebildeten Afghanen der Hazara vor mir sitzen haben. Es ist immer abhängig vom Bildungsstand und vom kulturellen Hintergrund. Ich frage: Wie hat der Mensch in seinem Heimatland christliche Religion erlebt? Wie hat er die Umstände erlebt? Wie hat die Gesellschaft darauf reagiert? Deshalb man kann das nicht mit einem Fingerzeig hoch oder runter entscheiden. Konversions-Anhörungen sind sehr lang, gerne mal fünf, sechs Stunden, und in der Zeit muss man sich bestmöglich ein Bild verschaffen. Das

gelingt am besten, indem man von vornherein das Verhältnis zuordnet und wenn er bereit ist, sich zu öffnen.«[724]

Die Entscheiderin betont, dass sie nicht den Glauben an sich prüfe, sondern wie dieser gelebt werde; man prüfe »die Ernsthaftigkeit des Engagements«. Die Ernsthaftigkeit erschließe sich anhand verschiedener Parameter. Hinsichtlich dieses »Rückschließens« in Vorbereitung der sog. Prognoseentscheidung um Präzisierung gebeten, erklärt die Entscheiderin weiter:[725]

»Entscheiderin: Ich ziehe Rückschlüsse vom Verhalten des Antragstellers in Deutschland darauf, wie er sich im Heimatland verhalten wird. Dabei spielt auch eine Rolle, inwieweit die Religion schon vorher bei ihm im Leben vorhanden war, losgelöst von Konversion. Es gilt herauszuarbeiten, was der Einzelne damit meint. Viele verstehen das und sagen: Mir ist eigentlich egal, woran ich glaube; ich möchte einfach einen Gott bei mir haben. Es sind Punkte, die man herausarbeiten muss. Das kann man nicht greifen. Das kann man nicht auf einen Zettel schreiben oder als Handout mitgeben. Es kommt auf die Erfahrungen an, die ein Mensch im Gesamten darlegt. [...]

Moderator: Die Ernsthaftigkeit im Fall des Glaubens zu beurteilen, heißt doch, den Menschen selbst zu beurteilen.

Entscheiderin: Ich urteile nicht über den Glauben selbst. Denn die Ernsthaftigkeit des Glaubenswechsels, das obliegt den Kirchenvertretern und nicht uns als Bundesamt. Ich überprüfe, versuche zu überprüfen, wie der Glaube gelebt wird. Ich überprüfe nicht den Glauben selber. Ich kann jemanden haben, der fleißig die Bibel von vorne bis hinten zitieren und sämtliche Wissensfragen beantworten kann. Das sagt mir aber nichts darüber aus, wie es in ihm persönlich aussieht. Und genauso kann ich jemanden haben, der Analphabet ist oder für den die Bibel zu kompliziert zu erfassen ist, der in der Anhörung aber signalisiert, dass er sich damit auseinandergesetzt hat, zwar nicht auf derselben Bildungsebene wie ein Mitteleuropäer, aber wie es ihm möglich ist.«[726]

Dem Eindruck des Moderators zu begegnen, dass in der Prüfung des Bundesamtes über mehr befunden werde als nur über das derzeitige Glaubensleben bzw. dessen Ernsthaftigkeit, fällt der Entscheiderin nicht leicht. Das erfragte und beurteilte Glaubensleben erscheint in ihrer Beschreibung der Prüfarbeit vielmehr als Indikator dafür, davon ausgehend letztendlich doch zurückzuschließen auf ein wie auch immer geartetes religiöses Innenleben – Religion als ernsthafter Glaube, der sich authentisch kundtut.

»Moderator: Mir ist immer noch nicht klar, welche Kriterien Sie anlegen? Für denjenigen, der sich da rechtfertigen soll, ist nicht klar, wie ich das mache? Wie kommen wir zu einem konkreten Ergebnis? [...] Können Sie da noch ein bisschen was zu sagen, dass wir eine Einschätzung finden?

---

724 Entscheiderin E., *Tagung EKD / DBK 2018*, Mitschrift.
725 Ebd.
726 Ebd.

Entscheiderin: Grundsätzlich ist es sehr schwer, die Konversion als rationales Konstrukt darzustellen. Die Kriterien, die wir anlegen, sind natürlich die in der Persönlichkeit des Antragstellers liegenden, also die Identität des Antragstellers. Das heißt, aus welchen persönlichen Gründen hat er sich entschieden, zum Christentum zu konvertieren oder eben auch zum Judentum oder zu den Bahai im Iran. Also es kommt auf die Persönlichkeit des Antragstellers an. Das kann man nicht an ganz abstrakten Kriterien festmachen.«[727]

Wie grundsätzlich in rechtsstaatlichem Handeln orientiere man sich an der obergerichtlichen Rechtsprechung. Ein erfahrener Entscheider springt seiner Kollegin zur Seite. Rechtsanwendung sei keine Mathematik. Es gehe eher darum:

»Wie wichtig ist diese Lebensentscheidung, eine andere Religion zu ergreifen, für diesen anderen Menschen? Wie bedeutsam ist diese Entscheidung für diesen Menschen? Wird er krank, wenn er seine Religion nicht leben kann? Ist die Lebensgestaltung wirklich das wichtige in dem neuen Leben dieses Menschen?«[728]

Ähnlich antworten zum öffentlichen Sprechen befugte Entscheider·innen immer wieder. Auf dem Fachtag »Taufe und Konversion im Asylverfahren«, den das LKÖZ 2017 in Erfurt veranstaltet, begegnet eine Entscheiderin des BAMF dem Wunsch nach Konkretisierung des Entscheidungsprozederes wie folgt:

»Ein Nachweis im Sinne eines Gebets, kann niemand erbringen. Aber für die Schilderung dafür, wie der neue Glauben praktiziert wird, ist es möglich, es glaubhaft zu machen. Wenn zum Beispiel ein deutsches Fest bevorsteht oder kürzlich vor der Anhörung war und dann Fragen danach kommen – Wie haben Sie dieses Fest begangen? Was ist der Anlass für dieses Fest? Weihnachten, Ostern, sowas –, da erwartet der Entscheider natürlich, dass da auch Antworten kommen, nicht theologisch tief, mit Zitaten aus der Bibel, aber dass der betreffende sagen kann: Ich habe in meiner Familie das Fest so und so begangen. Ich habe an einer Messe teilgenommen. Wir haben zum Beispiel einen Baum aufgestellt oder einander Geschenke gemacht. Ich bin im Kirchenkreis aktiv. Wir haben einen Hauskreis. Oder: Ich gehe einmal in der Woche zu einer Gesprächsrunde. Dass man wirklich plastisch schildert, wie im Alltag die neue Religion Einfluss auf Leben hat«[729].

Zwischen Empörung und Verachtung schwanken in Erfurt die Reaktionen darauf, dass der Weihnachtsbaum zum Marker für die An- oder Abwesenheit von echtem und »ernsthaftem«, von Christentum »im identitätsstiftenden Sinne« wird. Immer wieder wird das Ernsthaftigkeitsargument vonseiten der Entscheiderin vorgebracht, verbunden mit der Rückfrage, wie man diese überhaupt prüfen könne:

727 Ebd.
728 Ebd.
729 Entscheider D., *Fachtag LKÖZ 2017*, Mitschrift.

»Bezüglich der Ernsthaftigkeit des Glaubens oder Wechsels oder der Ausübung des neuen Glaubens: An irgendetwas muss man es aber auch festmachen können, um dann auch zu einer Entscheidung kommen zu können. Also jemand kann ja nicht heute sagen, ich bin Moslem, morgen bin ich Christ und übermorgen bin ich Jude. Also irgendwo sollte es eine Ernsthaftigkeit sein, worauf hin wir dann eine Prognose erstellen können. [...] Also wenn dann jetzt zum Beispiel ein sehr alter afghanischer Opa ankommt, der Analphabet ist und binnen drei Wochen nach der Einreise sich taufen lässt, auch wenn er vorher keinen Kontakt zum Christentum hatte, was er selber sagte, wenn ich ihn dann frage: Wie haben Sie sich denn vorbereitet, weil die Taufe in der Kirche auch nicht dort war, wo er sich aufgehalten hatte, sondern viele hunderte Kilometer entfernt in Deutschland, dann habe ich da schon Zweifel.«[730]

Die Konkretisierungen, ob in Erfurt oder in Münster, offenbaren jeweils das entscheider-individuell sehr verschiedene Verständnis von »Religion«, und darüber, wie sich diese als *Inner*liches konzipierte Religion *äußere*, sichtbar wird. Die argumentative Spirale von Subjektivitäts-Vorwurf und amtlicher Entscheidungsnot kommt in einem nicht-auflösbaren Fragezeichen zum Stehen. Das Dilemma materialisiert sich in verzweifelten Formulierungen wie:

»An irgendetwas müssen wir's aber festmachen.«[731]

Alle Versuche, das amtliche Prüfprozedere zu legitimieren münden immer wieder in das Urteil darüber, ob jemand Christ ist oder nicht. Der sich daran anschließende Vorwurf der Grenz- und Kompetenzüberschreitung steht spätestens mit dem Einladungstext zur Tagung im Raum. Beide Entscheider·innen sprechen von Anfang an apologetisch-legitimatorisch: Sie betonen, was sie *nur* machen. Sie betonen, was sie *nicht* machen, weil das allein »Kirchenmenschen« vorbehalten sei. Getrennte Sphären. Sie berufen sich auf höhere Autoritäten (»höchst-richterliche[r] Rechtsprechung ...«) und sichern ein menschliches Verfahren zu (»gute Atmosphäre ...«). Die Fokussierung des Einzelfalls und dessen Würdigung als Gesamtzusammenhang hinterlässt den Eindruck, dass es keinen Prüfungsmaßstab im Sinne einer festen Kriteriologie gibt, und es stellt sich die Frage, was dann überhaupt wie geprüft werden kann? Die Glaubwürdigkeit, die Ernsthaftigkeit! Die Antworten auf Rückfragen dazu führen über den Einzelfall und den Gesamtzusammenhang zu dem je eigenen nicht-objektivierbaren Religions-Erfahrungs- und Erwartungshorizont. Der Willkür-Vorwurf lässt sich nicht entkräften. Die Auseinandersetzung findet ein Ende in der Formulierung, dass man als prüfende Behörde eben nicht nicht-prüfen könne, weil schließlich eine Entscheidung getroffen werden müsse.

Ein Verwaltungsrichter schließt hier bei der Tagung in Münster an und beginnt damit, seine Unabhängigkeit von der verwaltungsbehördlichen Ebene zu

730 Ebd.
731 Ebd.

betonen. Das sog. Klageverfahren sei eben nicht die Fortsetzung des Asylverfahrens. Auch wenn die Erstanhörung die Arbeitsgrundlage für die richterliche Arbeit abgebe, finde vor Gericht eine neue Anhörung statt mit dem Ziel, sich eine eigene, richterliche Überzeugung zu bilden. Dabei sei der Maßstab nicht,

> »ob ein Glaubensübertritt stattgefunden hat; nicht die Kirchenmitgliedschaft; nicht die formale Taufe, sondern allein: Wird er bei der Rückkehr in sein Heimatland verfolgt? Ist er einer schweren Menschenrechtsverletzung ausgesetzt?«[732]

Nur wenige Sätze später spitzt der Richter sein spezifisches Erkenntnisinteresse in der Frage zu:

> »Ist sein Glauben identitätsprägend verfestigt? Ich versuche nur, eine Prognose zu treffen. Dafür müssen sich Versatzstücke des Christlichen identifizieren lassen.«[733]

Gegen kritische Rückfragen verteidigt sich der Richter mit dem Hinweis, dass dieses Vorgehen rechtsstaatlichem Handeln entspreche, von der sich die Behandlung von »Konversion« im Rahmen des Asylverfahrens nicht unterscheide. Klar wird: Die Verfolgungsprognose kann sich nicht darauf beschränken, dass ein Mensch aufgrund seines vorgetragenen So-Seins verfolgt werden würde. Es braucht ein die Rest-Unsicherheit bändigendes Urteil darüber, ob es sich bei de·r·m Antragsteller·in auch wirklich um eine·n Christ·i·e·n handele oder nicht. Nur das garantiere schließlich, dass er das behauptete Verhalten tatsächlich an den Tag legen werde und er deswegen verfolgt werden würde. In asyljuristischer Diktion: Wenn das behauptete Christ-Sein gar keine Religion ist, kann auch keine religiös motivierte Verfolgung daran geknüpft werden.

Das war nicht immer so. Der Richter referiert, in welchem Maße sich die Rechtsprechung in den letzten Jahren geändert habe: Von der Figur des religiösen Existenzminimums (geschützt ist lediglich das *forum internum*; s. o.) habe man sich verabschiedet und verstehe nun den Schutzbereich des Grundrechtes auf Religionsfreiheit sehr viel weiter. Es sei zu fragen:

> »Würde jemand im Heimatland seinen Glauben so leben, dass er – wenn er ihn leben würde, wie er ihn leben will – verfolgt würde? Müsste er etwas unterdrücken? Ist sein Glauben identitätsprägend verfestigt? Das ist keine mathematische Betrachtungsweise. Das mag als Zumutung empfunden werden, dass ein Richter darüber entscheidet. Das ist nun mal so im Rechtsstaat.«[734]

Der Richter unterstreicht seine Klarstellung mit wiederholten negativen Abgrenzungen. Er beurteile nicht, was eine Kirchenmitgliedschaft tut, aber er könne

732 Richter Y., *Tagung EKD / DBK 2018*, Mitschrift.
733 Ebd.
734 Ebd.

die Sachaufklärung auch nicht an Pfarrer·innen oder Fremdgutachter·innen delegieren oder sich alleine auf die Taufbescheinigung verlassen.

> »Ich stelle nur die Frage: Wie weit trägt die Bedeutung für diesen Menschen? Ich versuche nur, die erforderliche Prognose zu treffen. Das kann ich nicht von einem Pfarrer erwarten.«[735]

Sein richterliches Prüfprozedere fasst er in drei »Fragenkomplexe« zusammen:

> »Erstens, wie ist jemand zum Glauben gekommen? Welcher Resonanzraum bestand für den Glauben / Glaubenswechsel? Was war der Glaube vorher? Was die Situation, in der er empfänglich für Veränderung war? Zweitens, was ist jetzt mit dem Glauben praktisch? Veränderungen in seinem Leben? Alltagspraxis? Drittens, das gemeinschaftsbezogene Element? Gemeinschaft und Halt einer Kirchengemeinde? Was ist, wenn die Gemeinschaft fällt? Welche inhaltliche Substanz ist da? Gemessen an dem Vorbringen: Was hat derjenige mitbekommen? Wenn du Bibel liest, was liest du in der Bibel? Wenn Jesus dein Leben verändert, wie verändert er dein Leben? Diese Substanz muss sich irgendwie erfragen lassen.«[736]

Eine gute Atmosphäre im Gerichtssaal unterstütze den Vorgang der Sachaufklärung. Er nehme bewusst die Autorität des Gerichts zurück. Er taste sich langsam von der Vergangenheit zu den Gründen vor.

> »Ich prüfe das Selbstverständnis: Was rechnet jemand seinem Glauben zu? Kann er mir nach seinem Selbstverständnis etwas zu seinem Glauben sagen? Es braucht etwas, was man auch dem christlichen Glauben zuerkennen kann? Würde der Glaube, den er leben wird, als christlich erkannt und verfolgt?«[737]

### b) Einspruch

Der Widerstand gegen die nur schwer zu widerlegende Praxis der Beurteilung von Christlichem ist vielfältig. Er wird artikuliert unter Verweis auf eigene Erfahrungen in der Begleitung Asylsuchender. Als skandalös wird v. a. empfunden, dass Behörden und Gerichte mit ihrer Praxis kirchliches Handeln delegitimieren. Ein evangelischer Pfarrer beschwert sich:

> »In dem Urteil ›Taufe nur formal‹ wird eine kirchliche Amtshandlung entwertet und das ist ein Eingriff. [... E]s ist eine Gratwanderung, was da passiert. Das Engagement [von Getauften in ihren Gemeinden] wird gerichtlich als asyltaktisch gewertet; die Wirklichkeit in der Gemeinde wird entwertet, und zwar beliebig, willkürlich.«

In diesem Sinne fordert auch ein *Referent* der Bischofskonferenz Respekt vor dem »Kernbereich kirchlichen Handelns«:

735 Ebd.
736 Richter Y., *Tagung EKD / DBK 2018*, Mitschrift.
737 Ebd.

»Merkwürdig ist, dass sie in wenigen Stunden mehr herausfinden können als ein Seelsorger, der den Menschen über ein Jahr begleitet hat. Wir Katholiken haben den Anspruch, Menschen, die wir begleitet und mit denen wir eine intensive Geschichte haben, auch dahingehend einschätzen zu können, dass es genuin religiöse Motive sind. Ich wünsche mir Respekt vor dem Kernbereich kirchlichen Handelns.«

Ein emeritierter *Verfassungsrichter* unterstreicht das Selbstbestimmungsrecht der Kirchen, über das Behörden und Gerichte nicht einfach hinweggehen können. Er spitzt zu:

»An entscheidender Stelle steckt das große Problem und zwar in der Religionsfreiheit. Wenn es entscheidungserheblich ist, dass da Grundrechte im Spiel sind, dann muss diese Auseinandersetzung in jedem Verfahren geführt werden. Was Sie gesagt haben, ist Ihre Bewertung von Dingen, die im Kern christlich sind. Nehmen wir an, Sie wären muslimisch und müssten entscheiden. Da stecken Geheimnisse drin, da stecken Abgründe drin.«

Der Verfassungsrichter plädiert dafür, Pfarrer·innen und Seelsorger·innen als Sachverständige zu Rate zu ziehen; die Taufbescheinigung sei ein Gutachten. Gerade weil jeder Fall immer ein Einzelfall sei und man sich nicht auf Basisfälle als Referenz berufen könne, müsse hier »interdisziplinär« gearbeitet werden. Er schließt mit einem entschiedenen Appell an die Theolog·inn·en:

»Sie sind zu defensiv: Hier geht es um den Kern der Glaubensfreiheit. Wenn es um die Frage geht, ob jemand aus Glaubensgründen verfolgt wird, das unterliegt der Glaubensfreiheit. Es ist eine Anmaßung staatlicher Stellen, das entscheiden zu können. Das ist Sache der Kirchen.«

Ein *Anwalt* fordert wiederholt Transparenz hinsichtlich der Entscheidungskriterien, sowohl was die Arbeit des Bundesamtes angeht als auch das richterliche Handeln.

»Dass Leitsätze und Entscheidungsgrundlagen zurückgehalten werden, das ist kein Fairplay. Wenn's offen ist, kann man diskutieren. Wenn ich irgendwo hingehe, meine innersten Überzeugungen darlegen muss, dann erwarte ich Offenheit mit der Kriteriologie von der anderen Seite.«

Die richterliche Unabhängigkeit sei eben nicht unbegrenzt. Gerade die Komplexität des Sachverhaltes führe zwar zu prinzipiell uferlosen Entscheidungsmöglichkeiten, aber gerade deshalb brauche es klare Leitlinien. Den schwer einsehbaren Apparaten stehe das Bedürfnis nach Integrität des Glaubens des einzelnen gegenüber. Aber

»[d]as gegenwärtige System führt dazu, dass die Glaubensfreiheit schon hier im Lande eingeschränkt wird.«

Der Anwalt schlägt eine »Plausibilitätsprüfung« vor. Man könne fragen:

»Ist der Vortrag plausibel, vielleicht gerade in Hinblick auf die Taufen. Aber ich darf nicht uferlos alles fragen, auch nicht im Gewande einer Prognoseentscheidung. Denn es ist keine Prognoseentscheidung, sondern ein Befinden über die Qualität des Glaubens. [...] Wofür ich plädiere, ist eine Achtsamkeit und ein höheres Gewicht derer, die die Taufe begleitet haben. Mit einer Massentaufe habe ich Probleme. Das ist schwierig. Ich sehe Taufe als individuelle Geschichte, auf personale Beziehung. Das stundenlang Durch-die-Mühle-Drehen führt zu nichts. Es braucht eine Plausibilitätsprüfung, wie früher bei den Kriegsdienstverweigerern. Wir brauchen eine Eingrenzung des Wildwuchses der Entscheidungsunkultur.«

Daraufhin schaltet sich ein Mitarbeiter der *EKD-Leitungsebene* ein und schlägt zur Lösung des Problems vor: (1) Dolmetscher·innen müssen auch ein Verständnis für Konversion haben. (2) Vertreter·innen der Kirchengemeinden müssten als Zeug·inn·en oder Sachverständige in die Anhörung bzw. das Asylverfahren mit einbezogen werden. Da sie lange mit den Menschen zu tun haben, könnten am besten darüber Auskunft geben, inwiefern die christliche Identität verfestigt sei. (3) Man könne von Konvertit·inn·en nicht verlangen, was man von der Mehrheit der Christen nicht verlange. (4) Konversion sei ein komplexes Phänomen und nicht immer eine radikale Umkehr, mitunter gebe es große Schnittmengen mit dem Vorhergehenden.

In der Diskussion wird jedem Widerspruch die Bekundung tiefen Respekts vor der Arbeit der Entscheiderin und des Richters vorangestellt. Bei aller Kontroverse ist man sich doch auch einig: Dass ein wiederholt gleicher »Vortrag« skeptisch mache. Dass Massentaufen schwierig seien – es komme auf das Persönliche an. Schließlich: Dass man nicht nach zwei Wochen in Deutschland schon getauft werden könne.

### c) Staatskirchenrechtliche Interventionen und anwaltliche Fiktionen – die Taufvorbereitung als Ernsthaftigkeitsprüfung

Richter·innen und Entscheider·innen fragen ihrerseits nach den kirchlichen Gepflogenheiten der Taufgewährung und -verweigerung. Katholischerseits wird darauf verwiesen, dass die Zulassung Erwachsener für den Katechumenat der Zustimmung durch den Bischof bedürfe. In dem Bischofsgespräch werde auch die »Ernsthaftigkeit« überprüft und so einem Missbrauch der Taufe gewehrt. Evangelische Kirchenjurist·inn·en begegnen der Anfrage durch Entscheider·innen und Richter·innen in Münster mit dem Argument, dass die Taufe in den Statuten der Landeskirchen und Kirchenbünde geregelt sei. Sie verweisen auf Taufordnungen, Kirchenverfassungen und die sog. Lebensordnungen.[738]

738 So auch die Handreichung von EKD / VEF, *Handreichung*, 18 (s. u. Kap. D.IV.2.b).

Bereits während des Fachtages 2012 führte Thorsten Thiele, Leiter der EKD-Rechtsabteilung, zu den kirchenrechtlichen Aspekten der Taufpraxis an:

> »Bei Taufvorbereitung und Taufe von Erwachsenen sind die kirchenrechtlichen Vorgaben zu beachten. In den Lebensordnungen sind verbindliche Regeln gesetzt (vgl. überblickartig dazu Arnoldshainer Konferenz, Muster einer Ordnung ›Taufe‹ vom 24.10. 1986, ABl. EKD 1987, S. 4; s. auch: Kirchenamt der EKD (Hrsg. Im Auftrag des Rates der EKD), Die Taufe. Eine Orientierungshilfe zu Verständnis und Praxis der Taufe in der evangelischen Kirche, Gütersloh, 2008). Bei festgestellter (ist zu überprüfen!) fehlender Ernsthaftigkeit eines Taufbegehrens besteht die Pflicht, die Amtshandlung abzulehnen.
>
> Die Ausgestaltung der Taufvorbereitung muss dem Gebot der Ernsthaftigkeit des Taufbegehrens genügen. […]
>
> Die entsprechenden Vorgaben des Pfarrdienstrechts sind einzuhalten. Bei Verstößen besteht die Gefahr einer Dienstpflichtverletzung, die disziplinarische Folgen nach sich ziehen kann.«[739]

Interessanter noch als die Verweise auf die kirchliche Steuerungsliteratur – weder die EKD-Denkschrift noch die Arnoldshainer Musterordnung thematisieren eine katechumenale Ernsthaftigkeitsprüfung – ist die Androhung dienstrechtlicher Sanktionen für die Taufenden bei illegitimer Taufe. Der Verweis auf und die Einforderung von einer Ernsthaftigkeitsprüfung im Rahmen der Taufvorbereitung entspricht einer apologetischen Strategie: Sie stützen die Forderung gegenüber dem Staat, nicht in die grundrechtlich geschützte Sphäre kirchlichen Handelns einzugreifen:

> »Der religiös-weltanschaulich neutrale Staat muss den innerkirchlichen Vorgang der Taufe grundsätzlich hinnehmen, auch wenn sich aus der Taufe und der ihr folgenden Kirchenmitgliedschaft Konsequenzen für den weltlichen Rechtsbereich ergeben. […] Im Rahmen eines Asylverfahrens ergibt sich für den Staat die Notwendigkeit, bei der Befragung des Antragstellers zu asylbegründenden Tatsachen eine Verletzung der Religionsfreiheit oder des kirchlichen Selbstbestimmungsrechts auszuschließen.«[740]

Die Taufvorbereitung als innerkirchliche Ernsthaftigkeitsprüfung zu profilieren und der Verweis auf die korporative Religionsfreiheit verbinden sich auch in dem Referat von Anne-Ruth Wellert während des Fachtages der Nordkirche 2008 zum Thema »Taufe und Konversion im Asylverfahren«: Kirchliche Taufvorbereitung stelle die Ernsthaftigkeit im Sinne der Lauterkeit des Taufbegehrens sicher. Ihre Infragestellung sei ein nicht gerechtfertigter Eingriff in die Religionsfreiheit. Im Einzelnen:[741]

739 Thiele, *Rechtliche Aspekte*, 27

740 A.a.O., 27f.

741 Wellert, *Taufe und Konversion*, 12–14.

Am Grunde des Konfliktes zwischen Kirche und Staat sieht die Juristin die Kollision zweier Rechtsregime: des Grundrechts auf Religionsfreiheit und des Staatskirchenrechts auf der einen Seite und des Flüchtlingsrechts auf der anderen. Die staatliche Überprüfung der Ernsthaftigkeit des Glaubenswechsels im Rahmen des Asylverfahrens greife in die *Religionsfreiheit* nach »Art. 4 Abs. 1 GG in der Ausprägung des Art. 140 GG i. V. m. Art. 136 Abs. 3 WRV« ein. Denn dort heißt es u. a.:

> »Niemand ist verpflichtet, seine religiöse Überzeugung zu offenbaren. Die Behörden haben nur soweit das Recht, nach der Zugehörigkeit zu einer Religionsgemeinschaft zu fragen, als davon Rechte und Pflichten abhängen oder eine gesetzlich angeordnete statistische Erhebung dies erfordert.«

Es gebe kein Recht, nach der Ernsthaftigkeit der Glaubensüberzeugung zu fragen, da diese Bestandteil der persönlichen Überzeugung sei. Die Überprüfung verstoße, so Wellert weiter, außerdem gegen das *Selbstbestimmungsrecht* der Kirchen, gewährleistet durch Art. 140 GG i. V. m. Art. 137 Abs. 3 WRV. Zu den durch das Grundrecht geschützten innerkirchlichen Angelegenheiten gehöre auch die Taufe und alles, was sich in ihrem Umfeld an kirchlichem Handeln abspiele.[742] Jedoch:

> »Die evangelischen Kirchen sehen für die Erwachsenentaufe eine Taufunterweisung vor, in der auch die persönlichen Beweggründe des Taufbewerbers angesprochen werden. Sofern das Gespräch ergibt, dass das Taufbegehren nicht ernsthaft ist und die Taufe z. B. aus rein asyltaktischen Erwägungen gewünscht wird, muss der oder die Geistliche die Taufe ablehnen.«[743]

Sie beruft sich mit dieser Aussage auf die Ordnung des Kirchlichen Lebens der Evangelischen Kirche der Union (EKU[744]) von 1999 und die Leitlinien des kirchlichen Lebens der Vereinigten Evangelisch-lutherischen Kirche Deutschlands (VELKD) von 2003. Dort heißt es:

> »Der Taufe Erwachsener geht eine Taufunterweisung voraus, wobei auch die persönlichen Beweggründe des Taufwunsches zur Sprache kommen.«[745]

> »Der Taufe älterer Jugendlicher und Erwachsener gehen Gespräche über den christlichen Glauben voraus.«[746]

742 A. a. O., 12.

743 A. a. O., 13.

744 Seit 2003 Union Evangelischer Kirchen in der Evangelischen Kirche in Deutschland (UEK), in der die aus den Kirchenprovinzen der preußischen Kirche (Altpreußische Union) stammenden Evangelischen Kirchen der Union (EKU) und die in der Arnoldshainer Konferenz zusammengeschlossenen evangelisch-unierten Kirchen aufgehen.

745 Abschn. I Art. 13 Abs. 3 Ordnung EKU 1999.

746 Abschn. I Art. 1 Abs. 4 Leitlinien VELKD 2003.

Entsprechend ist nach innerkirchlichem Recht

> »[d]ie Taufe von Erwachsenen [...] abzulehnen, solange sie an einer Taufunterweisung nicht teilgenommen haben oder wenn das Taufgespräch ergibt, dass das Begehren nicht ernsthaft ist.« (Abschn. I Art. 18 Abs. 3 Ordnung EKU 1999)

> »Die Taufe von Erwachsenen ist aufzuschieben, solange sie nicht an einer Taufvorbereitung teilgenommen haben; sie ist abzulehnen, wenn sich ergibt, dass der Taufwunsch nicht ernsthaft ist.« (Abschn. I Art. 8 Abs. 2 Leitlinien VELKD 2003)

Auf die Ernsthaftigkeit seines Glaubens geprüft werden dürfe der Asylsuchende nach Wellert vonseiten staatlicher Behörden oder Gerichte deshalb *nicht*; diese Aufgabe versehe ja – wie die Ordnungen kenntlich machen – bereits die Kirchen mit ihrer Taufunterweisung. Befragt werden könne der/die taufende Pfarrer·in, jedoch nur »zu der tatsächlichen Taufvorbereitung und den objektiven Umständen der Taufe«. Jeder Versuch, die Ernsthaftigkeit des Glaubens zu überprüfen verletze die individuelle Religionsfreiheit und das kirchliche Selbstbestimmungsrecht und erübrige sich vor dem Hintergrund kirchlicher Taufvorbereitung ohnehin.[747]

Wie ist nun zu vermitteln zwischen der grundrechtlich geschützten (negativen) Religionsfreiheit und dem Asylrecht? Durch eine andere Ausrichtung des asylrechtlichen Prüfungsfokus. Für statthaft hält Wellert eine Konzentration auf die Verfolgungsprognose.

> »Im Hinblick auf die künftige Verfolgungsgefahr könnte allerdings zum Beispiel ohne Beeinträchtigung der Religionsfreiheit oder des kirchlichen Selbstbestimmungsrechts erörtert werden
>
> – Welche Erfahrungen der Asylsuchende bisher mit der Konversionsreligion gemacht hat,
> – welche Glaubensriten der Asylsuchende in Deutschland praktiziert und voraussichtlich im Herkunftsland praktizieren wird,
> – welche Haltung er zu der im Herkunftsland mehrheitlich ausgeübten Religion einnimmt.«[748]

Die Verfolgungsprognose allein rechtfertige und limitiere die verfahrensmäßige Erörterung der Konversion.

> »Exekutive und Judikative versuchen durch die Überprüfung der Ernsthaftigkeit des Antragstellers bzw. Klägers [...] den Prozess nachzuvollziehen, den bereits der Seelsorger vollzogen hat. Die Überprüfung des Taufwilligen durch den Seelsorger muss – gerade auch im Hinblick auf den Status der Evangelischen Kirche als Körperschaft

747 Wellert, *Taufe und Konversion*, 13f.
748 A.a.O., 14.

öffentlichen Rechts – der Behörde und den Gerichten jedoch als Garant für die Ernsthaftigkeit des Glaubensübertritts genügen.«[749]

Nicht nur von kirchenjuristischer Seite, auch auf Seiten der Anwält·inn·en begegnen immer wieder die Argumente, dass die kirchliche Taufvorbereitung eine Ernsthaftigkeitsprüfung obsolet mache und die korporative Religionsfreiheit verletze. So argumentiert Viktor Pfaff im Oktober 2018 während eines Vortrages des Halleschen Forums Migrationsrecht:

> »Gehen wir davon aus, die Kirche tauft nur und erst, wenn sie in einem förmlichen Verfahren zur Überzeugung gelangt ist, der Taufwillige habe eine bewusste Glaubensentscheidung getroffen, die voll und ganz seiner Identität entspricht [...] und es deshalb aufgrund eines rechtsförmigen Verfahrens getauft und mit welchen Rechtswirkungen Mitglied der Kirche geworden ist. Verwaltung und Justiz, so sehr sie sich zieren mögen, tun nichts anderes, als einem ebenfalls rechtsförmigen Verfahren zu prüfen, ob eine bewusste Glaubensentscheidung getroffen wurde, die die religiöse Identität prägt.«[750]

Pfaff hat hier den römischen Katechumenat im Blick, versteht aber die Taufvorbereitung der evangelischen Landes- und Freikirchen in ähnlicher Weise, wofür er sich auf die von VEF und EKD gemeinsam erarbeitete Handreichung von 2013 (s. u.) beruft.

Während des Fachtages in Erfurt schlägt ein Anwalt vor, nicht nur durch den Taufunterricht herauszufinden, ob eine »Ernsthaftigkeit des Konversionswillens« vorliegt, sondern diesen auch nach der Taufe immer wieder zu prüfen.[751]

### d) Die Taufbescheinigung als Urkunde mit Indizwirkung – die anwaltliche Strategie

Im Zuge des Ringens um die Prüfungshoheit wird immer wieder auch die sog. Taufbescheinigung ins Feld geführt; die Taufbescheinigung wird zu einem symbolischen Schlachtfeld. Wer darf sie wann ausstellen? Worüber gibt sie Auskunft? Inwieweit darf ihr, wenn auch nicht Beweis-, so doch Indizkraft beigemessen werden? Die Taufbescheinigung fungiert als eine Art Stellvertreter; über sie können diejenigen Fragen gestellt bzw. gespielt werden, die sich eigentlich an die Taufe richten. Im Hintergrund stehen nämlich die Fragen: Was heißt es, getauft zu sein? Was geschieht in der Taufe? Pfaff schlägt 2008 vor, das Taufzeugnis und religiösen Sachverstand auch im Rahmen der asylrechtlichen Beurteilung ernst zu nehmen:

749 A. a. O., 13.
750 Pfaff, *Tatrichterliche Würdigung*, Mitschrift.
751 Anwalt N., *Fachtag LKÖZ 2017*, Mitschrift.

> »Die Kirche trägt nicht nur die Verantwortung, w[ann sie] tauft. Sie ist aufgerufen, die Verantwortung auch in einer solchen Situation zu tragen durch eine Art qualifiziertes Kirchenzeugnis, ausgestellt möglicherweise von einer der Pfarrerin übergeordneten Stelle. Die Kirche ist aufgerufen, das Mitglied in einer solchen Situation ›zu begleiten‹. Als getauft wurde, war in aller Regel bekannt, dass es ein Asylsuchender ist, der getauft wird, nicht ein Flüchtling. Dann war absehbar, dass es erforderlich werden könnte, Zeugnis abzulegen. Dann muss die Kirche, mit welchem Ergebnis auch immer, zur Taufhandlung stehen.«[752]

Aus völkerrechtlicher Perspektive plädiert Hruschka 2008 dafür, den mit dem Taufzeugnis dokumentierten Glaubenswechsel ernstzunehmen. Er führt aus, dass es bei Vorliegen einer Taufbescheinigung den »weltlichen Instanzen« sogar verwehrt sei,

> »zu beurteilen, ob ein ›echter‹ Glaubenswechsel vorliegt. Dieser ist durch die entsprechende Bescheinigung dokumentiert und darf rechtlich nicht in Zweifel gezogen werden. Allerdingst ist es das Recht und die Pflicht der über den Asylantrag entscheidenden Instanzen sich ein Bild von der individuellen Glaubensüberzeugung des Antragstellers zu mache, falls es für die Prognose der Rückkehrgefährdung auf die Frage ankommt, wie hypothetisch für den Fall der Rückkehr der Glauben gelebt würde.«[753]

### e) Zwischenstand: Der bessere vs. der legitime Prüfer

Zusammenfassend lässt sich Folgendes sagen: Einigkeit besteht auf juristischer Seite (unter Kirchenjurist·inn·en, Asylentscheider·inne·n aller Ebenen, Anwält·inn·en) in der Annahme, dass Taufbewerber·inne·n sorgfältig geprüft werden müssten. Umstritten ist, wer prüft und was genau geprüft wird, und diese Auseinandersetzung wird als Kompetenzstreit ausgetragen. Die asylrechtlichen Prüfinstanzen können den Eindruck nur schwer entkräften, dass die vom Verhalten auf die Verfolgungsgefahr schließende Prognose immer wieder in ein Urteil darüber zurückfällt bzw. auf einem Urteil darüber ruht, ob der Vortragende wirklich Christ sei oder nicht. Eine kirchenjuristische und anwaltliche Strategie ist es, sich auf die korporative Religionsfreiheit zu berufen und damit die Prüfungshoheit für die Kirchen zu beanspruchen. Gestützt wird damit die Idee, als gebe es einen Ort, von dem aus die Ernsthaftigkeit eines Glaubenswechsels *vor* der Taufe geprüft werden könne.

Die Forderung, die Taufbescheinigung zu einem »qualifizierten Kirchenzeugnis« auszubauen und als Beweis eines vollzogenen Glaubenswechsels ernst zu nehmen, führt zu der Frage, was das praktisch hieße: Es würde bedeuten, dass Pfarrer·innen ihren Gemeindegliedern ein Zeugnis ausstellen, das über ein

752 Pfaff, *Die Überprüfung von Konversion*, 24.
753 Hruschka, *Europa- und völkerrechtliche Sicht*, 35.

pfarramtliches Votum, wie es für kirchliche Anstellungsverhältnisse oder die Vocatio üblich ist, hinausgeht.

## 2. Zur amtskirchlichen Strategie in den Konfliktgesprächen

### a) Tauftheologische Immunisierungen – »bei der Taufe kein Spielraum«

Verunsichert in ihrer Praxis der asylrechtlichen Beurteilung von Christ-Werdungsgeschichten hinterfragen Entscheider·innen und Richter·innen ihrerseits die kirchliche Taufpraxis. Zum Inventar der Konfliktgespräche gehört deshalb auch die Erläuterung von Tauftheologie und Taufpraxis, mit der die Taufenden der Anfrage begegnen.

Die theologischen Entgegnungen lassen dabei drei apologetische Strategeme erkennen. Wenn ich diese auf den folgenden Seiten darstelle, geht es mir zunächst nicht um den Erweis oder die Bestreitung ihrer theologischen Richtigkeit, sondern um die Frage, wie sich diese Art theologischer Argumentation auf den Gesamtzusammenhang staatlich-kirchlicher Konfliktgespräche und ihrer Thematisierung iranischer Christ·inn·en auswirkt.

#### *aa) Baptismalisierung des Christ-Seins*

Christentum und kirchliches Handeln steht und fällt mit der Taufe, so ein immer wieder bemühtes Argument. Auf der Münsteraner Tagung hebt etwa ein evangelischer Praktischer Theologe hervor, dass die Taufe ins Zentrum des Christ-Seins gehöre, ja mit ihr die Identität von Kirche und Christentum auf dem Spiel stehe. Die Taufe sei (mit Jordantaufe und Taufbefehl) zentral für das biblische Christuszeugnis und die frühe Kirchengeschichte. Die Identifizierung von Christ- und Getauft-Sein lässt den Theologen wie folgt urteilen:

> »Wir haben hier theologisch im Grund keinen Bewegungsspielraum.« – »Kirche hat hier keine Bewegungsmöglichkeit. Der neutestamentliche Befund ist eindeutig.« – »Es ist nicht ins Belieben von Christen oder von Kirche gestellt, zu taufen. Jeder, der getauft werden will, muss getauft werden. Da gibt es keinerlei Spielraum.«[754]

In ähnlicher Weise hebt auch der evangelische Theologe Thorsten Leißer während des EKD-Fachtages 2012 an, wenn er sein Referat beginnt:

> »Die Taufe ist der Eintrittsritus für das Christentum schlechthin. Sie geht zurück auf das biblische Zeugnis von Johannes dem Täufer.«[755]

In Erfurt betont eine Pfarrerin 2017:

754 Christian Grethlein, *Tagung EKD / DBK 2018*, Mitschrift.
755 Leißer, *Theologische Aspekte*, 24.

»Die Taufe ist der Schlüssel zum Christ-Sein. Und wenn jemand mit einem Taufbegehren zu mir kommt, dann muss ich mich damit auseinandersetzen.«[756]

#### *bb) Sakramentalisierung der Taufe*

Die Taufe wird vonseiten der römisch-katholischen und landeskirchlich beheimateten evangelischen Theolog·inn·en sodann als *sakramentales Geschehen* profiliert. Das heißt, der in der Taufe Handelnde ist *Gott.* Mit diesem Argument und unter Rückgriff auf die Lebensordnung schränkt Leißer dementsprechend die der Taufe vorangehende Unterweisung ein:

»Eine Glaubensprüfung im engeren Sinne wird nicht mit der Taufe verbunden. Schließlich ist die Taufe an sich ein Sakrament, also eine Heilshandlung Gottes, bei der menschliches (Er-)Messen keine Maßstäbe findet.«[757]

Diese theologische Grundeinsicht strukturiere auch die Taufhandlung, die sich im religionsphänomenologischen Vergleich mit anderen Reinigungsriten als passiver Vorgang, als Getauft-Werden darstelle.

»In der Taufe handelt Gott am Menschen.«[758]

Darüber hinaus spricht sich in dem sakramentalen Taufverständnis aus, dass die Taufe – einmal vollzogen – *bedingungslos* wirke. Ihre Gültigkeit (und je nach theologischem Standpunkt auch ihre rituell-performative Selbst-Wirksamkeit) hängen nicht vom (Nicht-)Erfüllen materialer Voraussetzungen ab, sondern allenfalls von den formalen Bedingungen ihres Vollzugs, also dem Einsatz von Wasser und dem Sprechen der trinitarischen Taufformel.[759]

»Natürlich sind wir sündige Menschen und bleiben es. Aber die alte Kirche hat es durchgefochten, dass die Sakramente heilige bleiben, egal wie würdig der Priester ist. Sie geschehen im Namen Gottes und Gott lässt sein Urteil über die Menschen, was in der Taufe ausspricht, nicht korrigieren.«[760]

Dieser Charakter einer von Gott her konstituierten Beziehung kennzeichne die Taufe, so Knuth, zudem als Verheißung, die die Christusnachfolge ermögliche. Leißer beschreibt die Taufe gar als »Lizenz zum Glauben-Lernen«[761]. Zu dem mit ihr eingeschlagenen Weg gehörten eine individuell sehr unterschiedlich eingestellte Nähe und Distanz zum Evangelium.

756 Pfarrerin, *Fachtag LKÖZ 2017*, Mitschrift.
757 Leißer, *Theologische Aspekte*, 25.
758 Grethlein, *Tagung EKD / DBK 2018*, Mitschrift.
759 Leißer, *Theologische Aspekte*, 24.
760 Knuth, *Taufe aus lutherischer Sicht*, 8.
761 Leißer, *Theologische Aspekte*, 25.

*cc) (Re-)Katechetisierung der Taufvorbereitung*

Wird die Taufe von vielen Theolog·inn·en einerseits als bleibend wirksames Handeln Gottes rekonstruiert, so wird der Taufvorbereitung im Rahmen der staatlich-kirchlichen Konfliktgespräche doch andererseits Raum und argumentatives Gewicht beigemessen. Die Taufvorbereitung wird profiliert als *Katechumenat*, der eine Aneignung des christlichen Glaubens bestmöglich sicherstelle und zudem die Taufmotivation zur Sprache kommen lasse. Mit dem Anspruch, damit das Gemeinsame unterschiedlicher christlicher Taufkulturen zu erfassen, erklärt Martina Severin-Kaiser 2008:

> »In der Taufunterweisung ist [...] nicht entscheidend, dass die Taufberwerber/in alle christlichen Glaubensinhalte vollständig erlernt. Vielmehr wollen diese Gespräche erreichen, dass er oder sie zumindest in Ansätzen begreift, welche grundlegende Änderung des Ansehens der eigenen Person mit der Taufe verbunden ist [...] Ich muss jetzt wohl nicht eigens betonen, dass in diesem Zusammenhang die Ernsthaftigkeit der Taufbewerber natürlich eine Rolle spielt und es eben auch vorkommt, dass ein Prozess der Taufvorbereitung nicht zum angestrebten Ziel führt.«[762]

Bei aller Notwendigkeit, auf ein Taufbegehren hin taufen zu müssen, plädiert der praktische Theologe in Münster dafür, den Katechumenat kirchenübergreifend wiederzuentdecken.[763] Je nach Kontext und je nach kirchlicher Prägung einer Gesellschaft hätten Taufvorbereitungsformate schon immer stark variiert. Der Überblick über die Geschichte der Taufe führt ihn zur Diagnose einer gewissen katechumenalen Entfremdung in den evangelischen Kirchen. In Auseinandersetzung mit neueren römischen Katechumenatsformen, der freikirchlichen Praxis und Impulsen aus den skandinavischen Kirchen plädiert er für eine Reform der Taufvorbereitung. Religionspädagogische und rituelle Arbeit müssten zusammenkommen. Die primär diakonisch ausgerichtete Arbeit mit Flüchtlingen führe zu einem »gesteigerten Taufbegehren« unter diesen. Unterschiedliche Modi der Verkündigung des Evangeliums – zu lehren und zu lernen, gemeinschaftlich zu leben, zu helfen – griffen faktisch bereits ineinander und müssten von der Taufvorbereitung dringend eingeholt werden und diesem karitativ induzierten Taufbegehren Rechnung zu tragen.

### b) Taufpraktische Apologien – »Wild taufen die anderen«

Was unter dem Schlagwort der (Re-)Katechetisierung der Taufvorbereitung theoretisch besprochen wurde, wird im Rahmen der staatlich-kirchlichen Konfliktgespräche zunehmend auch praktisch mit Aufmerksamkeit bedacht. Während des Erfurter Fachtages »Taufe und Konversion im Asylverfahren« 2017

762 Severin-Kaiser, *Taufe aus ökumenischer Sicht*, 10.
763 Grethlein, *Tagung EKD / DBK 2018*, Mitschrift.

wurde das Podiumsgespräch zwischen einer Pfarrerin, einem Anwalt und einem Entscheider ergänzt durch ein zweistündiges Forum, bei dem sich mit der Taufe und Taufbegleitung Geflüchteter befasste Pfarrer·innen auch über taufpraktische und liturgische Themen austauschen konnten. Auf der evangelisch-katholischen Tagung in Münster im Juni 2018 widmet sich ein ganzes Panel den konfessionell unterschiedlichen Ansätzen und Formaten der Taufvorbereitung.

Darum gebeten, die Taufpraxis seiner Gemeinde darzustellen, schlägt ein *baptistischer Pfarrer* zunächst einen anderen Weg ein und verwendet viel Zeit darauf, die Situation seiner Gemeinde in ihrem muslimisch geprägten Berliner Umfeld zu beschreiben. Eine in der Nachbarschaft neu gegründete muslimische Gemeinde habe im Ramadan die Räumlichkeiten der Baptistengemeinde mitgenutzt und sei nun dauerhaft zu Gast. Die freundschaftlichen Begegnungen haben sogar dazu geführt, dass eine Muslima das Patenamt für das Kind einer Freundin übernommen habe. In das muslimisch geprägte Umfeld hinaus wirke die Gemeinde sozialdiakonisch und dabei ohne missionarische Schattenagenda. Dass nun Menschen in die Gemeinde kämen, die getauft werden wollen, sei vor diesem Hintergrund eine enorme Herausforderung und stehe quer zur ethischen Selbstverpflichtung der Gemeinde. An Christlichem Interessierte und Taufwillige seien willkommen; ihnen stehe die Teilnahme an einer individuellen Taufunterweisung offen. Grundsätzlich gelte:

> »Menschen, die sich bei uns taufen lassen, müssen vorher ihren Glauben bekannt haben. Wir führen die Menschen dort hin, dass wir als Gemeinde sagen können: Wir wollen; wir können dich taufen.«[764]

Der Pastor stellt hier ein nicht-missionierendes, islam-sensibles Freikirchentum vor. Das Klischee vom missionierenden Freikirchler, der in den taufwilligen Ex-Muslim·inn·en willkommene Missionsobjekte findet – hier birst es. Getauft werden könne, wer bekennen kann. Der ganze Taufkurs sei darauf ausgerichtet, dazu zu befähigen. Taufliturgisch spricht sich dieses Verständnis aus in der Forderung von jede·m·r Taufbewerber·in, sein/ihr persönliches Taufzeugnis im Sonntagsgottesdienst vorzutragen. Zeugnis ablegen bedeutet, die Hinwendung zum Glauben biographisch zu verorten und als Lebensentscheidung für Jesus Christus zu plausibilisieren – und sich dazu kritisch befragen zu lassen.

Der Pfarrer einer mitteldeutschen *Selbständig Evangelisch-Lutherischen Gemeinde* erzählt, dass sich seit 2006 Iraner·innen in seiner Gemeinde fänden. Er betont in seinem zweiten Satz:

> »Unser Taufverständnis richtet sich nicht nach Glaubwürdigkeit, sondern nach dem Taufbefehl. Wir zwingen sie nicht.«[765]

764 Pastor Baptisten, *Tagung EKD / DBK 2018*, Mitschrift.
765 Pastor SELK, *Tagung EKD / DBK 2018*, Mitschrift.

Sein Bild von einer gelungenen Taufvorbereitung entwickelt er mithilfe von der Geschichte vom »Kämmerer aus Äthiopien« (Apg. 8, 26–39): (1) Der Heilige Geist führe Taufenden und Täufling zusammen – es brauche einen persönlichen Bezug. (2) Wer getauft werden will, müsse Jesus Christus begegnen – es sei nicht nötig, den Islam zu hassen. (3) »Verstehst du, was du liest?« – Inhalte zu verstehen, Unterschiede zwischen Islam und Christentum zu kennen, sei unerlässlich, besonderes für

> »ehemalige Muslime, die nicht wissen, was Islam ist.«[766]

Die Taufvorbereitung gewinnt hier eine religionskundliche Dimension. Aber wenn der Heilige Geist komme, dann brauche es keine Prüfung, vielmehr gelte:

> »Was hindert's, dass ich mich taufen lasse?«[767]

Probleme der Übersetzung im Asylprozedere, aber auch die schiere Anzahl an persisch-sprachigen Gemeindegliedern haben dazu geführt, dass der Pfarrer Persisch gelernt habe, um sich wirklich auf seine Gemeinde einzustellen.

> »Die Kirche muss in der Kultur und in der Sprache des anderen ankommen.«[768]

Eine *römisch-katholische Theologin* beschreibt die katholische Taufvorbereitung mithilfe eines Phasenmodells: Auf die möglichst glaubwürdige Erstverkündigung folge der eigentliche Katechumenat. Der Übergang von einer zur anderen Phase werde durch die persönliche Entscheidung eingeleitet und durch das öffentliche Bekenntnis und die Bitte um Aufnahme vollzogen.

> »Es kommt darauf an, wie weit die Person ist und ob sie in die nächste Phase eintreten will.«[769]

Die Taufe schließt den Weg nicht ab, sondern ist der Eintritt in die Phase der Mystagogie, der vertieften Beziehungsgestaltung im Alltag und des Empfangs der anderen Sakramente.

Wichtig sei es für den Katechumenen, beide Teile des Lebens – »Davor und Danach« – miteinander ins Gespräch zu bringen und auszusöhnen, was besonders auf Taufbewerber·innen mit muslimischem Hintergrund zutreffe. Die Taufe scheint auf als biographische Zäsur. Es gibt ein Davor und ein Danach. Stufenweise erfolgt die Einbindung in die Kirche als christliches Gemeinwesen.

Der Pfarrer einer *evangelischen Landeskirche* berichtet, dass Anfang 2012 erstmals »schwarz gekleidete Menschen – Iraner«, in seine Gemeinde kamen und getauft werden wollten. Viele seien bereits im Iran Mitglied in Hauskirchen

766 Ebd.
767 Ebd.
768 Ebd.
769 Pastoralreferentin, *Tagung EKD / DBK 2018*, Mitschrift.

gewesen, was zu einem kurzen Katechumenat geführt habe. In sechs Jahren habe er 50 Menschen getauft. In einer »Normalgemeinde«. Der Pfarrer stellt in seinem Vortrag die Frage nach den Motiven: Trotz sehr unterschiedlicher religiöser Herkunft der einzelnen – atheistisch, agnostisch, muslimisch –, wollten seiner Einschätzung nach alle Ruhe und Frieden finden. Eine große Angst vor der Hölle lasse Jesus Christus und die biblische Botschaft der vorleistungsfreien Gnade sehr attraktiv erscheinen. Zu den theologischen kämen ethische Motive, allen voran Nächsten- und Feindesliebe. Viele Menschen berichten in seinen Taufkursen von starken Wunderfahrungen mit Jesus, von Heilung, von Marienerscheinungen, von Rettung auf der Überfahrt über das Meer. Darüber hinaus erkenne er eine »intellektuell-theoretische« Motivation. Zu vielen Taufbiographien gehöre eine intensive Beschäftigung mit den Bahai und dem Zoroastrismus. Am Ende der theoretischen Abwägung stehe aber die Entscheidung für das Christentum.

> »Taufe und Asylrecht haben nichts miteinander zu tun. Taufe und Asylrecht haben viel miteinander zu tun. Uns war es wichtig, sagen zu können: Wir haben jeden geprüft.«[770]

Es gehe bei der Taufvorbereitung um die Aufrichtigkeit des Taufwunsches. Und deshalb »schaue ein Kollege drauf« und der Kirchengemeinderat. Nach »bestem Wissen und Gewissen« müsse geschaut werden. Das sei nicht immer einfach:

> »Bei zweien oder dreien mussten wir warten. Einer wurde gefoltert im Iran und wollte eine Streitschrift veröffentlichen, die im Internet kursierte, voller Hass. Wir mussten noch ein bisschen warten. [...] Es muss von innen raus sein. Die äußeren Umstände können so oder anders sein. Es ist ein Prozess.«[771]

Der Prozess der Vorbereitung schließe vieles mit ein. Ob soziale Hilfe, Unterstützung bei der Wohnungssuche, Vermittlung in den Heimen bei Konflikten mit muslimischen Flüchtlingen – die Kirchgemeinde tritt an vielen Stellen diakonisch in Erscheinung.

Der Prozess im engeren Sinne gestalte sich schon in dieser einen Gemeinde sehr unterschiedlich. Neben spiritueller Mitte reicht die Bandbreite der Taufvorbereitung von klassischer biblischer Unterweisung über gegenseitigen Austausch (»Wie läuft denn Beerdigung bei euch so ab?«) bis hin zu pastoralem Gespräch. – »Es ist keine Einbahnstraße.«

Obligatorisch sei die Teilnahme am Gottesdienst. Aber auch dieser verändert sich. Gesungen, gebetet, gelesen werde nun in vielen Sprachen, mitunter zum Leidwesen der angestammten Gemeinde. Es könne nicht alles ›iranisch‹ sein. Aber ein Geflüchteter im Ältestenkreis, ein Geflüchteter in der Synode müsse sein. Teilhabe und Verantwortung, darauf komme es an.

---

770 Pfarrer Landeskirche, *Tagung EKD / DBK 2018*, Mitschrift.

771 Ebd.

»Wie ging es weiter mit dem Hass-Pamphlet-Schreiber?«

möchte eine Teilnehmerin wissen. Der Pfarrer antwortet:

»Er ist weitergegangen zu einer Freikirche. Und da wurde er dann sehr schnell getauft.«

### c) Fazit: Taufverfahren als Ernsthaftigkeitsprüfung

Theolog·inn·en gehen tauftheologisch und taufpraktisch auf die Frage der asylrechtlichen Beurteilung von iranischen Christ-Werdungsgeschichten zu. Tauftheologisch wird stark auf die Sakramentalität der Taufe abgestellt. Dabei handelt es sich um eine der kirchenjuristischen auf den ersten Blick entgegengesetzte argumentative Strategie. Was in der Taufe passiert, ist unverfügbar, bedingungslos, Zeichen der vorlaufenden Gnade Gottes. Eine weitere theologische Strategie ist es, die Taufe zum Grunddatum christlicher Existenz zu erklären (»kein Spielraum«); die Identifizierung von Christ- und Getauftsein stützt den Anspruch auf rein kirchliche Zuständigkeit in Sachen Ernsthaftigkeitsprüfung.

Die gegenüber staatlichen katechumenalen Erwartungen immunisierende Sakramentalisierung der Taufe und die Baptismalisierung des Christlichen lassen fragen, welche tauftheologische Expertise hier Rederecht erhält: Es sind die römisch-katholische Kirche und die evangelischen, zum Großteil lutherisch geprägten Landeskirchen. Das erstaunt erstens vor dem Hintergrund, dass die Zahl der »katholischen iranischen Konvertiten« verschwindend gering ist, und andererseits, weil sich iranische Christ·inn·en und Taufbewerber·innen in evangelischen Gemeinden weit über den Raum des landeskirchlich organisierten Protestantismus hinaus wiederfinden.

Die behördlichen und gerichtlichen Anfragen an die Tauf- und Taufvorbereitungs-Praxis der einzelnen Kirchen und Christentümer erzeugt Legitimierungsdruck in Bezug auf das eigene Handeln. Auffällig ist der Anspruch der Taufenden verschiedener Traditionen, die eigene Taufvorbereitung als geordnetes Taufverfahren zu präsentieren, Ordnung und Verfahrensförmigkeit herauszustellen. Anders als bei den tauftheologischen Fragen kommen in Sachen Taufpraxis und Taufvorbereitung dann auch evangelische Freikirchen zu Wort (Baptisten, SELK).

Auffällig ist, wie sich die Streitfrage zwischen staatlichen Stellen und Kirchen darüber, wer der bessere und wer der legitime Prüfer ist, auch in die taufpraktischen Fragen einschreibt. Pointiert könnte man sagen: Die Blitztäufer sind immer die anderen (in Münster z.B. in der Figur der freikirchlichen Nachbargemeinde). Die vermeintlich gesamtökumenische Einigkeit zwischen katholischen und lutherischen Kirchen hilft, eine einheitliche Front gegenüber dem als übermächtig empfunden staatlichen Handeln zu errichten. Die Kirche als Täuferin schützt sich vor staatlichem Handeln. In dieser Appropriation der Opferrolle verschwinden iranische Christ·inn·en.[772] Der gemeinsam erhobene Anspruch auf Redlichkeit und Authentizität führt jedoch in seinem Schatten immer den Vorwurf des Unredlichen und Nicht-Authentischen mit sich, und dieser diskursive Ort wird fast immer mit dem Gespenst des »freikirchlichen Wald- und Wiesentäufers« besetzt. – Der Anspruch des Eigentlichen strukturiert diskursive Außenbereicht mit.

## III. Der Aufschlag – »muslimischer Hintergrund«

Die staatlich-kirchlichen Konfliktgespräche nach den 2010er Jahren zeichnen sich durch eine wichtige Neuerung aus. Während vorher lediglich Schwerpunktländer für den Zusammenhang von Konversion und Asylverfahren identifiziert wurden, steigt nun die Aufmerksamkeit für die religiöse Herkunft Asylsuchender aus diesen Ländern. Eine Tagung am *Greifswald* Krupp-Wissenschaftskolleg zu »Integration und Konversion« Anfang April 2019 benennt nun im Einladungsflyer die »Taufen muslimischer Flüchtlinge als Herausforderung für Kirchen, Staat und Gesellschaft in Deutschland und Europa«[773]. Dementsprechend beschäftigt sich das erste von drei Panels mit der Situation von »Muslimen im Nahen und Mittleren Osten«[774] und »Herkunftsbezügen und Glaubenspraxis«[775] von deutschen Muslim·inn·en. Ausführlich thematisiert wird die Herkunft von Flüchtlingen als eine geographisch-religiöse auch während der von EKD und DBK veranstalteten Tagung in *Münster* im Juni 2018.

772 Eine Tagungsteilnehmerin fragt, warum es so viele Iraner·innen seien, die Christ·inn·en würden. – Es antwortet ein evangelischer Theologe. Es antwortet der freikirchliche Pastor. Es antwortet der landeskirchliche Pastor. – Ein iranisch-stämmiger Christ ist im Raum. Mehrmals hatte er sich bereits zu Wort gemeldet; gefragt wird er nicht.

773 Alfried Krupp Wissenschaftskolleg und Universität Greifswald, Integration und Konversion. Taufen muslimischer Flüchtling als Herausforderung für Kirchen, Staat und Gesellschaft in Deutschland und Europa. Interdisziplinäre Fachtagung 4. und 5. April 2019, Einladungsflyer.

774 Hannah Müller-Sommerfeld: *Muslime im Nahen und Mittleren Osten seit den 1990er Jahren.* Einladungsflyer für die Tagung »Integration und Konversion. Taufen muslimischer Flüchtlinge als Herausforderung für Kirchen, Staat und Gesellschaft in Deutschland und Europa« [abgerufen am 31.08.2019 unter URL: https://www.wiko-greifswald.de/programm/allgemeines/veranstaltungskalender/veranstaltung/n/integration-und-konversion-taufen-muslimischer-fluechtlinge-als-herausforderung-fuer-kirchen-staat-u/].

775 Yasemin El-Manouar: *Muslime in Deutschland – Herkunftsbezüge und Glaubenspraxis* [abgerufen am 31.08.2019 ebd.].

## 1. Religionstheologische Vorbehalte gegen die Taufe von Muslim·inn·en

Ein römisch-katholischer Fundamentaltheologe eröffnet die Münsteraner Tagung mit seinem Vortrag »Konversion im Christentum und Islam. Theologische Perspektiven«. Da es sich dabei gewissermaßen um das Vorzeichen handelt, unter dem die Christ-Werdung von geflüchteten Iraner·inne·n auf diesem Forum behandelt wird, einige erläuternde Sätze zu dieser religionstheologischer Eröffnung der Tagung »Konversion zum Christentum. Hintergründe und Herausforderungen im Kontext von Asylverfahren«.

Am Beispiel der Bekehrung Umars, des zweiten Kalifen, rekonstruiert der Referent die islamische Begegnung mit Gott als ästhetische Erfahrung. Muslimische Kultur sei ein »Kommentar zur koranischen Idee des Schönen«, und in diesem Sinne müsse auch islamisches Recht verstanden werden. Ziel muslimischen Lebens sei es, der Schönheit Gottes in allen Lebensvollzügen hingebungsvoll zu entsprechen, in Reinheit, in Ordnung, durch Vergegenwärtigung Gottes als Schönem in der Koran-Rezitation. Die »Bekehrungsmotivation« zum Islam sei dementsprechend zuerst eine ästhetische, wie die Geschichte Umars zeige.

Islam als ästhetisch vermittelter Gotteserfahrung wird nun Christentum als auf Leiblichkeit, auf sichtbare personale Vergegenwärtigung abzielende Praxis gegenübergestellt. Nicht im Schönen, sondern in »Hässlichkeit, Niedrigkeit und Schwäche« ist (der christliche) Gott für den Menschen. Christentum sei »Zentralzeugnis der Schwäche Gottes« und der biblische Gewährsmann dafür Paulus selbst.

Diese auf den ersten Blick gravierend anmutenden Unterschiede zwischen Islam und Christentum dürften jedoch nicht als »kontradiktorische Gegensätze« missverstanden werden. Eine Feindschaft zwischen Islam und Christentum lasse sich mit Blick in den Koran gerade nicht rechtfertigen. Eine historisch-kritische Lektüre entsprechender koranischer Passagen (Sure 19: Maryam; Sure 3: Al Imran) offenbare Islam vielmehr als dialogische und grundsätzlich affirmative Auseinandersetzung mit dem biblischen Jesus(-bild); die Unterschiede zwischen Islam und Christentum seien komplementär.

> »Es gibt keinen einzigen Vers im Koran, der dem Christentum direkt widerspricht.«[776]

Im Gegenteil: Der Koran selbst berge in sich das Potential einer neuen Interpretation seiner und v.a. seiner Äußerungen zu Christ·inn·en. Diese innerislamische Bewegung – als Wandlung derer, die Koran auslegen – gelte es wahr- und

776 Klaus von Stosch, *Tagung EKD / DBK 2018*, Mitschrift.

ernst zu nehmen und nicht durch die »Umarmung muslimischer Konvertiten«[777] zu behindern.

Ein solches Verständnis von Christentum und Islam als unterschiedliche Gotteserfahrungen ermöglichender, aber darin letztendlich komplementärer Religionen erfordere einen speziellen Katechumenat für »Muslime«, der ihnen helfe,

> »die Liebe zu ihrer alten Religion zu bewahren und zu Brückenbauern zwischen den Religionen zu werden«[778].

Zur Aufgabe von »Muslimen«, zwischen den Religionen zu vermitteln, komme eine gesamtgesellschaftliche, eine deutsche Aufgabe,

> »hier etwas [zu] verändern, was der Islam draußen in der Welt nicht vermag«[779].

Der Referent erläutert seine Idee mit Verweis auf die Möglichkeiten islamischer Universitätstheologie. Es gibt eine Aufgabe, lässt sich sein entschiedenes Plädoyer zusammenfassen, die darin besteht, das gute Verhältnis islamischer und christlicher Intellektueller und die deutsche akademische Infrastruktur zu nutzen, einem anderen, einem eigentlichen Islam auf die Welt zu helfen. Und dieses Projekt wird gefährdet durch die aktive Unterstützung der Taufe von »Muslimen«. Iranische Flüchtlinge kommen in der genannten Position in den Blick als Muslim·inn·e·n. Ihre Christ-Werdung und Taufe gefährdet das gesellschaftspolitische Großprojekt der Demokratisierung des Islams.

Die Taufe von Iraner·inne·n im Zusammenhang der Konfliktgespräche zu Taufe, Konversion, Asylverfahren erscheint aber nicht nur aus religionstheologischer Perspektive als Problem; es sind nicht zuletzt die christlich-islamischen Dialogbemühungen, die die Taufe von geflüchteten Iraner·inne·n zur Heraus-

777 Seine komparativ-theologische Position hat von Stosch ausführlicher in seinem Buch »Herausforderung Islam. Christliche Annährungen« (Paderborn 2016) dargelegt. Ziel seiner christlichen Annährung und Einführung in den Islam ist es, ein Zerrbild zu korrigieren, das es erst ermöglicht habe, »dass politisch orientierter und gewaltbereiter muslimischer Fundamentalismus nicht mehr als Fehlinterpretation des Islams wahrgenommen wird, sondern als Extremform orthodoxen muslimischen Glaubens.« (8) Seine eigene und die Rolle christlich-theologischer Beschäftigung mit dem Islam versteht von Stosch aber nicht als die von »Entwicklungshelfern«, den Islam zu modernisieren (9). Aus der Ablehnung einer solchen zivilisierungsmissionarischer christlichen Haltung gegenüber dem Islam folge aber nicht, »das Festhalten jedweder Differenz zwischen Islam und Christentum als Diskriminierung an[zu]prangern« (9) und beide zu einem »›Einheitsbrei‹ [zu] verrühr[en]« (9). Ein gewinnbringendes Verhältnis zwischen Christentum und Islam nehme gerade die Unterschiede ernst. »Verschiedenheit [bietet] Anlass für Lernprozesse« (10), die von Stosch »theologisch […] verarbeiten« und als Gesprächsangebot verstanden wissen will (170). – Am 9. Februar 2018 ehrte der iranische Präsident Hassan Rohani von Stosch für »Herausforderung Islam. Christliche Annährung« mit dem höchsten Buchpreis des Landes.

778 Stosch, *Tagung EKD / DBK 2018*, Mitschrift.

779 Stosch, *Tagung EKD / DBK 2018*, Mitschrift.

forderung machen. So betont auf dem Erfurter Fachtag zu »Taufe und Konversion im Asylverfahren« im Herbst 2017 der Islam-Beauftragte eines mitteldeutschen Bistums:

> »Die Motivation [für die Konversion] abzuklopfen ist auch eine theologische Frage; eine Religion zu verlassen und ein andere anzunehmen, ist begründungsbedürftig, und zwar auch aus interreligiöser Verantwortung heraus. Die Konvertiten malen ein schwarzes Bild vom Islam. Taufe ja, aber bitte kein böser Blick zurück!«[780]

Die Taufe Geflüchteter wird von unterschiedlichen Seiten als Taufe von (ehemaligen) Muslim·inn·en beschworen. Der Stellenwert christlich-islamischer Dialogbemühungen beeinflusst die Weise, wie die Christ-Werdung konzeptualisiert wird. Die Konversion Einzelner vom Islam zum Christentum gefährdet – so könnte man vor diesem Hintergrund vermuten – alles, was bis jetzt erreicht wurde im christlich-muslimischen Verhältnis. Die Dialog-Anstrengungen haben auf römisch-katholischer Seite eine längere Geschichte als auf evangelischer, v. a. aber einen anderen Institutionalisierungsgrad erreicht.[781] Auch das mag dazu

780 Teilnehmer, *Fachtag LKÖZ 2017*, Mitschrift.

781 Zur Situation des christlich-islamischen Dialogs in Deutschland vgl. Meißner u. a., *Handbuch christlich-islamischer Dialog*, und darin bes. Affolderbach, *Evangelische Akteure*, 373–386; Güzelmansur, *Katholische Akteure*, 355–372: Das *evangelisch-islamische Gespräch* beginnt nach Affolderbach in den 1970er Jahren unter dem Eindruck muslimischer Immigration und bescheidet sich zunächst mit sozial-karitativen Fragen (373). Der Beginn der evangelischen Dialogbemühungen ist stark geprägt durch Einzelpersönlichkeiten wie Gerhard Jasper, Theo Sundermeier, Jürgen Micksch (373). Auf Ebene des ÖRK datiert die Beschäftigung mit dem Islam ebenfalls aus den 1970er Jahren; der diskursive Kontext sind die allgemeinen interreligiösen Gesprächsbemühungen (374f.). Die Konferenz evangelischer Kirchen in Europa (KEK) entdeckt den Islam ebenfalls in 1970ern. Die von ihr gemeinsam mit dem Rat der Europäischen Bischofskonferenzen (CCEE) in den 1980er Jahren gebildete Kommission zu Fragen des Islam in Europa fokussiert Fragen des Zusammenlebens, gemischte Ehen usw. Das Engagement der EKD war in der Anfangszeit der 1970/80er Jahre v. a. sozial und religionskundlich (377). Einen mehr oder weniger festen Ort hat das deutsche evangelische Gespräch mit dem Islam in Einrichtungen der wie der Evangelischen Zentralstelle für Weltanschauungsfragen, dem Comenius-Institut, dem Deutschen Evangelischen Kirchentag oder in den Evangelischen Akademien. Evangelischerseits gibt es keine dem II. Vaticanum vergleichbaren Dokumente – was freilich auch der Verfasstheit der evangelischen Kirchen (!) geschuldet ist –, jedoch zahlreiche sehr spezifische Stellungnahmen und Erklärungen. Für das *römisch-islamische Gespräch* ergibt sich demgegenüber folgendes Bild: Den für die neue Verhältnisbestimmung maßgeblichen Dokumenten des Zweiten Vaticanischen Konzils (*Lumen gentium* und *Nostra aetate*) geht das »visionäre« Engagement Einzelner voraus, konstatiert Güzelmansur (*Katholische Akteure*, 355). Zu dem während des Konzils gegründeten Päpstlichen Rat für den Interreligiösen Dialog (PCID) gehört von Anfang an die »Kommission für die Muhammedaner«; eine ihrer Aufgaben ist es, »Methoden und Wege […] eines geeigneten Dialogs« (355f.) zu eröffnen. Bereits seit den 1960er Jahren hat die wissenschaftliche Beschäftigung mit dem Islam in dem Päpstlichen Institut für Arabische und Islamische Studien (PISAI) einen institutionellen Ort (357). Neben dem bereits erwähnten Engagement des Rates der Europäischen Bischofskonferenzen ist auf deutscher römisch-katholischer Seite v. a. auf die 1971 ins Leben gerufene Un-

führen, dass es sich bei der Problematisierung der Taufe iranischer Flüchtlinge unter Berufung auf die Sorge um die christlich-islamischen Beziehungen um eine v. a. von römisch-katholische Seite eingetragene Position handelt.

## 2. Der muslimische Katechumene in der kirchlichen Steuerungsliteratur

Die Wahrnehmung aus Iran geflüchteter Christ·inn·en als taufwilliger Muslim·inn·e·n gewinnt noch einmal anders materiale Gestalt im Genre kirchlicher Steuerungsliteratur. Exemplifizieren lässt sich das an der Handreichung der DBK aus dem Jahr 2009 »Christus aus Liebe verkündigen. Zur Begleitung von Taufbewerbern mit muslimischem Hintergrund«, auf die die Vertreter·innen der römisch-katholischen Seite im Zusammenhang der Konfliktgespräche über die asylrechtliche Überprüfung der Konversion immer wieder zur Orientierung verweisen. Die Arbeit an diesem Papier in den späten 2000er Jahren hatte der Anstieg gemischt-religiöser Eheschließungen motiviert. Als »Taufbewerber mit muslimischem Hintergrund« hat die Handreichung aber auch schon Geflüchtete im Blick, wenn sie schreibt:

> »Unter den Taufbewerbern sind viele, die mit einem katholischen Christen verheiratet sind oder ihn heiraten wollen. Daneben sind – gerade unter den in Deutschland Geborenen – diejenigen zu erwähnen, die einen christlichen und einen muslimischen Elternteil haben. Die zweite deutlich zu erkennende Gruppe sind Asylsuchende.«[782]

Beauftragt mit der Arbeit war dementsprechend die Arbeitsgruppe »Pastoral im multireligiösen Kontext«[783]. Im Vorwort erinnert die Handreichung an das

terkommission für den Interreligiösen Dialog der DBK zu verweisen – einem »Hauptakteur für die Beziehungen zwischen Christen bzw. Katholiken und Muslimen auf nationaler und internationaler Ebene« (358). Ende der 1970er Jahren institutionalisieren die Weißen Vätern das römisch-islamische Gespräch in der Christlich-islamischen Begegnungs- und Dokumentationsstelle (CIBEDO) in Frankfurt/M. Zu nennen ist außerdem die (nicht nur karitativ ausgerichtete) Arbeit der Werke Caritas International und Caritas Deutschland, des päpstlichen Missionswerks (missio) und des Hilfswerks Renovabis. Was die diözesane Ebene angeht, ist daran zu erinnern, dass das an der Einrichtung deutscher Lehrstühle für islamische Theologie maßgeblich beteiligte Theologische Forum Christentum und Islam von der Katholischen Akademie der Diözese Rottenburg-Stuttgart beherbergt wird. Auf zahlreiche themen- und anlassspezifische Unternehmungen könnte an dieser Stelle verwiesen werde, z. B. die zur Zeit der ersten Lesung des iranischen Apostasiegesetzes im April 2008 von schiitischen und römisch-katholischen Theologen gemeinsam verabschiedete Erklärung »Glaube und Vernunft in Christentum und Islam«, in der sie sich auf die gegenseitige Akzeptanz der Unterschiede verpflichten; oder auf die 2014 von Kardinal Jean-Louis Tauran, Päpstlicher Rat für Interreligiösen Dialog, mit der Islamischen Weltliga unterzeichnete Kooperationsvereinbarung.

782 DBK, *Christus aus Liebe*, 21.

783 A. a. O., 6.

Zweite Vatikanische Konzil und seine Erklärung zur Religionsfreiheit »Dignitatis Humanae«:

> »Niemandem darf ein religiöses Bekenntnis aufgedrängt und keiner daran gehindert werden, sich einer Gemeinschaft anzuschließen bzw. diese zu verlassen: ›Die Kirche verbietet streng, daß jemand zur Annahme des Glaubens gezwungen oder durch ungehörige Mittel beeinflußt oder angelockt werde, wie sie umgekehrt auch mit Nachdruck für das Recht eintritt, daß niemand durch üble Druckmittel vom Glauben abgehalten wird [...]«[784]

Die Taufbegleitung steht damit unter dem Vorzeichen, jede Situation von Taufzwang zu vermeiden – ein Gedanke, der sich auch durch die einleitenden Abschnitte zieht.[785]

Ein *erstes* Kapitel unterscheidet noch einmal die beiden Gruppen Taufwilliger mit »muslimischem Hintergrund« – Ehepartner und Asylsuchende – unter Rückgriff auf Selbstzeugnisse, Bevölkerungs- und Kirchen-Statistika. Das *zweite* Kapitel erläutert die »Rahmenbedingungen für Konversionen aus dem *Kontext des Islam*«: Verwiesen wird auf ein islamisches Apostasie-Verbot wie auch auf die hiesige Ausweitung des Flüchtlingsschutzes auf den Bereich »öffentliche[r] Glaubenspraxis«[786]. Schließlich werden die »Motive von Taufbewerbern mit muslimischem Hintergrund« aufgelistet; zentral ist dafür die oben bereits zusammengefasste Studie von Khalil und Bilici und ihrer Unterscheidung von sozial und religiös geprägten (De-)Konversionsgründen. Nachdem der Katechumene nun als Muslim festverankert ist, zieht die Handreichung in einem *dritten* Kapitel konkrete Rückschlüsse für den *Katechumenat* von Muslim·inn·en. Nach einer knappen Erläuterung zur Gestaltung des Katechumenats auf Grundlage der verbindlichen Arbeitshilfen werden Christentum und Islam in Hinblick auf Gottes- und Offenbarungsverständnis, Jesus Christus, Gebet und Ekklesiologie verglichen. Darauf aufbauend kommen nun »Aspekte der Taufvorbereitung bei Taufbewerbern mit muslimischem Hintergrund« in den Blick. Das ist zuvorderst ihre soziale Einbindung und Beheimatung über die Taufe hinaus, außerdem Einblicke in kirchliches Leben zu geben und glaubensmäßige Erfahrungen zu ermöglichen, schließlich die religionstheologische »Vermittlung christlicher Glaubensinhalte«, die nicht ohne »kirchliche Wertschätzung des islamischen Glaubens«[787] erfolgen dürfe. Im Rahmen der Taufvorbereitung sollten die Erwartungen der Taufbewerber thematisiert werden:

> »Vor allem mit Menschen, die ihre religiöse und nationale Identität bislang als eine Einheit verstanden haben, sollten die Erwartungen geklärt werden, die sie an einen

784 A. a. O., 5.
785 A. a. O., 9ff.
786 A. a. O., 26.
787 A. a. O., 61.

Übertritt zum Christentum knüpfen. Ihnen muss verdeutlicht werden, dass der christliche Glaube nicht mit der Zugehörigkeit zu einer Nation oder einer bestimmten sozialen Schicht gleichzusetzen ist.«[788]

Aber auch an die Taufe geknüpfte Erwartungen hinsichtlich des Aufenthaltsstatus müssten »geklärt« werden.[789]

»Eine zeitlich nicht zu bemessene, intensive Vorbereitung auf die Aufnahme in die Kirche spricht für die Glaubwürdigkeit des Konversionswunsches aus religiösen Gründen.«[790]

## 3. Islam ist, was er einmal war

Die mit der Taufe und Taufvorbereitung von Geflüchteten befasst sind, beklagen immer wieder das negative Islambild der Täuflinge. Dass dessen Korrektur als eine Querschnittsaufgabe des Katechumenats empfunden wird, legen Äußerungen von Taufenden während verschiedener Konfliktgespräche nahe.

Diese Aufgabe erfährt während der Tagung in Münster im Frühsommer 2018 mit der Einladung zu einem Abendvortrag eine denkwürdige Nuancierung. Ein Religionswissenschaftler referiert über »Islam in der Krise. Eine Weltreligion zwischen Radikalisierung und stillem Rückzug«. Der Vortrag ist Bestandteil einer parallelen Veranstaltung in der Münsteraner Akademie, wird aber dennoch im Programm der Tagung zu »Konversion zum Christentum im Kontext des Asylverfahrens« angekündigt.

Die Asylrechtsrelevanz erschließt sich aus dem Kontext der Tagung. Islam wird einmal mehr zum Thema als Ringen um den eigentlichen, den richtigen Islam. Was der Islam ist, ist an jenem Abend dabei zunächst gar nicht die Ausgangsfrage des Referenten, sondern vielmehr warum der Islam nicht mehr ist, was er einmal war.

Der Referent nimmt die Hörer·innen im vollbesetzten Auditorium mit in den Irak im Jahre 2014. Es war die Zeit, in der im Auftrag des Landes Baden-Württemberg über das Projekt »Sonderkontingent« tausend schutzbedürftige Yezid·inn·en nach Deutschland überführt wurden. Während seiner Reise wird der Referent eines Tages gefragt:

»Was ist denn schief gegangen?«[791]

---

788 Ebd.
789 Ebd.
790 Ebd.
791 Blume, *Tagung EKD / DBK 2018*, Mitschrift.

Er weiß zu antworten, damals im Irak und am heutigen Abend. Es ist diese Eingangsfrage der Abhandlung »Islam in der Krise« die auch den roten Faden für den Vortrag abgibt. Über bevölkerungsstatistische Einblicke, historische Exkurse und gesellschaftskritische Kommentare erreicht der Referent das vermeintliche Wurzelübel des modernen Islam:[792] In der muslimischen Welt gebe es ein grundsätzliches Misstrauen gegenüber Bildung.

Aber was denn nun schief gegangen sei, möchte man fragen und erfährt sogleich: Dass sich eine Buchkultur kaum entwickelt habe; dass Intellektuelle vertrieben worden seien; dass Bildung im modernen Islamismus als westliche Verschwörung konzipiert werde. Mit der Entstehung von Rentierstaaten durch die Erdölwirtschaft habe Demokratie und die Demokratisierung von Bildung schließlich nie eine Chance bekommen. Und was können wir hier in Münster tun? Den Ölverbrauch reduzieren, den Dialog unter »Religiösen« und »Nicht-Religiösen« fördern und Bildung. »Und was können wir tun?«, zitiert der Referent seinen irakisch-muslimischen Gesprächspartner und antwortet:

> »Macht ordentliche Moscheen auf!«[793]

Ein deutscher Islamwissenschaftler würdigt die Ausführungen seines Vorredners in einer anschließenden Replik: Ja, es gebe eine Bildungskrise im islamischen Kontext, die tiefe Wurzeln habe und deren Konsequenzen wir heute spürten. Ja, die islamische Identität sei ausgehöhlt, weshalb Feindbilder mobilisiert würden. Ja, man gebrauche Verschwörungstheorien und Abgrenzungen, um eine muslimische Identität zu konstruieren. Aber die muslimische Welt erfahre derzeit enorme Veränderungen. Saudi Arabien bekämpfe den Wahabismus und öffne sich; mit Vertretern des Vatikans habe man sich auf einen intensivierten interreligiösen Dialog geeinigt. Der Islam wandele sich, was zu der Frage führe, ob wir diesen Wandel wahrnehmen – einen Wandel, der weder Theologen noch einem Widerstand »von unten« zu verdanken sei, sondern einzig politischem Druck.

In dem Nachsinnen über Islam, darüber, was er war, was er eigentlich ist und was er werden könne, verbinden sich die drei Figuren Ursprungsdenken, Verknappung der sprechenden Subjekte und konstitutives Außen zu unterschiedlichen Zwecken. Im neo-orientalistischen Zugriff gerinnt Islam zum passiven Objekt europäischer Zivilisierungsanstrengungen; »europäisch« markiert hier den immer schon beanspruchten, aber nicht weiter explizierten, epistemolo-

---

792 *Michael Blume*, Islam in der Krise. Eine Weltreligion zwischen Radikalisierung und stillem Rückzug, Ostfildern 2017. Das Buch gliedert sich in folgende Kapitel: 1) Wie viele Muslime gibt es eigentlich noch? 2) Das falsche Verbot von 1485; 3) Der Fluch des Öls; 4) Verschwörungsglauben; 5) Geburtendschihad oder Geburtenknick; 6) Was Muslime und Nicht-Muslime tun können.

793 Blume, *Tagung EKD / DBK 2018*, Mitschrift.

gisch-privilegierten Ort der vermeintlichen Vollgestalt guter Religion.[794] Aber auch in den Idealisierungen dient Islam als bloße Projektionsfläche. In diesem Kontext nehmen iranische Christ·inn·en folgende Gestalt an: Als vermeintliche Zeug·inn·en für den so oder anders beschaffenen Islam als positivem oder negativem Ideal von Religion sichern sie den Ort des »Islam-Experten«.[795] Als zu Konvertierende beschreiben sie zugleich ein Experimentierfeld, um echte Religion zu verwirklichen.[796] Gerade indem sie diese als »taufwillige Muslime« aber niemals erreichen können, legitimieren sie die fortgeführten Anstrengungen in diesem Projekt.

## 4. Der muslimische Konvertit als Problem

Die drei islambezogenen Perspektiven lösen ein, was das Tagungsprogramm angekündigt hat: Deutlich ist, dass das Thema nach Taufe und Asylverfahren die Islamdebatten tangiert. Der »muslimische Hintergrund« wird zum Vordergrund. Gerahmt durch das religionstheologische und religionspolitische Nachsinnen über den Islam erfährt das Phänomen iranischen Christentums, wie es Gegenstand des deutschen Asylverfahrens wird, eine besondere Nuancierung.

Was macht dieser Auftakt mit der Verhandlung des Themas Taufe im Asylverfahren? Es geschieht dies: Die Geflüchteten, Asylsuchenden sind von Anfang

794 Vgl. Chakrabarty, *Provincializing Europe.*

795 In welchem Maße ein ganzes Geflecht an Zuschreibungen, Glaubwürdigkeitsunterstellungen und eigenen Indienstnahmen den Konvertiten emergieren lässt, kann am Beispiel der Figur des Juan Andres in Quellen des 16. Jh. (Vgl. Ryan Szpiech: Preaching Paul to the Moriscos. The Confusión or confutación de la secta Mahomética y del Alcorán [1515] of ›Juan Andrés‹.) und an deren Übersetzungs- und Veröffentlichungsgeschichte studiert werden (vgl. Daniel Cyranka: *Mahomet, Repräsentationen des Propheten in deutschsprachigen Texten des 18. Jahrhunderts*). Vielmehr noch als der an biblischen Paradigmen entlang konstruierte Konversionsbericht machen Juan Andrés die Herkunft aus einer Familie islamischer Rechtsgelehrter und seine Sprache zu einem glaubwürdigen Zeugnisgeber im Reconquista-Spanien und vor allem danach: Hier spricht ein konvertierter *(al-)faqi*, ein Insider und Experte und entlarvt den Koran als Irrlehre *(confusio)* Mahomets. Der Konvertit ist dabei der einmal anders Gewesene und entfaltet auch als (literarische) Figur von daher sein Sendungsbewusstsein. Als solchermaßen authentische Stimme wird Juán Andrés bis ins 20. Jh. hinein als Muslim und nicht als Christ in Anspruch genommen.

796 Ein Blick in die englische Mission unter den nordamerikanischen Indianern / *natives* im 17. Jh. zeigt, in welchem Maße »Konversions«-Gruppen als praktisches Experimentierfeld dienten, einen neuen, weniger korrumpierten Christenmenschen zu schaffen, der als Ideal auf die Vorstellung einer verderbten Mutterkirche reagiert. Nicht nur die weit über die (politische, soziale) Kultivierung des Religiösen im engeren Sinne hinausreichenden Missionsstrategien (Segregation, soziale und politische Regulierung), auch alles Reden und Berichterstatten über sog. Konvertiten hatte seinen Skopus zuallererst in gesellschaftspolitischen Reformbemühungen von Herkunftsland und -kirche. Vgl. dazu Ballériaux, *Missionary Strategies.*

an präsent als Muslim·inn·e·n, nicht als Christ·inn·en, nicht als Katechumenen, nicht als bereits Getaufte – so aber ihre Selbstgeschichtsschreibung. Es ist die Setzung des Islams als Herkunft, das einstige Muslim-Sein, welches die Taufe als Konversion, als Ab-, Um- und Hinwendung erscheinen lässt. Die Christ-Werdung als Konversion aus dem im Geburtsprozess begriffenen westlich-modernen, demokratie-affinen, akademisch disziplinierten Islam wird dann zu einer begründungsbedürftigen Veränderung, und zwar unabhängig von dem Asylverfahren.

Dem religionstheologischen Eingangsreferat nach sind die Unterschiede zwischen Islam und Christentum jedenfalls nicht ausschließend, sondern komplementär, einander ergänzend. Die eine habe, was die andere brauche. Aber nur eine von ihnen braucht ein neues Selbstverständnis, ein neues Schriftverständnis: der Islam. Und dieser besitze alle Voraussetzungen dafür, dieses aus eigenen Kräften zu entwickeln. Beides könne sich aber nur durchsetzen, wenn es nicht im Keim erstickt werde, etwa durch die leichtfertige massenhafte Taufe von Muslim·inn·en. Konversion als Übertritt Einzelner vom Islam zum Christentum wird nach diesem Verständnis obsolet, weil der Islam als Ganzer sich in einer Konversionsbewegung befindet. Konvertieren Einzelne aus dem Islam hinaus, behindern sie die Bewegung des größeren Ganzen Islam; sie verhindern, dass sich ein neues islamisches Selbstverständnis entwickeln kann.

Da er sich nun nicht vermeiden lasse, müsse der getaufte Muslim zumindest ernstgenommen werden als eine Gestalt zweier Welten – seiner islamischen Herkunft und der christlichen Zukunft. Als getaufter Muslim repräsentiert (darstellend) dieser Akrobat nicht nur Islam. Er besitzt auch die Macht, Islam auf die eine oder andere Weise zu repräsentieren (stellvertretend). Als solchermaßen zweifaltige Aufgabe des Katechumenats drängt sich auf, eine wohlwollende Repräsentation des Islam einzuüben.

## IV. Der Abschluss – Hausaufgaben machen!

### 1. Wenn die Besprochenen reden

Die staatlich-kirchlichen Konfliktgespräche werden dominiert von der Auseinandersetzung zwischen (Kirchen-)Jurist·inn·en und Vertreter·inne·n der taufenden Kirchen. Was ist nun mit den iranischen Christ·inn·en, deren sog. Konversion ja Gegenstand des Asylverfahrens und in dieser Weise auch Anlass für die Kontroverse ist? Schon bei einem Blick in die Programme fällt auf, dass ihnen allenfalls ein marginales Rederecht eingeräumt wird. Iranische Christ·inn·en tauchen über weite Strecken der Konfliktgespräche lediglich als Besprochene auf.

In ihrem letzten Panel fragt die Münsteraner Tagung noch einmal mit Blick auf die verschiedenen Herkunftsländer der Asylsuchenden: »Persönliche Gefährdung durch die Konversion?« In diesem Zusammenhang reden deutsche Expert·inn·en und gewissermaßen als Area-Studies-Experten auch ein iranisch-deutscher und ein ägyptisch-deutscher Pfarrer:

*a) Der rechtskundige Missionar*

Zunächst spricht ein Mitarbeiter der Organisation *missio* und beginnt mit einem Überblick über das islamische Recht. Der *Koran* sehe v.a. eine jenseitige Strafe für Konvertiten vor. *Hadithe* und *Idschma* hingegen fordern die diesseitige Todesstrafe für Apostaten. Wichtig sei die Unterscheidung zwischen gewordenem und geborenem Apostaten. Rechtlich einfach werde es, wenn der Akt des Abfalls (z.B. durch Veröffentlichung) dem Islam schade; hierauf folge die Todesstrafe.

Die islamische Gerichtsbarkeit habe in den einzelnen muslimisch geprägten Ländern jedoch sehr unterschiedlich institutionelle Gestalt angenommen: So gebe es im Iran kein Gesetz, das die Apostasie ausdrücklich verbiete; die Verfassung sehe diesen Fall nicht vor. Es gelten jedoch normative Fatwas und die jeweilige Entscheidung des Wächterrates. Apostasie werde von diesen konzipiert als »Kampf gegen Gott« und habe immer ein politisches Moment, denn jeder Verstoß gegen die Religion sei auch ein Verstoß gegen die islamische Regierung als Inbegriff der Religion.

*b) Die felderfahrene Ethnologin*

Schon aus Afghanistan wegzugehen und zurückzukommen, sei *de facto* ein Todesurteil. Abgesehen davon, dass die Familie einen verstoße, reiche bereits der Vorwurf, mit den Besatzern zu kollaborieren, um in Lebensgefahr zu sein. Der Vorwurf treffe jeden, der seinen Heimatort verlässt. Konversion sei Apostasie, und zwar in mindestens zweifacher Hinsicht, erläutert die Ethnologin Friederike Stahlmann auf der Grundlage mehrmonatiger Studien in Afghanistan: Als *politisch-militärisch Abtrünniger* gelte sogar, wer durch Flucht sein Leben zu riskieren bereit sei, um in einem nicht-islamischen Land Zuflucht zu suchen. Zu fliehen wiege in vielen Gegenden Afghanistans schwerer, als etwa für eine NGO zu arbeiten. Aus den Zufluchtsländern Abgeschobene oder durch andere Umstände in ihre Heimat Zurückgekehrte würden wahrgenommen als durch ihren Aufenthalt unter Ungläubigen Verdorbene, d.h. als *sozio-kulturell Abtrünnige.* Stahlmann berichtet, dass Rückkehrer in ihren Dörfern umgebracht würden, weil sie durch ihren Aufenthalt im Westen nun selber Ungläubige geworden seien.[797]

797 Vgl. Stahlmann, *Bedrohungen im sozialen Alltag Afghanistans*; dies., *Überleben in Afghanistan?*

### c) *Pfarrer als Area-Studies-Experten*

Ein ägyptisch-deutscher Pfarrer schildert die Gefahren, denen sich Ägypter·innen aussetzen, wenn sie sich in ihrer Heimat öffentlich zu ihrer Christ-Werdung bekennen. Gefahr drohe ihnen durch ihre Familie und durch Islamisten. Gefahr drohe auch durch den ägyptischen Staat, der fürchte, mit dem Religionswechsel auch andere, politische Freiheiten zugestehen zu müssen.

Auch ein iranisch-stämmiger deutscher Pfarrer ist eingeladen, als Experte über die Situation von iranischen Christ·inn·en in Iran zu sprechen. Sein Impulsreferat verbindet die eigene Christ-Werdungsgeschichte und Einblicken in die Arbeit iranischer Haus- bzw. Untergrundkirchen und einem kritischen Rückblick auf die Tagung:

> »Die Kirche hat auch vor dem Asylverfahren getauft. Während dieser Tagung bekomme ich manchmal den gegenteiligen Eindruck.«[798]

Christ·inn·en habe es im Iran lange vor der islamischen Revolution gegeben, auch evangelische Christ·inn·en. Britische Missionare gründeten Krankenhäuser, Schulen. Erst nach der Revolution wurden sie als Spione des Landes verwiesen.

Mit der Islamischen Revolution verbanden sich zahlreiche Hoffnungen auf eine lebensdienliche Erneuerung des Islams. Die vergangenen dreißig Jahre der Republik zeigten jedoch, dass viele dieser Hoffnungen enttäuscht worden seien. Das Plädoyer für eine koranische Relecture im Zusammenhang der Verhandlung von Taufe und Konversion im Asylverfahren führe am Thema vorbei.

> »Es geht nicht darum, was ein richtiges Koran-Verständnis ist, sondern darum, was ich tagtäglich erlebe.«

Den alltäglich erfahrenen Islam charakterisiert er als gewalttätig gegen Frauen, gegen die eigene Mutter, gegen Kritiker. Der alltäglich erfahrene Islam sei grausam und willkürlich, und das mache Iraner·innen offen für Christliches. Wie erfahren Menschen in Iran vom Christentum? Vom Christentum wüssten sie durch Filme, durch Bücher, durch die Begegnung mit armenisch- und assyrisch-christlichen Nachbarn. Es gab eine Zeit, in der die Kirchen offen waren und von jedermann betreten werden durften. Mit der Ausbreitung der Hauskirchen begann die Angst vor dem Christentum. Eine Angst vor der Entfremdung vom Islam. Eine Angst vor einer Entfremdung durch tagtägliche Erfahrungen und Begegnungen. Ein Verbot des Christentums fruchtet jedoch nicht.

> »Es gelang nicht, mit den Pfarrern das Christentum zu verbieten. Die Menschen hatten das Buch.«[799]

---

798 Iranischer Pfarrer, *Tagung EKD / DBK 2018*, Mitschrift.
799 Ebd.

Und auch ein Verbot der Bibel, werde – wo es besteht – durch tausendfachen Bibelschmuggel umgangen. Als ebenso erfolglos erweist sich das Verbot von Farsi als liturgischer Sprache. Über das Internet würden sich iranische Christ·inn·en vernetzen und in ihrer Sprache kommunizieren. Menschen, die zum Glauben gekommen sind, missionierten.

»Mission im Iran heißt nicht, Bibeln verteilen, sondern mit Freunden und Bekannten sprechen. ›Ich habe einen neuen Weg gefunden. Ich habe eine neue Religion gefunden.‹ So kommt die Hauskirche zustande. Wir versammeln uns, um Bibel zu lesen und zu lernen.«

Er selber unterstütze eine Reihe von Hauskirchen über Internetforen. In einer Internetsitzung sei er in Kontakt mit 30 bis 40 Hauskirchen gleichzeitig. In jeder größeren Stadt gebe es Hauskirchen im vierstelligen Bereich. In einer Hauskirche zu sein, heiße, sich Gefahren auszusetzen. Immer wieder würden Hauskirchen unterwandert. Wenn ein Verrat bekannt wird, gelte es:

»Flieht. Lebt euer Leben! Rettet euch! Und dann fragen sie dich in Deutschland: Hast du eine Bescheinigung? Wurdest du verfolgt? – Nein, meine Hauskirche wurde entdeckt. – Du musst einen Taufkurs machen. Du musst noch warten. Was, erst zwei Wochen hier, und jetzt schon Taufe? – Na klar, ich bin doch längst Christ. – Warum soll er einen Taufkurs machen? Für den Schein? Was ist der Schein? Im Iran wird man physisch gefoltert. Und dann komme ich nach Deutschland und werde geistig gefoltert. Ich bin in Deutschland und muss immer noch kämpfen. Ich empfinde das als geistige Folter.«[800]

## 2. Die Ergebnisse

Die staatlich-kirchlichen Konfliktgespräche kommen zum Abschluss mit der gegenseitigen Versicherung, die jeweiligen Verfahren zu optimieren. Auf Seiten der Behörden und Gerichte spricht sich das aus in der Forderung und Selbstverpflichtung, sich auf den Einzelfall zu konzentrieren und nicht in pauschale Urteilsmuster zu verfallen (wie etwa mit dem Anfangsverdacht einer bloß strategischen Konversion in iranischen Asylverfahren). Auf Seiten der kirchlichen Vertreter·innen wird eine sorgfältigere Taufvorbereitung und -begleitung gefordert. So betont etwa der Vertreter der DBK in Münster:

»Wir haben kirchlicherseits noch einmal deutlicher verstanden, dass wir unsere Hausaufgaben zu erledigen haben, und zwar in vielfacher Hinsicht: Wie wir die Seelsorger vorbereiten auf den Katechumenat, auf die Begleitung von muslimischen Taufbewerbern. Welche Materialien wir zur Verfügung stellen. Wie wir in unseren Gemeinden mit dem Thema umgehen. Aber eben auch, wie wir den Kontakt mit den staatlichen Stellen, mit

800 Ebd.

dem BAMF, mit Richtern gestalten und wie wir mit der Bundesregierung, den Landesregierungen über solche Phänomene ins Gespräch kommen.«[801]

Er betont, dass diese Art von Gespräch – sie laufen bereit seit über 10 Jahren! – nicht der Abschluss, sondern allenfalls der Auftakt für eine intensive Zusammenarbeit sein könne. Die Forderung nach einer Verfahrensoptimierung – sowohl der Taufvorbereitung als auch der staatlichen Prüfpraxis – mit dem Ziel gegenseitigen Verständnisses spricht sich in Münster in dem ernsten Votum eines freikirchlichen Tagungsteilnehmers aus, der betont:

> »Wir brauchen eine Qualitätssicherung bei unserer Taufe, um nicht Vertrauen zu verspielen. Die Frage muss innerkirchlich auf den Tisch. Wir haben Verantwortung für unsere Geschwister. Es kann eine Situation eintreten, in der wir als Christen die Illegalität unterstützen müssen. Es braucht Vertrauen zwischen Kirche und Staat.«[802]

Eine Vertreterin der EKD mahnt in Münster zur sorgfältigen Verfahrensgestaltung, weil es im Asylverfahren schlimmstenfalls um »Leben und Tod« gehe; sie fordert vor diesem Hintergrund, einander ernst zu nehmen und im Austausch zu bleiben.[803]

### a) Mitteilungen und Vereinbarungen – die Gesprächsmaterialisate

Im Anschluss an die Tagung in Münster erscheinen identische Pressemitteilungen von DBK und EKD. Die Mitteilung schreitet das Programm inhaltlich noch einmal ab. Erinnert wird an das religionstheologische Plädoyer für »Formen der Taufvorbereitung, die achtsam mit der religiösen Prägung von Konvertiten umgehen und ihnen die Entwicklung eines versöhnten Verhältnisses zum früheren Glauben ermöglichen«, und an die religionsdidaktische Vermutung, dass »durch die Taufbegleitung von Geflüchteten […] Gemeinden nun wieder verstärkt mit Fragen der Erwachsenentaufe in Berührung«[804] kommen. Der »katholische, evangelische und freikirchliche« Austausch über die Taufvorbereitung zeige, dass in dieser »intensiven Vorbereitungsphase« Taufbewerber in die christliche Glaubenspraxis hineinwachsen und ihre Motive reflektieren. Hervorgehoben wird außerdem:

> »In der katholischen Kirche sieht das Kirchenrecht für erwachsene Taufbewerber einen gründlichen Katechumenat vor, der in der Regel mindestens ein Jahr dauert. In den evangelischen Landeskirchen gibt es ähnliche Regelungen.«[805]

801 Referent DBK, *Tagung EKD / DBK Münster 2018*, Mitschrift.
802 Teilnehmer BEFG, *Tagung EKD / DBK Münster 2018*, Mitschrift.
803 Vertreterin EKD, *Tagung EKD / DBK Münster 2018*, Mitschrift.
804 *Pressemitteilung zur Tagung EKD / DBK 2018.*
805 Ebd.

Die freikirchliche Taufvorbereitung wird nicht weiter expliziert, dafür aber die aufenthaltsrechtliche Herausforderung, wie sie im Gespräch mit staatlichen Stellen deutlich geworden sei. Sie bestehe darin,

> »dass die Konversion von Asylbewerbern im Spannungsfeld zwischen kirchlichem Selbstverständnis und staatlichem Verwaltungshandeln steht.«[806]

Der deutsch-ägyptische und der deutsch-iranische Pfarrer begegnen in der Pressemitteilung neben der deutschen Ethnologin als »Experten zur Situation in Afghanistan, im Iran und in Ägypten«. Am Ende wird auf zwei Handreichung verwiesen – die Materialisate der staatlich-kirchlichen Konfliktgespräche. Die römisch-katholische Handreichung wurde oben bereits diskutiert; zu dem evangelischen Dokument folgende Beobachtungen:

Die letzte große Begegnung von EKD, VEF und BAMF im Jahre 2012 unter der Ägide des Kirchenamtes der EKD hatte ihren Abschluss in einem Maßnahmenkatalog gefunden, in dem Folgendes beschlossen wurde:

> »Es wird eine Arbeitsgruppe eingerichtet, welche eine Handreichung für die Eben der Kirchengemeinden vorbereiten soll. Mit dieser Handreichung sollen
>
> 1. Sensibilität für den Umgang mit Taufbegehren von erwachsenen Flüchtlingen gefördert werden
>
> 2. Möglichkeiten der seelsorgerlichen und praktischen Begleitung von Täuflingen aufgezeigt werden
>
> 3. Mindeststandards für die Taufunterweisung angeregt werden
>
> 4. konkreten Materialien und Methoden für den Taufunterricht zur Verfügung gestellt werden, die der interkulturellen Situation Rechnung tragen.«[807]

### b) Die Handreichung »Zum Umgang mit Taufbegehren Asylsuchender«

Eine Arbeitsgruppe legt 2013 eine Handreichung vor, die die Verabredungen und Ergebnisse des Fachtages aufnimmt und weiterentwickelt: »Zum Umgang mit Taufbegehren Asylsuchender. Eine Handreichung für Kirchengemeinden, herausgegeben vom Kirchenamt der Evangelischen Kirche (EKD) und der Vereinigung Evangelischer Freikirchen (VEF)« präsentiert in sechs Kapiteln Mindeststandards und konkrete Hinweise für die Taufvorbereitung Geflüchteter. Gespickt ist die Handreichung mit O-Tönen Geflüchteter aus Togo, Afghanistan, Armenien, Iran und Vietnam.

Das einleitende Kapitel »Freude und Verantwortung« kontrastiert die ›Aufnahme und Taufe von Flüchtlingen mit dem Kontext landeskirchlichen Verfalls,

806 Ebd.
807 EKD, *Fachtag*, 29.

um sodann die Asylrelevanz der Taufe zu unterstreichen, die auch für den Missbrauchsverdacht verantwortlich sei. Angesprochen werden die mit dem Taufbegehren Geflüchteter konfrontierten evangelisch-landeskirchlichen und -freikirchlichen Pfarrer·innen, deren Unsicherheiten die Handreichung aufgreifen wolle. Vermutet werden auf Seiten der Taufenden folgende Fragen:

»Ist diese Konversion ernst gemeint? Geht es dem Täufling vielleicht nur darum, seinen Aufenthalt zu sichern? Habe ich als Pfarrer oder Pfarrerin sie auch ausreichend darauf hingewiesen, dass die Konversion nicht automatisch vor einer möglichen Abschiebung schützt? Sollte ich eine längere Probezeit empfehlen, bevor die Taufe tatsächlich vollzogen wird? Oder ist die Taufe vielmehr der erste Schritt zur Aufnahme in die Gemeinde, um dann durch aktive Teilnahme am Gemeindeleben im Glauben zu wachsen? Welche Gefahren drohen?«[808]

Ein zweites Kapitel benennt kriteriologische Dimensionen, die für die baptismale Begegnung mit Geflüchteten zu beachten seien. Ihre Taufe unterscheide sich zunächst nicht von anderen Erwachsenentaufen; es gelten die Regeln der »jeweiligen Kirchenordnungen der Gliedkirchen der EKD und der Mitgliedskirchen der VEF«. Der Kirchgemeinde komme die Aufgabe zu,

»die Taufbewerberinnen und Taufbewerber zu begleiten und zu unterrichten: in ihrer Hinwendung zu Christus und zum Glauben; in der Aneignung von Glaubensinhalten und Ausdrucksformen des Glaubens; in ihrem Wachstumsprozess im Glauben an und im Vertrauen auf Christus und darin, in der Gemeinschaft einer Ortsgemeinde ein geistliches Zuhause zu finden.«[809]

Dazu brauche es nun in besonderem Maße *Zeit*, einander kennenzulernen, u. a. durch *Gespräche.* Christlicher Glaube sei ein *Beziehungsgeschehen*, und das beziehungsförmige Einüben einer persönlichen und gemeinschaftlichen Glaubensgestaltung orientiere sich zuvorderst an der Mündigkeit. Ein spezieller *Taufkurs* leiste eine »Unterweisung« in diesem Sinne. Wer einen *muslimischen Hintergrund* habe, müsse über die Konsequenzen der Taufe aufgeklärt werden. Explizit werden im Zusammenhang der Kriterien auch die asylverfahrenstypischen Situationen der *Abschiebehaft* und der *Überprüfung* der Konversion durch Gerichte und Behörden in den Blick genommen.

»Im Asylverfahren wird u. a. auch geprüft, ob der bzw. dem Asylsuchenden im Falle einer Abschiebung in den jeweiligen Herkunftsstaat schwere Menschenrechtsverletzungen wegen der eigenen religiösen Überzeugung drohen. Dabei kann von der asylsuchenden Person verlangt werden, dass sie im Herkunftsland auf religiöse Handlungen verzichtet, wenn diese nicht Bestandteil und Ausdruck ihrer religiösen Identität sind. Das hat zur Folge, dass sie im Asylverfahren aufgefordert werden, ihren religiösen Werdegang und die eigenen religiösen Überzeugungen detailliert darzulegen. Im

808 EKD / VEF, *Handreichung*, 5.
809 A. a. O., 6.

Asylfolgeverfahren – bei einem Übertritt zum christlichen Glauben erst nach einem erfolglosen Asylverfahren – gilt dies umso mehr: als so genannter ›selbstgeschaffener Nachfluchtgrund‹ steht dann die Taufe generell unter Missbrauchsverdacht. Es ist deshalb sinnvoll, sich für das Verfahren frühzeitig eines kundigen Beistands zu versichern.«[810]

Das umfangreichste, dritte Kapitel geht auf »Praktische Aspekte« in Hinblick auf das »Taufbegehren Asylsuchender« ein. Als solche werden thematisiert: *Vorgespräche*, die dem Kennenlernen der Taufbewerber und dem Entkräften evtl. aufenthaltsstrategischer Erwartungen dienen. Das Eruieren der *Motivation* der Taufbewerber ist dann auch einer der ersten Hinweise für die Gestaltung des Taufunterrichts und klingt auch bei der Frage nach der *sprachlichen* Gestaltung des Kurses an.[811] Die Arbeit mit *Medien* müsse sich besonders am Schutzbedürfnis der Geflüchteten orientieren. Die Begleitung und Integration der Taufbewerber im Asylverfahren gewinne Gestalt in einer gemeindlichen *Willkommenskultur*, speziellen diakonischen und seelsorglichen *Angeboten*. Die *Verantwortung* reiche aber über die Gemeinde hinaus und erfordere den Kontakt zu schulischen Kooperationspartner·inne·n *(schulischer Religionsunterricht)* und einem juristischen *Netzwerk*. *Theologisch* sei eine Herausforderung, Islamisch-Arabisches und Christliches sorgfältig und nachvollziehbar zu differenzieren. Das betreffe sowohl theologische Kerntopoi wie »Offenbarung« und »Gebet« als auch kulturelle Fragen wie die »Rolle der Frau«.

Unter dem Stichwort »Transparenz« thematisiert ein längerer Abschnitt die katechumenale Verantwortung vor den Öffentlichkeiten BAMF, diakonische Einrichtungen, Nachbargemeinden.

> »Es schafft leichter Vertrauen, wenn das Verfahren und die Inhalte einer Taufvorbereitung nachvollziehbar beschrieben werden können.«[812]

Die praktischen Hinweise werden in einem vierten Kapitel ergänzt durch »[m]ögliche Bausteine für die Taufunterweisung von Asylsuchenden«. Hier fokussiert die Handreichung sprachlich und musikalisch zu vermittelnde (kognitive) Inhalte, »die angeeignet und verstanden werden sollen«.[813] Für die sprachlich mitunter herausfordernde Situation schlägt die Handreichung u.a. den

---

810 A.a.O., 7.

811 »Da viele Asylsuchende noch nicht über ausreichende Deutschkenntnisse verfügen, ist die Besonderheit gegeben, den Taufunterricht mit Hilfe von Übersetzern zu gestalten. Dabei kommt es jeweils darauf an, ob und vor welchem Hintergrund das Taufbegehren ausgesprochen wurde.« (a.a.O., 8)

812 A.a.O., 12.

813 »Grundelemente der christlichen Tradition [...] könnten sein: Zehn Gebote [...,] Der aaronische Segen [...,] Psalm 23 [...,] Seligpreisungn [...,] Vater Unser [...,] Leben im Glauben [...,] Christushymnus [...,] Das apostolische Glaubensbekenntnis«, das Kirchenjahr, Feste, Frömmigkeitsformen, Ethik, Konfessionskunde (a.a.O., 13f.).

Einsatz von Kinderbibeln vor. Auch für die Gestaltung des Taufgottesdienst macht die Handreichung für auf wenigen Seiten sehr konkrete Vorschläge, wenn sie schreibt:

»Eine große Taufkerze kann überreicht werden, die an die Tauffeier erinnert, mit dem Jesus-Wort ›Ich bin das Licht der Welt, wer mir nachfolgt, wird nicht im Finstern wandeln.‹
An die Tauffeier kann sich eine Gemeindefeier mit einem gemeinsamen Essen anschließen.«[814]

Dass die »Verantwortung über die Taufe hinaus« besteht, konstatiert ein fünftes Kapitel und erläutert, und wie man ihr gerecht werden könne: muttersprachliche Veranstaltungen, die Einladung zu Kreisen, v.a. aber die Begleitung im Asylverfahren.

Ein sehr ausführlicher »Anhang« bietet dann einen »Überblick über Asylverfahrensgrundsätze in Deutschland«, »Adressen« von Ansprechpartner·innen, Kirchen und Gemeinden mit Migrationsschwerpunkt und diakonischen Einrichtungen. Der asylrechtspraktische Stand und die Entwicklung der letzten Jahre werden kurz dargestellt und dabei das Prüfrecht staatlicher Stellen affirmiert:

»Natürlich haben das Bundesamt und die Gerichte ein Prüfrecht und eine Prüfpflicht auch bei Fragen der Konversion. Dies ist für die Behörde in § 24 Verwaltungsverfahrensgesetz normiert […] Konkretisiert in Hinblick auf das Asylverfahren bei Konversion bedeutet dies, dass das Bundesamt und die Gerichte die Ernsthaftigkeit der Konversion prüfen. Sie müssen soweit wie möglich ausschließen, dass eine taktisch bedingte Konversion, mit dem Ziel einer Asylanerkennung, vorliegt«[815].

Als problematisch werden unter Verweis auf Art. 140 GG diejenigen asylrechtlichen Situation aufgerufen, in denen die korporative Dimension der Religionsfreiheit berührt bzw. verletzt wird.

»[I]n der Praxis [treten] Probleme auf, wenn das Selbstbestimmungsrecht der Kirchen, wie es in Artikel 140 GG i.V.m. Artikel 136–141 Weimarer Verfassung geregelt wurde, berührt ist.«[816]

Als Problem wird genauer identifiziert die Kollision von Asyl- und Religionsverfassungsrecht als zweier Rechtsregime. Dazu komme es,

- »wenn in Entscheidungen von Bundesamt und Gerichten Formulierungen wie diese auftauchen: ›Hat er eine christliche Religion angenommen, genügt im Regelfall nicht, dass der Schutzsuchende lediglich formal zum christlichen Glauben übergetreten ist, indem er getauft wurde.‹ […] Dabei wird aus kirchlicher Sicht der *Cha-*

814 A.a.O., 14.
815 A.a.O., 17f.
816 A.a.O., 18.

*rakter der Taufe als Sakrament und die Tatsache völlig verkannt, dass der taufende Pfarrer oder die taufende Pfarrerin die Ernsthaftigkeit des Glaubensübertritts auf der Grundlage der kirchlichen Lebensordnungen ebenfalls geprüft hat. Aus theologischer Perspektive ist es außerdem wesentlich, die Gnade im Glauben als Geschenk zu empfangen.*

- wenn Gerichte die ›religiöse Identität‹ des Betroffenen prüfen. Dies steht Gerichten unserer Auffassung nach nicht zu. Außerdem ist zu fragen, welche *Sachkompetenz* sie zur Prüfung dieser Fragen haben.
- wenn Bundesamt und Gerichte eine Art *Glaubensprüfung* durchführen, weil sie der Meinung sind, dass ein Konvertit bzw. eine Konvertitin ›mit den wesentlichen Grundzügen seiner neuen Religion vertraut sein muss.‹ [...] Damit wird der Glaube auf die Aneignung von Wissen reduziert und die Beziehungsebene, das wachsende Vertrauen in Gottes Verheißung vernachlässigt [...]«[817].

Auswertend ist Folgendes zu sagen: Die Handreichung vermittelt einen Eindruck davon, wie behördlich-gerichtliches sich in taufpraktisches Handeln einschreibt und kirchliche Steuerungsliteratur hervorbringt. Das staatliche Verfahren wird von der Handreichung grundsätzlich affirmiert, jedoch als problematisch befunden, wenn durch staatliche Prüfpraxis die korporative Religionsfreiheit gefährdet und damit kirchliches Handeln unterminiert wird. Handlungsbedarf besteht anscheinend *in puncto* Gestaltung des Asylverfahrens. Die Handreichung beansprucht, dass die Ernsthaftigkeit von Taufbewerber·innen durch die Taufenden geprüft werde. Kirche in landeskirchlicher und freikirchlicher Gestalt begegnet hier als Anwältin ihrer selbst, weniger derjenigen Christ·inn·en, an deren Taufe sich der Konflikt entzündet und die nach Regelung verlangt.

In erstaunlicher Konkretheit erscheinen die Vorschläge für die Taufvorbereitung und den Taufgottesdienst. Der – gemessen an der Kürze des Textes – prominente Vorschlag, mit einer »Kinderbibel« zu arbeiten und eine »große Taufkerze« zu überreichen, erzeugt einen befremdlich infantilisierenden Blick auf Taufbewerber·innen mit Migrationshintergrund.

Der Eindruck, dass der zwischen solch übersprungshandlungsartiger Hyperkonkretisierung, Reviermarkierung und Eirenik gegenüber dem Staat einerseits und institutioneninterner Regelung andererseits schillernde Gestus des Papiers verschiedenen konfessionellen und professionellen Handschriften geschuldet ist, drängt sich auf.

817 A. a. O., 18 [kursiv, CK].

# V. Debattenkontexte

Die Auseinandersetzung zwischen Staat und Kirche(n) darüber, wie die Christ-Werdung und Taufe Gegenstand des Asylverfahrens wird, lässt sich in viele Kontexte einzeichnen. Ich skizziere kurz diejenigen, die in den von mir geführten Gesprächen selber greifbar sind.

Deutlich wurde, wie sehr sich die Debatte um die Kompatibilität von Islam und mitteleuropäischer Gesellschaft in das asylrechtliche Konfliktszenario einschreibt. Das Bemühen im christlich-islamischen Dialog scheint durch die »Taufe von Muslimen« ebenso gefährdet zu werden wie die seit gut zehn Jahren auch auf akademischer Ebenen betriebene Arbeit an einem *deutschen Islam*.

Der eirenische Gestus (»Gespräch als Auftakt«; »im-Kontakt-bleiben-Wollen«; »Hausaufgaben machen«), in dem die staatlich-kirchlichen Begegnungen enden, ist vermutlich auch der Tatsache geschuldet, dass es eine zweite asylrechtliche Front gibt: das *Kirchenasyl*. Das Thema blitzt selten in den hier bedachten Gesprächen auf, weil jener Konflikt das Thema »Taufe und Konversion im Asylverfahren« nur indirekt betrifft. Anlass für ein Kirchenasyl sind meist sog. Dublin-Fälle; dabei geht es um die Frage, wohin jemand abgeschoben werden darf. Kirchenasyl und die Frage nach der asylrechtlichen Prüfung einer Christ-Werdung kommen meist dann zusammen, wenn letztere erst im Zielland der Flucht und/oder im Asylverfahren stattfindet und damit als selbstgeschaffener Nachfluchtgrund gilt. Nach skandinavischer Praxis und zunehmend auch nach deutscher werden diese Schicksale immer weniger mit Flüchtlingsschutz bedacht. Auch wenn sich im Falle der Kirchenasyle Gemeinden mit ihren Pfarrer·inne·n und BAMF gegenüberstehen, wird der Konflikt aber v. a. auf der Ebene der Innenministerien und dem Bevollmächtigten der EKD ausgefochten.

Eine weitere, historische Debatte taucht in den Argumenten immer wieder auf. Es handelt sich um eine Parallelisierung der asylrechtlichen Prüfung mit der bundesdeutschen Überprüfung von *Kriegsdienstverweigerern.*[818] V. a. Verfassungsrechtler vergleichen das Prüfprozedere für die Anerkennung als Flüchtling

818 Bis 1983 (mit Unterbrechung von 1977 bis 1978 aufgrund einer später revidierten Gesetzesänderung) musste die Weigerung unter Berufung Art. 4 Abs. 3 GG beantragt und schriftlich begründet werden. Die Ernsthaftigkeit der Gewissensentscheidung wurde in einer mündlichen Anhörung vor einem Prüfungsausschuss der Kreiswehrersatzämter und ggf. einer Prüfungskammer der Wehrbereichsverwaltung auf seine Glaubhaftigkeit hin überprüft. Gegen eine Ablehnung durch beide Instanzen konnte vor einem Verwaltungsgericht geklagt werden. Ab 1983 genügte ein schriftlicher Antrag an das Kreiswehrersatzamt, der vom Bundesamt für Zivildienst auf Plausibilität (d. h. ob es Nachvollziehbarkeit und Konsistenz oder offensichtliche Unrichtigkeit) geprüft wurde. Die Bereitschaft, einen gegenüber dem Wehrdienst sehr viel längeren und schlechter besoldeten Zivildienst zu leisten, galt zudem als hinreichend glaubhafter Erweis der Ernsthaftigkeit der Gewissensentscheidung.

mit dem frühen zweistufigen Anerkennungsverfahren als Kriegsdienstverweigerer und fordern von den Asylbehörden, sich in Hinblick auf die zu ermittelnden inneren Tatsachen (den vollzogenen Glaubenswechsel und die Ernsthaftigkeit im Engagement für den neuen Glauben) mithilfe einer Plausibilitätsprüfung zu beurteilen.

Eine solche Analogisierung scheint auch die juristische Diskussion der in der Asylprüfung zum Einsatz kommenden rechtlichen Figuren nahezulegen. So erinnert Karras an die Ahmadiyya-Entscheidung des BVerfG von 1987 – hier war prominent vom »religiösen Existenzminimum« die Rede – und Bertrams Kommentar dazu: »Doch was immer sich hinter der – in den Bereich der Transzendenz weisenden – Formel von der religiös-personalen Identität im einzelnen verbergen mag, die für die Tatsachengerichte entscheidende Frage lautet: Wie läßt sich eine Betroffenheit dieser Identität verifizieren? [...] Sollen etwa nach dem Vorbild von Kriegsdienstverweigerer-Verfahren viele hundert asylsuchende Ahmadis – unter Beteiligung eines Dolmetschers (!) – daraufhin überprüft werden, ob sie ihren Glauben ›ernsthaft‹ praktizieren?«[819]

Eine Rekonstruktion der KdV-Debatte anhand von Konferenzen und staatlich-kirchlichen Begegnungen, kann an dieser Stelle nicht geleistet werden. Hilfreich ist es, sich daran zu erinnen, dass es einen Anweg in Form juristischer und gesellschaftlicher Auseinandersetzungen gab, bis 1960 das BVerfG klarstellte, dass der Wehrdienst verweigert werden darf, und 1961 bundesweit der Zivildienst eingeführt wurde. Und auf diesem Weg spielte die Diskurssion um die Frage, wie die Gewissensentscheidung als innere Tatsache ermittelt werden könne, durchaus eine Rolle. Dass die Hürden für den Erweis der Ernsthaftigkeit sanken, hat wohl gleichermaßen mit der gesellschaftlichen Akzeptanz der Kriegsdienstverweigerung zu tun wie mit der Tatsache, dass sich die Prüfung letztendlich auf die Plausibilität beschränkte. Zu bedenken ist im Zusammenhang dieses Vergleichs auch, dass die jeweiligen Alternativen im Ausgang des verfahrensmäßigen Weges zum Zivildienst oder zum asylrechtlichen Schutz anders gelagert sind: Geht es bei ersterem um den einen oder anderen Dienst, ist bei letzterem die Alternative Schutz oder nicht, also ganz oder gar nicht. Das erschwert den Vergleich. Nicht stimmig ist auch der Verweis auf den nur auf den ersten Blick als Zivildienst-Pendant erscheinenden Bausoldat-Dienst in der DDR. Es handelte sich dabei nicht um einen Wehrersatzdienst, sondern um eine »waffenlose Waffengattung« in der Nationalen Volksarmee (NVA), in der diejenigen dienten, die aus »religiösen Anschauungen oder ähnlichen Gründen den Wehrdienst mit der Waffe ablehnen«[820]. Für die Bausoldaten bestand die Her-

819 Bertrams, *Anmerkung zu BVerfG*, 49f. Zit. nach Karras, *Missbrauch*, 234 (Fn 158).

820 In der »Anordnung des Verteidigungsrates der Deutschen Demokratischen Republik über die Aufstellung von Baueinheiten im Bereich Ministeriums für Nationale Verteidigung« vom

ausforderung weniger darin, die Ernsthaftigkeit ihrer Gewissensentscheidung glaubhaft zu machen als darin, mit den an die Weigerung des Waffendienstes geknüpften Schikanen und berufsbiographischen Hindernissen umzugehen.

Der Konflikt um die Taufe / Konversion von Geflüchteten erinnert an vorangehende *Taufdebatten.* In welchem Maße es immer konkrete Herausforderungen sind, die Debatten veranlassen, in denen die Taufe zwischen tatsächlich verhandeltem Thema und Stellvertreter schwankt, lässt sich am Beispiel der Diskussion um die sog. *Judentaufen* Ende des 18. Jh. und zu Beginn des 19. Jh. illustrieren. Als Argument gegen die Taufe von Juden wurde in Preußen immer wieder angeführt, dass das »Zeremonialgesetz« diese auf eine andere Jurisdiktion verpflichte. Angesichts dieser Spannung zwischen den Ansprüchen des preußischen Staates und der »jüdischen Religion« könne von ihnen keine Loyalität erwartet werden. Mit dem Argument, dass die Taufe keine Wesensänderung bewirke, wurde das Getauftsein für Juden faktisch vom Bürgerrecht abgekoppelt (Verweigerung von Ämtern trotz Taufe). Theologisch wurde in diesem Zusammenhang zur Frage, wer überhaupt getauft werden könne. Inwieweit es hier tatsächlich um Fragen nach der Wirkung der Taufe geht oder vielmehr die identitätspolitische Konstruktion eines nicht-taufbaren Anderen greifbar ist, der als diskursive Funktion auf ein ganzes Debattenkonglomerat verweist und Produkt anderer Aushandlungen ist (z.B. der Herstellung von Handlungsfähigkeit über einen rassifizierten Nationalismus in Zeiten französischer Besatzung), klärt gegenwärtig die Kirchenhistorikerin Thea Sumalvico.

Die Debatte erscheint mir insofern vergleichbar mit dem hier verhandelten Szenario, als es weniger um die Taufe als um die Taufbarkeit geht. Gestritten wird darüber, welche Voraussetzungen jemand mitbringen, vorweisen, glaubhaft präsentieren muss, um getauft werden zu können. In die Frage der Taufbedingungen bzw. -voraussetzungen schreiben sich Fragen nach den (rechtlichen) Folgen, Pflichten und Privilegien ein. Die gegenwärtige staatlich-kirchliche Auseinandersetzung ist demgegenüber noch einmal anders gelagert. Dass iranische Christ·inn·en in der staatlich-kirchlichen Auseinandersetzung allenfalls als Besprochene, aber fast nie als Sprechende auftauchen, erweckt den Eindruck, dass es nicht um die Frage geht, wie mit konkreten kontextuellen Christentümern umzugehen ist. Gerungen wird vielmehr um die Deutungshoheit zweier Institutionen; verteidigt werden institutionelle Einflusssphären, weniger die individuelle Religionsfreiheit.

---

7. September 1964 heißt es unter § 4: »(1) Zum Dienst in den Baueinheiten werden solche Wehrpflichtigen herangezogen, die aus religiösen Anschauungen oder aus ähnlichen Gründen den Wehrdienst mit der Waffe ablehnen. (2) Die Angehörigen der Baueinheiten tragen den Dienstgrad ›Bausoldat‹.« (Gesetzblatt der DDR Teil 1 Nr. 11 vom 16.09.1964, S. 129)

Was dieser Debatte vorangehende theologische Auseinandersetzungen mit Blick auf die Taufe angeht, ist auf Folgendes hinzuweisen:

In den 1960er/70er Jahren kündigen sich in einer veränderten Taufkultur auf unübersehbare Weise bereits umfassendere *Transformationen von Kirchlichkeit und Religiosität* an – eine Wahrnehmung, die Anlass ist für die ab 1972 regelmäßig angestrengten Kirchenmitgliedschaftsuntersuchungen. Die in den letzten Jahrzenten vermessene Individualisierung macht vor der Taufe als dem »Kernbereich kirchlichen Handelns« nicht halt und stellt auch die diesbezügliche theologisch-pfarramtliche Deutungshoheit in Frage. Der lutherlische Theologe Carl-Heinz Ratschow erfasst allenfalls ein Moment dieser Auseinandersetzung, wenn er Anfang der 1970er diagnostiziert: »[Das] Ansinnen, die Taufe von Kindern christlicher Eltern dann erst stattfinden zu lassen, wenn diese Kinder sich selbst dazu entschließen können, ist der eigentliche Inhalt der Taufdebatte.«[821]

Die Taufe wird in den 1990er Jahren erneut und zwar zuerst dort zum Problem, wo einst aus der Kirche Ausgetretene unter neuen religionsverfassungsrechtlichen Bedingungen nun für den Eintritt in ein kirchliches Arbeitsverhältnis auch ihre Kirchenmitgliedschaft nachweisen müssen. Das Auseinandertreten von Taufe, formaler Kirchenmitgliedschaft und kirchlicher Arbeit verweist darüber hinaus auf die schwindende Bindekraft von Institutionen im Allgemeinen.

Grethlein identifiziert zu Beginn des 21. Jh. drei wesentliche Veränderungen in den landeskirchlichen Tauftraditionen:[822] Die rein defizitäre Wahrnehmung, dass der Tauftermin immer weiter von der Geburt wegrücke und das Taufalter ansteige, ignoriere, dass ganz andere Lebensphasen infrage kämen, in denen Menschen auf eine mögliche Taufe ansprechbar seien. So sei die Konfirmandenarbeit häufig gerade Anlass für einen Taufwunsch. Grethlein diagnostiziert außerdem: In der Taufe stehen theologische Bedürfnisse mitunter gegen familiäre, was sich nicht nur am Taufverständnis bemerkbar mache. Symptomatisch könnte hier angeführt werden die Forderung nach – in ihrer Privatöffentlichkeit der Trauung vergleichbaren – Taufgottesdiensten.

Der theologische Umgang damit beschränkt sich nach Grethlein zumeist auf die kasualtheoretische Reflexion, wohingegen der sakramentstheologische Reflexionsstand seit Ratschow unverändert sei und die Beschäftigung seit den 2000er Jahren regelrecht abbreche.[823] Das theologisch einzuholende Defizit spitzt Grethlein in der Frage zu, »[w]as die im Sakramentsbegriff formulierte, theologisch grundlegende Stellung der Taufe für eine praktisch-theologische Kasualientheorie [bedeutet]? Und: Welche Konsequenzen sind aus dem im Paradigma

821 Ratschow, *Die eine christliche Taufe*, 38.
822 Beetschen / Grethlein / Lienhard, *Taufpraxis*, 9f.
823 Beetschen / Grethlein / Lienhard, *Taufpraxis*, 10.

der Kasualien implizierten Lebensweltbezug für eine Sakramentstheologie zu ziehen?«[824]

Die vorliegende Untersuchung teilt die Wahrnehmung eines sakramentstheologische Reflexionsdefizits insofern, als die Sakramentalisierung der Taufe in den staatlich-kirchlichen Konfliktgesprächen lediglich als eine rhetorisch-argumentative Strategie erscheint. Was in der Taufe geschieht, drängt sich als Frage auf, wird aber regelmäßig nicht bearbeitet.

## VI. Zwischenfazit – Eine unendliche Konfliktgeschichte?

Die behördliche und gerichtliche Überprüfung von Taufe und Konversion im Rahmen des Asylverfahrens ist Anlass für einen Konflikt zwischen Kirche(n) und Staat, der seit einigen Jahren über Konferenzen, Fachtage, Konsultationen ausgetragen wird. In diesen Konfliktgesprächen versammeln sich Prüfende und Taufende, Vertreter·innen der Leitungsebenen von Staat und Kirche: Beide Seiten gewähren einander Einblicke in die jeweilige Arbeit und äußern sich kritisch zur Arbeit de·s·r anderen. Verschiedene und z.T. widersprüchliche apologetische Strategien kommen hier zum Einsatz:

So wird von staatlicher Seite betont, dass in der asylrechtlichen Prüfarbeit nicht über den Glauben eines Menschen befunden werde. Dass die grundlegende Prüffigur der sog. doppelten Prognose aber allzu leicht in ein Urteil genau darüber zurückfällt, lässt sich in den Konfliktgesprächen nicht ohne Weiteres entkräften.

Die Vertreter·innen der Kirchen bemühen sich, mit einer Stimme gegen das staatliche Vorgehen zu sprechen. Die argumentative Strategie, die staatliche Prüfung als Eingriff v.a. in die korporative Religionsfreiheit zu diskreditieren (nach dem Motto: Wenn einer prüft, dann wir!) führt dann aber nicht nur zu einer Appropriation der Opferrolle und der faktischen Eliminierung der Sprechposition iranischer Christ·inn·en aus dem Konfliktdiskurs. Es stellt sich auch die Frage, was hier eigentlich verhandelt wird. Die Strategie, sich auf das kirchliche Proprium zu berufen, stützt die theologisch fragwürdige Position, als gäbe es einen Ort, von dem aus die Ernsthaftigkeit des Glaubens als Vorbedingungen für die Taufe überprüft und eine Taufe verweigert werden könnte. Diese Annahme stabilisiert die diskursive Position des Glaubensprüfers als umkämpftem Ort. Die Frage, wer diesbezüglich der bessere und legitimere Prüfer ist, lässt sich jedoch nicht beantworten und der Konflikt damit nicht lösen. Trotz z.T. massiver Kritik v.a. an der staatlichen Arbeit enden die Gespräche so in eirenischem Einvernehmen: Geprüft werden muss; aber jeder müsse das seine prüfen.

824 Beetschen / Grethlein / Lienhard, *Taufpraxis*, 10f.

Trotz Einwänden Einzelner ist bei den staatlich-kirchlichen Konfliktgesprächen immer wieder die Rede von Muslim·inn·en, die nach der Taufe begehren. Damit wird ein dem Asylverfahren vergleichbarer Religionsdiskurs stabilisiert, in dem Christliches und Islamisches zu homogenen, qualitativ aufeinander abbildbaren Entitäten gerinnen und der Weg von einer zur anderen zur »Konversion« wird. Die in den Narrativen iranischer Christ·inn·en v. a. über die Idee Iran konstruierten bzw. konstituierten Kontinuitäten zu Christlichem kommen nicht in den Blick.

Im Bericht des Rates der EKD von Mitte November 2019 heißt es unter dem letzten von 35 Punkten des Abschnitts »Kirche und Gesellschaft« zum Thema »Konversion im Asylverfahren«:

> »Nach wie vor besteht der Eindruck, dass bei gerichtlichen Anhörungen ›Glaubensprüfungen‹ vorgenommen werden. [...] Gemeinsam mit der Evangelischen Kirche im Rheinland wird die EKD daher im Januar *2020 erneut einen Fachtag* zum Thema ›Konversion im Asylverfahren‹ abhalten, der dem innerkirchlichen, aber auch externen Austausch mit Verwaltungsrichtern und Entscheidern dienen soll.
> Die *gemeinsam mit der Deutschen Bischofskonferenz* unternommenen Bemühungen der EKD, darauf hinzuwirken, dass das BAMF Konversionsfälle mit mehr Sensibilität prüft, haben erste Früchte getragen: EKD, DBK und die *Vereinigten Evangelischen Freikirchen*[825] [sic!] wurden angefragt, bei der *Erstellung der Dienstanweisung* ›Asyl – Konversion im Asylverfahren‹ im BAMF beratend mitzuwirken«[826].

Darüber hinaus gebe es »vertrauensvolle Gespräche« mit den Behörden. Zu den Früchten der langjährigen Zusammenarbeit wird man zählen können, dass ein weiterer Fachtag zum Thema bereits in Arbeit ist. Ernüchternd wirkt der Blick ins vorläufige Programm. Es verheißt eine Begegnung von Jurist·inn·en und Theolog·inn·en; iranische Christ·inn·en werden nicht sprechen.

Der Bericht konstatiert außerdem, dass trotz der Kooperation auf verschiedenen Ebenen

> »die Dienststelle des Bevollmächtigten in Berlin nach wie vor Informationen von Anhörungen oder Gerichtsverfahren [erreichen], in denen bei der Prüfung der *Konvertiten* durch den Staat die gebotenen *Grenzen* übertreten werden. In diesem Zusammenhang hat das Kirchenrechtliche Institut der EKD ein *Gutachten* erstellt. Der Text beschreibt, wo aus Sicht der Gutachter die Grenzen bei der Überprüfung einer Konversion im

825 Gegr. 1926 (!) mit dem Ziel der formalrechtlichen Gleichstellung mit den Landeskirchen. Mitgliedskirchen: (neocharismatische) Anskar-Kirche HH; AG Mennonitischer Gemeinden in D KdöR F.a.M.; BEFG (Baptisten und Brüdergemeinden) KdöR Wustermark-Elstal; Bund freier ev. Gem. (FeG) KdöR Witten; Bund freikirchlicher Pfingstgemeinden KdöR Erzhausen; Heilsarmee; Ev.-meth. Kirche KdöR F.a.M.; Foursquare D, Freikirchl. Ev. Gemeindewerk e.V. (fegw) Hannover; Freikirchl. Bund d. Gem. Gottes e.V. HH; Kirches d. Nazareners e.V. Gelnhausen; Mühlheimer Verband Freikirchl.-ev. Gemeinden GmbH Bremen; Gemeinde Gottes D KdöR Urbach.

826 Kirchenamt der EKD, *Ratsbericht 2019 (B)*, 37 f. (kursiv, CK).

Asylverfahren liegen. Das Gutachten soll Entscheidungsgrundlage dafür werden, ob eventuell *gegen ein Bundesverwaltungsgerichtsurteil von 2015 vorgegangen* werden soll.«[827]

In der Titelzeile besagten Urteils des BVerwG aus dem Jahr 2015 heißt es – oben war bereits davon die Rede –: »[Bei] Religiöse[r] Verfolgung infolge [von] Konversion – keine Bindung der Gerichte an Beurteilung des taufenden Pfarrers hinsichtlich der Ernsthaftigkeit des Glaubenswechsels«.

Die Auseinandersetzung wird nach wie vor von der Frage geleitet, wer die Ernsthaftigkeit des Glaubenswechsels angemessen beurteilen könne. Auf dem Spiel zu stehen scheint allein die *korporative* Religionsfreiheit. Einen Hinweis darauf, dass staatliche Stellen ihre Verpflichtung zu religiös-weltanschaulicher Neutralität im Ganz-oder-Garnicht-Urteil über iranische Christ-Werdungs-Geschichten verletzen und dass das zu allererst ein Problem iranischer Christ·inn·en ist und erst dann ihrer deutschen Pfarrer·innen, sucht man vergeblich. Zur Debatte steht nicht die Prüfbarkeit des Christ-Seins, sondern der jeweilige Anspruch darauf.

Das durch Michael Heinig vom Kirchenrechtlichen Institut der EKD erstellte Gutachten äußert sich in diesem Punkt ebensowenig, sondern bescheinigt dem BVerwG-Urteil Verfassungskonformität.

Was die Prüfpraxis angeht, pflichtet der Gutachter staatlichen Stellen bei, dass die »religiöse Identität [...] als innere Tatsache nur im Rückschluss aus der Darstellung des Betroffenen und seinem äußeren Verhalten festgestellt werden [kann]«[828]. Die Frage der Durchführbarkeit wird nicht gestellt. Ist nach der rechtlichen Klärung 2015 nun auch die kirchenrechtliche Standortbestimmung mit einer grundsätzlichen Affirmation der Praxis und einer Forderung nach Einhaltung der Regularien abgeschlossen?

827 Ebd.
828 Heinig, *Gutachten*, 14.

# E Tauftheologische Konfrontationen

Es gibt mehrere Möglichkeiten, den im Gespräch zwischen Staat und Kirche aufgeworfenen Aspekten weiter nachzugehen, etwa durch einen ethnographischen Blick in die real-existierenden »Flüchtlings-Tauf«-Kulturen der unterschiedlichen Christentümer und damit eine stärkere Untersuchung der Perspektive der Taufenden. Ich knüpfe an die in der Debatte aufgeworfenen tauftheologischen Fragen an. Ich nehme dabei die von vielen Taufenden geäußerte Prämisse ernst, dass sich die Taufe von Iraner·innen zunächst nicht von anderen Erwachsenentaufen unterscheide. Dass diese stark tauftheologisch-normative Perspektive freilich vor dem konkreten Phänomen iranischer Christ·inn·en im deutschen Asylverfahren verhandelt wird, möge immer wieder deutlich und der Eindruck eines aseptisch-deduktiven Zugriffs vermieden werden.

Die bisherigen Ergebnisse lassen sich m.E. in drei tauftheologischen Fragenkomplexen zuspitzen: (1) Angesichts der Verbindung aus Christ-Werdung, Flucht und der Hoffnung auf politisch-gesellschaftliche Veränderung in Iran stellt sich die Frage, wohin Iraner·innen in einer deutschen Gemeinde getauft werden? (2) Im Zusammenhang mit dem staatlich-kirchlichen Ringen um die Kompetenz für die Ernsthaftigkeitsprüfung stellt sich die Frage, was in der Taufvorbereitung geschieht bzw. was durch die Taufvorbereitung geleistet wird? Ist die Taufvorbereitung eine dem Asylverfahren vergleichbare Ermittlung innerer Tatsachen, auf deren Grundlage die Art und Weise christlicher Lebensgestaltung prognostiziert und die Taufe ggf. verweigert werden kann? (3) Der unklare und kontrovers diskutierte Zusammenhang von Christ-Werdung, Taufe und christlichem Leben lässt sich zudem in die Frage heben, was nach dem Verständnis unterschiedlicher Kirch- und Christentümer in der Taufe geschieht. Inwiefern kann überhaupt von der einen christlichen Taufe die Rede sein? Ich beginne mit der letzten der drei resümierenden tauftheologischen Fragen.

# I. Die eine christliche Taufe

## 1. Über Lima nach Magdeburg – ein ökumenisches Taufverständnis?

Unter der Ägide der Kommission für Glauben und Kirchenverfassung schreiben 1982 im peruanischen Lima die im Ökumenischen Rat der Kirchen vertretenen Kirchen und die römisch-katholische Kirche fest, wo sie sich im Verständnis von Taufe, Eucharistie und Amt einig sind. Die sog. Konvergenzerklärung (engl. *Baptism, Eucharist and Ministry* – BEM, dt. kurz *Lima-Erklärung*) taucht argumentativ immer wieder im Zusammenhang der staatlich-kirchlichen Konfliktgespräche auf, auch um eine geschlossene kirchlich-baptismale Front gegenüber staatlich-übergriffigem Prüfeifer zu konstruieren. Die *Lima-Erklärung* hält *in puncto* Taufe Folgendes fest: Unstrittig sei die biblisch überlieferte Einsetzung und frühchristliche und damit für alle Christ·inn·en verbindliche Praxis der Taufe (1). »Die Taufe vereint mit Christus und seinem Volk.« (2) Sie gibt Teil an Jesu Tod und Auferstehung und »bedeutet« Freiheit (3). Wer seine Sünden bekennt und sich zu Christus bekehrt, den wäscht die Taufe von Sünden rein (4) und verleiht »die Salbung und Verheißung des Heiligen Geistes« (5). Die Taufe gliedert in den Leib Christi ein und ruft als Band der Einheit zur Überwindung der Trennung der Kirchen (6). Durch das, was die Taufe ist und bewirkt, ist sie ein Zeichen des Reiches Gottes (7).

Auffällig ist die starke Betonung der Symbolizität in diesem ersten Teil der Erklärung: »Taufe bedeutet«, »Taufe ist Zeichen«, wenn auch *das* Zeichen. Herausgestellt wird Einigkeit in Hinblick auf die *partizipatorische* (Teilhabe und Geistempfang), *inkorporierende* (Leib Christi) und *initiatorische* (Mitglied in der Kirche) Dimension der Taufe.

Auch eine grundsätzliche Zuordnung von Menschen- und Gotteswerk lässt sich 1982 gemeinsam artikulieren: Die Taufe ist Gabe Gottes und wird doch ohne Glauben nicht heilswirksam (8). Die Taufe setzt einen lebenslangen Aneignungsprozess in Gang und fordert auf, das Evangelium zu leben (9) und zu bezeugen (10).

Ausführlich behandelt das Papier dann die Taufpraxis (11–16). Mutig begibt sich die Erklärung sogleich an die tauftheologischen Fronten und sucht zwischen Glaubens- und Säuglingstaufe zu vermitteln (11–13). Sie tut es, indem sie erneut darauf abstellt, dass mit der Taufe ein lebenslanger Weg des Bekennen-Lernens beginnt, für den die (familiale und kongregationale) Gemeinschaft der Getauften konstitutiv ist. In Salbung und Konfirmation drücken die Kirchen je aus, dass »die christliche Taufe mit Wasser und durch den Heiligen Geist geschieht« (14). Um die noch bestehenden Differenzen zu überwinden, müssten nun die einen den Verpflichtungscharakter der Taufe stärker herausstellen, die anderen »sichtbarer zum Ausdruck bringen, daß auch Kinder unter den Schutz der Gnade Gottes gestellt sind« (16).

In einem letzten Teil widmet sich die Erklärung der Tauffeier (17–21) und benennt Mindestbestandteile (17, 20), wobei die Taufenden auch dahingehend in die Pflicht genommen werden, die Bedeutung der Taufe und ihrer Elemente zu erläutern (21).

Zweieinhalb Jahrzehnte nach der Verabschiedung des Lima-Papiers und nach unterschiedlichen Bemühungen hinsichtlich der gegenseitigen Taufanerkennung[829] erklären im Januar 2007 im Magdeburger Dom elf christliche Kirchen:

> »Trotz Unterschieden im Verständnis von Kirche besteht zwischen uns ein Grundeinverständnis über die Taufe.
> Deshalb erkennen wir jede nach dem Auftrag Jesu im Namen des Vaters und des Sohnes und des Heiligen Geistes mit der Zeichenhandlung des Untertauchens im Wasser bzw. des Übergießens mit Wasser vollzogene Taufe an und freuen uns über jeden Menschen, der getauft wird. Diese wechselseitige Anerkennung der Taufe ist Ausdruck des in Jesus Christus gründenden Bandes der Einheit (Epheser 4,4–6). Die so vollzogene Taufe ist einmalig und unwiederholbar.«[830]

Nicht unter den unterzeichnenden *Kirchen* sind neben Mennoniten, Baptisten und Adventisten – sie lehnen die Säuglingstaufe ab – auch die Koptisch-Orthodoxe und die Syrisch-Orthodoxe Kirche, letztere mit Verweis auf ekklesiologische Fragen.

Der evangelische Konfessionskundler *Walter Fleischmann-Bisten*[831] bewertet den Ertrag der Lima Erklärungen nüchtern als »Konvergenz mit und ohne Konsequenz«. Lima habe die Taufe als »Band der Einheit« bekräftigt und ihre Unwiederholbarkeit unterstrichen. »Nicht beseitigen konnten die Lima-Texte hingegen die »Gräben zwischen Theorie und Praxis der Gläubigen- und Säuglingstaufe und die damit verbundenen Kontroversen.«[832] Ähnlich ambivalent schätzt der Ökumeniker *Jörg Bickelhaupt*[833] auch die mittelfristigen Ergebnisse der Magdeburger Tauferklärung ein. Diese habe der »Ökumene einen neuen Schub gegeben und diese aus den wechselseitigen Engführungen […] hinausgeführt, die sich zuweilen mit einer Ökumene der Profile verbanden. [… Es entstanden jedoch] verschiedene Unklarheiten und Missverständnisse, die mancherorts […] die ökumenische Großwetterlage sogar eintrübten.«[834]

829 Bickelhaupt, *Zehn Jahre*, 37.
830 Erklärung der gegenseitigen Anerkennung der Taufe, z.B. in: ACK, *Was hindert's*, 125f.
831 Fleischmann-Bisten, *Taufpraxis in ökumenischer Perspektive*, 139–160.
832 A.a.O., 145.
833 Bickelhaupt, *Zehn Jahre*, 37f.
834 Ebd.

Die Magdeburger Tauferklärung stellt die verbindliche Anerkennung eines ökumenisch errungenen Konsenses durch einzelne Kirchenleitungen dar.[835] Ein ökumenisches Taufverständnis wird hier allerdings nicht erklärt. Denn: »Es haben nicht alle unterschrieben – nicht, weil sie nicht wollten, sondern weil sie, inhaltlich aus ihrer Sicht durchaus verständlicherweise, nicht konnten.«[836] Einmal mehr werde hier eine fundamentale Spannung bzw. eine »ökumenische Grundfrage« sichtbar, die sich aus dem Umstand ergebe, dass mit der Anerkennung der Taufe keine ekklesiale einhergeht.

Die tauftheologischen Fragen sind nach Bickelhaupt in einem umfassenderen »taufekklesiologischen Diskurs«[837] zu kontextualisieren, der sich in zwei »Hermeneutiken« konkretisiert: Bedarf die gegenseitige Tauf-Anerkennung eines Lehrkonsenses? Inwiefern müssen die impliziten Kirchenbilder als ökumenische Zielbestimmungen auch in der Taufdebatte explizit werden? Während die erste Frage mit Blick auf die Kirchengeschichte zu verneinen ist, zerfällt die zweite Frage in mehrere Teilfragen: (1) Ist die »Taufe wirksames Zeichen oder Bekenntnis des Glaubens«? Während die Annahme einer reinen Selbstwirksamkeit zu magischen Missverständnissen führen könnte, muss doch auch darauf hingewiesen werden, dass die Taufe nicht allein im menschlichen Bekennen aufgeht. (2) Ähnlich ist auch auf die Frage nach der Verhältnisbestimmung von Taufe und Glaube zu antworten: Taufe und Glaube konstituieren einander und die Kirche, aber eben nicht ausschließlich. (3) Zuletzt ist zu beachten, wie eng die Taufe im Einzelnen der Kirche als sakramentaler Gemeinschaft zugeordnet wird. Je nach »Rezeption des altkirchlichen Häretikertaufstreits« ergeben sich hier mehr oder weniger »cyprianische« Positionen.[838]

Damit als Ergebnis von Magdeburg nicht allein der von allen geteilte biblische und aus der Tradition begründete Tauf-Imperativ stehen bleibt, fordert Bickelhaupt als Hausaufgabe eine (selbstkritische) *ekklesiologische* Rezeption der Tauferklärung.[839] Die geforderte Arbeit muss an anderer Stelle geleistet werden. In Hinblick auf die Frage, inwiefern von einer christlichen Taufe die Rede sein

835 Das »Zustandekommen ökumenischer Konvergenz« vollzieht sich nach Bickelhaupt in den Schritten: »Konsens im ökumenischen Dialog – Rezeption des Konsenses durch die Kirchenleitung – Umsetzung in die Praxis« (a. a. O., 38).

836 A. a. O., 37.

837 A. a. O., 39.

838 »Eine Kirche also, die rite vollzogene Taufen außerhalb ihrer Grenzen deshalb nicht anerkennt, weil sie dort nicht Kirche wiedererkennt, verkennt […], dass Anerkennung im Sinne einer Wiederherstellung von Gemeinschaft für jede Kirche immer auch Aufgabe und Verpflichtung ist und darum die eine Kirche nicht einfach als bereits im vollen Sinn existierende Realität postuliert werden kann, die in der eigenen Subsistenz voll verwirklicht sei.« (a. a. O., 41)

839 A. a. O., 41.

kann, gilt: »Nach der Anerkennung ist vor der Anerkennung«[840]! Das soll im Folgenden weiter entfaltet werden.

## 2. Eine Taufe, viele Taufverständnisse

Schon mit Blick auf die Frage, ob die Taufe als »Primärdatum christlicher Existenz« Gottestat ist, unterscheiden sich die Taufverständnisse der unterschiedlichen christlichen Kirchen: Legt sich Gott selbst in der Taufe fest? Oder erinnert die Taufe daran, dass sich Gott zum Menschen bekennt? Oder bekennt sich in der Taufe ausschließlich der Täufling zu Gott? Die Reihe könnte kreativ fortgesetzt werden, und für jeden Ort auf dem so aufgespannten Spektrum könnte ein korrelierendes christliches Taufverständnis gefunden werden. Die faktische Vielgestaltigkeit der christlichen Taufverständnisse lässt sich weiter durchdeklinieren anhand von Differenzierungen wie Gültigkeit und Wirksamkeit der Taufe oder Konstitution und Realisierung der Taufgnade. Unterscheiden lassen sich die Positionen ferner danach, wie sich die in der Taufe symbolisch verdichtete Abwendung (vom kulturell, religiös, biographisch Vergangenen) und Hinwendung (zu Christus) zueinander verhalten. Die genannten Unterscheidungen lassen sich noch einmal ekklesiologisch zuspitzen auf die hier verhandelte Frage, wie ein Mensch Christ wird, wann er Christ, wann er Mitglied einer / der Kirche ist. Ich bescheide mich mit einigen Beispielen, die für das hier verhandelte Thema der Taufe iranischer Christ·inn·en oder die Kontrastbildung besonders relevant sind. Ich beginne mit einigen grundsätzlichen Information zu den unterschiedlichen Taufverständnissen, die hier freilich nur sehr grob dargestellt werden können. Ein solch inventarisierender Überblick möge die Breite des Spektrums christlicher Tauftheologie in Erinnerung rufen. Ich beziehe mich hier im Wesentlichen auf die konzentrierte Zusammenschau von Carl-Heinz Ratschow.

In der *orthodoxen Tradition* wird getauft durch dreimaliges Untertauchen unter Verwendung der passiven Taufformel: »Es wird getauft der Knecht (die Magd) Gottes N. auf den Namen des Vaters, Amen; und des Sohnes, Amen; und des Heiligen Geistes, Amen«[841]. In der passiven Wendung treten Taufende·r und

840 Für die evangelischen Landeskirchen hieße das: »a) Der heute im innerevangelischen wie ökumenischen Diskurs zentrale Gedanke der Initiation problematisiert eine einzig und allein auf die Taufe zentrierte, aktual-einlinige Sichtweise und in ihrer Folge eher formale Bestimmung von Kirchenzugehörigkeit [...] Zugleich lässt sich der Initiationsbegriff auch überindividuell, im Blick auf die Vertiefung der ökumenischen Gemeinschaft der Kirchen deklinieren. b) Eine Taufanerkennung muss sich in bestimmter Weise ekklesial spiegeln und sichtbar werden [...] Ein Problem für den Protestantismus steckt jedoch in der Frage der Konkretion: In welchem Verhältnis steht die Anerkennung [...] zur gelebten Gemeinschaft? Wie soll sie [...] verbindlich Gestalt gewinnen?« (ebd.)

841 Orthodoxe Bischofskonferenz in Deutschland [OBKD], *Ordnung der Taufe*, 49.

Täufling gleichermaßen hinter das Geschehen zurück. »Der Raum bleibt frei für die Wirkung Gottes, und das heißt für das Mysterium.«[842] Die Taufe ist wie die anderen Mysterien »Teil der Heilsgeschichte [… und damit] Vollzug der Kirche schlechthin«[843]. Mehr noch als in anderen Traditionen erscheint die Taufe hier als *kausatives* Geschehen: Sie »schafft, was ihr als Gabe zugeschrieben wird«[844]. Sie ist, was sie bewirkt, unabhängig vom Glauben des Täuflings – in ihr ist Gott, der dreieinige, anwesend.

Nach *römisch-katholischem* Verständnis lässt sich die Wirkung der Taufe als eine zweifache beschreiben: Die Taufe ist Gnade, ihre Gnadenwirkung ist »Teilhabe an Gott, die Gott selbst durch das Sakrament hindurch wirkt«[845]. Die Taufe überwindet die Erbsünde des Menschen und inkorporiert ihn gnadenhaft in Christus und damit in die Kirche. Sie verleiht als solche einen *charakter indelebilis:* Auch wenn die rechtfertigende Gnade verlierbar ist und immer wieder (eucharistisch) zugeeignet werden muss[846], so ist doch die Bestimmung dazu nicht verlierbar.[847] Die Taufe ermöglicht ihre eigene sakramentale Vollendung und die sakramentale Erneuerung der Gnade.

Die Eingliederung in die Kirche ist nach römischem, orthodoxem aber auch anglikanischem Verständnis von der Taufe zu unterscheiden. Sie vollzieht sich als dreischrittige Initiation. Die Eingliederung in den Leib Christi gründet in der Taufe, wird aber durch Firmung und Eucharistie vollendet und ekklesial vertieft. Deshalb wird zwischen Taufanerkennung und Kirchengemeinschaft differenziert und etwa von konvertierten Protestant·inn·en erwartet, dass sie gefirmt werden, bevor sie die Eucharistie empfangen können.[848]

842 Ratschow, *Die eine christliche Taufe*, 64.

843 Moga, *Die orthodoxe Kirche*, 115.

844 Ratschow, *Die eine christliche Taufe*, 65.

845 A. a. O., 69.

846 Vgl. die gute Zusammenfassung von Thomas' aristotelisch informiertem Taufverständnis a. a. O., 67 ff.

847 Ratschow (a. a. O., 70) erläutert Thomas' Rekonstruktion des Taufgeschehens: »Das Wasser ist die Materie des Sakraments in ihrer Hinordnung zur Form nämlich dem Wort. Das Sakrament für sich ist bei der Taufe vielmehr die Handlung der Abwaschung. Die reine ›Sache‹ der Taufe (*res tantum*) ist die Rechtfertigung *(iustificatio)*. Was die Taufe ausmacht, ist ›Sache‹ + Sakrament, und das ist der Charakter, den die Taufe verleiht *(character baptismalis)*. Dieser Charakter kann als ›sakramentales Zeichen innerlicher Rechtfertigung‹ *(signum sacramentale interioris iustificationis)* bezeichnet werden (S th p III q 66, 1 R). Diese Aufnahme des Charakters macht nun folgende Unterscheidung möglich. Der Charakter ist unverlierbar. Das heißt, daß mit der Taufe etwas geschehen ist, das als Bestimmung über dem Menschen bleibt, auch wenn er nicht zum Glauben kommt oder das Christentum verläßt. Aber die ›reine Sache‹ (*res tantum*), das sie die Rechtfertigung, ist verlierbar (p III q 66, 1 ad 1).« [kursiv, CK]

848 Bickelhaupt, *Zehn Jahre*, 39.

Für *Martin Luther*[849] ist die Taufe ein kerygmatisches Geschehen – die Taufe ist Verkündigung; an ihrem Charakter als Verkündigungs-, als Wortereignis hängt ihre sog. Heilsnotwendigkeit. Die mit der Taufe verkündigte und zugeeignete Rechtfertigung des sündigen Menschen geht nicht verloren, gründet sie doch im Urteil Gottes.[850] Wirksam wird die Rechtfertigung jedoch im Glauben; dieser »empfängt die Taufe«[851]. Einen Missbrauch der Taufe kann es deshalb nicht geben, spitzt Luther zu: »Mißbrauch nimmt das Wesen [der Taufe] nicht hinweg, sondern bestätigts.«[852]

Was die *evangelisch-reformierten* Tauftheologien[853] angeht, so unterscheiden sich die Position Zwinglis und Calvins stark voneinander. Für die reformierte Theologie und Bekenntnisbildung ist *Jean Calvins* Position die einflussreichere. Er rekonstruiert die Taufe im Zusammenhang einer allgemeinen, aristotelisch informierten Sakramentenlehre, verlagert den Materie-Begriff vom Wasser hinein in Christus selbst,[854] der so zum Wesen der Taufe wird. In der Taufe dokumentiert Gott, was durch Christus bereits geschehen ist; sie ist »gläubige Vergewisserung über die immer schon vorgängige Vergebung«[855]. Darüber hinaus *zeigt* die Taufe das von ihr unabhängige Vergebungswerk und *wirkt* – in einem pädagogischen Sinne – Erkenntnis.[856] Auch für Calvin ist es der Glaube, durch den die Taufe wirksam wird.

Die Eingliederung in die Kirche erfolgt in Luthers und Calvins Position *»performativ«*.[857] Taufe und Kirche werden »aktual verknüpft; die Taufe koinzidiert mit dem Glauben und konstituiert bzw. repräsentiert die Kirchenzugehörigkeit – bei Luther durch die enge Verbindung von Sakrament und Glaube (in dem sich dessen Heilswirkung entfaltet), konkret etwa in der Fides-infantium-Lehre, in Calvins Konzept der Kindertaufe in Gestalt wirksamer Repräsentation der der Taufe vorausliegenden Erwählung, einer heilsgeschichtlichen Konzeption des Glaubens«[858].

Der Zürcher Reformator *Huldrych Zwingli* entkleidet die Taufe von allem Sakramentalen und »[negiert] alle Wirksamkeit der Taufe, die mit dem Wirk-

849 Ratschow, *Die eine christliche Taufe*, 75–88.
850 A.a.O., 76f.
851 Luther, *Der Große Katechismus* [BSLK/1998, 701].
852 A.a.O. [BSLK/1998, 702].
853 Ratschow, *Die eine christliche Taufe*, 88–100.
854 Für Thomas von Aquin verbindet sich in der Taufe das Wasser *(materia)* mit dem Wort *(forma)* zur sakramentalen Handlung der Abwaschung. Hinzu tritt aber als eigentliche Sache *(res tantum)* die Rechtfertigung (*iustificatio*). Reine Sache und Sakrament ergeben zusammen den *character baptismalis* – das sakramentale Zeichen innerlicher Rechtfertigung *(signum sacramentale interioris iustificationis)*. Vgl. Ratschow, *Die eine christliche Taufe*, 70.
855 A.a.O., 95.
856 A.a.O., 96.
857 A.a.O., 88.
858 Bickelhaupt, *Zehn Jahre*, 39.

samwerden der Verkündigung des Wortes nicht mehr ›verrechnet‹ werden kann«[859]. Unter Berufung auf die Beschneidung und die Jordantaufe des Johannes unterscheidet er die Geist- von der Wassertaufe – das innere Zum-Glauben-Kommen und das äußerliche Zeichen. Die Wassertaufe wirkt nichts (Innerliches); die innere Geisttaufe hingegen ist »das Lehren, das Gott in unseren Herzen tut, und das Ziehen, womit er unsere Herzen auf Christum vertröstet und versichert. Diese Taufe kann niemand geben als Gott«[860]. Wenn die Wassertaufe auch nichts vermag, so ist sie doch ein Pflichtzeichen und weist als solches zumindest über sich hinaus und bekundet den Willen zur Nachfolge Christi.[861]

Gedanken wie die Zwinglis[862] waren bereits in der Hochzeit der Reformation für manche Anlass, die Kindertaufe abzulehnen. Die Wassertaufe sei nur legitim, sofern sie Glaubenstaufe sei. Als Glaubenstaufe könne sie nur redlich von glaubensmündigen und bekenntnisfähigen Menschen vollzogen werden.[863] In der mennonitischen Tradition ist die Taufe Bekenntnis; der Täufling bezeugt mit und in seiner Taufe, »dass er/sie seine/ihre Sünden bereut, die Gnade Gottes empfangen hat und von aller Ungerechtigkeit gereinigt worden ist«[864].

Die Umsetzung der Reformation in England bringt zu Beginn des 17. Jh. zahlreiche evangelische Kirchtümer hervor. 1609 führt eine Gruppe nach Amsterdam geflüchteter Puritaner unter dem ehemaligen anglikanischen Priester *John Smyth* die Glaubenstaufe ein, was ihnen den Namen »Baptisten« einbringt. Zu erinnern ist daran, dass die Gläubigentaufe konsequent die auf Mündigkeit

---

859 Ratschow, *Die eine christliche Taufe*, 88.

860 Zwingli, *Von dem touff, vom widertouff und vom Kindertouff.* Zit. n. Ratschow, *Die eine christliche Taufe*, 91.

861 Das ist der Grund, an ihr als Kindertaufe festzuhalten. Karl Barth geht mit Zwingli an dieser Stelle aber über Zwingli hinaus. Zwinglis Unterscheidung aufgreifend konzipiert Barth die Wassertaufe als rein menschliche Antwort, als »Verherrlichung Gottes«, auf die rein göttliche Geisttaufe.

862 Die neuere Forschung geht davon aus, dass Zürich nicht der alleinige Ausgangspunkt der Täuferbewegung ist, sondern in Zürich, Straßburg und Wittenberg parallel und unabhängig voneinander Gruppen entstanden. Diese können zudem nicht auf ihre Forderung der Glaubenstaufe reduziert werden; das Ideal einer christlichen Gesellschaft in strikterer Abgrenzung von weltlicher Herrschaft und konsequenter Umsetzung des allgemeinen Priestertums verband sich vielmehr mit kontextspezifischen Forderungen. Die wiederum von allen geteilte Forderung nach der Glaubenstaufe sollte nicht nur zu scharfer Polemik seitens der obrigkeitlich protegierten Reformation führen, sondern auch zur reichsrechtlichen Verfolgung der sog. Täufer.

863 Im ersten der sog. Schleitheimer Artikel heißt es zur Taufe: »Die Taufe soll allen denen gegeben werden, die über die Busse und Änderung des Lebens belehrt worden sind und wahrhaftig glauben, dass ihre Sünden durch Christus hinweggenommen sind, und allen denen, die wandeln wollen in der Auferstehung Jesu Christi und mit ihm in den Tod begraben sein wollen, auf dass sie mit ihm auferstehen mögen, und allen denen, die es in solcher Meinung von uns begehren und von sich selbst aus fordern. Damit wird jede Kindertaufe ausgeschlossen«.

864 A.a.O., 308.

der Mitglieder und Selbständigkeit der einzelnen Gemeinde abstellende Ekklesiologie reagiert.[865] Dieses »kongregationalistische Kirchenverständnis, nach dem eine Kirche nach apostolischem Vorbild nur diejenigen bilden können, die als Gläubige gemeinsam einen Bund geschlossen haben«[866], scheint eine entscheidende Rolle auch für die theologische Neuorientierung des Hamburger Hafenmissionars *Johann Gerhard Oncken* gespielt zu haben, auf den sich die die deutschen Baptistengemeinden berufen.[867]

Zu seinem Taufverständnis formuliert der baptistische Bund evangelisch-freikirchlicher Gemeinden heute:

> »Die Taufe bezeugt die Umkehr des Menschen zu Gott. Deshalb sind nur solche Menschen zu taufen, die aufgrund ihres Glaubens die Taufe für sich selbst begehren. Die Taufe auf das Bekenntnis des Glaubens hin wird nur einmal empfangen. [...] Mit der Taufe lässt sich der glaubende Mensch als Glied am Leib Christi zugleich in die Gemeinschaft einer Ortsgemeinde eingliedern. Dort erkennt er seine geistlichen Gaben und Aufgaben und übt sie zur Ehre Gottes und zum Wohl der Menschen aus, dort erfährt und gewährt er Hilfe und Korrektur.«[868]

Glaube schenkt Gott durch seine vorlaufende Gnade *(gratia praeveniens)* bereits vor der Taufe durch den Heiligen Geist, der Mensch ratifiziert sie in seiner Taufe.[869] Die Taufe ist gläubige Antwort auf das vorher im Glauben Erkannte und Ergriffene. Die Kirche als *ekklesiale communio* wird vom glaubenden Individuum her gedacht; die Zugehörigkeit zur Kirche artikuliert sich bereits prä-baptismal im alle Kirchengrenzen transzendierenden Glauben.[870]

Was mit den unterschiedlichen Akzentsetzungen an Einseitigkeit einhergeht, fasst der methodistische Theologe Geoffrey Wainwright[871] – als Vorsitzender der Lima-Endredaktion einer der Architekten der Konvergenzerklärung – so zusammen: »Bei *Baptisten* und einigen anderen Protestanten geht es um die rechtmäßigen *Empfänger* der T. [...] Auf dem Spiel steht hier das richtige Verhältnis zwischen Gnade und dem ›Glauben, durch den geglaubt wird‹ (fides qua creditur, das die Wirksamkeit des Sakraments betrifft). Bei den *Orthodoxen* geht es um den rechtmäßigen *Spender* der T. [...] Auf dem Spiel steht hier das richtige Verhältnis zwischen Gnade und ›dem Glauben, der geglaubt wird‹ (fides quae creditur), das die Gültigkeit des Sakraments betrifft.«[872]

---

865 A.a.O., 313f.
866 A.a.O., 314f.
867 Die Adresse der Interenetpräsenz ihres heutigen Dachverbandes (www.baptisten.de) verrät, dass der einstige Spottname seine negative Konnotation vollständig verloren hat.
868 BEFG, *Rechenschaft vom Glauben*, 2.I.3 [»Glaube und Taufe«].
869 Bickelhaupt, *Zehn Jahre*, 39.
870 A.a.O., 39.
871 Wainwright, *Geschichte und Theologie*, 665–674.
872 A.a.O., 670.

Die unterschiedlichen Antworten hinsichtlich Gültigkeit, Wirksamkeit, dem Initiations- und Inkorporationscharakter der Taufe schlagen sich aber auch in ökumenischer Praxis nieder. So zeigt sich die Beurteilung der *Gültigkeit* der Taufe etwa in der (Un-)Möglichkeit eucharistischer Gemeinschaft der in unterschiedlichen Kirchen Getauften.[873] Auch die unterschiedliche Beurteilung der *Wirksamkeit* der Taufe hat ekklesiologische und damit immer auch ökumenische Folgen, weil die unterschiedlichen Modelle christlicher Initiation nur bedingt kompatibel sind. Zu unterscheiden sind »(a) das ›*östl.*‹ Modell, in dem die T., Salbung (Chrismation) / ›Firmung‹ (pneumatisch verstanden) und erste Kommunion in einem einzigen Ritus gespendet werden […] (b) das ›*westl.*‹ Modell, in dem sowohl in seiner kath. (röm.-kath., alt-kath., anglik.) als auch prot. Variante der T. im Säuglingsalter nach kürzerer oder längerer Zeit die Firmung / Konfirmation (mit einer kath. Betonung der Gabe des Geistes oder einer prot. Betonung des Bekenntnisses des Glaubens) und die Kommunion folgen […]; (c) das ›*baptistische*‹ Modell, in dem T. und Zulassung zum Herrenmahl nur nach einem persönlichen Glaubensbekenntnis stattfindet.«[874]

Die knappen Schlaglichter zu unterschiedlichen Tauftraditionen zeigen: Es wird getauft. Was dabei geschieht, wie die Taufe als gültig vollzogen betrachtet, wie sie als wirksam erachtet wird, beurteilen die einzelnen Christentümer jedoch denkbar unterschiedlich. Bei allen Unterschieden gibt es aber eine wesentliche Gemeinsamkeit. Sie offenbart sich, wenn wir stärker das unmittelbare rituelle Umfeld des eigentlichen Taufaktes fokussieren.

## 3. Taufwege und Taufbewegungen

Wir sahen oben, wie sehr die Frage, ob ein Mensch sich wirklich vom Islam »abgewendet«, sich dem Christentum »zugewendet« und eine Konversion stattgefunden hat, immer wieder prominent in den Asylentscheidungen verhandelt wird. In den Erzählungen iranischer Christ·inn·en wird der Taufe für die Christ-Werdung unterschiedliches Gewicht beigemessen: Shirin ließ sich nach überstandener Krankheit noch einmal taufen; Darian sagt, er habe erst in Deutsch-

873 Wainwright (A. a. O., 672) unterscheidet drei Modelle: Die orthodoxen Kirchen fordern eine vollständige Initiation. »Selbst wenn sie ›Milde‹ walten lassen […] und sich auf die Sendung einer büßerisch-pneumatischen Chrismation beschränken, vermeiden sie es, der früher empfangenen T. vor der Konversion Wert beizumessen.« Nach *röm.-katholischem* Verständnis werde die Taufe als gültig anerkannt, gelte aber ohne Konversion, d. h. den Empfang der Folgesakramente, als nicht wirksam. In *protestantischen* Kirchen bescheidet sich die Konversion mit einem seelsorglichen Gespräch und einer liturgischen Kurzform in der Sakristei, Zulassungsbeschränkungen in Hinblick auf das Abendmahl gelten für Getaufte nicht. Insofern Kirchen nur die Glaubenstaufe akzeptieren, wird diese auch verlangt.

874 A. a. O., 671.

land gelernt, dass er getauft werden müsse, um Christ zu sein. Stellt die Taufe nun eine Zäsur dar (ist sie ein Bruch) oder stellt sie diese nur dar (markiert sie einen Bruch mit dem Vergangenen)?

In einem Beitrag für die Wochenzeitung »Zeit« schreibt ein lutherischer Pfarrer über die Taufe von iranischen Christen in seiner Gemeinde:

> »Das Taufbekenntnis wird dann auf Farsi und Deutsch gesprochen, dazu gehört auch: ›Ich sage mich vom Islam los, und Mohammed ist kein Prophet.‹ – Ein Hammersatz selbst für säkulare Muslime. Deshalb warne ich rechtzeitig davor. Eine Taufe ist kein interreligiöser Dialog.«[875]

In diesem liturgischen Element begegnet in neuer (und durchaus streitbarer) Form, was in der orthodoxen, römisch-katholischen und den evangelischen Taufordnungen als *abrenuatio diaboli*, als Absage an das Böse oder an den Teufel einen erstaunlich langlebigen liturgischen Platz hat. Bereits in der *traditio apostolica*, einer Kirchenordnung aus dem frühen 3. Jh., lesen wir über den exorzistisch-purgatorischen[876] und abrenuatorisch-konfessorischen[877] Charakter der unmittelbaren Taufvorbereitung:

> »Zum festgesetzten Zeitpunkt der Taufe soll der Bischof das Danksagungsgebet über das Öl sprechen und es in ein Gefäß gießen. Es ist dies das Öl der Danksagung. Er soll auch anderes Öl nehmen und darüber den Exorzismus sprechen. Es ist dies das Öl des Exorzismus. Ein Diakon nimmt das Öl des Exorzismus und teilt sich zur Linken, ein anderer nimmt das Öl der Danksagung und stelle sich zur Rechten des Presbyters. Der Presbyter nimmt jeden einzelnen Täufling in Empfang und fordert ihn auf, mit folgenden Worten zu widsersagen:
>
> Ich widersage dir, Satan, all deinem Pomp und all deinen Werken.
>
> Nach dem jeder widersagt hat, salbt ihn der Presbyter mit dem Öl des Exorzismus unter folgenden Worten:
>
> Jeder böse Geist weiche von dir.«[878]

Dass die Absage an das Böse durchaus die Konnotation haben kann, sich von der religiösen Herkunft loszusagen, wird in der Taufordnung der koptischen Kirche explizit, wo der Priester »heute noch über dem Täufling [betet], Gott möge alle Reste des Götzendienstes aus dem Herzen des Täufling[s], der heute ein Säugling ist, entfernen.«[879] – »Eine Taufe ist kein interreligiöser Dialog.«

875 Begrich, *Muslime taufen? Ein evangelischer Pfarrer über ›seine‹ Iraner*, in: Die Zeit 46/2016.
876 *Exorzismo* – latinisiert von griech. *exorkismos* – Hinausbeschwören; *purgatorium* – lat. Reinigungsort.
877 *Abrenuatio* – lat. Entsagung, Widersagung; *confessio* – lat. Bekenntnis, Geständnis.
878 *Traditio Apostolica*, 259.
879 Zit. n. Ratschow, *Die eine christliche Taufe*, 58f.

Nun spricht sich die Lossagung nicht erst unmittelbar vor dem Vollzug der Taufe aus, sondern kennzeichnet schon den katechumenalen Anweg zur Taufe. Feierlich erfolgt in der *römisch-katholischen Kirche* die Aufnahme in den Katechumenat, der sich (seit der Revision 1972) als mehrstufiger Initiationsweg vollzieht. Zu den Riten der »entfernteren Vorbereitung« gehören die Übergabe *(traditio)* von Glaubensbekenntnis und Vaterunser. Nach der Zulassung zur Taufe sind für die »nähere Vorbereitung« die drei Stärkungsriten *(Skrutinien)* zentral. Konstitutiver Bestandteil davon sind drei Exorzismen: »Befreie ihn / sie …« (und manchenorts noch die interrogatorische Überprüfung der Wirksamkeit des Exorzsimus: »Glaubst du …«). Vor dem Taufakt selbst erfolgt auch hier dann die persönliche Absage an das Böse durch den Täufling.

Die Absage an das Böse ist kein Selbstzweck, sondern ist auf das folgende positive Bekenntnis zu Jesus Christus bezogen. Die Absage erscheint als Moment einer Doppelbewegung aus Ab- und Zuwendung. Auf Exorzismus und *abrenuatio* folgt immer unmittelbar das Glaubensbekenntnis. In der *orthodoxen Taufe*[880] erhält sich ein Element altkirchlicher Taufpraxis, wenn diese Doppelbewegung nicht nur in Worten, sondern auch in einer räumlich-körperlichen *apotaxis* von Westen und *syntaxis* gen Osten sichtbar wird:

»Nun wendet der Priester den barfüßigen und die Hände emporhaltenden Täufling gen Westen und spricht dreimal:

Entsagst du dem Satan und all seinen Werken und all seinem Dienst und all seinen Engeln und all seinem Pomp?

*Und der Katechumene, oder sein Taufpate, wenn der Täufling ein Kind ist, antwortet jeweils:*

Ich entsage.

*Und nachdem er dreimal geantwortet hat, fragt der Priester den Täufling wiederum dreimal:*

Hast du dem Satan entsagt?

*Und der Täufling oder dessen Pate antwortet jeweils:*

Ich habe entsagt.

*Darauf sagt der Priester:*

So blase und speie ihn an.

*Und nachdem er dieses getan, wendet der Priester den Täufling, der die Arme gesenkt hat, gen Osten und spricht zu ihm dreimal:*

Schließt du dich Christus an?

*Und der Katechumene oder dessen Pate antwortet jeweils:*

Ich schließe mich an.

*Darauf sagt der Priester:*

Hast du dich Christus angeschlossen?

*Der Katechumene oder der Pate:*

Ich habe mich angeschlossen.

*Der Priester sagt:*

880 OBKD, *Ordnung der Taufe*, 28f.

| | |
|---|---|
| Und glaubst du an ihn? | Ich glaube an ihn als den König und Gott. |
| *Der Täufling antwortet:* | *Und er spricht das Glaubensbekenntnis«*[881]. |

Die Akzentverschiebungen in der *reformatorischen Theologie* schlagen sich auch in den Taufformularen nieder. Die Taufe ist, das wurde oben bereits gesagt, kerygmatisches Geschehen, sie ist Verkündigung des Evangeliums. Aber diese Akzentsetzung hält Luther nicht davon ab, am Exorzismus und an der Absage an das Böse festzuhalten. Wie bereits in den altkirchlichen Taufformularen angelegt, steigert sich schon in der Liturgie des sog. Taufbüchleins das Wechselspiel zwischen Absage und Bekenntnis bis zu einem finalen »Ja« – Credo –, auf das dann die Taufe folgt. Von diesem Eichpunkt aus kommen die Sakramente bei Luther dann aber in einer anderen Zuordnung als der orthodoxen oder römisch-katholischen zu stehen: Die Taufe ist nicht als Initiationsritus auf ihre eucharistische Vollendung ausgerichtet. Abendmahl und Buße sind vielmehr Tauferinnerungen; Taufe, Abendmahl und Buße sind »drei sakramentale Zeichen *(signa sacramentalia)* für die Sündenvergebung«[882]. Christliches Leben ist eine tägliche Buße, und die Haltung der Buße eine tägliche Rückkehr in die Taufe.[883] Die Doppelbewegung aus Ab- und Zuwendung, Entsagung und gläubigem Ergreifen der Zusage wird in der Taufe prototypisch vollzogen und in den Folgesakramenten immer wieder aktualisiert. Auch im Entwurf einer neuen, von VELKD und UEK gemeinsam erarbeiteten Taufordnung von 2018 hat die Absage an das Böse unmittelbar vor dem Glaubensbekenntnis ihren festen Ort.

»Liebe / Lieber N. N.,
Wer sich taufen lässt, bindet sich an Jesus Christus und sagt den Mächten ab, die uns von Gott trennen wollen. So frage ich dich

| [Variante 1] | [Variante 2] |
|---|---|
| Willst du von der Macht des Bösen frei werden und dich durch Jesu Wort und Geist bestimmen lassen? | Sagst du der Macht des Bösen ab und willst du Christus als deinem Herrn zugehören? |
| *Antwort:* Ja, ich will | *Antwort:* Jesus Christus soll mein Herr sein. Darum sage ich der Macht des Bösen ab.«[884] |

Es folgt das gemeinsame Glaubensbekenntnis und die Taufe.

881 OBKD, *Ordnung der Taufe*, 28f.
882 Benrath, *Buße. Historisch*, 466.
883 A.a.O., 466. Benrath spricht treffend von einer »Evangelisierung der Buße« (467).
884 Kirchenamt der EKD, *Die Taufe. Entwurf zur Erprobung*, 74.

Auch wenn die *abrenuatio diaboli* nicht explizit Bestandteil der baptistischen und freikirchlichen Taufliturgien ist, gewinnt die Doppelbewegung aus Absage und Zuwendung eine andere, nicht minder prominente Gestalt. So gehört zum Taufgottesdienst, dass der Täufling Zeugnis gibt über seinen persönlichen Weg zum Glauben an Jesus Christus. »Dabei sollen sie darauf achten, Gottes Zuwendung im Evangelium und im Wirken des Heiligen Geistes als das Primäre hervorzuheben und dem ihre eigene Entscheidung als dankbare Antwort zuzuordnen.«[885] Auf das Zeugnis folgt meist ein interrogatorisches Taufbekenntnis, das in einer freien evangelischen Gemeinde (FeG) z. B. folgende Form annehmen kann:

> »Glaubst du von ganzem Herzen, dass Jesus Christus, der Sohn Gottes, für deine Sünden gestorben ist und dass Gott dir durch den auferstandenen Herrn Jesus Christus ewiges Leben geschenkt hat? Willst du bekennen, dass Jesus Christus Herr dieser Welt und deines persönlichen Lebens ist? Willst du das vor dem dreieinigen Gott und der Gemeinde hier bekennen, dann antworte mit: Ja!«[886]

In einer Berliner Mennoniten-Gemeinde hat der interrogatorisch durchgestaltete Bekenntnisteil folgende Form:

> »Bekennst Du, dass Du immer auf Gott angewiesen bist, und glaubst Du, dass er Dir vergibt, was Unrecht war, so antworte: Ja.
> Bekennst Du Dich zu Jesus Christus, der als der Auferstandene den Tod überwunden hat, und Dich immer wieder ins Leben führt, der Dich in seiner Liebe hält und Dich immer wieder zur Liebe befähigt, so antworte: Ja.
> Gelobst Du, unter dem Beistand des Geistes Gottes Jesus nachzufolgen in Worten und Taten, Deinen Nächsten zu lieben und zu achten wie Dich selbst, so antworte: Ja, mit Gottes Hilfe.
> Willst Du, nach diesem Bekenntnis und Gelöbnis, als Zeichen der Zugehörigkeit zu Jesus Christus getauft werden, im Glauben wachsen und in seiner Gemeinde leben, so antworte: Ja.«[887]

Die metaphorisch zwischen Sterben in Christus und Reinwerden oszillierende Bewegung der Absage findet einen starken sinnlichen Ausdruck in der in den meisten Freikirchen praktizierten Ganzkörpertaufe.

Am deutlichsten mit einer bewussten Abwendung vom vorherigen Leben wird die Christ-Werdung in den sog. Pfingstgemeinden verknüpft. Stärker als in allen anderen christlichen Traditionen werden hier als selbständige, in je unterschiedlichem Abstand aufeinanderfolgende Momente auf dem Weg einer Christ-Werdung theologisiert: Die *Bekehrung* als der von Gott durch den Heiligen Geist gewirkte, bewusst bekannte und in der Lebensführung sichtbar vollzogene Ein-

885 Demandt, *Unordentliche Taufpraxis*, 67.
886 A. a. O., 67.
887 Zit. n. Burkart, *Taufpraxis*, 42.

tritt in ein christliches Leben.[888] Die »*Wiedergeburt* findet statt, wenn das Wort und der Geist durch den Glauben neues Leben im Gläubigen erzeugen.«[889] Schrittweise wandelt sich ein Leben unter dem Einfluss der empfangenen Gnade und des Geistes *(Heiligung)*, bis irgendwann die *Taufe im Heiligen Geist* folgt, die sich in vielfältigen Gaben kundtut und – je nach Verständnis – notwendig durch Zungenrede beglaubigt wird. »Bekehrung und Buße [sind] für Pfingstler normalerweise mit starken Erfahrungen verbunden. Für sie folgt der Bekehrung ein definitiver Bruch, der das Werk des Heiligen Geistes ist. In der Biografie des Bekehrten sollte es ein klares ›Vorher‹ und ›Nachher‹ geben.«[890] Und der Ort, an dem diese Zäsur zur Darstellung kommen muss, ist die Wassertaufe. Zu dieser bemerkt die persisch-sprachige Pfingstgemeinde Alpha & Omega in Hamburg – wie auch andere im BFP organisierte Gemeinden – auf ihrer Website:

> »Wie Jesus nicht durch die Taufe Gottes Sohn geworden ist, werden auch wir nicht durch die Taufe Christen. Taufe macht uns nicht zu Christen, so wenig wie Jesus durch sie zum Christus wurde. Sie ist nicht ein Heilshandeln Gottes am Menschen, sondern verbindliches Bekenntnis des Menschen auf das in der Wiedergeburt geschehene Heilshandeln Gottes.«[891]

Die Verbindlichkeit und den engen Zusammenhang von Absage, Bekenntnis und Taufe erläutert die Gemeinde wie folgt:

> »6.2.2 […] Der Öffentlichkeitscharakter der Taufe hat mit einem klaren Bekenntnis zu tun, nämlich dem Sündenbekenntnis und Glaubensbekenntnis. […]
>
> 6.4.2 Der Zusammenhang von Röm. 6,4 macht deutlich, dass durch das Sterben mit Christus ein Herrschaftswechsel in unserem Leben stattgefunden hat. Wir sind der Sünde abgestorben (V 2). Das Sterben Jesu hat unser altes sündiges Leben mit in den Tod gerissen (V 5). Auf dieses Gestorbensein hin wird getauft im Sinne von ›begraben werden‹ (V 4) mit dem Ziel, ›in Christus Jesus, unserem Herrn, für Gott zu leben‹ (V 11).«[892]

Zusammenfassend ist zu sagen: Was die Taufe über die Christ-Werdung aussagt, ist in dem staatlichen Verfahren, in dem sie Gegenstand einer asylrechtlichen Beurteilung wird, umstritten, und zwar mit der Begründung: Als zunächst rein formaler Akt sage die Taufe alleine nichts über die Ernsthaftigkeit der Hinwen-

888 Iff, *Die evangelischen Freikirchen*, 372.

889 A. a. O., 373.

890 Ebd.

891 Alpha & Omega. Internationale christliche Gemeinde, *Glaubensgrundlagen*, 6.2.6 [abgerufen am 15.08.2019 unter URL: http://alpha-omega-int.com/wer-wir-sind/glaubensgrundlagen/]. Die Grundlagen entsprechen einem Grundsatzpapier des Bund Freikirchlicher Pfingstgemeinden aus dem Jahr 2006. Über die BFP-Seite ist dieses Papier mittlerweile nicht mehr verfügbar. Die »Richtlinien des BFP« vom Oktober 2007 verzichten auf diese scharfe Polemik gegen die Praxis von Kinder- und Wassertaufe der anderen Kirchen.

892 Alpha & Omega, *Glaubensgrundlagen*, 6.2.2.

dung zu Christlichem und die Disposition zu einem christlichen Leben aus. Die Taufe habe allenfalls Indizwirkung für die Überprüfung der Christ-Werdung als innerer Tatsache. Auch wenn der Annahme zuzustimmen ist, dass es kein hinreichendes Bedingungsverhältnis zwischen Taufe und der Art und Intensität christlicher Lebensäußerungen gibt – die Folgen der Christ-Werdung lassen sich nicht schematisch in den (iranischen) Alltag hineinbuchstabieren –, erschöpft sich andererseits der Taufakt in keiner Tauftradition in rein formalem Handeln. Der Anweg zur Taufe und die Taufe selbst vollziehen den Weg der Christ-Werdung symbolisch-liturgisch nach, verdichten und inszenieren ihn als dramatische Umkehrbewegung, als Zäsur. Ironisch, wenn nicht tragisch erscheint die Tatsache, dass diejenigen christlichen Traditionen im Flüchtlingstauf-Diskurs latent als Blitztäufer delegitimiert und diskreditiert werden, die am verbindlichsten von ihren Mitgliedern erwarten, dass sich biographisch ein nichtchristliches Vorher von einem christlichen Nachher unterscheiden lässt.

Der kurze Gang durch die Taufformulare unterschiedlicher christlicher Traditionen verdeutlicht, dass es im Umfeld der Taufe ernst wird, todernst könnte man sagen: dem Bösen abschwören, dem Vergangenen Nicht-/Vorchristlichen entsagen, sich bekennen, in Christus sterben – und auferstehen. Die Taufe – ob ausschließlich als Wassertaufe verstanden und praktiziert oder als Geisttaufe im Zusammenhang eines mehrstufigen Heiligungsprozesses – inszeniert, symbolisiert einen Bruch, der mit negativen und positiven Verbindlichkeiten einhergeht.

Der Überblick über die unterschiedlichen Taufverständnisse verdeutlicht außerdem, dass von *einer* christlichen Taufe nur hinsichtlich ihres *Dass* gesprochen werden kann. *Dass* es geboten ist zu taufen, darin sind sich die meisten christlichen Traditionen einig. Was mit der Taufe geschieht, was die Taufe ist, an welcher Stelle auf dem Weg der Christ-Werdung sie legitimerweise zu erfolgen hat – all das bricht sich in der Vielfalt der Christen- und Kirchtümer.

## II. Taufvorbereitung als Ermittlung innerer Tatsachen?

Nun markiert die Taufe allenfalls den Moment, ab dem ein Mensch kirchenrechtsverbindlich als Christ angesprochen wird bzw. danach begehrt, so angesprochen zu werden. Die Christ-Werdung beschreibt aber in den meisten Fällen einen langen Weg, der von Krisen- und Entfremdungserfahrungen, von der Suche nach und dem tastenden Erproben von neuen Lebens- und Glaubensmöglichkeiten geprägt ist. Ein solcher Prozess, wie er mir auch in den Christ-Werdungsgeschichten meiner iranischen Gesprächspartner·innen begegnet, ist nur schwer auf das Paradigma von Konversion als plötzlicher Veränderung abbildbar. Nochmal: Es ist nicht immer erst und nicht nur die Taufe, in der eine nichtchristliche in eine christliche Existenz umschlägt. Die Taufe erfolgt vielmehr je nach Beschaffenheit des Weges der Christ-Werdung an unterschiedlichen Wegetappen.

Wie wird der Christ ein Christ? Wann ist die Christin eine Christin? Was heißt es, das Glaubensbekenntnis zu sprechen? Was leistet in diesem Zusammenhang die Taufvorbereitung? Dass die Taufe und die mit ihr zusammenhängende Christ-Werdung asylrechtlich beurteilt wird, führt dazu, dass zahlreiche amtliche, richterliche und anwaltliche Erwartungen an die Taufvorbereitung gerichtet werden. Vor diesem Hintergrund ist zu fragen, ob die Taufvorbereitung den Ort beschreibt, an dem überprüft wird, ob die äußerlich zu vollziehende Taufe auch ein inneres Korrelat hat: Kann die Taufvorbereitung betrachtet werden als kirchliches Ermittlungsverfahren, wie ernst es jemand mit seiner Christ-Werdung meint, um ihm ggf. die Taufe zu verweigern?

## 1. Die frühchristliche Auswahl der Katechumenen

Die bereits erwähnte und immer wieder als normierender Referenzpunkt angeführte *traditio apostolica* aus dem 3. Jh. vermittelt das Bild einer sehr strengen frühchristlichen Überprüfung und Auswahl der Taufkandidaten, wenn es heißt:

> »Diejenigen, die erstmals zum Hören des Wortes kommen, sollen, bevor das ganze Volk eintritt, zuerst vor die Lehrer geführt werden, damit man sie nach dem Grund frage, weshalb sie sich dem Glauben zugewandt haben. Jene, die sie herbeigeführt haben, sollen Zeugnis für sie ablegen, ob sie auch fähig sind, das Wort zu hören. Man erkundige sich nach ihrer Lebensweise, ob einer eine Frau habe oder ob er Sklave sei. Ist jemand Sklave eines Gläubigen und sein Herr hat es ihm erlaubt, möge er das Wort hören. Stellt sein Herr ihm kein gutes Zeugnis aus, so soll man ihn abweisen. Ist sein Herr jedoch ein Heide, lehre man ihn, seinem Herrn zu gefallen, damit kein übles Gerede entstehe.«[893]

Die Hinwendung zum Glauben ist begründungsbedürftig; Zeugen müssen für die Tauf-Tauglichkeit des einzelnen bürgen; ein guter Leumund ist Voraussetzung dafür, in den Kontakt mit dem Evangelium zu kommen. Die Zulassung zum Katechumenat wird dann an zahlreiche Bedingungen geknüpft. Sie betreffen v. a. den Lebenswandel und die seelische Integrität, die auch an der Form des Lebensunterhaltes festgemacht werden. So schließt die *traditio apostolica* zahlreiche Berufsgruppen *per se* vom Katechumenat und der Taufe aus.[894] Die in den Katechumenat aufgenommen werden, sollen dann

893 *Traditio Apostolica*, 245.

894 A. a. O., 247–251. Ausgeschlossen werden im einzelnen: Bordellbesitzer, Bildhauer, Maler, Schauspieler, Erzieher, Wagenlenker und Wettkämpfer, Gladiator, Trainer, Organisator von Gladiatorenspielen, Götzenpriester, Wachter von Götzenbildern, Soldat, Inhabe der Schwertgewalt, Stadtmagistrat, Purpurträger, Dirne, Homosexueller, Selbstverstümmeler,

»drei Jahre lang das Wort hören. Ist aber einer besonders eifrig und befleißigt er sich der Sache sehr, dann soll nicht die Zeitdauer, sondern allein die Lebensführung berücksichtigt werden.«[895]

Die Zeit des Katechumenats ist von zahlreichen Pflichten und Einschränkungen geprägt. Den Bruderkuss dürfen Katechumenen noch nicht üben. Vor der Eucharistie werden sie (wie in vielen römisch-katholischen und orthodoxen Gemeinden noch heute) aus dem Gottesdienst entlassen. Die Taufordnung legt außerdem fest:

»Wird [dem Katechumenen hingegen] Gewalt angetan und wird er getötet, so wird er gerechtfertigt werden, auch wenn seine Sünden noch nicht nachgelassen sind. Denn er hat die Taufe in seinem Blut empfangen.«[896]

Mit dem Näherrücken der Taufe erfolgt dann noch einmal eine Auswahl der Täuflinge aus dem Kreis der Katechumenen. Maßgeblich ist hierfür der Lebenswandel während des Katechumenats. Von Reinigungs- und Versiegelungsriten gesäumt sind sodann die letzten Meter bis zur Taufe.

Die strenge Auswahl der Katechumenen ist vor dem religionsgeschichtlichen Kontext unüberschaubarer kultischer Pluralität zu beurteilen. Mehrfachzugehörigkeit bzw. kultisch performierte Mehrfachreligiosität sind in der hellenistischen Umwelt des frühen Christentums die Regel. Es ist dies der Hintergrund, vor dem die *traditio apostolica* ähnlich exklusive Mitgliedschaftserwartungen an die neuen Christ·inn·en äußert wie dies jüdische Gemeinden tun, zumal mit der Heidenmission ethnisch vermittelte Formen der Zugehörigkeit wie die innergemeinschaftliche Ehe fehlen. Inwiefern entsprechen die frühchristlichen heutigen Zugangsbeschränkungen? Gibt es die Möglichkeit, die Taufe zu verweigern?

## 2. Ernsthaftigkeitsprüfung und Taufverweigerung?

Im Canon 856 des Codex Iuris Canonici (CIC),[897] dem Gesetzesbuch der römisch-katholischen Kirche, heißt es unter § 1:

---

Magier, Zauberer, Sterndeuter, Wahrsager, Traumdeuter, Scharlatan, Münzabschneider, Amuletthandwerker, Konkubine, Freier.

895 A. a. O., 251.

896 A. a. O., 253.

897 Die Entstehung eines einheitlichen römischen Kirchenrechts ist eine späte Entwicklung, die erstmals im 16. Jh. verbindliche Gestalt in der zusammenhängen Sammlung des *Corpus Iuris Canonici* annimmt. Ein universal gültiges, systematisches römisches Kirchenrecht stellt jedoch erst der im Nachgang des Ersten Vatikanischen Konzils erarbeitete und 1918 in Kraft tretende *Codex Iuris Canonici* dar. Die Universalität wird mit der derzeitig gültigen Fassung des CIC aus dem Jahre 1983 auf die lateinische Kirche beschränkt, während für die mit Rom unierten Ostkirchen der *Codex Canonum Ecclesiarum Orientalium* (CCEO) gilt.

»Damit ein Erwachsener getauft werden kann, muss er den Willen zum Empfang der Taufe bekundet haben; er muss über die Glaubenswahrheiten und über die christlichen Pflichten hinreichen unterrichtet und durch den Katechumenat in der christlichen Lebensführung erprobt sein; er ist auch aufzufordern, seine Sünden zu bereuen.«

In welchem Maße die Taufe auf Buße, Reue und Umkehr reagiert, diese als biographische Momente sichtbar macht und zur Darstellung bringt, wurde oben geschildert. Reue als Erwartung an den Taufbewerber lässt an den Beichtiger denken, den *iudex ecclesiasticus*[898], der als Spender des Bußsakramentes die Absolution in Christi Namen ausspricht, wenn im Zusammenhang der Ohrenbeichte *(confessio oris)* deutlich wird, dass der Beichtende tatsächlich bereut und bereit ist, Werke der Wiedergutmachung zu erbringen *(satisfactio operis)*. Eine reine Angst vor Bestrafung *(atritio)* kann nicht die volle Vergebung erwirken, solches vermag allein die Reue aus Liebe (*contritio cordis* – Zerknirschung des Herzens).

Hier scheint sich eine interessante Parallele aufzutun zwischen kirchlichem und staatlichem Handeln. Ist das kirchlich-praktische Pendant zur richterlich-amtlichen Ernsthaftigkeitsprüfung das Sakrament der Buße? Talal Asad erinnert daran, dass es sich bei der Beichte und der juristisch-kriminalistischen Vernehmung um vergleichbare Wahrheitsdiskurse handelt.[899] Auch wenn es sich bei der Bußreue um die gleiche Art von Reue handelt, die für die Taufgnade konstitutiv ist, sind doch die ritualtheologischen Zusammenhänge zu differenzieren. Gegen eine vorschnelle Analogisierung sprechen formal, dass Ungetaufte und

898 So Thomas von Aquin, *Summa theologiae*, q. 17, a. 3.

899 Asad, *Genealogies of Religion*, 83–124: Auf dem IV. Laterankonzil 1215 werden gleichermaßen die Ohrenbeichte als verbindliche Praxis für einen jede·n römische·n Christ·e·i·n dogmatisiert und die Justizfolter eingeführt, welche das Gottesurteil ablöst. Die Wahrheit nicht länger am Körper; Wahrheitsermittlung und Sanktionierung fallen auseinander. Die Wahrheit muss durch den Delinquenten gesprochen und durch den Richter als Urteil artikuliert werden. Die Folter steht im Dienst einer Strategie der Befragung, die bestenfalls ein Geständnis produziert. Demgegenüber stellte das Gottesurteil darauf ab, dass sich die Wahrheit in den Körper einschreibt; der Körper war das Medium der Wahrheit. Auch für die *Ohrenbeichte* gilt: Die Wahrheit muss extrahiert, zutage gefördert, aus dem Verborgenen hervorgekitzelt, identifiziert und gesprochen werden. Die Wahrheit so zu sprechen, dass sie gehört und verstanden wird, muss gelernt werden. Auch die neue Praxis ist nicht frei von Schmerzen, aber der Schmerz ist in erster Linie der mit dem Sprechen der schmerzhaften Wahrheit verbundene innere Schmerz. Im Schmerz äußert sich die Reue, das zerknirschte Herz *(contritio cordis)*. – Die neue Praxis der Wahrheitsproduktion löst eine ganze Kaskade von theoretisch und praktisch zu bewältigenden Folgeproblemen aus: Es braucht Regeln für die Bewertung und Priorisierung von Aussagen. Es entsteht ein neuer Expertenstand, der eine eigene Ausbildung und Fachliteratur benötigt. Ein Blick auf die Hilfsmittel des Beichtigers zeigt, dass in der Begleitung des Bußfertigen bzw. zur Förderung von Bußfertigkeit ähnliche Techniken (Fragenkataloge, Bußbücher, Techniken der Gewissenserforschung) zum Einsatz kommen wie in der frühen Kriminalistik (insofern davon überhaupt schon die Rede sein kann).

damit nicht Initiierte das Bußsakrament gar nicht empfangen dürfen, und material, dass die Taufgnade als initiale und sakramentale Vergebung die Sündenvergebung schlechthin darstellt, zu der ja die Buße immer wieder zurückführen will. Bernd Dennemarck spricht von einem Recht auf Taufe, das die »Struktur eines fundamentalen Anspruchsrechts gegenüber der Kirche« hat.[900] Denn, so c. 849 des römischen Gesetzbuches:

»Die Taufe ist die Eingangspforte zu den Sakramenten; ihr tatsächlicher Empfang oder wenigstens das Verlangen danach ist zum Heil notwendig; durch sie werden die Menschen von den Sünden befreit, zu Kindern Gottes neu geschaffen und, durch ein untilgbares Prägemal Christus gleichgestaltet, der Kirche eingegliedert«[901].

So wie jeder Mensch zum Heil berufen ist, sei die Kirche verpflichtet diejenigen aufzunehmen, die »den katholischen Glauben als wahr erkannt«[902] haben. Zu den Ordnungspflichten der Kirche gehöre es sicherzustellen, dass ein·e Taufbewerber·in über die rechte Disposition, also Reue und Offenheit für Vergebung,[903] verfüge. Diese sei aber als »innere, geistliche Wirklichkeit [...] rechtlich schwer zu bestimmen« (81). Ihre Fraglichkeit reiche nicht aus, nur ihr sicheres Fehlen rechtfertige einen Aufschub der Taufe.

»Taufaufschub nach katholischem Verständnis ist das kirchlich geordnete zeitliche Hinausschieben der Taufspendung. Der Taufaufschub steht in der Spannung zwischen dem Recht des Ungetauften auf Taufe einerseits, weshalb die Taufe nie verweigert, sondern im begründeten Einzelfall nur aufgeschoben werden darf, und der Pflicht der Kirche andererseits, die Taufe als das ihr von Christus anvertraute Sakrament des Glaubens zu ordnen, da und insofern die Sakramente [...] ›Handlungen Christi und der Kirche‹ [sind].«[904]

Ein Instrument, die Sakramente zu ordnen, ist der mehrstufige Katechumenat, der mit der Taufe nicht endet, sondern als »mystagogische Vertiefung« über die Taufe hinausgeführt wird.

Dass die Taufvorbereitung schwer vergleichbar mit der staatlichen Überprüfung der Ernsthaftigkeit einer Konversion ist, wurde für die römisch-katholische Tauftheologie hier skizziert. Das Problem soll im Folgenden ausführlicher am

900 Dennemarck, *Taufaufschub*, 78. Vgl. auch Dennemarcks ausführlichere Arbeit zum Thema: *Der Taufaufschub. Dogmatisch-kanonistische Grundlegung und rechtliche Ausgestaltung im Hoheitsbereich der deutschen Bischofskonferenz*, St. Ottilien 2003, 60–83.

901 c. 849 CIC/1983.

902 Dennemarck, *Taufaufschub*, 78.

903 A. a. O., 82: »Als inhaltliche Bestimmung [der rechten Disposition] kann der Taufglaube gesehen werden, d. h. die Offenheit dafür, die im Sakrament vermittelte Gnade anzunehmen, zumindest aber kein Hinternis entgegenzusetzen. Da die Taufe sakramentale Sündenvergebung bewirkt, ist als inhaltliche Bestimmung für die rechte Disposition auch die notwendige Reue über die begangenen Sünden erforderlich.«

904 A. a. O., 76.

Beispiel der Regelungen der in der VELKD organisierten evangelisch-lutherischen (Landes-)Kirchen zu Taufe, Taufvorbereitung und Kirchenmitgliedschaft durchdacht werden.

### 3. Taufe und Kirchenmitgliedschaft in den lutherischen Leitlinien des kirchlichen Lebens

Die Mitgliedschaft in einer evangelischen Landeskirche erfasst verschiedene Dimensionen von Zugehörigkeit:[905] Sie wird ausgeübt durch die Teilnahme am Leben einer Kirchgemeinde vor Ort (*geographisches* Merkmal). Die Zugehörigkeit zu dieser kleinsten evangelisch-korporativen Einheit begründet zugleich die Mitgliedschaft in einer Landeskirche (z. B. Evangelische Kirche in Mitteldeutschland) und in der Evangelischen Kirche in Deutschland (EKD). Evangelische Landeskirchlichkeit wird durch eines der evangelischen Bekenntnisse näher qualifiziert und artikuliert sich bekenntnismäßig, nämlich evangelisch-lutherisch, -reformiert oder -uniert (*konfessionelles* Merkmal). Zuallererst wird Kirchenmitgliedschaft jedoch begründet durch die Taufe (*sakramentales* Merkmal). Ist sie auch sakramental initiiert und theologisch als Eingliederung in den Leib Christi beschreibbar, begründet sie auch ein rechtliches Zugehörigkeitsverhältnis. Durch die Mitgliedschaft in einem solchen Rechtsverhältnis stehend werden je nach Bekenntnis die Regelungs-Statuten der bekenntnismäßig zusammengeschlossenen evangelischen Kirchtümer verbindlich.

Im Folgenden werden die Aussagen der »Leitlinien kirchlichen Lebens« der Vereinigten Lutherischen Kirche (VELKD) auf ihre Aussagen zur Kirchenmitgliedschaft und Taufe befragt.[906] Die Überprüfung von sog. Konversionsfällen

---

905 Dahm, *Kirchenmitgliedschaft*, 643. Dahms Unterscheidung geht zurück auf den Kirchenjuristen Albert Stein (*Kirchengliedschaft*, 1984).

906 Je nach Bekenntnis (evangelisch-lutherisch, -reformiert, -uniert) sind die Landeskirchen *in Kirchenbünden* zusammengeschlossen. Die größten unter ihnen sind die *Union Evangelischer Kirchen* in der Evangelischen Kirche in Deutschland (UEK) und die *Vereinigte Evangelische-Lutherische Kirche* in Deutschland (VELKD). Als wichtigste ihrer Aufgaben bezeichnet die Verfassung der VELKD die Förderung der Einheit der lutherischen Kirchen in Deutschland (Art. 7 Abs. 1 S. 1 VerfVELKD). Darüber hinaus will sie »für die Erhaltung und Vertiefung der lutherischen Lehre und Sakramentsverwaltung durch Pflege lutherischer Theologie und durch Beratung der Gliedkirchen in Fragen der lutherischen Lehre, des Gottesdienstes und des Gemeindelebens Sorge […] tragen und die Heranbildung eines bekenntnisgebundenen Pfarrerstandes […] fördern« (Art. 7 Abs. 1 S. 2 VerfVELKD). Aber nicht nur im kirchlichen Überbau, auch auf Gemeindeebene selbst will die VELKD lutherisch wirken und Gemeinde »leiten« (Art. 7 Abs. 1 S. 4 VerfVELKD). Ein Instrument, diese Selbstverpflichtung in praktisches Handeln zu übersetzen, sind die »Leitlinien kirchlichen Lebens. Handreichung für eine kirchliche Lebensordnung« (bis 2003: »Ordnung des kirchlichen Lebens«). Ist ihre Rechtsqualität auch umstritten (Empfehlung, Sollens-Vor-

durch Behörden und Gerichte im Asylverfahren provoziert die Frage nach den Vorbedingungen für die Kirchenmitgliedschaft. In den kirchlichen Interventionen gegen die Prüfpraxis staatlicher Behörden und Gerichte werden, wie oben gezeigt, die Leitlinien apologetisch ins Feld geführt, weshalb ich mich ihnen an dieser Stelle ausführlicher zuwende.

### a) Die VELKD-Leitlinien zur Kirchenmitgliedschaft

Die Leitlinien äußern sich zur Kirchenmitgliedschaft in ihren verschiedenen Dimensionen:[907] In einem weiteren Sinne können die Leitlinien gelesen werden als Versuch einer positiven Entfaltung des theologischen Dreh- und Angelpunktes für Zugehörigkeit und den daraus resultierenden Rechten und Pflichten: dem Priestertum aller Gläubigen / Getauften. In einem eigenen Abschnitt »Die Kirchenmitgliedschaft« fokussieren die Leitlinien das Thema in einem engeren rechtlichen Sinn. Er äußert sich v.a. zum Zustandekommen und Erlöschen der Kirchenmitgliedschaft als Rechtsverhältnis und zu ihren (kirchlichen) Rechtsfolgen. So heißt es:[908]

> *Kirchenmitgliedschaft:* Evangelisch getaufte Christ·inn·en sind Mitglieder der evangelischen Kirchgemeinde ihres Wohnortes (Parochialprinzip). Als Mitglieder einer Gemeinde sind sie auch Mitglieder einer Landeskirche und der EKD (Territorialprinzip).
>
> *Rechte und Pflichten:* [...] (b) Kirchenmitglieder sind zur Teilnahme am Gemeindeleben verpflichtet. Von ihnen wird gefordert, an der »Erfüllung des kirchlichen Auftrages in Zeugnis und Dienst«[909] mitzuwirken (konfessorische, diakonische Pflichten) und die Arbeit ihrer Kirche nach ihren Möglichkeiten materiell zu unterstützen (donatorische Pflichten)[910].
>
> *Wiederaufnahme, Aufnahme und Übertritt:* »Wer getauft ist, kann [...] aufgenommen werden.« Ob (Wieder-)Aufnahme oder Übertritt – »eine Unterweisung im christlichen Glauben« soll diesen Schritt begleiten bzw. ihm vorausgehen.[911]

---

schrift oder Gesetz), gehören die Leitlinien doch zu den Rechtsquellen vieler Kirchen lutherischen Bekenntnisses (Vgl. z.B. Evangelische Kirche in Mitteldeutschland, Gesetzessammlung, 250.1A (UEK) u. 251.1 (VELKD).

907 S.o. sakramentales Zustandekommen; geographische Realisierung; bekenntnisförmige Ausgestaltung; lebenspraktische, ethische Konsequenzen.

908 Teil C Abschn. 1 Leitlinien VELKD 2003 (S. 98–101).

909 Leitlinien VELKD 2003, 99. »Der Auftrag der Kirche besteht darin, den Glauben an Jesus Christus zu bezeugen und Gottes Liebe zu allen Menschen in die Tat umzusetzen.« (Leitlinien VELKD 2003, 18)

910 Nach evangelisch-reformiertem Gottesdienstverständnis gehört die sog. Kollekte sogar zu den Minimal- bzw. Pflichtbestandteilen eines jeden Gottesdienstes (vgl. etwa Reformierte Liturgie, 37–40, bes. 40).

911 Leitlinien VELKD 2003, 100. Zum rechtlichen Charakter der Leitlinien: In Anknüpfung an Luthers Dictum vom Christenmenschen als freiem Herrn und dienstbarem Knecht präsentiert der leitende VELKD-Bischof Hans Christian Knuth Ende 2002 die Leitlinien im

Die Leitlinien kirchlichen Lebens haben unterschiedliche Dimensionen der Kirchenmitgliedschaft im Blick.[912] Sie zeigen sich sensibel für Kontextualität und Bedingtheit der jeweiligen Sozialgestalt verfasster Kirche. Das ermöglicht eine Inblicknahme der Ränder und Distanz zu dem binären rechtlichen Verständnis von Kirchenmitgliedschaft, das nur zwischen Mitgliedschaft und Nicht-Mitgliedschaft unterscheidet.

### b) Bedingungen von Taufe und Kirchenmitgliedschaft

Die Kirchenmitgliedschaft hat Rechtsfolgen, die staatliches Handeln betreffen. Vor dem Hintergrund ihrer migrationsrechtlichen Valenz drängt sich die Frage nach dem Zusammenhang von Christ-Sein, Taufe und Mitgliedschaft auf. Der in diesem Kontext geäußerte Missbrauchsverdacht lässt Taufe, Christ-Sein und Kirchenmitgliedschaft in der öffentlichen und staatlichen Wahrnehmung stärker

---

Vorwort als Entfaltung des lutherischen Verständnisses von Freiheit: Die Freiheit der Gemeinde bestehe gerade darin, sich Regeln zu geben. »Denn die Freiheit darf sich nicht dem Missverständnis aussetzen, zu chaotischen Zuständen zu führen. Mangelnde Klarheit begünstigt unnötige Konflikte.« (6) Die Leitlinien seien in diesem Sinne verbindliche »Entscheidungshilfen für christliches Handeln und für die Praxis der Kirche« (9), lesen wir weiter in der Einleitung zu den Leitlinien. Über den Verbindlichkeitscharakter entscheidet jedoch die Rezeption durch die Gliedkirchen »nach ihren entsprechenden Bedürfnissen« (10); der Regelungsteil der Leitlinien gebe einen Rahmen vor (10). Ausführlich verweist die Einleitung zu den Leitlinien auf die Kontextualität allen kirchlichen Regelungs- und Ordnungshandelns. Regeln reagieren auf konkrete Anforderungen (12) und müssen sich an spezifischen Erfordernissen messen und korrigieren lassen. »Jede Norm stellt einen Konsens darüber dar, was in einer bestimmten Zeit verbindlich sein soll« (11). Selbst das »biblische Zeugnis« sei nur in der Brechung menschlicher Deutungsbemühungen gegeben – was schon mit der Fokussierung und Priorisierung bestimmter Passagen beginne – und deshalb auslegungs- und diskussionsbedürftig (11). Diese Einsicht begründet den Aufbau der Leitlinien, die nicht nur Regelungen präsentieren, sondern diese soziologisch und biblisch-theologisch zu situieren suchen. Verbindlichkeit ist nicht voraussetzungslos, sondern das Ergebnis von Begründungs- und Vermittlungsarbeit. Die Einleitung und Einkleidung des Regelungsteils nimmt den Leitlinien ihre (in der Vorgängerfassung von 1955 noch sehr viel unbefangener artikulierte) normierende Schärfe und unterstreicht ihre informierende, katechetisch-pädagogische Dimension. Die Stärkung dieser Aspekte entspricht der immer wieder in den Leitlinien (bis in den Regelungsteil hinein) geäußerten Zeitdiagnose von abnehmender Volkskirchlichkeit einerseits und einem porösen parochialem Rand sowie einem großen Spektrum faktisch bekundeter Zugehörigkeit jenseits der formalen Kirchenmitgliedschaft andererseits. Vor diesem Hintergrund betonen die Leitlinien an unterschiedlichen Stellen den einladenden Charakter kirchlichen Handelns.

912 Die Taufe als unverlierbares Prägemal *(character indelebilis)* begründet die Zugehörigkeit zur Christenheit als der Zeiten und Räume umspannenden Gemeinschaft der Getauften und der Glaubenden. Sie präsentiert Regelungen zur Kirchenmitgliedschaft als Rechtsverhältnis, stellt diesen konkreten Ordnungsversuch aber unter den Vorbehalt, damit auf eine konkrete, heutige und hiesige Anforderungssituation zu reagieren. Die Ausgestaltung von Kirchenzugehörigkeit als Rechtsverhältnis dient einzig der Erfüllung des Auftrages der Kirche – der Verkündigung des Evangeliums.

auseinandertreten. An dieser Stelle ist zu fragen: Gibt es über die Taufe hinausgehende Vorbedingungen für eine Kirchenmitgliedschaft? Inwieweit ist die die Kirchenmitgliedschaft begründende Taufe an Bedingungen geknüpft? Kann sie vorenthalten, verhindert werden?

Die Leitlinien beginnen ihre Aussagen zur Taufe mit der Wahrnehmung einer Störung der intergenerationellen Weitergabe von christlichen Traditionen. Der Traditionsabbruch bei anhaltendem Taufbegehren von Eltern für ihre Kinder führe zu einer Vielzahl an Taufmotivationen.

> »Die Kirche ist aus gutem Grund zurückhaltend, die Ehrlichkeit der Bitte um die Taufe, wann immer sie vorgetragen wird, zu bezweifeln.«[913]

Besonders die neutestamentliche Briefliteratur bezeuge, dass die Aufnahme in die Gemeinde von Anfang an mit der Taufe verbunden war.[914] Der Taufe ging schon immer eine Taufvorbereitung voraus. Bei getauften Kindern werde der vorangehende Unterricht als Konfirmandenunterricht nachgeholt. Denn:

> »Die Taufe eines Kindes zielt auf das eigene Bekenntnis des Täuflings in einem späteren Lebensalter durch die Konfirmation [...] und auf einen Glauben, der lebenslang im Hören auf das Evangelium, im Gebet und im Einsatz für andere Menschen praktisch ausgeübt wird.« (38)

Die Taufvorbereitung Erwachsener und der Konfirmandenunterricht entsprechen sich in dem Anspruch, zum persönlichen Bekenntnis zu befähigen.[915] Konfirmation ist die mündige Annahme der eigenen Taufe; Konfirmandenunterricht will dazu befähigen,[916] und zwar durch die Vermittlung von Inhalten,[917] die Einübung in eine Praxis und ethische Orientierung.[918] Da die Taufvorbereitung Erwachsener gleiches leisten will, erübrigt sich der Konfirmandenunterricht bei ihnen.[919] Ziel der Taufvorbereitung sei es,

> »dass die Teilnehmerinnen und Teilnehmer sich [...] über den Sinn des christlichen Glaubens klar werden und ihre Entscheidung verantwortlich vertreten können. Sie sind dabei nicht gegen Zweifel und Anfechtung gefeit. Deshalb darf man nicht einen gefestigten und bewährten Glauben zur Bedingung der Taufe erheben. Vielmehr ist da-

913 Leitlinien VELKD 2003, 36.

914 A.a.O., 37.

915 »Ein wichtiges Ziel, das von Seiten der Kirche mit der Konfirmation verfolgt wird, besteht darin, die Heranwachsenden als mündige Christinnen und Christen in die Gemeinden zu integrieren.« (VELKD, *Leitlinien 2003*, 56 [Wahrnehmung der Situation zur Konfirmation])

916 A.a.O., 56.

917 Das sind: Zehn Gebote, Glaubensbekenntnis, Vaterunser, Taufe, Abendmahl, Beichte (Teil B Abschn. 1 Art. 5 Abs. 2 Leitlinien VELKD 2003; S. 61).

918 A.a.O., 58.

919 Teil B Abschn. 1 Art. 14 Abs. 2 Leitlinien VELKD 2003 (S. 65).

nach zu fragen, ob nach dem Maß des jeweiligen Verständnisses der aufrichtige Wunsch besteht, Gottes Verheißung in der Taufe anzunehmen.«[920]

Davon ausgehend halten die konkreten Regelungen u. a. fest: In der obligatorischen Taufvorbereitung kommen »die persönlichen Beweggründe des Taufwunsches sowie die Verheißung und Verpflichtung zur Sprache«[921]. Die Taufe kann aufgeschoben werden, solange Taufvorbereitung und / oder Taufgespräch nicht stattfanden. Die Taufe ist zu verweigern, wenn sich das Kind oder ein Elternteil gegen die Taufe wehrt.[922] Für die Taufe Erwachsener gilt entsprechend:

»Die Taufe von Erwachsenen ist aufzuschieben, solange sie nicht an einer Taufvorbereitung teilgenommen haben; sie ist abzulehnen, wenn sich ergibt, dass der Taufwunsch nicht ernsthaft ist.«[923]

Von welcher Ernsthaftigkeit ist hier die Rede? Es geht um die Ernsthaftigkeit des *Begehrens* nach der Taufe. Denn nur derjenige Taufwunsch ist bindend, der eigenständig und frei geäußert wurde. Das Ziel der Taufvorbereitung ist es, Menschen dazu zu befähigen, diesen Wunsch zur Taufe frei äußern und verantwortlich vertreten zu können. Die erste Überarbeitung der Lebensordnung von 1976 fokussiert die Vermeidung von Zwang noch deutlicher, wenn sie schreibt:

»Größere Kinder werden ihrem Alter entsprechend auf die Taufhandlung vorbereitet. Sie dürfen nicht gegen ihren Willen getauft werden.«[924]

Gegen Taufaufschub oder -ablehnung kann Beschwerde eingelegt werden.[925]Außerdem sollte sich die Kirche bemühen,

»die Gründe für eine Ablehnung der Taufe oder einen Taufaufschub zu beheben, sofern sie nicht im Willen der zu Taufenden selbst begründet sind.«[926]

### c) Ernsthaftigkeit des Taufwunsches vs. Ernsthaftigkeit der Konversion

Einen Missbrauchsverdacht in Hinblick auf die Kirchenmitgliedschaft, wie er das Taufbegehren Asylsuchender umgibt, kennen die Leitlinien in ihren Aussagen zu Taufe, Konfirmation und Kirchenmitgliedschaft nicht. In Hinblick auf die

920 A. a. O., 39.
921 Ebd.
922 A. a. O., 43.
923 Teil A Abschn. 2 Art. 8 Abs. 2 Leitlinien VELKD 2003 (S. 43f). Die Konfirmation setzt in gleicher Weise eine regelmäßige Teilnahme am Konfirmandenunterricht und am Gottesdienst voraus (Teil B Abschn. 1 Art. 10 Abs. 2 Leitlinien VELKD 2003; S. 63).
924 VELKD, Ordnung 1976, Abschn. I Abs. 4.
925 Teil A Abschn. 2 Art. 9 Abs. 1 Leitlinien VELKD 2003 (S. 44). So auch bei der Verweigerung der Konfirmation (Teil B Abschn. 1 Art. 10 Abs. 3 Leitlinien VELKD 2003 [S. 64]).
926 A. a. O., 44.

Amtshandlungen, die zur vollgültigen Mitgliedschaft führen (d.s. Taufe und ggf. Konfirmation), sprechen die Leitlinien von Ernsthaftigkeit. Dieses Reden von Ernsthaftigkeit und die Überprüfung von Ernsthaftigkeit im Asylverfahren sind jedoch unterschiedlich gelagert. Zur Erinnerung: In Asyl-Bescheiden und Selbstbeschreibungen behördlichen und richterlichen Handwerks begegnet »Ernsthaftigkeit« als

»Ernsthaftigkeit des Engagements für die neue Religion«

»ernsthafte Hinwendung zu der neuen Religion / zum Christentum«

»Zweifel an der Ernsthaftigkeit der Konversion zum Christentum«

oder in Aussagen wie diesen:

»Eine enge persönliche Gottesbindung mit dem dauerhaften, ernsthaften Bedürfnis, ein zentral christlich geprägtes Leben weiterhin in Deutschland und dann auch in der Heimat zu führen, ist jedoch nicht überzeugend erkennbar.«

»Insbesondere hat der Kläger nicht hinreichend dargelegt, dass er aus ernsthafter, fester innerer Überzeugung zum christlichen Glauben übergetreten ist.«

Ernsthaftigkeit erscheint hier als Gradmesser der vollzogenen Konversion und der Intensität von Glaubensvollzügen. Die behördliche Rede von der Ernsthaftigkeit beruht auf einem Urteil darüber, ob die getauften Schutzsuchenden Christ·inn·en »im identitätsstiftenden Sinne«[927] sind oder nicht.

Die Ernsthaftigkeit in den Leitlinien qualifiziert demgegenüber den Taufwunsch. Wer nicht getauft werden will, ließe sich verkürzt sagen, der darf auch nicht getauft werden. Taufwiderstände sind (auch gegen den Willen Erziehungsberechtigter) ernst zu nehmen. Nach den Leitlinien zielt die Taufvorbereitung einerseits auf die mündige, verantwortliche Artikulation des Taufwunsches bzw. dessen nachträgliche Annahme und Bekräftigung in der Konfirmation. Alle Taufvorbereitung, alles konfirmierende Handeln zielt auf eine Befähigung in diesem Sinne, nicht auf eine Überprüfung der redlichen Taufmotivation. Im Sinne der zitierten Ordnung kann deshalb auch hier nicht von Taufversagung bzw. -verweigerung gesprochen werden, sondern allenfalls von Taufaufschub.

927 So, wie oben ausgeführt, die Argumentationsfigur / Sprachkonvention in den Asylbescheiden, seit durch den Europäischen Gerichtshof 2012 ein über das sog. religiöse Existenzminimum hinausgehender Schutzbereich für den asylrechtlich relevanten Begriff von Religionsfreiheit der Richtlinie 2004/83/EG bestimmt wurde.

## 4. Begründete Zurückhaltung

Die Frage, was einer Taufe im Wege stehen könnte, d.h. was einer selbständigen Entscheidung für die Taufe beeinträchtigen und als Taufzwang hinter einem Taufbegehren stehen könnte, bietet die einzige tauftheologisch gebotene und ritual-praktisch gegebene Möglichkeit auf dem Weg zur Taufe »zu intervenieren«. Dass im Rahmen der Taufvorbereitung mit Verfolgung und Flucht verbundene Traumata zur Sprache kommen, ist eine Erfahrung, die viele Taufende machen und die die Taufvorbereitung iranischer Christ·inn·en auch als seelsorgliche Begegnung erscheinen lässt. Dass die Taufe angesichts einer überstandenen Verfolgung und einer von Gewalt und Not geprägten, aber geglückten Flucht, als Bestätigung des Glaubens erfahren und Beginn eines neuen Lebens begehrt wird, muss ebenso ernst genommen werden.

Die Zurückhaltung gegenüber der Prüfung einer wie auch immer gearteten Disposition von Katechumenen als Vorbedingung für die Taufe lässt sich nach lutherischer Theologie auch noch anders einholen. Die Taufe ist Verkündigung, insofern das durch sie Vollzogene im Glauben wirksam wird. *Accedit verbum ad elementum et fit sacramentum*, zitiert Luther Augustin, und betrachtet als das zentrale, zum Element Wasser hinzutretende und das Sakrament konstituierende (Verheißungs-)*Wort* Mk 16,16: »Wer da glaubet und getauft wird, der wird selig.« Die Taufe macht selig, was bedeutet: »von Sünden, Tod, Teufel erlöset in Christi Reich kommen und mit ihm ewig leben«[928]. Die Taufe verkündet – wie auch die Buße und das Abendmahl – Rechtfertigung. Für Luther spricht Gott den Menschen in einem kriminalistisch-gerichtlichen *(forensischen)* Sinne von Sünde frei; er rechnet ihm die Sünde nicht an, dafür aber, was Christus am Kreuz an satisfaktorischer Gerechtigkeit vollbracht hat *(imputatio negativa et positiva).*[929] Dieser den Menschen ins Recht setzende Akt gründet und vollzieht sich zunächst allein in Gott; die Rechtfertigung ist unabhängig vom Menschen, um Christi Verdienst willen.[930]

Diesem Verständnis korrespondiert der differenzierte Glaubensbegriff, wie er u.a. in der Apologie der CA (von Melanchthon und Luther) dargelegt ist und die lutherische Orthodoxie prägen wird. Im Glauben gibt Gott den Heiligen Geist, sodass der Mensch erkennt und darauf vertraut, dass ihm die Sünde nicht angerechnet wird. Während Luther die Augustinische Unterscheidung von Glaubensinhalt *(fides quae creditur / creduntur)* und Glaubensakt *(fides qua creditur /*

928 Luther, *Der große Katechismus / Catechismus major*, Rn. 24f. [BSLK/1998, 695f.].

929 FC SD III 9–12 und 17 [BSLK/1998, 917–920].

930 Bei den Ursachen der Rechtfertigung werden genauer unterschieden: als *causa efficiens* die Gnade Gottes; als *causa meritoria* das Verdienst Christi; als *causa instrumentatlis* der Glaube.

*creduntur)*[931] wohl ablehnt[932], vollzieht er Melanchthons Unterscheidung von drei Momenten des Glaubens durchaus mit:[933] Durch die Schrift und Predigt werde der Mensch mit den Glaubensinhalten bekannt *(notitia)*. Sie für wahr zu halten, ihnen zuzustimmen *(assensus)* und sie auf sich zu beziehen, sei der zweite Schritt. In einem dritten werde das Für-wahr-Gehaltene willentlich angeeignet *(fiducia)*. Spätestens dieser dritte Schritt, die willentliche, von Vertrauen geprägte Aneignung wird nicht mehr als Werk des Menschen, sondern des Heiligen Geistes verstanden: Der Wille des Menschen verhält sich in der Bekehrung des Herzens *pure passive* und instrumental für das Wirken des Heiligen Geistes.[934]

Für die Taufe heißt das: Ob man sich auf diese Unterscheidungen einlässt (und etwa die im Zusammenhang der Taufe äußerlich vollzogene und »von außen« nachvollziehbare Absage und Zuwendung dem Bereich der *fides quae creditur* zuordnet) oder nicht, als lutherischer Konsens kann gelten, dass »Gott in der Bekehrung durch das Ziehen des Heiligen Geistes aus widerspenstigen, unwilligen willige Menschen mache«[935], dass also dem unverfügbaren Wirken des Heiligen Geistes anheimgestellt bleibt, ob das in der Taufe Zugesagte auch tatsächlich Glauben wirkt. Die Bekehrung des Herzens kann nicht verlangt, nicht durch die Taufvorbereitung gemacht und schon gar nicht im Sinne einer Taufbedingung geprüft werden. Den Schluss des im Zusammenhang der Taufe Menschenmöglichen markiert das Bekenntnis des Glaubens. Ab dann gibt es keinen Ermessensspielraum mehr, ob getauft werden kann oder nicht. Und auf dieser Ebene muss den entscheidenden staatlichen Instanzen geantwortet werden, die sich immer wieder verwundert darüber zeigen, dass Menschen bereits nach wenigen Wochen im Zielland ihrer Flucht getauft werden. Mit welchem Argument könnte man ihnen die Taufe verweigern, nachdem sie über Jahre im Geheimen die Bibel studiert und miteinander gebetet haben, nachdem sie das

931 Jüngel weist darauf hin, dass Augustin mit Unterscheidung zu erklären sucht, »inwiefern der G[laube] der einzelnen Christen trotz deren offenkundiger Verschiedenheit ein und derselbe G[laube] ist. Als fides ex auditu (Röm 10,17) ist der G[laube], der geglaubt wird, bei allen Glaubenden ein und derselbe. Die numerische Vielfalt der in den stets individuellen Seelen sich vollziehenden Glaubensakte ist der Gattung nach gleichwohl ein einheitlicher G[laube] – vergleichbar dem menschlichen Willen, der zwar bei jedem Individuum ein besonderer ist und dennoch, wenn mehrere dasselbe wollen, als ein und derselbe Wille gilt [...] Bemerkenswert ist, daß Augustin in diesem Zusammenhang von der in der individuellen Seele sich vollziehenden fides qua behauptet, daß sie nur von dem Ich, dessen Akt sie ist, erkannt werden kann, während die fides qua anderer Individuen nur geglaubt werden kann.« (Jüngel, *Glaube*, 958)

932 Jüngel, *Glaube*, 962.

933 ApolCA IV, bes. 48 ff. [BSLK 1998, 169–172] »Quid sit fides iustificans / Was der Glaub sei, der für Gott fromm und gerecht macht«.

934 FC Ep II X [BSLK/1998, 780]; FC SD II VIII [BSLK/1998, 909].

935 Ebd.

Ende ihrer Flucht als Rettungserfahrung deuten und sich in ihrem Glauben durch ihre Bewahrung auf dem Weg nach Mitteleuropa bestätigt wissen?

## 5. Taufvorbereitung als Vorbereitung für das Leben als Getaufter

Auf die Unverfügbarkeit dessen, was sich im Umfeld der Taufe nach theologischem Verständnis ereignet, wird immer wieder hingewiesen, wenn sich Vertreter·innen der Kirchenleitungen, Taufende, Entscheidende und Richter·innen über Taufe als Gegenstand des Asylverfahrens unterhalten.[936]

Noch nicht geklärt ist damit aber, was die Taufvorbereitung überhaupt leisten kann und leisten soll. Wir hatten gesehen: Nach den *lutherischen* Leitlinien gibt es keine über die Taufe hinausgehenden Bedingungen für die Kirchenmitgliedschaft. Um getauft zu werden, ist der Taufwunsch bindend. Die Taufvorbereitung soll sicherstellen, dass der erwachsene Katechumene diesen Taufwunsch verantwortlich äußern und seine Kirchenmitgliedschaft verantwortlich realisieren kann.

Der *römische* Katechumenat ist nicht nur ritualpädagogische Vorbereitung auf die Taufe im engeren Sinne, sondern sakramentale Initiation, die erst in den Folgesakramenten vollständig wird und zugleich auf eine lebenslange Vertiefung ausgerichtet ist. Die Taufe eröffnet ein eucharistisches Leben; der Katechumenat ist Beginn und Einüben solcher Glaubenspraxis.

Der *mennonitischen* Taufvorbereitung geht es um »die Unterweisung zu biblischen, ethischen, kirchengeschichtlichen und konfessionskundlichen Themen, und es werden Gemeinschaftserfahrungen integriert [... Vermittelt werden] täuferisch-mennonitische Geschichte, Theologie und Identität und das Kennenlernen der eigenen kirchlichen Realität«[937]. – Demandt beschreibt die Taufvorbereitung einer *freien evangelischen Gemeinde* (FeG) unter dem Vorzeichen allgemeiner gegenwärtigen Herausforderungen: Neben dem Anspruch, die Bedeutung der Taufe (und gerade auch den Zusammenhang mit dem persönlichen Glauben) zu vermitteln, will die Taufvorbereitung zu einem lebendigen Glauben befähigen. Dieser schließt die »Verkündigung des Evangeliums in einer säkularen Welt« mit ein.

Die Aussagen beschreiben gerade in ihrer Allgemeinheit Dimensionen, die unter jeweils anderer material-theologischer Füllung über die Taufvorbereitung ganz unterschiedlicher christlicher Kirchen und Gemeinschaften ausgesagt werden könnten. Ratschow konzipiert aus einer ökumenisch wohlwollenden Perspektive heraus die konfessionell spezifischen Ausprägungen des Christli-

936 S. o. Kap. D.II.2.
937 Burkhart, *Taufpraxis mennonitisch*, 36.

chen als »Verständnisganzheiten«[938], in denen christlicher Glaube notwendigerweise konkrete Gestalt annimmt, »weil er erstens als Glaube aus einem raumzeitlich gebundenen Grundereignis und nicht aus allgemeinen Wahrheiten erwächst, weil er zweitens grundsätzlich Zeugnis ablegender Glaube ist und weil er drittens ein Glaube ist, dessen Bewußtsein von der Vaterliebe Gottes aus dem Weltwalten eben dieses Gottes immer erneut angefochten ist.«[939] So konkret Christliches in unterschiedlichen Bekenntnisgestalten auch Sozialgestalt annimmt, so unterschiedlich und konkret sind auch die Taufvorbereitungen. Sie eint die Ausrichtung auf das, was sich an die Taufe anschließt. Aber wohin bzw. wohinein wird dann eigentlich getauft?

## III. Wohin wird getauft?

*Ekklesiologisch* sind evangelischerseits zunächst verschiedene Gestalten von Kirche zu unterscheiden, in die die Taufe integriert. Nach lutherischer CA 7 und Calvins Institutio IV.1.9 ist Kirche überall dort, wo das Evangelium gepredigt und die Sakramente recht verwaltet werden *(notae ecclesiae)*. Die wahre Kirche hat dabei eine sichtbare Gestalt, übersteigt aber als Gemeinschaft der Glaubenden (*congregatio sanctorum*, CA 8) oder Schar der Erwählten (*turba electorum*, Institutio, VI.1.2) jede konkrete Kirchengestalt *(ecclesia particularis)*. Gegenüber der Gemeinschaft der Getauften *(ecclesia universalis)* ist die Gemeinschaft der Glaubenden *(ecclesia spiritualis)* unsichtbar, d.h. »für Menschen nicht abschließend bestimmbar«[940]. Die Verborgenheit der Kirche stellt dabei nicht auf »innerlich-seelische[] Unsichtbarkeit« ab, sondern entzieht die Kirche dem definitorischen Letztzugriff des Menschen.[941] Die Kirche verdankt sich als *creatura verbi Divinii* allein Gott.

Vor diesem Hintergrund differenziert sich Kirchenmitgliedschaft in »eine[n] theologisch qualifizierten Gliedschafts-, eine[n] primär soziologisch zu entfaltenden Zugehörigkeitsbegriff und eine[n] primär rechtlich bestimmten Mitgliedschaftsbegriff, wobei Letzterer, jedenfalls im Blick auf die römisch-katholische Kirche, streng nach seiner kirchenrechtlichen und seiner weltlich-rechtlichen Seite unterschieden werden muss«[942], da ein Austritt theologisch nicht möglich und selbst eine Exkommunikation zwar eine Kirchenstrafe, aber kein Kirchenausschluss ist.[943]

938 Ratschow, *Die eine christliche Taufe*, 55.
939 A.a.O., 55.
940 Lienemann, *Kirchenmitgliedschaft und Konversion*, 441.
941 A.a.O., 441f.
942 A.a.O., 450.
943 A.a.O., 450.

Wohin getauft wird, ist für alle drei Fälle der Zugehörigkeit nur im Sinne ihrer (freilich in der Brechung konfessioneller Theologien zu entfaltenden) Bestimmung eindeutig beantwortbar, in Hinblick auf die erwartbare Realisierung jedoch immer nur vorläufig. D.h., zwischen Gliedschaft, Mitgliedschaft, Zugehörigkeit und der Sichtbarkeit ihrer Realisierung besteht kein hinreichendes Bedingungsverhältnis.

Diese Feststellung ließe sich sogleich *ethisch* entfalten. Für das Asylverfahren von unmittelbarer Relevanz ist, wie wir oben sahen, die Frage, in welche Form von christlichem Leben hineingetauft wird. Welche Art christlicher Lebensführung wird durch die Taufe begünstigt? Diese Frage ist nicht einmal auf Grundlage der individuellen frömmigkeits- und bekenntnismäßigen Beheimatung de·s·r einzelnen Christen·in zu beantworten. Henning Theißen formuliert mit Blick auf die Taufe iranischer Christ·inn·en treffend, dass der »Leib Christi wie der menschliche Leib mehr ist als die Summe seiner Glieder, also auch mehr als die Kirchen und die Gesamtheit der Getauften. Aktive Verantwortung für den Erfolgt der Taufe – also dafür, dass, wer Christ wurde, immer weiter Christ wird – können deshalb weder die Kirchen noch die Täuflinge haben. Ihre Autorität erstreckt sich nur bis zum Taufakt selbst«[944]. Die Taufvorbereitung hat den Anspruch, in eine selbständige Verwirklichung des mit der Taufe Erlangten / Begonnenen / (konfessorisch) Bekannten zu führen. Eine Garantie, welche Verwirklichungsgestalt die mit der Taufe markierte Christ-Werdung annimmt, gibt es nicht. Die *soteriologische* Pointe der Taufe besteht gerade darin, dass sie die Sünde nicht beseitigt, sondern ihre Macht bricht. Durch eine bußfertige Haltung und die Annahme der Vergebung im Glauben wird die Taufgnade immer wieder wirksam.

## 1. Zugehörigkeit durch Begierdetaufe

Bereits im Herbst 2014 sind es längst nicht mehr nur evangelische und freikirchliche iranische Gemeinden, die in Iran staatlichem Druck ausgesetzt sind; auch »alteingesessene« römisch-katholische Gemeinden werden zunehmend Opfer staatlicher Willkür und Repression, sofern sie christlich interessierten aber nicht christlich-stämmigen Iraner·inne·n ihre Tür öffnen. Wie auch die anderen etablierten iranischen Kirchen tauft die römisch-katholische Kirche in Iran diese Menschen nicht, und zwar um sie und um sich selbst als Kirche / Gemeinde zu schützen. Der Theologe Dennis Halft, OP, fragt deshalb:

> »Wie also lässt sich das Taufsakrament, soteriologisch und ekklesiologisch begründet, unter den Bedingungen fehlender bzw. mangelnder Religionsfreiheit in Iran (und an-

944 Theißen, *Erste Sondierungen*, 50.

dernorts) denken? Inwiefern dürfen Menschen, die Jesus Christus aufrichtig suchen und sich nach der Taufe in der Kirche sehnen, aber keine Möglichkeit haben, diese regulär zu empfangen, sich dennoch theologisch begründet als von Gott angenommen und ihm zugehörig begreifen?«[945]

Menschen sind Christen und empfangen »die volle Wirkung der sakramentalen Gnade« auch allein »aufgrund ihrer persönlichen Christusverbundenheit«[946], antwortet Halft, wofür er auf Karl Rahners Unterscheidung der inneren Gnade vom sichtbaren Zeichen zurückgreift und sich durch die nachkonziliare Sakramentstheologie bestätigt weiß. Letztere (LG 14) bindet die gnadenhafte Wirksamkeit des Sakraments stark an den persönlichen Glauben. In der klassischen katholischen Dogmatik findet diese vollwertige Christ-Werdung ohne Taufe ihren Ausdruck im Konzept der Begierdetaufe, nach der, »[a]llein die Sehnsucht nach einem Leben mit Gott genügt, um ihm teilhaftig zu werden«[947].

Während die Begierdetaufe ausreicht, um die Mitgliedschaft in der *una, sancta, apostolica et catholica ecclesia* zu konstituieren, muss andererseits gefragt werden, wenn, wohin dann getauft wird. Vor dem Hintergrund des differenzierten Kirchenmitgliedschaftsbegriff stellt sich die Frage im Falle der Taufe iranischer Christ·inn·en noch einmal komplexer. Abgesehen davon, dass im Einzelfall zu fragen ist, in welchem Maße und in welchem konfessionellen Sinne sich jemand schon als Christ·in versteht, und die Taufe mehr initiatorischen oder mehr konfirmatorischen Charakter hat, ist zu fragen: Wird in eine evangelische Landeskirche getauft, oder stellt die Taufe von Geflüchteten eine Art *baptismale Krisen- und Nothilfe* dar? Taufen Gemeinden in Deutschland iranische Christ·inn·en quasi stellvertretend in eine Kirche hinein, deren konkrete (iranische) Sozial- und Bekenntnisgestalt im Werden begriffen ist, sich in den nächsten Jahren absehbar verändern wird und ganz entscheidend von der religionspolitischen Großwetterlage im Iran abhängig ist? Nach welchen bekenntnismäßigen Spielregeln werden Menschen getauft, deren kirchliche Her- und Zukunft von außen betrachtet zwischen verschiedenen Protestantismen changiert? Es sind Figuren der römisch-ökumenischen Theologie, die Erschließungspotential für die mit der Taufe geflüchteter iranischer Christ·inn·en gestellte Aufgabe bereithalten.

945 Halft, *Ungetauftes Christentum*, 168.
946 Ebd.
947 A.a.O., 170.

## 2. Taufe als / und ekklesiale Nothilfe

Die sog. Dogmatische Konstitution über die Kirche *(Lumen gentium)* vom 21. November 1964 entwirft die Kirche als »dem Mysterium des fleischgewordenen Wortes ähnlich[e]« – »analoge« – Größe. In ihr verbinden sich die »heilige Kirche« (»der geheimnisvolle Leib Christi«) und die »hier auf Erden als sichtbares Gefüge verfaßt[e]« (die »mit hierarchischen Organen ausgestattete Gesellschaft«) zu einer »komplexe[n] Wirklichkeit, die aus menschlichem und göttlichem Element zusammenwächst« (LG 8), ohne dass die eine mit der anderen vollständig identifiziert werden könnte. Das Verhältnis zwischen der Kirche als mystischer, gott-menschlicher Größe und konkreten Kirchengestalten wird mit dem (nur umständlich ins Deutsche übertragbaren) Begriff »*subsistit in*« erfasst.

> »Diese Kirche, in dieser Welt als Gesellschaft verfaßt und geordnet, ist verwirklicht *[subsistit in]* in der katholischen [d.h. der römischen] Kirche, die vom Nachfolger Petri und von den Bischöfen in Gemeinschaft mit ihm geleitet wird (13). Das schließt nicht aus, daß außerhalb ihres Gefüges vielfältige Elemente der Heiligung und der Wahrheit zu finden sind, die als der Kirche Christi eigene Gaben auf die katholische Einheit hindrängen.«[948]

Die eine Kirche ist verwirklicht in der römischen und darüber (d.h., nicht an dieser vorbei) in »Elementen der Heiligung und Wahrheit«. – Inwiefern diese Formulierung institutionelle Engführungen vermeiden hilft, kann angesichts des anhaltenden Streits um das Verständnis von *subsistit in* (»besteht in« vs. »ist verwirklicht in«) nicht einmal annährend beurteilt werden und soll es auch nicht. Zweierlei leistet die Formulierung für das hier verhandelte Thema und kann an dieser Stelle für eine die römische Ekklesiologie übersteigende Lesart nutzbar gemacht werden. »Der Ausdruck ›Subsistenz‹ will [...] die konkrete Existenz des einen Gottes als Vater, Sohn und Heiliger Geist aussagen. Das ›subsistit‹ will ekklesiologisch betrachtet daher ein dynamisches Beziehungsgefüge zwischen der Einheit der Kirche und der *Existenz ekklesialer Elemente* zum Ausdruck bringen.«[949] – Kirche ist konkret und besteht in unterschiedlichen Verfestigungszuständen.

Das ebenfalls während des Zweiten Vaticanums erarbeitete sog. Dekret über den Ökumenismus *(Unitatis Redintegratio)* knüpft an die ekklesiologischen Grundbestimmungen von *Lumen gentium* an und weist den Evangelische Kir-

---

948 LG 8: »Haec Ecclesia, in hoc mundo ut societas constituta et ordinata, subsistit in Ecclesia catholica, a successore Petri et Episcopis in eius communione gubernata (13), licet extra eius compaginem elementa plura sanctificationis et veritatis inveniantur, quae ut dona Ecclesiae Christi propria, ad unitatem catholicam impellunt.«

949 Thönissen, *Subsistit*, 1289 [kursiv, CK].

chen den Status »kirchlicher Gemeinschaften« (UR 19–24) zu. Beachtet werden müsse,

> »daß es zwischen diesen Kirchen und Gemeinschaften und der katholischen Kirche Unterschiede von großem Gewicht gibt, nicht nur in historischer, soziologischer, psychologischer und kultureller Beziehung, sondern vor allem in der Interpretation der offenbarten Wahrheit.« (UR 19)

Quasi als liturgisch-sakramentaler, seidener Faden, der die evangelischen Kirchen mit der römischen Kirche verbinde, bleibt lediglich die gemeinsame Taufe, durch die ein Mensch Christus eingegliedert und ihm in Tod und Auferstehung teilhaftig werde (UR 22). Die Taufe ist hinsichtlich der vielen Möglichkeiten, ein christliches Leben zu realisieren, allenfalls ein initiatorischer Anfang und bleibt »hingeordnet [...] auf die vollständige Einfügung in die eucharistische Gemeinschaft« (UR 22).

Unter Berufung auf *Lumen gentium* und *Unitatis redintegratio* legt die römische Glaubenskongregation[950] im August 2000 die »Erklärung über die Einzigkeit und Heilsuniversalität Jesu Christi und der Kirche« *(Dominus Iesus)* vor. Sie unterstreicht, dass die von Christus begründete Kirche in der römisch-katholischen »verwirklicht ist« (*subsistit in*; DI 16); die Erklärung bekräftigt noch einmal den Status der evangelischen Kirchen als kirchlicher Gemeinschaften und ordnet diese in eine dreistufige Verhältnisbestimmung zu anderen Kirchen ein.[951] Im Hintergrund steht hier eine Figur, die von dem Jesuiten Bellarmin im 16. Jh. entwickelt und durch das Tridentinum dogmatisiert wurde: Die Gemeinschaft *(communio)* der römischen mit anderen (Partikular-)Kirchen lässt sich mithilfe der Unterscheidung dreier sog. Bänder *(vincula)* qualifizieren: einem *vinculum symbolicum, liturgicum* und *hierarchicum.* Sie ergeben sich aus der dreifachen Sendung der Kirche und müssen für die volle Kirchengemeinschaft *(communio plena)* alle drei verwirklichkeit sein (c. 205 CIC/1983), wobei auch eine *communio non plena* die Interkommunion, Buße usw. *(communicatio in sacris)* ermöglicht.

Nach römischem Verständnis verdeutlicht die *Drei-Bänder-Konzeption* »die graduell unterschiedliche und ungleichzeitige partielle Kirchengemeinschaft der Christen, die in vielfältiger Weise das gemeinsame Glaubenszeugnis ermöglicht,

950 Unter Präfekt Joseph Kardinal Ratzinger und Sekretär Tarcisio Kardinal Bertone.

951 Neben den in *communio plena* mit der römischen Kirche Stehenden sind durch engste Bande mit ihr verbunden, die »die apostolische Sukzession und die gültige Eucharistie« bewahrt haben (DI 17): »Die kirchlichen Gemeinschaften hingegen, die den gültigen Episkopat und die ursprüngliche und vollständige Wirklichkeit des eucharistischen Mysteriums nicht bewahrt haben, sind nicht Kirchen im eigentlichen Sinn; die in diesen Gemeinschaften Getauften sind aber durch die Taufe Christus eingegliedert und stehen deshalb in einer gewissen, wenn auch nicht vollkommenen Gemeinschaft mit der Kirche. Die Taufe zielt nämlich hin auf die volle Entfaltung des Lebens in Christus durch das vollständige Bekenntnis des Glaubens, die Eucharistie und die volle Gemeinschaft in der Kirche.«

aber auch die Grenzen einer im Glauben und in der Kirche noch nicht vollendeten Gemeinschaft verdeutlicht.«[952] Folgt man Lienemanns Vorschlag und stellt die Konzeption nicht in den Dienst der Absicherung einer höchsten Lehrautorität und einer exklusiven Identifizierung von wahrer und römischer Kirche, können die Unterscheidungen auch für eine evangelische Ekklesiologie genutzt werden:[953] Mehr als die bloße Unterscheidung von sichtbarer und unsichtbarer Kirche oder den immer schon die evangelische Vollgestalt von Kirche beanspruchenden Verweis auf CA 7 unterstreicht *subsistit-in* die nicht hintergehbare, je konkrete Gestalt der Gemeinschaft der Getauften und schützt als relationale Unterscheidung zugleich vor einer vorschnellen Abwertung weniger verfestigter Sozialgestalten von Kirche. Die drei *Bänder* dienen dann nicht der stufenförmigen Quantifizierung der an einer römischen Norm bemessenen Nähe oder Ferne zur wahren Kirche, sondern verweisen vielmehr auf ekklesiale Dimensionen. Anders formuliert: Die drei Bänder beschreiben Achsen, entlang deren sich Kirche als raum-zeitliche Größe verwirklicht, konkrete Gestalt annimmt, immer wieder neu ausgehandelt wird und zu gestalten ist.

Anamnetisch-diagnostisch bewährt sich eine *Drei-Bänder-Heuristik*, um genauer wahrzunehmen, um was für ein Christentum es sich in *konfessorischer* und *liturgischer* Hinsicht bei geflüchteten iranischen Christ·inn·en handelt. Gefragt werden kann dann präziser nach der *selbst*gewählten Nähe und Distanz zu den verfassten hiesigen Protestantismen. Handelt es sich bei der Taufe um eine Konversion, um einen Kircheneintritt, um einen Übertritt oder um eine Art »liturgisches« Asyl? Nicht nur »Asylbehörden und Verwaltungsgericht müssen [dann] die Vorstellung verabschieden, das globale Christentum funktioniere ähnlich wie ein deutsches Landeskirchenamt«[954], auch die Kirchen selber können sich davon verabschieden. Die Einsicht, dass Kirche überall dort subsistiert, wo sich Menschen zu Jesus Christus bekennen, befreit von der Aufgabe, wie auch immer geartete Taufbedingungen sicherstellen zu wollen. Sie schützt vor einer vorschnellen Identifizierung von landeskirchlich verfasstem Protestantismus und einzelne·m·r Christ·in, ohne aus dem Blick zu verlieren, dass Christliches nur in konkreter (Sozial-)gestalt (verbunden durch Bekenntnis, Liturgie, Ordnung) zu haben ist. Die Einsicht schützt auch vor der schnellen Auto-Viktimisierung

952 Riedel-Spangenberg, *Ökumene. Kirchenrechtlich*, 977. Was in der römischen Theologie über die dreifache Sendung der Kirche entfaltet wird, ist besonders in der evangelisch-reformierten Theologie unter soteriologischen Gesichtspunkten als dreifaches Erlösungswerk (*tria munera Christi* – drei Ämter) im Blick. Römische und reformierte Figuren lassen sich auf den gemeinsamen Nenner bringen: Wie Christus gesandt ist, als Prophet zu lehren, als Priester zu heiligen und als König zu regieren, so ist die Kirche in ihrer sichtbaren Gestalt beauftragt, das Evangelium zu bezeugen, zu feiern und die Gemeinschaft der Getauften auf eine lebensförderliche Weise zu lenken.

953 Lienemann, *Kirchenmitgliedschaft und Konversion*, 457.

954 Theißen, *Erste Sondierungen*, 52.

der Institution: Wenn iranische Christ·inn·en auf ihr Christ-Sein oder die vollzogene Konversion hin überprüft werden, ist das zu allererst eine Verletzung der individuellen und nicht der korporativen Religionsfreiheit hiesiger Kirchen. Das *vinculum hierarchicum* ruft dann in die anwaltlich-repräsentative Verantwortung für iranische Christ·inn·en und nicht zu allererst zum Schutz pfarramtlicher Privilegien.

Die *tria vincula* helfen darüber hinaus, die tauftheologische und tauf-ekklesiologische Aufgabe als eine auf Ermöglichung einer fortwährenden Christ-Werdung ausgerichtete in den Blick zu nehmen. Welche Bande bestehen? Welche sind zu knüpfen? Welche können nicht geknüpft werden? Zwischen wem?

# F Zusammenfassung der Ergebnisse

## Die Wahrnehmung iranische Christ·inn·en im Spannungsfeld unterschiedliche Debatten

Die Untersuchung nahm ihren Ausgang in vier Beobachtungen: Seit Anfang der 2010er Jahre finden sich vermehrt iranische Christ·inn·en nahezu ausschließlich in evangelischen Gemeinden in Deutschland wieder und zwar über das gesamte Spektrum evangelischer Christentümer verteilt. Gerade landeskirchliche Gemeinden berichten mitunter von erweckungsartigen Veränderungen in den letzten Jahren. Fast alle iranischen Christ·inn·en gelangen als Flüchtlinge nach Deutschland bzw. beantragen hier asylrechtlichen Schutz. Ihre Christ-Werdung wird in nahezu allen Fällen Gegenstand ihres Asylverfahrens; die Schutzgewährung oder -verweigerung hängt fast immer an dem Urteil darüber, wie glaubhaft ihre Christ-Werdung und wie ernsthaft ihr Christ-Sein ist. Dass die Christ-Werdung von Iraner·inne·n im Prüffokus des Asylverfahrens steht, evoziert den Widerstand evangelischer Kirchen. Seit ungefähr zehn Jahren wird im Schatten anderer Debatten auf unterschiedlichen Ebenen ein staatlich-kirchliches Konfliktgespräch über sog. Flüchtlingstaufen ausgetragen. Die Taufe von iranischen Christ·inn·en erscheint auch im öffentlichen Migrationsdiskurs als Flüchtlingstaufe und wird immer unter dem Verdacht des asylstrategischen Missbrauchs verhandelt.

## Iranischer Protestantismus zwischen Fundamentalopposition und Performanz des eigentlichen Iran

In einem ersten Schritt wurde die Frage bearbeitet, was das für ein Christentum ist, das seit einigen Jahren zwischen Iran und Deutschland entsteht und in Gestalt iranischer Flüchtlinge in Mitteleuropa begegnet.

Bei aller Unterschiedlichkeit iranischer Christ·inn·en, was ihre Herkunft, die Motivation ihrer Christ-Werdung und Flucht angeht, lässt sich das Ergebnis dieser Veränderungen auf den konzeptuellen Nenner »Iranischer Protestantismus« bringen. Es handelt sich dabei um eine aufs Engste mit der derzeitigen islamisch-politischen Konfiguration Irans verwobene Erscheinung von Christlichem. Iranischer Protestantismus stellt Handlungsfähigkeit über die Inanspruchnahme und Verweigerung von Zugehörigkeit her. Dafür wird die Idee eines transhistorischen Iran mobilisiert und mit ihr Theologeme unterschiedlicher Protestantismen verbunden.

Beides – Iran und Protestantismus – hat eine inneriranische Geschichte, die ihren »Sitz im Leben« in Modernisierungsdiskursen sowie der Politisierung und Ideologisierung der iranischen Zwölfer-Schia Mitte des 20. Jh. hat. Die politisch-semantische Konnotation von Reformation und Protestantismus als Protest und Veränderung spielt auch in gegenwärtigen iranischen Christ-Werdungen eine nicht zu unterschätzende Rolle. Der Christ-Werdung geht eine (transgenerationelle) Entfremdungsbewegung von einem als wider-iranisch konzipierten Islam voraus.

Der Wunsch nach Bewältigung von Herkunft und Flucht und die Sehnsucht nach einem neuen Anfang findet einen starken Ausdruck im Bild der Wiedergeburt, ohne dass damit in pfingstlich-charismatischer Tradition eine konkrete Stufe des *ordo salutis* im Blick wäre. Vielmehr markiert die Taufe symbolisch den Bruch mit dem als nicht-iranisch konzipierten Islamischen und einem anderen Leben als Iraner·in. Das ist umso stärker der Fall, wenn die Taufe nicht nur eine in Iran verweigerte Christ-Werdung zum Abschluss bringt, sondern auch die geglückte Flucht abschließt. Die Taufe reagiert dann auf die als göttliche Rettung und Treue erfahrene Ankunft im Fluchtland.

Tauftheologisch stellt sich angesichts der Verbindung aus Christ-Werdung, Flucht und der Hoffnung auf politisch-gesellschaftliche Veränderung in Iran die Frage, wohin Iraner·innen in einer deutschen Gemeinde getauft werden? Eine Antwort auf diese Frage kann nur auf Grundlage des individuell geäußerten (konfessorisch, liturgisch, institutionellen) Verhältnisses zur jeweiligen Gemeinde gefunden werden. Dass sich in einer kirchlich-pluralen Landschaft jede·r suchen könne, was er/sie braucht, greift dabei aber zu kurz. Im Falle geflüchteter iranischer Christ·inn·en könnte sich die Frage stellen, ob es sich etwa um eine Art »liturgisch-ekklesiales« Asyl im Sinne einer temporären »gottesdienstlichen« Beherbergung verfolgter Christ·inn·en anderer konfessorischer und liturgischer Gestalt handelt (iranischer Protestantismus-im-Werden zu Gast z.B. in einer evangelisch-lutherischen, landeskirchlichen Gemeinde).

Die theologische Figur der *tria-vincula* stellt Kategorien bereit, mit deren Hilfe iranische Christ·inn·en in ihrem spezifischen Christen- und Kirche-Sein wahrgenommen und daraufhin angesprochen werden können.

Eine große taufpraktische Herausforderung stellt für Taufende dar, was sie als ethnisierte Abgrenzungsidentität wahrnehmen. Inwieweit es sich hierbei um ein Zwischenstadium bei der Aushandlung von Identität(en) handelt, könnte in der Taufvorbereitung besprochen werden, kann aber nur schwer als Taufhindernis gerechtfertigt werden.

## Religion und Konversion als asylverfahrensmechanische Konventionen zur rechtlichen Beurteilung von Christlichem

In einem zweiten Schritt fragte die Untersuchung danach, wie iranische Christ-Werdungsgeschichten Gegenstand des deutschen Asylverfahrens werden.

In der asylrechtlichen Prüfung sog. Konvertiten greifen verschiedene Rechtsregime ineinander, da mit Religion auch verfassungsrechtliche Fragen berührt sind. Gezeigt wurde, dass Religion und Konversion aber nicht einfach Gegenstand des Verfahrens sind, sondern mit ihrer Hilfe Christliches erst zu einem Prüfgegenstand modelliert wird. Die Analyse der Verfahrensmaterialisate legt nahe, dass es den Entscheidenden nicht leicht fällt, zu unterscheiden zwischen Religion als Rechtsbegriff innerhalb der sog. juristischen Subsumtion einerseits und real existierendem, der schematischen Einordnung in rechtliche Kategorien widerstrebendem Christlichem andererseits. So entsteht der Eindruck, dass im Asylverfahren immer wieder eine christliche Existenz als Ganze als nicht-ernsthaft oder unglaubhaft abgeurteilt wird.

Dass sich eine solche Tendenz einstellt, hat auch mit der diskursiven Mechanik des Asylverfahrens in sog. Konversionsfällen zu tun. Die Handlungsfähigkeit des sog. Asyl-Entscheiders hängt einerseits davon ab, die im Asylverfahren vorgetragene Christ-Werdung in einen entscheidbaren Fall zu übersetzen. Andererseits würde die Position des Entscheidenden eliminiert, wenn mit der zweifelsfreien Identifikation von Christlichem und Religion als Rechtsbegriff bereits alles entschieden wäre. Christliches bietet sich in der Brechung durch den rechtlichen Religionsbegriffs als Religion / Konversion geradezu prototypisch an, um diejenige Handlungsfähigkeit zu etablieren, die das Asylverfahren benötigt: Entscheidbarkeit. Die Verlagerung von Christlichem in einen schwer zugänglichen Innenbereich fordert den Anspruch, zu prüfen gleichermaßen heraus, wie es ihn bestätigt.

Die konstitutive Nicht-Entscheidbarkeit in Hinblick auf Christliches führt aber auch dazu, dass von Amts wegen gerade an der Stelle Theologie betrieben und theologische Hybride (der Schluss von bestimmten Inhalten auf das Vorhandensein von Glauben) hervorgebracht werden, an der die eigene Prüfarbeit als dezidiert nicht-theologisch beschrieben und kirchlich-theologische

Deutungsansprüche zurückgewiesen werden. – Der rechtliche Religionsbegriff und die Maßgabe, entscheiden zu müssen, initiieren einen religionsproduktiven Diskurs. Das staatlich geprüfte Christliche begegnet in den Materialisaten des Asylverfahrens in unterschiedlichen Figuren, die meist über ein homogenisierendes Religionsverständnis arbeiten, das Kontrastbildungen und Vergleiche ermöglicht.

Tauftheologisch stellt sich die Frage, was die Taufvorbereitung leisten muss. Der von Anwält·inn·en und Kirchenjurist·inn·en bemühten Strategie, bei der Taufvorbereitung handele es sich um eine der Glaubhaftigkeitsprüfung analoge Ermittlung innerer Tatsachen, ist zu widerstehen. Die Taufvorbereitung stellt lediglich sicher, dass keiner zur Taufe gezwungen wird und sein Ja zur Taufe frei und mündig artikulieren kann. Die Taufvorbereitung bereitet außerdem auf ein Leben nach der Taufe vor – »also dafür, dass wer Christ wurde, immer weiter Christ wird«[955].

## Die staatlich-kirchlichen Konfliktgespräche als religionsproduktiver Kompetenzstreit

In einem dritten Schritt wurde gefragt, wie die Auseinandersetzung zwischen staatlichen Stellen und den Kirchen darüber geführt wird, dass bzw. wie eine Christ-Werdungsgeschichte Gegenstand eines deutschen Verwaltungsverfahrens wird.

Die Untersuchung zeigt: Die Auseinandersetzung wird als Kompetenzstreit geführt, in dem um Deutungshoheit gerungen wird. Vertreter·innen der Kirchen berufen sich dabei v.a. auf die korporative Religionsfreiheit, weniger in einem anwaltlichen Sinne auf die individuelle Religionsfreiheit iranischer Christ·inn·en. Diese tauchen in den Konfliktgesprächen entsprechend nur als Besprochene auf und als Expert·inn·en für das Leben unter real existierender islamischer Herrschaft, nicht jedoch als iranische Christ·inn·en.

Zu den kirchlichen Verteidigungsstrategien gehört es, über die vermeintlich einheitliche Taufe eine geschlossene Kirchen- bzw. Tauffront gegenüber einem als übermächtig empfundenen Staat zu etablieren. Die in dieser populistischen Situation hervorgebrachten Homogenisierungen des Christlichen werden durch einen Außenbereich stabilisiert, in dem freikirchliche und pfingstliche Taufpraxis als unseriös diskreditiert werden. Dass es dazu kommt, hat auch mit den Rederechten in Hinblick auf das verhandelte Problem zu tun.

955 Theißen, *Erste Sondierungen*, 50.

Das amtliche und gerichtliche Prüfprozedere wirkt sich als katechumenaler Erwartungsdruck auf die Taufvorbereitung aus, die in der Selbstvorstellung kirchlicher Arbeit als verfahrensförmiges Analogon zur Schutzprüfung im Asylverfahren präsentiert wird. Das Insistieren von Taufenden und Kirchenjurist·inn·en darauf, dass in der Taufvorbereitung die Ernsthaftigkeit des Täuflings geprüft würde, ist theologisch fragwürdig, maßt sich doch hier der/dieTaufende eine Richterstellung in Hinblick auf die Taufe an, die theologisch nicht zu plausibilisieren ist. Die um die Idee des vermessbaren Innenlebens herum geführte Auseinandersetzung ist als Kompetenzdiskurs nicht lösbar, wird dadurch doch immer wieder die behördlich-gerichtliche Grundannahme stabilisiert, als gäbe es den Ort, von dem aus einem Menschen das beanspruchte und bekenntnismäßig artikulierte Christ-Sein als gelogen bewiesen werden könnte.

## Schlussplädoyer: Refokussierung der Aufgaben!

Sich einer Antwort auf die Frage zu enthalten, ob jemand wirklich Christ·in ist oder nicht, nimmt Asylbehörden nicht den Spielraum, auch den Fällen sog. religiöser Konversion nach allen asylrechtlichen Kunstregeln entscheiden zu können und entscheiden zu müssen. Eine solche Selbstbeschränkung führt vielmehr zurück zur Aufgabe des Asylverfahrens, nämlich zu beurteilen, ob das vorgetragene Christ-Sein schutzbedürftig ist oder nicht. Denn – und das muss auch gegenüber den Taufenden immer wieder eingewandt werden – dass jemand getauft und Christ ist, determiniert kein verfolgungsaffines Verhalten. Nicht jede Art, sein Christ-Sein zu leben, würde verfolgt werden. Nicht jede Weise, Christ·in zu sein, würde von potentiellen Verfolgern auch als Christ-Sein identifiziert und als verfolgungswürdig eingestuft. Die Selbstbeschränkung seitens der Asylbehörden hinsichtlich des Urteils über das *Dass* des vorgetragenen Christ-Seins und eine Fokussierung des Auftrags (Schutzstatus aufgrund einer Verfolgungsprognose zuzuerkennen oder zu verweigern) erfordert allerdings ein Mehr an Anstrengung in zwei Punkten: Die ohnehin sehr langen Anhörungen in sog. Konversionsfällen müssten sich an der metamethodischen Frage orientieren, was das eigentlich für ein Christ-Sein ist, das jeweils präsentiert wird. Eine solche religions- und konfessionskundliche Expertise ist bislang nicht einmal als Defizit angezeigt. Ein durch eine solche Expertise ermöglichter christentumsklischeebefreiter Zugriff eröffnet eine bewerberzentrierte und realitätsnahe interaktive Herstellung einer zu beurteilenden Glaubensbiographie.

Mehr Aufwand müsste m. E. zudem darauf verwandt werden, das potentielle Verfolgungsszenario aus der Perspektive der Verfolger zu entwickeln: Was würde als Christliches in Iran erkannt und verfolgt werden?[956] Entscheider·innen fühlen sich an dieser Stelle unterversorgt. Das amtliche Referenzwissen wird größtenteils aus den Berichten der Asylbehörden anderer Länder heraus generiert; die Arbeit deutscher Institutionen (wie dem Auswärtigen Amt) beschränkt sich demgegenüber auf lediglich wenige Seiten umfassende Länder-Kurzprofile.

Die taufenden Kirchen könnten in den genannten Punkten einen wichtigen Beitrag leisten. Anstatt sich im Konflikt mit staatlichen Stellen lediglich an der vermeintlichen Infragestellung des eigenen Taufhandelns abzuarbeiten, müssen sie anwaltlich für iranische Christ·inn·en in Erscheinung treten und deren spezifischem Christ- und Kirche-Sein, das einfachen asylrechtlichen wie konfessionskundlichen Klassifizierungen widerstrebt, Gehör verschaffen. Die staatlich-kirchliche Auseinandersetzung würde auf diesem Weg auch aus dem selbstreferentiellen Kompetenzstreit erlöst und gewänne in der Fokussierung iranischer Christ·inn·en und ihrer spezifischen Verfolgungssituation an sachdienlicher Konkretion.

956 Mit Blick auf Afghanistan fordert das seit Längerem die Ethnologin Friederike Stahlmann. Vgl. Friederike Stahlmann: *Überleben in Afghanistan? Zur humanitären Lage von Rückkehrenden und ihren Chancen auf familiäre Unterstützung*, Asylmagazin 3/2017, 73–81. Dies.: *Bedrohungen im sozialen Alltag Afghanistans. Der fehlende Schutz bei Verfolgung und Gewalt durch private Akteure*, Asylmagazin 3/2017, 82–89.

# Danksagung

Die vorliegende Untersuchung wurde im Oktober 2019 von der Theologischen Fakultät der Martin-Luther-Universität Halle-Wittenberg als Dissertation angenommen. Spätere Literatur und Rechtsprechung konnten nur vereinzelt berücksichtigt werden.

Für die vertrauensvolle Begleitung während des Promotionsprozesses danke ich meinem Doktorvater Prof. Dr. Daniel Cyranka. Prof. Dr. Friedemann Stengel und Dr. Jutta Noetzel danke ich für den regelmäßigen Austausch über Thema und Theorie, ebenso meinen Kolleg·inn·en und Kommiliton·inn·en Désirée Ardelt, Dr. Cathérine Balleriaux, Elisa Bellucci, Nora Blume, Martin Emmrich, Dr. Łukas Fajfer, Valentin Feneberg, Eva Finkenstein, Dr. Tobias Foß, Tobias Gruber, Dr. Hauke Heidenreich, Doris Kriegel, Jana Langkop, Philine Lewek, Diana Lunkwitz, Paul Pettersson, Dr. Thomas Ruhland, Christina Sawatzki, Thea Sumalvico, Giovanni Tortoriello, Dr. Veronika Zink.

Prof. Dr. Heike Walz und Prof. Dr. Michael Domsgen sei gedankt für die ausführlichen Rückmeldungen.

Laura-Christin Krannich danke ich für ihre Unterstützung in jeder Hinsicht.

Das Buch hätte nicht gedruckt werden können ohne die Hilfe folgender Institutionen und Personen: Martin-Luther-Universität Halle-Wittenberg, Lother-Kreyssig-Ökumene Zentrum Magdeburg, Deutsche Gesellschaft für Missionswissenschaft, Evangelische Kirche in Mitteldeutschland, Evangelische Landeskirche Anhalts. Prof. Dr. Daniel Cyranka, Petra Albert und Cordula Haase, Joachim Liebig, Michael Lehmann und Jens Walker gilt hier mein besonderer Dank.

# Quellen und Literatur


Abrahamian, Ervand: *A History of Modern Iran*, 2. Aufl., Cambridge 2018.

Affolderbach, Martin: *Evangelische Akteure*, in: Meißner, Volker / Affolderbach, Martin / Mhagheghi, Hamideh / Renz, Andreas (Hgg.): Handbuch christlich-islamischer Dialog. Grundlagen, Themen, Praxis, Akteure, Freiburg / Wien / Basel 2014, S. 373–386.

Affolderbach, Martin / Wöhlbrand, Inken: *Was jeder vom Islam wissen muss*, hg. i. A. d. Amtes d. VELKD u. d. Kirchenamtes d. EKD, 3. Aufl. d. vollst. überarb. Neuaufl., Gütersloh 2011.

Affolter, Laura: *Asyl-Verwaltung kraft Wissen. Die Herstellung von Entscheidungswissen in einer Schweizer Asylbehörde*, in: Lahusen, Christian / Schneider, Stephanie: Asyl verwalten. Zur bürokratischen Bearbeitung eines gesellschaftlichen Problems, Bielefeld 2017, S. 145–171.

Aghadscheri, Hashem: *Uns fehlt ein Islamischer Humanismus*, Die Zeit 52/2002.

Ahmad, Jalal Al-I Ahmad: *Occidentosis. A Plague From the West*, üb. v. R. Campbell, eingel. u. komm. v. Hamid Algar, Berkeley 1984.

Akhundzada, Fathali: *New alphabet and writings*, hg. v. Zadeh, Hamid Mohammad, Tabriz 1978.

Albrecht, Christian: *Kasualtheorie. Geschichte, Bedeutung und Gestaltung kirchlicher Amtshandlungen*, Tübingen 2006.

Alfried Krupp Wissenschaftskolleg und Universität Greifswald: *Integration und Konversion. Taufen muslimischer Flüchtling als Herausforderung für Kirchen, Staat und Gesellschaft in Deutschland und Europa. Interdisziplinäre Fachtagung 4. und 5. April 2019*, Einladungsflyer.

Alizadeh, Mohammad Ali / Delgosha, Ali Baghdar: *Study of Chauvinism in the Attitudes of the Intelligentsia during the Constitutional Era*, in: Mediteranean Journal of the Social Sciences 6/2015, S. 165–171.

Aljets, Enno: *Rezension »Legitimation durch Verfahren (Niklas Luhmann, 1969)«*, Blog Sozialtheoristen.de [abgerufen am 15.08.2019 unter URL: https://sozialtheoristen.de/2008/07/15/legitimation-durch-verfahren-niklas-luhmann-1969/].

Alpha & Omega. Internationale christliche Gemeinde, *Glaubensgrundlagen*, 6.2.6 [abgerufen am 15.08.2019 unter URL: http://alpha-omega-int.com/wer-wir-sind/glaubens grundlagen/].

Amirpur, Katajun: *Den Islam neu denken. Der Dschihad für Demokratie, Freiheit und Frauenrechte*, 3. Aufl., München 2019.

Amirpur, Katajun: *Den Islam neu denken. Gegen die offizielle Auslegung des Korans formulieren schiitische Rechtsgelehrte Ideen für innerislamische Reformen*, in: Edition Le Monde diplomathique 27, 2020, S. 49–51.

Amirpur, Katajun: *Der schiitische Islam*, Stuttgart 2015.

Amirpur, Katajun: *Können Muslime gleichzeitig modern und authentisch sein?*, Süddeutsche Zeitung vom 03.07. 2017.

Anderson, Allan H.: *An Introduction to Pentecostalism*, Cambridge 2004.

Anderson, Allan H.: *Spreading Fires. The Missionary Nature of Early Pentecostalism*, London 2007.

*Apologie der Confessio Augustana* [ApolCA], in: BSLK/1998, S. 139–404.

Asad, Talal: *Genealogies of Religion. Disciplin and Reasons of Power in Christianity and Islam*, Baltimore / London 1993.

*Auf dünnem Eis. Die Asylentscheider*, Sandra Budesheim, Sabine Zimmer (Regie), Andrea Ufer (Produktion), 96 min, Deutschland 2017.

Austrian Centre for Country of Origin and Asylum Research and Documentation (ACCORD): *Query Response on Iran: House churches, situation practicing Christians, treatment by authorities of Christian convert's family members*, 14 June 2017.

Beaucamp, Guy / Treder, Lutz: *Methoden und Techniken der Rechtsanwendung*, 3. Aufl., Heidelberg 2015.

Beetschen, Franziska / Grethlein, Christian / Lienhard, Fritz (Hgg.): *Taufpraxis. Ein interdisziplinäres Projekt*, Leipzig 2018.

Begrich, Teja: *Muslime taufen? Ein evangelischer Pfarrer über ›seine‹ Iraner*, in: Die Zeit 46/2016.

*Bekenntnisschriften der evangelisch-lutherischen Kirche [BSLK], herausgegeben im Gedenkjahr der Ausburgischen Konfession 1930*, 13. Aufl., Göttingen (1998) 2010.

*Bekenntnisschriften der evangelisch-lutherischen Kirche [BSLK]*, Bd. 1: Von den altkirchlichen Symbolen bis zu den Katechismen Martin Luthers, Bd. 2: Die Konkordienformel, Bd. 3: Quellen und Materialien, hg. v. Dingel, Irene, Göttingen 2014.

Bender, Rolf / Nack, Armin: *Tatsachenfeststellung vor Gericht: Glaubwürdigkeits- und Beweislehre, Vernehmungslehre*, 3. Aufl., München 2007.

Benrath, Gustav Adolph: *Buße. Historisch*, in: TRE, Bd. 7, S. 452–473.

Bergunder, Michael: *Der »Cultural Turn« und die Erforschung der Pfingsbewegung*, Evangelische Theologie 69, 04/2009, S. 245–269.

Bergunder, Michael: *Was ist Religion? Kulturwissenschaftliche Überlegungen zum Gegenstand der Religionswissenschaft*, in: ZfR 19, 1/2011, S. 3–55.

Berlit, Uwe: *Die Bestimmung der »Gefahrendichte« im Rahmen der Anerkennung als Flüchtling oder subsidiar Schutzberechtigter*, in: ZAR 37, 3/2017, S. 110–121.

Berlit, Uwe / Dörig, Harald / Storey, Hugo: *Glaubhaftigkeitsprüfung bei Asylklagen aufgrund religiöser Konversion oder Homosexualität: Ein Ansatz von Praktikern (Teil 1)*, in: ZAR 9/2016, S. 281–288.

Bertrams, Michael: *Anmerkung zu BVerfG, Beschluß des Zweiten Senats vom 1. 7. 1987-2 BvR 478/86 und 962/86*, in: Deutsches Verwaltungsblatt 1988, S. 49–51.

Bevollmächtigter des Rates der EKD: *Merkblatt: Konvertiten im Asylverfahren – Follow-Up*, verf. v. Katharina Berner, Berlin 2017.

Bickelhaupt, Jörg: *Zehn Jahre Magdeburger Tauferklärung. Eine kritische Bilanz*, Materialdienst des Konfessionskundlichen Instituts Bensheim 3/2017, S. 37–41.

Blume, Michael: *Islam in der Krise. Eine Weltreligion zwischen Radikalisierung und stillem Rückzug*, Ostfildern 2017.

Böke, Karin: *Die »Invasion« aus den »Armenhäusern Europas«. Metaphern im Einwanderungsdiskurs*, in: Jung, Matthias / Wengeler, Martin / Böke, Karin (Hgg.): Die Sprache des Migrationsdiskurses. Das Reden über »Ausländer«, in: Medien, Politik und Alltag, Opladen 1997, S. 164–193.

Böke, Karin: *»Flüchtlinge« und »Vertriebene« zwischen dem »Recht auf die alte Heimat« und der »Eingliederung in die neue Heimat«. Leitvokabeln der Flüchtlingspolitik*, in: Böke, Karin / Liedtke, Frank / Wengeler, Martin (Hgg.): Politische Leitvokabeln in der Adenauer-Ära, Berlin 1996, S. 131–210.

Bösch, Frank: *Zeitenwende 1979. Als die Welt von heute begann*, München 2018.

Breuer, Franz: *Reflexive Grounded Theory. Eine Einführung in die Forschungspraxis*, 2. Aufl., Wiesbaden 2010.

Britsh Home Office: *Country Policy and Information Note. Iran: Christians and Converts*, London 2018.

Britting-Reimer, Eva: *Anfragen an die Taufpraxis aus Sicht des Bundesamtes für Migration und Flüchtling und Überprüfung von Asylsuchenden wegen Furcht vor Verfolgung aus religiösen Gründen*, in: Kirchenamt der EKD: Fachtag zur Bedeutung von Taufe und Konversion im Asylverfahren, Kirchenamt der EKD, Hannover, 8. Mai 2012. Dokumentation, S. 17–23.

Brubaker, Rogers / Cooper, Frederick: *Beyond ›Identity‹*, in: Theory and Identity 1/2000, S. 1–47.

Bundesamt für Migration und Flüchtlinge: *Länderreport 10. Iran. Situation der Christen*, 3/2019 [online verfügbar; abgerufen am 15.08.2019 unter URL: http://www.bamf.de/SharedDocs/Anlagen/DE/Publikationen/Herkunftslaenderinformationen/iran-laenderreport-10.html].

Bundesamt für Migration und Flüchtlinge: *Qualitätssicherung im Asylverfahren. Pressemitteilung zum Artikel in Der SPIEGEL Nr. 26/2016*, Nürnberg 2016 [abgerufen am 19.08.2019 unter URL: https://www.bamf.de/SharedDocs/Pressemitteilungen/DE/2016/20160628-029-PM-qualitaetssicherung.html].

Bund Evangelisch Freikirchlicher Gemeinden (Baptisten): *Rechenschaft vom Glauben*, Kassel 2019 [abgerufen am 19.08.2019 unter URL: https://www.baptisten.de/fileadmin/bgs/media/dokumente/Rechenschaft_vom_Glauben_-_Stand_31.05.2019.pdf].

Burkhardt, Friedemann / Schirrmacher, Thomas (Hgg.): *Glaube nur im Kämmerlein? Zum Schutz religiöser Freiheitsrechte konvertierter Asylbewerber* (Studien zur Religionsfreiheit Bd. 14, idea-Dokumentation 1/2009), Bonn 2009.

Burkart, Rainer W.: *Taufpraxis aus Sicht einer Täuferkirche (Mennoniten)*, in: »Was hindert's, dass ich mich taufen lasse?« (Apg 8,36) Taufpastoral aus Sicht der multilateralen Ökumene. Dokumentation eines Studientages der ACK in Deutschland, hg. v. Arbeitsgemeinschaft christlicher Kirchen in Deutschland, Frankfurt 2015, S. 31–43.

Buß, Alfred: Geleitwort zur Dokumentation des Fachgesprächs zu Taufe und Konversion im Asylverfahren, in: Die Bedeutung von Taufe und Konversion im Asylverfahren (epd-Dokumentation 47), Frankfurt 2008, S. 4.

Butler, Judith / Laclau, Ernesto / Žižek, Slavoj: *Contingency, Hegemony, Universality. Contemporary Dialogues on the Left*, London / New York 2000.

Codex des kanonischen Rechts: lateinisch-deutsche Ausgabe (hg. i. A. d. Deutschen Bischofskonferenz u. a.), 8., aktual. u. verb. Aufl. der Fassung von 1983, Kevelaer 2017 [Text in mehreren Sprachen verfügbar unter URL: http:/www.codex-iuris-canonici.de].

Congressional Research Service, *Iran Sanctions. Updated Juli 12, 2019.* [abgerufen am 31.08.2019 unter URL: https://crsreports.congress.gov/product/pdf/RS/RS20871].

Cyranka, Daniel: *Mahomet, Repräsentationen des Propheten in deutschsprachigen Texten des 18. Jahrhunderts,* Göttingen 2018.

Dabashi, Hamid: *Iran. A People Interrupted*, London / New York 2007.

Dabashi, Hamid: *Iran without Borders. Towards a Critique of the Postcolonial Nation*, London / New York 2016.

Dabashi, Hamid: *Islamic Liberation Theology. Resisting the Empire*, London 2008.

Dabashi, Hamid: *Theology of Discontent. The Ideological Foundations of the Islamic Revolution in Iran*, London 1993.

Dahm, Karl-Wilhelm: *Art. Kirchenmitgliedschaft*, in: TRE, Bd. 18, S. 643–649.

Danish Migration Service, *Update on the Situation for Christian Converts in Iran. Report from the Danish Migration Service's fact-finding mission to Istanbul, Ankara, Turkey and London, United Kingdom. 25 March to 2 April 2014 and 10 April to 11 April 2014*, Copenhagen 2014.

Danish Ministry of Immigration and Integration, *Iran: House Churches and Converts, Joint report from the Danish Immigration Service and Danish Refugee Council based on interviews in Tehran, Iran, Ankara, Turkey and London, United Kingdom, 9 September to 16 September 2017 and 2 October to 3 October 2017*, Copenhagen 2018.

Demandt, Johannes: »*Unordentliche Taufpraxis*« – »*offensichtlich unterschiedslose Taufe*«, in: »Was hindert's, dass ich mich taufen lasse?« (Apg 8,36) Taufpastoral aus Sicht der multilateralen Ökumene. Dokumentation eines Studientages der ACK in Deutschland, hg. v. Arbeitsgemeinschaft christlicher Kirchen in Deutschland, Frankfurt 2015, S. 62–70.

Dennemarck, Bernd: *Der Taufaufschub. Dogmatisch-kanonistische Grundlegung und rechtliche Ausgestaltung im Hoheitsbereich der deutschen Bischofskonferenz*, St. Ottilien 2003.

Dennemarck, Bernd: *Taufaufschub aus katholischer Perspektive*, in: »Was hindert's, dass ich mich taufen lasse?« (Apg 8,36) Taufpastoral aus Sicht der multilateralen Ökumene. Dokumentation eines Studientages der ACK in Deutschland, hg. v. Arbeitsgemeinschaft christlicher Kirchen in Deutschland, Frankfurt 2015, S. 76–82.

*Der große Katechismus Martin Luthers*, in: Bekenntnisschriften der Lutherischen Kirche [BSLK] 1998, S. 543–733.

*Der Koran*, üb. u. komm. v. Adel Theodor Khoury, Gütersloh 2007.

Der Spiegel, *Ex-Präsident Rafsandschani erhöht Druck auf Ahmadinedschad*, 17.07. 2009 [abgerufen am 30.07. 2019 unter URL: https://www.spiegel.de/politik/ausland/iran-ex-praesident-rafsandschani-erhoeht-druck-auf-ahmadinedschad-a-636708.html].

Dethloff, Fanny: *Andacht und Begrüßung*, in: Die Bedeutung von Taufe und Konversion im Asylverfahren (epd-Dokumentation 47/2008), Frankfurt 2008, S. 5f.

Sekretariat der Deutschen Bischofskonferenz (Hg.): *Christus aus Liebe verkündigen. Zur Begleitung von Taufbewerbern mit muslimischem Hintergrund* (Arbeitshilfen 236), Bonn 2009.

Deutschlandfunk: *Wochendjournal »Getaufte Christen. Der Flüchtlingspfarrer von Steglitz«*, Sendung vom 29.12. 2018.

*Die Bibel nach Martin Luthers Übersetzung,* Lutherbibel revidiert 2017, hg. v. Evangelische Kirche in Deutschland, Stuttgart 2017.

*DiskursNetz. Wörterbuch der interdisziplinären Diskursforschung*, hg. v. Wrana, Daniel / Ziem, Alexander / Reisigl, Martin / Nonhoff, Martin / Angermüller, Johannes, Berlin 2014.

Ebadi, Shirin: *Mein Iran. Ein Leben zwischen Hoffnung und Revolution*, München / Berlin / Zürich 2016.

*Einladungsflyer »Konversion zum Christentum. Hintergründe und Herausforderungen im Kontext von Asylverfahren. 11. bis 12. Juni 2018«*, veranstaltet von Akademie Franz-Hitze-Haus Münster, in Zusammenarbeit mit DBK und EKD [Abgerufen am 20. 07. 2019 unter URL: https://www.franz-hitze-haus.de/fileadmin/backenduser/download/flyer/18-519.pdf].

Equit, Claudia / Hohage, Christoph (Hgg.): *Handbuch Grounded Theory: Von der Methodologie zur Forschungspraxis*, Weinheim / Basel 2016.

Erfanian, Jashar: *Hossein Ali Montazeri. Das Vermächtnis des rebellischen Großayatollahs*, Qantara.de vom 15. 08. 2016 [abgerufen am 30. 07. 2019 unter URL: https://de.qantara.de/inhalt/hossein-ali-montazeri-das-vermaechtnis-des-rebellischen-grossayatollahs].

Evangelisch.de, *Käßmann wirft Bundesamt Anzweifeln von Taufen vor*, 10. 03. 2017 [abgerufen am 27. 06. 2019 unter URL: https://www.evangelisch.de/inhalte/142590/10-03-2017/kaessmann-wirft-bundesamt-anzweifeln-von-taufen-vor].

Kirchenamt der Evangelische Kirche in Deutschland / Vereinigung evangelischer Freikirchen (Hgg.): *Zum Umgang mit Taufbegehren von Asylsuchenden. Eine Handreichung für Kirchengemeinden*, Hannover 2013.

Finnish Immigration Service: *Christian Converts in Iran*, 21. 08. 2015 (Suuntaus project) [abgerufen am 15. 08. 2019 unter URL: https://migri.fi/documents/5202425/5914056/62318_Suuntaus-raportti_Kristityt_kaannynnaiset_IranissaFINALFINAL160915_2_.pdf/5d13ea14-9aa8-4896-a737-7bcd5a8d4c24].

Fitzgerald, Timothy: *Benson Saler: ›Conceptualizing Religion: Some Recent Reflections‹. A Response*, in: Religion 39, 2/2009, S. 194–197.

Fleischmann-Bisten, Walter: *Taufpraxis in ökumenischer Perspektive*, in: Beetschen, Franziska / Grethlein, Christian / Lienhard, Fritz (Hgg.): Taufpraxis. Ein interdisziplinäres Projekt, Leipzig 2018, S. 139–160.

*Formula Concordiae Epitomae* [FC Ep], in: BSLK 1998, S. 767–827.

*Formula Concordiae Solida Declaratio* [FC SD], in: BSLK 1998, S. 829–1100.

Fox News: *Iran's secret Christian movement grows, with the help from abroad*, 07. 03. 2016 [abgerufen am 12. 09. 2018 unter URL: http://www.foxnews.com/world/2016/03/07/irans-secret-christian-movement-grows-with-help-from-abroad.html].

Fridman, A. / Kaye, M.: *Human Rights in Iran*, o.O. 2007.

Gasper, Hans: *Die Charismatische Bewegung: Konfessionelle, nichtkonfessionelle und neocharismatische Gemeinschaften*, in: Oeldemann, Johannes (Hg.): Konfessionskunde (Handbuch der Ökumene und Konfessionskunde, hg. v. Johann-Adam-Möhler-Insitut für Ökumenik, Bd. 1), Paderborn / Leipzig 2015, S. 391–426.

Gennep, Arnold van: *Übergangsriten*, üb. v. Schomburg, Klaus, 3., erw. Aufl., Frankfurt a.M. 2005.

Germann, Michael: *Art. 4 GG*, in: BeckOK Grundgesetz, 39. Edition.
Glaser, Barney G.: *Remodeling Grounded Theory*, in: Forum Qualitative Sozialforschung 2/2014, Art. 4.
Glaser, Barney G. / Strauss, Anselm L.: *Grounded Theory. Strategien qualitativer Forschung* (übers. v. Paul, Axel T. / Kaufmann, Stefan), 3. Aufl., Bern 2010.
Gorder, A. Christian van: *Christianity in Persia and the Status of Non-Muslims in Iran*, Lanham / Plymouth 2017.
Grethlein, Christian: *Taufpraxis in Geschichte, Gegenwart und Zukunft*, Leipzig 2014.
Griffel, Frank: *Apostasie und Toleranz im Islam. Die Entwicklung zu al-Gazalis Urteil gegen die Philosophie und die Reaktionen der Philosophen*, Leiden 2016.
Güzelmansur, Timo: *Katholische Akteure*, in: Meißner, Volker / Affolderbach, Martin / Mhagheghi, Hamideh / Renz, Andreas (Hgg.): Handbuch christlich-islamischer Dialog. Grundlagen, Themen, Praxis, Akeute, Freiburg / Wien, Basel 2014, S. 355–372.
Halft, Dennis: *Ungetauftes Christentum. Eine theologische Verortung aus katholischer Sicht*, in: Wort und Antwort 55, 2014, S. 167–172.
Halm, Heinz: *Die Schiiten*, 3., aktual. Aufl., München 2017.
*Handbuch Weltanschauungen, religiose Gemeinschaften, Freikirchen* (im Auftrag der Kirchenleitung der VELKD hg. v. Pöhlmann, Matthias / Jahn, Christine), Gütersloh 2015.
Hausschildt, Friedrich: *Begrüßung und Eröffnung*, in: Kirchenamt der EKD: Fachtag zur Bedeutung von Taufe und Konversion im Asylverfahren, Kirchenamt der EKD, Hannover, 8. Mai 2012. Dokumentation, S. 4–5.
Haustein, Jörg: *Die Pfingstbewegung als Alternative zur Säkularisierung? Zur Wahrnehmung einer globalen religiösen Bewegung des 20. Jarhunderts*, in: Archiv für Sozialgeschichte 51, 2011, S. 533–552.
Haustein, Jörg / Maltese, Giovanni: *Pfingstliche und charismatische Theologie. Eine Einführung*, in: Haustein, Jörg / Maltese, Giovanni (Hgg.): Handbuch pfinstliche und charistmatische Theologie, Göttingen 2014, S. 15–65.
Heinig, Hans Michael: *Gutachtliche Stellungnahme zur Konversion während des Asylverfahrens*, hg. v. Kirchenrechtlichen Institut der Evangelischen Kirche in Deutschland, Göttingen 2019.
Hillekamp-Hahn, Marlies: *Konversion zum Christentum – Schwerpunkt Iran*, in: Die Bedeutung von Taufe und Konversion im Asylverfahren (epd-Dokumentation 47/2008), Frankfurt 2008, S. 19–21.
Hruschka, Constantin: *Die Diskussion um die Bedeutung von Taufe und Konversion in Deutschland für das Asylrecht aus völker- und europarechtlicher Sicht*, in: Die Bedeutung von Taufe und Konversion im Asylverfahren (epd-Dokumentation 47/2008), Frankfurt 2008, S. 25–38.
Human Rights Watch: *Codyfying Repression. An Assessment of Iran's New Penal Code*, 2012.
Hutter, Manfred: *Iranische Religionen. Zoroastrimus, Yezidentum, Bahai'tum*, Berlin / Boston 2019.
Idea: *Bis zu vier Millionen Ex-Muslime treffen sich im Verborgenen*, 14.05.2018.
Iff, Markus: *Die evangelischen Freikirchen*, in: Oeldemann, Johannes (Hg.): Konfessionskunde (Handbuch der Ökumene und Konfessionskunde, hg. v. Johann-Adam-Möhler-Insitut für Ökumenik, Bd. 1), Paderborn / Leipzig 2015, S. 296–387.

International Campaign for Human Rights in Iran: *The Cost of Faith. Persecution of Christian Protestants and Converts in Iran*, New York 2013 [abgerufen am 15.08.2019 unter URL: http://www.iranhumanrights.org/2013/01/cost_of_faith/].

*Irak: »Chomeini ist vom Wahnsinn befallen«*, in: Der Spiegel 40/1980.

Jafari, Peyman: *Der Andere Iran. Geschichte und Kultur von 1900 bis zur Gegenwart*, München 2010.

Jäger, Siegfried / Zimmermann, Jens: *Lexikon Kritische Diskursanalyse. Eine Werkzeugkiste*, Münster 2010.

Jüngel, Eberhard: *Glaube. IV. Systematisch-theologisch*, in: RGG, 4. Aufl, Bd. 3, Sp. 953–974.

Kallmeyer, Werner / Schütze, Fritz: *Zur Konstitution von Kommunikationsschemata der Sachverhaltsdarstellung*, in: Wegner, Dirk (Hg.): Gesprächsanalysen. Vorträge, gehalten anläßlich des 5. Kolloquiums des Instituts für Kommunikationsforschung und Phonetik, Bonn, 14.–16. Oktober 1976, S. 159–274.

Karras, Benjamin: *Missbrauch des Flüchtlingsrechts? Subjektive Nachfluchtgründe am Beispiel der religiösen Konversion*, Tübingen 2017.

Karras, Benjamin: Religiöse *Konversion im Asylprozess. Eine juristische Einordnung und Positionsbestimmung*, in: Konrad Adenauer Stiftung e.V. (Hg.): Analysen & Argumente 139, 11/2019 [abgerufen am 21.10.2019 unter URL: https://www.kas.de/de/analysen-und-argumente/detail/-/content/religioese-konversionen-im-asylprozess].

KathNet: *Wenn Muslime von Jesus träumen*, 20.07.2012 [abgerufen am 23.07.2019 unter URL: http://www.kath.net/news/37423].

Kéri, Szabolcs / Sleiman, Christina: *Religious Conversion to Christianity in Muslim Refugees in Europe*, in: Archive for the Psychology of Religion 39, 3/2017.

Kermani, Navid: *Entlang den Gräben. Eine Reise durch das östliche Europa bis nach Isfahan*, München 2018.

Kermani, Navid: *Gott gegen Gott in Teheran: Mittwoch 17. Juli*, in: Die Zeit 27/2009.

Khalil, Mohammad Hassan / Bilici, Mucahit: *Conversion out of Islam. A Study of Conversion Narratives of Former Muslims*, in: The Muslim World, 01/2007, S. 111–124.

Kirchenamt der EKD (Hg.): *Bericht des Rates der EKD, Teil B (schriftlich)*, 2019. [abgerufen am 27.01.2020 unter URL: https://www.ekd.de/ekd_de/ds_doc/TOP-02-II-Bericht-des-Rates-schrftlich.pdf].

Kirchenamt der EKD (Hg.): *Die Taufe. Entwurf zur Erprobung. Taufbuch für die Union Evangelischer Kirchen in der EKD / Agende III, Teilband 1 der VELKD für evangelisch-lutherische Kirchen und Gemeinden*, 2018 [abgerufen am 15.08.2019 unter URL: https://www.velkd.de/downloads/taufe-entwurf-zur-erprobung-uek-velkd_2018.pdf].

Kirchenamt der EKD (Hg.): *Fachtag zur Bedeutung von Taufe und Konversion im Asylverfahren, Kirchenamt der EKD, Hannover, 8. Mai 2012, Dokumentation.*

Knuth, Hans-Christian: *Taufe aus lutherischer Sicht*, in: Die Bedeutung von Taufe und Konversion im Asylverfahren (epd-Dokumentation 47, 2008), Frankfurt 2008, S. 6–8.

Küntzel, Matthias: *Die Deutschen und der Iran. Geschichte und Gegenwart einer verhängnisvollen Freundschaft*, Berlin 2009.

Küsters, Ivonne: *Narrative Interviews. Grundlagen und Anwendungen*, 2. Aufl., Wiesbaden 2009.

Laclau, Ernesto: *Emancipations*, London / New York (1996) 2007.

Laclau, Ernesto: *Ideologie und Postmarxismus*, in: Nonhoff, Martin (Hg.): Diskurs – radikale Demokratie – Hegemonie. Zum politischen Denken von Ernesto Laclau und Chantal Mouffe, Bielefeld 2007, S. 25–39.

Laclau, Ernesto: *On Populist Reason*, London / New York 2005.

Laclau, Ernesto / Mouffe, Chantal: *Hegemony and Socialist Strategy. Towards a Radical Democratic Politics*, 2. Aufl., London / New York 2014.

Lamprecht, Harald: *Migration und Konversion. Zum Umgang mit Taufbegehren von Geflüchteten*, in: Pastoraltheologie, 7/2018, S. 319–332.

Leißer, Thorsten: *Theologische Aspekte zur Bedeutung der Taufe*, in: Kirchenamt der EKD: Fachtag zur Bedeutung von Taufe und Konversion im Asylverfahren, Kirchenamt der EKD, Hannover, 8. Mai 2012. Dokumentation, S. 24–26.

Leitlinien des kirchlichen Lebens der Vereinigten Evangelisch-Lutherischen Kirche Deutschlands (VELKD). Handreichung für eine kirchliche Lebensordnung, hg. v. Lutherisches Kirchenamt, Gütersloh 2003.

Lienemann, Wolfgang: *Kirchenmitgliedschaft und Konversion in der Sicht evangelischer Kirchen*, in: Lienemann-Perrin, Christine / Lienemann, Wolfgang (Hgg.): Religiöse Grenzüberschreitung. Studien zu Bekehrung, Konfessions- und Religionswechsel / Crossing Religious Borders. Studies on Conversion and Religious Belonging, Wiesbaden 2012, S. 439–461.

Lofland, John / Skonovd, Norman: *Conversion Motifs*, in: Journal for the Scientific Study of Religion 20, 1981, 373–385.

Luhmann, Niklas: *Legitimitation durch Verfahren*, entspricht der 3. Aufl. 1978, Frankfurt a.M. 1983.

Malanowski, Anja / Seel, Beate: *Chronologie des Krieges*, in: Malanowski, Anja / Stern, Marianne (Hgg.): Iran – Irak ›Bis die Gottlosen vernichtet sind‹, Reinbek b. Hamburg 1972, S. 81–88.

Marchart, Oliver (Hg.): *Die Ordnung des Politischen. Einsätze und Wirkungen der Hegemonietheorie Ernesto Laclaus*, Wiesbaden 2017.

Meißner, Volker / Affolderbach, Martin / Mhagheghi, Hamideh / Renz, Andreas (Hgg.): *Handbuch christlich-islamischer Dialog. Grundlagen, Themen, Praxis, Akteure*, Freiburg / Wien, Basel 2014.

Meißner, Wilfried: *Erwachsenentaufe im Zeitalter von Konfessionslosigkeit. Eine qualitativ-empirische Untersuchung zu ihrem lebensgeschichtlichen Zustandekommen und ihrer Bedeutung*, Leipzig 2018.

Moga, Ioan: *Die Orthodoxe Kirche und die Orientalisch-Orthodoxen Kirchen*, in: Oeldemann, Johannes (Hg.): Konfessionskunde (Handbuch der Ökumene und Konfessionskunde, hg. v. Johann-Adam-Möhler-Insitut für Ökumenik, Bd. 1), Paderborn / Leipzig 2015, S. 72–157.

Mouffe, Chantal (Hg.): *Dekonstruktion und Pragmatismus. Demokratie, Wahrheit und Vernunft*, Wien 1999.

Navai, Ramita: *Stadt der Lügen. Liebe, Sex und Tod in Teheran*, Zürich / Berlin 2014.

Neumann, Udo: *Überprüfung von Konversion in behördlichen Asylverfahren*, in: Die Bedeutung von Taufe und Konversion im Asylverfahren (epd-Dokumentation 47, 2008), Frankfurt 2008, S. 15–19.

Nirumand, Bahman: *Krieg, Krieg, bis zum Sieg*, in: Malanowski, Anja / Stern, Marianne (Hgg.): Iran – Irak ›Bis die Gottlosen vernichtet sind‹, Reinbek b. Hamburg 1972, S. 89–100.

Nonhoff, Martin (Hg.): *Diskurs – radikale Demokratie – Hegemonie. Zum politischen Denken von Ernesto Laclau und Chantal Mouffe*, Bielefeld 2007.

Ogger, Thomas: *Hafiz und Goethe, ihre Sprache und Musik*, in: Spektrum Iran 26, 04/2013 [abgerufen am 20.09.2019 unter URL: http://spektrum.irankultur.com/wp-content/uploads/2014/02/5-Ḥāfiẓ-und-Goethe-ihre-Sprache-und-Musik.pdf].

*Ordnung des kirchlichen Lebens der Vereinigten Evangelisch-Lutherischen Kirche Deutschlands*, hg.v. Lutherisches Kirchenamt, Berlin 1955.

*Ordnung des kirchlichen Lebens der Vereinigten Evangelisch-Lutherischen Kirche Deutschlands*, hg.v. Lutherisches Kirchenamt, Berlin 1976.

Orthodoxe Bischofskonferenz in Deutschland: *Ordnung der Taufe*, 2012 [Übersetzung abgerufen am 15.08.2019 unter URL: http://www.obkd.de/Texte/OrdnungderTaufe-2012.pdf].

Pernak, Benjamin: *Richter als »Religionswächter«? Zur gerichtlichen Überprüfbarkeit eines Glaubenswechsels. Asylverfahren von Konvertiten in Deutschland und Großbritannien im Vergleich* (Studien zum vergleichenden Öffentlichen Recht, Bd. 5), Berlin 2018.

Peters, Rudolph: *Crime and Punishment in Islamic Law. Theory and Practice from the Sixteenth to the Twenty-first Century*, Cambridge 2005.

Pfaff, Victor: *Die Überprüfung von Konversion im Asylverfahren aus anwaltlicher Sicht*, in: Die Bedeutung von Taufe und Konversion im Asylverfahren (epd-Dokumentation 47, 2008), Frankfurt 2008, S. 22–24.

Pfaff, Victor: *Die »vorgelagerte tatrichterliche Würdigung« – Der Umgang des BVerwG mit Taufe und Glaube in asylrechtlichen Konversionsfällen*, Vortrag vom Halle, 23.10.2018 im Rahmen des Forums Migrationsrecht [als Videographie verfügbar unter URL: http://openlecture.uni-halle.de/series/80f11e44-4fd0-4023-b334-ff4b08402937].

Pfaff, Victor: *Konversion und Asylverfahren am Beispiel Iran*, in: Kirchenamt der EKD: Fachtag zur Bedeutung von Taufe und Konversion im Asylverfahren, Kirchenamt der EKD, Hannover, 8. Mai 2012. Dokumentation, S. 6–13.

Pfaff-Czarnecka, Joanna: *Zugehörigkeit in der mobile Welt. Politiken der Verortung*, Göttingen 2012.

Pfaff-Czarnecka, Joanna: *Zugehörigkeit neu denken. Herausforderungen der Arbeitswelt von heute und morgen*, in: Geramanis, Olaf / Hutmacher, Stefan (Hgg.): Identität in der modernen Arbeitswelt. Neue Konzepte für Zugehörigkeit, Zusammenarbeit und Führung, Wiesbaden 2018, S. 3–20.

Plathow, Michael: *Art. Lebensordnungen*, in: TRE, Bd. 20, S. 575–580.

*Pressemitteilung zur Tagung »Konversion zum Christentum. Hintergründe und Herausforderungen im Kontext von Asylverfahren. 11. bis 12. Juni 2018«*, veranstaltet von Akademie Franz-Hitze-Haus Münster, in Zusammenarbeit mit DBK und EKD [Abgerufen am 20.07.2019 unter URL: https://dbk.de/nc/presse/aktuelles/meldung/konversion-zum-christentum-im-kontext-des-asylverfahrens/detail/ oder unter URL: https://www.ekd.de/konversion-zum-christentum-im-kontext-des-asylverfahrens-35492.htm]

Przyborski, Aglaja / Wohlrab-Sahr, Monika: *Qualitative Sozialforschung. Ein Arbeitsbuch*, 4., erw. Aufl., München 2014.

Putz, Ulrike: *Schwere Straßenschlachten nach Ahmadinedschads Wahlsieg*, Der Spiegel (online) 13. 06. 09 [abgerufen am 30. 07. 2019 unter URL: https://www.spiegel.de/politik/ausland/teheran-schwere-strassenschlachten-nach-ahmadinedschads-wahlsieg-a-630328.html].

Rambo, Lewis R.: *Understanding Religious Conversion*, New Haven / London 1993.

Ratschow, Carl-Heinz: *Die eine christliche Taufe*, Gütersloh 1972.

Richtlinie 2004/83/EG des Rates vom 29. April 2004 über Mindestnormen für die Anerkennung und den Status von Drittstaatsangehörigen oder Staatenlosen als Flüchtlinge oder als Personen, die anderweitig internationalen Schutz benötigen, und über den Inhalt des zu gewährenden Schutzes.

Richtlinie 2011/95/EU des Europäischen Parlaments und des Rates vom 13. Dezember 2011 über Normen für die Anerkennung von Drittstaatsangehörigen oder Staatenlosen als Personen mit internationalem Schutz, für einen einheitlichen Status für Flüchtlinge oder für Personen mit Anrecht auf subsidiären Schutz und für den Inhalt des zu gewährenden Schutzes.

Rohe, Mathias: *Das Islamische Recht. Eine Einführung*, München 2013.

Rohe, Mathias: *Das Islamische Recht: Geschichte und Gegenwart*, 3., aktual. u. erw. Aufl., München 2011.

Scheffer, Thomas: Asylgewährung. *Eine ethnographische Analyse des deutschen Asylverfahrens*, Stuttgart 2001.

Schirrmacher, Thomas: *Konversion und Taufe von Iranern*, Blogeintrag auf *thomasschirrmacher.info* vom 09. 08. 2017 [abgerufen am 23. 07. 2019 unter URL: https://www.thomasschirrmacher.info/blog/konversion-und-taufe-von-iranern-zugleich-eine-ehrenrettung-von-konvertiten-aller-religionen/].

Schmidgall, Paul: *Hundert Jahre Deutsche Pfingstbewegung 1907–2007*, Nordhausen 2008.

Schmidt, Hans-Jürgen: *Volljährige Asylantragsteller in Deutschland im Jahr 2017: Sozialstruktur, Schulbesuch und Berufstätigkeit im Herkunftsland* (BAMF-Kurzanalyse 3/2018), Nürnberg 2018.

Schütze, Fritz: *Biographieforschung und narratives Interview*, Neue Praxis 3/1983, S. 283–293.

Schweizer, Gerhard: *Iran verstehen. Geschichte, Gesellschaft, Religion*, Stuttgart 2017.

Severin-Kaiser, Martina: *Taufe aus ökumenischer Sicht*, in: Die Bedeutung von Taufe und Konversion im Asylverfahren (epd-Dokumentation 47, 2008), Frankfurt 2008, S. 8–11.

Shariati, Ali: *Mission of a Free Thinker*, online verfügbar über Shariati Cultural Foundation Teheran [abgerufen am 31. 08. 2019 unter URL: www.shariati.com/kotob.html].

Shariati, Ali: *Religion vs. Religion*, üb. v. Bakhtiar, Laleh, Albuquerque 1993.

Shariati, Ali: *Wo fangen wir an?*, hg. v. Botschaft der Islamischen Republik Iran, Bonn 1982.

Spellman, Kathryn: *Religion and Nation. Iranian Local and Transnational Networks in Britain*, New York / Oxford 2004.

SpiegelTV: *Asyl mit der Christenmasche. Mutmaßlicher Schleuser vor Gericht*, Sendung vom 19. 02. 2018.

Stadlbauer, Susanne: *Between Secrecy and Transparency. Conversions to Protestantism Among Iranian Refugees in Germany*, in: Entangled Religions, 8/2019.

Stäheli, Urs: *Die politische Theorie der Hegemonie: Ernesto Laclau und Chantal Mouffe*, in: Brodocz, André / Schaal, Gary S. (Hgg.): Politische Theorien der Gegenwart, Bd. 3, 4., akt. u. überarb. Aufl., Opladen / Toronto 2016, S. 63–97.

Stahlmann, Friederike: *Bedrohungen im sozialen Alltag Afghanistans. Der fehlende Schutz bei Verfolgung und Gewalt durch private Akteure*, Asylmagazin 3/2017, S. 82–89.

Stahlmann, Friederike: *Überleben in Afghanistan? Zur humanitären Lage von Rückkehrenden und ihren Chancen auf familiäre Unterstützung*, Asylmagazin 3/2017, S. 73–81.

Statistisches Bundesamt: *Ausländische Bevölkerung nach Aufenthaltsdauer und ausgewählten Staatsangehörigkeiten*, 31.12.2018 [abgerufen am 31.08.2019 unter URL: https://www.destatis.de/DE/Themen/Gesellschaft-Umwelt/Bevoelkerung/Migration-Integration/Tabellen/auslaendische-bevoelkerung-aufenthaltsdauer.html].

Staussberg, Michael: *Die Religion Zarathustras. Geschichte – Gegenwart – Rituale, Bd. 1: Geschichte*, Stuttgart / Berlin / Köln 2002.

Staussberg, Michael: *Die Religion Zarathustras. Geschichte – Gegenwart – Rituale*, Bd. 2: Gegenwart, Stuttgart / Berlin / Köln 2002.

Staussberg, Michael: *Zarathustra und seine Religion*, 2., durchges. Aufl., München 2011.

Stein, Albert: *Kirchengliedschaft als rechtstheologisches Problem*, in: ZevKR 29, 1984.

Stewart, Nicolas: *Apostasy in Islamic States. A Result of too much Faith or too little Freedom?*, in: Fall 2012/Spring 2013 Honors Capstones (AU) [abgerufen am 24.07.2019 unter URL: https://auislandora.wrlc.org/islandora/object/1213capstones%3A35].

Stosch, Klaus von: *Herausforderung Islam. Christliche Annährungen*, Paderborn 2016.

Strauss, Anselm: *Grundlagen qualitativer Sozialforschung. Datenanalyse und Theoriebildung in der empirischen soziologischen Forschung* (übers. v. Hildenbrand, Astrid), München 1994.

Strauss, Anselm / Corbin, Judith: *Grounded Theory: Grundlagen qualitativer Sozialforschung* (übers. v. Niewarra, Solveigh / Legewie, Heiner), Weinheim 1996.

Szpiech, Ryan: *Preaching Paul to the Moriscos. The Confusión or confutación de la secta Mahomética y del Alcorán [1515] of ›Juan Andrés‹*, Mérida 2003.

Tabatabai, Adnan: *Morgen in Iran. Die Islamische Republik im Aufbruch*, Hamburg 2016.

*Taufe und Kirchenmitgliedschaft. Materialsammlung*, hg. v. Lutherisches Kirchenamt (Theologisches Studienseminar der VELKD in Pullach, 400. Studienkurs: »›Ich kann auch ohne Kirche Christ sein!‹ – Christ-Sein ja, Kirchensteuer nein? Zur Zukunft der Kirchenmitgliedschaft und neuer Formen der Beteiligung am kirchlichen Leben«), Hannover 2012.

The Iran Human Rights Documentation Center: *English Translation of Books I & II of the New Islamic Penal Code*, 2014 [abgerufen am 19.07.2019 unter URL: https://iranhrdc.org/english-translation-of-books-i-ii-of-the-new-islamic-penal-code/].

Theißen, Henning: *Die Taufe ist unanfechtbar. Erste Sondierungen im Problemfeld Flüchtlingskonversionen*, in: Zeitzeichen 02/2020, S. 50–52.

Thiele, Christoph: *Konversion im Asylverfahren – Rechtliche Aspekte zur Taufpraxis*, in: Kirchenamt der EKD: Fachtag zur Bedeutung von Taufe und Konversion im Asylverfahren, Kirchenamt der EKD, Hannover, 8. Mai 2012. Dokumentation, S. 27–28.

Thönissen, Wolfgang: *Art. Subsistit*, in: Thönissen, Wolfgang / Hardt, Michael / Lüning, Peter / Neumann, Burkhard / Oeldemann, Johannes (Hgg.): Lexikon der Ökumene und Konfessionskunde (hg. im Auftrag des Johann-Adam-Möhler-Instituts für Ökumenik), Freiburg i.Br. 2007, Sp. 1287–1290.

Tonks, Iris: *Diskursives Ereignis*, in: Jäger, Siegfried / Zimmermann, Jens (Hgg.): Lexikon Kritische Diskursanalyse. Eine Werkzeugkiste, Münster 2010, S. 40f.

*Traditio Apostolica. Lateinisch und Deutsch*, übers. v. Geerlings, Wilhelm (Fontes Christiani, Bd. 1, gemeinsam mit: *Didache. Lateinisch-Griechisch-Deutsch*, übers. u. eingel. v. Schöllgen, Georg), Freiburg i.B. 1991.

UNHCR: *Handbuch und Richtlinien über Verfahren und Kriterien zur Feststellung der Flüchtlingseigenschaft gemäß dem Abkommen von 1951 und dem Protokoll von 1967 über die Rechtsstellung der Flüchtling*, Genf 2011.

Unruh, Peter: *Religionsverfassungsrecht*, 4. Aufl., Baden-Baden, 2018.

Wainwright, Geoffrey: *Art. Taufe. Geschichte und Theologie*, in: Evangelisches Kirchenlexikon. Internationale theologische Enzyklopädie, 3. Auflage, Göttingen 1996, S. 665–674.

Waterfield, Robin E.: *Christians in Persia. Assyrians, Armenians, Roman Catholics and Protestants*, London / New York 1973.

Wehling, Elisabeth: *Politisches Framing. Wie eine Nation sich ihr Denken einredet – und daraus Politik macht*, hg. v. Bundeszentrale für politische Bildung, Bonn 2017.

Wellert, Anne-Ruth: *Taufe und Konversion im Asylverfahren – staatskirchenrechtliche Aspekte*, in: Die Bedeutung von Taufe und Konversion im Asylverfahren (epd-Dokumentation 47, 2008), Frankfurt 2008, S. 12–14.

Wiedemann, Charlotte: *Der Neue Iran. Eine Gesellschaft tritt aus dem Schatten*, München 2017.

Wolfsburger Nachrichten: *Taufe im Wolfsburger Allersee mit 31 Christen*, 23.07.2019 [abgerufen am 30.07.2019 unter URL: https://www.wolfsburger-nachrichten.de/wolfsburg/article226566343/Taufe-im-Wolfsburger-Allersee-mit-31-Christen.html].

Zehetgruber, Christoph: *Islamisches Strafrecht versus europäische Werteordnung. Ein Rechtsvergleich*, Wien 2010.

Zia-Ebrahimi, Reza: *The Emergence of Iranian Nationalism: Race and the Politics of Dislocation*, New York 2016.

Zirisnky, Michael: *A Presbyterian Vocation to Reform Gender Relations in Iran. The Career of Annie Stocking Boyce*, in: Ansari, Sarah / Martin, Vanessa (Hgg.): *Women, Religion and Culture in Iran*, Surrey 2002, S. 51–69.

## Rechtsprechung

BVerfG, B. v. 26.11. 1986-2 BvR 1058/85, BVerfGE 74, 51

BVerfG, B. v. 01.07. 1987-2 BvR 478, 962/86, BVerfGE 76, 143

BVerfG, B. v. 10.07. 1989-2 BvR 502/86 u. a., BVerfGE 80, 315

BVerfG, B. v. 05.02. 1991-2 BvR 263/86, BVerfGE 83, 341

BVerfG, B. v. 03.04. 2020-2 BvR 1838/15

BVerwG, U. v. 29.11. 1977 – BVerwG 1 C 33.71, BVerwGE 55, 82

BVerwG, U. v. 16.04. 1985-9 C 109/84, BVerwGE 71, 180

BVerwG, U. v. 18.02. 1986 – BVerwG 9 C 16.85, BVerwGE 74, 31

BVerwG, B. v. 25.08. 2015-1 B 40.15

EuGH Deutschland v. Y. u. Z., U. v. 05.09. 2012, C-71/11 und C-99/11, ECLI:EU:C:2012:518.

OVG Münster, B. v. 30.07. 2009-5A 982/07.A

VG Ansbach, U. v. 05.11. 2014 – AN 1 K 14.30650

# Abkürzungsverzeichnis

| | |
|---|---|
| BAMF | Bundesamt für Migration und Flüchtlinge |
| BVerwG | Bundesverwaltungsgericht |
| EKD | Evangelische Kirche in Deutschland |
| EMRK | Europäische Menschenrechtskonvention |
| EuGH | Europäischer Gerichtshof |
| GFK | Abkommen über die Rechtsstellung der Flüchtlinge (»Genfer Flüchtlingskonvention«) |
| OVG | Oberverwaltungsgericht |
| QRL | Richtlinie 2011/95/EU des Europäischen Parlaments und des Rates vom 13. Dezember 2011 über Normen für die Anerkennung von Drittstaatsangehörigen oder Staatenlosen als Personen mit internationalem Schutz, für einen einheitlichen Status für Flüchtlinge oder für Personen mit Anrecht auf subsidiären Schutz und für den Inhalt des zu gewährenden Schutzes, überarbeitete Fassung der RL 2004/83/EG (»Qualifikationsrichtlinie«) |
| UEK | Union evangelischer Kirchen in der Evangelischen Kirche in Deutschland |
| VEF | Vereinigung evangelischer Freikirchen |
| VELKD | Vereinigte Evangelisch-Lutherische Kirche Deutschlands |
| VG | Verwaltungsgericht |

# Register